2023 — QUINTA EDIÇÃO

PRÁTICA NOTARIAL E REGISTRAL

CHRISTIANO CASSETTARI
COORDENAÇÃO

JOÃO PEDRO LAMANA PAIVA
AUTOR

PROCEDIMENTO DE DÚVIDA REGISTRAL

EVOLUÇÃO DOS SISTEMAS REGISTRAL E NOTARIAL NO SÉCULO XXI

ATUALIZADA COM A LEI 14.382/2022
(DISPÕE SOBRE O SISTEMA ELETRÔNICO DOS REGISTROS PÚBLICOS)

Dados Internacionais de Catalogação na Publicação (CIP) de acordo com ISBD

P149p   Paiva, João Pedro Lamana
         Procedimento de dúvida registral: a evolução dos Sistemas Registral e Notarial no Século XXI / João Pedro Lamana Paiva ; coordenado por Christiano Cassettari. - 5. ed. - Indaiatuba : Editora Foco, 2023.

    496 p. : 16cm x 23cm. – (Coleção Cartórios)

    Inclui bibliografia e índice.
    ISBN: 978-65-5515-767-3

    1. Direito. 2. Direito imobiliário. 3. Direito registral. 4. Sistemas Registral e Notarial. I. Cassettari, Christiano. II. Título. III. Série.

2023-891   CDD 341.2739   CDU 347.23

Elaborado por Odilio Hilario Moreira Junior - CRB-8/9949
Índices para Catálogo Sistemático:
1. Direito imobiliário 341.2739
2. Direito imobiliário 347.23

QUINTA EDIÇÃO

PRÁTICA NOTARIAL E REGISTRAL

CHRISTIANO CASSETTARI
COORDENAÇÃO

JOÃO PEDRO LAMANA PAIVA
AUTOR

PROCEDIMENTO DE DÚVIDA REGISTRAL

EVOLUÇÃO DOS SISTEMAS REGISTRAL E NOTARIAL NO SÉCULO XXI

ATUALIZADA COM A LEI 14.382/2022
(DISPÕE SOBRE O SISTEMA ELETRÔNICO DOS REGISTROS PÚBLICOS)

2023 © Editora Foco
Coordenador: Christiano Cassettari
Autor: João Pedro Lamana Paiva
Diretor Acadêmico: Leonardo Pereira
Editor: Roberta Densa
Assistente Editorial: Paula Morishita
Revisora Sênior: Georgia Renata Dias
Capa Criação: Leonardo Hermano
Diagramação: Ladislau Lima e Aparecida Lima
Impressão miolo e capa: META BRASIL

DIREITOS AUTORAIS: É proibida a reprodução parcial ou total desta publicação, por qualquer forma ou meio, sem a prévia autorização da Editora FOCO, com exceção do teor das questões de concursos públicos que, por serem atos oficiais, não são protegidas como Direitos Autorais, na forma do Artigo 8º, IV, da Lei 9.610/1998. Referida vedação se estende às características gráficas da obra e sua editoração. A punição para a violação dos Direitos Autorais é crime previsto no Artigo 184 do Código Penal e as sanções civis às violações dos Direitos Autorais estão previstas nos Artigos 101 a 110 da Lei 9.610/1998. Os comentários das questões são de responsabilidade dos autores.

NOTAS DA EDITORA:

Atualizações e erratas: A presente obra é vendida como está, atualizada até a data do seu fechamento, informação que consta na página II do livro. Havendo a publicação de legislação de suma relevância, a editora, de forma discricionária, se empenhará em disponibilizar atualização futura.

Erratas: A Editora se compromete a disponibilizar no site www.editorafoco.com.br, na seção Atualizações, eventuais erratas por razões de erros técnicos ou de conteúdo. Solicitamos, outrossim, que o leitor faça a gentileza de colaborar com a perfeição da obra, comunicando eventual erro encontrado por meio de mensagem para contato@editorafoco.com.br. O acesso será disponibilizado durante a vigência da edição da obra.

Impresso no Brasil (05.2023) – Data de Fechamento (04.2023)

2023
Todos os direitos reservados à
Editora Foco Jurídico Ltda.
Rua Antonio Brunetti, 593 – Jd. Morada do Sol
CEP 13348-533 – Indaiatuba – SP

E-mail: contato@editorafoco.com.br
www.editorafoco.com.br

Dedico este trabalho à minha querida esposa, Yara, aos meus adoráveis filhos, Jordana e Lourenço, e aos meus filhos açucarados (netos), Bruno, Helena, Laura e Lívia.

LISTA DE SIGLAS E ABREVIATURAS

CC – Código Civil

CCIR/INCRA – Certificado de Cadastro de Imóvel Rural – Instituto Nacional de Colonização e Reforma Agrária

CENSEC – Central Notarial de Serviços Eletrônicos Compartilhados

CESDI – Central de Escrituras de Separações, Divórcios e Inventários

CF – Constituição Federal

CNJ – Conselho Nacional de Justiça

CNPJ – Cadastro Nacional de Pessoa Jurídica

CPC – Código de Processo Civil

CREA – Conselho Regional de Engenharia, Arquitetura e Agronomia

DERAT – Delegacia da Receita Federal de Administração Tributária

DETRAN – Departamento Estadual de Trânsito

DJ – Diário de Justiça

DJU – Diário da Justiça da União

DNV – Declaração de Nascido Vivo

DOE – Diário Oficial Eletrônico

DOITU – Declaração sobre Operações Imobiliárias em Terrenos da União

DRF – Delegacia da Receita Federal

EC – Estatuto da Cidade

IBAMA – Instituto Brasileiro do Meio Ambiente

IBGE – Instituto de Geografia e Estatística

IN – Instrução Normativa

INCRA – Instituto Nacional de Colonização e Reforma Agrária

IPTU – Imposto Predial e Territorial Urbano

ITR – Imposto sobre a Propriedade Territorial Rural

LINDB – Lei de Introdução às Normas do Direito Brasileiro

LRP – Lei de Registros Públicos

RCPJ – Registro Civil de Pessoas Jurídicas

RCPN – Registro Civil de Pessoas Naturais
RI – Registro de Imóveis
RIP – Registro Imobiliário Patrimonial
RTD – Registro de Títulos e Documentos
SIGEF – Sistema de Gestão Fundiária
SPU – Secretaria do Patrimônio da União
SRF – Secretaria da Receita Federal
ZEIS – Zona Especial de Interesse Social

SUMÁRIO

LISTA DE SIGLAS E ABREVIATURAS VII

PRELÚDIO XIX

PREFÁCIO XXI

APRESENTAÇÃO XXV

NOTA À 5ª EDIÇÃO XXVII

NOTA À 4ª EDIÇÃO XXIX

NOTA À 3ª EDIÇÃO XXXI

NOTA À 2ª EDIÇÃO XXXIII

NOTA DO AUTOR XXXV

PRIMEIRA PARTE
O PROCEDIMENTO DE DÚVIDA NO REGISTRO DE IMÓVEIS: ASPECTOS PRÁTICOS E POSSIBILIDADE DE PARTICIPAÇÃO DO NOTÁRIO

1. INTRODUÇÃO	3
2. DIREITO REGISTRAL E NOTARIAL	5
3. ALGUNS PRINCÍPIOS REGISTRAIS	7
3.1 Princípio da rogação ou instância	7
3.2 Princípio da prioridade e preferência	7
3.3 Princípio da territorialidade	8
3.4 Princípio da qualificação	8
3.5 Princípio da legalidade	9
3.6 Princípio da continuidade	10
3.7 Princípio da disponibilidade	10
3.8 Princípio da especialidade	11
3.9 Princípio da inscrição	12
3.10 Princípio da publicidade	12

3.11	Princípio da cindibilidade..	12
3.12	Princípio do saneamento da matrícula (Fólio Real)	13
3.13	Princípio da unicidade..	15
3.14	Princípio da concentração	15
	MODELO...	25
	Modelo de averbação saneadora	25

4. TÍTULOS 27

4.1	Notariais...	29
4.2	Particulares...	29
4.3	Judiciais..	29
4.4	Administrativos	30
4.5	Estrangeiros	30

5. PROCEDIMENTO DE DÚVIDA 31

5.1	Conceito...	31
5.2	Cabimento e não cabimento	32
5.3	Natureza jurídica	32
5.4	Do procedimento...	33
5.5	Aplicabilidade	38
5.6	Competência	39
5.7	Partes	41
	5.7.1 Suscitante	41
	5.7.2 Interessado e apresentante...	42
	5.7.3 Terceiros..	43
5.8	Dúvida do Tabelião de Notas: assistência simples	45
	5.8.1 Da admissão da assistência simples pelas Corregedorias-Gerais da Justiça dos Estados...	50
5.9	A participação do Tabelião de Notas como *amicus curiae*. Reflexões sobre o Provimento 14/2013 da Corregedoria-Geral de Justiça do Estado de São Paulo	53
5.10	Dúvida inversa	56
5.11	Recorribilidade	60
	5.11.1 Apelação...	60
	5.11.2 Embargos de declaração	61
	5.11.3 Agravo de instrumento	61
	5.11.4 Recurso especial e extraordinário	62

5.12	Mandado de segurança	63
5.13	Conflito de competência	64
5.14	Efeitos da sentença	66
5.15	Conclusão	67

MODELOS.. 68

Modelo de organograma do procedimento de suscitação de dúvida – regra geral: alcança, nos termos do art. 296 da LRP, o Registro Civil de Pessoas Naturais, o Registro Civil de Pessoas Jurídicas, o Registro de Títulos e Documentos e o Registro de Imóveis.. 68

Modelo de requerimento para suscitação de dúvida.............................. 69

Modelo de certidão em atendimento ao Art. 198, § 1º, III da LRP............ 69

Modelo de notificação da parte para impugnação 69

Modelo de suscitação de dúvida de mandado judicial que viola o princípio da disponibilidade... 70

Modelo de peças do processo de dúvida... 71

Modelo de suscitação de dúvida de formal de partilha 72

Modelo de peças do processo de dúvida... 74

Modelo de suscitação de dúvida sobre dissolução de sociedade e obrigatoriedade da transferência de bens da pessoa jurídica para o sócio retirante...... 74

Modelo de peças do processo de dúvida... 76

Modelo de suscitação de dúvida decorrente de loteamento clandestino... 77

Modelo de peças do processo de dúvida... 79

Modelo de suscitação de dúvida de carta de adjudicação que fere os princípios registrais... 80

Modelo de peças do processo de dúvida... 86

Modelo de suscitação de dúvida sobre escritura pública de constituição de hipoteca (prazo) 88

Modelo de peças do processo de dúvida... 89

DISPOSIÇÕES LEGAIS.. 90

SEGUNDA PARTE
A EVOLUÇÃO DOS SISTEMAS REGISTRAL E NOTARIAL NO SÉCULO XXI

1. INTRODUÇÃO.. 95

2. ESTATUTO DA CIDADE (LEI 10.257, DE 10 DE JULHO DE 2001) 97

2.1	Plano Diretor	98
2.2	Institutos que têm acesso direto ao Registro de Imóveis	100

MODELOS... 105
Parcelamento, edificação ou utilização compulsórios (Arts. 5º e 6º)................ 105
Desapropriação judicial com pagamento em títulos (Art. 8º)....................... 105
Desapropriação amigável com pagamento em títulos (Art. 8º)....................... 106
Usucapião especial de imóvel urbano – Coletivo (Arts. 9º e ss.).................. 106
Usucapião especial de imóvel urbano (Arts. 9º e ss.)................................. 107
Direito de superfície (Arts. 21 e ss.)... 107
Extinção do direito de superfície por escritura pública (Art. 23)................. 107
Extinção do direito de superfície por mandado judicial (Art. 23)................ 108
Direito de preempção (Arts. 25 e ss.)... 108
Transferência do direito de construir (Art. 35).. 108
Concessão de uso especial para fins de moradia por termo administrativo (MP 2.220/2001).. 109
Concessão de uso especial para fins de moradia por sentença judicial (MP 2.220/2001).. 109
Concessão de uso especial coletivo para fins de moradia por termo administrativo (MP 2.220/2001)... 110
Concessão de uso especial coletivo para fins de moradia por sentença judicial (MP 2.220/2001).. 110
DISPOSIÇÃO LEGAL... 111

3. GEORREFERENCIAMENTO (LEI 10.267, DE 28 DE AGOSTO DE 2001)......... 113
    3.1   Integração do georreferenciamento nos títulos registráveis................. 116
    3.2   Panorama histórico: Decretos 4.449/2002, 5.570/2005, 7.620/2011 e 9.311/2018... 117
    3.3   A rotina registral imobiliária.. 121
    3.4   Benefícios... 126
    3.5   Questões pontuais... 126
    3.6   Certificação da poligonal de imóveis rurais pelo INCRA.................... 127
    3.7   Conclusão... 129
DISPOSIÇÃO LEGAL... 132
    3.8   Georreferenciamento – Dicas para o registrador operar o SIGEF........ 135
MODELOS... 137
Averbação de georreferenciamento com abertura de matrícula e encerramento... 137
Abertura de matrícula de imóvel georreferenciado... 138

4. CÓDIGO CIVIL			**141**
4.1	Parte geral		141
4.2	Do Direito das Coisas		142
	4.2.1	Usucapião Familiar	142
	4.2.2	Alienação de abrigos de veículos	143
	4.2.3	Penhor rural: alteração do prazo	145
4.3	Do Direito de Família		145
	4.3.1	Outorga conjugal no regime de separação convencional (total ou limitada) de bens	145
	4.3.2	Regime de participação final nos aquestos	147
5. DO PATRIMÔNIO DE AFETAÇÃO			**149**
5.1	Nota introdutória		149
5.2	A ontologia do patrimônio de afetação		149
	5.2.1	Panorama histórico	149
	5.2.2	Aspectos conceituais do patrimônio de afetação	151
	5.2.3	Atos constitutivos do patrimônio de afetação	151
5.3	O patrimônio de afetação e a segurança jurídica		155
	5.3.1	A redução de riscos por meio do patrimônio de afetação	155
5.4	Extinção do patrimônio de afetação		157
5.5	Cancelamentos de Patrimônio de Afetação de acordo com a Medida Provisória 1.085/2021, convertida na Lei 14.382/2022		157
5.6	A subincorporação e o patrimônio de afetação		160
5.7	Conclusões		163
MODELOS			165
Matrícula do patrimônio de afetação e sequência dos atos registrais			165
Averbação da construção			167
Registro da instituição condominial			167
Averbação da abertura das matrículas das unidades autônomas com extinção do patrimônio de afetação e encerramento			168
Averbação do patrimônio de afetação procedida em data posterior ao registro da incorporação			168
DISPOSIÇÃO LEGAL			169

6. RETIFICAÇÕES CONSENSUAIS NO REGISTRO DE IMÓVEIS..................... 179
    6.1   Retificação de erro evidente (antes da Lei 10.931/2004)..................... 179
    6.2   Retificação de área (antes da Lei 10.931/2004)..................................... 179
    6.3   Lei 6.015/1973, alterada pela Lei 10.931/2004.. 180
    6.4   Formas de retificação imobiliária... 180
            6.4.1   Retificação de ofício ou mediante requerimento do interessado (Unilateral – Art. 213, I)... 180
            6.4.2   Retificação consensual (Bilateral – Art. 213, II)..................... 182
                    6.4.2.1   Aplicação.. 182
                    6.4.2.2   Documentação... 183
                    6.4.2.3   Anuência dos confrontantes.. 183
                    6.4.2.4   Espécies de anuências... 184
                    6.4.2.5   Problema do aumento de área (conformidade/correção de área).. 185
                    6.4.2.6   Possibilidade de realização de diligências pelo Oficial do Registro... 187
            6.4.3   Retificação judicial... 187
                    6.4.3.1   Ministério Público.. 187
    6.5   Independem de retificação.. 187
    6.6   Responsabilidades 188
    MODELOS.. 188
    Despacho deferitório 188
    Atos registrais de retificações consensuais 188
    Matrículas / Registros / Averbações... 192

7. INVENTÁRIO, PARTILHA, SEPARAÇÃO E DIVÓRCIO CONSENSUAIS POR VIA ADMINISTRATIVA LEI 11.441, DE 04 DE JANEIRO DE 2007..................... 195
    7.1   Do reconhecimento... 196
    7.2   Competência 196
    7.3   Peculiaridades sobre a capacidade das partes....................................... 197
    7.4   Do nome 197
    7.5   Os documentos necessários 198
    7.6   Gratuidade – Arts. 6º e 7º da Resolução 35/2007-CNJ......................... 198
    7.7   Advogado.. 198
    7.8   Divórcio direto e conversão da separação... 200

7.9	Alimentos	202
7.10	Execução da escritura pública	203
7.11	Da partilha	204
7.12	Efeitos da escritura pública	205
7.13	Do restabelecimento da sociedade conjugal	205
7.14	Peculiaridades do restabelecimento da sociedade conjugal (Arts. 50 e 51 da Resolução 35/2007-CNJ)	206
	7.14.1 Escritura pública e o Registro Civil das Pessoas Naturais	206
	7.14.2 A escritura pública e o Registro de Imóveis	207
7.15	Emolumentos	207
7.16	Direito Internacional	208
7.17	Efeitos da escritura no exterior	209
	7.17.1 Trasladação do casamento	209
	7.17.2 Código Bustamante	209
7.18	Declaração sobre Operações Imobiliárias (DOI)	210
	7.18.1 DOI e escritura pública	211
7.19	Das recomendações finais	211

8. A SIMPLIFICAÇÃO DO INVENTÁRIO E DA PARTILHA (O MARCO TEMPORAL DA LEI 11.441, DE 04 DE JANEIRO DE 2007) 213

8.1	Inventário x Partilha	213
8.2	Cabimento	213
8.3	CPC – Competência	214
8.4	Cuidados especiais e cautelas	214
8.5	Documentos obrigatórios para lavratura da escritura pública nos casos de inventário e partilha	214
8.6	Representação	215
8.7	Partilha amigável: escritura pública não depende de homologação judicial (Art. 3º da Resolução 35/2007-CNJ)	215
8.8	Adjudicação	216
8.9	Sobrepartilha	216
8.10	Inventário negativo	217
8.11	Sucessão e o Direito Internacional	218
8.12	Conflitos de leis	219
8.13	Efeitos da escritura pública de inventário e partilha	219
8.14	Escritura pública de partilha no inventário com testamento	220

9. REGULARIZAÇÃO FUNDIÁRIA PARA ZONAS ESPECIAIS DE INTERESSE SOCIAL E O REGISTRO DE IMÓVEIS (LEI 11.481, DE 31 DE MAIO DE 2007).. 223

9.1 Resumo da aplicação da Lei 11.481/2007 226

    9.1.1 Alterou 226

9.2 Requisitos 227

9.3 Passos para a regularização 228

    9.3.1. Auto de demarcação 228

9.4 Registros de Imóveis 229

9.5 Sistemática da regularização no Registro de Imóveis 229

    9.5.1 Opção: não tem matrícula ou transcrição 229

    9.5.2 Opção: matrícula ou transcrição encontrada 230

    9.5.3 Opção: matrícula ou transcrição não encontrada 231

    9.5.4 Notificação e impugnação 231

    9.5.5 Julgamento da impugnação 231

    9.5.6 Efeitos da prenotação 232

9.6 Aplicação subsidiária 232

9.7 Obrigações tributárias 232

MODELO 232

Matrícula e registro 232

10. O CÓDIGO DE PROCESSO CIVIL E SUAS REPERCUSSÕES NAS ATIVIDADES NOTARIAIS E REGISTRAIS (LEI 13.105, DE 16 DE MARÇO DE 2015) 235

10.1 Competência 235

10.2 Capacidade processual e direito de família 235

10.3 Fraude à Execução e o Princípio da Concentração 236

10.4 Averbação premonitória 238

10.5 Hipoteca judiciária 239

10.6 Gratuidade dos emolumentos 239

10.7 Protesto de título executivo judicial 240

10.8 Constituição de renda 240

10.9 Protesto de título executivo extrajudicial 241

10.10 Penhor legal 241

10.11 Ata notarial como meio de prova 241

10.12 Divisão e demarcação de terras particulares 242

10.13 Registro eletrônico 242

11. OS PRINCÍPIOS DA SEGURANÇA JURÍDICA E DA CONCENTRAÇÃO EM XEQUE EM FACE DOS PROJETOS DE LEI 2.415/2015 E 6.118/2016...................... 245

12. PRINCÍPIOS DA CONCENTRAÇÃO E DA FÉ PÚBLICA REGISTRAL NO REGISTRO DE IMÓVEIS(LEI 13.097, DE 19 DE JANEIRO DE 2015)...................... 247

13. A CONSAGRAÇÃO E A RACIONALIDADE DO PRINCÍPIO DA CONCENTRAÇÃO NO REGISTRO IMOBILIÁRIO... 251

14. USUCAPIÃO EXTRAJUDICIAL CÓDIGO DE PROCESSO CIVIL – ARTIGO 1.071 QUE INSERIU O ARTIGO 216-A NA LEI 6.015/1973............................. 257

 14.1 Breve Histórico 257

 14.2 Usucapião Extrajudicial... 259

 14.3 Hipóteses de imóvel com ou sem registro de propriedade..................... 261

 14.4 Existência de titularidade de direitos sobre imóveis confinantes........... 261

 14.5 Requerimento 262

 14.6 Certidões negativas 263

 14.7 Justo título e outros documentos comprobatórios da posse................. 263

 14.8 Autuação do pedido e prazo da prenotação................................... 264

 14.9 Notificações aos titulares de direitos.. 264

 14.10 Ciência aos entes públicos... 265

 14.11 Publicação de edital.. 265

 14.12 Realização de diligências 266

 14.13 Registro da usucapião e abertura de matrícula 266

 14.14 Possibilidade de suscitação de dúvida registral 266

 14.15 Rejeição do pedido 266

 14.16 Possibilidade de ajuizamento de ação de usucapião......................... 267

 14.17 Remessa dos autos ao juízo competente... 267

 14.18 Segurança jurídica e confiabilidade dos serviços delegados............... 268

 14.19 Terras devolutas 268

 14.20 Existência de Registro Torrens 269

 14.21 Existência de direitos reais registrados ou averbados....................... 269

 14.22 Averbação de notícia de procedimento de usucapião extrajudicial....... 270

MODELO... 271

Averbação de notícia de procedimento de usucapião extrajudicial................ 271

15. DO DIREITO À MORADIA AO DIREITO DE PROPRIEDADE (LEI 11.977, DE 07 DE JULHO DE 2009, ALTERADA PELA LEI 12.424, DE 16 DE JUNHO DE 2011, LEI 13.465, DE 11 DE JULHO DE 2017, DECRETO 9.310, DE 15 DE MARÇO DE 2018 E LEI 14.118, DE 12 DE JANEIRO DE 2021)............................ 273

15.1 Conceito de regularização fundiária 273
15.2 Objetivos (Art. 10).. 277
15.3 As áreas consolidadas (Art. 11, III).. 278
15.4 Zonas Especiais de Interesse Social (ZEIS)............................. 279
15.5 Pressuposto para a realização da Regularização Fundiária de Interesse Social 279
15.6 Do projeto de regularização 281
15.7 As etapas para implementação da regularização fundiária de interesse social... 282
15.8 O procedimento da regularização fundiária de interesse social: o auto de demarcação urbanística (Art. 19) 283
  15.8.1 A demarcação urbanística: natureza e limites............... 283
15.9 O procedimento da regularização fundiária de interesse social: documentação que instrui o auto de demarcação (Art. 19)............ 284
15.10 O procedimento da regularização fundiária de interesse social: pedido de averbação do auto e notificações.. 285
15.11 Publicação do edital e gratuidade de emolumentos................. 286
15.12 O procedimento de regularização fundiária de interesse social: possibilidade de alteração da demarcação 287
  15.12.1 Efeitos da averbação... 288
15.13 Remembramento de lotes do PMCMV..................................... 288
15.14 O procedimento de regularização fundiária de interesse social............ 288
15.15 Legitimação de posse: concessão de uso especial.................... 289
15.16 Do cancelamento do título de legitimação de posse................ 290
15.17 Regularização Fundiária de Interesse Específico.................... 290
15.18 Regularização fundiária de assentamentos implantados anteriormente à Lei 6.766/1979 292
  15.18.1 Introdução... 292
15.19 Do procedimento de registro.. 295
15.20 A Lei 6.766/1979 e o seu sistema de regularização imobiliária............ 298
15.21 Prova de loteamento antigo.. 300
15.22 Flexibilização das normas de parcelamento do solo................ 300

15.23 Estremação (Art. 45)	301
15.24 Direito de Laje	303
MODELOS	305
Auto de demarcação urbanística (Art. 19, caput)	305
Notificação dos órgãos de gestão do patrimônio público pelo poder público promovente da regularização para manifestação sobre a demarcação realizada (Art. 20)	306
Edital de notificação dos titulares de domínio e confrontantes não identificados, a ser publicado pelo poder público promovente da regularização fundiária (Art. 20, § 1º)*	306
Abertura de matrícula (imóvel demarcado a ser parcelado)	307
Averbação do auto de demarcação urbanística	308
Registro de parcelamento	308
Abertura de matrícula (imóveis originados do parcelamento)	308
Abertura de matrículas de outras áreas públicas originadas do parcelamento (uma matrícula para cada área – praça, largo etc.)*	309
Abertura de matrícula de vias públicas originadas do parcelamento (uma só matrícula para ruas, avenidas etc.)*	310
Título de legitimação de posse	311
Registro de legitimação de posse (Art. 183, CF)	311
Requerimento do interessado pedindo conversão do título de legitimação de posse em registro de propriedade	311
Conversão da legitimação de posse em registro de propriedade	312
Título administrativo de legitimação fundiária que reconhece o direito real de propriedade a fulano de tal, sobre a unidade imobiliária que especifica, em face de REURB-S	312
Título administrativo de legitimação fundiária que reconhece a posse e o direito de moradia a fulana de tal, sobre a unidade imobiliária que especifica, em face de REURB-S	313
Certidão de Regularização Fundiária (CRF)	314
Abertura de Matrícula com Código Nacional de Matrícula – 000022.2.0000000-00	315
Matrícula-mãe: averbação de direito real de laje	316
Abertura de matrícula de direito real de laje	317
Matrícula-mãe – estremação	318
Abertura da matrícula do terreno/lote localizado/estremando	321

16. DO CONDOMÍNIO DE LOTES LEI 13.465/2017 323
    16.1   Histórico 323
    16.2   Condomínio de lotes 325
    16.3   Discussões acerca do supedâneo legal da modalidade 326
    16.4   Vantagens do condomínio de lotes 328
    16.5   Requisitos caracterizadores do condomínio de lotes 330
    16.6   Procedimentos registrais aplicáveis 330
    16.7   Previsão legal do instituto e o seu modo de aplicação 332
        16.7.1   Característica 334
        16.7.2   Aplicação 335
        16.7.3   Requisitos para instituição do condomínio de lotes 335
        16.7.4   Requisitos para instituição do condomínio de lotes 335
        16.7.5   Convenção de condomínio 335
        16.7.6   Documentos necessários 336
        16.7.7   Da incorporação 336
        16.7.8   Atos registrais 337
        16.7.9   Instituição de condomínio 338
        16.7.10   Regulamento municipal 338
        16.7.11   Conclusão 338
        16.7.12   Questões para estudo: 339

17. DO REFINANCIAMENTO DA DÍVIDA IMOBILIÁRIA COM TRANSFERÊNCIA DE CREDOR – SUB-ROGAÇÃO (LEI 12.703, DE 07 DE AGOSTO DE 2012, ALTERADA PELA LEI 12.810, DE 15 DE MAIO DE 2013 E LEI 13.476, DE 28 DE AGOSTO DE 2017) 343
    MODELOS 348
    Averbação de sub-rogação da dívida e da garantia fiduciária 348
    Notícia de penhora 349
    Averbação de certidão acautelatória 349
    Averbação de penhora 350
    Solicitação de certidão (Arts. 417 e ss. da CNNR-CGJ) 350
    Notícia de procedimento de usucapião 351
    Abertura de matrícula 351

18. COMENTÁRIOS SOBRE AS ALTERAÇÕES NO PROCEDIMENTO DA ALIENAÇÃO FIDUCIÁRIA DE BENS IMÓVEIS EM VIRTUDE DA LEI 13.465/2017 353

19. APLICAÇÃO DA LEI 13.460, DE 26 DE JUNHO DE 2017, NOS SERVIÇOS NOTARIAIS E REGISTRAIS 361

    19.1   Regra de vigência 362

    19.2   Incidência nos serviços notariais e registrais 362

    19.3   Conclusão 364

20. REFLEXOS NA CONTRATAÇÃO IMOBILIÁRIA ENVOLVENDO O INSTITUTO DA ALIENAÇÃO FIDUCIÁRIA DE BENS IMÓVEIS (LEI 13.476, DE 28 DE AGOSTO DE 2017) 365

21. MULTIPROPRIEDADE (LEI 13.777, DE 20 DE DEZEMBRO DE 2018) 367

    21.1   Novos contornos do direito de propriedade 367

    21.2   Aplicação 369

        21.2.1   Do condomínio em multipropriedade 369

        21.2.2   Da fração de tempo 369

    21.3   Da Instituição da multipropriedade 370

    21.4   Convenção de condomínio 371

    21.5   Dos direitos do multiproprietário 371

    21.6   Dos deveres do multiproprietário 372

    21.7   Penalidades 372

    21.8   Da transferência da multipropriedade 373

    21.9   Peculiaridades 373

    21.10   Limitação/Impedimento 374

    21.11   Técnica registral 374

    21.12   Conclusão 375

    MODELOS 375

    Matrícula do imóvel (Opção mensal) 375

    Regime anual matrícula do imóvel (onde não há condomínio edilício): 376

    Matrícula da fração de tempo: 377

    Regime trimestral matrícula do terreno sobre o qual se instituirá um condomínio edilício 378

    Matrícula da unidade autônoma decorrente do registro da instituição do condomínio edilício 378

    Matrícula da fração de tempo 379

Regime semanal 381
Matrícula da fração de tempo 382
DISPOSIÇÃO LEGAL 383

22. CONVENÇÕES DE CONDOMÍNIO (INOVAÇÕES TRAZIDAS PELA LEI 14.309, DE 08 DE MARÇO DE 2022) 385

23. ADJUDICAÇÃO COMPULSÓRIA EXTRAJUDICIAL (UM ESTUDO SOBRE O ARTIGO 216-B DA LEI 6.015/1973, APÓS A CONSOLIDAÇÃO DA REDAÇÃO DA LEI 14.382/2022, PELA PROMULGAÇÃO EM 5/1/2023 DA DERRUBADA DOS VETOS PELO CONGRESSO NACIONAL) 387

23.1 Objetivo da adjudicação compulsória extrajudicial 390
23.2 Considerações acerca da desjudicialização/extrajudicialização – origem 391
23.3 Agenda 2030 392
23.4 Execução extrajudicial 392
23.5 Retificação extrajudicial – Lei 10.931/2004 392
23.6 Lei 11.441/2007 392
23.7 Usucapião extrajudicial 393
23.8 Lei 13.465/2017 – Regularização Fundiária Urbana 393
23.9 Benefícios 393
23.10 Promessa de compra e venda histórico... 393
23.11 Adjudicação Compulsória Extrajudicial – Ideia embrionária 396
    23.11.1 Justificativa 396
    23.11.2 Procedimento proposto 397
    23.11.3 Proposição – Emenda à MPV 1.085/2021........................... 397
    23.11.4 Texto definitivo da lei 399
23.12 Procedimento da Adjudicação Compulsória Extrajudicial no Registro de Imóveis 401
23.13 Averbação de notícia de procedimento e despacho deferitório 410

24. TOKENIZAÇÃO DE NEGÓCIOS IMOBILIÁRIOS PROVIMENTO 38/2021-CGJ/RS 411

24.1 A sociedade e o mercado evoluem e o Direito precisa acompanhar 411
24.2 Provimento 038/2021 411
24.3 Questões decorrentes: 413

MODELOS.. 416
Ato realizado após o Provimento n. 038/2021 da CGJ-RS................................. 416
Averbação... 417

25. CONEXÕES IMOBILIÁRIAS, INOVAÇÕES LEGISLATIVAS E A VIRTUALIZAÇÃO (LEI 14.382 DE 27 DE JUNHO DE 2022).. 419

25.1 Primeiras impressões sobre a Lei 14.382/2022.. 419
25.2 1º Veto.. 420
25.3 Alteração da Lei 4.591/64 (Art. 10 da Lei 14.382/2022)............................ 421
    25.3.1 2º Veto:... 421
    25.3.2 3º Veto:... 421
MODELO.. 422
Modelo de ato único – RI 1ª zona de Porto Alegre 423
Modelos de certidões negativa e positiva.. 425
25.4 Novos prazos para a expedição das certidões... 426
25.5 Do Registro Civil de Pessoas Naturais – novidades inseridas pelo Artigo 12 da Lei 14.382/2022 (a qual vetou algumas alterações que haviam na MP 1.085)... 427
25.6 Do Registro Civil de Pessoas Jurídicas e de Títulos e Documentos........... 428
25.7 Novidade: Adjudicação Compulsória Extrajudicial.................................. 430
    25.7.1 4º Veto.. 431
    25.7.2 5º Veto.. 431

REFERÊNCIAS.. 437

APÊNDICE.. 445
1) Registradores entrevista Lamana Paiva.. 445
2) O Boletim do IRIB, de 2-9-2010.. 448
3) Depoimento de Marco Antonio da Silva, em 10-9-2010.......................... 450
4) Entrevista ao Observatório do Registro – Registradores Brasileiros na Internet – Fonte: 451
5) Site do Colégio Registral do Rio Grande do Sul – Boletim Eletrônico de 26-11-2010... 453

PRELÚDIO

Fui distinguido pelo Autor para prefaciar mais um de seus preciosos trabalhos, e que tanto enriquecem as bibliotecas nacionais e estrangeiras.

O tema em foco já foi abordado, em passado distante (1977), através da obra pioneira de Eduardo Sócrates C. Sarmento, invocada em boa hora pelo Autor.

A melhor fonte de decisões advindas de Processos de Dúvida é do Conselho da Magistratura de São Paulo, isso porque a apelação é conhecida por aquele Órgão, diferente de outros Estados, onde os Códigos de Organização atribuem às Câmaras Separadas seu conhecimento e julgamento, o que dificulta o assessoramento e o aprimoramento dos julgados, também porque o Corregedor-Geral integra o Conselho, o mesmo não ocorrendo com as Câmaras. Ademais, a decisão advinda de Processo de Dúvida é e continua sendo de cunho administrativo, nada obstando que num processo contencioso, com a integração da lide, seja o tema rediscutido até decidido contrariamente ao que foi no Processo de Dúvida. Não há hierarquia dos órgãos judicantes, mas somente a carga de eficácia dos julgados. No Processo de Dúvida não há partes, e sim interessados, e a carga de eficácia da decisão não faz coisa julgada material. Na dúvida não são trazidos à lide os integrantes do negócio jurídico cujo registro é questionado. Mas podem acorrer, como disse Lamana Paiva, como interessados, podendo recorrer.

Segundo o atual sistema legal, a Dúvida somente era acolhida junto aos Ofícios Registrais, inobstante figurar ela no Capítulo do Registro de Imóveis (art. 198 da Lei 6.015/73). Mas se estendeu aos Registros Públicos Civis, com previsão na Lei dos Registros Públicos, tudo por criação doutrinária e jurisprudencial.

Nada se disse a respeito de eventual Dúvida suscitada por Tabelião e em torno do ato notarial, daí por que sempre se sustentou que tal expediente somente existia na seara registral, até o momento em que o legislador o inseriu no art. 18 da Lei 9.492/97 – Lei do Protesto de Títulos e outros Documentos de Dívida. Efetivamente, o primeiro precedente consta no art. 18, que tem a seguinte redação: "As dúvidas do Tabelião de Protesto serão resolvidas pelo Juízo competente".

Tive ensejo de apreciar, no passado, uma Dúvida-Consulta onde um Tabelião vacilou e quis se resguardar, rogando a tutela judicial, e apreciamos o mérito do pleito, invocando o precedente legal, sendo o primeiro dispositivo referente à atividade notarial.

Em abono à nossa tese, invoco ao ensejo o art. 28 da Lei 8.935/94, quando no Capítulo V figuram os chamados "Direitos e Deveres" dos Notários e Oficiais de Registro.

No art. 29, XIII – dentro do mesmo capítulo –, consta a seguinte disposição: "XIII – encaminhar ao juízo competente as dúvidas levantadas pelos interessados, obedecida a sistemática processual fixada pela legislação respectiva".

No item seguinte alude-se à observância de "normas técnicas", com isso vinculando o poder normativo à atividade.

Assim, *habemus legem*.

Atente-se que até o advento da Lei 8.935/94, salvante o Código Civil, poucos eram os preceitos legais que dispunham sobre a atividade notarial, mormente quanto aos requisitos das escrituras públicas. Diferentemente dos Registros Públicos, não havia uma legislação consolidada, a ponto de inserirem os Estados, nos seus Códigos de Organização Judiciária, muitos requisitos das escrituras públicas, direitos, deveres, vedações e orientações sobre o proceder dos Notários.

Agora a atividade está ordenada pela Lei 8.935/94, mais o Novo Código Civil que foi mais rico do que o anterior, no particular.

Atente-se que, no passado, Ofícios Notariais e Registrais se constituíam em órgãos do Judiciário, nos chamados Ofícios Extrajudiciais, o que não mais persiste. Mas havia uma harmonia entre as áreas preventivas dos litígios, e as que restauravam a ordem jurídica atingida, através da jurisdição.

Os que sustentam que o princípio da qualificação, aliado ao da autonomia registral, não conseguem explicar o "poder normativo" que a Lei 8.935/94 adotou, em mais de uma oportunidade. Ora, se a autonomia dos Notários e Registradores é absoluta, não poderia sofrer limitações advindas das normas administrativas dos Juízes e Tribunais.

Com tais ponderações, tenho que persiste o Processo de Dúvida, como ato de jurisdição administrativa e que objetiva padronizar procedimentos em todo o País, também porque as normas de Direito Civil são nacionais e não regionais. Os registros devem ser padronizados e uniformes para surtirem todos os efeitos jurídicos almejados, daí posso dizer, com absoluta segurança, que a obra apresentada ao mundo jurídico melhorará a saúde nas relações negociais, e cujo sucesso antevejo.

A presente obra enriquecerá ainda mais o currículo da vida do Escritor, brindando o mundo jurídico com tema exposto de forma didática e sem rebusques.

Boa leitura.

Porto Alegre, dezembro de 2008.

Décio Antônio Erpen
Desembargador aposentado do TJRS

PREFÁCIO

Ao lado de Francisco Rezende, Ricardo Coelho e Sergio Jacomino, estive eu entre os que, no ano de 2007, tiveram a primazia, em Florianópolis, de conhecer a tese com que João Pedro Lamana Paiva coroava a especialização em Direito Registral Imobiliário cursada na Pontifícia Universidade Católica de Minas Gerais.

Curiosa conspiração de meditações paralelas: lá do sul, o competente João Pedro propunha para a pós-graduação mineira uma visão dos sistemas do registro e das notas no século XXI –o que não deixava de ser, ao menos em parte, uma previsão– e o fez por meio de considerações sobre o processo de *dúvida* registral. Em outros termos, tratou de avistar a *dúvida no século XXI*. E eu, ao mesmo tempo, trazia aos que se agremiavam no Encontro de Irib de Florianópolis minhas dúvidas sobre o futuro da *dúvida*, quer dizer, uma sorte de prognose acerca da *dúvida do século XXI*.

João Pedro Lamana Paiva não surpreende já pela experiência com que norteia sua meditação registrária. O tempo sazonou um estudioso persistente: o infante João Pedro, eu o conheci na década de 80, e em seu entorno se alçavam, entre outros, no "grupo do Rio Grande", meus amigos desembargador Décio Antônio Erpen, Carlos Fernando Westphalen Santos e Sylvio Paulo Duarte Marques – os dois últimos, saudosos amigos, que São Pedro acolheu para o Registro Eterno. As terras do Rio Grande causam zelo: ali, por vária parte, uvas frutificam para o melhor vinho do País – na Serra gaúcha, na Serra do Sudeste e na Campanha—, e também por vária parte, nessas terras de Sylvio Paulo (a cujo saber registral nenhuma reverência parece demasia), a doutrina do registro renova-se, na linha da tradição, ecoando com João Pedro – ainda quando, sob os olhares da amorável Yara, ditava lições em Sapucaia do Sul–, ou de Pelotas, com Mário Pazutti Mezzari, e de Lajeado, com Luiz Egon Richter – que se estende a Santa Cruz do Sul –, com Paula Ávila em Teotônia, e Ricardo Guimarães Kollet, ensinando as retificações... Ora, tudo isso eu o digo apenas a título ilustrativo, para indicar alguns nomes dentre muitos que, naquelas abençoadas terras, recebendo de seus maiores um nutrido saber registrário, souberam aprofundá-lo, demonstrá-lo, explicá-lo e até, quando o caso, emendá-lo, retificá-lo aqui e ali. Sem ânimo do novidadismo, sem nenhum sopro do medíocre *esprit d'originalité*.

E é, realmente, quando a ciência se persegue sem a perversa influência da busca soberba da originalidade que, de fato, a ciência frutifica cento por cento e faz emergir o saber que, participado na comunidade de tantos (neste caso, bons juristas do Registro de Imóveis), constitui o pensamento efetivamente de vanguarda. *Sem tradição*, é preciso afirmá-lo com vigor, *não há progresso*.

É quase um aforismo a asserção de que ninguém lê prefácios, posfácios ou estudos preliminares. Isso, decerto, conforta-me a parvidade, mas não me fará recuar um iota do juízo de que, honrado pelo convite do João Pedro – que, por amizade, quis contar com um meu pequeno texto –, é minha obrigação escrever algumas linhas (assim as julgo) úteis para contribuir, por breves e acanhadas de mérito, ao edifício do Direito Registral Imobiliário. Um tijolo, o assentamento de um só tijolo, não deixa de contribuir para a edificação de um prédio, tanto quanto umas palavrinhas, ainda que lhes faltem "engenho e arte", podem ser um pouco de argamassa para avançar na construção da doutrina registrária. Essa construção não é tarefa para uma só pessoa: há de ser a missão de uma comunidade de juristas.

João Pedro escreveu sobre a *dúvida* registrária, e o que almejo é, concisamente, indicar sua relacionação com a teoria geral dos registros.

As teorias jurídicas gerais são, de certo aspecto, saberes propedêuticos, introdutórios, saberes de semeação. Mas, de outro lado, são como quê saberes de remate, de extratação, de colheita. Ali, para a semeadura, preponderam as análises – que vão do todo às partes, do efeito às causas, do fim aos meios; para o remate, contudo, nas teorias gerais prevalecem as sínteses: transitam dos meios ao fim, das causas ao efeito, das partes ao todo.

São *gerais* porque, o mais possível, fazem abstração das situações particulares. Por isso, não constitui realmente um paradoxo pensar em teorias *gerais* de segmentos jurídicos: apenas na esfera nominal é que estranha, de fato, cogitar de uma teorias *gerais* de partes.

Não faltaria que alguém advertisse que, paradoxo por paradoxo, surpreenderia falar em *teorias* na órbita de um saber eminentemente *prático*, tal o é o direito. Outra vez, porém, não há nisso contrassenso: entre os saberes da teoria plenária e da prática estrita, há saberes graduados com teoricidade e praticidade atenuadas. É possível uma *teoria da prática* (exemplo patente dessa possibilidade é a Ética).

Que se deve estudar, primeiramente, numa Teoria Geral dos Registros – chamemo-la doravante TGR (quem sabe, à conta dessa informalidade, ela se torne mais familiar a meus resistentes e já meridianos neurônios). A meu ver, três coisas: *documento*, *publicidade* e *conservação*. Mas esse objeto material da TGR (documento, publicidade e conservação) deve ser nela conhecido por determinado aspecto: o de sua *juridicidade*. Examinamos, pois, essas três realidades, na TGR, sob o modo jurídico (objeto formal), considerando-as enquanto se ordenam a ser coisas justas, ou, mais exatamente – cuidando-se de registros públicos —, enquanto elas se ordenam a ser coisas certas: *res certae*.

Determinar a *res iusta* ou, no registro, a *res certa* não é tarefa restrita a conhecer a normatividade abstrata, senão que exige um juízo *hic et nunc* sobre uma situação singular, de fato, sobre um caso. A *res iusta* ou a *res certa* estão no caso, ou melhor, *são no caso*. As normas apenas nos ensinam caminhos para desvendar o justo.

Ora, o juízo jurídico sobre casos não é suscetível de ser categórico; é sempre e definitivamente um juízo provável ou dialético (salvo quanto ao juízo de Deus, por manifesto). E esse juízo provável é matéria da virtude da *prudência*.

Por isso mesmo, dada sua característica dialética, não categórica, o juízo referente a casos sugere a adoção de mecanismos suscetíveis de propiciar reexame do julgado e nova diagnose dos fatos.

Nesse ponto é que justificam os meios de controle de alguns juízos registrais: apenas dos juízos que recusam o registro perseguido. Essa *ferramenta* — como está em voga a expressão —, essa ferramenta é o instrumento de aferição do juízo inaugural, é, em linguagem menos usual, o correlato epistêmico desse juízo. A isso, tradicionalmente, entre nós, se designa a *dúvida registrária*.

Chama a atenção o fato de que somente o juízo negativo do registro (juízo de não qualificação ou, impropriamente, juízo de desqualificação) viabilize o manejo da *dúvida*. Isso se dá em homenagem à circunstância de que o fim do registro é exatamente o de propiciar a segurança jurídica ou *res certa* que ele documenta, publica e conserva. De modo que a negação do registro impede o atingimento de seu fim.

De que segue a razão de ser de a *dúvida* se ensejar apenas nas hipóteses de negativa do registro, para garantia de *duplo juízo registral* – e o juízo de instância posterior é, por sua matéria, *também registrário*, ainda que proceda de órgão não registral –, em favor da acessibilidade ao registro.

A *dúvida*, assim, é uma espécie de remédio que se oferece para que o registro documente, publique e conserve, para que o registro cumpra seus fins.

Por isso, a dúvida reveste-se de vultoso relevo: de uma parte, há de estimar-se o interesse de aceder à garantia registral, de obter a proteção usufruída com a publicidade, a conservação e a documentação no registro. De outra parte, contudo, o vigor social do registro demanda a regularidade de sua atuação: nem tudo merece documentar-se, conservar-se e publicar-se no e pelo registro.

No dia em que tudo pudesse registrar-se – o errado e o certo, o certo e o errado, o honesto e o fraudulento, o fraudatório e o honesto, o crime e a virtude, a virtude e o delitivo, o que é conforme à natureza e o que contraria a natureza, em suma, o bem e o mal, o mal e o bem –, então o registro nada valeria.

O registro vale o quanto vale a confiança social em que ele documenta, conserva e publica verdades. O tempo em o registro que assente, preserve e difunda falsidades será o tempo da agonia. Esse tempo agônico – espero eu, espero no bom Deus – ainda estará longe enquanto houver um João Pedro a registrar nos registros e a ensinar sobre a *dúvida*.

Santana de Parnaíba, nas barrancas do Tietê, aos 20 de dezembro de 2008.

Des. Ricardo Dip

APRESENTAÇÃO

O Professor João Pedro Lamana Paiva, graduado em Direito, é Oficial Titular dos Registros Públicos e Tabelionato de Protesto de Títulos da Comarca de Sapucaia do Sul, no Rio Grande do Sul. É professor na área de Registros Públicos em diversos cursos, dentre eles os da AJURIS – Escola Superior da Magistratura da Associação dos Juízes do Rio Grande do Sul, ESMO – Escola Superior do Ministério Público, UNISINOS – Universidade do Vale dos Sinos, BB&G/IBEST – Sociedade de Ensino, UNISC – Universidade de Santa Cruz do Sul, UNIRITTER – Centro Universitário Ritter dos Reis e FADISMA – Faculdade de Direito de Santa Maria.

É professor ainda em diversos cursos preparatórios para concursos na área do Direito, tendo publicado, pela Editora Forense, o livro A sistemática do Registro de Imóveis, já na 4ª edição.

Além disso, representa o Estado do Rio Grande do Sul como presidente do Conselho Deliberativo do IRIB – Instituto de Registro Imobiliário do Brasil –, o maior órgão de estudos e pesquisa na área do Direito Registral Imobiliário brasileiro, organismo respeitado e reconhecido como um dos maiores difusores da doutrina registrária em todo o mundo.

O Professor João Pedro Lamana Paiva possui uma enormidade de artigos pertinentes à área Notarial e Registral, publicados em revistas jurídicas, pertencendo aos quadros do Comitê Latino-Americano de Consulta Registral e da União Internacional do Notariado Latino (UINL).

O seu currículo, tanto pelas atividades profissionais exercidas quanto pelas atividades acadêmicas, e ainda pela vasta obra publicada, coloca-o, sem dúvida alguma, entre os maiores doutrinadores do moderno Direito Registral Imobiliário. Sério, laborioso, competente e incansável estudioso, é modelo de profissional honrado, possuindo um perfil ético e moral irretocáveis, que faz orgulhosos todos aqueles que desfrutam do seu convívio e amizade. Apesar de tudo isso, e da grandeza do seu trabalho, o ilustrado professor consegue ser um homem simples e de convivência prazerosa. Isso é uma virtude exclusiva dos grandes homens.

A vida muitas vezes inverte os papéis. De aluno, e mais que isso, de discípulo do Professor Lamana Paiva, a vida me fez professor no curso de Especialização em Direito Registral Imobiliário, no nível de pós-graduação *lato sensu*, promovido pela PUC-Minas, Pontifícia Universidade Católica de Minas Gerais.

E para surpresa minha, na grandiosidade da sua humildade, tive como aluno o meu estimado mestre. Estava ali, com certeza, não para aprender nada, pois sua intelectualidade é superior à daquele que estava ali a ensinar, mas afirmo que a sua presença nas aulas engrandeceu o curso que frequentava. Proporcionou-me o mestre uma honra maior, indicando-me como seu orientador na monografia de final do curso, requisito obrigatório para a titulação em decorrência de exigência da Universidade. Confesso que a orientação foi simbólica.

O seu trabalho intitulado *Procedimento de Dúvida no Registro de Imóveis* se converte agora neste livro, que será, sem sombra de dúvida, mais uma grande obra dentre aquelas que formam as colunas que sustentam doutrinariamente o Direito Registral Imobiliário neste país.

A Dúvida é um procedimento administrativo, mas extremamente complexo, e o Professor Lamana Paiva adentra nos seus intrincados meandros. O trabalho tem inestimável valor não só para os profissionais da área registral, mas também para juízes, promotores, advogados e estudiosos, pois aborda temas até agora inexistentes em outra doutrina.

A linguagem é de fácil entendimento, trazendo tópicos que expressam a posição de vanguarda e inovadora do eminente professor gaúcho, amparados em atenciosa observação e estudo da legislação e doutrina registral e que, com certeza, serão de extrema valia para guiar o conhecimento e aprendizado dos interessados no assunto.

Francisco José Rezende dos Santos
Oficial do 4º Ofício de Registro de Imóveis de Belo Horizonte – MG. Professor e Coordenador dos Cursos de Direito Registral Imobiliário da PUC-Minas.

NOTA À 5ª EDIÇÃO

O Direito evolui e continuamos com o intuito de construir o saber. Esta nova edição traz as relevantes atualizações relacionadas ao tema investigado.

Os últimos anos foram visivelmente marcantes para o Direito Notarial e Registral, especialmente o ano de 2022, para os Registradores, em virtude da publicação da Lei 14.382/2022, a qual teve por escopo modernizar, dinamizar e simplificar procedimentos envolvendo os Registros Públicos previstos na Lei 6.015/1973, trazendo diversas alterações inclusive no que tange ao próprio art. 198, dispositivo legal que inicia o trato do Procedimento de Dúvida Registral, matéria esta que necessariamente precisou ser incorporada a esta obra dentre tantas outras relevantes questões.

Nesse diapasão a presente edição atualiza os temas já abordados nas edições anteriores sob a nova roupagem conferida pelas inovações legislativas que regulam os Serviços Registrais e Notariais.

Será possível constatar que matérias que têm repercutido diariamente perante os Serviços de Registro de Imóveis, a exemplo das decorrentes do Código de Processo Civil (Lei 13.105/2015), que instituiu a Usucapião Extrajudicial, do Princípio da Concentração (Lei 13.097/2015), das Regularizações Fundiárias Urbanas e Rurais (Lei 13.465/2017 e Decreto 9.310/2018), Lei 13.777/2018 (Multipropriedade) e Lei 14.382/2022 (Adjudicação Compulsória Extrajudicial), bem como da Tokenização (Provimento 38/2021 da CGJ/RS), igualmente foram contempladas nesta atualização.

Quanto ao tema da Consulta, mister consignar ainda não ser o momento de aprofundar o tema, pois se trata de matéria em fase de germinação, podendo ser futuramente abordada com maior acuidade numa próxima edição desta obra ou, até mesmo, em livro específico sobre o assunto. Isto porque o expediente da Consulta, juntamente com o da Dúvida Registral, tem se mostrado eficiente para a resolução de questões envolvendo títulos judiciais, respaldando a importância do Juiz Natural da causa para a solução de aspectos concernentes ao título expedido quando da conclusão de um processo ou durante sua tramitação. Porém, conforme antes mencionado, a análise mais aprofundada deste instituto ficará para outro momento, tendo sido apresentados nesta oportunidade tão somente os dispositivos normativos previstos na Consolidação Normativa Notarial e Registral (Provimento 001/2020 da Corregedoria Geral da Justiça do Estado do Rio Grande do Sul) para início de compreensão.

Desse modo, agradeço a todos os que me auxiliaram nesta edição, contribuindo com questionamentos que fomentaram reflexões e a apresentação de solução para situações do dia a dia dos Registradores. Essa dinâmica de troca, para a qual sempre estive aberto e disponível, permitiu, sobremaneira a ampliação e o enriquecimento desta nova edição, a qual ofereço aos estudiosos e operadores do Direito com o ânimo de facilitar o trato das questões registrais relevantes.

Porto Alegre – RS, Janeiro/2023.

O Autor

NOTA À 4ª EDIÇÃO

A receptividade, o prestígio e a confiança dos operadores do direito fizeram com que esta obra chegasse a sua 4ª edição. Nosso agradecimento a todos os leitores que motivam a atualização e o aperfeiçoamento desta obra.

Os dois últimos anos foram marcantes para o Direito Notarial e Registral. As alterações legislativas e a adoção de novos procedimentos influenciaram a sistemática das atividades desenvolvidas nas serventias.

Por isso, esta obra está atualizando temas já abordados nas edições anteriores e inserindo as inovações jurídicas que afetam os serviços registrais e notariais.

A 4ª edição elucida a concretização, através das Corregedorias-Gerais de Justiça, das ideias lançadas e defendidas desde a 1ª edição, como é o caso da participação do Notário no procedimento de dúvida e do princípio da concentração como norteador da atividade registral.

A lei não contempla todas as situações jurídicas possíveis, fixando-se, desta forma, os princípios como norteadores da atividade. Com esse fim, foram acrescentados à obra os princípios da cindibilidade e unicidade, já conhecidos da doutrina, e o princípio do saneamento da matrícula (Fólio Real), uma novidade lançada nesta edição.

O Código Civil teve importantes alterações, sendo abordada nesta obra, entre outras, a Lei 12.441/2011, que inseriu a Empresa Individual de Responsabilidade Limitada – EIRELI, a Lei 12.607/2012, que trouxe nova regulamentação sobre a alienação de abrigos de veículos, e a Lei 12.873/2013, que alterou os prazos do penhor rural. Ainda, neste capítulo, foram acrescidos comentários sobre outorga conjugal no regime de separação convencional (total ou limitada) de bens, e as repercussões patrimoniais no regime de participação final nos aquestos.

O georreferenciamento de imóveis rurais já é uma realidade nacional. Esta edição traz as alterações de prazo (Decreto 7.620/2011), a criação e peculiaridades do Sistema de Gestão Fundiária – SIGEF, e os procedimentos normativos do INCRA, quanto aos imóveis rurais.

Por fim, foram acrescidas a esta obra as inovações trazidas pela Lei 12.703/2012, alterada pela Lei 12.810/2013, referente ao Refinanciamento da Dívida Imobiliária com Transferência de Credor (sub-rogação) e o protesto da certidão da dívida ativa, com a Lei 12.767/2012.

Agradeço a todos os que me apoiaram nesta edição, a minha família pelo constante incentivo e ao meu assessor, Vinícius Teófilo Lottici Pereira.

Porto Alegre – RS, junho/2014.

O Autor

NOTA À 3ª EDIÇÃO

A crescente complexidade dos temas de Direito Notarial e Registral vem exigindo, cada vez mais, um permanente acompanhamento dos assuntos da área, que se tem mostrado em constante evolução.

Esta 3ª edição é uma decorrência natural, portanto, da necessidade existente, entre os operadores do sistema notarial e registral brasileiro, de poderem contar com bibliografia atualizada para utilização no dia a dia de trabalho.

Esta nova edição traz as alterações introduzidas na Lei 11.977, de 7 de julho de 2009, pela Lei 12.424, de 16 de junho de 2011, especialmente no tocante à regularização fundiária de assentamentos urbanos, a par de ter alterado significativamente, também, o texto da Lei 6.015, de 31 de dezembro de 1973 (Lei dos Registros Públicos).

Aos leitores que continuam prestigiando a obra, o nosso mais sincero agradecimento.

Sapucaia do Sul-RS, julho/2011.

O Autor

NOTA À 2ª EDIÇÃO

Esta segunda edição do *Procedimento de dúvida no Registro de Imóveis* deve-se à confiabilidade, credibilidade e à grande aceitação da obra no mercado de Direito Registral e Notarial. Assim, é com enorme satisfação que coloco à disposição dos leitores e operadores do Direito uma segunda versão revisada e ampliada da obra.

Como se sabe, o trabalho está dividido em duas partes. Na primeira, "O procedimento de dúvida no Registro de Imóveis: aspectos práticos e possibilidade de participação do notário", é defendida a participação do Tabelião, como assistente ou opoente, no procedimento instituído pelo art. 198 da LRP. Na segunda parte, "A evolução dos sistemas registral e notarial no século XXI", é apresentado um panorama das legislações pertinentes aos Serviços Notariais e de Registros voltadas a desjudicializar os processos de jurisdição voluntária.

Nesta nova edição foram realizadas atualizações importantes em alguns pontos da matéria registral contemplada inicialmente na obra.

A primeira delas é a inclusão de algumas ponderações acerca da alteração no registro tardio, em decorrência da Lei 11.790, de 2 de outubro de 2008, que alterou o art. 46 da Lei 6.015/73, para permitir o registro da declaração de nascimento fora do prazo legal, diretamente nas serventias extrajudiciais.

A segunda atualização importante diz respeito à temática do direito à moradia e do direito à propriedade, contemplada pela Lei 11.977, de 7 de julho de 2009, que dispõe sobre o Programa Minha Casa, Minha Vida e a regularização de assentamentos localizados em áreas urbanas.

A terceira e última das atualizações refere-se ao erro evidente e à retificação extrajudicial no Registro Civil de Pessoas Naturais, de acordo com a recente Lei 12.100, de 27 de novembro de 2009.

Finalmente, é importante ressaltar que os comentários aqui realizados constituem uma das possíveis leituras acerca dos conteúdos normativos que compõem o cada vez mais complexo Sistema Notarial e Registral brasileiro.

Sapucaia do Sul-RS, fevereiro/2010.

O Autor

NOTA DO AUTOR

A presente obra foi apresentada no Curso de Especialização *Stricto Sensu* na Pontifícia Universidade Católica de Minas Gerais, contando com a brilhante orientação do eminente Dr. Francisco Rezende, grande amigo. A defesa da monografia ocorreu na própria Universidade – sendo, nesta ocasião, atribuído a ela o grau máximo. Posteriormente, o trabalho foi apresentado – e aprovado – no XXXIV Encontro de Oficiais do Registro de Imóveis do Brasil em Florianópolis, perante uma mesa composta pelo Des. Ricardo Dip e pelos Registradores Sérgio Jacomino, Francisco Rezende e Ricardo Coelho. Nesta oportunidade, foi objeto de questionamentos, debates e de pontuais observações, merecendo, em seu conteúdo, revisão.

Agradeço a todos os que, direta e indiretamente, me apoiaram nesse ínterim, principalmente à minha família que me acompanhou e se manteve ao meu lado todo esse tempo – como sempre, e ao meu querido e admirável sogro, César Beck Machado, que foi o grande exemplo, modelo e responsável pelo meu ingresso nos Serviços de Registros Públicos. Também aos grandes nomes do Direito Imobiliário Registral: Dr. Antonio Albergaria Pereira, Des. Décio Antônio Erpen, Dr. Francisco José Rezende dos Santos, Dr. Mário Pazutti Mezzari, Des. Ricardo Dip, Dr. Sérgio Jacomino e ao Dr. Walter Ceneviva. Igualmente, ao meu estimado sobrinho, Dr. Tiago Machado Burtet, e à minha assessora, Drª Ana Paula Gavioli Bittencourt, dentre tantos outros que iluminam e enriquecem a doutrina do Direito Notarial e Registral.

PRIMEIRA PARTE
O PROCEDIMENTO DE DÚVIDA NO REGISTRO DE IMÓVEIS: ASPECTOS PRÁTICOS E POSSIBILIDADE DE PARTICIPAÇÃO DO NOTÁRIO

Primeira Parte

O PROCEDIMENTO DE DÚVIDA NO REGISTRO DE IMÓVEIS: ASPECTOS PRÁTICOS E POSSIBILIDADE DE PARTICIPAÇÃO DO NOTÁRIO

1
INTRODUÇÃO

Este trabalho se propõe a abordar os principais aspectos do Procedimento de Dúvida no Registro de Imóveis. Para isso, será necessário um conhecimento prévio dos princípios que norteiam o sistema registral imobiliário, em especial o da qualificação, a fim de que seja possível verificar os motivos que levam à instauração deste procedimento.

Em momento posterior, serão apresentados os conteúdos necessários sobre a Dúvida que o operador do Direto precisa dominar para poder aplicar adequadamente este mecanismo jurídico, objetivando alcançar um registro perfeito, sem máculas que possam viciá-lo a ponto de permitir sua contestação.

Entre eles, serão estudados a natureza da Dúvida, seus efeitos, a forma de provocação, as partes envolvidas, a tramitação, o julgamento, os recursos relacionados e a coisa julgada e outros pontos de igual relevância.

É importante este estudo pela faculdade de acesso a que todo cidadão tem de se socorrer no Poder Judiciário para a resolução de um conflito de interesses, sendo, no caso da Dúvida, também noções jurídicas.

Por se tratar de um estudo envolvendo matéria jurídica, a metodologia aplicada será na forma de observação e comentários de trabalhos científicos e de como o Poder Judiciário tem enfrentado as questões sobre o tema proposto. Para tanto, procurar-se-á desenvolver uma linguagem acessível e de fácil compreensão.

2
DIREITO REGISTRAL E NOTARIAL

Primeiramente, é necessário situar o Procedimento de Dúvida.

Está ele afeto, principalmente, ao Direito Registral Imobiliário, conforme previsão nos arts. 198 e seguintes da Lei n. 6.015/1973[1], o qual será objeto deste estudo. Aplica-se, também, aos outros serviços de registros previstos na mesma lei, quais sejam, Registro Civil de Pessoas Naturais (RCPN), Registro Civil de Pessoas Jurídicas (RCPJ) e Registro de Títulos e Documentos (RTD), por força do art. 296.

No Direito Notarial, o Procedimento de Dúvida pode ser empregado pelo Tabelião de Protesto de Títulos, nos termos do art. 18 da Lei n. 9.492/97[2], estabelecendo que "as dúvidas do Tabelião de Protesto serão resolvidas pelo Juízo competente".

Embora o art. 30, XIII, da Lei 8.935/1994[3] preveja que: "São deveres dos notários e dos oficiais de registro: [...] XIII – encaminhar ao juízo competente as dúvidas levantadas pelos interessados, obedecida a sistemática processual fixada pela legislação respectiva", entende-se que esta compete aos Registradores dos serviços acima indicados, bem como ao Tabelião de Protesto de Títulos unicamente, mas não ao Tabelião de Notas, porque este não tem dúvida quanto à lavratura de um ato notarial, realizando-o se condizente com o Direito, ou recusando a sua formalização.

Portanto, a relação entre Dúvida e Notários estabelecida no inciso XIII do art. 30 da Lei 8.935/1994 não se aplica aos Tabeliães de Notas, inclusive porque a sistemática processual assim não prevê. Desta forma, o Tabelião de Notas não poderá ser o autor de uma Dúvida, mas, conforme será visto adiante, isto não elidirá sua participação como interessado na defesa do ato por ele lavrado.

---

1. BRASIL. Lei 6.015, de 31 de dezembro de 1973. Dispõe sobre os registros públicos, e dá outras providências. Diário Oficial da União, Brasília, 31-12-1973.
2. BRASIL. Lei 9.492, de 10 de setembro de 1997. Define competência, regulamenta os serviços concernentes ao protesto de títulos e outros documentos de dívida e dá outras providências. Diário Oficial da União, Brasília, 11-9-1997.
3. BRASIL. Lei 8.935, de 18 de novembro de 1994. Regulamenta o art. 236 da Constituição Federal, dispondo sobre serviços notariais e de registro (Lei dos cartórios). Diário Oficial da União, Brasília, 21-11-1994.

Ainda, e, aqui, esquivando um pouco da legislação pertinente aos Registros Públicos, o legislador, na Lei n. 6.766/1979[4], apontou uma outra hipótese de suscitação de dúvida ao assim referir no § 2º do seguinte artigo:

> Art. 18. Aprovado o projeto de loteamento ou de desmembramento, o loteador deverá submetê-lo ao registro imobiliário dentro de 180 (cento e oitenta) dias, sob pena de caducidade da aprovação, acompanhado dos seguintes documentos:
>
> § 2º A existência de protestos, de ações pessoais ou de ações penais, exceto as referentes a crime contra o patrimônio e contra a administração, não impedirá o registro do loteamento se o requerente comprovar que esses protestos ou ações não poderão prejudicar os adquirentes dos lotes. Se o Oficial do Registro de Imóveis julgar insuficiente a comprovação feita, suscitará a dúvida perante o juiz competente.

Nota-se, portanto, que a possibilidade de instauração do Procedimento de Dúvida não está centralizada em uma única legislação, mas, também, é possível a sua visualização na legislação esparsa, como no caso do parágrafo supra.

Como não poderia deixar de ser, será preciso enfocar na constitucionalidade do procedimento, diante de ser oriundo de uma lei publicada antes dela (Lei 6.015/73). A recepção da citada legislação é inquestionável, remanescendo, outrossim, a análise de como deve melhor se desenvolver o mecanismo em face dos preceitos constitucionais, em especial em decorrência do devido processo legal (ampla defesa e contraditório).

---

4. BRASIL. Lei 6.766, de 19 de dezembro de 1979. Dispõe sobre o parcelamento do solo urbano e dá outras providências. Diário Oficial da União, Brasília, 20-12-1979.

3
ALGUNS PRINCÍPIOS REGISTRAIS

Antes de tecer comentários sobre o Procedimento da Dúvida em si, é necessário que sejam conhecidos alguns princípios registrais, tendo em vista que geralmente se estabelece a Dúvida por possível afronta a algum(uns) daqueles. Via de regra, é da qualificação negativa de um título, por possível quebra de um princípio registral, que nasce a Dúvida. Assim, é fundamental conhecer o pensamento e a atividade do Registrador, por meio do estudo dos princípios, para entender o motivo da existência do Procedimento em estudo.

Procurar-se-á explicá-los de maneira a permitir uma fácil compreensão, relacionando-os com a prática dos serviços registrais.

3.1 PRINCÍPIO DA ROGAÇÃO OU INSTÂNCIA

É através do princípio da instância, ou da rogação, também conhecido como reserva de iniciativa, que se inicia a atividade registral. Por ele, exige-se uma provocação da parte interessada para iniciar a prestação da atividade registral, a qual não age *ex officio*, salvo para averbar a denominação logradouros públicos, conforme previsto nos arts. 167, II, e 13, da Lei 6.015/1973, e nos casos indicados no inciso I do art. 213 da referida norma. Portanto, a manifestação de vontade de um interessado é o fator que movimenta a estrutura registral. Pode ser por requerimento expresso ou verbal, ou até mesmo por qualquer ato que represente a intenção inequívoca de ver realizado um ato registral.

Este princípio tem por fundamento legal os arts. 13 e 217 da LRP.

3.2 PRINCÍPIO DA PRIORIDADE E PREFERÊNCIA

Tal princípio está previsto nos arts. 12, 174 e 182 ao 186 da LRP. Uma vez apresentado um título no serviço registral competente, este deverá ser lançado no Livro de Protocolo, garantindo a prioridade do direito. Como ensina o adágio: "Dormientibus non succurrit jus" (o Direito não socorre aos que dormem), o primeiro que apresentar um título ao Registrador terá assegurado seu direito posto em controvérsia com outro.

A prioridade se presta, também, para autenticar a data da constituição, declaração, modificação ou extinção de direitos. Além da finalidade acima exposta, quando não há conflito entre dois ou mais títulos, a prioridade se presta como marco representativo de uma alteração jurídica envolvendo sujeitos e bens. Numa compra e venda de bem imóvel, por exemplo, a propriedade será adquirida quando da apresentação do título no Registro de Imóveis da situação do imóvel.

Por outro lado, a preferência estabelece a ordem, dentro do processo de registro, na efetivação da qualificação e prática do ato registral. Este princípio estabelece que os títulos com numeração de protocolo menor têm preferência sobre os posteriores no processo registral. A ordem é quebrada nos casos excepcionais previstos em lei, em que o Registrador tem um prazo menor para a execução da atividade. Entre as exceções está o registro dos títulos a que se refere a Lei 9.514/1997, com prazo de 15 dias (art. 52 da Lei 10.931/2004), e as cédulas de crédito rural, com prazo de 03 (três) dias úteis (art. 37 do Decreto-lei 167/1967).

O sistema registral possibilita que o Oficial submeta o título ao juiz, caso em que o prazo do protocolo fica suspenso até que retorne o título ao Ofício. Havendo um título apto a registro, protocolado posteriormente ao submetido ao magistrado e prenotando a mesma matrícula, este terá seu prazo suspenso juntamente com o título que foi submetido ao juiz.

3.3 PRINCÍPIO DA TERRITORIALIDADE

Por este princípio, que está previsto no art. 169 da LRP e no art. 12 da Lei 8.935/1994, estabelece-se a competência registral com base num determinado território ou região. Ou seja, o agir do Registrador está limitado a uma determinada circunscrição.

Importa destacar que a apresentação de um título num serviço de registro incompetente não gera direito algum. Constatando a incompetência antes da prenotação, o Oficial poderá devolvê-lo sem realizar o seu protocolo, pois este será inócuo. Todavia, por não ser vedado dito apontamento, a protocolização poderá ocorrer, mas o título não poderá ensejar qualquer outro ato registral, devendo ser devolvido a parte apresentante com nota explicativa/devolutiva.

3.4 PRINCÍPIO DA QUALIFICAÇÃO

Tendo ocorrido a provocação do registro e a protocolização do título, o Registrador irá proceder à sua conferência, a fim de analisar se aquele obedece a todas as formalidades legais para que seja possível realizar o ato registral.

Havendo a qualificação positiva, o que representa a certeza dada pelo Oficial do Registro de que o título contém os requisitos exigidos por lei – também conhecida por autenticidade –, estará permitida a realização dos assentos necessários para que a parte interessada se satisfaça com os efeitos emanados do registro, uma vez que estes atos irão gerar a ficção de conhecimento perante terceiros.

Outrossim, havendo algum defeito no título que possa comprometer a sua validade e eficácia perante terceiros, deverá o Registrador expô-lo por escrito, por meio de uma nota explicativa de exigências, para que o título seja complementado ou retificado a fim de permitir a realização do registro pretendido, conforme dispõe a primeira parte do art. 198 da LRP. A impugnação deverá, em uma única oportunidade, expor todos os defeitos presentes no título. O Registrador não pode, quando da apresentação de um título, realizar uma conferência parcial, mas, sim, completa e integral, indicando, de uma só vez, tudo o que precisa ser feito para o seu ingresso no Álbum Imobiliário.

Aliás, quando o Oficial não tiver condições de expor o motivo do indeferimento do registro, deverá fazê-lo, porque não se admite que suposições do Oficial sirvam para interromper o processo de aquisição ou declaração de direitos através do uso do sistema registral. Observa-se que quando se menciona a expressão "registro" está se empregando a sua concepção em sentido lato, não se referindo especificamente ao ato de registro *stricto sensu*, mas a todo e qualquer ato registral.

Pois bem, uma vez informada a parte interessada dos motivos da negativa do registro, de forma expressa – escrita e em uma única oportunidade –, aquela poderá se conformar com as exigências e providenciar as necessárias correções, ou, caso contrário, poderá se opor ao posicionamento do registro e solicitar que o título seja submetido ao Poder Judiciário, por meio do Procedimento de Dúvida, previsto nos arts. 198 e seguintes da LRP.

3.5 PRINCÍPIO DA LEGALIDADE

Como se pode ver da análise do princípio da qualificação, o Oficial de Registro é um fiscal da lei. Afeto a este princípio, portanto, está o da legalidade, que atribui ao Registrador o dever de analisar se os documentos que lhe foram apresentados estão em conformidade com a lei. Tal incumbência está prevista nos arts. 198 e 289 da LRP, bem como em legislações específicas.

Uma vez procedido o ato registral, dele emanará a presunção de legalidade, até prova em contrário.

Percebe-se, por conseguinte, tanto da análise deste princípio quanto do princípio da qualificação, que há certo subjetivismo que permite ao Registrador acatar ou não um pedido de registro, pois, em não raras vezes, são apresentados títulos com defeitos na sua origem, na contratação, por exemplo, que podem ensejar ou a nulidade ou a anulabilidade do ato. Discute-se, por isso, na doutrina e na jurisprudência, até onde vai o poder do Registrador na qualificação dos títulos a ele apresentados.

No aspecto formal, o cumprimento da legalidade impõe ao Registrador observar os exatos termos previstos na lei, permitindo ao usuário ter amplo conhecimento acerca das razões da dúvida suscitada, bem como conhecer como e em qual tempo pode ofertar sua manifestação (ampla defesa e contraditório) perante o Juízo competente. Deixar de cumprir este dever de ofício, permitindo a concreção do devido processo legal, agora pode gerar sanção ao Registrador (§2º do art. 198 da Lei 6.015/73).

3.6 PRINCÍPIO DA CONTINUIDADE

Outro princípio de fundamental importância é o da continuidade, que impõe ao Registrador o exame da cadeia sucessória das transmissões e aquisições de imóveis. Está previsto nos arts. 195, 196, 197, 222, 223, 225, 228, 229 e 237 da LRP.

Por ele, o Registrador verifica se aquele que pretende transmitir um direito é o seu titular. Como regra, não se admite que alguém que não consta no Álbum Imobiliário transmita validamente direitos, necessitando, desta forma, a apresentação de um título anterior que lhe outorgue o direito que pretende dispor. Portanto, impede o lançamento de qualquer ato registral sem que se faça menção ao registro anterior e ao seu titular.

É um conceito elementar, embora não seja observado por todos aqueles que formalizam documentos envolvendo bens imóveis, principalmente nos contratos de natureza particular e, em alguns casos, nos títulos judiciais.

3.7 PRINCÍPIO DA DISPONIBILIDADE

Esse princípio está previsto nos arts. 172, 196, 225, 227, 228, 236 e 237 da LRP e nos arts. 1.228 e 1.420 do CC e está intimamente ligado ao da continuidade. Por ele, o Registrador Imobiliário irá analisar se o bem que está sendo alienado é, qualitativa e quantitativamente, equivalente ao que se titula.

Assim, objetiva controlar o conteúdo e a qualidade dos direitos transmitidos. Visa respeitar a premissa definidora que a ninguém é dado transmitir mais direitos do que titula. Compreende as disponibilidades físicas (área disponível do imóvel) e a dificuldade jurídica (a natureza do direito transmitido deve se referir com o direito titulado). Por exemplo, alguém que é o credor de um direito real à aquisição, como o promitente comprador, não pode transferir a propriedade plena do imóvel, uma vez que ele não titula a propriedade, mas um direito real limitado. Poderá, entretanto, ceder seus direitos através de um contrato específico.

Neste sentido, a ementa que segue:

Registro de Imóveis. Dúvida. Carta de arrematação. Indisponibilidade. Decretada por diversos juízos a indisponibilidade do bem imóvel levado à praça, fato do conhecimento da arrematante, a carta não poderá ser registrada enquanto perdurar a indisponibilidade judicial existente. Recurso não conhecido[1].

3.8 PRINCÍPIO DA ESPECIALIDADE

O princípio da especialidade impõe a exata identificação do sujeito e do bem constantes de um título que aporta no Registro de Imóveis, para que se permita a realização dos atos registrais solicitados. Sendo assim, subdivide-se em dois aspectos: um objetivo, outro subjetivo.

No tocante à especialidade objetiva, exige a lei (arts. 176, § 1º, II, item 3, 222 e 225 da LRP) a completa descrição do imóvel e a referência à sua matrícula no título que ensejará um registro, a fim de se alcançar a certeza quanto ao bem, evitando que se realize um registro de forma equivocada. É obrigatória a descrição da coisa, além da indicação do número do registro anterior, por segurança.

Para exemplificar a situação apresentada, colaciona-se a seguinte ementa oficial:

Registro de Imóveis. Dúvida. Escritura Pública de dação em pagamento. Registro. Inadmissibilidade. Área destacada do imóvel objeto de precedentes desfalques. Remanescente sem definição geodésica. Afronta à regra da especialidade e ao princípio da disponibilidade qualitativa. Exigência de precedente retificação judicial. Recusa confirmada. Recurso não provido[2].

Ademais, a especialidade subjetiva (art. 176, § 1º, II, item 4, da LRP) estabelece a necessidade de adequação da situação jurídica do titular do direito no Ofício Predial. Por exemplo, se alguém consta no Registro de Imóveis como "casado", mas teve seu estado civil alterado para "divorciado", será necessária a atualização da sua nova situação jurídica na matrícula do imóvel, não sendo

---
1. BRASÍLIA. Superior Tribunal de Justiça. Recurso Especial 286.082/RJ, publicado no DJU, em 20-8-2001. Disponível em: <https://www.jusbrasil.com.br/jurisprudencia/stj/304883>. Acesso em: 25 ago. 2022.
2. SÃO PAULO. Tribunal de Justiça. Apelação Cível 023847-0/3. Registro de Imóveis, *thesaurus jurisprudencial*, acórdãos e decisões do Conselho Superior da Magistratura e Corregedoria Geral da Justiça de São Paulo, 1996. Porto Alegre: Sérgio Antônio Fabris Editor, 1997, p. 16-19.

permitido que se realize qualquer assento sem tal providência, inclusive porque ela poderá repercutir no direito real inscrito.

3.9 PRINCÍPIO DA INSCRIÇÃO

Impõe o lançamento dos atos de registro ou averbação previstos em lei, no livro próprio, como corolário da eficácia jurídica, tendo por finalidade dar aos atos segurança e oponibilidade perante terceiros. É a aplicação da máxima que estabelece: "quem não registra não é dono". Sua previsão legal está assentada nos arts. 167, I e II, 168 e 169 da LRP, bem como nos arts. 1.227 e 1.245, § 1º, do CC.

Este princípio dá a aparência de que o sistema registral imobiliário é fechado, ou *numerus clausus*. Na verdade, ele serve, em primeiro lugar, para diferenciar quais atos devem ser objeto de um lançamento de registro e quais de averbação; em segundo, para identificar que os atos de registro são apenas os determinados por lei, diferentemente dos de averbação, que autorizam a sua realização sempre que algum título mantiver relação com o imóvel. Esta é a ideia do princípio da concentração, previsto nos arts. 167, II, n. 5, e 246, *caput*, da LRP, que vem se desenvolvendo rapidamente para que o sistema registral possa outorgar maior segurança jurídica a todos.

3.10 PRINCÍPIO DA PUBLICIDADE

Uma vez realizado o ato registral ele se torna público, a fim de permitir a oponibilidade do direito inscrito perante toda sociedade. Gera, portanto, efeito *erga omnes*. O que não tem publicidade não gera oponibilidade, pois, se o ato não é conhecido, não tem como ser respeitado. Este princípio está disposto no art. 172 da LRP e no art. 1º da Lei 8.935/1994.

O meio de publicizar os atos registrais é a certidão, a qual pode ser de inteiro teor, em resumo ou em relatório, fornecida a qualquer pessoa sem necessidade de motivar ou comprovar interesse, conforme o art. 17 da LRP.

3.11 PRINCÍPIO DA CINDIBILIDADE

Permite ao Registrador Imobiliário, com independência, aceitar, para a realização de um ato registral, um título em que constam mais de um imóvel para registro, sendo que apenas um, ou alguns, se apresentam aptos para ingressar no Fólio Real, enquanto os outros dependem de prévia regularização. Um exemplo de aplicação deste princípio é o registro imediato de um imóvel constante de um Formal de Partilha, perfeitamente descrito e caracterizado, enquanto se aguarda a regularização de outros imóveis com descrições imperfeitas, mas constantes do mesmo título.

Recomenda-se, nesse caso, a solicitação da apresentação de um requerimento assinado pela parte interessada, com firma reconhecida, indicando os motivos pelos quais pretende ver registrado parcialmente seu título. Este princípio está disposto no inciso II, do art. 416, da Consolidação Normativa Notarial e Registral do Estado do Rio Grande do Sul e no inciso II, do art. 13 da LRP.

O princípio da cindibilidade anda de mãos dadas com o princípio da reserva de iniciativa (Rogação/Instância), na medida em que o usuário é quem determina o que quer ver registrado, através do seu pedido (expresso ou verbal), não podendo o registro de imóveis substituir a vontade do interessado.

Sendo assim, também é possível utilizar além da CNNR, o artigo 217 da LRP.

3.12 PRINCÍPIO DO SANEAMENTO DA MATRÍCULA (FÓLIO REAL)

O saneamento, dentro do processo civil, é uma etapa em que o juiz prepara o processo para a fase instrutória. O art. 357 do Código de Processo Civil dispõe os atos do juiz neste momento processual, o qual resolverá as questões processuais pendentes, se houver, bem como delimitará as questões de fato sobre as quais recairá a atividade probatória, especificando os meios de prova admitidos, também irá definir a distribuição do ônus da prova, delimitando, de igual forma, as questões de direito relevantes para a decisão do mérito e designará, sendo necessária, a data de audiência de instrução e julgamento.

A Lei 8.935/1994 dispõe que o registrador deve prestar o serviço de forma eficiente e adequada, garantindo segurança jurídica, autenticidade, eficácia e publicidade dos atos jurídicos. Por isso, ao oficial de registro, que é um profissional de direito dotado de fé pública, incumbe prestar um distinto serviço aos usuários, praticando os atos necessários ao cumprimento da natureza e fins da atividade.

O Fólio Real, em razão destes fins, deve exprimir clareza para cumprir proveitosamente uma das missões da publicidade registral que é "transmitir ao conhecimento de terceiros interessados ou não interessados a informação do direito correspondente ao conteúdo do registro"[3].

Em determinados casos as informações de imóveis a terceiros, obtidas por meio de certidão, restam prejudicadas pelo teor complexo constante do Álbum Imobiliário que contém matrículas com diversos atos e circunstâncias que causam confusão sobre a propriedade e titularidade de direitos. Constam praticados

---
3. CENEVIVA, Walter. *Lei dos Registros Públicos comentada*. 19. ed. São Paulo: Saraiva, 2009.

inúmeros atos de alienação ou transmissão parcial, onerações sobre percentual ou fração do imóvel, restrições e gravames sobre direitos de uma pessoa específica, bem como peculiaridades não abrangidas pela Lei dos Registros Públicos, o que, no conjunto, dificulta a compreensão e a leitura da atual situação jurídica do imóvel e das pessoas nele envolvidas. Além da falta de clareza dessas matrículas, o elevado número de páginas acaba por acrescer o valor da certidão de inteiro teor.

Por isso, o registrador pode, a requerimento da parte interessada ou no interesse da organização do serviço, visando a alcançar maior segurança jurídica e uma publicidade mais eficiente, realizar o saneamento dos atos registrais, o que faz pelo Direito Registral à luz do disposto no art. 357 do Código de Processo Civil vigente. Semelhante à atuação do juiz no processo, o registrador faz o saneamento de acordo com as seguintes etapas:

1ª – análise criteriosa dos livros e documentos do Ofício a fim de averiguar a titularidade da propriedade, os ônus, ações e gravames que recaem sobre o imóvel, bem como os demais direitos registrados (art. 172 da LRP);

2ª – verificação da necessidade de praticar: retificações (art. 213, I, da LRP); atos de averbação indispensáveis a especialidade objetiva e subjetiva, adequando a matrícula aos requisitos do art. 176 da LRP; e atos de ineficácia ou cancelamento de direitos sobre o imóvel (art. 252 da LRP);

3ª – indicação ao requerente, se necessário, dos títulos e documentos para a prática dos atos apontados na verificação do item anterior. Com a apresentação do mencionado, serão procedidas as correções e os acréscimos;

4ª – averbação saneadora, que contém a descrição tabular do imóvel, a titularidade da propriedade, os direitos vinculados ao imóvel e às pessoas constantes no registro, se houver. Realizada a averbação criteriosa sobre o fólio real, pode-se abrir uma nova matrícula com todos os requisitos do art. 176 da LRP, encerrando-se a matrícula de origem. A abertura de matrícula fica condicionada a solicitação do requerente e a critério do registrador. Dessa forma, ter-se-á uma matrícula clara, precisa e concisa, alcançando a publicidade eficiente do fólio real.

Como se vê, esse princípio está referenciado no artigo 19 da LRP, em virtude da introdução do § 9º pela Lei 14.382/2022.

O referido parágrafo introduziu na legislação a certidão de situação jurídica atualizada do imóvel, que é elaborada a partir do exame minucioso e obrigatório de todos os atos constantes na matrícula.

Esse princípio também se aplica na abertura de matrícula dos imóveis transcritos anteriormente à vigência da Lei dos Registros Públicos, sendo dispensável a averbação saneadora. Na **página 25** consta um modelo de averbação saneadora.

3.13 PRINCÍPIO DA UNICIDADE

A Lei dos Registros Públicos alterou o sistema registral brasileiro, implementando, entre outras inovações, o Livro 2 – Registro Geral, que corresponde à matrícula do imóvel. No sistema regido pelo Decreto 4.857/1939, cada transmissão, alienação ou oneração do imóvel ganhava nova transcrição/inscrição individual em livro específico, sendo as averbações realizadas à margem, em campo próprio. Não havendo espaço para proceder às averbações, estas eram transportadas a outro livro, fazendo-se a devida remissão no livro de origem.

Com o advento da Lei 6.015/1973, todo imóvel objeto de título a ser registrado passou a ter matrícula própria, a qual corresponde à integralidade do imóvel, sendo vedada a abertura de matrícula com mais de um imóvel ou com parte deste. Todos os atos de registro e averbação relativos ao imóvel e às pessoas nele envolvidas são praticados na matrícula, com exceção dos atos atribuídos ao Livro 3 – Registro Auxiliar.

O princípio da unicidade, ou unitariedade matricial, possibilitou que em um único documento público – a matrícula – se concentre a totalidade da propriedade real e dos direitos a ele relativos, fornecendo um histórico completo sobre a unidade imobiliária, formando um verdadeiro *curriculum* do imóvel.

Esse princípio reforça o caráter de centralização na matrícula de todas as informações alusivas ao imóvel e às pessoas que a ele se vinculam, facilitando a publicidade das informações do fólio real e pessoal, bem como reforçando os fundamentos do Princípio da Concentração.

3.14 PRINCÍPIO DA CONCENTRAÇÃO

Esse princípio surgiu por meio do Desembargador Décio Antônio Erpen e do Registrador João Pedro Lamana Paiva, já sendo aplicado em nível nacional[4]. Os defensores deste princípio têm apregoado que, em se adotando o sistema tabular, deve ele ser completo. A matrícula (fólio real), em substituição às inscrições de cunho pessoal e cronológico, deve ser tão completa que dispense diligências outras até criar-se a cultura da segurança jurídica.

O art. 167 da LRP pode ser considerado exaustivo por alguns. Todavia, o apego a essa conclusão não enriquece o sistema, também porque o art. 246, da mesma lei, permite ilações no sentido de se dar elasticidade ao comando legal.

---

4. ERPEN, Décio Antônio; Paiva, João Pedro Lamana. *Princípio do registro imobiliário formal*. Introdução ao Direito Notarial e Registral. Porto Alegre: Sérgio Antônio Fabris Editor, 2004.

Assim, nenhum fato jurígeno ou ato jurídico que diga respeito à situação jurídica do imóvel ou às mutações subjetivas pode ficar indiferente ao Registro/Averbação na matrícula. Além dos atos translativos de propriedade, das instituições de direitos reais, devem constar os atos judiciais: os atos que restringem a propriedade; os atos constritivos (penhoras, arrestos, sequestros, embargos), mesmo de caráter acautelatório; as declarações de indisponibilidade; as ações pessoais reipersecutórias e as reais; os decretos de utilidade pública; as imissões nas expropriações; os decretos de quebra; os tombamentos; comodatos, as servidões administrativas, os protestos contra a alienação de bem, os arrendamentos, as parcerias na matrícula. Enfim, todos os atos e fatos que possam implicar a alteração jurídica da coisa, mesmo em caráter secundário, mas que possam ser oponíveis, sem a necessidade de se buscar, alhures, informações outras, o que conspiraria contra a dinâmica da vida.

Cresce, de outro lado, o confisco de áreas utilizadas para cultura de vegetais psicotrópicos, quando, na sentença criminal, são confiscadas as propriedades. Como promover-se a comunicação deste ato à comunidade? Um simples edital prestar-se-ia para tal fim?

Sabe-se que dois são os órgãos de publicidade: os específicos e os precários. Nos precários, inclui-se a Imprensa Oficial para publicação de atos do governo, incluindo alguns que digam respeito a imóveis. Aí a perplexidade porque, sabe-se, o povo não tem acesso à Imprensa Oficial, nem vocação para ler o conteúdo por ela veiculado. No entanto, é da publicação dos atos que é extraída a ficção de conhecimento.

Seria o caso de, quando se referisse a imóveis, fosse tida como necessária a dupla publicidade para evitar que se gerassem injustiças. Isso o nosso sistema já adotou, isoladamente, é verdade. Não se pode consagrar uma ficção legal como instrumento de injustiças, em especial quando as publicações pela imprensa possuem caráter fugaz: lê-se – quando se lê –, mas não se armazena; não se arquiva na mente.

Hoje, as autoridades financeiras, além do decreto de indisponibilidade, que seria satisfativo, promovem comunicação às Corregedorias da Justiça para ciência dos registradores. Assim, está a admitir que a publicação pela Imprensa Oficial não é satisfatória. Como não o é. Mas, legalmente, o edital teria cunho satisfativo. Se o registro imobiliário se constitui no único mecanismo confiável para noticiar-se à comunidade o que lhe pode ser oponível, mister que o mesmo seja completo, ágil, seguro e universal, similar a uma Encíclica Papal: *urbi et orbi*.

Muito interessante seria a conjugação de dados referentes ao bem e a seu titular, daí por que elogiável a exigência legal que manda anotar eventuais inibições ao titular de direitos sobre a coisa. O curador, em caso de interdição, deveria promover, de ofício, as devidas averbações.

Assim, como fundamento legal do Princípio da Concentração, temos o art. 167, inciso II, item 5, combinado com o art. 246, ambos da Lei 6.015/1973:

> Art. 167. No Registro de Imóveis, além da matrícula, serão feitos: [...]
>
> II – a averbação: [...]
>
> 5) da alteração do nome por casamento ou por desquite, ou, ainda, de outras circunstâncias que, de qualquer modo, tenham influência no registro ou nas pessoas nele interessadas."
>
> Art. 246. Além dos casos expressamente indicados no inciso II do caput do art. 167 desta Lei, serão averbadas na matrícula as sub-rogações e outras ocorrências que, por qualquer modo, alterem o registro ou repercutam nos direitos relativos ao imóvel.
>
> § 1º As averbações a que se referem os itens 4 e 5 do inciso II do art. 167 serão as feitas a requerimento dos interessados, com firma reconhecida, instruído com documento dos interessados, com firma reconhecida, instruído com documento comprobatório fornecido pela autoridade competente. A alteração do nome só poderá ser averbada quando devidamente comprovada por certidão do Registro Civil;
>
> § 1º-A No caso das averbações de que trata o § 1º deste artigo, o oficial poderá providenciar, preferencialmente por meio eletrônico, a requerimento e às custas do interessado, os documentos comprobatórios necessários perante as autoridades competentes;
>
> § 2º Tratando-se de terra indígena com demarcação homologada, a União promoverá o registro da área em seu nome;
>
> § 3º Constatada, durante o processo demarcatório, a existência de domínio privado nos limites da terra indígena, a União requererá ao Oficial de Registro a averbação, na respectiva matrícula, dessa circunstância;
>
> § 4º As providências a que se referem os §§ 2º e 3º deste artigo deverão ser efetivadas pelo cartório, no prazo de trinta dias, contado a partir do recebimento da solicitação de registro e averbação, sob pena de aplicação de multa diária no valor de R$ 1.000,00 (mil reais), sem prejuízo da responsabilidade civil e penal do Oficial de Registro.

A Publicidade é um fenômeno que gera paz e estabilidade social. Para o Direito, o "tornar conhecido", o "trazer à luz", oportuniza o conhecimento e, consequentemente, a geração de efeitos, para fins de proteção de oponibilidade e, como consequência, de segurança jurídica.

A sociedade atual experimenta a transição entre situações ocultas, clandestinas, para fatos, atos e negócios absolutamente aparentes e publicizados. Em razão disso surgem legislações que pretendem estabelecer controle sobre abusos que possam sobrevir desta publicidade (proteção dos direitos da personalidade e Lei Geral de Proteção de Dados).

Ganha evidência para a sociedade e para os Governos o evento da Publicidade. Ou por meio das redes sociais e outras mídias, ou pela atuação estatal exigindo providências antes desprezadas, estamos hoje interligados e conectados de um modo que restam poucos espaços para alguém ou algum fato não se tornar conhecido.

A digitalização também integra esse fenômeno.

Como proteger sem conhecer? Ao Direito importa, portanto, conhecer (Publicidade) para poder acertadamente proteger. Dificulta-se a proteção daquilo que não é conhecido. Os elementos de prova tendem a ser mais difíceis e instáveis.

Nesta toada, importa destacar a alteração do art. 246 da Lei 6.015/1973 promovida pela Lei 14.382/2022.

Para auxiliar na análise da inovação legislativa, traça-se um paralelo entre o texto original do Decreto 4.857/1939 e o texto anterior e o atual da Lei 6.015/1973 – LRP –, na parte alterada (excertos do art. 246 restaram inalterados):

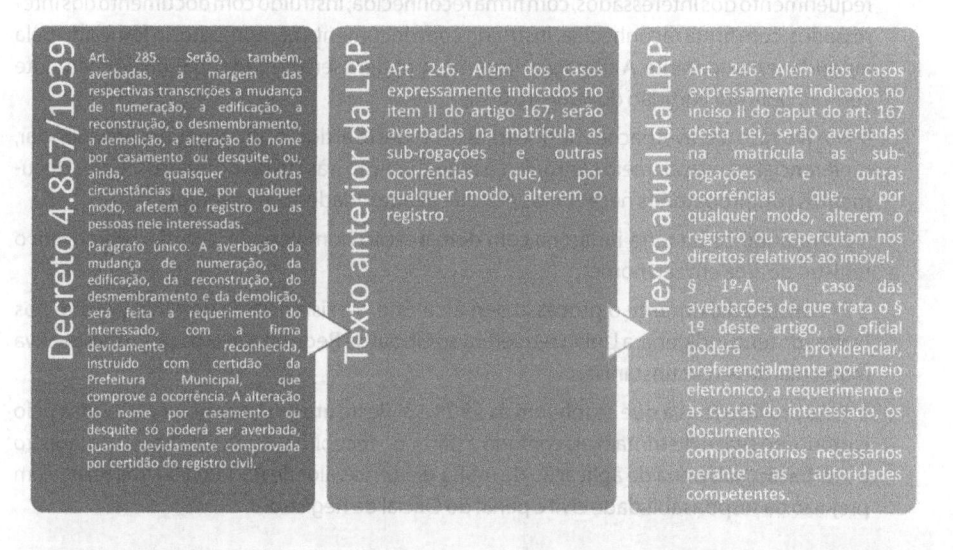

Decreto 4.857/1939

Art. 285. Serão, também, averbadas, à margem das respectivas transcrições a mudança de numeração, a edificação, a reconstrução, o desmembramento, a demolição, a alteração do nome por casamento ou desquite, ou, ainda, quaisquer outras circunstâncias que, por qualquer modo, afetem o registro ou as pessoas nele interessadas.

Parágrafo único. A averbação da mudança de numeração, da edificação, da reconstrução, do desmembramento e da demolição, será feita a requerimento do interessado, com a firma devidamente reconhecida, instruído com certidão da Prefeitura Municipal, que comprove a ocorrência. A alteração do nome por casamento ou desquite só poderá ser averbada, quando devidamente comprovada por certidão do registro civil.

Texto anterior da LRP

Art. 246. Além dos casos expressamente indicados no item II do artigo 167, serão averbadas na matrícula as sub-rogações e outras ocorrências que, por qualquer modo, alterem o registro.

Texto atual da LRP

Art. 246. Além dos casos expressamente indicados no inciso II do caput do art. 167 desta Lei, serão averbadas na matrícula as sub-rogações e outras ocorrências que, por qualquer modo, alterem o registro ou repercutam nos direitos relativos ao imóvel.

§ 1º-A No caso das averbações de que trata o § 1º deste artigo, o oficial poderá providenciar, preferencialmente por meio eletrônico, a requerimento e às custas do interessado, os documentos comprobatórios necessários perante as autoridades competentes.

Esta linha do tempo demonstra com clareza a evolução e a relevância da publicidade ao longo das últimas 8 (oito) décadas na atividade registral, ficando nítido que o legislador sempre dedicou especial atenção aos seus mecanismos, seus reflexos e ao seu protagonismo como garantidora de direitos e da segurança jurídica.

A toda evidência, constata-se que o anterior caput do art. 246 da Lei 6.015/1973 efetivamente necessitava de adequação.

Primeiro, porque a técnica redacional não era precisa, alcançando o necessário aperfeiçoamento agora. Efetivamente, não se tratava de "item" II, mas de "inciso" II. A remissão ao art. 167 da própria lei também é relevante, a fim de se evitar ter de interpretar para concluir neste sentido.

Segundo, e fundamentalmente, porque a alteração agora em vigor disciplina que a indicação dos atos de averbação que podem ser gerados não estão atrelados apenas às situações que alteram o ato de registro *stricto sensu*, mas também a qualquer ato registral, podendo e devendo afetar também os atos de abertura de matrícula e as próprias averbações.

Reforça-se, assim, o interesse da lei em enfatizar que o sistema registral brasileiro é aberto, dinâmico, está em constante transformação e aperfeiçoamento. E isso ocorre e se materializa pela possibilidade de lançamento de atos de averbação que direta ou indiretamente afetam tudo o quanto conste do Fólio Real, e não só aos atos próprios de registro.

Assim, os elementos da matrícula podem ser alterados, retificados ou complementados por ato de averbação, do mesmo modo como averbações que precisam sofrer alguma adaptação estão sujeitas ao realizar de nova averbação para materializar e efetivar o aprimoramento do sistema e sua maior valia às relações humanas, negociais ou não.

O ordenamento jurídico pátrio não conta, portanto, com um sistema registral engessado, rígido, estático, mas, pelo contrário, dispõe de um sistema apto a sofrer constantes transformações em prol do interesse individual e/ou coletivo.

Tal evento concretiza-se primeiro pelo lançar de um ato administrativo para enunciar esta transformação, agora melhor disciplinado pela referência de que as averbações podem ser realizadas sobre tudo quanto repercuta nos direitos relativos a imóveis. E veio bem, a lei, ao não especificar a natureza de tais direitos. Não limitando, abarcou situações que decorrem do direito real, mas também do direito das obrigações; do direito privado, mas também do direito público; de questões envolvendo direitos difusos e coletivos, a exemplo dos reflexos ambientais que devem ser publicizados.

Esse grande passo dado pelo legislador encontrou, sem dúvida, inspiração na teoria que criou e inseriu na prática registral o Princípio da Concentração, que teve seu início pela interpretação ampla da antiga redação do artigo 246 da LRP elaborada por juristas da área, dentre eles o autor deste artigo, culminando com sua consagração pela promulgação da Lei 13.097/2015, que tem por finalidade trazer para matrícula tudo aquilo que se referir ao imóvel ou à pessoa.

Com efeito, a dinâmica adotada pela lei importa ao desenvolvimento econômico e social do Brasil. Neste contexto, na dicção de Montes[5], O fenômeno publicitário se nos apresenta como antitético da clandestinidade. Concentran-

---
5. MONTES, Angel Cristóbal. *Direito imobiliário registral*. Trad. Francisco Tost. Porto Alegre: IRIB: Sérgio Antônio Fabris, 2005, p. 15.

do o máximo de informações na matrícula através da abertura propalada para lançar todas as averbações que disserem respeito não apenas ao ato de registro, mas também à matrícula e às averbações, afasta-se a seleção adversa, reduz-se a assimetria informacional, evita-se o risco moral e gera-se a publicidade necessária, que oportunizará segurança jurídica e a redução de custos de transação.

Parece, prima facie, sem tanta relevância a alteração promovida no caput do art. 246 da Lei 6.015/1973, pela simplicidade das modificações produzidas; porém, a lei não contém texto inócuo e esta pontual alteração tem o potencial de gerar melhorias no sistema.

Destaca-se a expressão "por qualquer modo" decorrente do texto legal, o qual já estava presente, é certo, mas que vale a oportunidade lembrar para corroborar a abertura dada pelo sistema para recepcionar e incorporar toda ordem de informações relevantes. O alcance de aplicação do dispositivo em evidência, mas também suas limitações, certamente continuarão a ser melhor compreendidas e instrumentalizadas pelos operadores do Direito. Estamos diante, portanto, de norma em aberto, passível de receber críticas e aperfeiçoamentos quando levadas em consideração as situações concretas que aportam diariamente nos Registros Imobiliários do Brasil.

Neste particular, calha observar que a adaptação realizada, mais uma vez, reforça o relevantíssimo Princípio da Concentração, ou seja, nenhum fato jurígeno ou ato jurídico que diga respeito à situação jurídica do imóvel ou às mutações subjetivas pode ficar indiferente ao registro/averbação na matrícula.

Passando à análise do novo dispositivo, o § 1º-A do art. 246 da Lei 6.015/1973, tal acréscimo visa atender ao Princípio da Eficiência, inclusive materializando o propósito de simplificação de procedimentos buscado pela Lei 14.382/2022, como será demonstrado.

Pela novidade normativa ora analisada, a lei passou a conferir ao Registro de Imóveis a possibilidade de diligenciar alcançando os documentos necessários visando à confecção do título, de modo a torná-lo apto a ensejar uma qualificação positiva a fim de poder gerar os atos de averbação para materializar as hipóteses indicadas nos itens 4 e 5, do inciso II, do art. 167 da Lei 6.015/1973.

Tais itens referem-se às averbações que envolvem os Princípios da Especialidade Objetiva (item 4) e Subjetiva (item 5). O primeiro versa a respeito dos casos de mudança de denominação e de numeração dos prédios, da edificação, da reconstrução, da demolição, do desmembramento e do loteamento de imóveis. O segundo relaciona-se com a alteração do nome por casamento ou por separação ou divórcio, ou, ainda, de outras circunstâncias que, de qualquer modo, tenham influência no registro ou nas pessoas nele interessadas.

Agora, visando atender ao interesse da parte interessada, poderá o Registro Predial atuar na busca de documentos para instrumentalizar títulos, tornando-os aptos à prática dos atos necessários. O pressuposto para agir está em ter sido apresentado um título incompleto, entendido quando carece de apresentação de um outro documento complementar para validar ou de qualquer modo comprovar alguma informação sustentada pelo requerente.

Aufere-se, com tal possibilidade, maior dinamicidade nas rotinas registrais, evitando-se a burocracia e o desgaste de tempo e de recursos. A título de exemplo, faltando apenas uma certidão do Registro Civil das Pessoas Naturais para que o Registro de Imóveis possa cumprir sua missão registrando um título que pretende acesso ao Álbum Imobiliário, não se deve mais gerar a nota de devolução, interrompendo o fluxo registral, devolvendo o título ao interessado para que ele próprio providencie o documento necessário, dispendendo tempo e recursos com tais rotinas quando o próprio Serviço Registral poderia contatar o Registro Civil das Pessoas Naturais competente objetivando alcançar o documento necessário para poder agir. Assim o fazendo e repassando a despesa correspondente ao usuário, o Registro de Imóveis estará cumprindo de modo ideal e exemplar a sua função, contribuindo para a dinâmica esperada pela Lei 14.382/2022, que foi, como antes verificado, também a de simplificar procedimentos (art. 1º).

Não há mais razão para a movimentação da estrutura registral apontando uma exigência documental a ser apresentada pela parte, quando o próprio Registro de Imóveis pode buscar a informação necessária nas bases existentes, repassando o custo correspondente ao usuário, certamente, porque agiu no seu interesse (não se trata de mandato legal para tal fim, mas de o serviço público delegado cumprir o princípio constitucional da eficiência).

Obtida a certidão do Registro Civil que, no caso hipoteticamente proposto, configuraria a causa para a qualificação negativa e, consequente, para a devolução do título, alcançar-se-á a qualificação positiva e se permitirá ao Registro de Imóveis servir para aquilo para o que foi criado: constituir, declarar, modificar ou extinguir direitos reais.

Trata-se, portanto, de importante autorização legal para agir, quiçá doravante até mesmo entendida como sendo mais um dever de ofício, de modo a poder considerar o Registro de Imóveis como instrumento de desenvolvimento econômico e social.

Em síntese, pode-se afirmar com acuidade que a Lei 14.382/2022, pelas muitas melhorias ofertadas, contribuiu sobremaneira para a lapidação do Sistema Registral Brasileiro à realidade atual das relações sociais e de sua engrenagem. Espero que os Registros de Imóveis Brasileiros compreendam e acolham, sem reservas, seu desiderato e o cumpram na plenitude, o que seguramente servirá para o engrandecimento da própria atividade registral como um todo.

Na 2ª Jornada Ibero-Americana de Derecho Registral, efetivada em Cuba, de 16 a 19 de maio de 2001, a delegação brasileira deu especial importância ao princípio da concentração; esse tema mereceu destaque na Relatoria Final, onde se fez consignar a seguinte passagem:

> Estudiar la propuesta del Delegado Brasileño con relación al principio de la Concentración de los Actos Administrativos y Judiciales de manera que estén contenidos en el Folio Real a fin de poseer una verdadera historia de la finca[6].

Este princípio afirma, em resumo, que nada referente ao imóvel deve ficar alheio à matrícula. Embora exista a discussão, entende-se que o rol dos direitos reais é taxativo, mas o elenco de atos passíveis de ingresso no Fólio Real é exemplificativo. Logo, permite-se ingresso de outros direitos no Álbum Imobiliário, consoante determina o Princípio da Concentração. O Registro de Imóveis tem força atrativa de todos os fatos relevantes aos bens imóveis, servindo como um ímã aos títulos que interessam juridicamente à sociedade.

No âmbito do Judiciário começou a se difundir o Princípio da Concentração, surgindo julgados, especialmente no Tribunal de Justiça do Estado do Rio Grande do Sul, reconhecendo a aplicação do princípio.

> Ementa: Agravo de Instrumento. Averbação de demanda judicial pendente. É medida que visa dar publicidade, respaldada no princípio da concentração que empresta eficácia aos registros contidos na matrícula do imóvel. Agravo negado[7].

A Corregedoria-Geral da Justiça do Estado de Minas Gerais inseriu no Código de Normas relativo aos serviços notariais e de registro o Princípio da Concentração, tornando-o expressamente um dos norteadores da atuação nos Ofícios de Registro de Imóveis.

---

6. Princípios do Registro Imobiliário Formal (Comentários). Disponível em: <https://www.1ripoa.com.br/principios-do-registro-imobiliario-formal-comentarios/>. Acesso em: 25 ago. 2022.

7. Agravo de Instrumento 70006893515, Décima Sétima Câmara Cível, Tribunal de Justiça do RS, Relator: Alzir Felippe Schmitz, julgado em 11-11-2003). Ementa: Agravo de instrumento. Ação de anulação de testamento. Averbação da lide no registro imobiliário de demanda judicial pendente. Antecipação de tutela (art. 273 do CPC). Ausência de pressupostos. Indeferimento. Admite-se a averbação da lide no registro imobiliário, visando dar publicidade, respaldada no princípio da concentração que empresta eficácia aos registros contidos na matrícula do imóvel. A presença da verossimilhança da alegação, atestada por prova inequívoca, e o receio de dano irreparável ou de difícil reparação (art. 273, I, do CPC) são pressupostos que devem estar presentes para a concessão de tutela antecipada. Agravo de instrumento parcialmente provido (Agravo de Instrumento 70030685432, Sétima Câmara Cível, Tribunal de Justiça do RS, Relator: André Luiz Planella Villarinho, julgado em 30-9-2009).

Provimento Conjunto 93/CGJ-MG/2020. Art. 715: O serviço, a função e a atividade registral imobiliária devem visar, respeitada sempre a legalidade, à simplificação e viabilização da prática do ato registral, tendo em vista a preservação dos elementos essenciais do ato ou negócio jurídico, e se norteiam pelos princípios constantes do art. 5º deste Provimento Conjunto e pelos específicos da atividade, tais como:

[...]

IX – da concentração, a possibilitar que se averbem na matrícula as ocorrências que alterem o registro, inclusive títulos de natureza judicial ou administrativa, para que haja uma publicidade ampla e de conhecimento de todos, preservando e garantindo, com isso, os interesses do adquirente e de terceiros de boa-fé[8].

Consolidação Normativa Notarial e Registral do Estado do Rio Grande do Sul também disciplinou o Princípio da Concentração no inciso XII do artigo 416, a possibilidade que se averbem na matrícula, atendida a rogação/instância, as ocorrências que alterem o registro, inclusive títulos de natureza judicial ou administrativa, para que haja uma publicidade ampla e de conhecimento de todos, preservando e garantindo, com isso, os interesses do adquirente e de terceiros de boa-fé.

No Congresso Nacional tramitou o Projeto de Lei 5.708/2013, do Deputado Federal Paulo Teixeira, que tinha por objetivo explicitar o Princípio da Concentração em toda a sua extensão, evidenciando o seu amplo alcance e suas importantes consequências jurídicas. A explicitação desse princípio, por meio de um texto legal incisivo, lhe alcançava a amplitude e o reconhecimento que ele realmente necessitava, passando a promover uma verdadeira revolução no âmbito do Direito Registral Imobiliário brasileiro[9].

O que a nova lei pretendia era afastar os riscos a que está sujeito todo aquele que se aventura, hoje, a adquirir um imóvel no Brasil, porque há inúmeras situações contra as quais ele não tem como se resguardar, como é o caso do promitente-comprador que, mesmo não tendo registrado sua promessa de compra e venda na matrícula, estará legitimado a manejar embargos contra o credor hipotecário

---

8. Disponível em: <http://www8.tjmg.jus.br/institucional/at/pdf/vc00932020.pdf>. Acesso em: 18 ago. 2022.
   No Código de Normas mineiro, ainda há outros artigos que explicitam a prática defendida pelo princípio da concentração:
   Art. 924. Além dos casos expressamente previstos em lei e neste Provimento Conjunto, serão averbadas na matrícula as sub-rogações e outras ocorrências que, por qualquer modo, alterem o ato.
   Art. 926. Os atos, fatos e contratos relativos ao imóvel, o registro ou a averbação ou, ainda, às pessoas neles referidas poderão ser averbados para que produzam efeitos contra terceiros.
   Art. 927. As informações constantes dos registros ou das averbações são suficientes para atestar tanto a titularidade dos direitos quanto as restrições pessoais e os ônus, encargos ou gravames existentes no imóvel.
9. Site do IRIB.

ou contra o credor que tenha promovido ação executiva, situações que, se adotado em sua inteireza o princípio da concentração, não mais terão lugar.

De acordo com aquela pretensão de novo patamar jurídico, o adquirente também não mais seria surpreendido ao saber que o imóvel que comprou estava tombado, assim como a própria fraude à execução passaria a ser objetivamente caracterizada fazendo cessar uma infindável discussão jurisprudencial dos Tribunais em torno do assunto e assim por diante.

Conforme consulta no site da Assembleia Legislativa, este projeto foi arquivado em 31/01/2015, nos termos do art. 105[10] do Regimento Interno da Câmara dos Deputados.

---

10. Art. 105. Finda a legislatura, arquivar-se-ão todas as proposições que no seu decurso tenham sido submetidas à deliberação da Câmara e ainda se encontrem em tramitação, salvo:
I – (Revogado pela Resolução 33/2022);
II – (Revogado pela Resolução 33/2022);
III – (Revogado pela Resolução 33/2022);
IV – as de iniciativa popular;
V – (Revogado pela Resolução 33/2022);
VI – as destinadas à elaboração das espécies normativas referidas no art. 59 da Constituição Federal que não tenham tramitado por 3 (três) legislaturas completas;
VII – os projetos de código;
VIII – as relativas a tratados internacionais e as de concessão, renovação e permissão de exploração de serviços de radiodifusão sonora e de sons e imagens;
IX – as relativas às contas do Presidente da República;
X – as aprovadas pela Câmara e revisadas pelo Senado Federal.
§ 1º (Revogado pela Resolução 33/2022);
§ 2º No caso de arquivamento de proposição submetida à tramitação conjunta, observar-se-á que permanecerão válidos os pareceres aprovados, que instruirão as proposições remanescentes, mantida a distribuição da matéria às Comissões, ressalvada a hipótese de deferimento de requerimento em sentido diverso pelo Presidente da Câmara.

MODELO

MODELO DE AVERBAÇÃO SANEADORA

AV-/ _(AV- /_____), em ____ de ____ de 2022.

SANEADOR – Nos termos do requerimento datado de ____de ____de 2022, firmado pelo proprietário Fulano de Tal em decorrência dos inúmeros atos praticados nesta matrícula, fica constando que foi procedido o saneamento no fólio real, e após a análise jurídica registral da titularidade da propriedade e demais direitos registrados que recaem sobre o imóvel e as pessoas, verificou-se que o imóvel encontra-se na seguinte situação: propriedade de Fulano de Tal, administrador de empresa, com RG sob número ___, expedido pela ___ e com CPF/MF sob número ___ e sua esposa Beltrana de Tal, advogada, com RG sob número ___, expedido pela ___ e com CPF/MF sob número ___, ambos brasileiros, casados pelo regime de comunhão parcial de bens, na vigência da Lei 6.515/1977, residentes e domiciliados na Rua ___ n. ___, Bairro ___, nesta cidade, estando livre o imóvel por não haver quaisquer registros de ações reais e/ou pessoais reipersecutórias, hipotecas ou outros ônus reais/legais ou convencionais, gravando o imóvel*.

PROTOCOLO – Título apontado sob o número ___, em ____/____/2022.

Local e data.

Registrador e/ou Substituto: _____.

EMOLUMENTOS – R$ _____.

* A abertura de uma nova matrícula fica condicionada a solicitação do requerente e a critério do registrador.

4
TÍTULOS

Como já se pode ver, os atos registrais são realizados quando da apresentação de um título no Serviço Registral Imobiliário, o qual é examinado para verificar se atende a todos os comandos legais. Não havendo infringência a nenhuma norma legal, o documento estará apto para ingressar no Álbum Imobiliário ou Fólio Real: o livro onde se realizam os assentos. Todos os títulos, independentemente da sua natureza, estão sujeitos à qualificação registral.

Problemas surgem principalmente com referência aos títulos judiciais, tendo em vista que há quem pondere, equivocadamente, que – por ter o título passado pelo crivo do Poder Judiciário – estaria imune à qualificação. Ledo engano. Na verdade, o magistrado, como aplicador da lei ao caso concreto, deve ser o primeiro a conhecê-la. Poderá, outrossim, no julgamento do caso concreto, que pode ocorrer por meio da Dúvida, dispensar a observância de alguma formalidade exigida por lei.

Não é raro verificar que Registradores são coagidos a registrar títulos com defeitos formais, sob pena de – por tais atos – responderem penalmente, o que não pode ser admitido.

Vale aqui a seguinte citação:

> Registro público – Atuação do titular – Carta de adjudicação – Dúvida levantada – Crime de desobediência – Impropriedade manifesta. O cumprimento do dever imposto pela Lei de Registros Públicos, cogitando-se de deficiência de carta de adjudicação e levantando-se dúvida perante o juízo de direito da vara competente, longe fica de configurar ato passível de enquadramento no artigo 330 do Código Penal – crime de desobediência –, pouco importando o acolhimento, sob o ângulo judicial, do que suscitado[1].

Título judicial x ordem judicial?

Outrossim, o Registrador que pratica atos com receio de vir a ser penalizado comete, em tese, crime de prevaricação. Pois, negar o registro de título que vai de

---

1. BRASÍLIA. Supremo Tribunal Federal. Habeas Corpus 85.911-9/MG, julgado em 25 de outubro de 2005 e publicado no DJ 231, em 2-12-2005, p. 13. Disponível em: <https://www.anoreg.org.br/site/imported_5354/>. Acesso em: 03 maio 2022.

encontro ao Princípio da Legalidade não configura crime, porém, restaria caracterizado o tipo penal se o ato fosse praticado para satisfação/interesse pessoal.

> Não haverá este crime se o agente retarda ou omite ato de ofício que, se praticado, poderia acarretar a responsabilidade penal ou administrativa dele próprio[2].

Por título entende-se o documento original, a ele não se equiparando simples cópias reprográficas, tampouco cópias autenticadas. Neste sentido, a ementa com o seguinte teor:

> Registro de Imóveis. Dúvida. Apresentação de cópias autenticadas. Títulos inaptos. Registros inviáveis. Matéria incidente relativa à averbação. Impossibilidade de apreciação, ante a solução prejudicial[3].

No mesmo sentido, o voto do Desembargador Antônio Carlos Alves Braga que destacou:

> Por fim, como destacado pelo Ministério Público em primeira instância, há impossibilidade de aceitação de título mediante cópia reprográfica. A relação dos títulos admitidos a registro tem caráter restritivo e só se admitem aqueles exibidos no original (cf. Ap. Cív. 442-0, 4.258-0)[4].

Por outro lado, excepcionam-se à regra supra os documentos públicos em que a cópia foi autenticada por pessoa investida nos poderes e funções, como é o caso de uma cópia autenticada de escritura pública pelo mesmo tabelião que a lavrou e os atos judiciais apresentados por cópia autenticada pelo escrivão judicial.

As espécies de títulos que ingressam no Registro de Imóveis são as previstas no art. 221 da LRP e em legislações específicas.

---

2. DELMANTO, Celso. *Código Penal comentado*. 10. ed. São Paulo: Saraiva. 2002, p. 637.
3. SÃO PAULO. Tribunal de Justiça. Apelação Cível 033624-0/4. A cópia constitui mero documento e não instrumento revestido de todas as formalidades e previsto como idôneo para ingresso no Registro. 2. Em vista de requalificação do título em sede de dúvida, vedado o saneamento intercorrente das deficiências da documentação apresentada. Imprescindível a apresentação de certidão ou traslado do ato notarial. Ementa oficial: Registro de Imóveis – Dúvida – Apresentação de cópias autenticadas – Títulos inaptos – Registros inviáveis – Matéria incidente relativa à averbação – Impossibilidade de apreciação, ante a solução prejudicial. Registro de Imóveis, thesaurus jurisprudencial, acórdãos e decisões do Conselho Superior da Magistratura e Corregedoria Geral da Justiça de São Paulo, 1996. Porto Alegre: Sérgio Antônio Fabris Editor, 1997, p. 341-342.
4. SÃO PAULO. Tribunal de Justiça. Apelação Cível 028794-0/7. Cédula de crédito industrial – Hipoteca – Alienação – Conferência de bens – Incorporação de bens – Sociedade comercial – Dúvida – Cópia reprográfica – Título não admitido a registro. Registro de Imóveis, thesaurus jurisprudencial, acórdãos e decisões do Conselho Superior da Magistratura e Corregedoria Geral da Justiça de São Paulo, 1996. Porto Alegre: Sérgio Antônio Fabris Editor, 1997, p. 46-48.

4.1 NOTARIAIS

Títulos Notariais são as escrituras públicas lavradas por Tabelião de Notas. Para a sua realização, devem ser observados a Lei 7.433/1985, o Decreto 93.240/1986 e os arts. 215 e seguintes do CC.

De acordo com o art. 108 do CC, não dispondo a lei em contrário, exige-se a escritura pública para os negócios jurídicos envolvendo bens imóveis de valor superior a trinta vezes o maior salário mínimo vigente no país. Vislumbra-se que o "valor" a ser considerado não é aquele objeto da negociação entre as partes, mas sim o do bem imóvel, conforme consta na avaliação realizada pela autoridade fiscal competente. Nos negócios jurídicos em que não há análise fiscal, ou esta é dispensada, a exemplo da hipoteca, aceita-se o valor de avaliação indicado pelas partes. Assim serão evitados negócios simulados, hoje sancionados com pena de nulidade. Ademais, pondera-se que o valor do salário mínimo que deve servir de parâmetro é o nacional.

Há casos, porém, que mesmo sendo o imóvel de valor inferior ao acima mencionado, a escritura pública é obrigatória. É o que ocorre para a constituição do direito real de superfície, para a constituição de renda, para a instituição do bem de família etc.

4.2 PARTICULARES

Os títulos de natureza particular são admitidos por expressa autorização legal, a exemplo do que ocorre com o direito real à aquisição, previsto no art. 1.417 do CC. Tais títulos, ainda, são admitidos para os negócios jurídicos, cujo valor do imóvel não exceda a trinta vezes o maior salário mínimo vigente no Brasil, salvo quando a lei reserva a forma pública. Também são empregados quando a lei a eles atribui força de escritura pública, como no caso do art. 64 da Lei 4.380/1964 e no art. 38 da Lei 9.514/1997.

Para acesso ao Registro de Imóveis, são necessárias as firmas reconhecidas dos contratantes e de duas testemunhas. Tal formalidade é dispensada se forem atos praticados por entidades vinculadas ao Sistema Financeiro da Habitação.

Pela Medida Provisória nº 1.162, de 14 de fevereiro de 2023, que alterou o inciso II, do artigo 221, da LRP, dispensando as testemunhas e o reconhecimento de firmas, quando se tratar de atos praticados por Instituições Financeiras que atuem com crédito imobiliário, autorizadas a celebrar instrumentos particulares com caráter de escritura pública.

4.3 JUDICIAIS

Os títulos judiciais são expedidos de processos resolvidos pelo Poder Judiciário. Seus requisitos gerais estão previstos na Lei 6.015/1973; os especiais constam do Código de Processo Civil.

4.4 ADMINISTRATIVOS

São os títulos emitidos pelas autoridades administrativas. Como exemplo, cita-se o termo de concessão do direito real de uso especial, "os contratos ou termos administrativos, assinados com a União, Estados, Municípios ou o Distrito Federal, no âmbito de programas de regularização fundiária e de programas habitacionais de interesse social, dispensado o reconhecimento de firma". Tal redação foi inserida no inciso V do art. 221 da LRP pela Lei 12.424/2011.

4.5 ESTRANGEIROS

São os atos autênticos de países estrangeiros, com força de instrumento público, legalizados e traduzidos na forma da lei, e registrados no cartório do registro de títulos e documentos, assim como as sentenças proferidas por tribunais estrangeiros, após a homologação pelo Superior Tribunal de Justiça.

5
PROCEDIMENTO DE DÚVIDA

Dados os conceitos, será possível passar ao estudo do Procedimento de Dúvida, previsto nos arts. 198 e seguintes da Lei 6.015/1973, alterados pela Lei 14.382/2022.

5.1 CONCEITO

O Procedimento de Dúvida é o mecanismo que serve para verificar a correção – ou não – das exigências formuladas pelo Registrador ou para que este seja autorizado a proceder a um ato registral, quando a parte não apresente condição de atendê-las.

Por sua vez, Ricardo Henry Marques Dip lecionado que o instituto é:

> Ato pessoal próprio, primeira e diretamente, do registrador, a qualificação registrária (juízo prudencial, positivo ou negativo, da potência de um título em ordem a sua inscrição imobiliária, com o correspondente império jurídico de seu registro ou de sua irregistração), a qualificação registral pode ser positiva (a admissão do registro de um título) ou negativa (a recusa fundado ao registro)[1].

O Procedimento é iniciado, via de regra, por provocação da parte interessada, por meio de um requerimento simples, pelo qual solicita a suscitação da Dúvida.

Recebido o requerimento, torna-se uma obrigação do Oficial submeter suas razões ao juízo competente. É, portanto, um ato vinculado do Registrador. A negativa no atendimento da solicitação poderá implicar responsabilidade civil, penal e administrativa, ensejando, inclusive, o ingresso de Mandado de Segurança contra o Registrador, porque, neste caso, terá cometido um ato ilegal e arbitrário, previsto no art. 1º da Lei 12.016/2009.

Observa-se que não caberá esta ação se o Registrador impugnar um título expedido, com fundamento no seu poder de qualificação, em desconformidade com o Direito, pois o remédio existente para solucionar possível conflito de interesses, neste caso, será o Procedimento de Dúvida.

---

1. *Lei dos Registros Públicos comentada*: Lei 6.015/1973. 2. ed. Rio de Janeiro: Forense, 2019.

Neste sentido, é o entendimento do Desembargador Luís de Macedo, definindo que mandado de segurança não pode ser impetrado no lugar de suscitação de dúvida[2].

5.2 CABIMENTO E NÃO CABIMENTO

O Procedimento de Dúvida está previsto, hoje, nos arts. 198 e seguintes da Lei. 6.015/1973, teve como origem o art. 215 do Decreto 4.857/1939, permitindo ao Oficial do Registro, naquela época, verificar a legalidade e a validade do título. Neste desiderato, o Registrador somente deve agir quando estiver seguro de que o título está em completa conformidade com o Direito.

Com isso, defende-se a ideia de que tanto os títulos que contêm um ato ou negócio nulo como também o anulável, desde que perceptíveis pelo Registrador, devem ter vedados seus registros. Se o objetivo maior dos registros públicos é outorgar segurança jurídica (art. 1º da Lei 6.015/1973), qualquer registro contrário à ordem jurídica, insegura, deve ser obstado.

Na verdade, o Registrador é o guardião da segurança jurídica, não podendo agir quando souber que existe algum defeito no negócio sob o seu cuidado no que confere à legalidade. Não se pode admitir o entendimento de que o registro pode ser feito, ficando condicionada a eficácia plena à não oposição do vício (aparente) pela parte interessada, dentro dos prazos previstos em lei. O que deve prevalecer é o ato de consciência livre do Registrador no sentido de registrar títulos com a aparência de legalidade.

Por exemplo, se falta a anuência de um irmão na compra e venda feita de pai para filho, conforme exige o art. 496 do CC, pode, o Registrador impugnar o acesso do título no Fólio Real. Não poderá, entretanto, sustar o registro sob alegação de vício do consentimento ou de simulação, porque estes casos não são passíveis de constatação, senão através da realização de prova em juízo. De outro lado, não cabe a dúvida para discutir o valor dos emolumentos.

5.3 NATUREZA JURÍDICA

O Procedimento de Dúvida tem natureza administrativa, não judicial. Não se confunde com os procedimentos de jurisdição voluntária previstos nos arts. 719 e seguintes do CPC e em outras legislações.

---

2. SÃO PAULO. Tribunal de Justiça. Conselho Superior da Magistratura. Mandado de Segurança 79.717-0/5. Relator: Des. Luís de Macedo, São Paulo, publicado no DOE de 3-12-2001. Disponível em: <https://extrajudicial.tjsp.jus.br/pexPtl/visualizarDetalhesPublicacao.do?cdTipopublicacao=5&nuSeqpublicacao=1606>. Acesso em: 03 maio 2022.

Segundo Ceneviva,

> a dúvida é pedido de natureza administrativa, formulado pelo oficial, a requerimento do apresentante de título imobiliário, para que o juiz competente decida sobre legitimidade de exigência feita, como condição de registro pretendido[3].

Por se tratar de procedimento de natureza administrativa, não se admitem discussões de alta indagação para o deslinde de questões complexas.

5.4 DO PROCEDIMENTO

A parte interessada num ato registral apresenta, na serventia competente, um título, o qual é recebido e protocolado pelo Oficial ou por preposto com atribuição para tanto. Após o protocolo, o título será examinado para ver se atende a todas as exigências legais. Estando em ordem a documentação, esta permitirá o lançamento do ato pretendido.

Até o advento da Lei 14.382/2022 não havia na LRP previsão expressa de prazo para qualificação dos títulos, sendo que previa somente indicação do prazo de 30 (trinta) dias de validade do protocolo. A prática registral era no sentido de que a qualificação seria efetuada no prazo máximo de 15 (quinze) dias e haveria mais 15 (quinze) dias para a elaboração do ato de registro, quando apto o documento.

Com a entrada em vigor da Lei 14.382/2022, o prazo para o registro do título ou a emissão da nota devolutiva passou para 10 (dez) dias úteis, contados da data do protocolo e o prazo de vigência protocolar passou a ser de 20 (vinte) dias úteis.

Excepcionalmente, de acordo com o disposto no § 1º do artigo 188 da LRP, o prazo será de 5 (cinco) dias, desde que não haja exigências e nem pagamento de emolumentos pendentes. Este prazo de 5 (cinco) dias aplicar-se-á nas seguintes hipóteses: escrituras de compra e venda sem cláusulas especiais, requerimentos de averbação de construção, cancelamento de garantias e documentos eletrônicos apresentados por meio do SERP. Também será aplicado o prazo de 5 (cinco) dias para os títulos reapresentados na vigência da prenotação e com as exigências supridas (inciso III do parágrafo 1º do artigo 188 da LRP).

Com relação aos novos prazos de prenotação, importante destacar que se excetuam os prazos previstos em leis especiais, bem como os contados em meses e anos, os quais não foram alterados pela Lei 14.382/2022.

---

3. CENEVIVA, Walter. *Lei dos Registros Públicos comentada*. 15. ed. atual. até 1º de outubro de 2002. São Paulo: Saraiva, 2003, p. 400.

Se após a qualificação for constatado que há algo para ser corrigido ou retificado, o Oficial deverá expor, por escrito, os motivos da não realização do registro à parte interessada.

Por sua vez, quando o apresentante se conformar, irá providenciar as atualizações e correções necessárias para reapresentar o título em condições da realização do registro. Entretanto, se a parte interessada discordar do posicionamento da Serventia, ou não tiver condições de atender às exigências, deverá apresentar um requerimento solicitando que seja Suscitada a Dúvida, o qual não precisará ser fundamentado.

Com efeito, o mero apresentante não poderá formular o pedido da Dúvida ao Oficial Registrador, salvo se for a parte interessada ou seu procurador. Afinal, esse procedimento é orientado pelos mesmos pressupostos do processo judicial. Isto é, exige-se, para tanto, legitimidade e interesse na registrabilidade do título apresentado.

Neste passo, é possível verificar que, em regra, a suscitação da dúvida é orientada pelo princípio da provocação/rogação ou da instância, devendo ser expressamente requerida pela parte interessada. Contudo, há uma exceção prevista no parágrafo único do art. 156 da Lei 6.015/1973[4].

No caso do Oficial do Registro de Títulos e Documentos, este poderá suscitar o procedimento de dúvida *ex officio*, se tiver suspeita de falsificação. Diante desse fato, o Oficial deve recusar o registro do título ou documento, podendo, inclusive, sobrestar o registro, depois de protocolado o documento e até notificar o apresentante; se este insistir no registro da documentação apresentada, o registro será feito com essa nota, podendo o oficial, entretanto, submeter a Dúvida ao juiz competente, ou notificar o signatário para assistir ao registro, mencionando também as alegações pelo último aduzidas.

O Oficial ou quem estiver respondendo pela Serventia irá anotar à margem da prenotação a ocorrência da Dúvida, o qual sobrestará a realização de qualquer ato registral na matrícula do imóvel envolvido na discussão, ficando o protocolo prorrogado até a decisão judicial. Neste interstício, se for apresentado algum título envolvendo o mesmo imóvel, com direito conflitante ao título protocolado antes, ele deverá aguardar o julgamento da Dúvida, a qual, sendo procedente, por não permitir o ingresso do título que lhe deu causa, permitirá o acesso do título apresentado posteriormente. Se julgada improcedente, no entanto, permitirá o acesso do primeiro título no Álbum Imobiliário, devendo ser devolvido o

---

4. "Art. 156. O oficial deverá recusar registro a título e a documento que não se revistam das formalidades legais.

   Parágrafo único. Se houver suspeita de falsificação, poderá o oficial sobrestar no registro, depois de protocolado o documento, até notificar o apresentante dessa circunstância; se este insistir, o registro será feito com essa nota, podendo o oficial, entretanto, submeter a dúvida ao Juiz competente, ou notificar o signatário para assistir ao registro, mencionando também as alegações pelo último aduzidas."

título apresentado posteriormente. Porém, se o título apresentado por último, envolvendo o mesmo imóvel, não for contraditório ao título objeto da Dúvida, terá acesso ao Fólio Real após a sentença do magistrado, independentemente da procedência ou não do processo.

Irá o Oficial, ainda, certificar a prenotação e a Suscitação da Dúvida no título, rubricar todas as suas folhas e redigir a Dúvida para, após, dar conhecimento dos seus termos à parte interessada (apresentante), fornecendo cópia da suscitação e notificando-o para impugná-la perante o Juízo competente no prazo de 15 (quinze) dias úteis. Este prazo não foi alterado pela Lei 14.382/2022, todavia, deverá ser contado em dias úteis, conforme previsto no § 1º do art. 9º da LRP. Após, o Oficial certificará estes fatos e encaminhará eletronicamente a Dúvida ao juízo competente, juntamente com o título que lhe deu causa.

Importante frisar que a remessa eletrônica do procedimento de dúvida foi uma inovação trazida pela Lei 14.382/2022, que buscou aprimorar o procedimento através da virtualização (§ 1º, inciso IV do art. 198 da LRP) e está sendo aplicada na Vara dos Registros Públicos de Porto Alegre/RS, dependendo de regulamentação para aplicação nas Comarcas do interior.

Observa-se que a lei não previu um prazo para que o Registrador formalize a Dúvida; todavia, por analogia e pela regra geral da qualificação, o prazo para preparar e notificar o apresentante para que tome ciência das razões da dúvida, agora é de 10 (dez) dias úteis. Somente após a ciência do apresentante é que o Oficial poderá encaminhar o pedido.

Assim, uma vez recebidos os documentos pelo juiz, este irá esperar o prazo de manifestação da parte interessada, a qual deverá estar representada por advogado, conforme exigem os arts. 1º do Estatuto da Ordem dos Advogados do Brasil (Lei 8.906/1994) e 103 do CPC. Se não for esperado o transcurso deste prazo para impugnação, haverá cerceamento de defesa, viciando todo o procedimento.

A não apresentação de impugnação não gera revelia, o que implica afirmar que, mesmo assim, a sentença poderá ser favorável ao interessado. Entretanto, a apresentação da impugnação deve contestar todas as exigências formuladas pelo Oficial, pois, se o interessado se conformar com parte do solicitado pelo Registrador, a Dúvida restará prejudicada. Neste sentido, Apelações Cíveis 688-6/0[5] e 105-6/1[6].

---

5. SÃO PAULO. Tribunal de Justiça. Conselho Superior da Magistratura. Apelação Cível 100.525-0/5. Relator: Des. Gilberto Passos de Freitas, São Paulo, publicado no DOE de 17-05-2007. Disponível em: <https://extrajudicial.tjsp.jus.br/pexPtl/visualizarDetalhesPublicacao.do?cdTipopublicacao=5&nuSeqpublicacao=1643>. Acesso em: 03 maio 2022.
6. SÃO PAULO. Tribunal de Justiça. Conselho Superior da Magistratura. Apelação Cível 105-6/1. Relator: Des. Luiz Tâmbara, São Paulo, publicado no DOE de 05-2-2004. Disponível em: <https://extrajudicial.tjsp.jus.br/pexPtl/visualizarDetalhesPublicacao.do?cdTipopublicacao=5&nuSeqpublicacao=1272>. Acesso em: 03 maio 2022.

Válido referir que se houver, por exemplo, três itens/negativas na nota de exigência (hoje, nota devolutiva) confeccionada pelo Oficial, contudo a parte interessada não concorda com apenas um deles e consiga sanar os outros, deverá, então, cumprir ou juntar a documentação referente àquelas exigências dos dois outros itens, reapresentar o título no protocolo, ao passo que será elabora nova nota de devolução exigindo, por óbvio, apenas o item que o apresentante não cumpriu, aí poderá a parte solicitar ao Oficial a instauração do Procedimento de Dúvida.

Além disso, pode ocorrer de o Oficial, quando da apresentação das razões da parte que solicitou a instauração do procedimento, restar convencido dos motivos e/ou impossibilidade da satisfação da exigência feita à parte e reconsiderar/retratar a sua negativa ao registro. Aliás, este é um ponto que merece enaltecimento na atuação do Oficial Registrador, pois deve deixar de lado qualquer vaidade, mostrando que o diálogo é valiosa fonte dirimente ao alcance do Direito.

De qualquer maneira, tendo em vista a busca pela desjudicialização/extrajudicialização e a desburocratização, os Registradores não devem medir esforços para evitar o procedimento de Suscitação de Dúvida.

Apresentada – ou não – a contestação, o magistrado irá encaminhar a Dúvida ao Ministério Público, que terá 10 (dez) dias para se manifestar. Ainda, registra-se que o membro ministerial, neste caso, não goza do prazo em dobro da regra inserta no art. 180 do CPC. Aqui, cabe lembrar que, os estudiosos adeptos da interpretação literal da lei e, consequentemente, do art. 200 da LRP manifestam-se no sentido de que a presença do Ministério Público ocorrerá somente quando houver impugnação à Dúvida suscitada pelo Registrador.

Salvo melhor juízo, essa não é a melhor técnica. A participação do Ministério Público será sempre obrigatória, pois, em primeiro lugar, não se deve fazer distinção entre os direitos representados pelos títulos submetidos a registro e, em segundo, isso vai ao encontro do estatuído nos arts. 127, *caput*, e 129, IX, da Carta Política, nos arts. 176 e 721 do CPC e nas Leis Estaduais, as quais estabelecem que os Promotores de Justiça, no exercício de suas atribuições, além das previstas na Constituição Federal, na Constituição Estadual, na Lei Orgânica Nacional do Ministério Público, devem zelar pela regularidade dos registros públicos.

Não sendo requeridas outras diligências, o juiz proferirá sentença, conforme dispositivo da LRP, no prazo de 15 (quinze) dias. Sendo procedente, terá razão o Oficial, e não será permitido o registro enquanto não atendidas as exigências. De outro lado, se a sentença for improcedente, deverá o Oficial proceder ao ato registral.

O Registrador não é parte interessada na Dúvida, isto é, não tem interesse próprio que lhe legitime a interposição de recurso. Logo, se o juízo entender de forma diversa da exposta pela serventia, o Registrador nada poderá fazer. Em contrapartida, poderão recorrer da sentença o interessado (quando a Dúvida for julgada procedente), o Ministério Público (em qualquer situação) e eventual terceiro prejudicado (quando a decisão não lhe for favorável).

Destaca-se, conforme leciona Dip

> Quanto a este último, que não pode intervir nesse processo administrativo antes da esfera recursal – e nela só se admite à vista da expressa previsão do art. 202, LRP –, deve indicar e, *quadammodo*, provar seus cogitáveis interesse jurídico e prejuízo, para que se admita o processamento de sua apelação [...]. O termo inicial para o manejo de apelação pelo terceiro prejudicado equivale ao das partes [...], a correr, em caso de intimações datadas distintamente, da última intimação regular da parte.

Transitada em julgado a sentença de procedência, restituir-se-ão os documentos à parte, independentemente de traslado, dando-se ciência do ato jurisdicional ao Oficial, a fim de consignar no Protocolo e cancelar a prenotação, liberando eventual título contraditório para ingresso no Fólio Real. Porém, se julgada improcedente, o interessado apresentará novamente seus documentos para o Oficial de Registro, com o respectivo mandado, ou certidão da sentença, a ser arquivada, para que se proceda ao registro pretendido. Fato que será declarado pelo Oficial na coluna de anotações do Protocolo.

Poderá, ainda, ser a Dúvida julgada prejudicada quando houver o acertamento, ou quando a parte desistir do Procedimento, ou reconhecer estar sem razão, tendo ou não impugnado dentro do prazo legal. De acordo com o art. 207 da LRP, no processo de dúvida somente serão devidas custas, a serem pagas pelo interessado, quando a dúvida for julgada procedente. "O oficial não as deve, em qualquer caso, pois pratica ato de ofício, sem ter interesse juridicamente protegido na decisão proferida"[7]. Não há previsão na lei para pagamento de honorários advocatícios, pois a sucumbência somente é devida quando há lide, o que não ocorre neste procedimento de ordem administrativa.

Não se admite a regularização do título no decorrer do Procedimento de Dúvida, porque isso configuraria em indevida prorrogação da prenotação, que é, conforme nova redação dada pela Lei 14.382/2022, de 10 (dez) dias, em detrimento de interesses de terceiros com títulos contraditórios. Neste sentido, é a Apelação Cível 52.664-0/5[8].

---

7. CENEVIVA, Walter. *Lei dos Registros Públicos comentada*. 15. ed. atual. até 1º de outubro de 2002. São Paulo: Saraiva, 2003, p. 421.
8. SÃO PAULO. Tribunal de Justiça. Conselho Superior da Magistratura. Apelação Cível 52.664-0/5. Relator: Des. Sérgio Augusto Nigro Conceição, Osasco, publicado no DOE de 29-11-1999. Disponível em: <https://www.irib.org.br/associados/jurisprudencia_integra/3080>. Acesso em: 18 ago. 2022.

5.5 APLICABILIDADE

Neste item, discute-se a aplicabilidade deste Procedimento para todos os atos registrais, tais como matrícula, averbação e registro (*stricto sensu*), ou somente para este último.

Segundo se infere dos arts. 198 e seguintes da LRP, o Procedimento de Dúvida será suscitado por provocação da parte interessada, quando esta não se conforma com a exigência formulada pelo Registrador ou quando ela não tem condições de satisfazê-la. Desta forma – como pode haver impugnação de títulos que pretendam qualquer espécie de ato registral, sem distinção, seja a matrícula, ou o registro, ou a averbação – o Procedimento de Dúvida não se restringe apenas aos casos de lançamento de um registro (*stricto sensu*), mas a todos os casos.

Observa-se que a lei não criou restrição alguma quanto à espécie de ato registral que pode ensejar a suscitação da Dúvida; portanto, não pode, o intérprete, fazê-lo no sentido de restringir um direito reconhecido por lei. Como se vê, o art. 198 da LRP estabelece a impugnação de títulos, independentemente do ato que dele será originado; não de títulos registráveis.

Como exemplo, serão apresentados casos que podem ensejar dito Procedimento diante do requerimento pela parte interessada da realização de uma abertura de matrícula, ou de uma averbação:

a) para a abertura de *matrícula* por requerimento sem a apresentação de um título para registro, cujo imóvel ainda se encontra transcrito no sistema antigo, anterior à Lei 6.015/1973, a parte interessada entende que não é necessária a atualização dos dados objetivos do imóvel para dar condições de abrir a matrícula. Tem-se como exemplo: a área, o logradouro, a distância da esquina mais próxima, as medidas lineares etc. (arts. 176, § 1º, II, e 225, da LRP), podendo, a parte interessada, requerer a Suscitação da Dúvida para obter a apreciação judicial das suas razões.

O artigo 176 da LRP foi alterado pela Lei 14.382/2022, sendo acrescido ao artigo os parágrafos 14, 15, 16, 17 e 18, buscando facilitar o procedimento para abertura de matrícula, que indicam eventuais insuficiências de elementos de Especialidade Objetiva ou Subjetiva não impedem a abertura de matrícula, se o Oficial tiver segurança quanto à localização e à identificação do imóvel.

Além disso, a Lei 14.382/2022 incluiu o parágrafo 17º no art. 176 da Lei 6.015/1973, admitindo a apresentação de documentos complementares ou declarações dos proprietários/interessados, desde que não alterem elementos do ato ou do negócio praticado, tudo com o objetivo de conferir agilidade e simplificar a qualificação dos títulos:

Princípio da disponibilidade: É a possibilidade de se transferir apenas os direitos que detêm, ou seja, ninguém pode transferir mais direitos do que os constituídos pelo RI, a compreender a disponibilidade física (área disponível do imóvel) e a jurídica (a vincular o ato de disposição à situação jurídica do imóvel e da pessoa, art. 176, § 1º, III da LRP).

b) para a *averbação* do direito de preferência oriundo de um contrato de locação em que não foram reconhecidas as firmas dos contratantes e das testemunhas, a parte requer a suscitação da Dúvida por entender desnecessária tal providência.

Outrossim, há jurisprudência que não admite o Procedimento de Dúvida para a discussão de um título passível de averbação:

> [...] 1. Não se trata propriamente de dúvida, pois o ato em questão é de averbação, devendo ser processado como Pedido de Providências. 2. A averbação da caução não exige o registro do contrato de locação. 3. Deve, o Oficial, ater-se em atender a acatar os interesses dos usuários, mormente quando não se consegue vislumbrar prejuízos ou danos aos interessados. Pedido de Providências procedente[9].

Importante ressaltar que a Lei não faz distinção nenhuma acerca da suscitação de dúvida para registro e averbação.

5.6 COMPETÊNCIA

Para a resolução dos Procedimentos de Dúvida,

> o juízo é indicado na forma da lei estadual, tanto podendo ter caráter local, na comarca, quanto estadual, determinado pelo órgão judiciário, ao qual a lei atribui competência para estabelecer normas gerais referentes aos serviços registrários e notariais, conforme conste da lei da respectiva unidade da Federação ou do Distrito Federal[10].

Como regra, de acordo com as normas administrativas de cada Estado, as Dúvidas são decididas por um magistrado da Justiça Estadual. No interior do Estado, será atribuição do Juiz de Direito – Diretor do Foro – ou de um Juiz de Vara Cível. Nas capitais, pelo volume de Procedimentos, quase sempre há varas especializadas. Por exemplo, no Estado do Rio Grande do Sul, há, em Porto Alegre,

---

9. SÃO PAULO. Vara dos Registros Públicos. Processo 000.05.033180-9. Juiz: Dr. Venício Antonio de Paula Salles, São Paulo, publicado no DOE de 21-6-2005. Disponível em: <https://www.kollemata.com.br/duvida-averbacao-procedimento-administrativo-locacao-caucao.html>. Acesso em: 18 ago. 2022.
10. CENEVIVA, Walter. *Lei dos notários e dos registradores comentada* (Lei 8.935/94). 2. ed. ampl. São Paulo: Saraiva, 1999, p. 180.

a Vara dos Registros Públicos. Nas demais Comarcas, as Dúvidas são dirimidas pelo Juiz de Direito Diretor do Foro.

Ocorre, porém, uma exceção dentro do ordenamento jurídico quanto à competência para o julgamento de Dúvidas, a qual está prevista na Lei 5.972/1973, a qual disciplina o procedimento do registro da propriedade de bens imóveis outorgando à Justiça Federal a atribuição para julgar Dúvidas suscitadas em virtude de processos de discriminação administrativa de bens possuídos pela União Federal.

Do exposto, o que se percebe é uma competência a nível estadual; contudo, nos tribunais superiores é possível visualizar decisões de cunhos diverso:

> Por ter caráter eminentemente administrativo, as dúvidas suscitadas pelo oficial do registro de imóveis devem ser decididas pelo Juízo estadual corregedor do cartório respectivo à luz da lei de organização judiciária local. (C 484, 1ª Seção, Min. José de Jesus Filho, j. 31.10.1989).

> Em face de sua natureza administrativa, o processo de dúvida deve ser decidido pelo Juízo estadual corregedor do cartório de registro de imóveis, que o formulou. (CC 4.840, 2ª Seção, Min. Barros Monteiro, j. 08.09.1993).

> [...] o processo de dúvida é meramente administrativo, devendo, mesmo que haja interesse da União, ser decidido pelo juiz corregedor competente de acordo com a lei de organização judiciária do Estado" (RSTJ 6/120; TRF 2ª Seção, CC 7.161/PR, rel. Min. Carlos Velloso, j. 18.08.1987, v.u., DJU 01.10.1987, p. 20.949; TRF 2ª Seção, CC 6.815/RS, rel. Min. Geraldo Sobral, j. 24.11.1987, v.u., DJU 11.02.1988, p. 1901). (*Código de Processo Civil e legislação processual em vigor*, 33. ed. Saraiva, p. 1755).

De outra banda, a 1ª Seção do STJ, ao julgar o Conflito de Competência 32.584, decidiu, num caso de dúvida suscitada relativamente à abertura de matrícula, que a competência para sua apreciação era da Justiça Federal. Há, ainda, uma importante observação feita por Dip, no sentido de que

> [...] em São Paulo, a assinação da competência administrativa, no âmbito da dúvida, ao Conselho Superior da Magistratura pode levar ao risco de um enfrentamento ocasional desse órgão colegiado com o Corregedor-Geral da Justiça que é, em sua ordem, o poder soberano na fiscalização e disciplina dos registros públicos locais. De maneira que a uma comum superioridade correicional sucede, às vezes, a pontual dissonância de outro órgão administrativo que, nos julgamentos particulares das dúvidas, ostenta supremacia sobre o entendimento monocrático do Corregedor-Geral. O resultado é a aferição eventual de critérios dúplices: o do Corregedor-Geral e o do Conselho Superior da Magistratura[11].

---

11. *Lei dos Registros Públicos comentada*: Lei 6.015/1973. 2. ed. Rio de Janeiro: Forense, 2019.

5.7 PARTES

5.7.1 Suscitante

O autor da Dúvida será sempre o Registrador das atividades registrais previstas no art. 1º da LRP: Oficial de Registro de Pessoas Naturais, Oficial do Registro de Pessoas Jurídicas, Oficial do Registro de Títulos e Documentos, Oficial de Registro de Imóveis, que são os responsáveis pela Serventia Registral.

No caso do Tabelionato de Protesto de Títulos, a responsabilidade será do respectivo Tabelião, nos termos do art. 18 da Lei 9.492/1997. Isso porque a Serventia é de sua responsabilidade, em todos os aspectos. A delegação outorgada, conforme o art. 236 da CF, impõe a eles o dever de submeter os casos enquadrados no art. 198 da Lei 6.015/1973 e no art. 18 da Lei 9.492/1997 ao juízo competente.

Segundo Ceneviva[12], o Procedimento de Dúvida pode ser declarado pelo Registrador ou pelo Tabelião de Protesto, bem como pelo substituto, cuja indicação tenha sido comunicada ao juiz competente, quando da aplicação do art. 20, § 5º, da Lei 8.935/1994. Este dispositivo legal assim preleciona: "Dentre os substitutos, um deles será designado pelo notário ou oficial de registro para responder pelo respectivo serviço nas ausências e nos impedimentos do titular"[13]. Assim, constata-se que o substituto poderá suscitar a dúvida somente quando o Oficial não puder fazê-lo.

Neste sentido, é o entendimento do Desembargador Márcio Martins Bonilha, que já se manifestou na ocasião do julgamento de uma Apelação sobre o tema:

> Pondere-se, desde logo, que a dúvida foi suscitada pelo escrevente substituto do 2º Cartório de Registro de Imóveis e Anexos da Comarca de Guarulhos, em desacordo com o estatuído pelo art. 198 da Lei 6.015/73, o que é inadmissível.
>
> Todavia, o preposto do oficial de registro foi designado para responder pelo respectivo serviço nas ausências e nos impedimentos do titular, nos exatos termos do art. 20, § 5º, da Lei 8.935/94, autorizando, por essa razão, excepcionalmente, a suscitação[14].

---

12. CENEVIVA, Walter. *Lei dos notários e dos registradores comentada* (Lei 8.935/94). 2. ed. ampl. São Paulo: Saraiva, 1999, p. 180.
13. BRASIL. Lei 8.935, de 18 de novembro de 1994. Regulamenta o art. 236 da Constituição Federal, dispondo sobre serviços notariais e de registro (Lei dos cartórios). Diário Oficial da União, Brasília, 21 nov. 1994.
14. SÃO PAULO. Tribunal de Justiça. Apelação Cível 031221-0/0. Parcelamento do solo urbano – desmembramento – regularização de loteamento – dúvida – suscitação – preposto. Registro de Imóveis, *thesaurus jurisprudencial*, acórdãos e decisões do Conselho Superior da Magistratura e Corregedoria Geral da Justiça de São Paulo, 1996. Porto Alegre: Sérgio Antônio Fabris Editor, 1997, p. 201-203.

Observe-se que, em todos esses casos trazidos a lume, a possibilidade de Suscitação de Dúvida pelo Oficial exige provação (requerimento) da parte interessada, pois, este documento escrito, se destina a um processo literal com fase judiciária. No entanto, excepcionalmente, a Lei dos Registros Públicos admite a Suscitação de Dúvida *ex officio* pelo Oficial de Registro de Títulos e Documentos, conforme o art. 156 do mencionado diploma legal:

> Art. 156. O oficial deverá recusar registro a título e a documento que não se revistam das formalidades legais. (Renumerado do art. 157 pela Lei 6.216, de 1975.)
>
> Parágrafo único. Se tiver suspeita de falsificação, poderá o oficial sobrestar no registro, depois de protocolado o documento, até notificar o apresentante dessa circunstância; se este insistir, o registro será feito com essa nota, podendo o oficial, entretanto, submeter a dúvida ao juiz competente, ou notificar o signatário para assistir ao registro, mencionando também as alegações pelo último aduzidas.

Ainda, e, aqui, esquivando um pouco da legislação pertinente aos Registros Públicos, o legislador, na Lei 6.766/1979, apontou uma outra hipótese-exceção de Suscitação de Dúvida ao assim referir no § 2º do seguinte artigo:

> Art. 18. Aprovado o projeto de loteamento ou de desmembramento, o loteador deverá submetê-lo ao registro imobiliário dentro de 180 (cento e oitenta) dias, sob pena de caducidade da aprovação, acompanhado dos seguintes documentos: [...]
>
> § 2º A existência de protestos, de ações pessoais ou de ações penais, exceto as referentes a crime contra o patrimônio e contra a administração, não impedirá o registro do loteamento se o requerente comprovar que esses protestos ou ações não poderão prejudicar os adquirentes dos lotes. Se o Oficial do Registro de Imóveis julgar insuficiente a comprovação feita, suscitará a dúvida perante o juiz competente.

Nota-se, portanto, que a possibilidade de instauração do Procedimento de Dúvida não está centralizada em uma única legislação, mas, também, é possível a sua visualização na legislação esparsa, como no caso do parágrafo supra. No entanto, todo o procedimento deve ser observado conforme o disposto nos arts. 198 e seguintes da Lei 6.015/1973.

5.7.2 Interessado e apresentante

A pessoa qualificada como interessada na Dúvida é aquela que titula ou pretende titular um direito real, o que se verifica da análise da matrícula ou do título que pretende ingressar no Fólio Real. É aquele que espera ver um direito seu constituído, declarado, modificado ou extinto, isto é, aquele que sofrerá os efeitos do ato registral colimado.

Já o apresentante do título pode ser qualquer pessoa, independentemente de ter ou não interesse no ato registral. É aquele que comparece na serventia para entregar o título, não necessitando ser quem figura no documento. Como exemplo, um *office-boy* pode ser o apresentante de uma escritura pública de compra e venda de um imóvel na qual figura como comprador o seu patrão. Neste caso, será este a parte interessada. Realiza-se esta distinção para esclarecer quais os poderes atribuídos a cada um.

Esta dicotomia fica apenas para registro acadêmico, pois o legislador, atento a eventuais divergências na aplicação da nomenclatura mais adequada, unificou, a partir da nova redação dada pela Medida Provisória 1.085/2021, depois, convertida na Lei 14.382/2022, tornou "interessado" (inciso V do art. 198 da LRP) termo padrão do instituto e suprimiu "apresentante" da anterior redação do *caput* do referido artigo.

A nova redação afastou a celeuma que pairava a respeito da parte legitimada para requerer o procedimento junto ao Oficial. Nesse sentido, Dip alertava que

> A LRP, em seu art. 217, prevê que o registro e a averbação possam provocar-se por qualquer *pessoa*. Vale dizer, não se reclama do apresentante *legitimidade registrária* (ou tabular) para a postulação do registro. [...] Certo é que o arts. 199 e 292, LRP, mencionam a figura do *interessado* no registro [...], mas se a legitimidade para impugnar fosse tão somente do *interessado* no ato de registro, não se entenderia o motivo de ser notificado o *apresentante*. A regra do art. 217, LRP, permite inferir a conclusão de que o *apresentante* é *também interessado* para fins da impugnação da dúvida[15].

Portanto, com a novel redação recebida pela LRP, cumpre ao interessado requerer ao Oficial a suscitação da Dúvida, pois somente ele poderá agir na busca da tutela do seu direito, não sendo permitido ao apresentante impugnar (contestar) a Dúvida, nem recorrer da decisão. Somente ao interessado será atribuída tal faculdade.

5.7.3 Terceiros

Por expressa previsão legal, contida no art. 202 da LRP, o legislador oportunizou ao terceiro prejudicado interpor, após a sentença, o recurso de apelação. Desta forma, parece que somente nesta ocasião um terceiro poderia vir a integrar o Procedimento de Dúvida. Todavia, há entendimento em que se admite o ingresso no Procedimento, antes da sentença, quando comprovado seu interesse jurídico, como a repercussão positiva ou negativa que o registro pode proporcionar na sua esfera de direitos e obrigações. Segundo Ceneviva[16], esta intervenção se dará através de assistência simples.

---

15. *Lei dos Registros Públicos comentada*: Lei 6.015/1973. 2. ed. Rio de Janeiro: Forense, 2019.
16. CENEVIVA, Walter. *Lei dos Registros Públicos comentada*. 15. ed. atual. até 1º de outubro de 2002. São Paulo: Saraiva, 2003.

O instituto jurídico da assistência está previsto nos arts. 119 e seguintes do CPC. O parágrafo único do art. 119 estabelece que "A assistência será admitida em qualquer procedimento e em todos os graus de jurisdição, recebendo o assistente o processo no estado em que se encontre".

Ainda, o mesmo autor, ao analisar o conceito de terceiro prejudicado a que se refere o art. 202, assim preleciona:

> Terceiro prejudicado é todo aquele que possa demonstrar prejuízo consequente da realização do registro ou de sua vedação. Dito prejuízo há de ser evidenciado como condição de seu ingresso nos autos, como, por exemplo, na aplicação do art. 253. Deve provar o nexo de interdependência entre seu interesse de intervir e a relação jurídica submetida à apreciação judicial. Se o terceiro pode apelar, também pode intervir em primeiro grau, na dúvida. Não é qualquer terceiro, com interesse, que nela pode comparecer, mas apenas aquele que comprovou o prejuízo que lhe advirá do deferimento ou do indeferimento do registro.
>
> Ao terceiro, é vedado, entretanto, introduzir elementos de direito ou de fato estranhos ao âmbito da dúvida. Esta é do oficial, que a declara ao juiz. As questões que o terceiro discuta em juízo relacionam-se com o prejuízo, seja no satisfazer a exigência, seja no demonstrar a impossibilidade de atendê-la.
>
> A lei, embora o caráter administrativo da dúvida, assemelha-a, no art. 202, ao processo comum, de natureza contenciosa, ensejando ao terceiro ser interveniente no processo de dúvida, em qualquer grau. Pode ele, a título próprio, requerer retificação ou cancelamento de registro que lhe cause prejuízo (art. 212)[17].

Há, contudo, jurisprudência em sentido literal ao exposto no *caput* do artigo que autoriza o manejo do recurso de apelação. Como exemplo, cita-se o voto do eminente Desembargador Antonio Carlos Alves Braga, que assim se manifestou:

> [...], importa considerar que o artigo 202 da mesma Lei 6.015 admite que, além do interessado e do Ministério Público, igualmente o terceiro prejudicado possa recorrer da sentença proferida na dúvida.
>
> Ou seja, embora em seu curso não se permita a intervenção de terceiro (v.g. Acórdãos 1.249-0, 602-0 e 1.176-0), pois que atinente seu objeto a dissenso entre o registrador e o interessado, admite a lei que o terceiro apresente recurso contra sentença que na dúvida se profira.
>
> E a identificação de quem se subsuma a este conceito de terceiro, como já assentou o Conselho Superior da Magistratura (cf. Acórdão 12.020-0/4), e ainda ao que se infere da própria sistemática recursal da Lei Registrária, deve ser feita com socorro ao processo civil.
>
> A norma aplicável, então, é a do artigo 499, § 1º, do CPC, segundo a qual terceiro interessado é todo aquele que demonstre nexo de interdependência entre seu interesse em intervir e a relação jurídica submetida à apreciação judicial.[18]

---

17. CENEVIVA, Walter. *Lei dos Registros Públicos comentada*. 15. ed. atual. até 1º de outubro de 2002. São Paulo: Saraiva, 2003, p. 413.
18. SÃO PAULO. Tribunal de Justiça. Apelação Cível 23.780-0/7. Relator: Des. Antonio Carlos Alves Braga, Americana, 11-5-1995. Disponível em: <https://www.kollemata.com.br/duvida-recurso-ter-

Caso o interessado não comprove seu interesse na resolução de Dúvida, seja a sentença de que natureza for, não poderá intervir no Procedimento. Neste sentido, a ementa segue:

> Registro de Imóveis – Dúvida julgada improcedente – Pretensão que visava o registro de carta de adjudicação expedida nos autos de ações de adjudicação compulsória – Recurso interposto pelo réu daquela ação alegando falsidade dos compromissos de venda e compra que instruiriam aquele feito – Falta de interesse recursal – Recurso interposto por terceiro que não se conhece.
>
> Ao terceiro que pretenda recorrer da sentença proferida em procedimento de dúvida, cumpre demonstrar seu legítimo interesse em fazê-lo. Carece de interesse recursal o réu da ação de adjudicação compulsória, quando este, para sustentar os motivos da recusa oposta pelo registrador, alega fundamento estranho e de caráter pessoal, denotando que sua intenção é evitar, por via reflexa, o registro da Carta de Adjudicação extraída em cumprimento da sentença transitada em julgado.[19]

5.8 DÚVIDA DO TABELIÃO DE NOTAS: ASSISTÊNCIA SIMPLES

Até então se falou na suscitação da Dúvida pelo Registrador ou pelo Tabelião de Protesto de Títulos, não admitindo, por falta de previsão legal e de lógica, tal prerrogativa, ao Tabelião de Notas. Certo é, assim, que o Tabelião de Notas jamais poderá suscitar uma Dúvida, não obstante a 6ª Câmara Cível já ter se manifestado em sentido oposto:

> Dúvida suscitada por Tabelião em torno da exigência legal de negativa fiscal. Não integrando a negativa fiscal o ato jurídico, possível sua lavratura, desde que o adquirente assuma eventual crédito em prol do Poder Público. O ato realizado, sem a mesma exigência legal, é válido, mas pode ser ineficaz frente à Fazenda Pública ou Instituição Previdenciária, se a mesma foi preterida. Recurso provido para se autorizar a escrituração, materializando negócio jurídico[20].

Outrossim, há que se estudar a possibilidade – ou não – de o Notário, na qualidade de autor do ato notarial, participar do Procedimento de Dúvida, ou como interessado, ou como terceiro.

Segundo o conceito de interessado anteriormente apresentado, que se refere àquele que integra ou pretende integrar um ato registral, repercutindo na sua

---

ceiro-prejudicado-intervencao-de-terceiro-recurso-fazenda-publica-impostos-recolhimento-qualificacao-registral.html>. Acesso em: 18 ago. 2022.

19. SÃO PAULO. Tribunal de Justiça. Apelação Cível 024690-0/3. Relator: Des. Antonio Carlos Alves Braga, Campinas, 26-1-1996. Registro de Imóveis, *thesaurus jurisprudencial*, acórdãos e decisões do Conselho Superior da Magistratura e Corregedoria Geral da Justiça de São Paulo, 1996. Porto Alegre: Sérgio Antônio Fabris Editor, 1997, p. 27-28.

20. RIO GRANDE DO SUL, Tribunal de Justiça. Apelação Cível 5981170876. Relator: Des. Décio Antônio Erpen.

esfera de direitos e obrigações, não se vê a possibilidade de o Tabelião de Notas ser considerado desta forma. A participação do Notário na escritura pública, com a inserção do seu sinal raso e, de consequência, a menção da sua autoria no ato registral, parece não caracterizar a figura do interessado. Mas, admite-se, a matéria é discutível.

No âmbito da jurisdição contenciosa, de acordo com os arts. 119 e seguintes do CPC, a assistência simples – também chamada de adesiva – é espécie do gênero assistência. Neste instituto, o terceiro interessado em que uma lide não seja desfavorável para uma das partes da lide (autor ou réu), pratica atos processuais com o intuito de ajudá-la na defesa e na obtenção uma sentença favorável. Neste passo, são pressupostos de admissibilidade da assistência, segundo o sistema vigente: (a) existência de uma causa pendente e (b) interesse jurídico.

O primeiro requisito de admissibilidade abre a possibilidade de o assistente ingressar na lide em qualquer momento, independentemente do grau e do tipo de ação (ordinárias e cautelares), sem que com isso venha significar anulação de todos os atos processuais, pois o terceiro interessado recebe o processo no estado em que se encontra. Essa regra, no entanto, possui algumas restrições dependendo da natureza da ação.

O doutrinador Athos Gusmão Carneiro somente entende possível a assistência no processo de execução de título extrajudicial se houver embargos do devedor. Assim, tratando-se de Ação de Cumprimento de Sentença, o momento da assistência exauriu-se no processo de cognição.

Afirma o eminente estudioso:

> O interesse que legitima a participação do terceiro, como se referiu acima, deverá ser jurídico, não se admitido o instituto por caráter meramente moral ou econômico. O interesse jurídico, portanto, funda-se em defesa de um direito mediato, na medida em que defendendo o direito de uma das partes, o assistente também protege sua esfera patrimonial ou moral[21].

A participação do assistente será requerida ao juízo competente através de petição fundamentada, devendo ser demonstrado de forma inequívoca o seu interesse jurídico no êxito de um dos litigantes. Não havendo impugnação das partes em cinco dias, o Requerente assume a posição de assistente, salvo se o magistrado entender que aquele que pleiteia o instituto não preencheu os pressupostos de admissibilidade.

Contudo, registra-se que o assistente não é parte no processo, ainda que o Código Civil impropriamente o mencione como "auxiliar da parte principal". O

---

21. CARNEIRO, Athos Gusmão. *Intervenção de terceiros*. 10. ed. São Paulo: Saraiva, 1998, p. 52.

Terceiro Interveniente não formula nenhum pedido, bem como nada é pedido contra ele, sendo mero coadjuvante do litigante, a quem assiste.

No processo cível, existem dois tipos de assistência, sendo a primeira intitulada assistência simples; a segunda, assistência litisconsorcial. A diferença entre as duas está na intensidade com que o assistente será atingido pela sentença: no último tipo de assistência, o direito do assistente está em causa (ex.: Ação Reivindicatória, onde, na matrícula do imóvel, consta a constituição de usufruto; ação anulatória de testamento, ajuizada por um dos herdeiros legítimos). Já na assistência simples, a causa de pedir não prejudica a relação jurídica que o assistente possui com uma das partes. Essa distinção é importante para delimitar os poderes processuais do assistente.

O Código de Processo Civil preconiza a igualdade de poderes ao assistido e ao assistente. Todavia, quando se tratar de assistência simples, o interveniente deve atuar sempre complementarmente à atividade processual do assistido e conforme a orientação de sua defesa no processo, jamais assumir postura antagônica. Na assistência litisconsorcial, não há tal limitação; os atos e as omissões de um não prejudicam nem beneficiam o assistido, podendo, o terceiro interessado, estabelecer as diretrizes de sua própria defesa, sem submeter ao entendimento do assistido.

No âmbito desse instituto, a jurisprudência e a doutrina admitem o Tabelião como assistente simples, quando, como exemplo, o herdeiro legítimo ajuíza uma ação de anulação da Escritura Pública de Doação, pois a eventual anulação do negócio jurídico afetará não só a parte, como também acarretará a responsabilidade civil do Tabelião, eventualmente.

Nesse sentido, Athos Gusmão já asseverou:

É jurídico o interesse no clássico exemplo do Tabelião que requer ser admitido como assistente do réu em ação proposta para anular, por defeito formal, a escritura pública que redigiu. Se procedente a demanda, surgirá em tese, em favor do interessado na validade da escritura, pretensão indenizatória contra o notário[22].

Corroboram esta tese as jurisprudências abaixo:

Doação. Escritura pública. Assinatura em hospital, colhida por funcionários do Tabelionato. Firma das testemunhas lançadas no tabelionato. Finalidade da forma solene. Falta de recepção da vontade do doador pelo tabelião. Nulidade da escritura[23].

---

22. Intervenção de terceiros, cit., p. 52.
23. RIO GRANDE DO SUL, Tribunal de Justiça. Apelação Cível 41293, Relator: Werter Rotondo, julgada em 9-6-1982.

Anulação de escritura de doação. Isquemia cerebral. Existindo evidentes sinais de que o doador houvesse sido acometido por acidente vascular cerebral, decorrente de isquemia cerebral, competia ao Tabelião exigir que as partes comprovassem a higidez mental do doador, haja vista a gravíssima afetação patrimonial que decorre do ato. Rejeitada a preliminar. Apelação provida. Sucumbência invertida[24].

Ação de anulação de escritura pública de doação. Supostos vícios no negócio jurídico em face da condição de alcoolista do doador. Ausência de prova da incapacidade relativa do doador, a qual não se presume. Sentença de improcedência mantida. Inexistindo prova inequívoca de que o doador não tinha capacidade de discernir por ocasião da feitura da doação em razão do alcoolismo, descabe a anulação do negócio jurídico realizado, mormente estando o Tabelião presente no momento da celebração do ato. Apelo desprovido[25].

Anulação de doação. Alegação de erro sobre a natureza do ato praticado. Se a parte que postula a anulação de doação, alegando acreditar que, na ocasião, estava fazendo testamento, nenhuma prova produz, inarredável o desprovimento do recurso, pois, além da escritura pública de doação, outorgada pessoalmente pela autora da ação, em presença de Tabelião, que goza, legalmente, de fé pública, há o fato de, alguns meses após a doação, ter a autora comparecido novamente em presença do Tabelião, oportunidade em que testou seus bens aos réus, testamento posteriormente revogado. Recurso desprovido[26].

Assim, o interesse jurídico do Tabelião de Notas, no âmbito processual, é de fácil compreensão, sendo reiteradamente admitido em feitos judiciais, mediante o Instituto da Assistência. Afinal, os efeitos da sentença que solucionar uma demanda de anulação de escritura pública poderão repercutir indiretamente no patrimônio do Notário, sendo razão suficiente para intervir no feito e auxiliar uma das partes, não só porque participou e testemunhou fatos importantes, contidos na demanda, como também possui interesse na declaração de validade do ato que praticou.

Neste passo, questiona-se sobre a possibilidade desse tipo de instituto ser aplicado nos casos de processo administrativo, como ocorre no Processo de Dúvida. Entendo ser possível, à medida que a sentença possa repercutir na esfera de terceiro, pois se tem, aqui, todos os pressupostos de admissibilidade da assistência.

Neste sentido, também já se manifestou Antonio Albergaria Pereira[27], bem como comentando que, à medida que os registradores e os notários são profissio-

---

24. RIO GRANDE DO SUL, Tribunal de Justiça. Apelação Cível 70001936533, Relator: Guinther Spode, julgada em 19-6-2001.
25. RIO GRANDE DO SUL, Tribunal de Justiça. Apelação Cível 70013174958, Relator: José Aquino Flores de Camargo, julgada em 9-11-2005.
26. RIO GRANDE DO SUL, Tribunal de Justiça. Apelação Cível 70004099735, Relator: Diógenes Vicente Hassan Ribeiro, julgada em 14-8-2002.
27. ALBERGARIA, Antonio. Água mole em pedra dura: escritura não acolhida pelo Oficial Registrador. Exigência descabida. Diário das Leis – Direito Imobiliário n. 9, 3º Decênio. São Paulo, março de 2008. Em sentido contrário: RIO GRANDE DO SUL, Tribunal de Justiça. Apelação Cível 70007328867. Relator Des. Armínio José Abreu Lima da Rosa, Porto Alegre, DJ 2.757, de 18-12-2003. Disponível em: <https://www.tjrs.jus.br/novo/buscas-solr/?aba=jurisprudencia&q=70007328867&conteudo_busca=ementa_completa>. Acesso em: 18 ago. 2022.

nais do Direito (art. 3º da Lei 8.935/1994) e estão no mesmo nível de igualdade funcional, deveria ser dado ao notário, na qualidade de elaborador do título, o direito de participar obrigatoriamente no processo de dúvida suscitado pelo Registrador, antes da manifestação do Órgão do Ministério Público, também, a fim de que este possa, igualmente, contestar a exigência formulada. Afinal, questiona-se a legalidade de seu trabalho e o fim a que se presta: dar segurança jurídica às partes da eficácia do negócio realizado sob sua presença.

Diante disso, trazendo esse instituto da assistência regulado pelo Código de Processo Civil, para o âmbito do processo administrativo, mais precisamente para o processo de suscitação de dúvida, pode-se defender a ideia da aplicação desse instrumento neste tipo de ato. O fundamento jurídico é a defesa da validade e eficácia do ato lavrado, além de o Tabelião de Notas ser parte interessada, nos termos dos arts. 13, 198 e 217 da LRP, pelas razões que passo a explicar.

O Notário, ao lavrar uma escritura pública, transmitiu segurança jurídica aos negócios bilaterais e atos unilaterais. Quando questionado ou impugnado, essa segurança fica abalada, tendo legítimo interesse em resguardar a validade do ato notarial praticado. Trata-se, portanto, de um interessado na Suscitação de Dúvida no momento em que o Registrador emite um juízo negativo do ato lavrado em sua Serventia.

Conforme o art. 198 da LRP, é facultado à parte requerer ao Registrador a Suscitação de Dúvida quando se sentir lesada ou quando não puder cumprir a exigência feita, cabendo ao interessado impugná-la em quinze dias em juízo. Trabalhando com a ideia de que o Tabelião de Notas é interessado, este terá o direito de impugnar o respectivo processo em defesa da sua escritura pública.

Observe-se que tal tese é reforçada pelo fato de que Notário tem relação material com a parte, na medida em que o Código Civil preconiza obrigatoriamente a forma pública do negócio jurídico:

> Art. 108. Não dispondo a lei em contrário, a escritura pública é essencial à validade dos negócios jurídicos que visem à constituição, transferência, modificação ou renúncia de direitos reais sobre imóveis de valor superior a trinta vezes o maior salário mínimo vigente no País.

Como se vê, o Tabelião de Notas possui o direito de ingressar no Processo de Dúvida como terceiro interessado, fornecendo às partes envolvidas todos os suportes jurídicos para proteger a validade e eficácia do ato lavrado, daí a participação efetiva do Notário no Procedimento Administrativo de Dúvida.

Dadas estas considerações, aliadas à lembrança de que compete ao apresentante requerer que o Oficial suscite a Dúvida, conclui-se o seguinte:

a) analisando as faculdades outorgadas ao Tabelião de Notas, ao qual se atribui a capacidade de intervenção como assistente simples no processo civil, constata-se que, ao Notário, é dada a prerrogativa de defender o seu ato em um Procedimento de Dúvida;

b) o Tabelião de Notas, quando na prestação do seu *múnus público*, pode apresentar ao Registro de Imóveis os títulos lavrados em sua serventia. Desta forma, quando considerado apresentante do título, poderá ele requerer a Suscitação da Dúvida;

c) ainda, pode o Tabelião de Notas, autor de uma determinada escritura pública que teve seu registro recusado, participar do Procedimento de Dúvida na posição de terceiro interessado, por meio do instituto da assistência simples, prestando ao juízo competente todas as informações necessárias para que a Dúvida seja julgada improcedente.

Isto porque a impugnação de um título notarial pode repercutir na esfera jurídica do Tabelião de Notas, pois, se o título lavrado é imprestável para o destino que se pretendeu, a parte interessada poderá, em tese, ingressar com uma ação de indenização contra o Tabelião pela frustração da expectativa gerada. Neste caso, a atividade desempenhada pelo Notário é de resultado e, por isso, o autoriza à defesa do seu ato.

Ademais, deve ser permitido ao Tabelião de Notas defender a legalidade da escritura pública lavrada porque ele é um profissional do Direito dotado de fé pública, detentor de conhecimentos jurídicos para discutir os argumentos expostos pelo Registrador, não raras vezes em condições superiores, se comparado com os figurantes do título, isto é, os usuários do serviço notarial. O Tabelião de Notas é quem colhe a vontade das partes, saneia o negócio jurídico, previne litígio e lavra o ato, conservando o documento para a posteridade. Ter-se-ia, na discussão de Procedimentos de Dúvida que envolvam títulos notariais, maior igualdade entre os sujeitos que o figuram.

5.8.1 Da admissão da assistência simples pelas Corregedorias-Gerais da Justiça dos Estados

A Corregedoria-Geral da Justiça do Estado do Espírito Santo, em 2013, por intermédio do Provimento 58[28], instituiu a intervenção do Tabelião de Notas

---

28. Redação anterior: "Art. 1.104-A. O Juiz de Direito com competência em Registros Públicos, nos procedimentos de suscitação de dúvida, antes da prolação da sentença, poderá admitir a intervenção espontânea do tabelião de notas que lavrou a escritura pública objeto da desqualificação registral, solicitando, por despacho irrecorrível, de ofício ou a requerimento do interessado, a manifestação do notário, no prazo de 15 (quinze) dias de sua intimação.
Parágrafo único. A intervenção tratada no caput independerá de representação do tabelião de notas por advogado, assim como do oferecimento de impugnação e não autoriza a interposição de recurso." Disponível em: <http://www.tjes.jus.br/corregedoria/wp-content/uploads/2016/06/Provimento_58-2013.pdf>. Acesso em: 03 maio 2022.

no Procedimento de Suscitação de Dúvida, hoje, entretanto, a redação daquele dispositivo fora alterado, pois houve a confecção de um novo Código de Normas (Provimento 20/2017[29]) que regula as atividades Notarial e Registral, o novel artigo é o seguinte:

> Art. 392. Não se conformando o apresentante com as exigências do registrador, ou não podendo satisfazê-las, será o título, a seu requerimento e com a declaração de dúvida, obrigatoriamente acompanhada de cópia da nota de exigências, remetido ao Juiz competente, obedecendo-se ao seguinte: [...]
>
> § 3º O Juiz, a qualquer tempo antes da prolação da sentença, poderá admitir a intervenção espontânea do tabelião de notas que lavrou a escritura pública objeto da desqualificação registral, solicitando, por despacho irrecorrível, de ofício ou a requerimento do interessado, a manifestação do notário, no prazo de 15 (quinze) dias de sua intimação.
>
> § 4º A intervenção tratada no parágrafo precedente independerá de representação do tabelião de notas por advogado, assim como do oferecimento de impugnação e não autoriza a interposição de recurso.

Naquela oportunidade, o parecer elaborado pelos eminentes Juízes Auxiliares da Corregedoria-Geral da Justiça do TJ-ES, Aldary Nunes Junior e Ezequiel Turibio, magistrados que enaltecem o judiciário capixaba pela competência e vanguarda nos avanços das atividades registral e notarial, foi disposta de forma fundamentada a importância do provimento para o enriquecimento do procedimento de dúvida e subsídio à decisão do julgador.

> Com a intervenção do tabelião de notas, o magistrado, ao julgar o procedimento de dúvida, poderá contar com os argumentos e esclarecimentos do responsável pela lavratura da escritura pública que recebeu qualificação negativa do registrador, o que irá contribuir na formação do convencimento jurídico do sentenciante[30].

A situação é semelhante na Corregedoria-Geral da Justiça do Estado do Mato Grosso. Todavia, a Corregedoria autoriza a participação facultativa dos Tabeliães de Notas no procedimento de dúvida registral, que ganhou redação inicial por meio da edição do Provimento 16/2014[31]. Hoje, com a

---

29. Disponível em: <http://www.tjes.jus.br/corregedoria/wp-content/uploads/2020/07/CN-EXTRAJUDICIAL-TOMO-II.pdf>. Acesso em: 03 maio 2022.
30. Parecer da Corregedoria do Tribunal de Justiça do Estado do Espírito Santo, Processo 2013.01.563.171, Aldary Nunes Junior e Ezequiel Turibio.
31. Redação anterior: "2.1.7. Quando a suscitação da dúvida registral estiver fundada em qualificação negativa operada em relação à escritura pública apresentada ao registro, o Oficial Registrador, na mesma oportunidade em que der ciência da dúvida ao apresentante, entregando-lhe cópia da suscitação, na forma estabelecida pelo inciso III do art. 198 da Lei 6.015, de 31 de dezembro de 1973, dará ciência dos termos da dúvida ao Tabelião de Notas que lavrou o ato notarial, fornecendo-lhe cópia das razões da suscitação apresentada;
    2.1.7.1. O Tabelião de Notas disporá do prazo de 15 (quinze) dias para, se julgar oportuno, habilitar-se, perante o juízo competente, como assistente simples do apresentante do título, oferecendo, nesse mes-

vigência de um novo Código de Normas (Provimento 42/2020[32]), a redação que se apresenta é:

Art. 692. Quando a suscitação da dúvida registral estiver fundada em qualificação negativa, operada em relação à escritura pública apresentada ao registro, o responsável pelo expediente do cartório de registro de imóveis, na mesma oportunidade em que der ciência da dúvida ao apresentante, entregando-lhe cópia da suscitação, na forma estabelecida no inciso III do art. 198 da Lei 6.015/1973, dará ciência dos termos da dúvida ao tabelião responsável pela serventia de notas que lavrou o ato notarial, fornecendo-lhe cópia das razões da suscitação apresentada.

§ 1º O responsável pelo tabelionato de notas disporá do prazo de 15 (quinze) dias para, se julgar oportuno, habilitar-se, perante o juízo competente, como assistente simples do apresentante do título, oferecendo, nesse mesmo prazo, as razões que sustentam a validade e o acerto do ato notarial por ele lavrado, previamente à prolação da sentença.

§ 2º O cumprimento do disposto nos artigos deste capítulo deverá ser certificado, antes da remessa das razões da dúvida, acompanhadas do título, ao juízo competente, na forma prevista no inciso IV do art. 198 da Lei 6.015/1973.

Verifica-se que no Mato Grosso, diferentemente dos outros Estados, o Registrador Imobiliário tem o dever de entregar ao Tabelião de Notas, na etapa prevista no inciso III do art. 198 da Lei 6.015/1973, cópia das razões da suscitação apresentada.

No Rio Grande do Sul não foi diferente, a Corregedoria-Geral Estadual publicou, em 08 de abril de 2014, o Provimento 08/2014[33], o qual oportunizou ao juiz a possibilidade da admissão da intervenção do Tabelião de Notas no Procedimento de Dúvida. Também houve a confecção de uma nova Consolidação Normativa Notarial e Registral (Provimento 01/2020) no estado gaúcho, passando, então, o art. 335-A a receber nova numeração e redação, conforme segue:

---

mo prazo, as razões que sustentam a validade e o acerto do ato notarial por ele lavrado, previamente à prolação da sentença;

2.1.7.2. Certificará o cumprimento do disposto nos itens anteriores, antes de remeter as razões da dúvida acompanhadas do título, ao juízo competente, na forma prevista pelo inciso IV do art. 198 da Lei 6.015, de 31 de dezembro de 1973." Disponível em: <https://corregedoria-mc.tjmt.jus.br/corregedoria-arquivos-prod/cms/Provimento_16_2014.pdf>. Acesso em: 18 ago. 2022.

32. Código de Normas da Corregedoria-Geral da Justiça do Foro Extrajudicial – CNGCE. Disponível em: <https://www.anoregmt.org.br/novo/wp-content/uploads/2020/12/42.2020-CGJ-Institui-nova-CNGCE.pdf>. Acesso em: 18 ago. 2022.

33. Redação anterior: "Art. 335-A. O Juiz de Direito Diretor do Foro ou da Vara dos Registros Públicos, nos procedimentos de suscitação de dúvida, antes da prolação da sentença, poderá admitir a intervenção espontânea do tabelião de notas que lavrou o ato notarial objeto da qualificação registral, solicitando por despacho irrecorrível, de ofício ou a requerimento do interessado, a manifestação do notário, no prazo de 15 (quinze) dias de sua intimação.

Parágrafo Único. A intervenção do tabelião tratada no caput independerá de representação do tabelião de notas por advogado, assim como do oferecimento de impugnação e não autoriza a interposição de recurso."

Art. 445. O Juiz Diretor do Foro ou da Vara dos Registros Públicos, nos procedimentos de suscitação de dúvida, antes da prolação da sentença, poderá admitir a intervenção espontânea do Tabelião de notas que lavrou o ato notarial objeto da qualificação registral, solicitando, por despacho irrecorrível, de ofício ou a requerimento do interessado, a manifestação do Notário, no prazo de 15 (quinze) dias.

Parágrafo único. A intervenção do Tabelião tratada no caput independerá de representação do Tabelião de notas por advogado, assim como do oferecimento de impugnação, e não autoriza a interposição de recurso.[34]

A intervenção do Notário no Rio Grande do Sul se assemelha ao procedimento adotado pela Corregedoria do Estado do Espírito Santo.

5.9 A PARTICIPAÇÃO DO TABELIÃO DE NOTAS COMO *AMICUS CURIAE*. REFLEXÕES SOBRE O PROVIMENTO 14/2013 DA CORREGEDORIA-GERAL DE JUSTIÇA DO ESTADO DE SÃO PAULO[35]

Na época, pelo Provimento 14/2013[36], o Corregedor-Geral de Justiça do Estado de São Paulo, Des. José Renato Nalini, após acatar sugestão apresentada pelo Juiz-Assessor da Corregedoria, Luciano Gonçalves Paes Leme (que lavrou o Parecer 143/2013-E, juntado aos autos do Processo 2012/00124108-DICOGE), alterou disposições das Normas de Serviço da Corregedoria-Geral de Justiça paulista para admitir a participação do Tabelião de Notas no procedimento de dúvida, na qualidade de *amicus curiae*, acolhendo parcialmente, dessa forma, proposta apresentada pelo Colégio Notarial do Brasil-Conselho Federal (CNB/CF) e pelo Colégio Notarial do Brasil-Seção São Paulo (CNB-SP).

O normativo administrativo baixado pela insigne Corregedoria paulista tem em mira enfrentar a polêmica e não recente questão relativa à possibilidade de o Notário poder, em sede de procedimento de dúvida, sustentar a defesa da escritura pública por ele lavrada, quando esta tenha sido objeto de qualificação negativa no exame procedido pelo Registrador.

A figura processual do *amicus curiae* ganhou relevo, muito recentemente na história jurídica do país, depois de a Lei 9.868/1999, nos termos do § 2º de seu art. 7º, ter passado a admiti-lo em sede de ação direta de inconstitucionalidade,

---

34. Consolidação Normativa Notarial e Registral da Corregedoria-Geral da Justiça do Estado do Rio Grande do Sul. Disponível em: <https://www.tjrs.jus.br/static/2022/05/Consolidacao_Normativa_Notarial_Registral_2022_TEXTO_COMPILADO_20-05-22.pdf> Acesso em: 18 ago. 2022.
35. Artigo extraído do site do IRIB: <http://irib.org.br/html/noticias/noticia-detalhe.php?not=2886>. Acesso em: 18 ago. 2022.
36. Citado Provimento adicionou os subitens 30.4.1. e 30.4.2. à Seção II do Capítulo XX; entretanto, após atualização das Normas de Serviço Extrajudicial pelo Provimento 56/2019, os subitens foram renumerados para "39.4.1." e "39.4.2.".

já que, ao mesmo tempo, vedava a intervenção de terceiros no processo. Desde então, a Suprema Corte passou a admitir a prática processual nas arguições de inconstitucionalidade do controle concentrado por ela operado.

Amicus curiae, na dicção oferecida pelo glossário jurídico do Supremo Tribunal Federal, é expressão que significa, na sua literalidade, "Amigo da Corte" e apresenta a seguinte descrição de verbete: "intervenção assistencial em processo judicial por pessoa natural ou jurídica, órgão ou entidade especializada, que tenha representatividade adequada para se manifestar nos autos sobre questão pertinente à controvérsia, em casos de relevante interesse social ou que envolvam valores essenciais de grupos ou classes sociais. Embora não seja parte do processo, atuando apenas como terceiro interessado na causa, o *amicus curiae* possibilita a análise de informações importantes para a solução da controvérsia, permitindo que a Corte decida as causas com o máximo conhecimento possível acerca da matéria. Plural: Amici curiae (amigos da Corte)"[37].

Dessa forma, tem-se o surgimento do amicus curiae, apesar de suas origens remotas provindas do Direito Romano, como uma estraneidade ao rito da dúvida registral que, não se caracterizando como "parte", termina sendo admitido como um terceiro "especial", exatamente no momento em que nele é vedada a intervenção de terceiros.

Logo, a admissão do amicus curiae, figura caracteristicamente reservada a instituições que titulem uma representatividade legitimadora peculiar para o processo, coloca em relevo a necessidade de viabilizar-se uma solução adequada para a participação do Notário no contexto do procedimento.

O Procedimento de Dúvida, tido como de jurisdição voluntária e, tradicionalmente por essa razão, tem sido alvo de reservas quanto à possibilidade de nele serem admitidas as figuras características da intervenção de terceiros. Esse purismo jurídico tem de dar espaço a sua admissão, quando razoáveis e adequadas à realização de uma justiça mais efetiva.

Nesse aspecto, como se pode observar, há uma grande similitude com aquilo que é previsto no processamento da ADI, pela Lei 9.868/1999. Talvez daí provenha a inspiração jurídica para uma assimilação da figura inovadora ao procedimento de dúvida. É importante frisar que a LRP não cogita da possibilidade de intervenção, por parte da singela figura do amicus curiae, no rito procedimental da dúvida registral.

Por outro lado, o que expressamente admite a LRP, no Procedimento de Dúvida, é a possibilidade de terceiro prejudicado, em pé de igualdade com o in-

---

37. GLOSSÁRIO JURÍDICO. Disponível em: <https://portal.stf.jus.br/jurisprudencia/glossario.asp>. Acesso em: 18 ago. 2022.

teressado no registro e com o Ministério Público, manejar o recurso de apelação contra a sentença proferida, a qual pode ser recebida em duplo efeito, nos termos do que estabelece o art. 202. Isso coloca em evidência a seriedade do problema revelado a partir da necessidade de ser viabilizada a participação do Notário no procedimento, em primeiro grau de jurisdição, já que não lhe será possível a caracterização como terceiro prejudicado.

Veja-se que a LRP admite o ingresso de um terceiro na relação processual tão somente em grau de recurso, se e quando venha a ser atingido pelos efeitos da sentença proferida, o que difere sensivelmente daquela participação reservada ao *amicus curiae*, cuja ocorrência vai se dar já em primeiro grau de jurisdição, antes de proferida a sentença.

Logo, não é bem na condição de "amigo da corte" a situação em que admitida a interferência do Tabelião de Notas no processamento da dúvida registral, mas na condição mais própria de assistente simples enquanto terceiro que pode ser atingido por efeitos reflexos do julgamento proferido, quando viabilizem o surgimento de uma relação de direito material com o assistido.

Seu interesse jurídico, portanto, é de natureza diversa, como bem já sustentado. Assim, há convencimento de que, independentemente da existência de norma administrativa que o determine, basta ao assistente (no caso, o Tabelião de Notas) que demonstre inequivocamente seu interesse jurídico no êxito do interessado no registro para que venha a ser admitido, não como "parte", mas como coadjuvante daquele que tenha interesse na manutenção da escritura, já que a decretação de sua anulação terá repercussões imediatas não somente em relação a seu patrimônio, pela via da responsabilidade civil, em ação autônoma decorrente do julgamento da dúvida, mas também em relação a sua credibilidade como autor do ato notarial, enquanto profissional do Direito dotado de fé pública a quem incumbe orientar juridicamente aos interessados na realização do ato ou negócio jurídico.

Aliás, as especificidades do procedimento de dúvida são de tal ordem que uma nova disciplina legal poderia regular-lhe nesse sentido específico, possibilitando, inclusive, que o Registrador pudesse oferecer resposta à argumentação do Notário, proporcionando, ao magistrado, o enriquecimento do debate jurídico, por meio de um "contraditório possível" entre os dois especialistas em matéria de direito notarial e registral, de modo que a decisão final venha a proporcionar um ganho de qualidade e adequação à resolução do caso concreto.

Por outro lado, ainda que visão deste autor não seja absolutamente coincidente com aquela albergada pela norma administrativa paulista, que atribuiu ao Tabelião de Notas, ainda que facultativamente, a condição de *amicus curiae*, no desenvolvimento do Procedimento de Dúvida registral, reconhecemos, entretanto, o aspecto positivo da medida, por não se ter omitido no enfrentamento dessa importante questão processual, garantindo, de qualquer forma, a manifestação desse profissional do Direito, nos autos, previamente à prolação da sentença, de modo a oferecer-lhe oportunidade para externar seu qualificado auxílio na resolução de relevantes questões de direito que estão relacionadas diretamente ao exercício de seu múnus público e venham a ser objeto de controvérsia jurídica submetida à apreciação jurisdicional.

5.10 DÚVIDA INVERSA

A Lei 6.015/1973 não prevê a chamada Dúvida Inversa de iniciativa do interessado. Porém, o instituto existe por criação pretoriana, que se configura pela apresentação diretamente em juízo das razões de inconformidade da parte interessada no registro. Chama-se Dúvida Inversa porque não é o Registrador que a suscita a requerimento da parte; esta interpõe este procedimento diretamente no Juízo competente.

Aqui, ousa-se divergir do posicionamento de Ceneviva, o qual afirma que a lei veda a *dúvida inversa*[38]. Na verdade, entende-se que a lei não a prevê, o que não se pode confundir. Da análise da Lei 6.015/1973, percebe-se que não há previsão legal para a interposição da Dúvida diretamente no órgão jurisdicional, porque esta deve ser encaminhada pelo Registrador ou Tabelião de Protesto. Não existe previsão na lei para a admissão deste Procedimento. Quem o admite é a jurisprudência, com base no art. 5º, XXXV, da CF, que assim prevê: "A lei não excluirá da apreciação do Poder Judiciário lesão ou ameaça a direito".

Ocorre que não há configuração de lesão ou ameaça a direito que justifique a não observância do Procedimento de Dúvida previsto nos arts. 198 e seguintes da LRP. Inclusive porque, apresentado o requerimento ao Registrador, ele é obrigado a suscitar a Dúvida ao Juízo competente. Se não o fizer, aí estará configurado um ato abusivo e arbitrário, passível de ser atacado via Mandado de Segurança. Portanto, entende-se que a admissão da Dúvida Inversa deve ser revista; caso contrário, não há motivo para se ter um procedimento específico previsto em lei para a resolução de uma controvérsia envolvendo a registrabilidade – ou não – de um título numa serventia registral ou notarial (protesto de títulos).

Assim, salvo melhor juízo, é maléfica a admissão da Dúvida Inversa pelos seus efeitos, uma vez que o apresentante do título (requerente), ao ingressar diretamente em juízo – tomando a iniciativa de reclamar a recusa da registrabilidade do documento pelo Oficial –, inverte a ordem cronológica dos atos judiciais e registrais, ouvindo-se, primeiramente, o Registrador sobre a pretensão formulada,

---

38. CENEVIVA, Walter. *Lei dos notários e dos registradores comentada* (Lei 8.935/94). 2. ed. ampl. São Paulo: Saraiva, 1999, p. 179.

o que acarretará a protocolização do título. Como se vê, o apresentante não terá assegurado o direito de prioridade, o qual lhe seria garantido pelo Procedimento de Dúvida previsto em lei.

Neste sentido, válido colacionar o seguinte julgado do Conselho Superior da Magistratura do TJSP:

> Registro de Imóveis – Dúvida inversa julgada procedente para manter a recusa do registro – Título apresentado para exame e cálculo – Inexistência de prenotação – Anuência do apresentante com parte das exigências formuladas – não apresentação do título original – Dúvida prejudicada – Recurso não conhecido. [...]
>
> Em nota devolutiva que foi expedida em pedido de exame e cálculo (fls. 03/04), o Sr. Oficial Substituto do Registro de Imóveis e Anexos da Comarca de São Pedro indicou as seguintes exigências para o registro do título: a) impossibilidade do registro em razão de coisa julgada administrativa, quanto a exigência que foi objeto da suscitação de dúvida 17/2009; b) certidão de valor do imóvel da matrícula 19.291, relativo ao exercício fiscal de 2017; c) comprovante de recolhimento do imposto de transmissão de bens imóveis (ITBI); d) regularização do estado civil e apresentação de certidões do registro civil de condôminos constantes da matrícula.
>
> A apresentação de título para exame e cálculo não gera protocolo com eficácia de prioridade (art. 12, parágrafo único, da Lei 6015/73) e, em consequência, não se presta para o registro que deverá ser feito, se forem atendidos os requisitos legais, conforme a prioridade decorrente da prenotação (art. 182 da Lei referida).
>
> O procedimento de dúvida é reservado à análise da dissensão do apresentante com os motivos que levaram à recusa do registro do título que, para essa finalidade, deverá ser objeto de protocolo, pois de seu julgamento decorrerá a manutenção da recusa, com cancelamento da prenotação, ou a improcedência da dúvida que terá como consequência a realização do registro (art. 203, II, da Lei 6.015/73).
>
> A necessidade de prévio protocolo do título, ademais, decorre de interpretação lógica da Lei 6.015/73 que: em seu art. 182 determina que todos os títulos tomarão no protocolo o número de ordem correspondente à sequência de apresentação; em seu art. 198, e incisos, dispõe sobre a anotação da dúvida no Livro 1 – Protocolo, para conhecimento da prorrogação do prazo da prenotação; e em seu art. 203 prevê os efeitos do julgamento da dúvida em relação ao registro e, em consequência, ao resultado da qualificação realizada depois da respectiva prenotação do título.
>
> Diante disso, não se admite dúvida para a análise do resultado de exame e cálculo. [...][39]

No procedimento ordinário, a primeira atitude do Oficial do Registro, após a apresentação do documento, é a realização do seu lançamento no Livro de Protocolo, o que garante que os títulos apresentados posteriormente deverão aguardar a resolução da Dúvida. Já na Dúvida Inversa, esta prerrogativa não é

---

39. SÃO PAULO, Tribunal de Justiça. Apelação Cível 1000426-62.2018.8.26.0584, Relator: Pinheiro Franco, julgada em 13-6-2019. Disponível em: <https://esaj.tjsp.jus.br/cjsg/getArquivo.do?cdAcordao=12608223&cdForo=0>. Acesso em: 18 ago. 2022.

assegurada, desde o início do feito, pois o protocolo ocorrerá em ato posterior ao seu ajuizamento.

Com efeito, vindo a ocorrer a Dúvida Inversa, o Registrador deverá protocolar o título ou o documento expedido pelo Juízo, *quando este o intimar e abrir o prazo para o Oficial se manifestar*. Observa-se que a manifestação do Registrador é essencial ao Procedimento de Dúvida, ainda mais se diante da modalidade da dúvida inversa, pois a este cabe, privativamente, a prenotação e a qualificação do título apresentado para registro, garantindo o direito de prioridade. De tal sorte que o desconhecimento do feito na esfera judicial implicará na impossibilidade da realização desse ato e na ausência de proteção legal ao direito do requerente.

Logo, por ser tão imprescindível a intimação e a exposição das razões do Registrador para administração da justiça e para o próprio processo (objeto de apreciação), a jurisprudência vem corroborando esta tese e decretando a nulidade do feito, quando constatada a ausência de intimação do Oficial dentro do processo.

Nesse sentido, o acórdão do Conselho Superior da Magistratura de São Paulo:

Registro de Imóveis – Supressão da manifestação do oficial registrador e da prenotação do título – Inadmissibilidade (CSM/SP).

Cuidam os autos de dúvida de registro de imóveis, inversamente suscitada por R.W.L., referente ao ingresso no Registro de Imóveis de Ribeirão Pires de escritura pública de venda e compra de imóvel, recusado devido à ausência de apresentação de cópia autenticada do IPTU de 2006 e de certidão com as medidas e confrontações para correta descrição do imóvel, além da necessidade de retificação do título. Após processamento do feito, sem manifestação do Oficial Registrador e prenotação do título, após ouvido o representante do Ministério Público, a dúvida foi julgada procedente para o fim de manter a recusa do Oficial em registrar o título, acolhendo a Meritíssima Juíza Corregedora Permanente as razões constantes da nota devolutiva (fls.). Inconformado com a respeitável decisão, interpôs o interessado R.W.L., tempestivamente, o presente recurso.

Sustenta que a escritura apresentada a registro descreve o imóvel tal como consta da Matrícula 21.771, circunstância que autoriza o ingresso do título no fólio real. Por outro lado, acrescenta, as demais exigências feitas pelo registrador, e acolhidas pela Meritíssima Juíza Corregedora Permanente, importam em verdadeira retificação da matrícula, podendo ser cumpridas posteriormente ao registro da escritura (fls.).

A douta Procuradoria Geral de Justiça opinou no sentido do não conhecimento do recurso interposto, ante a falta de prenotação válida da escritura levada a registro (fls.). É o relatório.

O presente processo de dúvida padece de vício insanável, a implicar a nulidade do feito.

De fato, o processamento da dúvida inversamente suscitada não implica a desnecessidade de manifestação do Oficial Registrador e da prenotação do título levado a registro, a fim de que seja assegurado o direito de prioridade ao apresentante.

Nesse sentido, inclusive, já teve a oportunidade de se pronunciar este Conselho Superior da Magistratura, em acórdão relatado pelo eminente Desembargador Antonio Carlos Alves Braga:

"Suscitada a denominada dúvida inversa, a orientação assentada determina seja ainda ouvido o oficial do respectivo Serviço de Registro de Imóveis, que se manifestará sobre a alegada recusa e prenotará o título objeto da suscitação para assegurar o direito de prioridade" (Ap. Cív. 24.777-0/0).

É o que igualmente prevê o item 30.1 das Normas de Serviço da Corregedoria Geral da Justiça:

"Ocorrendo direta suscitação pelo próprio interessado ('dúvida inversa'), o título também deverá ser prenotado, assim que o oficial a receber do Juízo para a informação, observando-se, ainda, o disposto nas letras *b* e *c*".

Na hipótese, não foi o que se deu, pois, ao ser suscitada a dúvida pelo apelante, a Meritíssima Juíza Corregedora Permanente limitou-se a colher a manifestação do Ministério Público, passando, em seguida, de imediato, ao sentenciamento do feito.

Com isso, restaram suprimidas não só a prenotação do título, passível de assegurar a prioridade de eventual registro ao apelante, como lembrado pela douta Procuradoria Geral de Justiça, mas também a manifestação do Oficial Registrador, providências como visto essenciais à regularidade do processo administrativo em questão.

Dessa forma, inobservado o procedimento legal, deve-se reconhecer a nulidade do processo, a partir do momento em que deveria ter sido ouvido o Oficial Registrador e prenotado o título, daí resultando, igualmente, a nulidade da sentença prolatada na sequência.

Nesses termos, pelo meu voto, à vista do exposto, dou provimento ao recurso para o fim de reconhecer a nulidade do processo de dúvida a partir da decisão proferida à fls. e, por via de consequência, da sentença proferida. Gilberto Passos de Freitas, Corregedor-Geral da Justiça e Relator[40].

O Tribunal de Justiça do Distrito Federal, em reiterados acórdãos, tem decidido que é vedada a dúvida inversa:

Em caso de discordância por parte da interessada quanto às exigências formuladas pela serventia para o registro título translativo de propriedade de imóvel, deve a parte adotar o procedimento adequado, previsto na Lei de Registros Públicos, consistente na suscitação de dúvida registrária perante o Oficial Registrador, prevista no art. 198 da Lei 6.015/73. Inadequada, portanto, a dedução da pretensão pelo interessado diretamente ao Poder Judiciário, o que se convencionou chamar de "dúvida inversa". Apelação Cível desprovida[41].

---

40. SÃO PAULO, Conselho Superior da Magistratura. Apelação Cível 757-6/6, Jurisprudência. Boletim Cartorário, 2º decênio, maio de 2008, p. 14.
41. Acórdão 702631, 20120111398346APC, Relator: ANGELO CANDUCCI PASSARELI, 5ª Turma Cível, data de julgamento: 14-8-2013, publicado no DJE: 16-8-2013, p. 147. Disponível em: <https://pesquisajuris.tjdft.jus.br/IndexadorAcordaos-web/sistj?visaoId=tjdf.sistj.acordaoeletronico.buscaindexada.apresentacao.VisaoBuscaAcordao&nomeDaPagina=buscaLivre2&buscaPorQuery=1&baseSelecionada=BASE_ACORDAOS&filtroAcordaosPublicos=false&camposSelecionados=[ESPELHO]&argumentoDePesquisa=angelo%20canducci%20passareli&numero=702631&tipoDeRelator=TODOS&dataFim=&indexacao=&ramoJuridico=&baseDados=[TURMAS_RECURSAIS,%20BASE_ACORDAOS_IDR,%20BASE_TEMAS,%20BASE_ACORDAOS,%20BASE_INFORMATIVOS]&tipoDeNumero=NumAcordao&tipoDeData=DataPublicacao&ementa=&filtroSegredoDeJustica=false&desembargador=&dataInicio=&legislacao=&orgaoJulgador=&numeroDa<PaginaAtual=1&quantidadeDeRegistros=20&totalHits=1>. Acesso em: 18 ago. 2022.

Ainda sobre a Dúvida Inversa segue parte do voto do Desembargador Ricardo Dip na apelação 0013913-10.2013.8.26.0482.

Voto vencido (Voto 39.793)

[...] 3. Ad primum, já é tempo de deixar de admitir o que se convencionou chamar dúvida "inversa", ou seja, aquela levantada pelo próprio interessado, diretamente ao juízo corregedor.

A prática, com efeito, não está prevista nem autorizada em lei, o que já é razão bastante para repeli-la, por ofensa à cláusula do devido processo (inc. LIV do art. 5º da Constituição), com a qual não pode coadunar-se permissão ou tolerância (jurisprudencial, nota) para que os interessados disponham sobre a forma e o rito de processo administrativo, dispensando aquele previsto no estatuto de regência (Lei 6.015, de 31-12-1973, arts. 198 et seq.).

Como não há previsão legal acerca da Dúvida Inversa, ficará exclusivamente sob o comando do magistrado o andamento do procedimento, como a fixação dos prazos que achar convenientes para resposta, realização de diligências, se necessárias etc. Neste caso, poderão ser adotados, por analogia, os prazos da lei processual.

Particularmente, entende-se que o Procedimento de Dúvida deve sempre seguir o rito previsto na Lei 6.015/1973, iniciando-se por provocação da parte interessada, devendo ser suscitado pelo Registrador ou Notário, e não interposto diretamente no Poder Judiciário, pelos efeitos negativos gerados com a falta do protocolo.

5.11 RECORRIBILIDADE

5.11.1 Apelação

O recurso previsto na lei registrária cabível contra a sentença que julgou um Procedimento de Dúvida é a apelação, conforme consta do art. 202. Este dispositivo assim determina: "Da sentença, poderão interpor apelação, com os efeitos devolutivo e suspensivo, o interessado, o Ministério Público e o terceiro prejudicado".

Como se vê, a própria legislação estabelece ainda quem serão os apelantes. A ordem inicia com o interessado, que poderá apelar quando a sentença não lhe for favorável, isto é, quando a Dúvida for julgada procedente. Já o Ministério Público poderá apelar em qualquer caso, sempre que a sentença for contrária ao seu parecer. A lei reconhece, também, a possibilidade de aquele que for sofrer os efeitos da sentença dela apelar. É o que acontece com o terceiro prejudicado.

Observa-se que o Registrador não foi elencado entre os possíveis apelantes, porque ele não é parte no Procedimento de Dúvida. Na verdade, ele apenas expõe a sua argumentação do porquê de não ter acatado o pedido de registro, o qual será apreciado pelo magistrado. Entendendo este que não procede a fundamentação do Oficial de Registro, o Registrador deverá recepcionar o título, realizando o ato pretendido: somente será procedido ao registro após o trânsito em julgado da sentença. No Estado do Rio Grande do Sul, este recurso é julgado por uma Câmara Cível do Tribunal de Justiça; no Estado de São Paulo, as apelações são julgadas pelo Conselho Superior da Magistratura.

Cabe salientar que a sentença de Dúvida que for contrária ao interesse da União, do Estado ou do Município está sujeita ao duplo grau de jurisdição. Não há que se negar que o Magistrado diz o Direito quando julga um procedimento desta natureza; portanto, deve ser observada a regra do art. 496, I, do CPC. Alerta-se ainda, que o prazo para a Fazenda Pública apelar conta-se em dobro.

Sabe-se, entretanto, que este não é um posicionamento único. Pelo contrário, há, como no caso do Des. Ricardo Dip, lição de que não cabe a remessa obrigatória prevista no artigo supramencionado, tendo em vista a natureza administrativa do procedimento.

5.11.2 Embargos de declaração

Sendo omissa, obscura ou apresentando contradição a sentença que julgou a Dúvida, entende-se que cabem embargos de declaração, conforme autorizam os arts. 1.022 e seguintes do CPC. Neste sentido, a ementa que segue:

> Registro de Imóveis – Dúvida – Apresentação de cópias autenticadas – Títulos inaptos – Registros inviáveis – Matéria incidente relativa à averbação – Impossibilidade de apreciação, ante a solução prejudicial[42].

5.11.3 Agravo de instrumento

Segundo Ceneviva "o agravo é recurso inadequado no processo de dúvida porque a lei específica só prevê a apelação"[43]. Porém, há entendimento jurisprudencial que admite o agravo de instrumento – recurso previsto nos arts. 1.015 e seguintes do CPC – contra decisão que denegue o seguimento do recurso de apelação[44].

Por oportuno, colaciona-se a seguinte ementa:

---

42. SÃO PAULO. Tribunal de Justiça. Embargos Declaratórios 028611-0/5-01. Registro de Imóveis, *thesaurus jurisprudencial*, acórdãos e decisões do Conselho Superior da Magistratura e Corregedoria Geral da Justiça de São Paulo, 1996, Porto Alegre: Sérgio Antônio Fabris Editor, 1997, p. 270-272.
43. CENEVIVA, Walter. Lei dos Registros Públicos comentada. 15. ed. atual. até 1º de outubro de 2002. São Paulo: Saraiva, 2003, p. 414.
44. Ver Agravo de Instrumento 022418-0/9, Piracicaba, 31-5-1996, Rel. Des. Antônio Carlos Alves Braga, e Agravo de Instrumento 034719-0/5, Catanduva, 26-8-1996, Rel. Des. Márcio Martins Bonilha. Registro de Imóveis, *thesaurus jurisprudencial*, acórdãos e decisões do Conselho Superior da Magistratura e Corregedoria Geral da Justiça de São Paulo, 1996, Porto Alegre: Sérgio Antônio Fabris Editor, 1997, p. 138-139 e 266-268, respectivamente.

Registro de imóveis – Dúvida – Agravo de instrumento interposto contra decisão que denegou seguimento a apelação, por intempestiva – Fazenda Pública – Prazo em dobro – Recurso provido para determinar o processamento do recurso.[45]

5.11.4 Recurso especial e extraordinário

Por ser a Dúvida um procedimento de natureza administrativa, via de regra, não cabe a interposição de recurso especial, nem de recurso extraordinário[46].

Na exceção, admite-se este o Recurso Especial quando ficar estabelecido o contraditório, assim entendido no aspecto jurisdicional. Quando se deixa de discutir teses sobre a registrabilidade de um título e se passa a discutir direitos nasce a oportunidade do Recurso Especial. Neste sentido, REsp 1.570.655[47].

Segundo De Bona, citando decisão publicada na Revista Trimestral de Jurisprudência 109/1163, temos que

> no procedimento de dúvida, enquadrado na modalidade da jurisdição voluntária, são admitidos apenas os seguintes recursos, além de apelação: agravo de instrumento, se for negado seguimento do apelo; embargos de declaração, nas hipóteses de dúvida, obscuridade, contradição ou omissão na sentença ou acórdão; recurso extraordinário, se houver contraditório entre as partes interessadas (terceiros), configurando a espécie em causa, na acepção constitucional. Se houver apenas dissensão entre o apresentador do título e o registrador não cabe o recurso extraordinário porque, no caso, o processo de dúvida não possui caráter de causa[48].

Seguindo esta linha, Dip registra que

> Prevalece no STJ o entendimento de que não cabe a interposição de reuso especial contra acórdão em dúvida registrária: p. ex., REsp 119.600, 4ª Turma, Min. Aldir Passarinho Júnior, j. 14.12.2000; [...] REsp 336.996, 4º Turma, Min. Sálvio de Figueiredo Teixeira, j. 27.06.2002: "Em processo de dúvida, havendo apenas dissídio entre o requerente e o Oficial do Registro Imobiliário, não resta configurada a existência de uma 'causa', conforme exigido no art. 105 da Constituição para o cabimento do recurso especial.[49]

E segue: "Não cabe recurso especial contra decisão colegiada de conselho da magistratura proferida em processo administrativo" (AgR no Ag 118.874, Min. Me-

---

45. SÃO PAULO. Conselho Superior da Magistratura. Agravo de Instrumento 62.467-0/4. Relator Ministro Celso de Mello. Disponível em: <https://irib.org.br/boletins/detalhes/3713>. Acesso em: 30 ago. 2022.
46. BRASÍLIA. Supremo Tribunal Federal. Recurso Extraordinário 254.497-ES. Relator: Ministro Celso de Mello. Disponível em: <https://www.stf.jus.br/arquivo/informativo/documento/informativo177.htm>. Acesso em: 18 ago. 2022.
47. BRASÍLIA. Superior Tribunal de Justiça. Recurso Especial 1.570.655/GO, publicado no DJ em 23-11-2016. Disponível em: <https://www.conjur.com.br/dl/voto-registro-resp.pdf>. Acesso em: 30 ago. 2022.
48. DE BONA, Avelino. Títulos judiciais no registro de imóveis. Porto Alegre: Sagra DC, Luzzato, 1996, p. 78.
49. *Lei dos Registros Públicos comentada*: Lei 6.015/1973. 2. ed. Rio de Janeiro: Forense, 2019.

nezes Direito)⁵⁰." De outra banda, no Supremo Tribunal Federal é possível encontrar decisões para ambos os lados, ou seja, pelo não cabimento do recurso extraordinário de decisões no Procedimento de Dúvida (AgR no Ag 93.947, 2ª Turma, Min. Décio Miranda, j. 16.09.1983; RE 105.079, 1ª Turma, Min. Oscar Corrêa, j. 12.04.1985; RREE 77.966, 2ª Turma, Min. Aldir Passarinho, j. 13.05.1983), como, também, decisões favoráveis ao manejo do referido recurso (RE 84.151, 1ª Turma, Min. Rodrigues Alckmin, j. 08.03.1977; AgR no Ag 131.235, 2ª Turma, Min. Célio Borja, j. 20.03.1980).

5.12 MANDADO DE SEGURANÇA

Outro instrumento, agora no âmbito dos chamados remédios constitucionais[51], para atacar a decisão do Corregedor ou do Conselho da Magistratura é o Mandado de Segurança, devendo o impetrante demonstrar que tal decisão ofendeu direito líquido e certo.

Salienta-se, por oportuno, que esse instrumento constitucional deve ser impetrado perante o Superior Tribunal de Justiça[52], tendo natureza subsidiária. Somente se não houver outra ação que possa proteger o direito do apresentante é que essa medida constitucional é admissível. Ademais, o poder coercitivo deve ser contra pessoa física que exerça atividade pública.

No caso dos Registradores e dos Tabeliães, embora estes exerçam função pública em caráter privado (art. 236 da CF), a qualificação negativa sobre um título não enseja, em princípio, mandado de segurança, pois o próprio sistema vigente disponibiliza uma ação própria para contestar o entendimento do Oficial: o Procedimento de Dúvida. Não obstante isso, a impetração de mandado de segurança – diante da negativa de realizar o registro do título em algumas situações, como, por exemplo, falta de apresentação de certidões atualizadas em relação ao INSS e Receita Federal – vem sendo utilizada.

Agora, diante da negativa da suscitação de dúvida ou sendo o Oficial arrogante, prepotente etc., entendo cabível o mandado de segurança.

Nesses casos, segundo posição de Desembargador Roberto Pacheco Rocha, de Curitiba,

> será indispensável que, na forma do art. 47 e parágrafo único do CPC, seja promovida a citação dos litisconsortes necessários (INSS e União), bem como, para resguardar a segurança

---

50. Idem, ibidem.
51. Silva, José Afonso da. Mandado de segurança, ação popular, ação civil pública, Mandado de injunção, "habeas data", 18. ed. São Paulo: Malheiros, 1997.
52. ANOREG/BR. *Primeira seção é competente para julgar recurso sobre bloqueio de registro imobiliário.* Disponível em: <https://www.anoreg.org.br/site/imported_10017/>. acesso em: 30 ago. 2022.

do negócio jurídico, que a prenotação do título permaneça hígida até o julgamento final do *mandamus*. [grifo nosso][53].

Mais:

Mandado de segurança. Oficial de Registro de Imóveis não é autoridade cujo ato possa ser impugnado via *mandamus*. Possibilidade de recurso administrativo ao Diretor do Foro, para revisar o ato objurgado, na forma da lei. Precedentes. Apelo improvido[54].

Mandado de segurança contra ato do Oficial do Registro de Imóveis. Os Tabeliães e Registradores exercem suas funções em caráter privado, por delegação do Poder Público, e praticam os atos notariais e registrais que entendem poder praticá-los, fazendo-o, inclusive, sob pena de responsabilidade pessoal. A recusa à prática do ato notarial ou registral, cuja prática o interessado pretende, não ocasiona o surgimento de direito líquido e certo invocável, em consequência do que não cabe mandado de segurança, embora possa caber providência de outra natureza jurídica[55].

5.13 CONFLITO DE COMPETÊNCIA

Na resolução de Procedimentos de Dúvida, quando envolver discussão sobre matérias especializadas, como direito trabalhista ou participação de entes públicos ou pessoas jurídicas que determinem competência diferenciada para julgamento, com remessa dos autos à Justiça Federal, eventualmente poderá ocorrer Conflito de Competência, procedimento previsto no art. 66 do CPC, que será decidido por uma autoridade superior.

A seguir, são citados dois expedientes desta natureza determinando como competente para julgamento de Dúvidas a Justiça Estadual através dos juízos correicionais dos serviços de registros e de notas.

Conflito de competência. Dúvida. Procedimento de natureza administrativa. Cartório de protesto. 1. Cabe ao juízo correcional, no exercício de função meramente administrativa, decidir o procedimento de dúvida suscitado pelo Tabelião de Protestos. 2. Conflito conhecido para declarar competente o Juízo de Direito da 3ª Vara Cível de Volta Redonda/RJ, o suscitado[56].

---

53. ROCHA, Roberto Pacheco. Ofício Circular 034/2004. Curitiba, 12 de fevereiro de 2004. Disponível em: <https://www.tjpr.jus.br/legislacao-atos-normativos/-/atos/documento/1155>. Acesso em: 20 ago. 2022.
54. RIO GRANDE DO SUL, Tribunal de Justiça, Apelação Cível 70019681170, Relator Des. Mário José Gomes Pereira, julgada em 13-11-2007. Disponível em: <https://www.tjrs.jus.br/novo/buscas-solr/?aba=jurisprudencia&q=70019681170&conteudo_busca=ementa_completa>. Acesso em 30 ago. 2022.
55. RIO GRANDE DO SUL, Tribunal de Justiça, Apelação Cível 70015722614, Relator Des. Carlos Cini Marchionatti, julgada em 25-7-2006. Disponível em: <https://www.tjrs.jus.br/novo/buscas-solr/?aba=jurisprudencia&q=70019681170&conteudo_busca=ementa_completa>. Acesso em: 30 ago. 2022.
56. BRASÍLIA. Superior Tribunal de Justiça. Conflito de Competência 35.484/RJ, Relator Ministro Fernando Gonçalves, publicado no DJ, p. 138, em 13-10-2005. Disponível em: <https://www.jusbrasil.com.br/jurisprudencia/stj/884389151/decisao-monocratica-884389161>. Acesso em: 31 ago. 2022.

Competência. Registro de imóveis. Dúvida suscitada pelo oficial de registro imobiliário. Em face de sua natureza administrativa, o procedimento de dúvida deve ser decidido pelo Juízo Estadual corregedor do Cartório de Registro de Imóveis, que o formulou. Conflito conhecido, declarado competente o suscitado[57].

No primeiro caso, foi discutida a competência para julgar Dúvida suscitada em virtude de apontamento de título de crédito cuja credora era a Caixa Econômica Federal. O Juízo Estadual declinou da sua competência alegando que, nos termos do art. 109, I, da Constituição Federal, são da competência da Justiça Federal as causas em que houver interesse da União, de entidade autárquica ou de empresa pública federal.

Decidiu, então, a Ínsita Turma que:

> tratando-se de procedimento de natureza meramente administrativa, cujo esclarecimento cabe legalmente ao juízo correcional, e não figurando a Caixa Econômica Federal como interessada, nem como quaisquer das outras posições processuais contidas no art. 109, I, da Constituição Federal, a competência é do juízo suscitado[58].

No segundo, caso em que expedida, pela Junta de Conciliação e Julgamento de Nova-Iguaçu-RJ, carta de arrematação, o Oficial do Registro de Imóveis daquela Comarca suscitou Procedimento de Dúvida perante o MM. Juiz de Direito da 6ª Vara Cível da mesma Comarca, assinalando que o imóvel em questão não mais se encontrava registrado em nome do executado, desde que vendido a terceiro. O Dr. Juiz de Direito, todavia, entendeu que não competia a este Juízo a decisão, declinando a competência em favor da JCJ referida.

O Superior Tribunal de Justiça determinou a competência da Justiça Estadual, com atribuição de fiscalização dos serviços de notas e de registros, para julgar Dúvida suscitada envolvendo título expedido pela justiça laboral:

> Consoante anotou o parecer do Ministério Público Federal, em regra, é da Justiça Estadual a competência para julgar o procedimento administrativo de dúvida, não se aplicando à Justiça do Trabalho a preceituação invocada da Lei de Organização Judiciária Estadual e isto pela simples razão de que a Justiça Laboral possui competência definida e delimitada na Lei Maior (art. 114)[59].

---

57. BRASÍLIA. Superior Tribunal de Justiça. Conflito de Competência 4.840-0/RJ, Relator Ministro Barros Monteiro, publicado no DJ, p. 20491, em 4-10-1993. Disponível em: <https://www.jusbrasil.com.br/jurisprudencia/stj/884389151/decisao-monocratica-884389161>. Acesso em: 31 ago. 2022.
58. BRASÍLIA. Superior Tribunal de Justiça. Conflito de Competência 35.484/RJ, Relator Ministro Fernando Gonçalves, publicado no DJ, p. 138, em 13-10-2005. Disponível em: <https://www.jusbrasil.com.br/jurisprudencia/stj/884389151/decisao-monocratica-884389161>. Acesso em: 31 ago. 2022.
59. BRASÍLIA. Superior Tribunal de Justiça. Conflito de Competência 4.840-0/RJ, Relator Ministro Barros Monteiro, publicado no DJ, p. 20491, em 4-10-1993. Disponível em: <https://www.jusbrasil.com.br/jurisprudencia/stj/884389151/decisao-monocratica-884389161>. Acesso em: 31 ago. 2022.

Como se pode constatar, o Superior Tribunal de Justiça afirma que a competência para decidir o Procedimento de Dúvida é da Justiça Estadual. Nestes termos, acompanho este entendimento que já possui robusto acervo jurisprudencial.

5.14 EFEITOS DA SENTENÇA

Transitada em julgado a decisão da dúvida, conforme art. 203 da LRP, proceder-se-á do seguinte modo:

– Julgamento de procedência:

I – se for julgada procedente, os documentos serão restituídos à parte, independentemente de translado, dando-se ciência da decisão ao oficial, para que a consigne no Protocolo e cancele a prenotação;"

– Julgamento de improcedência:

II – se for julgada improcedente, o interessado apresentará, de novo, os seus documentos, com o respectivo mandado, ou certidão da sentença, que ficarão arquivados, para que, desde logo, se proceda ao registro, declarando o oficial o fato na coluna de anotações do Protocolo.

– Julgamento como prejudicado:

Perda do objeto: o título impugnado foi refeito.

Exemplo: O Registrador impugnou por falta de pagamento de imposto e, após a instauração da dúvida, a parte realizou o pagamento.

– Desistência da parte:

Formulado o pedido de desistência pelo apresentante, o Registrador deve anuir ao pedido, como ocorre no processo civil? Não, pois ele não é parte interessada.

– Coisa Julgada

Impõe-se verificar se a sentença proferida num Procedimento de Dúvida produz coisa julgada a ponto de permitir – ou não – a alteração do que fora decidido.

Para isso, é de se lembrar que este Procedimento tem natureza administrativa, não judicial; portanto, a sentença da Dúvida não faz coisa julgada. Inclusive porque, após a sentença da Dúvida, pode – a parte interessada – ingressar com ação própria, na via judicial, para tentar defender seu interesse, conforme lhe faculta o art. 204 da LRP. Nesta esfera, sim, após o trânsito em julgado, tornará a matéria indiscutível.

Quanto às espécies de coisa julgada,

> trânsito em julgado de sentença de dúvida não produz coisa julgada material ou formal, à vista da amplitude de sua decisão – restrita à declaração de existência de exigência legal incumprida –, da sua natureza administrativa, do poder dever de autotutela administrativa, e da possibilidade do uso de processo judicial contencioso[60].

---

60. MELO JR., Regnoberto Marques de. *Lei de Registros Públicos comentada*. Rio de Janeiro: Freitas Bastos, 2003, p. 506.

Meirelles, citado por Melo Jr., afirma que

> a denominada coisa julgada administrativa (...) é apenas uma preclusão de efeitos internos, não tem o alcance de coisa julgada judicial, porque o ato jurisdicional da Administração não deixa de ser um simples ato administrativo decisório, sem a força conclusiva do ato jurisdicional do Poder Judiciário[61].

5.15 CONCLUSÃO

Este trabalho se propôs a analisar o Procedimento de Dúvida no Registro de Imóveis, o qual sofreu recentes alterações por meio da Lei 14.382/2022 e, segundo visto, serve para resolver as dissidências entre o suscitante – que é sempre o Registrador, podendo ser o substituto nas suas ausências e em seus impedimentos – e o interessado de um título que pretende acessar o Álbum Imobiliário.

Para se chegar ao entendimento dos motivos que podem gerar uma Dúvida, foram estudados – sucintamente – os princípios registrais e as espécies de títulos que aportam no Registro Predial. Verificou-se, então, que este Procedimento pode ser suscitado por outros serviços registrais e notariais, mas nunca pelo Tabelião de Notas.

Este, por sua vez, como digno representante do Estado na sua Comarca e autor do título notarial, após colher e sanear a vontade das partes, poderá vir a integrar o Procedimento da Dúvida, como assistente simples, defendendo o ato por ele lavrado, tendo em vista que apresenta conhecimentos jurídicos suficientes para tanto, bem como pode vir a ser responsabilizado no caso de o título não atender aos princípios registrais, até para justificar o trabalho elaborado com a sua convicção.

Espera-se que a apresentação dos conteúdos, com remissões a doutrinas e aos entendimentos que alguns Tribunais têm utilizado para as resoluções de expedientes desta natureza, tenha contribuído para o esclarecimento do assunto.

Foi importante este estudo para bem poder informar o cidadão que tem de se socorrer do Poder Judiciário para a resolução de conflitos de ideias diversas originárias da qualificação documental feita pelo Registrador, não acatadas pela parte interessada no ato registral – inclusive pelo Tabelião de Notas – e, por isso, submetidas ao Poder de Equilíbrio.

---

61. Idem, ibidem.

MODELOS

MODELO DE ORGANOGRAMA DO PROCEDIMENTO DE SUSCITAÇÃO DE DÚVIDA – REGRA GERAL: ALCANÇA, NOS TERMOS DO ART. 296 DA LRP, O REGISTRO CIVIL DE PESSOAS NATURAIS, O REGISTRO CIVIL DE PESSOAS JURÍDICAS, O REGISTRO DE TÍTULOS E DOCUMENTOS E O REGISTRO DE IMÓVEIS

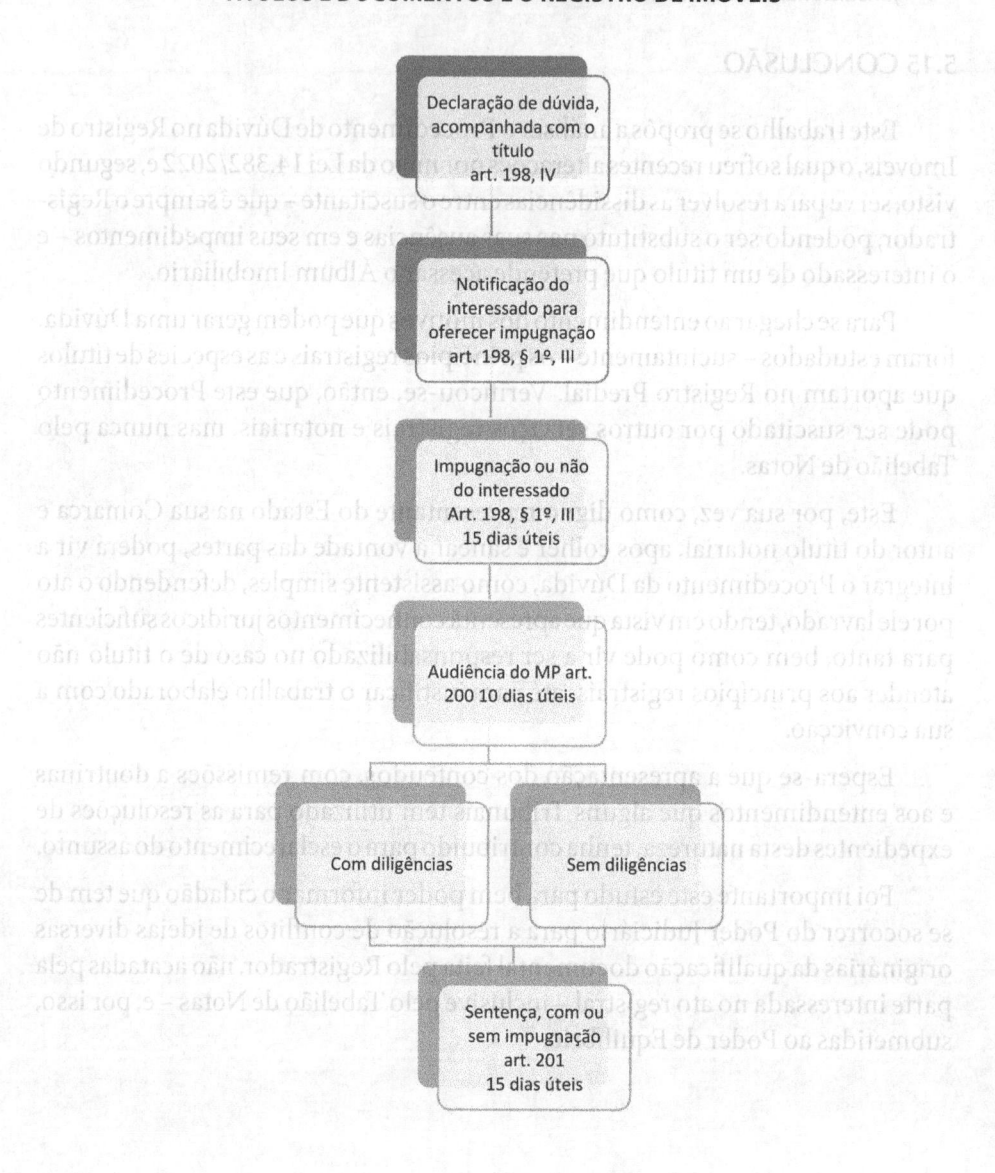

```
Declaração de dúvida,
acompanhada com o
título
art. 198, IV
        │
        ▼
Notificação do
interessado para
oferecer impugnação
art. 198, § 1º, III
        │
        ▼
Impugnação ou não
do interessado
Art. 198, § 1º, III
15 dias úteis
        │
        ▼
Audiência do MP art.
200 10 dias úteis
        │
   ┌────┴────┐
   ▼         ▼
Com        Sem
diligências  diligências
   └────┬────┘
        ▼
Sentença, com ou
sem impugnação
art. 201
15 dias úteis
```

MODELO DE REQUERIMENTO PARA SUSCITAÇÃO DE DÚVIDA

Ilustríssimo Senhor Oficial, do Registro de Imóveis da Comarca de _____.

_____ (*qualificação*), vem, perante Vossa Senhoria, requerer seja averbado/registrado na Matrícula n. _____, tendo em vista o que segue.

O Oficial do Registro de Imóveis, de acordo com o art. _____ da Lei _____, entende necessário que_____ (*exigências*), com o que não concorda o requerente, uma vez que não compete ao Oficial exigir tal documento.

Assim, em razão de não ter conseguido averbar/registrar o documento protocolado sob n._____ e por ser descabível a solicitação do Oficial de Registro de Imóveis desta Comarca, requer seja suscitada dúvida ao Juiz de Direito, Diretor do Foro, nos termos do art. 198 da Lei de Registros Públicos (Lei 6.015/1973).

Nestes termos, pede deferimento.

Local e data.

(Requerente)

MODELO DE CERTIDÃO EM ATENDIMENTO AO ART. 198, § 1º, III DA LRP

CERTIDÃO

CERTIFICO que, nesta data, _____ (nome), foi notificado de todo o conteúdo desta Dúvida, conforme assinatura aposta no Ofício Anexo.

O referido é verdade e dou fé.

Local e data.

(Registrador)

MODELO DE NOTIFICAÇÃO DA PARTE PARA IMPUGNAÇÃO

Local e data.

Prezado Senhor:

Referente ao Protocolo n. ____, de ____ – Natureza Jurídica do Título (p. ex.: *Carta de Sentença, Formal de Partilha, Escritura Pública, Instrumento Particular etc.*).

Ao cumprimentá-lo, cientifico Vossa Senhoria que o documento apresentado para registro será submetido ao Processo de Dúvida perante a Excelentíssima Juíza de Direito, Diretora do Foro desta Comarca, nos termos dos arts. 198 e seguintes da Lei de Registros Públicos, cujas razões seguem em apenso.

Diante do exposto, notifico-o, nos termos do art. 198, § 1º, inciso III da citada lei, para impugná-la, querendo, perante o juízo competente, no prazo legal de 15 (quinze) dias úteis.

Sendo o que tinha para cientificar e notificar de pronto, coloco-me ao inteiro dispor de Vossa Senhoria.

(Registrador)
Ao Ilustríssimo Senhor
_____
Cidade – Estado
Ciente em _____, conforme assinatura: _____

MODELO DE SUSCITAÇÃO DE DÚVIDA DE MANDADO JUDICIAL QUE VIOLA O PRINCÍPIO DA DISPONIBILIDADE

Excelentíssima Senhora Doutora Juíza de Direito – Diretora do Foro da Comarca _____.

_____ (*nome e qualificação do Registrador*) vem, pela presente e na melhor forma de direito, expor a Vossa Excelência o que segue.

Foi recebido em _____ e protocolado nesta Serventia Registral, sob o n. _____, na mesma data, Mandado Judicial expedido em virtude da Carta Precatória _____, oriunda da Vara Federal _____, e o Auto de Sequestro lavrado pelo Oficial de Justiça da Vara da Direção do Foro desta Comarca, _____, nos quais foi exarado o respeitável CUMPRA-SE por Vossa Excelência, extraídos dos autos da Ação de Sequestro n. _____, movida pelo Ministério Público Federal contra determinada(s) pessoa(s), não nominada(s) na Carta (cópia) em virtude da concessão de sigilo processual, com o propósito de que esta Serventia Registral proceda ao registro do sequestro do imóvel objeto da Matrícula n. _____, Livro 2 – Registro Geral.

Tal imóvel encontra-se na propriedade do casal _____, conforme Matrícula n. _____, tendo como título causal a Escritura Pública de Compra e Venda lavrada no Tabelionato desta cidade, _____, no Livro n. _____, folha _____, sob o n. _____. Informa-se que o referido bem se encontra hipotecado a favor do Banco _____, conforme registro.

Ocorre, Excelência, que o art. 239 da Lei dos Registros Públicos e o art. 646 do Provimento 001/2020-CGJ/RS (Consolidação Normativa Notarial e Registral) estabelecem como condição para o registro os nomes das partes, o que inclui o nome e a qualificação das partes, inclusive do devedor, que se entende da figura do réu numa ação cautelar de sequestro. O art. 176, III, item 2, da Lei 6.015/1973 também exige o nome do devedor.

Sem tal requisito, não é possível esta Serventia Registral verificar a disponibilidade jurídica do imóvel e a continuidade do registro, princípios básicos inerentes à Atividade Registral Imobiliária, previstos nos arts. 172, 195 e 236 da Lei de Registros Públicos, verificados em todas as espécies de títulos registráveis (art. 221 da LRP).

Inclui-se, também, entre o rol dos princípios apresentados, o da PUBLICIDADE, finalidade última da Atividade do Registrador de Imóveis, de poder informar a atual situação em que se encontra a coisa. Permitir o registro sem informar quem é ou pode vir a ser o sujeito responsável pela demanda, salvo melhor juízo, torna o ato viciado e oculto.

Por oportuno, cabe enfatizar que todos eles têm como supedâneo a SEGURANÇA JURÍDICA, tanto das partes constantes do registro como de terceiros e, consequentemente, da sociedade em geral.

Cabe enfatizar aqui, fundamentalmente, que *ao Registrador Imobiliário não é dada a atribuição de interpretar a lei, mas de aplicá-la ao caso concreto*, ao contrário dos poderes exercidos e desempenhados pelo magistrado, que interpreta e aplica a norma de acordo com o ordenamento jurídico e com sua convicção do que é justo e lícito.

In casu, tem-se um aparente conflito de princípios, uma antinomia entre os que regem os Registros Públicos – disponibilidade, continuidade, qualificação registral e, especialmente, o da publicidade – com o princípio da presunção da inocência.

Porém, considero que o sequestro do bem de uma pessoa tem por fundamento a garantia da efetividade do processo, não maculando a imagem da pessoa do demandado na proporção que possa ensejar o seu sigilo perante o Álbum Imobiliário, tornando o ato oculto para os terceiros interessados que pretendem saber a situação jurídica do imóvel, podendo ser até estranho aos atuais proprietários.

Assim, comunico que a forma do título apresentado está em desacordo com a legislação, uma vez que, nos termos do art. 490 da Consolidação Normativa Notarial e Registral (Provimento 001/2020-CGJ), admitir-se-ão a registro os títulos previstos no art. 221 da Lei 6.015/1973, em vias originais, e não por meio de cópia simples. Assim, o título hábil para o registro do sequestro é a própria carta precatória (original ou cópia autenticada) na qual conste o vosso CUMPRA-SE.

Finalmente, consoante estabelece o art. 647 do Provimento 001/2020-CGJ/RS, comunico que procedi à averbação da notícia sobre a existência de sequestro (AV- __/____), conforme prova a certidão anexa.

Desta forma, por entender que a questão envolve conflito de princípios e que o Registrador não pode interpretar a lei conforme seu entendimento, o Oficial Imobiliário desta Comarca SUSCITA a presente DÚVIDA, nos termos dos arts. 198 da Lei de Registros Públicos, para que Vossa Excelência decida como de direito.

Local e data.

(Registrador)

MODELO DE PEÇAS DO PROCESSO DE DÚVIDA

Impugnação da Parte

Não houve.

Manifestação do Ministério Público Federal

A presente dúvida deve ser julgada procedente, uma vez que, em que pese a determinação contida na carta precatória de sequestro, a inexistência do(s) nomes(s) do(s) proprietário(s) do imóvel matriculado sob n. _____ viola os princípios da disponibilidade jurídica do imóvel, da continuidade do registro, da publicidade e, também, da segurança jurídica.

Assim, não pode o Oficial Registrador atender à ordem emanada pelo Juízo Federal sob pena de estar desatendendo princípios básicos do Direito Registral.

Por outro lado, não pode o Juízo Estadual reformar a decisão proferida por aquele Juízo, sob pena de ingressar em área que não é de sua competência.

Resta, pois, apenas o reconhecimento de procedência da dúvida suscitada, determinando-se ao Oficial suscitante que deixe de efetuar o ato determinado na carta precatória de sequestro, bem como seja comunicado ao juízo deprecante da impossibilidade de cumprimento da determinação, sob pena de serem feridos, além dos dispositivos acima citados, também os princípios de direito registral e as normas administrativas ditadas pela Corregedoria Geral de Justiça do Estado.

Sentença do Processo de Dúvida Julgada Procedente

A Excelentíssima Senhora Doutora Juíza motivou sua decisão, afirmando que a ordem não pode ser cumprida pelo Oficial Registral quando em confronto com os princípios do Direito Registral.

MODELO DE SUSCITAÇÃO DE DÚVIDA DE FORMAL DE PARTILHA

Excelentíssima Senhora Doutora Juíza de Direito – Diretora do Foro da Comarca _____.

_____ (*nome e qualificação do Registrador*) vem, pela presente e na melhor forma de direito, expor a Vossa Excelência o que segue.

DOS FATOS

Foi recebido para exame, em __ de _____ de ____, um Formal de Partilha passado a favor de _____, extraído dos Autos do Processo de Inventário/Arrolamento n. _____, que tramitou na Vara desta Comarca, tendo o mesmo sido impugnado (doc. anexo) por não observar os princípios registrais e por faltar alguns documentos complementares.

Ocorre que, no dia __ de _____ do corrente, foi apresentado novamente o referido título, juntamente com alguns documentos solicitados, sem que tenha sido satisfeita a exigência prevista no item 2 da impugnação, uma vez que o apresentante discorda desta. Juntamente com o título, foi apresentado requerimento solicitando a Suscitação da Dúvida a essa ínclita Vara.

O item 2 da aludida impugnação assim previu: "2 – Deverá ser juntada ao Formal de Partilha a cópia AUTENTICADA da sentença que reconheceu a existência da sociedade de fato existente entre o *de cujus*, _____ e o companheiro _____".

DOS FUNDAMENTOS JURÍDICOS

Primeiramente, convém mencionar que ao Registrador Imobiliário, que exerce serviço público por delegação, compete a observância dos princípios registrais que regem suas atribuições; entre eles os da legalidade, da continuidade e da disponibilidade. Portanto, a atividade registral é despida de discricionariedade, sendo vinculada e limitada à atuação do Oficial Registral às normas específicas e a todo o ordenamento jurídico nacional.

Na forma como o título foi elaborado, em virtude do teor da exordial e do esboço de partilha, constata-se que foram quebrados os princípios da continuidade e da disponibilidade, uma vez que, de acordo com as Matrículas n. _____, e _____, Livro 2-Registro Geral, e conforme os documentos acostados ao Formal de Partilha, _____ (*nome do companheiro*) não é nem titular de direito real, nem herdeiro, nem meeiro. Assim, a exigência do reconhecimento da união estável é necessária para criar uma vinculação do aludido sujeito com o imóvel e/ou com o *de cujus*, para manter o princípio da continuidade, pois um ato se apoia e sustenta em outro anterior.

Referentemente ao assunto em questão, foi exigido o reconhecimento da sociedade de fato para fins de considerar o _____ como herdeiro e/ou meeiro da falecida, com base no que dispõem o art. 2º da Lei 8.971/1994, os arts. 5º e 7º da Lei 9.278/1996 e o art. 1.790 do Código Civil, aplicáveis ao caso em espécie.

Convém mencionar que, em princípio, _____ (*nome do companheiro*) não é nem meeiro, nem herdeiro, porque a aquisição do imóvel objeto da Matrícula n. _____, Livro 2-Registro Geral, ocorreu a título gratuito (doação), em __ de _____ de ____. Porém, como não cabe ao Registrador analisar a condição de herdeiro e/ou meeiro, mas, sim, ao Magistrado, exigiu-se tal reconhecimento para permitir que o _____ (*nome do companheiro*) fosse considerado ou titular de um direito real sobre bens do Espólio quando do evento morte, ou titular de um direito decorrente do Direito de Família (habitação). Desta forma, não havendo dito reconhecimento, constata-se que a estipulação no processo se trata de mera liberalidade do herdeiro _____, conforme reconhecido por este no requerimento de ____ de _____ do corrente, devendo ser formalizada por meio do título competente – Escritura Pública –, nos termos dos arts. 104, III, 108 e 166, IV, do Código Civil.

Ainda, se o usufruto estipulado fosse o decorrente do Direito de Família, regido pelo art. 1.611, § 1º, do Código Civil revogado, em princípio não aplicável ao caso concreto por força do art. 1.787 do Código Civil em vigor, entende esta Serventia Registral que aquele não teria acesso ao Fólio Real por decorrência da lei.

Desta forma, enquanto não reconhecida a sociedade de fato, o título apresentado somente poderá ser registrado se constar da partilha que caberá ao herdeiro _____ a propriedade plena dos imóveis matriculados sob os ns. _____, _____ e ____, Livro 2-Registro Geral, devendo – o usufruto – ser instituído, posteriormente, por meio de Escritura Pública. Ao contrário, havendo o reconhecimento da união estável entre a falecida e _____, este assume a condição de herdeiro e/ou meeiro dos bens partilhados, estabelecendo uma vinculação do mesmo com a coisa partilhada, assistindo-lhe o direito real de usufruto sobre o imóvel objeto da Matrícula n. _____.

Observa-se que, no momento da instituição do usufruto por liberalidade do herdeiro _____, incide o imposto de transmissão, de acordo com a forma onerosa ou gratuita da instituição, cujo recolhimento será fiscalizado por esta Serventia Registral conforme determina o art. 289 da Lei 6.015/1973. Por outro lado, havendo o reconhecimento da união estável e, de consequência, a consideração do Sr. _____ (*parte*) como herdeiro e/ou meeiro, o imposto de transmissão será considerado já pago pela guia da folha ____ dos Autos do Processo.

DA SUSCITAÇÃO DA DÚVIDA

Do exposto, em virtude dos fatos e fundamentos acima expostos, atendendo ao requerimento da parte interessada e para que com tranquilidade possa desempenhar minhas atribuições legais, SUSCITO a presente DÚVIDA, nos termos do art. 198 da Lei de Registros Públicos, para que Vossa Excelência decida como de direito.

Local e data

(Registrador)

MODELO DE PEÇAS DO PROCESSO DE DÚVIDA

Impugnação da Parte

Requer a entrega do formal de partilha que se encontra no processo e o arquivamento dos autos, em face do falecimento do companheiro usufrutuário.

Manifestação do Ministério Público

Solicitou a intimação do Registrador e diante da concordância deste e da parte interessada opina favoravelmente pelo arquivamento do feito.

Sentença do Processo de Dúvida Julgado Prejudicado

O Excelentíssimo Senhor Doutor Juiz de Direito julgou prejudicada a dúvida, tendo em vista a desistência da Parte Interessada no prosseguimento do feito.

MODELO DE SUSCITAÇÃO DE DÚVIDA SOBRE DISSOLUÇÃO DE SOCIEDADE E OBRIGATORIEDADE DA TRANSFERÊNCIA DE BENS DA PESSOA JURÍDICA PARA O SÓCIO RETIRANTE

Excelentíssima Senhora Doutora Juíza de Direito – Diretora do Foro da Comarca de _____
_____ (*nome e qualificação do Registrador*) vem, pela presente e na melhor forma de direito, expor a Vossa Excelência o que segue.

DOS FATOS

Em __ de _____ de ____ esta Serventia Registral efetuou a Impugnação n. _____, tendo por objeto a Certidão do Instrumento Particular de Alteração de Contrato Social, expedida pela _____, e apresentada por _____, relativa à transferência de bens imóveis da _____ (*pessoa jurídica*) para a sua sócia _____ (*nome da parte*) – a apresentante, em virtude de sua retirada da sociedade, formada com _____.

Ainda, em __ de _____ de ____ foi apresentada por um dos sócios outra certidão expedida pela Junta Comercial deste Estado, tendo por objeto a transferência de imóvel da sociedade acima aludida para a sua pessoa. Dita certidão também foi impugnada, pelos mesmos fundamentos, conforme se verifica da Impugnação n. _____.

Anexo ao título acima mencionado, foi apresentado o Formal de Partilha passado em __ de _____ de ____, assinado pelo Excelentíssimo Senhor Doutor Juiz de Direito Substituto da ___ Vara desta Comarca, extraído dos Autos do Processo de Separação Consensual n. _____, homologado por sentença do Excelentíssimo Senhor Doutor Juiz de Direito da mesma Vara, no qual consta a partilha de bens, em virtude da separação do casal. Verifica-se, contudo, que o Instrumento Particular de Alteração Contratual foi lavrado em cumprimento ao acordado no Formal de Partilha.

Porém, uma vez que os apresentantes não se conformaram com as exigências formuladas nas aludidas impugnações, estes apresentaram, em __ de _____ de _____, requerimento de Suscitação de Dúvida, o qual foi protocolado na mesma data, sob o n. _____, no Livro 1-C.

DOS FUNDAMENTOS JURÍDICOS

O art. 53 da Lei 8.934/1994 assim estabelece:

> As alterações contratuais ou estatutárias poderão ser efetivadas por escritura pública ou particular, independentemente da forma adotada no ato constitutivo.

Já o art. 64 da supracitada lei prescreve o seguinte:

> A certidão dos atos de constituição e de alteração de empresários individuais e de sociedades mercantis, fornecida pelas juntas comerciais em que foram arquivados, será o documento hábil para a transferência, por transcrição no registro público competente, dos bens com que o subscritor tiver contribuído para a formação ou para o aumento do capital.

A exegese deste Ofício Registral, referente aos dispositivos citados, em especial ao art. 64, é no sentido de que: somente será admitida a certidão de instrumento particular, expedida pela Junta Comercial, para a transferência de bens imóveis integrantes do capital social da empresa, isto é, de bens que tenham sido integralizados no capital social, seja na formação do mesmo ou quando da sua elevação.

Outrossim, entende-se que o instrumento hábil para a transferência de um bem imóvel que não integrou o capital social de uma pessoa jurídica para um de seus sócios é a escritura pública de transferência de bem imóvel ao sócio retirante, ou de distrato social, ou de dação em pagamento (o que nos parece o mais adequado ao caso, em face das estipulações constantes do Formal de Partilha), ou ainda outra forma prevista em lei, em obediência ao art. 108 do Código Civil, sob pena de não se estar observando um dos requisitos de validade do negócio jurídico – a forma.

Neste sentido, a Apelação Cível 63.971-0/1, do Estado de São Paulo, colacionando decisões do colendo Conselho da Magistratura daquele Estado, ensina que o art. 64 da Lei 8.934/1994 merece interpretação restrita. Assim, porque os imóveis transmitidos não contribuíram para a formação ou para o aumento do capital social, não há que se falar na aplicação da Lei Especial e, consequentemente, exige-se a escritura pública para a formalização da vontade das partes.

Ainda, naquele aresto, foi inserida corretamente ementa determinando o seguinte:

> Admite-se a utilização de instrumento particular com o fim de materializar a conferência de bens pelos sócios para integralizar o capital social, mas tal exceção, derivada do texto do art. 64 da Lei federal 8.934/94, deve ser interpretada de modo restritivo. Tal dispositivo legal permite a utilização de certidão expedida pela Junta Comercial, extraída dos atos constitutivos ou de sua alteração, como título hábil para, perante o registrador, possibilitar a alienação de direitos reais incidentes sobre imóveis, mas sempre, invariavelmente, para a composição ou o aumento do capital social e nunca para sua redução ou dissolução.

Portanto, a teleologia da norma especial, salvo melhor juízo, vai ao encontro do princípio da informalidade que rege as relações empresariais, dispensando a observância da forma nas transferências de propriedade de bens integrantes, tão somente, do capital social da sociedade. Com isso, verifica-se que o legislador – e até o intérprete da norma – entende que não se estende a possibilidade de se usar o instrumento particular para a alienação de bens da empresa que não tenham sido integralizados para a formação do capital social.

Isto exige que, num primeiro momento, o imóvel tenha sido de propriedade de um dos sócios e que, noutro instante, tenha havido a transferência para a sociedade (formação ou aumento do capital social). Assim, quando do retorno do bem ao patrimônio da pessoa física (sócio), admite-se o instrumento particular. Todavia, não é o que ocorreu no caso em exame, pois, em nenhum momento, os bens mencionados na alteração contratual foram de propriedade dos sócios, mas sempre de propriedade da pessoa jurídica. Como se vê, não se aplica o art. 64 da Lei 8.934/1994 a este caso concreto.

DA SUSCITAÇÃO DA DÚVIDA

Do exposto, em virtude da norma estabelecida no art. 64 da Lei 8.934/1994, para que, com tranquilidade, possa desempenhar minhas prerrogativas legais, SUSCITO a presente DÚVIDA, nos termos do art. 198 da Lei de Registros Públicos, para que Vossa Excelência decida como de direito.

Local e data.

(Registrador)

MODELO DE PEÇAS DO PROCESSO DE DÚVIDA

Impugnação da Parte

Afirmou, em apertada síntese, que, por ocasião da separação judicial do casal, que eram sócios de uma empresa, houve a retirada de bens imóveis por cada um daquela sociedade. Em razão disso, ocorreu a alteração do contrato social e a expedição da Certidão pela Junta Comercial.

Manifestação do Ministério Público

Emitiu seu parecer no sentido de ser julgada procedente a dúvida, tendo em vista que, ao contrário do pretendido pelo interessado e conforme bem ponderado pelo Registrador, a transferência de bem imóvel deve estar revestida da forma prevista pela lei que, no caso de imóveis de alto valor, deve ser a escritura pública (art. 108 do CC).

A circunstância de a transferência de imóveis da empresa pertencente aos separandos ter sido combinada por ocasião do acordo de separação não afasta a imposição do diploma civil. Salienta-se que, havendo transferência, devido o imposto de transmissão.

Quanto à aplicação do art. 64 da Lei 8.934/94, não se tratando de imóveis que formem ou aumentem o capital social da empresa, mas, pelo contrário, de imóveis que migram da empresa para os sócios, não satisfeito o suporte fático da norma, inviável a incidência.

Sentença do Processo de Dúvida Julgado Procedente

A Excelentíssima Senhora Doutora Juíza de Direito acompanhou o exarado pela Promotora de Justiça, julgando procedente a dúvida apresentada pelo Registrador.

MODELO DE SUSCITAÇÃO DE DÚVIDA DECORRENTE DE LOTEAMENTO CLANDESTINO

Excelentíssima Senhora Doutora Juíza de Direito – Diretora do Foro da Comarca _____.

_____ (*nome e qualificação do Registrador*) vem, pela presente e na melhor forma de direito, expor a Vossa Excelência o que segue.

DOS FATOS

Foi recebida e protocolada nesta Serventia Registral, sob o n. ____, em __ de _____ de ____, a Escritura Pública de Compra e Venda de Parte Ideal de 102,75m² (cento e dois metros e setenta e cinco decímetros quadrados) do imóvel objeto da matrícula lavrada no Tabelionato desta Comarca, sob o n. _____, no Livro n. _____, folha ____, de __ de _____ de ____, a qual foi devolvida à parte interessada com a Impugnação n. _____, que seguem anexas.

Posteriormente, em __ de _____ de ____, foi reapresentado o referido título, instruído com um requerimento solicitando a Suscitação da Dúvida no caso da manutenção do entendimento, o que efetivamente ocorreu.

DOS FUNDAMENTOS JURÍDICOS

Primeiramente, convém mencionar que ao Registrador Imobiliário, que exerce serviço público por delegação, compete a observância dos princípios registrais que regem suas atribuições, entre eles o da legalidade. Portanto, a atividade registral é despida de discricionariedade, sendo vinculada e limitada à atuação do Oficial de Registro às normas específicas e a todo o ordenamento jurídico nacional.

Referentemente ao assunto em questão, qual seja, o da compra e venda de parte ideal de imóvel urbano inferior ao módulo federal e sem justificação, o entendimento desta Serventia Registral é no sentido da impossibilidade de acesso ao Fólio Real de títulos que não respeitem as normas do parcelamento do solo urbano, previstas na Lei 6.766/1979 e no Provimento 001/2020-CGJ (Consolidação Normativa Notarial e Registral).

No caso em tela, pretendeu-se a alienação de uma área de 102,75m² (cento e dois metros e setenta e cinco decímetros quadrados) de imóvel que apresenta a área de 247,34m² (duzentos e quarenta e sete metros e trinta e quatro decímetros quadrados) com a consequente formação de um condomínio *pro indiviso*.

Embora podendo não ter havido o ânimo de ferir a Lei 6.766/1979, esta não foi respeitada quanto à disposição prevista no seu art. 4º, inciso II, pois a formação de um condomínio *inter vivos* deve ter em vista a sua dissolução pela divisão do imóvel, face ao caráter exclusivo da propriedade e temporário do condomínio previsto no ordenamento jurídico nacional, o que, salvo melhor juízo, não é possível no caso em tela, em virtude da área alienada ser inferior a 125m² (cento e vinte e cinco metros quadrados), prevista na referida lei federal, sem entrar no mérito do módulo urbano constante de lei municipal deste Estado.

Diferentemente, é o caso de geração de um condomínio em virtude do evento do falecimento do proprietário. Neste caso, não há a vontade humana presente na formação do condomínio, pelo contrário, decorre do direito sucessório.

Ademais, analisando do art. 688 ao art. 691 do Provimento 001/2020-CGJ, que integram a seção referente a Loteamentos Clandestinos, verificamos a vedação para o registro do título apresentado. Tais dispositivos assim prescrevem:

Art. 688. Os Registradores impugnarão escrituras ou instrumentos particulares apresentados a registro envolvendo alienação de frações ideais quando, baseados em dados objetivos, constatarem a ocorrência de fraude e infringência à lei e ao ordenamento positivo, consistente no instituir ou ampliar de loteamentos de fato.

§ 1º Para esse efeito, será considerada fração ideal a resultante do desdobramento do imóvel em partes não localizadas e declaradas como contidas dentro da área original, que estejam acarretando a formação de falsos condomínios em razão das alienações;

§ 2º As frações poderão estar expressas, indistintamente, em percentuais, frações decimais ou ordinárias ou em área (metros quadrados, hectares, dentre outros);

§ 3º Ao reconhecimento de configuração de loteamento clandestino, dentre outros dados objetivos a serem valorados, concorrem, isoladamente ou em conjunto, os da disparidade entre a área fracionada e a do todo maior, forma de pagamento do preço em prestações e critérios de rescisão contratual;

§ 4º A restrição contida neste artigo não se aplica aos condomínios edilícios, pois previstos e tutelados por legislação especial;

§ 5º Igualmente não se aplica a restrição quando da aplicação dos incisos do § 4º do art. 8º da Lei 5.868/1972.

Art. 689. Não se conformando o apresentante com a impugnação, e a seu requerimento, o Registrador suscitará dúvida.

Art. 690. Somente se admitirá a formação de condomínios por atos *inter vivos* de imóveis rurais quando preservada e assegurada a destinação rural do imóvel, para fins de exploração agropecuária ou extrativa.

Art. 691. Havendo indícios suficientes ou evidências da constituição de loteamento de fato, o Registrador comunicará o Ministério Público, anexando documentação disponível.

Aplicam-se tais dispositivos mesmo que o caso presente não configure um loteamento, mas, sim, um possível fracionamento/desdobramento, previsto nos §§ 2º a 4º do art. 688 da CNNR.

Assim, salvo melhor juízo, a observância da Lei 6.766/1979 é realizada em qualquer situação que possa configurar a divisão de um imóvel em dois ou mais. Desta forma, quando não for possível o fracionamento/desdobramento de um imóvel em dois ou mais em virtude da falta de área necessária, o subterfúgio que é adotado para pretender se imiscuir da observância do art. 4º, II, da Lei 6.766/1979 é a alienação de parte ideal inferior ao módulo federal, o que não deve ser tolerado.

Infere-se, ainda, que não constou do título impugnado menção à formação de um condomínio civil para posterior instituição do condomínio previsto na Lei 4.591/1964, o que permitiria o registro, porque as (futuras) unidades corresponderiam às frações ideais de cada condômino. Ademais, considera-se que não é despicienda a norma que prevê a área mínima que um imóvel deve apresentar. O legislador, quando da elaboração da lei e da fixação da área de 125m² (cento e vinte e cinco metros quadrados), há de ter se baseado em critérios objetivos que possibilitassem o bom desempenho e desenvolvimento da vida familiar e social sobre uma determinada área (terreno). De nada adiantaria tal norma se possível fosse realizar alienações indiscriminadas de áreas inferiores.

Cabe salientar que, na maioria das cidades do Brasil, os índices de irregularidades relacionadas com a propriedade imobiliária são alarmantes e preocupantes, apresentando-se de diversas formas, sendo uma delas a alienação de partes ideais de imóveis em desrespeito a norma de parcelamento do solo urbano, fazendo com que, num mesmo espaço, haja vários núcleos familiares e se explorem de forma desordenada, criando-se aglomerações e desordem urbana.

Não se quer dizer que esse problema possa ser aplicado ao caso ora discutido, nem que não seja possível o registro de um título que constitua um condomínio pro indiviso. Todavia, o que não pode ser permitida é a constituição *inter vivos* de condomínio civil em que caiba a um dos proprietários área inferior a 125m² (cento e vinte e cinco metros quadrados). Se isso fosse feito, estaria sendo olvidado o respeito aos preceitos estabelecidos pela Lei do Parcelamento do Solo Urbano (por exemplo, havendo um imóvel com 250m², poderá ser alienada a sua metade, desde que em consonância com permissivo legal municipal). Do contrário, poder-se-á dizer que se tornou inócua a referida legislação; porquanto seria possível que o proprietário de um imóvel de mil metros quadrados outorgasse dez títulos de partes ideais de cem metros quadrados cada uma, criando, assim, um condomínio indivisível e combatido pelo ordenamento jurídico.

Esta Serventia Registral entende que deve haver um limite e um controle a essas espécies de alienações, em respeito, no mínimo, à Lei do Parcelamento do Solo Urbano (Lei 6.766/1979).

DA SUSCITAÇÃO DA DÚVIDA

Em virtude dos fatos e fundamentos acima expostos, atendendo ao requerimento da parte interessada e para que com tranquilidade possa desempenhar minhas prerrogativas legais, SUSCITO a presente DÚVIDA, nos termos do art. 198 da Lei de Registros Públicos, para que Vossa Excelência decida como de direito.

Local e data.

(Registrador)

MODELO DE PEÇAS DO PROCESSO DE DÚVIDA

Impugnação da parte
Não houve.

Manifestação do Ministério Público

Emitiu seu parecer no sentido de ser julgada procedente a dúvida, tendo em vista que ao contrário do pretendido pelo interessado, e conforme bem ponderado pelo Registrador, a transferência de parte ideal de imóvel, se atendida, daria legitimidade àquilo que não é legítimo, pois esbarra nas disposições da Lei 6.766/1979.

Sentença do Processo de Dúvida Julgado Procedente

A Excelentíssima Senhora Doutora Juíza de Direito acompanhou o exarado pela Promotora de Justiça, julgando procedente a dúvida apresentada pelo Registrador.

MODELO DE SUSCITAÇÃO DE DÚVIDA DE CARTA DE ADJUDICAÇÃO QUE FERE OS PRINCÍPIOS REGISTRAIS

Excelentíssima Senhora Doutora Juíza de Direito – Diretora do Foro da Comarca de _____

_____ (*nome e qualificação do Registrador*) vem, pela presente e na melhor forma de direito, expor a Vossa Excelência o que segue.

DOS FATOS

Foi protocolada, a requerimento da parte interessada, em __ de _____ de ____, sob o n. ____, carta de adjudicação extraída dos Autos da Ação de Adjudicação Compulsória n. ____, proposta por ____ (parte) contra ____ (parte), onde o autor pretende a transferência da propriedade do lote n. 15 da quadra n. 12 da planta da Vila _____ para o seu nome.

O referido título fora impugnado em __ de _____ de ____, nos seguintes termos:

Transcrição n. ____ e Inscrição n. ____, ambas do Registro de Imóveis de _____/__.

1. Para que seja possível a conferência completa do título acima identificado, deverão ser apresentadas as certidões atualizadas dos registros anteriores, ou seja, da Transcrição n. ____ e da Inscrição n. ____, ambas do Registro de Imóveis de _____/__ (arts. 196, 197, 228 e 229 da Lei 6.015/1973), cujo prazo de validade é de 30 (trinta) dias.

2. Por oportuno, já foi possível verificar que deverá ser apresentada a guia de reconhecimento do Imposto de Transmissão de Bens Imóveis (ITBI).

3. Apresentar, também, cópias simples do RG, CPF/MF e Certidão de Casamento do adjudicante e de sua esposa.

Reapresentada a carta de adjudicação, instruída com as certidões dos registros anteriores, quais sejam, da Transcrição n. ____ e da Inscrição n. ____, ambas do Registro de Imóveis de _____/__, foi originada nova nota explicativa de exigências, com o seguinte teor:

1. Tendo em vista a apresentação das certidões da T. ____ e da I. ____, ambas do Registro de Imóveis de _____/__, mencionadas na carta de adjudicação, foi possível verificar que o imóvel adjudicado não está em nome do réu da ação.

Desta forma, para atender os princípios da disponibilidade e da continuidade, sustentados pelo princípio da segurança jurídica, previstos nos arts. 1.245 e 1.420 do Código Civil e nos arts. 195 e 237 da Lei 6.015/1973, **ou** deverá ser apresentada a transcrição do lote n. __, da quadra n. __, da planta da Vila ____, em nome de _____, **ou**, se esta transcrição não existir, deverá ser apresentado, para registro, o título que outorgue a propriedade a(o) adquirente.

Não é possível outorgar a propriedade aos adjudicantes através do registro de uma carta de adjudicação que teve por fundamento um contrato de promessa de compra e venda em que o promitente vendedor não é o proprietário do bem. Neste caso, a propriedade pode ser adquirida através de uma ação de usucapião.

2. Ainda, providenciando-se no registro de um título outorgando a propriedade ao _____, poderá ser necessária a adequação da descrição do imóvel constante da carta de adjudicação examinada (destaque nosso).

Inconformado, o autor da ação apresentou requerimento solicitando a Suscitação da Dúvida, nos termos do art. 198 da Lei 6.015/1973 (Lei de Registros Públicos).

DOS FUNDAMENTOS JURÍDICOS

O Serviço de Registro Imobiliário de _____ entende não ser possível o registro do título apresentado pelos seguintes motivos: a) o título pretende transferir a propriedade de imóvel de terceiros, alheios à lide, não respeitando os princípios da continuidade e da disponibilidade, rompendo o elo entre um registro e outro; b) o título e os registros anteriores não apresentam as condições previstas em lei para a abertura da matrícula e o seu registro.

a) Da propriedade de terceiros estranhos ao processo

Compulsando os registros anteriores – Transcrição n. _____ e Inscrição n. _____, do Registro de Imóveis de _____/__ constata-se que a propriedade dos imóveis resultantes do Loteamento _____ são de _____ *(nome, nacionalidade, estado civil e profissão)*, _____ *(nome, nacionalidade, estado civil e profissão)* _____ *(nome, nacionalidade, estado civil e profissão)*. Outrossim, a ação de adjudicação compulsória foi movida contra _____ e sua esposa _____, que não figuram como titulares de direito real nos registros apresentados.

Como se sabe, o Registro Imobiliário tem como sustentáculo o princípio da segurança jurídica (arts. 1º e 172 da LRP), através do qual aquele que figura no Álbum Imobiliário tem resguardado o seu direito de propriedade **erga omnes**. Derivados do princípio da segurança jurídica, temos os princípios da continuidade e da disponibilidade, previstos nos arts. 172, 195, 196, 228 e 237 da Lei de Registros Públicos.

O registro do título apresentado, da forma como se apresenta, importará na quebra da cadeia dominial, porque o autor da ação estará adquirindo a propriedade de um bem imóvel através de um contrato de promessa de compra e venda em que o promitente vendedor não titula direito real algum sobre o imóvel. Observa-se que uma nova cadeia dominial pode ser estabelecida somente com fundamento em uma ação de usucapião ou numa ação de desapropriação, o que não é o caso. Quiçá teria o autor da ação direito a usucapir o imóvel perquirido. Todavia, a ação interposta segue um rito e exige a comprovação de requisitos completamente diversos da ação proposta.

Portanto, o título apresentado não tem acesso ao Fólio Real. Neste sentido, colaciona-se jurisprudência mencionada na obra intitulada *Sistemas de Registros de Imóveis*, de Maria Helena Diniz, 2. ed. aum. e atual. São Paulo: Saraiva, 1997, p. 304 e seguintes:

> *RT*, 594:99 – Tendo em vista o princípio da continuidade, não pode ser registrada carta de adjudicação em que conste como proprietário pessoa diversa do vencido na demanda. O adquirente assume os direitos e obrigações do promitente-vendedor a quem sucedeu.

> *RT*, 574:105 – ... Assim o decidem, primeiramente, porque, consoante iterativa orientação deste Conselho, "a origem judicial do título não o alivia do ônus de satisfazer os requisitos de ingresso no Registro Imobiliário" (AC 271.182, de Atibaia, 29-6-1978), mui especialmente cabendo ao oficial velar pela observância dos princípios normativos peculiares aos Registros Públicos, dentre eles, com destaque, pelo da continuidade do registro (art. 195 da Lei 6.015/73). Superada tal premissa e inquestionado que, na espécie **sub examine**, ação de adjudicação compulsória foi dirigida

contra cessionário de direitos, não há como pudesse mesmo ter sido efetuado o pretendido registro, quando o imóvel não se acha registrado em nome do vencido na demanda (AC 279.635, de São Paulo, 12-3-1979, in *Registro de imóveis*, Narciso Orlandi Neto, Saraiva, 1982, n. 323 e 324, p. 335 e 336). Vale mencionar excerto desse julgado, que se reporta inclusive a precedente deste Conselho (AC 272.223, de Itapecerica da Serra), mais do que suficiente para elucidar, de forma absolutamente clara, o tema em liça: "Se o imóvel não está matriculado ou registrado em nome do outorgante, não se admite, hoje, registro, antes da matrícula e do registro do título anterior, qualquer que seja sua natureza (arts. 195, 227, 228 e 236 da vigente Lei de Registros Públicos). A deficiência inculcada configura obstáculo absoluto aos atos pretendidos, porque nenhuma prova há, no fundo, de que o promitente-vendedor fora proprietário dos prédios adjudicados. Essa é circunstância que não é purgada pela força de sentença que acolha pretensão de adjudicação compulsória, circunstância à substituição jurisdicional de declaração de vontade recusada. Ação de adjudicação compulsória não cria nem transfere domínio. Atém-se à pretensão de suprir declaração de vontade negocial, cuja eficiência jurídica assume. Logo, consequente carta de adjudicação não pode mais do que o poderia o instrumento do negócio recusado.

RT, 580:128 – A Lei de Registros Públicos é expressa ao determinar que nenhum registro se faça sem que seja previamente registrado o título anterior (arts. 195 e 237). Desse modo, impossível o registro da sentença proferida em ação de adjudicação compulsória se o imóvel não está transcrito em nome da pessoa nela vencida.

RT, 525:110 – É impossível a realização de matrícula e registro de carta de adjudicação extraída de ação de adjudicação compulsória sem prévio registro do título em nome do réu.

RJTJSP, 81:462 – A carta de adjudicação é título suscetível de ingresso no Registro Imobiliário (art. 167, I, n. 26, da Lei de Registros Públicos). Não o é, todavia, o título apresentado, dada a inobservância do princípio da continuidade, expressamente consagrado no art. 195 da lei registrária. Escreve, a respeito, Afrânio de Carvalho: "O princípio da continuidade, que se apoia no de especialidade, quer dizer que, em relação a cada imóvel, adequadamente individuado, deve existir uma cadeia de titularidade à vista da qual só se fará a inscrição de um direito se o outorgante dele aparecer no registro como seu titular. Assim, as sucessivas transmissões, que derivam umas das outras, asseguram sempre a preexistência de imóvel no patrimônio de transferente" (*Registro de imóveis*, p. 285, 2. ed., Forense, 1977). Não foge à regra o título judicial.

Colacionam-se, ainda, outras jurisprudências no mesmo sentido, de respeito aos princípios da continuidade e da disponibilidade, conforme seguem:

1. MANDADO DE PENHORA. Execução trabalhista. Continuidade. Inviabilidade do registro. Registro de Imóveis. Dúvida julgada procedente. Pretendido registro de mandado de penhora. EXECUÇÃO TRABALHISTA. Executada que não é titular do domínio. Alegada responsabilidade de empresa componente do mesmo grupo econômico. Ausência de específica decisão judicial. Quebra da continuidade registrária. Inviabilidade dos registros. Recurso desprovido (Apelação Cível 65.157-0/1, Catanduva).

2. Dúvida. Suscitação *ex officio*. Recurso. Legitimidade. Interessado. Apresentante. Qualificação registral. Título judicial. Sequestro de imóvel. Continuidade. REGISTRO DE IMÓVEIS. Dúvida. Suscitação de ofício. Inadmissibilidade. Excepcionalidade, porém, oriunda de ordem judicial para o Oficial registrar o mandado judicial de sequestro sob pena de desobediência. Dúvida. Recurso. Legitimidade. Recurso interposto em nome do advogado da parte interessada no registro do título. Advogado que se qualifica como apresentante do título e tem, portanto, legitimidade para recorrer. DÚVIDA IMOBILIÁRIA. Sequestro. Princípio da continuidade. A origem judicial do título não o forra da qualificação pelo Oficial. Imóvel registrado em nome de pessoa que não participou do processo cautelar. Ausência de decisão jurisdicional expressa determinando o sequestro do imóvel ainda que registrado em nome de terceiro. Dúvida procedente. Recurso não provido. Trata-se de apelação (fls.) interposta por Dalton Tavolaro – Advogados Associados de sentença de procedência de dúvida imobiliária relativa a registro de cautelar de sequestro de imóvel (fls.). A recusa do registro foi mantida por ofensa ao princípio da continuidade porque, na ocasião da apresentação do título judicial a registro, outra pessoa, que não participou do processo cautelar, já figurava no fólio como proprietária do imóvel (Ap. Cív. 67.864-0/2, Campinas, *DOE* de 11-10-2000).

3. COMPROMISSO DE COMPRA E VENDA DE IMÓVEIS – Para a aplicação de legislação especial aos compromissos de compra e venda de imóveis, loteados ou não, constitui a inscrição requisito essencial, sem o que não há falar em adjudicação compulsória. Vistos, relatados e discutidos estes autos de Apelação Cível 186.384, da comarca de Ume, em que é apelante C. H., sendo apelado J.G. C., sua mulher e outros. ACORDAM, em 1ª Câmara Civil do Tribunal de Justiça do Estado de São Paulo, por votação unânime, negar provimento ao recurso, consignando que o autor, por não preencher um dos requisitos legais, é carecedor da ação, não sendo esta improcedente, corno concluiu a decisão recorrida. Pelo compromisso certificado a fls., prometeram os réus vender ao autor um imóvel rural descrito no referido documento, pelo preço certo de NCr$ 500,00, pagos no ato. Pela cláusula 9 do contrato, foi declarado que o instrumento ficava subordinado aos Decretos-leis 58/37 e 3.079/37, bem como à Lei 649/49, que deu nova redação ao art. 22 do primeiro decreto-lei. Dessa forma, a adjudicação compulsória do imóvel, se houvesse recusa dos vencedores em outorgarem, a escritura definitiva seria a solução. Ocorre que o apelante não promoveu a inscrição do compromisso à margem da transcrição dos apelados. Limitou-se a promover o registro integral do documento no Livro B, denominado Registro Integral. Ora, a inscrição do compromisso de compra e venda, de que fala a lei, havia que ser feita no Livro 4, conforme determina o art. 253 da Lei dos Registros Públicos. O referido dispositivo considera a inscrição da promessa de compra e venda como ato constitutivo do direito, quer entre as partes contratantes, como em relação a terceiros. Serpa Lopes, ao abordar a matéria, assenta que com a "inscrição no Registro de Imóveis, inscrição obrigatória, a promessa passa a ter efeitos reais, consistentes nos dois seguintes: oponibilidade *erga omnes*, excluindo, assim, qualquer direito real oposto que haja sido inscrito posteriormente; realização compulsória do contrato pela intervenção judicial, suprindo a vontade de promitente vendedor, no caso de recusa" (*Tratado de Registros Públicos*, v. 239/441). É evidente, portanto, que não inscrito, o contrato torna-se carente de efeitos reais, subsistindo tão somente os

pessoais. A jurisprudência, apreciando a matéria, tem afirmado, reiteradamente, que "para a aplicação da legislação especial aos compromissos de compra e venda de imóveis, loteados ou não, constitui a inscrição requisito essencial, sem o que não há falar em adjudicação compulsória (*Revista dos Tribunais*, v. 239/447). A inscrição do compromisso constitui requisito inarredável, face à lei. E ao compromissário assiste o direito de, a todo o tempo, completar o requisito da inscrição (*Revista dos Tribunais*, v. 344/291), para que adquira o direito de adjudicação compulsória. Isto posto e dada a inexistência desse requisito essencial, julga-se o autor carecedor da ação. Custas como de direito – São Paulo, 31 de março de 1970. Unânime. Jonas Vilhena, presidente. Dias Figueiredo, relator.

4. Registro – Cancelamento. Carta de Arrematação – Penhora – Alienação. Ineficácia – Nulidade. Fraude à execução. Continuidade – Disponibilidade. É impossível o registro da Carta de Arrematação de imóvel que não figura em nome do devedor (executado). Não haveria encadeamento algum entre o ato pretendido e o conteúdo dos registros e ficaria, em consequência, ultrajado o princípio da continuidade. O apelante, na qualidade de terceiro prejudicado, pretende a reforma da respeitável sentença que determinou o cancelamento do registro em seu nome, para dar lugar ao registro da Carta de Arrematação apresentada pelo suscitado e apelado. Não há como negar a qualidade de terceiro prejudicado do apelante. Aliás, ele se enquadra no exemplo clássico de terceiro prejudicado: aquele cujo registro é cancelado por determinação contida na sentença atacada, embora não tivesse participado do procedimento de dúvida. Além de conhecido, o recurso merece provimento. Em primeiro lugar, como bem mostrou o ilustre Procurador da Justiça oficiante, a existência de registro de penhora não impede a alienação do imóvel, nem seu registro. Trata-se de registro tipicamente acautelatório, que não constitui ônus real. Em segundo lugar, a penhora não estava registrada quando o apelante adquiriu o imóvel. Assim, ainda que pudesse ser afastado o primeiro argumento, nenhuma irregularidade teria havido no registro em nome do recorrente. Em terceiro lugar, a ineficácia do registro não significa a nulidade de pleno direito, que se admite seja declarada de ofício. A uma, porque a ineficácia difere, em tudo e por tudo, da nulidade. A duas, porque não compete ao Juiz Corregedor Permanente examinar eventual fraude à execução, como, em mais de uma oportunidade, deixou assente este Conselho: "O Juízo administrativo dos Registros Públicos, cujo perfil conceitual nem mesmo participa da natureza da chamada jurisdição voluntária ou gratuita, é mero instrumento de controle da publicidade e da regularidade extrínseca dos direitos reais imobiliários. Não tem ele competência nem virtude para examinar o suporte fático e admitir correspondente fraude à execução que não conhece ou dirige" (Ap. Cív. 284.332, Rel. Des. Andrade Junqueira; no mesmo sentido: Aps. Cívs. 282.481, 280.847 e 354-0, in *Registro de Imóveis*, Narciso Orlandi Neto, Saraiva, 1982, ementas 258 e 37). A manutenção do registro em nome do apelante era, como se viu, de rigor. Não há nulidade de pleno direito que pudesse justificar seu cancelamento na via administrativa. O registro da Carta de Arrematação, em consequência, não pode ser admitido, como já decidiu, igualmente, este Conselho: "É impossível o registro de carta de arrematação do imóvel que não figura em nome do devedor (executado). Não haveria encadeamento algum entre o ato pretendido e o conteúdo dos re-

gistros e ficaria, em consequência, ultrajado o princípio da continuidade" (ob. cit., ementa 269; no mesmo sentido: Aps. Cívs. 280.847 e 284.332). "A arrematação é ato publicístico de expropriação da faculdade de disposição do bem. Como tal, só pode assegurar a transmissão que o exercício pessoal da disponibilidade poderia garantir. Se o titular nada tem, nada transpassa a arrematação" (Ap. Cív. 269.827, ob. cit., ementa 170). Por todo o exposto, acordam, por votação unânime, dar provimento ao recurso para, cassado o cancelamento determinado, recusar o registro do título prenotado. Custas *ex lege*. São Paulo, 18 de abril de 1983. (aa) Francisco Thomaz de Carvalho Filho, presidente do Tribunal de Justiça. Bruno Affonso de André, corregedor-geral da justiça e relator (Ap. Cív. 1.291-0, j. 5-5-1983).

Admitido o registro, através de eventual julgamento improcedente desta Dúvida, estar-se-ia transferindo a propriedade de quem não a titula (lembra-se que a adjudicação compulsória consagra uma transmissão DERIVADA da propriedade), além de poder prejudicar aqueles que confiaram no sistema e esperaram que ele os protegesse.

Não se pode desconsiderar que o título apresentado poderá ensejar a interposição de uma ação própria para outorgar a propriedade ao autor (da ação de adjudicação compulsória), como, por exemplo, uma ação de usucapião ordinário.

Ademais, o Código Civil, nos arts. 1.417 e 1.418, está a exigir não só o contrato para obter o direito real à aquisição do imóvel, como, também e principalmente, o registro deste contrato.

Ad argumentandum, a admissão da pretensão do requerente PODE importar numa tentativa de burlar as regras de direito civil e de direito processual civil (ex.: Tendo havido o falecimento dos proprietários que constam da transcrição e inscrição, evitar-se-á o processo de inventário dos falecidos para que a propriedade chegue em nome do demandado na ação de adjudicação). A interposição equivocada da ação não deve desprestigiar o sistema jurídico articulado para dar segurança jurídica a todos.

Observa-se, ainda, que o autor da ação não diligenciou em verificar se a propriedade já fora transferida para os demandados, não tendo apresentado certidão negativa/positiva de propriedade imóvel expedida pelo Registro Imobiliário de _____/__, em nome dos demandados (se há um registro posterior aos apresentados, onde houvera a transferência da propriedade aos demandados, jamais foi apresentado a esta Serventia Registral).

b) Da falta de requisitos necessários para a abertura da matrícula

Também, o título apresentado não contém os requisitos da matrícula previstos nos arts. 176, § 1º, II, e 225 da Lei 6.015/1973, desrespeitando o princípio da especialidade, que exige uma adequada localização do imóvel no universo físico para que o Direito possa tutelá-lo adequadamente.

Analisando a folha __ do título apresentado, que se refere à cópia autenticada do documento juntado aos autos (certidão da T. ____ do Livro 3-S), verifica-se que falta constar na descrição do lote 15 da quadra 12 do Loteamento denominado Vila _____, a área, o lado da numeração, o bairro e o mapeamento geral.

Tais informações devem ser inseridas no registro anterior (T. _____ e l. _____) mediante a apresentação de certidão expedida pelo Município de _____, apresentada ao Registro de Imóveis de _____/__, pela parte interessada.

DA SUSCITAÇÃO DA DÚVIDA

Diante do exposto, em virtude dos fatos e fundamentos acima expostos, atendendo ao requerimento da parte interessada e para que com tranquilidade possa desempenhar minhas atribuições legais, SUSCITO a presente DÚVIDA, nos termos dos arts. 198 e seguintes da Lei de Registros Públicos, para que Vossa Excelência decida como de direito.

Local e data.
(Registrador)

MODELO DE PEÇAS DO PROCESSO DE DÚVIDA

Impugnação da Parte

Afirmou, em apertada síntese, que efetuou com um dos requeridos contrato de promessa de compra e venda, tendo sido o preço pago integralmente.

Além disso, os antigos proprietários foram citados na ação de adjudicação, bem como o título apresentado perante o Registro de Imóveis preenche todos os requisitos exigidos pelo princípio da especialidade.

Manifestação do Ministério Público

Emitiu seu parecer no sentido de ser julgada procedente a dúvida, pelos seguintes motivos: (a) os antigos proprietários não foram citados; (b) no tocante aos princípios da continuidade do registro, referido como fundamento da presente suscitação de dúvida, cabe ressaltar que encontra apoio legal no art. 1.245, § 1º, do Código Civil e, também, nos arts. 195, 222 e 237 da Lei de Registros Públicos; (c) não houve comprovação quanto à transferência da titularidade do imóvel para os réus da ação de adjudicação.

Sentença do Processo de Dúvida Julgado Procedente

A Excelentíssima Senhora Doutora Juíza de Direito motivou sua decisão através do princípio da continuidade registral e da especialidade, bem como pela ausência de citação no processo de adjudicação dos demais proprietários, nos seguintes termos:

A questão é singela e não há como ser efetivado o registro da carta de adjudicação apontada pelo Sr. Registrador, tendo em vista os princípios da continuidade registral e da especialidade.

Conforme se depreende da certidão do Registro de Imóveis da Comarca _____, o imóvel em questão está registrado em nome de _____ (fls. 41 e 42), anteriormente registrada em nome de _____. (fl. 39-verso), o mesmo podendo ser visto na certidão de fl. 65, originalmente juntada à ação de adjudicação, não se tendo conhecimento de registro no Ofício de _____.

Por outro lado, a ação de adjudicação foi proposta somente contra _____ e _____, que não constam como proprietários no Registro de Imóveis, pois a autora teria adquirido o lote através de "contrato de promessa de compra e venda", por intermédio de procurador destes dois últimos (fl. 23).

Pelo que se vê das cópias da ação de adjudicação, foram citados naquele feito apenas o primeiro requerido, bem como os herdeiros da segunda requerida, eis que falecida quando do ajuizamento do pedido. Indiscutivelmente, não integraram a lide os proprietários registrais.

Art. 195. Se o imóvel não estiver matriculado ou registrado em nome do outorgante, o oficial exigirá a prévia matrícula e o registro do título anterior, qualquer que seja a sua natureza, para manter a continuidade do registro.

[...]

Art. 237. Ainda que o imóvel esteja matriculado, não se fará registro que dependa da apresentação de título anterior, a fim de que se preserve a continuidade do registro.

Contudo, em se admitindo a improcedência da dúvida suscitada pelo Oficial Imobiliário o suscitado estará adquirindo a propriedade de quem nunca a teve, procedendo-se a um "salto" na cadeia registral, o que é inadmissível pela via da adjudicação, que não é forma de aquisição originária da propriedade, como ocorre na usucapião. Logo, abalado estará o princípio da continuidade registral, de suma importância na segurança que deve advir dos registros imobiliários.

Por tais razões, a segurança preconizada aos registros públicos, conforme o art. 1º da Lei 6.015/1973, somente se concretiza quando da efetiva observância e cumprimento das exigências legais mínimas à efetivação do registro, do qual se extrai presunção de veracidade, mormente quando a dúvida é trazida ao Poder Judiciário, que deve, mais ainda, zelar pelo fiel cumprimento da lei.

"Registro de Imóveis. Dúvida suscitada. Inviabilidade do registro da Carta de Adjudicação, em face da quebra do princípio da continuidade registrária. Dúvida julgada procedente. Apelação cível desprovida. Unânime" (Ap. Cív. 70010060036, 18ª Câmara Cível, TJRS, rel. Mario Rocha Lopes Filho, j. 31-3-2005).

"Suscitação de dúvida. Registro de Imóveis. Carta de Adjudicação. Ação de adjudicação compulsória. Imóvel matriculado em nome de pessoa estranha à da adjudicatária. Princípio da continuidade. Impossibilidade do registro. Exibição de certidão negativa de débito junto ao INSS e Receita Federal. Exigência legal não cumprida. Dúvida procedente. Dentre os princípios fundamentais do registro imobiliário, está o da continuidade, pelo qual se faz imprescindível a obediência à cadeia de titularidades nos assentos pertinentes ao imóvel. Art. 195 da Lei 6.015/73. Não obstante, na espécie, tratar-se o título registrável de carta de adjudicação, admitir o registro seria sacrificar o princípio da continuidade e a credibilidade que advém dos registros públicos. A responsabilidade pelo registro contínuo é do oficial imobiliário, como fiel garantidor do princípio da continuidade. Outrossim, a apresentação dos documentos comprobatórios da inexistência de débitos previdenciários e fiscais quando da oneração ou alienação de bens imóveis é exigência legal do art. 47 da Lei 8.212/91, não relevando o fato de a adjudicatária ser entidade assistencialista. Recurso de apelação improvido. Unânime (Ap. Cív. 70007133408, 18ª Câmara Cível, TJRS, rel. Cláudio Augusto Rosa Lopes Nunes, j. 2-9-2004).

No que pertine à falta de requisito para abertura de matrícula, tenho que não há como ser efetivada, já que o título não contempla todas as especificações do imóvel, o que deve preceder ou fazer-se concomitantemente ao eventual registro do título. Contudo, deixou o requerente de atualizar a matrícula junto a registro originário (Comarca de _____), o que contraria o princípio da especialidade.

Isto posto, julgo PROCEDENTE a presente dúvida suscita pelo Oficial do Registro de Imóveis para vedar o ato registral pretendido pela Parte Interessada.

MODELO DE SUSCITAÇÃO DE DÚVIDA SOBRE ESCRITURA PÚBLICA DE CONSTITUIÇÃO DE HIPOTECA (PRAZO)

Excelentíssima Senhora Doutora Juíza de Direito – Diretora do Foro da Comarca de _____.

_____ (*nome e qualificação do Registrador*) vem, pelo presente e na melhor forma de direito, expor a Vossa Excelência o que segue.

DO FATO

Foram recebidas e protocoladas, em __ de _____ de ____, sob o n. _____, uma cópia autenticada da Escritura Pública lavrada no Tabelionato _____, no Livro n. __-C, de Hipotecas e Quitações, folhas _____, e uma cópia autenticada do Termo Aditivo lavrado nas mesmas notas, no Livro n. ___-A, de Contratos, folha ____, devidamente instruídas com um requerimento datado de _____, solicitando a suscitação de Dúvida, nos termos dos arts. 198 e seguintes da Lei 6.015/1973 (Lei dos Registros Públicos).

Os documentos acima apresentados se referem à dação em hipoteca de diversos imóveis, entre eles os imóveis matriculados sob os ns. _____ e _____ do Registro de Imóveis de _____.

DOS FUNDAMENTOS JURÍDICOS

O Serviço de Registro Imobiliário qualificou o título apresentado como inapto para ingressar no Álbum Imobiliário por falta de um requisito imprescindível para o registro da hipoteca – o PRAZO.

Arnaldo Rizzardo, na sua obra intitulada Direito das Coisas (de acordo com a Lei 10.406, de 10.01.2002), p. 1086, preleciona o seguinte:

> Autoriza o art. 1.496 que o oficial suscite dúvidas perante o juiz de direito competente. Tal é suscetível de ocorrer se faltarem elementos do contrato, como o prazo de validade, ou a indicação precisa do imóvel, ou o valor da obrigação amparada (destaque nosso).

Tal requisito é exigido pelos arts. 1.424, II, e 1.485 do Código Civil e pelos arts. 176, § 1º, III, item 5, e 238 da Lei 6.015/1973.

Como se sabe, a hipoteca é a submissão de uma coisa ao pagamento de um crédito, ou ao cumprimento de uma obrigação, até o advento de um termo (não existe uma obrigação exigível sem um termo – entenda-se um momento para o seu cumprimento). Ora, Excelência, o ordenamento jurídico não permite que alguém fique vinculado a uma obrigação indefinidamente.

Ainda, Pontes de Miranda, no *Tratado de Direito Privado*, v. 20, p. 94, estabelece que "a hipoteca há de ter prazo".

O título apresentado não fez constar o lapso temporal máximo que uma hipoteca pode ser contratada, que é de 30 (trinta) anos, o que poderia ter sido feito com a simples menção ao art. 1.485 do Código Civil, conforme sugerido nas Impugnações ns. 204/2022 e 216/2022, que assim previram: "Explicitar o prazo que vigerá a hipoteca (art. 1.424, II, do CC), que poderá *ser* de até 30 (trinta) anos (art. 1.485 do CC)". Desta forma, como não existe previsão ao prazo na escritura, não se pode admiti-la ao registro enquanto não rerratificada.

Observa-se que a cláusula constante na folha 111-verso, ao estabelecer que a garantia hipotecária *vigorará até a entrega das unidades do edifício*, não preenche o requisito legal do prazo fixado para o pagamento, porque ficou indefinido o termo para cumprimento da obrigação, ou o prazo que a hipoteca perdurará. Observa-se que estes prazos não precisarão ser coincidentes, isto é, que o vencimento da hipoteca é completamente diverso do da dívida ou da obrigação, (i) poderá acontecer de a dívida estar vencida, mas a hipoteca subsistir até o desaparecimento da obrigação principal, (ii) bem como poderá ocorrer a pactuação de hipoteca por um prazo inferior ao do cumprimento da obrigação principal.

DA SUSCITAÇÃO DA DÚVIDA

Do exposto, em virtude dos fatos e fundamentos acima narrados, bem como dos dispositivos do Código Civil e da Lei 6.015/1973 supramencionados, atendendo ao requerimento da parte interessada e para que com tranquilidade possa desempenhar minhas atribuições legais, SUSCITO a presente DÚVIDA, nos termos dos arts. 198 e seguintes da Lei de Registros Públicos, para que Vossa Excelência decida como de direito.

Local e data.

(Registrador)

MODELO DE PEÇAS DO PROCESSO DE DÚVIDA

Impugnação da Parte

Afirmou, em apertada síntese, que logrou êxito no registro de hipoteca em outras serventias. Aduzindo, ainda, que há no instrumento referência ao prazo previsto no contrato.

Manifestação do Ministério Público

Emitiu seu parecer no sentido de ser registrada a hipoteca, liminarmente, considerando o prazo legalmente exigido como sendo o de 30 (trinta) anos.

Sentença do Processo de Dúvida Julgado Improcedente

A Excelentíssima Senhora Juíza motivou sua decisão, afirmando que sendo um contrato acessório, ocorrendo a extinção da obrigação principal, desaparece, igualmente, a garantia. Logo, a vigência da hipoteca nunca será indefinida, nos seguintes termos:

Assim, para que tenha eficácia à garantia hipotecária e seja cumprido o disposto no art. 1.424, II, do Código Civil, necessário apenas que a obrigação principal preveja o tempo e o modo como se dará o cumprimento, o que no caso dos autos pode ser verificado na própria escritura pública de garantia hipotecária das obrigações decorrentes do contrato referido, vigorará até a entrega das unidades no edifício [...].

Portanto, nenhuma mácula há na escritura pública de garantia hipotecária, objeto da presente dúvida, devendo ser destacado que os registros efetuados em outras serventias não contêm qualquer incorreção, pois remetem às condições previstas no instrumento [...].

Por derradeiro, convém lembrar que se há prazo previsto em lei, é este que vige quando omisso o instrumento.

Isto posto, julgo IMPROCEDENTE a dúvida e determino o registro da hipoteca.

DISPOSIÇÕES LEGAIS

Lei 6.015/1973:

Art. 156. O oficial deverá recusar registro a título e a documento que não se revistam das formalidades legais.

Parágrafo único. Se tiver suspeita de falsificação, poderá o oficial sobrestar no registro, depois de protocolado o documento, até notificar o apresentante dessa circunstância; se este insistir, o registro será feito com essa nota, podendo o oficial, entretanto, submeter a dúvida ao Juiz competente, ou notificar o signatário para assistir ao registro, mencionando também as alegações pelo último aduzidas.

Art. 198. Se houver exigência a ser satisfeita, ela será indicada pelo oficial por escrito, dentro do prazo previsto no art. 188 desta Lei e de uma só vez, articuladamente, de forma clara e objetiva, com data, identificação e assinatura do oficial ou preposto responsável, para que:

I – (Revogado pela Lei 14.382/2022);

II – (Revogado pela Lei 14.382/2022);

III – (Revogado pela Lei 14.382/2022);

IV – (Revogado pela Lei 14.382/2022);

V – o interessado possa satisfazê-la; ou

VI – caso não se conforme ou não seja possível cumprir a exigência, o interessado requeira que o título e a declaração de dúvida sejam remetidos ao juízo competente para dirimi-la.

§ 1º O procedimento da dúvida observará o seguinte:

I – no Protocolo, o oficial anotará, à margem da prenotação, a ocorrência da dúvida;

II – após certificar a prenotação e a suscitação da dúvida no título, o oficial rubricará todas as suas folhas;

III – em seguida, o oficial dará ciência dos termos da dúvida ao apresentante, fornecendo-lhe cópia da suscitação e notificando-o para impugná-la perante o juízo competente, no prazo de 15 (quinze) dias; e

IV – certificado o cumprimento do disposto no inciso III deste parágrafo, serão remetidos eletronicamente ao juízo competente as razões da dúvida e o título.

§ 2º A inobservância do disposto neste artigo ensejará a aplicação das penas previstas no art. 32 da Lei 8.935, de 18 de novembro de 1994, nos termos estabelecidos pela Corregedoria Nacional de Justiça do Conselho Nacional de Justiça.

Art. 199. Se o interessado não impugnar a dúvida no prazo referido no item III do artigo anterior, será ela, ainda assim, julgada por sentença.

Art. 200. Impugnada a dúvida com os documentos que o interessado apresentar, será ouvido o Ministério Público, no prazo de dez dias.

Art. 201. Se não forem requeridas diligências, o juiz proferirá decisão no prazo de quinze dias, com base nos elementos constantes dos autos.

Art. 202. Da sentença, poderão interpor apelação, com os efeitos devolutivo e suspensivo, o interessado, o Ministério Público e o terceiro prejudicado.

Art. 203. Transitada em julgado a decisão da dúvida, proceder-se-á do seguinte modo:

I – se for julgada procedente, os documentos serão restituídos à parte, independentemente de translado, dando-se ciência da decisão ao oficial, para que a consigne no Protocolo e cancele a prenotação;

II – se for julgada improcedente, o interessado apresentará, de novo, os seus documentos, com o respectivo mandado, ou certidão da sentença, que ficarão arquivados, para que, desde logo, se proceda ao registro, declarando o oficial o fato na coluna de anotações do Protocolo.

Art. 204. A decisão da dúvida tem natureza administrativa e não impede o uso do processo contencioso competente.

Art. 205. Cessarão automaticamente os efeitos da prenotação se, decorridos 20 (vinte) dias da data do seu lançamento no Protocolo, o título não tiver sido registrado por omissão do interessado em atender às exigências legais.

Parágrafo único. Nos procedimentos de regularização fundiária de interesse social, os efeitos da prenotação cessarão decorridos 40 (quarenta) dias de seu lançamento no Protocolo.

Art. 206. Se o documento, uma vez prenotado, não puder ser registrado, ou o apresentante desistir do seu registro, a importância relativa às despesas previstas no art. 14 será restituída, deduzida a quantia correspondente às buscas e a prenotação.

Art. 206-A. Quando o título for apresentado para prenotação, o usuário poderá optar:

I – pelo depósito do pagamento antecipado dos emolumentos e das custas; ou

II – pelo recolhimento do valor da prenotação e depósito posterior do pagamento do valor restante, no prazo de 5 (cinco) dias, contado da data da análise pelo oficial que concluir pela aptidão para registro.

§ 1º Os efeitos da prenotação serão mantidos durante o prazo de que trata o inciso II do *caput* deste artigo;

§ 2º Efetuado o depósito, os procedimentos registrais serão finalizados com a realização dos atos solicitados e a expedição da respectiva certidão;

§ 3º Fica autorizada a devolução do título apto para registro, em caso de não efetivação do pagamento no prazo previsto no caput deste artigo, caso em que o apresentante perderá o valor da prenotação;

§ 4º Os títulos apresentados por instituições financeiras e demais instituições autorizadas a funcionar pelo Banco Central do Brasil ou por entidades autorizadas pelo Banco Central do Brasil ou pela Comissão de Valores Mobiliários a exercer as atividades de depósito centralizado ou de registro de ativos financeiros e de valores mobiliários, nos termos dos arts. 22 e 28 da Lei 12.810, de 15 de maio de 2013, respectivamente, poderão efetuar o pagamento dos atos pertinentes à vista de fatura;

§ 5º O disposto neste artigo aplica-se às unidades federativas que adotem forma de pagamento por meio de documento de arrecadação;

§ 6º A reapresentação de título que tenha sido devolvido por falta de pagamento dos emolumentos, nos termos do § 3º deste artigo, dependerá do pagamento integral do depósito prévio;

§ 7º O prazo previsto no *caput* deste artigo não é computado dentro do prazo de registro de que trata o art. 188 desta Lei.

Art. 207. No processo, de dúvida, somente serão devidas custas, a serem pagas pelo interessado, quando a dúvida for julgada procedente.

Lei 8.935/1994:

Art. 30. São deveres dos notários e dos oficiais de registro:

XIII – encaminhar ao juízo competente as dúvidas levantadas pelos interessados, obedecida a sistemática processual fixada pela legislação respectiva.

Lei 9.492/1997:

Art. 18. As dúvidas do Tabelião de Protesto serão resolvidas pelo Juízo competente.

Lei 6.766/1979:

Art. 18. Aprovado o projeto de loteamento ou de desmembramento, o loteador deverá submetê-lo ao registro imobiliário dentro de 180 (cento e oitenta) dias, sob pena de caducidade da aprovação, acompanhado dos seguintes documentos:

§ 2º A existência de protestos, de ações pessoais ou de ações penais, exceto as referentes a crime contra o patrimônio e contra a administração, não impedirá o registro do loteamento se o requerente comprovar que esses protestos ou ações não poderão prejudicar os adquirentes dos lotes. Se o Oficial do Registro de Imóveis julgar insuficiente a comprovação feita, suscitará a dúvida perante o juiz competente.

Segunda Parte
A EVOLUÇÃO DOS SISTEMAS REGISTRAL E NOTARIAL NO SÉCULO XXI

1
INTRODUÇÃO

O Sistema Registral brasileiro, por ser misto (constitutivo e declarativo), está recebendo a consideração que sempre mereceu pelos fins a que se destina: constituir, declarar, modificar e extinguir direitos, gerando publicidade, autenticidade, segurança jurídica e eficácia.

Por oportuno, percebe-se que as legislações deste novo século ressaltam a importância das Atividades Registrais e Notariais e a confiabilidade no critério prudente e técnico do Registrador e do Notário, consagrando a independência (Lei 8.935/1994) e autonomia funcional (Leis 10.931/2004 e 11.441/2007).

Ademais, o Direito evolui conforme as demandas da Sociedade exigem.

Infelizmente, o Direito decorrente do Processo tornou-se moroso e caro, sendo que a alternativa para uma busca mais célere veio através da Desjudicialização/Extrajudicialização.

Os Cartórios Extrajudiciais assumem papel importante na função preventiva de litígios que é muito bem estruturada pela função notarial e registral em todo o país.

Com efeito, a crise da hipoteca (Súmula 308 do STJ) gerou a alienação fiduciária de imóveis. A ideia embrionária de desafogar o judiciário da sobrecarga de processos, compartilhando com Notários e Registradores os procedimentos que poderiam, com segurança, ser por eles praticados, começou a tomar forma com a Lei 9.514/1997, iniciando o processo de desjudicialização/extrajudicialização há 25 (vinte e cinco) anos, instituindo, entre outros, a alienação fiduciária de bem imóvel.

A desjudicialização/extrajudicialização de maior sucesso foi, sem dúvida nenhuma, a possibilidade de proceder ao inventário, a partilha, a separação e o divórcio por escritura pública, graças a Lei 11.441/2007.

Este procedimento já era realidade nos países das américas desde os anos 80. Após promulgada a lei, com as devidas regulamentações (Resolução do CNJ 35/2007), a aceitação na sociedade foi imediata.

O Código de Processo Civil (Lei Federal 13.105/2015), sancionado em 16.3.2015, seguindo a tendência em ascensão da desjudicialização/extrajudicialização de procedimentos, que ganhou ênfase a partir da Emenda Constitucional 45/2004, conhecida como emenda da reforma do judiciário, introduziu na ordem jurídica brasileira, de forma opcional ao jurisdicionado, o instituto da usucapião extrajudicial processada perante o Registro de Imóveis, nos termos do artigo 1.071 do novo Código de Processo Civil que acrescentou o artigo 216-A ao texto da Lei Federal 6.015/1973 (Lei de Registros Públicos), com a regulamentação através do Provimento 65/2017 do CNJ.

Na senda da desjudicialização/extrajudicialização, é possível regularizar imóveis (estima-se que a metade dos imóveis do Brasil) via Regularização Fundiária Urbana também pela via administrativa, envolvendo o Município e o Registro de Imóveis, sem a necessidade de processo judicial, conforme dispõe a Lei 13.465/2017, regulamentada pelo Decreto 9.310/2018.

A mais recente novidade veio com o advento da Lei 14.382/2022 que instituiu no ordenamento jurídico a possibilidade de Adjudicação Compulsória Extrajudicial, em face da criação do art. 216-B da LRP.

Acerca dos inúmeros benefícios que a desjudicialização/extrajudicialização proporciona podemos citar: procedimentos simplificados, redução de custos, celeridade no ato, autonomia dos interessados (escolha do Tabelião), dispensa de homologação judicial e, na maioria dos casos, há a participação de advogado. Em síntese, proporciona o alcance do Direito por um modo mais célere e menos oneroso.

Desta forma, verificamos que a certeza e a eficácia dos atos praticados, na seara administrativa, pelos Notários e Registradores, contribuem para a redução da assimetria da informação e, assim, para a redução do custo econômico do Direito, tanto é que o Banco Mundial recomenda o sistema adotado pelo Brasil (Notariado do tipo latino e Sistema de Registro de Direitos para o Registro Imobiliário).

Julgamos importante que os operadores do Direito façam empenho no estudo e na busca do aperfeiçoamento do Sistema Notarial e Registral pelas amplas vantagens que propiciam para seus usuários e para a Nação, caracterizando-se como eficientes mecanismos de extrajudicialização.

Sem pretender exaurir todos os institutos criados pelo legislador para resolver as questões socioeconômicas da sociedade brasileira, busca-se, nesta Segunda Parte, demonstrar ao leitor de que forma os novos institutos pertinentes à regularização da propriedade influenciam o Sistema Registral pátrio. Começaremos, portanto, discorrendo sobre a primeira lei do século XXI: o Estatuto da Cidade.

2
ESTATUTO DA CIDADE
(LEI 10.257, DE 10 DE JULHO DE 2001)

Em vigor, desde o dia 9 de outubro de 2001, a Lei 10.257, publicada em 11 de julho daquele ano, instituiu o Estatuto da Cidade e regulamentou os arts. 182 e 183 da Constituição Federal. A promulgação da Lei 10.257/2001 (Estatuto da Cidade) se deu por meio de um amplo debate democrático, que resultou na aprovação do Marco da Política Urbana no Brasil.

Verdadeiro avanço legislativo, vigendo há mais de vinte anos e tendo sofrido modificações em seu texto por, pelo menos, doze leis a partir do ano de 2008, atingiu, segundo especialistas, a maioria da população brasileira, pelos mecanismos e institutos jurídicos que consagra, com forte ingerência do Poder Público Municipal à propriedade privada.

A finalidade desse Estatuto é uma melhor execução da política urbana por meio da adoção de novas diretrizes com vistas à cooperação entre os governos, a iniciativa privada e os demais setores da sociedade no processo de urbanização. Pode-se dizer que a principal função desse instrumento é a ordenação e o controle do uso do solo urbano, garantindo, assim, o pleno desenvolvimento das funções sociais da cidade, o bem-estar e a segurança de seus habitantes e o equilíbrio ambiental (art. 1º, parágrafo único). Uma de suas características mais salientes é a simplificação da legislação sobre parcelamento, uso e ocupação do solo, objetivando, com isso, reduzir custos e aumentar a oferta de lotes e das unidades habitacionais à população.

Seu fundamento jurídico está alicerçado nos princípios preconizados nos arts. 182 e 183 da CF. Como se vê, treze anos após a promulgação da Constituição, foram fixadas as diretrizes gerais, objetivando cumprir os referidos mandamentos constitucionais. Assim, pode-se encontrar no art. 2º do Estatuto da Cidade, o desdobramento desses preceitos de ordem constitucional em direitos que lhe fornecem o significado semântico: direito às cidades sustentáveis, na forma de direito à terra urbana, à moradia, ao saneamento ambiental, à infraestrutura, através de uma gestão democrática por meio da participação da população e de associações; para citar apenas alguns exemplos.

O referido dispositivo recebeu, em 2012, 2013, 2015 e 2018, o acréscimo de uma alínea e três incisos ao seu texto.

Previstos no art. 4º do Estatuto da Cidade estão os Instrumentos de Política Urbana. Como o próprio nome sugere, trata-se dos meios traçados pelo legislador que darão efetividade aos princípios e aos direitos dispostos acima. Observa-se, então, que os instrumentos previstos neste artigo que demandarem dispêndio de recursos por parte do Poder Público Municipal devem ser objeto de controle social; garantida a participação de comunidades – movimentos e entidades da sociedade civil – para que cumpram com seus objetivos.

Da leitura do art. 4º do Estatuto da Cidade, outra questão salta aos olhos de um leitor atento: o corrente uso do termo "plano" e suas derivações (planejamento, gestão, projetos, programas). Isso demonstra que os instrumentos ali previstos não são por si só eficazes e que a implementação deles será feita pelo Poder Público através do poder discricionário. Assim, os instrumentos previstos devem estar compreendidos em um diploma legal que, respeitando as diretrizes ali impostas, devem desenhar os contornos e os limites do Plano Diretor.

O Estatuto da Cidade tem importância histórica na promoção da transformação dos espaços urbanos de modo a democratizar o acesso de todos e todas aos benefícios da urbanização. Ao completar duas décadas o Estatuto tem a sua importância renovada no contexto dos impactos sociais provocados pela pandemia, devendo ser valorizado e plenamente implementado, sendo fundamental interpretá-lo à luz de seus princípios para a sua ampla aplicação.

2.1 PLANO DIRETOR

O Plano Diretor é o instrumento básico da política de desenvolvimento e expansão urbana e visa definir o comportamento e o planejamento da cidade. Sua elaboração depende de lei e requer a participação da comunidade local (art. 40, § 4º, I, do EC).

Ressalta-se, desde logo, que o Plano Diretor é apenas obrigatório aos Municípios com mais de 20 mil habitantes. No entanto, pela relevância da legislação em face dos novos institutos, é possível verificar que, embora a lei estabeleça como critério de restrição a obrigatoriedade da constituição do Plano Diretor o número de habitantes, esse instrumento de política urbana será extensivo a todos os Municípios brasileiros, independentemente da densidade demográfica que tiverem. Isto porque não será possível aplicar o direito de preempção, por exemplo, se não houver o Plano Diretor (art. 41 do EC). Somente por meio dele, o Município poderá cumprir a responsabilidade pela execução da política urbana disposta na Constituição Federal.

Vejamos o que dispõe a legislação:

Art. 39. A propriedade urbana cumpre sua função social quando atende às exigências fundamentais de ordenação da cidade expressas no Plano Diretor, assegurando o atendimento das necessidades dos cidadãos quanto à qualidade de vida, à justiça social e ao desenvolvimento das atividades econômicas, respeitadas as diretrizes previstas no art. 2º desta Lei.

Art. 40. O Plano Diretor, aprovado por lei municipal, é o instrumento básico da política de desenvolvimento e expansão urbana.

§ 1º O Plano Diretor é parte integrante do processo de planejamento municipal, devendo o plano plurianual, as diretrizes orçamentárias e o orçamento anual incorporar as diretrizes e as prioridades nele contidas.

§ 2º O Plano Diretor deverá englobar o território do Município como um todo.

§ 3º A lei que instituir o Plano Diretor deverá ser revista, pelo menos, a cada dez anos.

§ 4º No processo de elaboração do Plano Diretor e na fiscalização de sua implementação, os Poderes Legislativo e Executivo municipais garantirão:

I – a promoção de audiências públicas e debates com a participação da população e de associações representativas dos vários segmentos da comunidade;

II – a publicidade quanto aos documentos e informações produzidos;

III – o acesso de qualquer interessado aos documentos e informações produzidos.

Neste passo, interessante observar que se encontra garantida também a ampla publicidade quanto aos documentos e informações produzidos durante o processo de elaboração e implementação do Plano Diretor (art. 37 da CF). Uma das diretrizes gerais para a implantação de uma política urbana adequada, constante do art. 2º, II, do EC, prevê o seguinte:

Gestão democrática por meio da participação da população e de associações representativas dos vários segmentos da comunidade na formulação, execução e acompanhamento de planos, programas e projetos de desenvolvimento urbano.

Com isso, percebe-se que o Poder Público Municipal deverá proporcionar e incentivar a formação de núcleos comunitários de diversos setores para permitir o amplo debate; assim, a participação efetiva da comunidade. Porém, isso requer urgência por causa do prazo exíguo para aprovação e/ou adaptação do Plano Diretor; serve como ALERTA aos prefeitos municipais.

Cumpre ressaltar ainda que os prefeitos de cidades com mais de 20 mil habitantes ou integrantes de regiões metropolitanas e aglomerações urbanas possuíam o prazo de 05 (cinco) anos para aprovar o Plano Diretor (art. 50) a partir da promulgação da lei; esgotando-se, portanto, em 30 de junho de 2008[1].

---

1. Lei 11.673, de 8 de maio de 2008. Art. 1º O art. 50 da Lei 10.257, de 10 de julho de 2001, passa a vigorar com a seguinte redação: "Art. 50. Os municípios que estejam enquadrados na obrigação prevista nos incisos I e II do caput do art. 41 desta Lei e que não tenham Plano Diretor aprovado na data de entrada

Outrossim, os prefeitos de cidades que já possuem o Plano Diretor têm o prazo de 10 (dez) anos para promover a revisão da lei que o instituiu (art. 40, § 3º).

Todavia, não convém às urbes que já possuem o Plano Diretor esperar todo este prazo. Devem providenciar a atualização o mais breve possível; caso não o façam, não terão condições de aplicar os institutos jurídicos criados pelo Estatuto da Cidade que dependem de previsão legal no Plano Diretor. A demora gera prejuízos a todos; consequentemente, pode ocasionar sanções ao administrador público pela sua inação. Em ambos os casos – na criação ou na atualização do Plano Diretor –, incorrerão em IMPROBIDADE ADMINISTRATIVA os prefeitos que não cumprirem as obrigações nos prazos legais (art. 52, VII, do EC).

Feitas essas considerações, é interessante analisar quais são os institutos que têm acesso ao Registro de Imóveis.

2.2 INSTITUTOS QUE TÊM ACESSO DIRETO AO REGISTRO DE IMÓVEIS

Parcelamento, edificação ou utilização compulsórios, instituto previsto nos arts. 5º e 6º, objetiva coibir o mau uso da propriedade urbana, exigindo que o proprietário realize o adequado aproveitamento de seu imóvel, sob pena de aplicação do IPTU progressivo e, permanecendo inerte, de desapropriação com pagamento em títulos. O prazo para o proprietário protocolar o projeto no órgão municipal competente, e iniciar as obras do empreendimento, é contado a partir da efetivação da notificação. Logo, esta deverá ser averbada no fólio real (art. 5º, § 3º, do EC), a fim de produzir efeitos declarativos e garantir transparência e possibilidade de conhecimento por eventuais adquirentes, uma vez que as obrigações de parcelamento, edificação ou utilização constituem espécie de obrigação *propter rem*. Isto é, a transmissão do imóvel, posterior à notificação, não a extingue, restando automaticamente transferida ao novo proprietário, sem qualquer interrupção de quaisquer prazos.

Outro instrumento muito importante é o IPTU progressivo no tempo, consagrado no art. 7º, cujo fato gerador é o descumprimento da obrigação de parcelar, edificar ou utilizar compulsoriamente o imóvel urbano. Como se pode ver, trata-se da majoração anual da alíquota desse imposto real como forma de coibir a permanência da subutilização do imóvel, pelo prazo máximo de 05 (cinco) anos consecutivos. Assim, embora os impostos não sejam, na sua forma genuína, uma forma de penalização pelo descumprimento de um dever, aqui se

---

em vigor desta Lei deverão aprová-lo até 30 de junho de 2008". Disponível em: <http://www.planalto.gov.br>. Acesso em: 10 jun. 2022.

destaca de maneira irrefutável o caráter corretivo desse tipo de tributo, o qual tem sua licitude fundamentada na função social da propriedade.

Esse mesmo princípio legitima a mais dura pena para o proprietário displicente: a desapropriação com pagamento em títulos (art. 8º), decorrente do prazo de 05 (cinco) anos sem que tenham sido atendidas as obrigações dispostas em lei. Espécie de aquisição originária, acarretando a perda da propriedade. O efeito gerado pelo Ato de Registro, portanto, é constitutivo, pois constitui o direito real em favor do Poder Expropriante (Município).

Igualmente é previsto pelo Estatuto da Cidade o conhecido instituto da usucapião para garantir o cumprimento da função social da propriedade. Recebendo a seção destinada à regulamentação desse importante instrumento de regularização a nomenclatura "Da usucapião especial de imóvel urbano" (arts. 9º a 14), a novidade trazida pelo Estatuto da Cidade está na maneira de admissão da aplicação desse instituto também na forma coletiva. Inteligência do legislador que buscou, claramente, principalmente nas grandes cidades, promover a regularização das áreas ocupadas sem justo título (favelas), o que já ocorre no Estado do Rio Grande do Sul, através do Projeto "More Legal". O diferencial desse instrumento para com o Projeto "More Legal" reside na imposição da constituição de um condomínio especial, indivisível (Lei 4.591/1964 e Código Civil); ato obrigatório aos adquirentes beneficiados pela usucapião coletiva, mas não aos contemplados pelo Projeto More Legal.

Dessa forma, a usucapião coletiva, embora repercuta no Registro Imobiliário da mesma forma que as demais usucapiões, produz efeitos meramente declaratórios. O Registrador, no ato de registro, deverá ter muita cautela, pois precisará trazer para a matrícula a qualificação completa de todos os condôminos.

Há previsão, também, do direito de superfície, instituto jurídico que gera grandes debates e teve como origem os arts. 21 a 24 do EC, que visa disciplinar o direito da utilização do solo, do subsolo ou do espaço aéreo relativos ao terreno, na forma estabelecida no contrato respectivo e atendida a legislação urbanística. Sua constituição se dá por registro (art. 56); sua extinção, por averbação (art. 57), sendo obrigatória sua formalização mediante escritura pública (art. 21 do EC e arts. 108 e 1.369 do CC).

O direito de superfície introduzido no ordenamento jurídico pátrio, através da Lei 10.257/2001 (Estatuto da Cidade), é aplicável somente aos imóveis urbanos. Todavia, com o advento do Código Civil, este moderno direito assumiu novas feições, ampliando-se para servir tanto aos imóveis urbanos, quanto aos imóveis rurais.

A distinção desse instituto daquele consagrado no Código Civil, a partir do art. 1.369, é que, no caso de terreno urbano, o legislador expressamente autorizou a utilização do solo, subsolo ou o espaço aéreo para a realização de edificação, podendo o contrato se configurar por prazo determinado ou indeterminado. Além disso, no Estatuto da Cidade está ainda constituída a necessidade de o interessado promover a averbação na matrícula do imóvel correspondente à extinção do direito, a fim de cessar a produção de seus efeitos. De tal sorte, como podemos ver, o efeito produzido pelo registro do direito de superfície na matrícula é constitutivo, pois o ato registral é essencial para a criação desse direito real.

Quadro 1: Estatuto da Cidade × Código Civil

Lei 10.257/2001		Lei 10.406/2002
1. Admite-se para a realização de edificação.		1. Admitido para construir ou plantar.
2. Somente para imóveis urbanos.		2. Aplicável tanto para imóveis urbanos ou rurais.
3. Permite a utilização do solo, subsolo ou o espaço aéreo.	X	3. O direito de superfície não autoriza obra no subsolo, salvo em conjunto com o solo.
4. Instituído por tempo determinado ou indeterminado.		4. Apenas por tempo determinado.
5. Há previsão de realizar averbação para a extinção do direito.		5. Não há tal previsão, aplicando-se, com isso, o art. 252 da Lei 6.015/1973.

Não podemos deixar de falar do direito de preempção (arts. 25 a 27 do EC), o qual consiste na preferência atribuída ao Poder Público Municipal, para aquisição de imóvel urbano, objeto de alienação onerosa entre particulares. Para tanto, é necessário que a legislação municipal fixe a área sob a qual incidirá tal direito, bem como o prazo de vigência, o qual não poderá ser superior a 05 (cinco) anos.

O legislador não previu nenhum efeito registral para esse novel instituto. No entanto, o Direito de Preferência é tão marcante para a negociação do imóvel que poderá ser averbado na matrícula do Imóvel, a fim de gerar conhecimento (declarativo) de terceiros, com o intuito de prevenir litígios, fato que justifica sua aposição nesse item. Tudo nos termos do art. 167, II, n. 5, c/c o art. 246 da LRP (Princípio da Concentração).

Outro instrumento de política urbana trazido pelo legislador na Lei 10.257/2001, é a transferência do direito de construir (art. 35), que ocorrerá quando um imóvel urbano, privado ou público, for considerado de interesse social. Neste caso, o proprietário transferirá seu direito (índice construtivo) para que possa exercê-lo em outro local ou, ainda, aliená-lo, mediante escritura pública, a terceiros. Isto é o que vem ocorrendo, hodiernamente, em Porto Alegre-RS, quando o município desapropria áreas particulares ou faz permuta para o alargamento de vias públicas, realizando a contraprestação mediante a outorga de "índice construtivo" ao expropriado ou permutante. Aqui, como no caso anterior, da mesma forma e pelos mesmos fundamentos usados para legitimar a averbação do Direito de Preempção na matrícula, entendo que esse instituto também deverá ser averbado para dar conhecimento de terceiros (Princípio da Concentração). O efeito produzido pela averbação é meramente declarativo.

Neste passo, deve-se perceber que este instituto jurídico difere da outorga onerosa do direito de construir porque nele não há criação de índice novo, mas apenas a transferência de um já existente que o proprietário não pode utilizar em virtude da declaração de interesse público do terreno.

O Estatuto da Cidade criou ainda o Consórcio Imobiliário (art. 46, § 1º), o qual se dará quando o proprietário notificado para parcelar, edificar ou utilizar compulsoriamente o imóvel (art. 5º) requerer, ao Poder Público, o estabelecimento do Consórcio Imobiliário como forma de viabilização financeira e urbanística para o aproveitamento do bem. Neste caso, o proprietário transferirá seu imóvel ao Poder Público Municipal, para a implementação da obrigação noticiada e, após a realização das obras, receberá, como pagamento, unidades imobiliárias devidamente urbanizadas ou edificadas. Esse contrato também deve ser inserido na matrícula do imóvel, dando transparência e publicidade ao negócio realizado, uma vez que envolve recursos públicos. Ademais, sua inserção no Fólio Real facilitaria o controle pela comunidade.

O Instituto do Tombamento[2], igualmente, está previsto no Estatuto da Cidade, devendo ser promovido, de forma definitiva, aos bens de propriedade particular, por iniciativa do órgão competente do Serviço do Patrimônio Histórico e Artístico Nacional, transcrito para os devidos efeitos em livro a cargo dos Oficiais do Registro de Imóveis e averbado ao lado da transcrição do domínio. O efeito da averbação do tombamento – ato que entendo obrigatório, em respeito ao adquirente de boa-fé – é meramente declarativo.

O direito à moradia também foi contemplado no Estatuto da Cidade, tendo acesso ao Registro de Imóveis por meio da concessão de uso especial para fins de moradia, regulada pela Medida Provisória 2.220, de 4 setembro de 2001, e pela Lei n. 11.481, de 31 de maio de 2007, que alterou a Lei 9.636, de 15 de maio de 1998.

Esse instituto, em breves palavras, visa atribuir um direito real sobre um imóvel público ao terceiro que preencher os requisitos legais (semelhantes aos exigidos para a usucapião de imóvel urbano). A constituição deste instituto ocorrerá por meio do registro (§ 4º do art. 6º da Medida Provisória 2.220/2001) do título competente, que poderá ser por termo administrativo, ou por sentença declaratória, ou ainda por contrato de concessão de direito real de uso de imóvel público. Já sua extinção dar-se-á quando o concessionário der ao imóvel destinação diversa da morada para si ou sua família, ou quando o imóvel for remem-

---

2. Estatuto da Cidade e Decreto-Lei 25, de 30 de novembro de 1937. Art. 4º, V, *d*. Disponível em: <http://www.planalto.gov.br/ccivil_03/decreto-lei/del0025.htm>. Acesso em: 12 ago. 2022.

brado, fazendo-se a devida averbação, por meio de declaração do Poder Público concedente. Sua peculiaridade está na possibilidade de ser conferida de forma coletiva e na possibilidade de transmissão por ato *inter vivos* ou *causa mortis*. Os efeitos produzidos por esse instrumento são constitutivos, pois conferem o direito de propriedade a outrem através do ato de registro.

> Nesta mesma esteira de garantir o direito de moradia, foram inseridas recentemente pela Lei 11.977/2009 no inciso V do art. 4º as letras "t" e "u", a fim de prever os instrumentos da demarcação urbanística para regularização fundiária e legitimação de posse. [...] ao tratar-se especificamente da Lei que institui o Projeto Minha Casa, Minha Vida, deixo aqui consignado apenas que os efeitos desses novos mecanismos em prol do direito de moradia e, posteriormente, do direito de propriedade são apenas declaratórios, pois o objetivo é comunicar os terceiros de boa-fé que houve o reconhecimento da posse pelo Poder Público de determinada área, a qual será, portanto, objeto de regularização fundiária.

Aqui, encerram-se os institutos que têm acesso ao Registro Imobiliário, os quais não englobam todos os instrumentos dispostos no Estatuto da Cidade, que ainda prevê como instrumento de política urbana as limitações administrativas (art. 4º, V, *c*) e o estudo de impacto de vizinhança (arts. 36-38). As limitações administrativas consistem em restrições urbanísticas, estabelecidas por lei, que recaem, direta ou indiretamente, sobre bens imóveis. Como exemplo, citamos a possibilidade de construir apenas um prédio; até um determinado número de andares em uma determinada zona. O estudo de impacto de vizinhança preconiza que empreendimentos e atividades privadas ou públicas dependerão da realização de um estudo prévio de impacto de vizinhança, antes da obtenção de licenças ou autorizações de construção. Essa previsão, obviamente, deverá estar prevista na lei municipal, contemplando os efeitos positivos e/ou negativos de um projeto[3].

A promulgação da Lei 10.257/2001 (Estatuto da Cidade) se deu por meio de um amplo debate democrático, que resultou na aprovação do Marco da Política Urbana no Brasil e tem importância histórica na promoção da transformação dos espaços urbanos de modo a democratizar o acesso de todos e todas aos benefícios da urbanização.

Ao completar duas décadas, o Estatuto teve a sua importância renovada no contexto dos impactos sociais provocados pela pandemia, devendo ser valorizado e plenamente implementado, sendo fundamental interpretá-lo à luz de seus princípios para a sua ampla aplicação.

---

3. Mandado de Segurança 2005.71.00.029201-3/RS. Vara Federal Ambiental, Agrária e Residual de Porto Alegre. Disponível em: <https://www.jusbrasil.com.br/jurisprudencia/trf-4/1234495/inteiro--teor-13928093>. Acesso em: 1º out. 2022.

MODELOS

Atos (Registro/Averbação) dos instrumentos que têm acesso ao Fólio Real

PARCELAMENTO, EDIFICAÇÃO OU UTILIZAÇÃO COMPULSÓRIOS (ARTS. 5º E 6º)

AV. __/__, em ___ de ___ de ___
NOTIFICAÇÃO – Nos termos do requerimento datado de ___ de ___ de ___, bem como da Lei municipal n. ___, de ___ de ___ de ___, fica constando que o proprietário do imóvel objeto desta matrícula, em ___ de ___ de ___, foi NOTIFICADO pelo Poder Executivo Municipal para promover o _____ (*parcelamento, edificação ou utilização compulsórios*), no prazo de 05 (cinco) anos, a partir da notificação, observando-se que a transmissão do imóvel, por ato inter vivos ou *causa mortis*, posterior à data da notificação, transfere as obrigações ao novo adquirente_____.
PROTOCOLO – Título apontado sob o n.___, em___ de ___ de ___
Local.
O Registrador: _____.
EMOLUMENTOS: R$ ___

DESAPROPRIAÇÃO JUDICIAL COM PAGAMENTO EM TÍTULOS (ART. 8º)

R. __/__, em ___ de ___ de ___
DESAPROPRIAÇÃO JUaDICIAL – Nos termos da Carta de Sentença passada pelo Escrivão do ___ Cartório Judicial desta cidade, _____, extraída dos Autos do Processo de Desapropriação n. ___, datada de ___ de ___ de ___, fica constando que o imóvel objeto desta matrícula foi DESAPROPRIADO pelo MUNICÍPIO DE _____ (*qualificar*), conforme sentença prolatada em _____, pelo Excelentíssimo Senhor Doutor _____, Juiz de Direito da ___ Vara desta Comarca, a qual transitou em julgado na data de ___ de ___ de ___, em virtude de ter decorrido o período de 05 (cinco) anos da cobrança do IPTU progressivo, sem que o proprietário tenha cumprido com a obrigação de _____ (*parcelar ou edificar ou utilizar*), mediante o pagamento no valor de R$ ___ (*valor também por extenso*) em Títulos da Dívida Pública, resgatáveis no prazo de ___ anos, em prestações anuais, iguais e sucessivas. Fica constando, ainda, que o Município procederá ao adequado aproveitamento do imóvel no prazo máximo de 05 (cinco) anos, contado a partir deste registro.
PROTOCOLO – Título apontado sob o n.___, em___ de ___ de ___
Local.
O Registrador: _____.
EMOLUMENTOS: R$ ___

DESAPROPRIAÇÃO AMIGÁVEL COM PAGAMENTO EM TÍTULOS (ART. 8º)

R. __/__, em ___ de ___ de ___
TÍTULO – Desapropriação Amigável
EXPROPRIANTE – MUNICÍPIO DE ____ (*qualificar*).
EXPROPRIADO – _____ e sua esposa _____, já qualificados.
FORMA DO TÍTULO – Escritura Pública de Desapropriação Amigável, de ___ de ___ de ___, lavrada no ___ Tabelionato da Comarca de ____, pelo Notário _____, Livro n. ___, folhas ____, sob o n. ___.
IMÓVEL – O constante desta matrícula.
VALOR – De R$ ____ (*valor por extenso*), em Títulos da Dívida Pública, resgatáveis no prazo de ___ anos, em prestações anuais, iguais e sucessivas.
CONDIÇÕES – Desapropriação feita em virtude de ter decorrido o período de 05 (cinco) anos da cobrança do IPTU progressivo, sem que o proprietário tenha cumprido com a obrigação de ____ (*parcelar ou edificar ou utilizar*). Fica constando, ainda, que o Município procederá ao adequado aproveitamento do imóvel no prazo máximo de 05 (cinco) anos, contado a partir deste registro.
PROTOCOLO – Título apontado sob o n.____, em___ de ___ de ____
Local.
O Registrador: _____.
EMOLUMENTOS: R$ ____

USUCAPIÃO ESPECIAL DE IMÓVEL URBANO – COLETIVO (ARTS. 9º E SS.)

R. __/__, em ___ de ___ de ___
USUCAPIÃO COLETIVO – Nos termos do Mandado de Registro de Usucapião, passado em ____, pelo Escrivão do ___ Cartório Judicial desta cidade, _____, extraído dos Autos do Processo de Usucapião n. ___, fica constando que por sentença prolatada em _____, do Excelentíssimo Senhor Doutor _____, Juiz de Direito da ___ Vara desta Comarca, a qual transitou em julgado na data de _____, foi reconhecido o domínio do imóvel objeto desta matrícula, a favor de _____, (*qualificar*) _____ (*qualificar*); e _____ (*qualificar*); em igual fração ideal de terreno a cada possuidor, tendo sido atribuído ao imóvel, o valor de R$ ____ (*valor por extenso*).
PROTOCOLO – Título apontado sob o n.____, em___ de ___ de ____.
Local.
O Registrador: _____.
EMOLUMENTOS: R$ ____

USUCAPIÃO ESPECIAL DE IMÓVEL URBANO (ARTS. 9º E SS.)

R. __/__, em ___ de ___ de ___
USUCAPIÃO – Nos termos do Mandado de Registro de Usucapião, passado em ___ de ___ de ___, pelo Escrivão do ___ Cartório Judicial desta cidade, _____ (*nome*) extraído dos Autos do Processo de Usucapião n. _____, fica constando que por sentença prolatada em ___ de ___ de ___, do Excelentíssimo Senhor Doutor Juiz de Direito da ___ Vara desta Comarca, a qual transitou em julgado na data de ___ de ___ de ___, foi reconhecido o domínio sobre o imóvel objeto desta matrícula, a favor de _____ (*nome e qualificação*), tendo sido atribuído ao imóvel o valor de R$ ____ (*valor por extenso*).
PROTOCOLO – Título apontado sob o n.____, em ___ de ___ de ___
Local.
O Registrador: _____.
EMOLUMENTOS: R$ ____

DIREITO DE SUPERFÍCIE (ARTS. 21 E SS.)

R. __/__, em ___ de ___ de ___
DIREITO DE SUPERFÍCIE – Nos termos da Escritura Pública de Instituição do Direito de Superfície, de ___ de ___ de ___, lavrada no ___ Tabelionato desta cidade, pelo Notário _____, no livro ___, folhas ___, sob o n.___, fica constando que o proprietário do imóvel objeto desta matrícula cedeu para _____ (*nome e qualificação*) o DIREITO DE SUPERFÍCIE, pelo prazo de 10 (dez) anos, a contar do dia ___ de ___ de ___ até o dia ___ de ___ de ___, pelo valor de R$ ____ (*valor por extenso*), com a finalidade de utilizar ___ (*o solo e/ou o subsolo e/ou o espaço aéreo*) relativo ao terreno, na forma estabelecida na referida Escritura, desde que atendida a legislação urbanística municipal. O ITBI foi pago, conforme guia n. ____. As demais condições constam da Escritura.
PROTOCOLO – Título apontado sob o n.____, em ___ de ___ de ___
Local.
O Registrador: _____.
EMOLUMENTOS: R$ ____

EXTINÇÃO DO DIREITO DE SUPERFÍCIE POR ESCRITURA PÚBLICA (ART. 23)

AV. __/__, em ___ de ___ de ___
EXTINÇÃO DO DIREITO DE SUPERFÍCIE – Nos termos da Escritura Pública de Extinção do Direito de Superfície de ___ de ___ de ___, lavrada no ___ Tabelionato da Comarca de ____, pelo Notário _____, fica constando que o Direito de Superfície objeto do R- ____, desta matrícula, foi extinto, em virtude de ____ (*advento do termo ou descumprimento das obrigações contratuais*).

PROTOCOLO – Título apontado sob o n.___, em___ de ___ de ___
Local.
O Registrador: _____.
EMOLUMENTOS: R$ ____

EXTINÇÃO DO DIREITO DE SUPERFÍCIE POR MANDADO JUDICIAL (ART. 23)

AV. __/__, em ___ de ___ de ___
EXTINÇÃO DO DIREITO DE SUPERFÍCIE – Nos termos do Mandado de Averbação passado em ___ de ___ de ___, pelo Escrivão do ___ Cartório Judicial desta cidade, _____ (*nome do escrivão*), extraído dos Autos do Processo de n. ___, datado de ___ de ___ de ___, fica constando que o Direito de Superfície objeto do R-___, desta matrícula, foi extinto, em virtude de ___ (*descumprimento das obrigações contratuais*).
PROTOCOLO – Título apontado sob o n.___, em___ de ___ de ___
Local.
O Registrador: _____.
EMOLUMENTOS: R$ ____

DIREITO DE PREEMPÇÃO (ARTS. 25 E SS.)

AV. __/__, em ___ de ___ de ___
DIREITO DE PREEMPÇÃO – Nos termos do requerimento datado de ___ de ___ de ___, e da Lei municipal n. ___, de ___ de ___ de ___, fica constando que o imóvel objeto desta matrícula, com base no Plano Diretor, encontra-se delimitado dentro da necessidade do Poder Público em exercer o Direito de Preferência para ___ (*ver art. 26 e incisos do Estatuto da Cidade*), no prazo de 05 (cinco) anos, a contar do dia ___ de ___ de ___, independentemente do número de alienações referentes a este imóvel. Fica constando, ainda, que o proprietário interessado em alienar o imóvel deverá notificar o Município para que, no prazo de 30 (trinta) dias, demonstre seu interesse em comprá-lo.
PROTOCOLO – Título apontado sob o n.___, em___ de ___ de ___
Local.
O Registrador: _____.
EMOLUMENTOS: R$ ____

TRANSFERÊNCIA DO DIREITO DE CONSTRUIR (ART. 35)

AV. __/__, em ___ de ___ de ___
TRANSFERÊNCIA DO DIREITO DE CONSTRUIR – Nos termos da Escritura Pública de ___ de ___ de ___, lavrada no ___ Tabelionato desta cidade, pelo Notário ____, no Livro n. ___, folhas ___, sob o n. ___, fica constando que em virtude do imóvel objeto desta matrícula

ter sido tombado por interesse histórico-cultural, conforme AV-___/___, os proprietários, _____ e sua esposa _____, já qualificados, transferiram o direito de construir equivalente a ___% (___ por cento) do coeficiente básico de aproveitamento, que corresponde a ___ (*por extenso*) andares e/ou área, para integrar o imóvel constante da M-___, Livro 2 – Registro Geral, desta Serventia, de propriedade de ___ (*qualificar*).

PROTOCOLO – Título apontado sob o n.___, em___ de ___ de ___

Local.

EMOLUMENTOS: R$ ___

CONCESSÃO DE USO ESPECIAL PARA FINS DE MORADIA POR TERMO ADMINISTRATIVO (MP 2.220/2001)

R-___/___, em ___ de ___ de ___

Concessão de Uso Especial para Fins de Moradia – Em virtude do Termo Administrativo n. ___, firmado em ___ de ___ de ___, pelo Excelentíssimo Senhor _____, Prefeito Municipal desta cidade, devidamente autorizado pela Lei municipal n. ___, de ___ de ___ de ___, fica constando que o Município de ___ (*qualificar*), na qualidade de proprietário/concedente, conferiu a favor de _____ (*nome e qualificação*) e sua esposa _____ (*nome e qualificação*), o direito real de uso especial para fins de moradia sobre o imóvel objeto desta matrícula, a título gratuito. As demais condições constam do Instrumento. Registro procedido nos termos do art. 1º da Medida Provisória n. 2.220, de 04 de setembro de 2001.

PROTOCOLO – Título apontado sob o n.___, em___ de ___ de ___

Local.

EMOLUMENTOS: R$ ___

CONCESSÃO DE USO ESPECIAL PARA FINS DE MORADIA POR SENTENÇA JUDICIAL (MP 2.220/2001)

R-___/___, em ___ de ___ de ___

CONCESSÃO DE USO ESPECIAL PARA FINS DE MORADIA – Nos termos do Mandado de Registro de Concessão de Uso Especial para Fins de Moradia, passado em ___ de ___ de ___ pelo Escrivão do ___ Cartório Judicial desta cidade, _____, extraído dos Autos da Ação Ordinária n. ___, datado de ___ de ___ de ___ e assinado pelo Excelentíssimo Senhor Doutor Juiz de Direito da ___ Vara desta Comarca, fica constando que por sentença prolatada em ___ de ___ de ___, a qual transitou em julgado na data de ___ de ___ de ___, foi reconhecido o direito real de uso especial para fins de moradia sobre o imóvel objeto desta matrícula, a favor de _____ (*nome e qualificação*). As demais condições constam do Mandado. Registro procedido nos termos do art. 1º da Medida Provisória 2.220, de 04 de setembro de 2001.

PROTOCOLO – Título apontado sob o n.___, em___ de ___ de ___

Local.

EMOLUMENTOS: R$ ___

CONCESSÃO DE USO ESPECIAL COLETIVO PARA FINS DE MORADIA POR TERMO ADMINISTRATIVO (MP 2.220/2001)

R-__/__, em ___ de ___ de ___

CONCESSÃO DE USO ESPECIAL COLETIVO PARA FINS DE MORADIA – Em virtude do Termo Administrativo n. ___, firmado em ___ de ___ de ___, pelo Excelentíssimo Senhor _____, Prefeito Municipal desta cidade, devidamente autorizado pela Lei municipal n. ___, de ___ de ___ de ___, fica constando que o Município de ____ (*qualificar*), na qualidade de proprietário/concedente, conferiu a favor de _____ (*nome e qualificação*), _____ (*nome e qualificação*) e _____ (*nome e qualificação*), o direito real de uso especial para fins de moradia sobre o imóvel objeto desta matrícula, a título gratuito, cabendo a _____ a fração ideal equivalente a 40% do imóvel e a ____ e a ____ as frações ideais correspondentes a 30% do imóvel para cada um. As demais condições constam do Instrumento. Registro procedido nos termos do art. 2º, § 2º, da Medida Provisória 2.220, de 04 de setembro de 2001.

PROTOCOLO – Título apontado sob o n.____, em___ de ___ de ___

Local.

EMOLUMENTOS: R$ ____

CONCESSÃO DE USO ESPECIAL COLETIVO PARA FINS DE MORADIA POR SENTENÇA JUDICIAL (MP 2.220/2001)

R-__/__, em ___ de ___ de ___

CONCESSÃO DE USO ESPECIAL COLETIVO PARA FINS DE MORADIA – Nos termos do Mandado de Registro de Concessão de Uso Especial Coletivo para Fins de Moradia, passado em ___ de ___ de ___, pelo Escrivão do ___ Cartório Judicial desta cidade, _____ extraído dos Autos da Ação Ordinária n. ___, datado de ___ de ___ de ___ e assinado pelo Excelentíssimo Senhor Doutor _____, Juiz de Direito da ___ Vara desta Comarca, fica constando que por sentença prolatada em ___ de ___ de ___, a qual transitou em julgado na data de ___ de ___ de ___, foi reconhecido o direito real de uso especial coletivo para fins de moradia sobre o imóvel objeto desta matrícula, a favor de _____ (*nome e qualificação*) _____ (*nome e qualificação*) e _____ (*nome e qualificação*) etc. As demais condições constam do Mandado. Registro procedido nos termos do art. 2º da Medida Provisória 2.220, de 04 de setembro de 2001.

PROTOCOLO – Título apontado sob o n.____, em___ de ___ de ___

Local.

EMOLUMENTOS: R$ ____

DISPOSIÇÃO LEGAL

CAPÍTULO II
DOS INSTRUMENTOS DA POLÍTICA URBANA
Seção I
Dos instrumentos em geral

Art. 4º Para os fins desta Lei, serão utilizados, entre outros instrumentos:

I – planos nacionais, regionais e estaduais de ordenação do território e de desenvolvimento econômico e social;

II – planejamento das regiões metropolitanas, aglomerações urbanas e microrregiões;

III – planejamento municipal, em especial:

a) plano diretor;

b) disciplina do parcelamento, do uso e da ocupação do solo;

c) zoneamento ambiental;

d) plano plurianual;

e) diretrizes orçamentárias e orçamento anual;

f) gestão orçamentária participativa;

g) planos, programas e projetos setoriais;

h) planos de desenvolvimento econômico e social;

IV – institutos tributários e financeiros:

a) imposto sobre a propriedade predial e territorial urbana – IPTU;

b) contribuição de melhoria;

c) incentivos e benefícios fiscais e financeiros;

V – institutos jurídicos e políticos:

a) desapropriação;

b) servidão administrativa;

c) limitações administrativas;

d) tombamento de imóveis ou de mobiliário urbano;

e) instituição de unidades de conservação;

f) instituição de zonas especiais de interesse social;

g) concessão de direito real de uso;

h) concessão de uso especial para fins de moradia;

i) parcelamento, edificação ou utilização compulsórios;

j) usucapião especial de imóvel urbano;

l) direito de superfície;

m) direito de preempção;

n) outorga onerosa do direito de construir e de alteração de uso;

o) transferência do direito de construir;

p) operações urbanas consorciadas;

q) regularização fundiária;

r) assistência técnica e jurídica gratuita para as comunidades e grupos sociais menos favorecidos;

s) referendo popular e plebiscito;

t) demarcação urbanística para fins de regularização fundiária;

u) legitimação de posse.

VI – estudo prévio de impacto ambiental (EIA) e estudo prévio de impacto de vizinhança (EIV).

§ 1º Os instrumentos mencionados neste artigo regem-se pela legislação que lhes é própria, observado o disposto nesta Lei;

§ 2º Nos casos de programas e projetos habitacionais de interesse social, desenvolvidos por órgãos ou entidades da Administração Pública com atuação específica nessa área, a concessão de direito real de uso de imóveis públicos poderá ser contratada coletivamente;

§ 3º Os instrumentos previstos neste artigo que demandam dispêndio de recursos por parte do Poder Público municipal devem ser objeto de controle social, garantida a participação de comunidades, movimentos e entidades da sociedade civil.

3
GEORREFERENCIAMENTO
(LEI 10.267, DE 28 DE AGOSTO DE 2001)

A legislação brasileira não previa critérios objetivos para identificar e descrever um imóvel. Essa problemática é enfrentada em quase todos os países do mundo, conforme se apura pela constatação da recente preocupação em aprimorar esses critérios. A ausência de um referencial único com elementos objetivos criou situações com descrições vagas, confusas, insuficientes e discrepantes de uma cidade para outra e de um Ofício Predial para outro.

Somente com o advento da Lei de Registros Públicos (Lei 6.015/1973, que entrou em vigor em 1976), os Ofícios Prediais passaram a ter respaldo jurídico para exigir a descrição completa dos imóveis urbanos e rurais. Nela deve constar completa localização, denominação (quando rural), lado da numeração e distância da esquina mais próxima (quando urbano), área superficial, medidas lineares, entre outros elementos essenciais, em atendimento ao Princípio da Especialidade.

Uma das pretensões da Lei 10.267/2001 – despida de regramentos próprios, ou seja, apenas ingressou no mundo jurídico acrescendo dispositivos e alterando redações de artigos de leis já em vigência – é a incorporação de bases gráficas georreferenciadas aos registros de imóveis rurais. Ocorre que esse processo levará décadas para ser implementado (a exemplo do Sistema de Matrícula), uma vez que não foi prevista a obrigatoriedade da atualização das características dos imóveis, a qual somente ocorrerá no momento e nos casos previstos em lei (desmembramento, loteamento, alienação etc.). Tem também a finalidade de acabar com a grilagem de terras, aproximando o Fólio Real Imobiliário à realidade fática, conforme preceitua o Princípio da Especialidade Objetiva.

Assim, o georreferenciamento[1] provocará uma verdadeira interconexão entre o Registro Imobiliário e o Cadastro Rural, que não podem ser confundidos.

---

1. A respeito da palavra, até então pouco conhecida no meio Notarial e Registral, segundo Cláudio Moreno (disponível em: <http://www.sualingua.com.br>. Acesso em: 22 ago. 2022), os vocábulos em que aparece o elemento grego geo ("terra", em português) jamais terão hífen. Pode-se afirmar, então, que a grafia correta desta palavra é "georreferenciamento". Quanto ao conceito, pode-se dizer que o Georreferenciamento é o levantamento físico da área, através de GPS ou outro meio, com o fim específico de verificar se há ou não sobreposição de área referente ao imóvel que está sendo georreferenciado.

Para entender-se a finalidade do Georreferenciamento é importante ter em mente o objetivo do Cadastro Rural e a sua diferença com o Registro:

Quadro 2: Distinção entre cadastro e registro

Cadastro		Registro
1. A parcela cadastral é a menor unidade territorial e a representação gráfica e literal da realidade de puro fato.		1. O imóvel é um conceito jurídico.
2. Tem por objetivo inventariar a riqueza territorial.		2. Tem por objetivo tutelar a propriedade.
3. A vocação do cadastro é universal, ampla, uma vez que o cadastro não qualifica.	X	3. A vocação do registro é restritiva, em virtude da qualificação.
4. É realizado *ex officio* ou por declaração unilateral.		4. Depende de provocação, uma vez que exige manifestação volitiva do interessado.
5. Destina-se basicamente ao Direito Público – Fiscal.		5. Destina-se, sobretudo, ao interesse privado – defesa da propriedade.

O Registro visa a dar segurança, autenticidade, publicidade e eficácia real à aquisição do imóvel (prova o direito); o Cadastro tem a finalidade de arrecadar impostos (fiscal). O Cadastro Rural, por sua vez, presta-se a obter a determinação física do imóvel com a constante da matrícula (Princípio da Especialidade/Georreferenciamento), em substituição às descrições precárias, servindo também como base fiscal.

Neste sentido, o georreferenciamento veio em bom momento. Este instituto tem como finalidade primordial alcançar um perfeito cadastro do imóvel rural, através da medição *in loco*, por profissional devidamente qualificado, levando em consideração as coordenadas estabelecidas pelo Sistema Geodésico Brasileiro, definidas pelo INCRA. Com isso, poder-se-á obter a precisa localização e caracterização do imóvel, tais como área superficial, medidas lineares e as respectivas confrontações. Acresça-se a isso que tem por escopo também possibilitar uma exata coincidência dos elementos físicos do imóvel com os assentos registrais, refletindo o imóvel no Fólio Real com exatidão, de tal sorte que dará maior segurança jurídica aos negócios jurídicos pertinentes aos imóveis rurais, na medida em que acusa e evita a sobreposição de áreas.

Segundo o Registrador do 5º Ofício Imobiliário de São Paulo-SP, Sérgio Jacomino, "os registros serão provedores de informações ao cadastro e vice-versa". Já segundo o Engenheiro Regis Wellausen Dias, o georreferenciamento estabelece perímetros rigorosamente poligonais e geométricos; a manipulação é analítica (cálculo matemático); a planta perde a função-fim, passando a ser um meio de ilustração; a precisão é absoluta, limitada a diferença em 50cm, por meio do GPS, instrumento que consagra como interface entre o virtual e o real.

Outrossim, a pretexto de adequar um imóvel à Lei 10.267/2001, deverá ficar bem claro que georreferenciamento não serve para criar ou extinguir direitos reais quando apresentado para registro. Se um sujeito tem a propriedade de um imóvel com 100ha (cem hectares), a posse (sem título) sobre mais 30 (trinta) e uma concessão de uso de terras públicas de outros 20ha (vinte hectares), não poderá pretender que, na matrícula, conste a extensão de 150ha (cento e cinquenta hectares).

Outro viés necessário de ser apreciado é a repercussão nos conceitos diferenciados de unidade imobiliária para o INCRA e para os Registros Prediais. Segundo o INCRA, o conceito de imóvel rural foi estabelecido pela Lei 4.504, de 30 de novembro de 1964, e Lei 8.629, de 25 de fevereiro de 1993 – sendo o texto da primeira mais abrangente do que o da segunda – que no inciso I do art. 4º definem imóvel rural como sendo: "o prédio rústico, de área contínua qualquer que seja a sua localização, que se destine ou possa se destinar à exploração agrícola, pecuária, extrativa vegetal, florestal ou agroindustrial, quer através de planos públicos de valorização, quer através de iniciativa privada".

Destarte, para uso no Sistema Nacional de Cadastro Rural (SNCR), o INCRA adota o conceito de imóvel rural definido pela legislação agrária vigente e considera como um único imóvel rural duas ou mais áreas confinantes, com uma ou mais matrículas pertencentes ao mesmo proprietário. No Certificado de Cadastro de Imóvel Rural (CCIR) consta a relação de todas as matrículas ou transcrições que compõem a área total do imóvel rural.

Para o Registro Imobiliário, conforme estabelece o art. 227 da LRP, o conceito basilar é de que cada imóvel individuado possuirá matrícula própria. Note-se a distinção entre o conceito de imóvel rural para o INCRA (considera um único imóvel rural duas ou mais áreas confinantes pertencentes ao mesmo proprietário) e para o Registro Imobiliário (cada imóvel individuado com sua matrícula própria).

Esta dicotomia, entretanto, não altera o procedimento para o georreferenciamento. Segundo o INCRA, se o imóvel possuir duas ou mais matrículas ou transcrições, deverá ser feita uma planta geral do imóvel identificando cada matrícula individualmente, com todos os seus elementos técnicos. Os memoriais devem ser elaborados separadamente para cada matrícula ou transcrição para fins de retificação de Registro Imobiliário. Caso o proprietário queira unificar as matrículas, deverá ser elaborada outra planta e memorial descritivo, demonstrando a situação proposta[2].

---

2. WESCHENFELDER, Julio Cesar. *Cadastro nacional de imóveis rurais* – CNIR: Repercussão nas atividades notariais e registrais. Boletim Eletrônico do IRIB. Disponível em: <https://www.irib.org.br/boletins/detalhes/2866>. Acesso em: 18 ago. 2022.

Sobressai da manifestação do INCRA; mesmo havendo esta distinção conceitual, dada a sistemática referida, não há inviabilização de uma e outra definição, na medida em que cada um dos sistemas – cadastral e registral – atuam interdependentes e preservam os princípios de cada um deles.

Não importa, pois, que vários imóveis (assim entendidos aqueles com suas matrículas ou transcrições autônomas) possuam um CCIR/INCRA englobando todos eles, pois o georreferenciamento para fins registrais contemplará cada imóvel individualmente e proporcionará a retificação de cada imóvel isoladamente. O fato de o INCRA tratar como imóvel rural os vários imóveis em área contínua (conceito do Direito Agrário) não tem repercussão direta no Registro Imobiliário.

Por outro lado, caso o proprietário pretenda a fusão desses imóveis, esta reclamará procedimento autônomo, com o georreferenciamento de toda a área unificada, perdendo os imóveis sua individualidade originária, passando a ter aquela individualidade proposta pela fusão.

3.1 INTEGRAÇÃO DO GEORREFERENCIAMENTO NOS TÍTULOS REGISTRÁVEIS

Realizado o levantamento, este deverá ser encaminhado ao INCRA para certificação, a fim de integrar o título que será apresentado no Registro Predial da situação do imóvel, quando se pretender a realização de registros de alienação ou transformação da situação física do imóvel, previstos no *caput* do art. 10 do Decreto 4.449/2002.

Isso significa que o modo de aquisição de um direito real deverá contar com a presença do documento adequando o imóvel rural às novas regras previstas, independentemente da origem do título, se judicial, notarial, particular ou administrativo. Cabe ressaltar que os títulos (públicos, particulares e judiciais) lavrados, outorgados ou homologados anteriormente à publicação do Decreto 5.570/2005, poderão ser objeto de registro, acompanhados de memorial descritivo contendo o georreferenciamento (art. 16 do Decreto 4.449/2002).

Assim, se exigível o georreferenciamento no momento da formalização do título, este deverá conter a descrição do imóvel georreferenciada. Outrossim, se o título foi formalizado antes da exigência do georreferenciamento, mas apresentado a registro quando tal providência já se tornar necessária, não precisará ser rerratificado, bastando que o memorial georreferenciado seja apresentado concomitantemente com o título.

Portanto, recomenda-se que todos os agentes envolvidos na formalização de atos concernentes a imóveis rurais (Magistrados, Tabeliães, Escrivães e Advogados) tenham pleno conhecimento da aplicação da Lei 10.267/2001 e de seu decreto regulamentador (já com a alteração), com o intuito de facilitar as relações entre todos os envolvidos no georreferenciamento, que não é assunto singelo de tratar.

Realiza-se esta ponderação como alerta aos magistrados para que, com o auxílio dos escrivães judiciais, deem efetiva aplicação ao texto normativo, ou que entendam que os Registradores têm a obrigação de cumprir estritamente o que determina a lei, sob pena de responsabilidade civil, penal e administrativa. Aos Oficiais de Registro, informa-se que estarão sujeitos a responder inclusive pelo crime de prevaricação, se registrarem títulos sem a observância das formalidades legais.

3.2 PANORAMA HISTÓRICO: DECRETOS 4.449/2002, 5.570/2005, 7.620/2011 E 9.311/2018

À época do Decreto 4.449/2002, os estudiosos discutiam se os casos de oneração, entre outros, exigiam o georreferenciamento. As situações de aplicação do georreferenciamento não eram determinadas por esse diploma legal. Ademais, os prazos do decreto eram muito exíguos, impossibilitando os proprietários de áreas rurais cumprirem as exigências legais.

Somava-se a isso que esse regulamento submetia toda e qualquer ação envolvendo imóveis rurais aos seus ditames. Além de estabelecer a obrigação de serem respeitadas as divisas.

Frise-se que para o INCRA, nos termos da Instrução Normativa 25, de 28 de novembro de 2005 (revogada pela IN 66, de 30 de dezembro de 2010), que estabelecia o fluxo interno a ser observado pelas Superintendências Regionais do INCRA, com vistas à certificação e atualização cadastral, a falta de anuência de um dos confrontantes poderá ser suprida por declaração assinada pelo proprietário e pelo profissional de que foram respeitados os limites e divisas dos imóveis (n. 11 do item 3 – Certificação e Atualização Cadastral). Para o INCRA a falta de anuência de algum(ns) confrontante(s) não impede a certificação.

Todavia, para o Registro Imobiliário, considerando que a novel descrição georreferenciada acarretará a modificação da descrição do imóvel na matrícula, deverá ser observado o contido no § 8º do art. 9º do Decreto 4.449/2002, segundo o qual *"Não sendo apresentadas as declarações constantes do § 6º, o interessado, após obter a certificação prevista no § 1º, requererá ao oficial de registro que proceda de acordo com os §§ 2º, 3º, 4º, 5º e 6º do art. 213 da Lei 6.015, de 1973"*. Logo, mesmo havendo a certificação pelo INCRA, faltando a vênia de algum(ns) confrontante(s), ele(s) deverá(ão) ser notificado(s) pelo Registrador, nos termos dos §§ 2º a 6º do art. 213 da LRP.

Na esfera do Direito Registral, esse regulamento previa a necessidade de o Registrador averbar o memorial georreferenciado, mas não para abrir matrícula.

O georreferenciamento não servia, por si só, como meio de retificação do registro, procedimento que deveria ser submetido ao juiz de direito competente. Além disso, esse diploma estabelecia que as comunicações ao INCRA deveriam ser feitas por correspondências normais, com envio de certidão da matrícula pelo Oficial Imobiliário, devendo, em contrapartida, o INCRA informar por escrito as alterações cadastrais dos imóveis rurais.

Através do Decreto 5.570/2005 ficaram especificados, claramente, os casos de exigência do georreferenciamento, quais sejam: desmembramento, parcelamento, remembramento; qualquer situação de transferência; criação ou alteração da descrição do imóvel, resultante de qualquer procedimento judicial ou administrativo (art. 10). De outro lado, foi especificado o marco inicial, em 20 de novembro de 2003, e os prazos foram dilatados pelo Decreto 7.620/2011 para adaptação à realidade nacional. Tendo como base o marco inicial, devem ser georreferenciados em 05 (cinco) anos os imóveis com área de quinhentos a menos de mil hectares; em 10 (dez) anos, para os imóveis com área de duzentos e cinquenta a menos de quinhentos hectares; em 15 (quinze) anos, para os imóveis com área de cem a menos de duzentos e cinquenta hectares; em 20 (vinte) anos, para os imóveis com área de vinte e cinco a menos de cem hectares; e, em 22 (vinte e dois) anos, para os imóveis com área inferior a vinte e cinco hectares.

Os prazos estabelecidos para imóveis de diferentes dimensões, após alteração do texto do incisos V, VI e VII pelo Decreto 9.311/2018 – dispondo sobre a seleção das famílias candidatas a beneficiárias do Programa Nacional de Reforma Agrária (PNRA), a verificação das condições de permanência das famílias beneficiárias no Programa, a regularização das ocupações dos projetos de assentamento, a titulação provisória e definitiva das parcelas concedidas e a destinação de áreas remanescentes a projetos de assentamento –, estão resumidos no quadro apresentado a seguir:

Quanto às ações judiciais, esse diploma foi mais flexível, dispondo que aquelas que tenham sido ajuizadas a partir de 1º de novembro de 2005 devem obedecer à exigência do georreferenciamento. De outro lado, as anteriormente ajuizadas estão submetidas ao prazo do art. 10 do Decreto 4.449/2002. Nessa linha de pensamento, importante salientar que o art. 2º, I, do Decreto 5.570/2005 não tem a aplicação ampla que parece ter[3]. Há ações judiciais que podem ser

---

3. Art. 2º A identificação do imóvel rural objeto de ação judicial, conforme previsto no § 3º do art. 225 da Lei 6.015, de 31 de dezembro de 1973, será exigida nas seguintes situações e prazos:

   I – imediatamente, qualquer que seja a dimensão da área, nas ações ajuizadas a partir da publicação deste Decreto;

   II – nas ações ajuizadas antes da publicação deste Decreto, em trâmite, serão observados os prazos fixados no art. 10 do Decreto 4.449, de 2002.

interpostas sem que se exija o georreferenciamento, como, por exemplo, ações de inventário, separação ou divórcio, em que a área do imóvel rural transmitido não exija o georreferenciamento (hoje, inferiores a 1.000ha).

Cumpre referir que o Superior Tribunal de Justiça (STJ), por meio de sua Terceira Turma, julgou o Recurso Especial 1.123.850-RS, em que se decidiu que, na ação que versa sobre imóvel rural, cabe à parte informar com precisão os dados individualizadores do bem, mediante a apresentação de memorial descritivo georreferenciado, observando o Princípio da Especialidade que impõe a perfeita qualificação do imóvel. Ressalta-se o trecho a seguir do acórdão: "conclui-se que, tratando-se de processos que versam acerca de imóveis rurais, a apresentação de sua descrição georreferenciada, por meio de memorial descritivo, ostenta caráter obrigatório, constituindo imposição legal relacionada à necessidade de perfeita individualização do bem". O acórdão teve como Relatora a Ministra Nancy Andrighi e foi julgado provido por unanimidade[4].

Deve-se ter presente que o georreferenciamento será exigido quando da interposição de ação judicial quando o próprio imóvel for o objeto central da discussão, como, por exemplo, usucapião, retificação, divisão e extinção de condomínio, demarcação, reivindicação etc. para alienações de área superior ao limite da isenção, quaisquer que sejam, por contrariar literais disposições de lei.

Isso possibilita afirmar que o modo de aquisição de um direito real sobre imóvel rural deverá contar com a presença de documentos exigidos pelas novas regras previstas, independentemente da origem do título, se judicial, notarial, particular ou administrativo. Ressalvados os títulos (públicos, particulares e judiciais) lavrados, outorgados ou homologados anteriormente à publicação do Decreto 5.570/2005, os quais poderão ser objeto de registro, desde que acompanhados de memorial descritivo contendo o georreferenciamento (art. 16 do Decreto 4.449/2002).

Ademais, a nova redação dada pelo Decreto 5.570/2005 ao § 4º do art. 9º do Decreto 4.449/2002 abandonou a ideia de que para permitir o georreferenciamento era obrigatória a observância de limites de área previstos na legislação, porque estes limites não eram encontrados na legislação vigente (matéria polêmica, que gera insegurança): "§ 4º Visando à finalidade do § 3º, e desde que mantidos os direitos de terceiros confrontantes, não serão opostas ao memorial georreferenciado as discrepâncias de área constantes da matrícula do imóvel".

---

4. STJ: Usucapião – imóvel rural. Georreferenciamento – exigibilidade. Especialidade. Disponível em: <https://www.irib.org.br/noticias/detalhes/stj-usucapi-atilde-o-im-oacute-vel-rural-georreferenciamento-exigibilidade-especialidade>. Acesso em: 18 ago. 2022.

Assim, ainda que a nova redação não seja de boa técnica, traz uma significativa mudança: o memorial georreferenciado poderá ser aceito mesmo apresentando área diversa da constante da matrícula. Isto é, o legislador entendeu que o georreferenciamento é uma forma de retificação da matrícula, inclusive porque os requisitos para o seu recebimento são os mesmos da retificação, acarreta a validação da descrição do memorial descritivo quando da abertura da matrícula, inclusive quando alterada a área e deve ocorrer perante o Registrador (§ 8º do art. 9º). Tal alteração foi acompanhada pela Lei 10.931/2004, que modificou o procedimento de retificação no Registro Imobiliário.

De acordo com a ordem contida no inciso II do § 11 do art. 213, a adequação do imóvel rural ao georreferenciamento independe de retificação, senão vejamos: "Independe de retificação: (...) II – a adequação da descrição do imóvel rural às exigências dos arts. 176, §§ 3º e 4º, e 225, § 3º, desta Lei".

Logo, diante do contido expressamente no § 4º do art. 9º do Decreto 4.449/2002 c/c o inciso II do § 11 do art. 213 da Lei 6.015/1973, não há mais que se falar em retificação do imóvel georreferenciado, mas de mera adequação de sua descrição, para o qual não se perquire mais nada sobre o aumento ou diminuição de sua expressão numérica.

Na redação original do Decreto 4.449/2002 fora previsto que quando não fossem apresentadas as declarações de anuência dos confrontantes ou a certidão do INCRA informando a não sobreposição de áreas, o Oficial deveria encaminhar a documentação ao magistrado competente para que a retificação fosse processada nos termos do art. 213 da Lei 6.015/1973[5]. Agora, não sendo apresentadas as declarações, o Oficial do Registro procederá às notificações dos lindeiros para que se manifestem no prazo legal, sob pena de presumir suas aquiescências.

Desta forma, a retificação prevista na Lei de Registros Públicos será realizada administrativamente, com tramitação no próprio Ofício Predial, não precisando passar pelo crivo do Poder Judiciário, uma vez que esta se tornou uma faculdade e não uma obrigação.

Note-se a importância da missão do Registrador diante destas disposições. A legislação lhe atribuiu papel fundamental na aferição do cumprimento das formalidades legais que importarão na nova descrição do imóvel, possibilitando inclusive o aumento substancial de sua área.

Com efeito, deverá o Registrador estar atento para o fato de que o georreferenciamento não poderá ser adotado como expediente para atribuir direitos que deverão ser reconhecidos na esfera competente, perante o Poder Judiciário, no

---

5. O § 8º do art. 9º do Decreto 4.449/2002.

caso de usucapião, por exemplo, e por meio do Poder Executivo, nas concessões de direito real de uso. Afinal, não há de se cogitar aqui de usurpação de direito real de propriedade já existente, mas mero erro material.

No entanto, é bom salientar que essa mitigação das formalidades de praxe – no tocante ao dimensionamento do imóvel e, principalmente, no que consiste ao aspecto quantitativo da área rural – somente é permitida pela lei quando se tratar do primeiro registro de memorial georreferenciado (adequar o imóvel aos ditames do § 3º do art. 176 e do § 3º do art. 225). Consequentemente, considerar-se-ão irregulares as demais apresentações que conflitem com a primeira descrição constante do memorial georreferenciado[6].

Por derradeiro, deve-se lembrar que o Decreto de 2005 atualizou a forma de comunicação entre o Registro de Imóveis e o INCRA, impondo o meio eletrônico como forma principal de veicular a transmissão de informações. Contudo, para isso acontecer, será necessária a criação de um sistema específico, a exemplo da DOI (*caput* do art. 5º)[7].

Neste passo, atualmente, a discussão de ser ou não legal a exigência do georreferenciamento cinge-se aos casos de retificação de área, reserva legal e particular do patrimônio natural e outras limitações e restrições de caráter ambiental.

3.3 A ROTINA REGISTRAL IMOBILIÁRIA

Providenciado o levantamento georreferencial do imóvel, o proprietário deverá submetê-lo ao INCRA, instruído com certidão da matrícula do imóvel e a Anotação de Responsabilidade Técnica (ART) do responsável técnico, para certificação de que a poligonal objeto do memorial descritivo (a descrição completa do imóvel – perímetro) não se sobrepõe a nenhuma outra constante de seu cadastro georreferenciado.

De posse da certificação, acompanhados de (a) requerimento contendo declaração, sob as penas da lei, de que não houve alteração das divisas do imóvel

---

6. O § 3º do art. 9º do Decreto 4.449/2002 estabelece que "para os fins e efeitos do § 2º do art. 225 da Lei 6.015, de 1973, a primeira apresentação do memorial descritivo segundo os ditames do § 3º do art. 176 e do § 3º do art. 225 da mesma Lei, e nos termos deste Decreto; respeitados os direitos de terceiros confrontantes, não caracterizará irregularidade impeditiva de novo registro desde que presente o requisito do § 13 do art. 213 da Lei 6.015, de 1973, devendo, no entanto, os subsequentes estar rigorosamente de acordo com o referido § 2º, sob pena de incorrer em irregularidade sempre que a caracterização do imóvel não for coincidente com a constante do primeiro registro de memorial georreferenciado; excetuadas as hipóteses de alterações expressamente previstas em lei".
7. Art. 5º O INCRA comunicará, mensalmente, aos serviços de registros de imóveis os códigos dos imóveis rurais decorrentes de mudança de titularidade, parcelamento, desmembramento, loteamento e unificação, na forma prevista no § 1º do art. 4º.

registrado e de que foram respeitados os direitos dos confrontantes, com firma reconhecida, bem como com o (b) CCIR, com a (c) prova de pagamento do ITR dos últimos 05 (cinco) exercícios, se for o caso, com (d) declaração expressa dos confinantes de que os limites divisórios foram respeitados, também com suas respectivas firmas reconhecidas por autenticidade, o Registro de Imóveis poderá realizar os atos registrais cabíveis.

Proceder-se-á à abertura da matrícula quando o memorial descritivo possa alterar o registro, com o encerramento da matrícula anterior (Princípio do Saneamento), conforme prevê o § 5º do art. 9º do Decreto 4.449/2002, com nova redação dada pelo Decreto 5.570/2005. Nos casos de registro do loteamento, desmembramento e remembramento, poderão ser procedidos a averbação do georreferenciamento e o registro do parcelamento na matrícula de origem, com a abertura posterior das matrículas respectivas.

Realizados os atos registrais necessários, serão eles remetidos novamente ao INCRA, através de comunicação, até o final do mês subsequente à modificação ocorrida. De acordo com a nova redação do art. 5º do Decreto 4.449/2002, e com a regra do § 1º do art. 4º, o envio de comunicações poderá ser feito eletronicamente. Assim, transcorrida mais de uma década da edição do referido Decreto, o INCRA estruturou o Sistema de Gestão Fundiária (SIGEF), que possibilita uma interconexão, via internet, com os registros de imóveis e os profissionais credenciados, para a certificação de imóveis rurais, o qual possibilitará que a certificação seja realizada em segundos, com publicidade dos dados, transparência, impessoalidade e segurança (uso de certificados digitais), tendo, para tanto, aprovado várias normas técnicas destinadas a sua operação, tais como o Manual para Gestão da Certificação de Imóveis Rurais, aprovado pela Norma de Execução INCRA 107, de 23-08-2013, a Instrução Normativa INCRA 77, de 23-08-2013, que regulamenta a certificação da poligonal de memoriais descritivos de imóveis rurais, a 3ª edição da Norma Técnica para Georreferenciamento de Imóveis Rurais, o Manual Técnico de Posicionamento e o Manual Técnico de Limites e Confrontações, homologados pela Portaria INCRA 486, de 02-09-2013.

Esta comunicação, que conterá os dados sobre a estrutura e uso do imóvel, além dos dados pessoais do titular de direitos, não precisará ser instruída com certidões das matrículas, porque fora revogado o § 2º do art. 4º do Decreto 4.449/2002 pelo Decreto 5.570/2005, providência até então necessária.

A comunicação é obrigatória mesmo em casos que não se relacionam com o georreferenciamento, a exemplo de reserva legal e particular do patrimônio natural, bem como outras limitações e restrições de caráter dominial e ambiental, para fins de atualização cadastral (*caput* do art. 4º do Decreto 4.449/2002), além daqueles atos praticados ainda ao abrigo do prazo isencional do "geo". Também a aquisição por usucapião deverá ser noticiada (IN 26, de 28-11-2005[8], que fixa o roteiro para a troca de informações entre o INCRA e os Serviços de Registro de Imóveis).

Competirá ao INCRA a atualização cadastral e o envio de certificado do novo código do imóvel ao Registro de Imóveis, para averbação *ex officio* (parágrafo único do art. 5º do Decreto 4.449/2002). Com isso, teremos uma verdadeira interconexão registro-cadastro.

Importante frisar que a certificação pelo INCRA não importa o reconhecimento do domínio ou a exatidão dos limites e confrontações indicados pelo proprietário, mas, sim, que não há sobreposição de áreas de acordo com o cadastro do órgão (§ 2º do art. 9º do Decreto 4.449/2002).

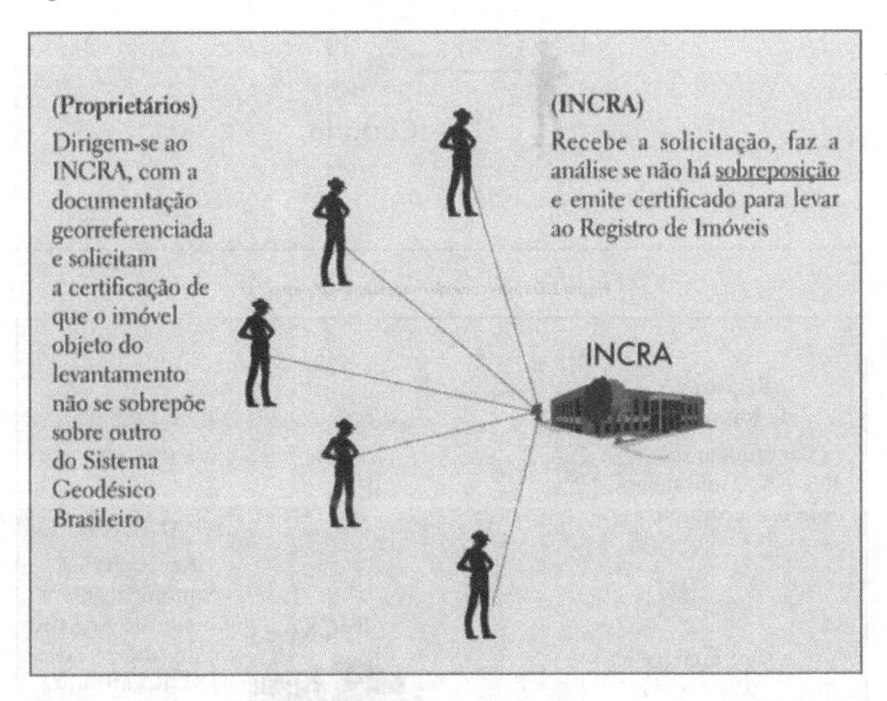

(Proprietários)
Dirigem-se ao INCRA, com a documentação georreferenciada e solicitam a certificação de que o imóvel objeto do levantamento não se sobrepõe sobre outro do Sistema Geodésico Brasileiro

(INCRA)
Recebe a solicitação, faz a análise se não há sobreposição e emite certificado para levar ao Registro de Imóveis

Figura 1: Da interconexão necessária – 1º passo

---
8. Diário Oficial da União, n. 234, de 17-12-2005, seção 1, p. 142.

(Proprietários)
Dirigem-se ao Registro de Imóveis, com a documentação georreferenciada e a certificação passada pelo INCRA, solicitando a inserção de tais dados nas matrículas

(Registro de Imóveis)
Apresentada a documentação exigida por lei para a realização do Georreferenciamento, o Registro de Imóveis realizará os atos competentes, arquivando os documentos necessários

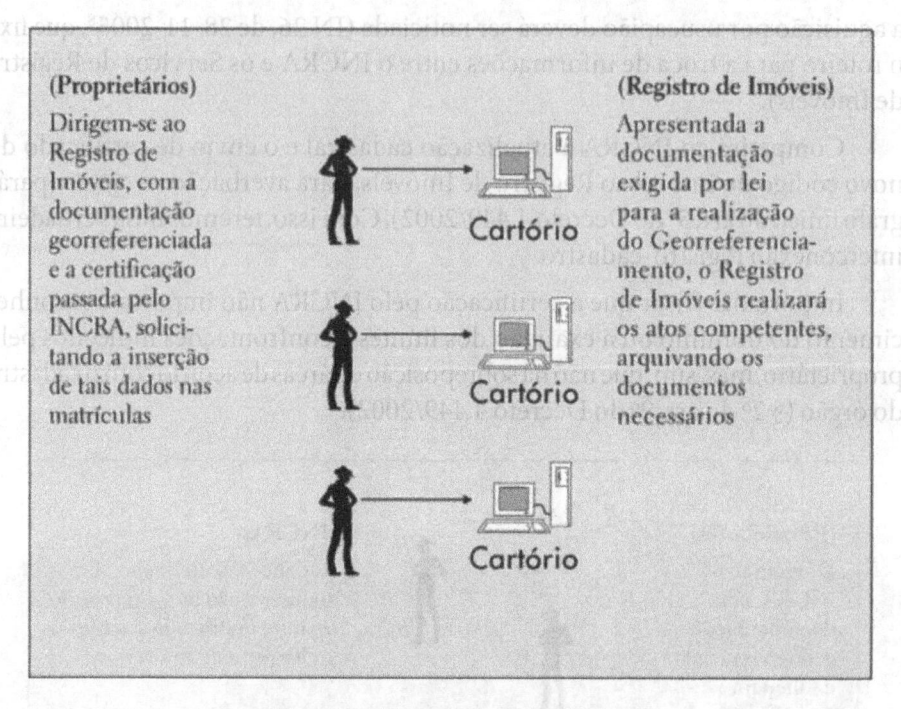

Figura 2: Da interconexão necessária – 2º passo

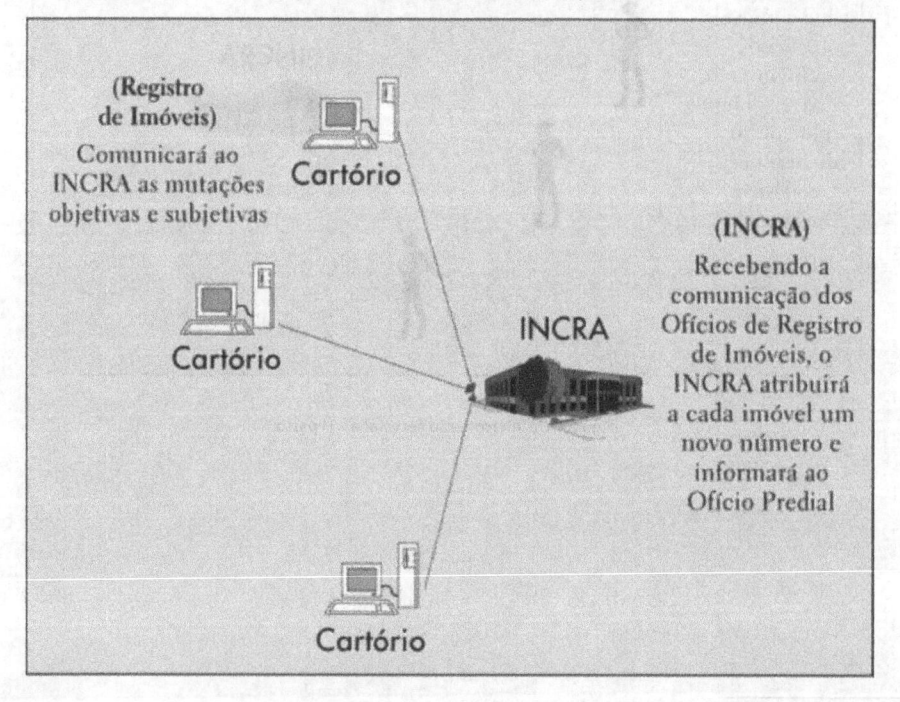

(Registro de Imóveis)
Comunicará ao INCRA as mutações objetivas e subjetivas

(INCRA)
Recebendo a comunicação dos Ofícios de Registro de Imóveis, o INCRA atribuirá a cada imóvel um novo número e informará ao Ofício Predial

Figura 3: Da interconexão necessária – 3º passo

(INCRA)
Comunicará aos Ofícios de Registro de Imóveis os novos números cadastrais, para a realização de averbação de ofício

INCRA

Cartório

Cartório

Cartório

(Registro de Imóveis)
Procede às averbações, encerrando o novo procedimento previsto na Lei n. 10.267/2001

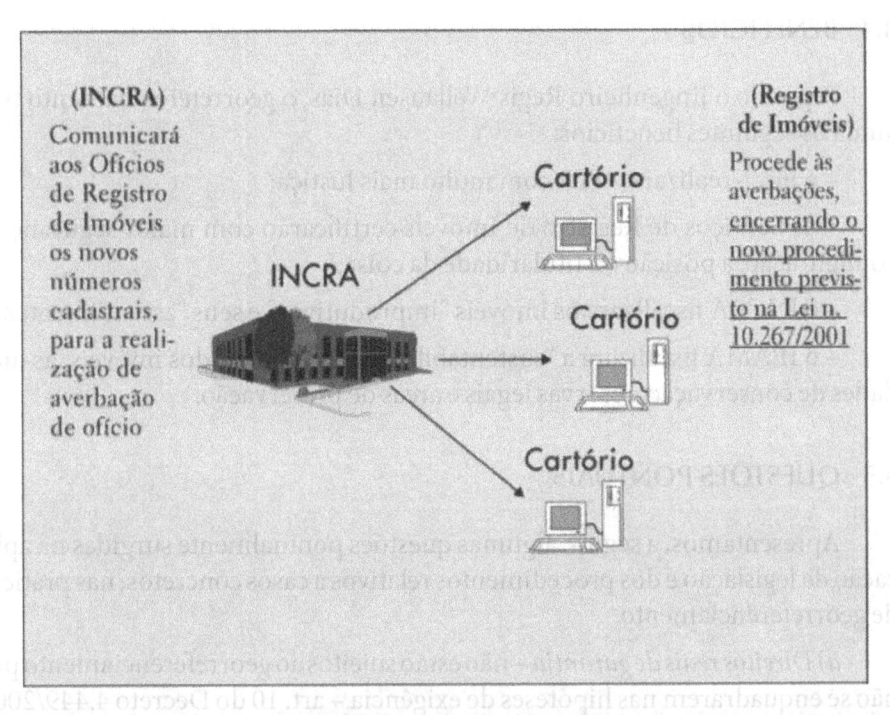

Figura 4: Da interconexão necessária – 4º passo

Cartório 1
Cartório 2
Cartório 3

INCRA

Cartório 4
Cartório 5
Cartório 6

Comunicações *Online*

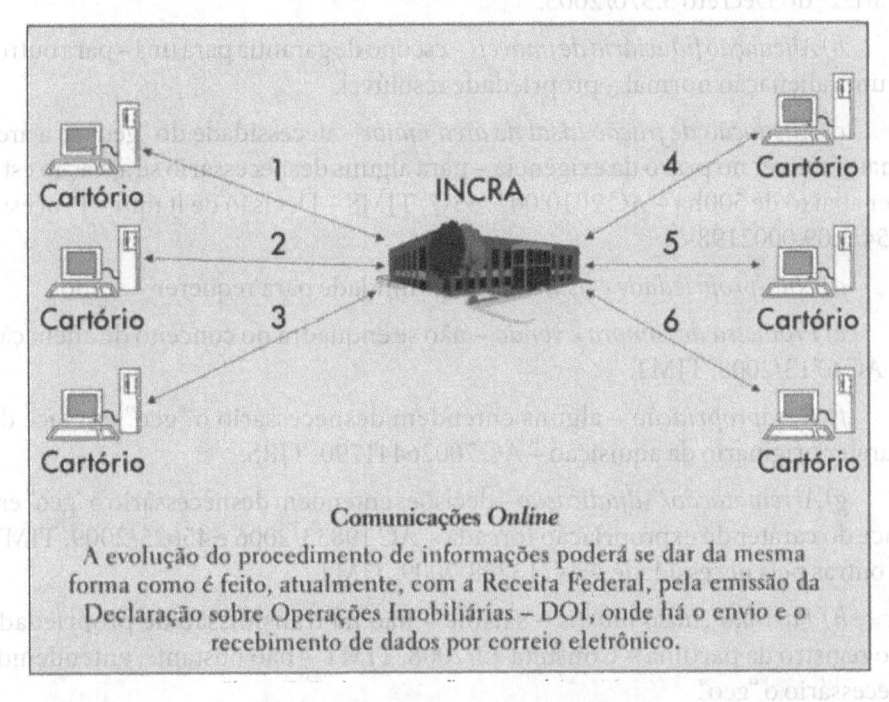

A evolução do procedimento de informações poderá se dar da mesma forma como é feito, atualmente, com a Receita Federal, pela emissão da Declaração sobre Operações Imobiliárias – DOI, onde há o envio e o recebimento de dados por correio eletrônico.

Figura 5: Da interconexão necessária – 5º passo

3.4 BENEFÍCIOS

Segundo o Engenheiro Regis Wellausen Dias, o georreferenciamento traz ainda os seguintes benefícios:

– o Fisco realizará o ITR com muito mais Justiça;

– os Serviços de Registro de Imóveis certificarão com maior segurança a configuração, a posição e a titularidade da coisa;

– o INCRA fiscalizará os imóveis "improdutivos" e seus "assentamentos";

– o IBAMA fiscalizará a "sustentabilidade ambiental" dos imóveis, as unidades de conservação, reservas legais e áreas de preservação.

3.5 QUESTÕES PONTUAIS

Apresentamos, a seguir, algumas questões pontualmente surgidas na aplicação da legislação e dos procedimentos relativos a casos concretos, nas práticas de georreferenciamento.

a) Direitos reais de garantia – não estão sujeitos ao georreferenciamento por não se enquadrarem nas hipóteses de exigência – art. 10 do Decreto 4.449/2002 e art. 2º do Decreto 5.570/2005.

b) Alienação fiduciária de imóveis – escopo de garantia para uns – para outros é uma alienação normal – propriedade resolúvel.

c) Alienação de fração ideal de área maior – necessidade do "geo" se a área maior estiver no prazo da exigência – para alguns desnecessário se a fração estiver abaixo de 500ha – AC 2010.002755-7, TJMS – Decisão de Itaqui – Processo 054/1.09.0002198-5.

d) Nua-propriedade e usufruto – legitimidade para requerer – ambos.

e) Promessa de compra e venda – não se enquadra no conceito de alienação – AC 6713/2008, TJMT.

f) Desapropriação – alguns entendem desnecessário o "geo" em face do caráter originário da aquisição – AC 70026441790, TJRS.

g) Arrematação/Adjudicação – decisões entendem desnecessário o "geo" em face do caráter de expropriação forçada – AC 19833/2006 e 45625/2009, TJMT – outras pela necessidade – AC 13258/2009, TJMT.

h) Partilha causa mortis – saisine – não há transmissão de propriedade no registro da partilha – Consulta 72/2008, TJMT – não obstante, entendemos necessário o "geo".

i) Desmembramento – parcela e não o imóvel todo – Decisão de Cruz Alta – Processo 011/1.05.0000552-3.

j) Renúncia de propriedade – desnecessidade do georreferenciamento.

k) Ações judiciais – cujo objeto central é o imóvel – georreferenciamento antes ou depois – jurisprudência reiterada.

l) Limite ao acréscimo – no enunciado numérico da área do imóvel. Não há – AC 2007.025676-3, TJMS – § 4º do art. 9º do Decreto 4.449/2002 –, uma vez que "não serão opostas ao memorial georreferenciado as discrepâncias de área constantes da matrícula do imóvel".

m) Desmembramento – possibilidade de fracionamento, desde que observada a fração mínima de parcelamento e realização do georreferenciamento quanto cabível (Of. INCRA/SR 11 900/2012, de 22-10-2012).

n) Parcela a localizar com cadastro próprio (CCIR) no INCRA – não há impedimento para a lavratura de escritura e respectivo registro pelo Projeto Gleba Legal, independentemente da exigência do georreferenciamento e certificação pelo INCRA, para glebas ainda não abrangidas pelo lapso carencial previsto na legislação (hoje menores de 500ha).

o) Georreferenciamento x Retificação – para alguns registradores, não há dúvida de que o georreferenciamento acarreta *retificação* do imóvel para o que deve ser observado o rito do art. 213, II, da LRP. Entretanto, entendemos que *independe de retificação a adequação do imóvel rural ao georreferenciamento* (a qual consiste em adequar a descrição do imóvel rural às exigências dos arts. 176, §§ 3º e 4º, e 225, § 3º, da LRP), conforme estabeleceu o inciso II do art. 213 da LRP, com a redação que lhe foi dada pela Lei 10.931/2004).

3.6 CERTIFICAÇÃO DA POLIGONAL DE IMÓVEIS RURAIS PELO INCRA

Para a certificação da poligonal constante de memorial descritivo de georreferenciamento de imóveis rurais, pelo INCRA, de que trata o § 5º do art. 176 da Lei 6.015/1973, alguns procedimentos iniciais foram adotados por normas editadas pelo INCRA, como é o caso da já revogada Norma de Execução 92, de 22-02-2010, que foi a primeira disposição a respeito de certificação e atualização cadastral de imóveis rurais. Essa norma foi sucedida pela Norma de Execução 96, de 15-09-2010, também já revogada, que por sua vez foi sucedida pela Norma de Execução 105, de 26-11-2013, e ainda vai ter aplicação por um prazo de transição de 90 (noventa) dias – cuja contagem se inicia em 23 de novembro de 2013 – a partir do qual matéria passará a ser regulada somente pela Instrução Normativa INCRA 77, de 23-08-2013.

Essa última Instrução Normativa referida (77/2013) baixou a nova regulamentação para a certificação da poligonal dos memoriais descritivos de imóveis rurais, prevista pelo § 5º do art. 176 da Lei 6.015/1973, sendo importante frisar que o georreferenciamento realizado visando a essa certificação deverá observar o disposto na 3ª edição da Norma Técnica para Georreferenciamento de Imóveis Rurais, o Manual Técnico de Posicionamento e o Manual Técnico de Limites e Confrontações, homologados pela Portaria INCRA 486, de 02-09-2013.

De tal sorte, a partir de 23 de novembro de 2013, conforme estabeleceu a Instrução Normativa INCRA 77/2013, salvo a exceção contemplada no art. 18 da referida norma, a certificação da poligonal de imóveis rurais passará a ser realizada eletronicamente, por meio do Sistema de Gestão Fundiária – SIGEF.

O SIGEF é um sistema desenvolvido pelo Ministério do Desenvolvimento Agrário e pelo INCRA para a gestão de informações fundiárias do meio rural brasileiro, acessível via internet no endereço eletrônico https://sigef.incra.gov.br. Por esse sistema podem ser efetuadas a recepção, validação, regularização e disponibilização das informações georreferenciadas de limites de imóveis rurais, estando disponível, no referido endereço eletrônico, o manual do SIGEF, que orienta a forma de acesso a esse sistema (certificação digital, cadastramento de usuários, credenciamento de profissionais, consultas etc.) pelo qual os profissionais credenciados (responsáveis técnicos pelo georreferenciamento) submeterão à certificação os arquivos digitais contendo os dados das parcelas para análise automática pelo INCRA.

Podemos ver a seguir um fluxo do SIGEF[9].

---

9. Apresentado por Kilder José Barbosa, Engenheiro Agrimensor, Analista do INCRA, no 1º Seminário Nacional Rede de Gestão Integrada de Informações Territoriais, realizado em Brasília, de 07 a 09 de outubro de 2013, no qual se pode verificar o passo a passo do processo de certificação de imóveis rurais pelo SIGEF/INCRA.

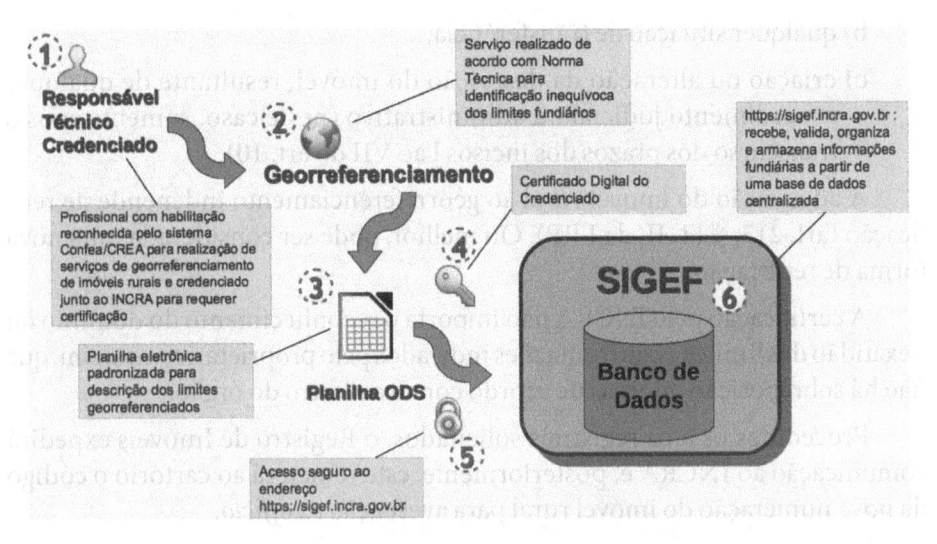

Figura 6: Fluxo do SIGEF

Dada a importância dessa matéria relativa à certificação da poligonal, é apresentada, a seguir, em seu inteiro teor, a Instrução Normativa INCRA 77, de 23-08-2013, que regula o respectivo procedimento. Também seguem as orientações formuladas por Eduardo Agostinho Arruda Augusto, Registrador de Imóveis de Conchas-SP.

3.7 CONCLUSÃO

A Lei 10.267/2001 pretendeu a incorporação de bases gráficas georreferenciadas aos registros de imóveis rurais. Desde então, o procedimento de georreferenciamento vem gerando uma verdadeira interconexão entre o Registro e o Cadastro Rural.

Esse processo segue acontecendo de forma paulatina (a exemplo do Sistema de Matrícula), uma vez que não foi prevista a obrigatoriedade da atualização das características dos imóveis, a qual somente ocorrerá no momento e nos casos previstos em lei (desmembramento, loteamento, alienação etc.).

O georreferenciamento não serve para criar ou extinguir direitos reais quando apresentado para registro.

O georreferenciamento deve integrar o título que será apresentado no Registro Predial, independentemente da sua origem (judicial, notarial, particular ou administrativo), quando se pretender:

a) desmembramento, parcelamento, remembramento;

b) qualquer situação de transferência;

c) criação ou alteração da descrição do imóvel, resultante de qualquer procedimento judicial ou administrativo (neste caso, somente após o transcurso dos prazos dos incisos I ao VII do art. 10).

A adequação do imóvel rural ao georreferenciamento independe de retificação (art. 213, § 11, II, da LRP). Ou melhor, pode ser considerada uma nova forma de retificação.

A certificação pelo INCRA não importa o reconhecimento do domínio ou a exatidão dos limites e confrontações indicados pelo proprietário, mas, sim, que não há sobreposição de áreas de acordo com o cadastro do órgão.

Procedidos os atos registrais solicitados, o Registro de Imóveis expedirá comunicação ao INCRA e, posteriormente, este remeterá ao cartório o código da nova numeração do imóvel rural para averbação *ex officio*.

A comunicação é obrigatória em outros casos que não somente os que exigem o "geo" (art. 4º do Decreto 4.449/2002).

Quadro 3: Decreto 4.449/2002 × Decreto 5.570/2005

	Decreto 4.449/2002	Decreto 5.570/2005
Respeito às divisas do imóvel	Era obrigação o respeito às divisas (alterados os §§ 3º e 4º do art. 9º).	Esta obrigação foi afastada (§§ 3º e 4º do art. 9º). § 3º Para os fins e efeitos do § 2º do art. 225 da Lei 6.015, de 1973, a primeira apresentação do memorial descritivo segundo os ditames do § 3º do art. 176 e do § 3º do art. 225 da mesma lei, e nos termos deste Decreto, respeitados os direitos de terceiros confrontantes, não caracterizará irregularidade impeditiva de novo registro desde que presente o requisito do § 13 do art. 213 da Lei 6.015, de 1973, devendo, no entanto, os subsequentes estar rigorosamente de acordo com o referido § 2º, sob pena de incorrer em irregularidade sempre que a caracterização do imóvel não for coincidente com a constante do primeiro registro de memorial georreferenciado, excetuadas as hipóteses de alterações expressamente previstas em lei. § 4º Visando a finalidade do § 3º, e desde que mantidos os direitos de terceiros confrontantes, não serão opostas ao memorial georreferenciado as discrepâncias de área constantes da matrícula do imóvel.

Atos registrais	Apenas havia previsão para averbar o memorial georreferenciado, mas não para abrir matrícula (alterado o § 5º do art. 9º).	Agora, após a averbação, abre-se a matrícula com a descrição georreferenciada (§ 5º do art. 9º). § 5º O memorial descritivo, que de qualquer modo possa alterar o registro, resultará numa nova matrícula com encerramento da matrícula anterior no serviço de registro de imóveis competente, mediante requerimento do interessado, contendo declaração firmada sob pena de responsabilidade civil e criminal, com firma reconhecida, de que foram respeitados os direitos dos confrontantes, acompanhado da certificação prevista no § 1º deste artigo, do CCIR e da prova de quitação do ITR dos últimos cinco exercícios, quando for o caso.
Interconexão necessária; Registro de Imóveis e INCRA	Informações por correspondências normais, com envio de certidão da matrícula pelo Registro de Imóveis, ao passo que o INCRA deveria informar por escrito (revogado o § 2º do art. 4º e alterado o *caput* do art. 5º)	Informações por meio eletrônico, dispensando o papel; para isso, será necessária a criação de um sistema específico, a exemplo da DOI (caput do art. 5º). Art. 5º O INCRA comunicará, mensalmente, aos serviços de registros de imóveis os códigos dos imóveis rurais decorrentes de mudança de titularidade, parcelamento, desmembramento, loteamento e unificação, na forma prevista no § 1º do art. 4º.
Retificação	1. O Georreferenciamento não servia, por si só, como meio de retificação do registro (alterados os §§ 3º a 5º do art. 9º). 2. Perante o Juiz de Direito competente (alterado o § 8º do art. 9º).	1. O Georreferenciamento é considerado uma nova forma de retificação do registro (alterados os §§ 3º a 5º do art. 9º). 2. Perante o Registrador (§ 8º do art. 9º). § 8º Não sendo apresentadas as declarações constantes do § 6º, o interessado, após obter a certificação prevista no § 1º, requererá ao oficial de registro que proceda de acordo com os §§ 2º, 3º, 4º, 5º e 6º do art. 213 da Lei 6.015, de 1973.
Limites de aumento / diminuição de área	Havia remissão a legislação "não existente" (alterado o § 4º do art. 9º).	Afastado o limite anteriormente estabelecido (§ 4º do art. 9º). § 4º Visando a finalidade do § 3º, e desde que mantidos os direitos de terceiros confrontantes, não serão opostas ao memorial georreferenciado as discrepâncias de área constantes da matrícula do imóvel.

A lei que disciplina o georreferenciamento (Lei 10.267/2001) sofreu algumas atualizações e, de acordo com o último decreto de 2018, todos os imóveis rurais, independentemente do tamanho, devem ser georreferenciados.

Os imóveis rurais com área superior a 100 (cem) hectares estão obrigados a promover o georreferenciamento e solicitar a certificação em caso de desmembramento, parcelamento, remembramento e em qualquer situação de transferência de imóvel rural.

Já as áreas entre 25 (vinte e cinco) e 100 (cem) hectares tem o prazo até 20/11/2023 e as propriedades menores de 25 (vinte e cinco) hectares tem o prazo até 20/11/2025 para a realização do georreferenciamento.

DISPOSIÇÃO LEGAL

INSTRUÇÃO NORMATIVA INCRA 77[10], DE 23 DE AGOSTO DE 2013

Regulamenta o procedimento de certificação da poligonal objeto de memorial descritivo de imóveis rurais a que se refere o § 5º do art. 176 da Lei 6.015, de 31 de dezembro de 1973.

O Presidente do Instituto Nacional de Colonização e Reforma Agrária – INCRA, no uso das atribuições que lhe são conferidas pelo inciso VII do art. 21, da Estrutura Regimental aprovada pelo Decreto 6.812, de 3 de abril de 2009, e inciso VII, do art. 122, do Regimento Interno, aprovado pela Portaria/MDA 20, de 8 de abril de 2009, e com fundamento legal na Lei 5.868, de 12 de dezembro de 1972, na Lei 6.015, de 31 de dezembro de 1973, e no Decreto 4.449, de 30 de outubro de 2002, dispõe:

CAPÍTULO I
DO OBJETO

Art. 1º Fica regulamentado o procedimento de certificação da poligonal objeto de memorial descritivo de imóvel rural.

CAPÍTULO II
DOS PROCEDIMENTOS DE CERTIFICAÇÃO

Art. 2º O requerimento de certificação da poligonal objeto de memorial descritivo de imóvel rural será processado por meio do Sistema de Gestão Fundiária – SIGEF.

Parágrafo único. O profissional credenciado, responsável técnico pelos serviços de georreferenciamento, submeterá ao SIGEF arquivo digital contendo os dados da(s) parcela(s) a ser(em) certificada(s).

Art. 3º A análise dos dados será automática pelo SIGEF e restrita à verificação da consistência dos dados prestados pelo profissional credenciado e à eventual sobreposição com outras existentes no cadastro georreferenciado do INCRA.

§ 1º O cadastro georreferenciado do INCRA, a que se refere o § 5º do art. 176 da Lei 6.015, de 1973, é composto por parcelas certificadas.

§ 2º Não sendo constatadas inconsistências ou sobreposição, serão geradas e disponibilizadas as peças técnicas certificadas.

§ 3º Se forem constatadas sobreposições ou outras inconsistências, a certificação não será emitida, sendo disponibilizado para consulta um relatório indicando os erros detectados.

Art. 4º Nos casos de parcelas destacadas do patrimônio público mediante regular procedimento de titulação ou outro instrumento legal adequado à transferência da titularidade para o domínio privado, eventual sobreposição com gleba pública cujo memorial descritivo foi certificado apenas em relação ao seu perímetro originário não impedirá a sua certificação.

---

10. Atualizada até a Instrução Normativa 127, de 23 de agosto de 2022.

Parágrafo único. O profissional credenciado será responsável por todas as informações prestadas, inclusive pela origem legítima da parcela submetida ao SIGEF e por eventuais prejuízos causados a terceiros.

Art. 5º Em se tratando de sobreposição de parcela com outro polígono não certificado por meio do SIGEF, o profissional credenciado poderá requerer análise de sobreposição.

Art. 6º Em se tratando de sobreposição de parcela com outro polígono certificado por meio do SIGEF, não caberá análise de sobreposição.

Parágrafo único. O profissional credenciado poderá requerer o cancelamento da certificação originária para excluí-la do cadastro, devendo fundamentar o pedido com elementos que comprovem o erro na geometria da parcela.

Art. 7º Os requerimentos de desmembramento, parcelamento, remembramento, retificação e cancelamento de parcelas certificadas serão processados através do SIGEF.

§ 1º Nos requerimentos de desmembramento e parcelamento, o profissional credenciado deverá enviar os dados das parcelas resultantes.

§ 2º No requerimento de remembramento, quando todas as parcelas estiverem certificadas, o profissional credenciado deverá informar aquelas que constituirão a nova parcela resultante do remembramento.

§ 3º O requerimento de retificação será cabível quando for identificado erro nos dados literais da parcela certificada, podendo ser requerida pelo profissional credenciado ou pelo oficial de registro de imóveis.

§ 4º O requerimento de cancelamento será cabível quando for identificado erro na geometria da parcela certificada, podendo ser requerido pelo profissional credenciado ou pelo oficial de registro de imóveis.

§ 5º Na hipótese do parágrafo anterior, o pedido somente será apreciado após a notificação do proprietário da parcela já certificada para fins de manifestação acerca da impugnação.

Art. 8º Os requerimentos de desmembramento, parcelamento, remembramento, retificação, cancelamento, a sobreposição com polígonos não certificados pelo SIGEF e os demais aspectos relacionados à gestão do procedimento de certificação serão analisados em conformidade com as regras explicitadas no Manual de Gestão da Certificação de Imóveis Rurais e orientações complementares relacionadas.

Art. 9º Os serviços de georreferenciamento executados pelo Incra ou por outras entidades ou órgãos públicos, direta ou indiretamente, por força de contratos, convênios ou outros instrumentos similares, finalizados ou ainda em execução, serão submetidos ao SIGEF e devidamente validados por meio de regular fiscalização.

§ 1º As parcelas relativas às ocupações rurais em glebas públicas incluídas em ação de regularização fundiária serão certificadas após a emissão do respectivo título.

§ 2º No caso de projeto de assentamento rural, será inicialmente certificado o seu perímetro global, para fins de adequação da descrição no registro de imóveis.

§ 3º Após a referida adequação e a realização dos serviços de georreferenciamento das parcelas que compõem o projeto de assentamento, estas serão certificadas, sendo atribuído a cada uma delas um código próprio no Sistema Nacional de Cadastro Rural – SNCR.

CAPÍTULO III

DOS COMITÊS DE CERTIFICAÇÃO

Art. 10. (Revogado pela Instrução Normativa 127, de 23-08-2022).

Art. 11. (Revogado pela Instrução Normativa 127, de 23-08-2022).

Art. 12. (Revogado pela Instrução Normativa 127, de 23-08-2022).

Art. 13. (Revogado pela Instrução Normativa 127, de 23-08-2022).

CAPÍTULO IV
DAS RESPONSABILIDADES DO PROFISSIONAL CREDENCIADO

Art. 14. O profissional credenciado será responsável por todas as informações submetidas ao SIGEF, inclusive pelas inconsistências que por acaso vierem a ser detectadas na parcela certificada e por eventuais prejuízos causados a terceiros.

Parágrafo único. O profissional credenciado deverá executar os serviços de georreferenciamento em conformidade com o Manual Técnico para Georreferenciamento de Imóveis Rurais.

Art. 15. O Diretor de Governança Fundiária expedirá Portaria para regulamentar a possibilidade de aplicação de sanções relacionadas ao credenciamento dos profissionais, quando ficar evidenciado erro ou falha do profissional credenciado no procedimento de certificação.

CAPÍTULO V
DA INTERCONEXÃO COM O REGISTRO DE IMÓVEIS

Art. 16. O oficial de registro de imóveis poderá acessar o SIGEF e informar os dados relativos à matrícula do imóvel rural.

Art. 17. A certificação do memorial descritivo pelo INCRA não implicará reconhecimento do domínio ou a exatidão dos limites e confrontações indicados pelo credenciado, bem como não dispensará a qualificação registral, atribuição exclusiva do oficial de registro de imóveis.

CAPÍTULO VI
DAS DISPOSIÇÕES TRANSITÓRIAS

Art. 18. (Revogado pela Instrução Normativa 127, de 23-08-2022).

Art. 19. Os serviços de georreferenciamento executados pelo Ministério do Desenvolvimento Agrário – MDA, pelo INCRA ou por outras entidades ou órgãos públicos, direta ou indiretamente, por força de contratos, convênios ou outros instrumentos similares, finalizados ou ainda em execução, serão aceitos para fins de certificação segundo o padrão definido pela Norma Técnica para Georreferenciamento de Imóveis Rurais – NTGIR previsto no respectivo instrumento jurídico ou no padrão definido pela Norma Técnica para Georreferenciamento em Ações de Regularização Fundiária Aplicada na Amazônia Legal, aprovada pela Portaria/INCRA/SRFA/P 1, de 14 de julho de 2009.

Parágrafo único. A certificação da poligonal objeto de memorial descritivo de imóvel rural prevista no *caput* deste artigo obedecerá às seguintes regras:

I – o INCRA definirá as informações que deverão estar vinculadas às parcelas certificadas, devendo conter, no mínimo, os seguintes dados:

a) o código do imóvel no SNCR;
b) o nome do proprietário;

c) a denominação, área e perímetro do imóvel;

d) a indicação do município e unidade da federação de localização do imóvel;

e) o número da Anotação de Responsabilidade Técnica e o código do profissional credenciado responsável técnico pelos serviços;

f) o número do título ou da matrícula ou transcrição nos casos de imóveis já constituídos no registro público;

II – será realizada a análise de sobreposição com as parcelas já constantes do cadastro georreferenciado do INCRA;

III – não sendo constatada sobreposição, e havendo todos os atributos associados às parcelas, as mesmas serão certificadas; e

IV – a certidão de certificação será emitida em ambiente WEB, com a possibilidade de verificação de autenticidade.

Art. 20. (Revogado pela Instrução Normativa 127, de 23-08-2022).

Art. 21. Os dados referentes a poligonais que foram certificadas em sistema diferente do SIGEF poderão ser convertidos para o novo padrão de dados.

CAPÍTULO VII
DISPOSIÇÕES FINAIS

Art. 22. Esta Instrução Normativa entrará em vigor no dia 23 de novembro de 2013.

Art. 23. Revogam-se as disposições em contrário.

Carlos Mário Guedes De Guedes

GEORREFERENCIAMENTO – DICAS PARA O REGISTRADOR OPERAR O SIGEF[11]

Desde o dia 23 de novembro de 2013, a certificação do georreferenciamento passou a ser efetivada pelo SIGEF, por meio eletrônico, que se limitou a conferir se os vértices se sobrepõem ou não a outro imóvel georreferenciado, cabendo ao Registrador Imobiliário presidir o procedimento retificatório para definição da descrição tabular do imóvel, nos termos do art. 213 da Lei dos Registros Públicos.

Após a certificação, que será obtida pelo agrimensor em poucos segundos pelo sistema automatizado, a retificação será processada no registro imobiliário da mesma forma como o Registrador tem feito, desde agosto de 2004, com os imóveis urbanos e rurais beneficiados com os prazos carenciais. Não há segredo nenhum. A única diferença está na necessidade da prévia certificação das coordenadas georreferenciadas pelo INCRA, certificação esta que não garante a titularidade da área, o rol de confrontantes nem a legitimidade de quem requereu a certificação. Toda essa análise jurídica é de competência e responsabilidade ex-

---

11. Georreferenciamento – Dicas para o Registrador operar o Sigef. Disponível em: <http://eduardoaugusto-irib.blogspot.com.br>. Acesso em: 17 jun. 2022.

clusiva do Registrador Imobiliário, titular de uma delegação estatal para garantir a segurança jurídica dos direitos reais incidentes sobre a propriedade imobiliária.

Em resumo, o procedimento seguirá o seguinte trâmite:

- O agrimensor credenciado, com certificação digital, acessa o SIGEF (sigef.incra.gov.br) e faz o *upload* do arquivo digital com os dados georreferenciados do imóvel. O SIGEF analisa os dados e automaticamente informa se houve ou não sobreposição do imóvel analisado com outros imóveis já incluídos no sistema. Não havendo sobreposição, o agrimensor poderá solicitar a certificação, devendo antes aceitar a "declaração de autorresponsabilização pelos dados enviados". Feita a solicitação, a certificação é gerada em poucos segundos.

- Obtida a certificação, o agrimensor imprime, diretamente do SIGEF, a planta e o memorial descritivo, que serão juntados à documentação necessária para o procedimento de retificação de registro (requerimento, planta e memorial descritivo originais com anuência de confrontantes etc.).

- O pedido de retificação da descrição tabular do imóvel será processado (na quase totalidade dos casos) nos termos do inciso II do art. 213 da LRP, devendo o Registrador conferir no SIGEF a veracidade da certificação, podendo fazer o *download* da planta (resumida), do memorial descritivo e de arquivos que poderão ser lidos e utilizados por *software* de topografia para sua plotagem no *Google Earth* e para a importação das coordenadas georreferenciadas para a elaboração da nova matrícula.

- O resultado do procedimento retificatório, quer seja positivo ou negativo, deverá ser informado no SIGEF pelo Registrador Imobiliário (mediante certificação digital).

- Na hipótese de deferimento do pedido, o Registrador informará, em campo próprio, o número das novas matrículas e, sendo o caso, as correções dos dados cadastrados no sistema (número do CPF, grafia do nome do titular, rol de confrontantes etc.). Também fará o *upload* das certidões da matrícula encerrada e das novas matrículas georreferenciadas.

- Na hipótese de qualificação negativa, o Registrador irá informar, em campo próprio, de forma resumida, o motivo do indeferimento do pedido (invasão de área pública, falta de assinatura de um dos proprietários, exclusão indevida de parcela do imóvel etc.) e fazer o *upload* do arquivo PDF da qualificação negativa (ou nota de devolução), com todos os fundamentos de fato e de direito que resultaram no indeferimento do pedido.

- Com os dados enviados pelo Registrador, o INCRA irá atualizar seu cadastro (se a qualificação foi positiva) ou cancelar a certificação (se negativa).

Se os motivos do indeferimento do pedido incluir "falhas do agrimensor", este será notificado pelo INCRA para se manifestar sobre o ocorrido, havendo possibilidade de o INCRA, nas hipóteses de falta grave, suspender ou cassar o credenciamento do profissional.

- O SIGEF está em funcionamento desde 23-11-2013 e toda informação ali inserida será oficial e de responsabilidade direta de quem a inseriu.

MODELOS

AVERBAÇÃO DE GEORREFERENCIAMENTO COM ABERTURA DE MATRÍCULA E ENCERRAMENTO

AV-2/2.000(AV-dois/dois mil), em 17 de setembro de 2022.

GEORREFERENCIAMENTO COM ABERTURA DE MATRÍCULA E ENCERRAMENTO – Nos termos do (i) requerimento datado de 15 de setembro de 2004, instruído com (ii) planta e memorial descritivo elaborados pelo engenheiro agrimensor _____ – CREA – _____ – D, de acordo com o art. 9º da Lei 10.267/2001, regulamentada pelo Decreto 4.449/2002, contendo as coordenadas dos vértices definidores dos limites dos imóveis rurais, georreferenciados; com (iii) declaração firmada sob pena de responsabilidade civil e criminal, de que não houve alteração das divisas do imóvel registrado e que foram respeitados os direitos dos confrontantes; com (iv) Escritura Pública Declaratória outorgada pelos proprietários dos imóveis confrontantes, objeto das Matrículas ns. 1.000, 3.000 e 4.000, Livro 2-Registro Geral, desta Serventia; e com (v) certificação emitida pelo INCRA, em 12 de fevereiro de 2022, assinada por _____ – FCT-____ – _____, de que a poligonal referente ao memorial descritivo deste imóvel não se sobrepõe, nesta data, a nenhuma outra poligonal constante de seu cadastro e que a execução foi efetuada em atendimento às especificações técnicas estabelecidas para o georreferenciamento de imóveis rurais, fica constando que a área do imóvel objeto desta matrícula passa a ser de 865,00,86ha (oitocentos e sessenta e cinco hectares e oitenta e seis centiares), encerrada num perímetro de 16.130,77m (dezesseis mil, cento e trinta metros e setenta e sete centímetros), confrontando, AO NORTE, com E. W. S. e córrego do Morro, AO LESTE, com Córrego do Morro, AO SUL, com Rio Urucuia e J. A. T. e, AO OESTE, com J. A. T. e E. W. S., cujas dimensões e confrontações são as seguintes: "PARTINDO do piquete P-5, georreferenciado ao Sistema Geodésico Brasileiro, meridiano central 45WGr, Datum SAD-69, cravado na margem direita do Córrego do Morro, definido pela coordenada geográfica de latitude 15°34'11.555216" Sul e Longitude 47°35'37.112377"Wgr., e pelas coordenadas Plano Retangulares Sistema UTM Norte: 8.277.997,60m e Leste: 329.114,12m, segue-se confrontando pelo referido córrego, sentido jusante, em uma distância de 7.449,11m, chega-se ao piquete P-6 (Norte: 8.273.291,87m e Leste: 331.511,00m), cravado na foz do Córrego do Morro com o Rio Urucuia; daí, segue-se pela margem esquerda do referido rio, sentido montante, com uma distância de 2.600,62m, chega-se ao piquete P-1 (Norte: 8.272.053,17m e Leste: 330.164,66m); daí, segue-se confrontando com terras de J. A. T., com a distância de 14,04m e azimute verdadeiro de 302°08'22", chega-se ao piquete P-2 (Norte: 8.272,060,64m e Leste: 330.152,77m); daí, seguindo com a distância de 1.620,27m e azimute verdadeiro de 349°09'46", chega-se ao piquete P-3 (Norte: 8.273.652,10m e Leste: 329.848,13m); daí, segue-se confrontando com terras de E. w. S., em uma distância de 2.104,41m, chega-se ao piquete P-4 (Norte: 8.275.719,91m e Leste: 329.457,84m); daí, seguindo com a distância de 2.342,32m e azimute verdadeiro de 349°46'29", chega-se ao piquete P-5, ponto inicial da presente descrição, fechando, assim, o seu perímetro". O imóvel acima descrito foi matriculado nestes Serviços sob o n. _____, Livro 2-Registro Geral, com o que ENCERRA-SE a presente escrituração.

PROTOCOLO – Título apontado sob o n. _____, em 17-09-2022.

Local: _____

Registrador e/ou Substituto: _____.

EMOLUMENTOS – R$_____.

ABERTURA DE MATRÍCULA DE IMÓVEL GEORREFERENCIADO

MATRÍCULA N. _____

IMÓVEL – Uma fração de terras de cultura rural, com a área de 865,86ha (oitocentos e sessenta e cinco hectares e oitenta e seis centiares), encerrada num perímetro de 16.130,77m (dezesseis mil, cento e trinta metros e setenta e sete centímetros), confrontando, AO NORTE, com E. W. S. e Córrego do Morro, AO LESTE, com Córrego do Morro, AO SUL, com Rio Urucuia e J. A. T. e, AO OESTE, com J. A. T. e E. W. S, cujas dimensões e confrontações são as seguintes: "PARTINDO do piquete P-5, georreferenciado ao Sistema Geodésico Brasileiro, meridiano central 45WGr, Datum SAD-69, cravado na margem direita do Córrego do Morro, definido pela coordenada geográfica de latitude 15°34'11.555216" Sul e Longitude 47°35'37.112377"Wgr., e pelas coordenadas Plano Retangulares Sistema UTM Norte: 8.277.997,60m e Leste: 329.114,12m, segue-se confrontando pelo referido córrego, sentido jusante, em uma distância de 7.449,11m, chega-se ao piquete P-6 (Norte: 8.273.291,87m e Leste: 331.511,00m), cravado na foz do Córrego do Morro com o Rio Urucuia; daí, segue-se pela margem esquerda do referido rio, sentido montante, com uma distância de 2.600,62m, chega-se ao piquete P-1 (Norte: 8.272.053,17m e Leste: 330.164,66m); daí, segue-se confrontando com terras de J. A. T., com a distância de 14,04m e azimute verdadeiro de 302°08'22", chega-se ao piquete P-2 (Norte: 8.272,060,64m e Leste: 330.152,77m); daí, seguindo com a distância de 1.620,27m e azimute verdadeiro de 349°09'46", chega-se ao piquete P-3 (Norte: 8.273.652,10m e Leste: 329.848,13m); daí, segue-se confrontando com terras de E. W. S., em uma distância de 2.104,41m, chega-se ao piquete P-4 (Norte: 8.275.719,91m e Leste: 329.457,84m); daí, seguindo com a distância de 2.342,32m e azimute verdadeiro de 349°46'29", chega-se ao piquete P-5, ponto inicial da presente descrição, fechando, assim, o seu perímetro".

INCRA – Cadastrado no INCRA sob o n. ____.

PROPRIETÁRIOS – _____ (*nome e qualificação*), casado pelo regime ____ com _____ (*nome e qualificação*).

TÍTULO AQUISITIVO – M-2.000, Livro 2-Registro Geral, de 14-04-1976, desta Serventia.

PROTOCOLO – Título apontado sob o n. ____, em 17-09-2022.

Local: _____
Registrador e/ou Substituto: _____.
EMOLUMENTOS – R$___.

Quadro 4: Quantidade de imóveis certificados pelo INCRA, por Superintendência Regional do INCRA, até 03-10-2022

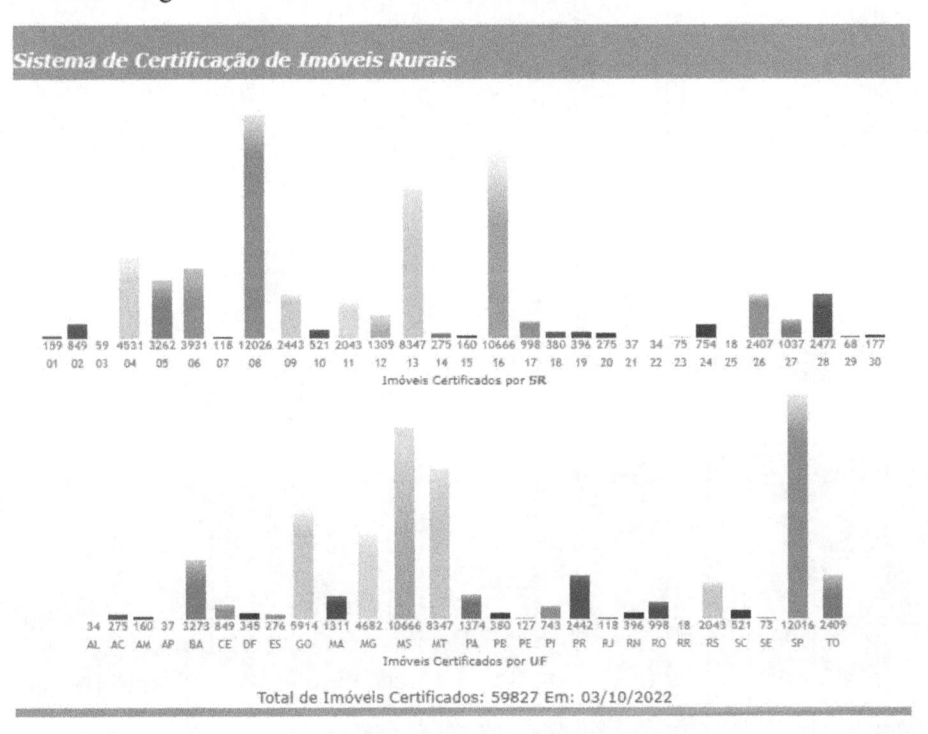

Sistema de Certificação de Imóveis Rurais

Imóveis Certificados por SR:
01	02	03	04	05	06	07	08	09	10	11	12	13	14	15	16	17	18	19	20	21	22	23	24	25	26	27	28	29	30
189	849	59	4931	3262	3931	118	12026	2443	521	2043	1309	8347	275	160	10666	998	380	396	275	37	34	75	754	18	2407	1037	2472	68	177

Imóveis Certificados por UF:
AL	AC	AM	AP	BA	CE	DF	ES	GO	MA	MG	MS	MT	PA	PB	PE	PI	PR	RJ	RN	RO	RR	RS	SC	SE	SP	TO
34	275	160	37	3273	849	345	276	5914	1311	4682	10666	8347	1374	380	127	743	2442	118	396	998	18	2043	521	73	12016	2409

Total de Imóveis Certificados: 59827 Em: 03/10/2022

Informações extraídas no site do INCRA[12].

---

12. INCRA. Sistema de certificação de imóveis rurais. Disponível em: <https://certificacao.incra.gov.br/Certifica/abertura.asp#>. Acesso em: 03 out. 2022.

Local: _____
Registrador e/ou Substituto: _____
EMOLUMENTOS – R$ _____

Quadro 4: Quantidade de Imóveis certificados pelo INCRA, por Superintendência Regional do INCRA, até 03-10-2022

Informações extraídas no site do INCRA.[12]

---

[12] INCRA. Sistema de certificação de imóveis rurais. Disponível em: <https://certificacao.incra.gov.br/csv_shp/export/>. Acesso em 03 out. 2022.

4
CÓDIGO CIVIL

4.1 PARTE GERAL

Há 20 (vinte) anos ocorria a promulgação do Código Civil. Embora tenha trazido algumas novidades, não pode ser vista como uma legislação audaciosa e inovadora, pois não acarretou drásticas mudanças nos conceitos jurídicos ou na forma em que o Poder Judiciário aplicava os institutos jurídicos. Muito pelo contrário, o Código Civil de 2002, como regra geral, contemplou as diretrizes que já se encontravam firmadas pela jurisprudência (em face da nítida defasagem do Código Civil de 1916).

A primeira alteração que o Código Civil trouxe foi a redução de idade da maioridade civil, que de 21 (vinte e um) anos passou para 18 (dezoito) anos. Outra importante modificação neste ponto foi a inclusão no âmbito da incapacidade relativa dos ébrios habituais e dos viciados em tóxicos. Com isso, o legislador não só reconheceu que o alcoolismo e a dependência química constituem uma das mais sérias doenças da época atual, como também os protegeu, permitindo que os negócios jurídicos efetuados a fim de prover recursos para a manutenção do vício ou sob os seus efeitos, possam ser anulados.

Nos arts. 9º e 10, o Código Civil dispõe sobre os atos de REGISTRO e de AVERBAÇÃO nos Registros Públicos. Logo em seguida, nos arts. 11 e seguintes, criou um capítulo sobre direitos da personalidade. No âmbito das Pessoas Jurídicas, nos arts. 62 e seguintes, disciplinou as FUNDAÇÕES, impondo a participação efetiva do Ministério Público. Além disso, nos arts. 189 e seguintes, previu regras mais claras sobre prescrição e decadência.

Quanto ao Direito das Obrigações, podemos observar sensíveis alterações nos institutos existentes (arts. 474, 475 e 496), disciplinando expressamente as novas modalidades de contratos, que não constavam no Código Civil anterior (ex.: arts. 693 e ss., 710 e ss., 722 e ss.).

Acresce a isso que o Código Civil de 2002 revogou a maior parte do Código Comercial e tomou para si as regulações dos instrumentos mercantis. Assim, destinou um capítulo específico sobre Títulos de Crédito (arts. 887 e ss.), bem como outro para o Direito de Empresa. Substituiu, então, a Teoria de Atos de

Comércio pela Teoria da Empresa (origem do Direito italiano) e distinguiu a sociedade empresária da sociedade simples.

No campo da Responsabilidade Civil (arts. 927 e ss.), absorveu alguns conceitos e disposições existentes no Código do Consumidor e consagrou a chamada responsabilidade objetiva.

Na esfera do Direito das Coisas, modificou o rol dos direitos reais, excluindo e introduzindo novos institutos jurídicos (art. 1.225); consagrou a função social da propriedade (arts. 1.228 e ss.); alterou parcialmente a Lei 4.591/1964, em virtude da previsão do Condomínio Edilício (arts. 1.331 e ss.) e reduziu os prazos da usucapião e da hipoteca.

Já no Direito de Família, consagrou novas regras sobre o casamento (ex.: arts. 1.516, 1.517, 1.520, 1.521, 1.523, 1.526, 1.528, 1.534, 1.565 etc.); sobre a filiação (arts. 1.596 e ss.) e adoção (arts. 1.618 e ss.). Previu um novo regime matrimonial (Participação Final nos Aquestos), além de alterar as regras do regime da separação absoluta e permitir aos consortes a modificação do regime de bens na constância do matrimônio.

O Código Civil de 2002, no Direito das Sucessões, adequou as normas jurídicas aos ditames da constituição e da evolução do próprio Direito, admitindo expressamente o direito sucessório do(a) companheiro(a) (art. 1.790); garantido o direito sucessório à prole eventual (arts. 1.799 e 1.800) e incluindo o cônjuge na ordem da vocação hereditária como concorrente dos descendentes (art. 1.829), excetuados, é claro, os casos em que o regime de bens adotado diretamente conflitua com tal disposição.

4.2 DO DIREITO DAS COISAS

4.2.1 Usucapião Familiar

A Lei 12.424/2011 trouxe diversas inovações ao direito brasileiro com impacto no Registro de Imóveis. Uma delas foi a inserção no Código Civil do art. 1.240-A de uma nova modalidade de usucapião, conhecida como Usucapião Familiar ou Usucapião por Abandono do Lar.

Os requisitos para esta usucapião são:

- Ocorrer abandono de lar por um dos ex-cônjuges ou ex-companheiros.

- Exercício de posse direta, sem oposição e ininterruptamente por pelo menos 02 (dois) anos a partir do abandono do lar pelo ex-cônjuge ou ex-companheiro.

- O imóvel urbano ter área inferior a 250m² (duzentos e cinquenta metros quadrados).
- Inexistência de outro imóvel urbano ou rural em nome do solicitante.
- O solicitante não ter sido beneficiado pelo mesmo instituto.

O cônjuge, ou companheiro, que tem reconhecido o seu direito a usucapião nesta modalidade, fica com a integralidade do imóvel, não existindo mais ao outro o direito a meação no referido imóvel. A decisão transitada em julgado acaba por determinar a extinção do condomínio existente entre os ex-cônjuges, declarando a propriedade a apenas um.

O regime de bens do casamento é um dos fatores a ser analisado na configuração da usucapião familiar, pois se não houver meação no imóvel, ou propriedade em condomínio, não se pode aplicar a norma. A inserção do termo "ex-companheiro" no art. 1.240-A do Código Civil tornou abrangente a aplicação deste instituto aos conviventes em união estável.

A comprovação da posse, bem como a prova do início da posse exclusiva, ou seja, o abandono do lar fica a cargo do solicitante. Ao Registrador Imobiliário incumbirá registrar o título judicial que declarar a usucapião, o qual poderá ser instrumentalizado por mandado judicial.

4.2.2 Alienação de abrigos de veículos

Os grandes centros urbanos têm gerado situações de fragilidade às pessoas, o que acaba por fomentar restrições à liberdade individual a favor da segurança. A vulnerabilidade dos residentes em condomínios edilícios, em decorrência da circulação de pessoas estranhas ao condomínio, foi a motivação para os legisladores criarem a Lei 12.607/2012.

O § 1º do art. 1.331 do Código Civil passou a ter nova redação que limitou o direito à livre alienação, e locação, dos abrigos de veículos nos condomínios edilícios, os quais também são conhecidos como box, vaga de garagem e unidade estacionamento. A regra geral de segurança do condomínio prevaleceu sobre a livre comercialização da propriedade imobiliária.

Os condôminos poderão, pela convenção de condomínio, determinar que os abrigos de veículos possam ser alienados, ou locados, para pessoas estranhas ao condomínio. No edifício que ainda não tiver convenção, esta liberalidade poderá ser determinada por 2/3 (dois terços) das frações ideais que compõem o condomínio, conforme o art. 1.333 do Código Civil. Caso já haja convenção registrada, a inclusão da possibilidade de alienação dos abrigos de veículos a estranhos dependerá de 2/3 (dois terços) dos votos dos condôminos, como dispõe o art. 1.351 do Código Civil, tendo em vista que a unanimidade dos condôminos é exigida nos casos determinados por lei.

Os negócios jurídicos celebrados antes da vigência da Lei 12.607/2012, que não estão de acordo com a nova regulamentação, poderão ser aceitos, desde que provados de forma inequívoca esta anterioridade da negociação, respeitando-se, desta forma, o direito adquirido, disposto no art. 5º, XXXVI, da CF. Uma escritura pública de venda de unidade estacionamento, lavrada antes de 19 de maio de 2012, poderá ser registrada. Da mesma forma, é possível registrar ato notarial lavrado na vigência da lei, desde que tenha certificação pelo Notário ou apresentação de documento que comprove a celebração do negócio anteriormente à vigência da lei, como, por exemplo, contrato com firma reconhecida, declaração do imposto de renda etc.

As transmissões que independem da manifestação de vontade do alienante/ transmitente não são alcançadas por esta norma, como são os casos dispostos no art. 825 do Código de Processo Civil e nas transmissões pela saisine, ou seja, por falecimento do proprietário da unidade.

De outro lado, cumpre informar que no Estado do Rio Grande do Sul há uma decisão normativa proferida pela Vara dos Registros Públicos, nos autos do Procedimento de Dúvida no processo 001/1.14.0284255-5 que autoriza a alienação de abrigos de veículos à terceiros.

Colaciono abaixo trecho da referida decisão:

José Afonso Silva (*Aplicabilidade das Normas Constitucionais*. Ed. RT, 1968, p. 81) menciona:

'A orientação doutrinária moderna é no sentido de reconhecer eficácia plena e aplicabilidade imediata à maioria das normas constitucionais, mesmo a grande parte daquelas de caráter socioideológico, as quais passavam de princípios programatórios. Torna-se cada vez mais concreta a outorga dos direitos e garantias sociais das constituições.'

É, pois, a situação retratada nos autos, na medida em que as disposições dos aludidos artigos são normas constitucionais de eficácia plena, não de eficácia contida ou de eficácia limitada.

Portanto, posterior lei infraconstitucional não pode retroagir e privar o proprietário dos direitos decorrentes do domínio (usar, gozar e dispor da coisa ou reavê-la de quem injustamente a detenha), salvo quando determinar um ponto demarcatório de sua incidência, que, na espécie, entendo, fundado nos citados princípios constitucionais, é somente para os condomínios instituídos a partir da sua vigência (da Lei 12.607/2.012). O direito de propriedade, pois, sempre pressupõe a existência de um bem, sobre o qual a ação de seu titular incide. A proteção legal, assim, emanada da norma agendi, para submetê-la ao seu poder, deve ser, como no caso presente, pelo modo mais amplo possível. III – *In casu*, a escritura pública de compra e venda foi lavrada posteriormente à citada Lei, mas, pelos documentos acostados aos autos, o condomínio, cuja mencionada unidade autônoma integra, foi anteriormente instituído.

Nas escrituras públicas lavradas com base nesta sentença normativa orienta-se que seja mencionado: "Escritura Pública lavrada com base na decisão normativa proferida no processo 001/1.14.0284255-5 da Vara dos Registros Públicos desta Capital.

4.2.3 Penhor rural: alteração do prazo

O penhor rural é uma das espécies de garantia mais utilizadas no financiamento das atividades agrícolas e pecuniárias, que alcançam o Registro de Imóveis por meio das cédulas de crédito. A atual evolução das operações financeiras nesta área impulsionou a edição da Medida Provisória 619/2013, alterando a limitação de prazo do penhor rural:

> Art. 1.439. O penhor agrícola e o penhor pecuário não podem ser convencionados por prazos superiores aos das obrigações garantidas.

Não há mais o que se falar em prazos anuais, pois o limite passou a ser o prazo da garantia. Se esta tiver o prazo de 10 (dez) anos, por exemplo, este será o limite do penhor rural.

A Medida Provisória foi convertida na Lei 12.873/2013, o que inseriu de forma definitiva a alteração no Código Civil.

4.3 DO DIREITO DE FAMÍLIA

4.3.1 Outorga conjugal no regime de separação convencional (total ou limitada) de bens

No que concerne ao regime de separação convencional (total ou limitada) de bens, com a entrada em vigor da Lei 10.406/2002, foi admitida a dispensa da outorga conjugal para a alienação e/ou oneração de bens imóveis particulares, isto é, pertencentes a apenas um dos cônjuges (art. 1.647). Neste caso, discute-se se a dispensa da outorga conjugal vale para os casamentos celebrados na vigência do Código Civil de 1916.

> [...] no regime de bens da separação regulado pelo Código Civil de 1916 não era possibilitada a prática de atos de alienação ou gravame de ônus real sobre os bens imóveis, o pleito como autor ou réu acerca desses bens e direitos e a prestação de fiança, sem a outorga uxória, conforme o disposto nos arts. 235 e 242 daquele diploma legal. Logo, permanece a necessidade da outorga para a prática de atos nos casamentos celebrados antes da entrada em vigor do Código Civil de 2002[1].

---

1. MALUF, Carlos Alberto Dabus; MALUF, DABUS, Adriana Caldas do Rego Freitas. *Curso de Direito de Família*. São Paulo: Saraiva, 2013. p. 267.

Salvo melhor juízo, no caso exclusivo dos casados pelo regime de separação convencional total de bens na vigência do CC/1916, deverá ser mantida a exigência da outorga conjugal mesmo nos atos praticados já na vigência do CC/2002. O art. 2.039 do CC/2002 dispõe que "O regime de bens nos casamentos celebrados na vigência do Código Civil anterior, Lei 3.071, de 1º de janeiro de 1916, é o por ele estabelecido". Por outro lado, o art. 276 está inserido no Capítulo IV – "Do Regime da Separação" do Título III – "Do Regime de Bens" do Código Civil de 1916 o que, por hermenêutica jurídica, denota que a disposição acerca da outorga conjugal integra as próprias disposições sobre o regime de separação convencional total. Portanto, aplica-se o art. 276 do CC/1916 c/c arts. 2.035 e 2.039 do CC/2002, para fundamentar a exigência da outorga conjugal nos negócios jurídicos envolvendo imóveis praticados por pessoa casada pelo regime de separação total de bens na vigência do CC/1916.

> Nesse sentido, se o cônjuge ao casar-se sob o regime da separação de bens, na vigência do Código anterior, esperava que os efeitos se produzissem conforme a Lei, ou mais especificamente, que no caso de venda ou oneração de imóveis por seu consorte seria indispensável sua presença no ato jurídico para expressar a sua anuência, estes efeitos devem permanecer mesmo com a vigência de um novo ordenamento[2].

Assim, em respeito aos princípios da segurança jurídica e do ato jurídico perfeito, à preservação da família (arts. 235 e 242 do CC/1916) e considerando o disposto no art. 276 do mesmo diploma legal, que, por sua vez, define o regime de separação convencional de bens vigente à época do casamento, bem como o que dispõem os arts. 2.035 e 2.039 do CC/2002, entendemos, como regra, que o direito dos cônjuges constituído plenamente pela lei que regia o casamento na época da sua celebração não pode ser tolhido ou diminuído, devendo, desta forma, ser exigida a outorga conjugal nas alienações e onerações de bens imóveis de cônjuges casados pelo regime de separação convencional, cujo casamento tenha sido formalizado na vigência do Código Civil de 1916.

Note-se, aqui, a plena aplicabilidade dos princípios da irretroatividade da lei nova, em proteção aos interesses de um dos cônjuges em face de atos a serem praticados unilateralmente pelo outro[3].

O Tribunal de Justiça do Distrito Federal já julgou nesse sentido:

---

2. KOLLET, Ricardo Guimarães. A outorga conjugal nos atos de alienação ou oneração de bens imóveis. Disponível em: <http://www.irib.org.br/html/biblioteca/biblioteca-detalhe.php?obr=99>. Acesso em: 21 jun. 2022.
3. MONTEIRO, Washington de Barros; SILVA, Regina Beatriz Tavares da. *Curso de direito civil*, p. 302 apud MALUF, Carlos Alberto Dabus; MALUF, DABUS, Adriana Caldas do Rego Freitas. *Curso de Direito de Família*. São Paulo: Saraiva, 2013. p. 267.

Aplica-se, pois, ao regime matrimonial de bens dos casamentos celebrados durante sua vigência, em respeito às situações jurídicas definitivamente já constituídas. Como o antigo Código Civil exigia outorga uxória para a alienação de bens no regime de separação total de bens, a exigência continua, embora dispensada pelo art. 1.687 do novo Código Civil, para os casamentos celebrados na vigência do antigo diploma legal. A dispensa da anuência do outro cônjuge, para a alienação de imóveis, no regime de separação de bens, só se aplica aos casamentos celebrados após a vigência do novo Código Civil de 2002[4].

Vislumbra-se a possibilidade de os cônjuges casados pelo regime de separação convencional na vigência do Código Civil de 1916 rerratificarem o seu pacto antenupcial fazendo constar que concordam com a regra do art. 1.647 do Código Civil de 2002. Isto não importa em dizer que aos cônjuges seria permitido estabelecer os efeitos que pretendem obter do regime de bens escolhido, porque isto não é possível; mas, como se permite a alteração do regime de bens (art. 1.639, § 2º, do CC), por que não admitir a opção por algum efeito decorrente do regime escolhido, como no caso apresentado? Logicamente que para isso deverá ser formalizada uma Escritura Pública de Rerratificação do Pacto Antenupcial, adaptando-o ao art. 1.647 do CC, com a consequente averbação no Livro 3-Registro Auxiliar.

4.3.2 Regime de participação final nos aquestos

Com referência ao regime de participação final nos aquestos, inserido no ordenamento jurídico brasileiro nos arts. 1.672 e seguintes do Código Civil, cada cônjuge possui patrimônio próprio, constituído pelos bens que possuía anteriormente ao casamento, bem como por aqueles que forem por ele adquiridos individualmente, a qualquer título (herança, legado, doação, compra e venda etc.), durante o casamento. O casamento realizado por esse regime de bens depende da lavratura de escritura pública de pacto antenupcial (art. 1.640, *caput*).

A administração dos bens que integram o patrimônio próprio é exclusiva de cada cônjuge. Todavia, nos casos de alienação e oneração e tratando-se de coisa imóvel, será obrigatória a anuência do outro cônjuge, o que não ocorre para os bens móveis, que podem ser alienados livremente, salvo nos casos de doação (arts. 1.673, parágrafo único, e 1.675 do Código Civil). Infere-se, então, que a referida norma não previu a dispensa da anuência do cônjuge na alienação de bens imóveis para esse regime de bens, como o fez para o regime de separação convencional de bens (art. 1.687). Alerto para a exceção à regra disposta no art. 1.656, a qual dispõe que "No pacto antenupcial, que adotar o regime de partici-

---

4. TJ-DF AI 74338420038070000, DF 0007433-84.2003.807.0000. Relator(a): Roberval Casemiro Belinati. Julgamento: 16-2-2004. Órgão Julgador: 5ª Turma Cível. Publicação: 29-4-2004, DJU, p. 54, Seção: 3.

pação final nos aquestos, poder-se-á convencionar a livre disposição dos bens imóveis, desde que particulares".

Comunicar-se-ão, outrossim, somente os bens adquiridos em conjunto pelo casal, a título oneroso, na constância do casamento. Dessa forma, conforme prescreve o art. 1.681, deverão constar como adquirentes ambos os cônjuges quando do registro de um título no Ofício Predial, pois, caso contrário, figurando somente um deles, tal bem integrará o patrimônio próprio, não se comunicando.

O montante dos aquestos será apurado quando da dissolução da sociedade conjugal, excluindo-se da soma dos patrimônios próprios os bens anteriores ao casamento e os que em seu lugar se sub-rogaram, os que sobrevierem a cada cônjuge por sucessão ou liberalidade e as dívidas relativas a esses bens.

Ressalta-se, ainda, que a meação não é renunciável, cessível ou penhorável na vigência do regime matrimonial (art. 1.682). Logo, o Oficial do Registro de Imóveis deverá estar bem atento quando do recebimento de títulos determinando o registro de penhora, arresto ou sequestro.

5
DO PATRIMÔNIO DE AFETAÇÃO

5.1 NOTA INTRODUTÓRIA

É importante este estudo pela faculdade legal de o incorporador proporcionar maior garantia aos futuros adquirentes e aos investidores. Por se tratar de um novo instituto, o patrimônio de afetação deve ser minuciosamente analisado, possibilitando ao intérprete auferir todos os seus aspectos relevantes.

Para isso, será necessário um conhecimento prévio da história da incorporação, em especial os defeitos da Lei 4.591/1964 e da Medida Provisória que antecedeu o patrimônio de afetação, pois, somente a partir desses fatos, pode-se justificar e verificar os motivos que levaram à instauração deste instrumento de segurança aos adquirentes de boa-fé.

Em momento posterior, serão apresentados os requisitos necessários à sua constituição, porque o operador do Direito precisa dominar os aspectos legais para implantar e aplicar adequadamente este mecanismo jurídico, objetivando alcançar um registro perfeito, sem máculas que possam viciá-lo a ponto de permitir sua contestação.

Recentemente, a Lei 4.591/1964 foi alterada pela entrada em vigor da Lei 14.382/2022.

5.2 A ONTOLOGIA DO PATRIMÔNIO DE AFETAÇÃO

5.2.1. Panorama histórico

Anteriormente ao advento do Patrimônio de Afetação, as incorporadoras financiavam as construções, dando em hipoteca o terreno e o prédio a ser edificado em garantia da dívida. Os recursos obtidos por esses financiamentos não eram revertidos por alguns investidores para consecução da edificação correspondente, mas sim para saldar débitos existentes, decorrentes de outras construções e financiamentos, provocando um ciclo vicioso.

A situação era agravada pelo costume das incorporadoras em prometer vender as unidades futuras em planta via contrato de promessa de compra e venda e com o hábito dos promitentes compradores das futuras unidades não registrarem seu título: ora porque o imóvel não estava legalizado, ora porque o imóvel estava hipotecado e, ainda, por desconhecimento da necessidade do registro para salvaguardar o direito real à aquisição ou por economia.

A falência da ENCOL, no final da década de 1990, deixou centenas de empreendimentos imobiliários inacabados (cerca de 700) e mais de 40.000 famílias sem seu imóvel próprio. De tal sorte que o Poder Judiciário foi obrigado a reestruturar o Direito Civil, a fim de solucionar a questão, principalmente visando favorecer os compromissários compradores em detrimento dos credores hipotecários (geralmente as financiadoras) em razão do interesse social.

A questão e o desamparo legal daqueles que tinham comprado seu imóvel em planta foi levado ao Superior Tribunal de Justiça. Esta Corte, em malograda técnica, na tentativa de evitar o caos social, editou a Súmula 308, preconizando: "A hipoteca firmada entre a construtora e o agente financeiro, anterior ou posterior à celebração da promessa de compra e venda, não tem eficácia perante os adquirentes do imóvel".

Tal decisão sumulada desestabilizou o mercado, desprestigiou a publicidade registral e eliminou do âmbito jurídico o instituto mais consagrado no mundo: o da hipoteca, um verdadeiro e legítimo direito real de garantia, à medida que reduziu drasticamente a capacidade de satisfazer o crédito pelo instrumento hipotecário. Enfim, foi um desastre socioeconômico, afetando a credibilidade das incorporações e abalando a segurança jurídica.

Neste passo, foi promulgada a Medida Provisória 2.221/2001, que alterou a Lei 4.591/1964. Essa medida, que acabou sendo revogada pela Lei 10.931/2004, visava dar maior transparência à situação jurídica das unidades autônomas, caso o incorporador restasse insolvente. Logo, instituiu a Comissão de Representantes e outorgou-lhe poderes para, em nome do incorporador, cumprir os compromissos assumidos perante os adquirentes.

Segundo Melhim Namem Chalhub[1], a Medida Provisória teve alguns excessos: se, de um lado, trouxe ao âmbito jurídico instrumentos que permitiam melhor visualização do andamento desse empreendimento; por outro, pecou ao agravar por demasia a responsabilidade do condômino sob o empreendimento, no momento da constituição do patrimônio de afetação. Além de não estimular a continuidade do negócio, em caso de falência.

---

1. Chalhub, Melhim Namem. Patrimônio de afetação. *Boletim Eletrônico do IRIB*, n. 240, de 17-10-2000. Disponível em: <https://www.irib.org.br/boletins/detalhes/3611>. Acesso em: 22 jun. 2022.

Esses problemas foram sanados pela Lei 10.931/2004, que inseriu na Lei 4.591/1964, que dispõe sobre o condomínio em edificações e incorporação imobiliárias, o patrimônio de afetação. Esse diploma legal veio com o intuito de aumentar a transparência dos recursos econômicos e de proteger os empreendimentos imobiliários e os consumidores que buscam a aquisição da casa própria negociando o imóvel em planta.

5.2.2 Aspectos conceituais do patrimônio de afetação

A partir do conceito estabelecido pela lei, no art. 31-A, Melhim Namem Chalhub tece uma crítica, muito apropriada, afirmando que a referência correta desse instituto deveria ser "bens apartados dentro do patrimônio do incorporador"[2]. Isto porque a formação do patrimônio de afetação não extingue o direito subjetivo do incorporador sobre esses bens, apenas o restringe. Isto é, o imóvel continua em nome do incorporador até a conclusão das obras.

Feitas essas considerações preliminares, pode-se definir esse instituto como sendo a segregação patrimonial de bens do incorporador para uma atividade específica, com a finalidade de assegurar a continuidade e a entrega das unidades em construção aos futuros adquirentes, mesmo em caso de falência ou insolvência do incorporador. Como se vê, a partir da análise desse conceito, o patrimônio de afetação resulta da aplicação da teoria da separação patrimonial da pessoa jurídica no campo imobiliário[3].

O patrimônio de afetação significa, portanto, que o terreno e as acessões, objeto de incorporação imobiliária, estarão submetidos ao regime especial de tributação, bem como os demais bens e direitos a estes vinculados. Ademais, manter-se-ão apartados da seara patrimonial do incorporador, não se comunicando.

5.2.3 Atos constitutivos do patrimônio de afetação

A adesão por este regime será efetivada quando da entrega do termo de opção junto à Secretaria da Receita Federal pelo incorporador/proprietário do lote e da afetação do terreno e das acessões constantes do processo de incorporação. Este ato se efetivará por termo e atendendo os requisitos dispostos na lei (art. 2º), sendo necessário para tanto a: (a) inscrição de cada Patrimônio de Afetação no Cadastro Nacional da Pessoa Jurídica (CNPJ), vinculada ao evento 109 – Inscrição de Incorporação Imobiliária – Patrimônio de Afetação (IN-SRF

---
2. Idem, ibidem.
3. CHALHUB, Melhim Namem. Afetação de incorporação imobiliária. *Boletim Eletrônico*, n. 2.755. Disponível em: <https://www.irib.org.br/boletins/detalhes/1065>. Acesso em: 22 jun. 2022.

1.435/2013); (b) entrega do Termo de Opção ao Regime Especial de Tributação na unidade competente à Delegacia da Receita Federal (DRF) ou à Delegacia da Receita Federal de Administração Tributária (DERAT) com jurisdição sobre o estabelecimento matriz da pessoa jurídica (IN-SRF 1.435/2013).

Neste contexto, é importante deixar consignado que a afetação poderá ser requerida no memorial de incorporação ou em momento posterior, mas até a conclusão da obra (habite-se), sendo que o Termo de Opção por esse instituto deve ser instruído com o título constitutivo do patrimônio de afetação da incorporação, firmado pelo incorporador. Quando for o caso, também pelos titulares de direitos reais de aquisição, devidamente averbado no Registro de Imóveis. Se a opção for posterior ao registro da incorporação, será realizada em documento apartado.

Pelo que se depreende dos dispositivos da referida lei, primeiramente, será realizada a averbação da afetação na matrícula do imóvel, no Registro de Imóveis, por ocasião do registro da incorporação (memorial), nos termos da Lei 4.591/1964 ou, no caso de incorporação já existente, como se salientou, a opção poderá ser feita em documento apartado pelo incorporador. Como se vê, a afetação nasce com a averbação no Fólio Real.

O Regime Especial Tributário do Patrimônio de Afetação aplicável às incorporações imobiliárias é de caráter opcional e irretratável, com duração limitada: enquanto perdurarem direitos de créditos ou obrigações do incorporador junto aos compradores dos imóveis que compõem a incorporação. Admite-se a constituição de mais de um regime de afetação na mesma incorporação. Exemplo disso são os edifícios de dois ou mais pavimentos/blocos.

Esse instituto, também, permite o direito de arrependimento. O prazo de carência estabelecido no contrato faculta à incorporadora exercer seu direito de desistência durante este período. Não obstante isso, as extinções das obrigações do incorporador e das consequências do patrimônio de afetação somente ocorrerão quando os adquirentes forem restituídos das quantias pagas.

Não são atingidos pela segregação do patrimônio, nos termos do art. 31-A, § 8º, da Lei 4.591/1964: "I – os recursos financeiros que excederem a importância necessária à conclusão da obra (art. 44), considerando-se os valores a receber até sua conclusão e, bem assim, os recursos necessários à quitação de financiamento para a construção, se houver; e II – o valor referente ao preço de alienação da fração ideal de terreno de cada unidade vendida, no caso de incorporação em que a construção seja contratada sob o regime por empreitada (art. 55) ou por administração (art. 58)".

Assim, "incumbe ao incorporador: I – promover todos os atos necessários à boa administração e à preservação do patrimônio de afetação, inclusive mediante adoção de medidas judiciais; II – manter apartados os bens e direitos objeto de cada incorporação; [...] VIII – manter escrituração contábil completa, ainda que esteja desobrigado pela legislação tributária" (art. 31-D).

Segue em tramitação no Poder Legislativo o Projeto de Lei 6.641/2013 que visa tornar obrigatória a instituição do patrimônio de afetação nas incorporações imobiliárias realizadas por empresa ou sociedades integrantes dos grupos societários e as sociedades controladas que simultaneamente tiverem mais de 3 (três) incorporações, sob pena de aplicação de multa[4].

O projeto sugerido pela Associação Brasileira dos Mutuários da Habitação (ABMH) é baseado na justificativa de que:

> [...] nos últimos anos, é notório que esse mercado passou por largo desenvolvimento. Em boa parte, o avanço do mercado da construção civil foi possível pela edição da Lei 10.931/04, que, além de prever o patrimônio de afetação, também disciplina matéria relacionada com o mercado de crédito brasileiro.
>
> Ao contrário do que possa parecer, maior segurança nas operações de venda de imóveis na planta tem impacto além do setor da construção civil, afetando diretamente o mercado de crédito.
>
> No entanto, os motivos que levaram o Governo a propor a instituição do patrimônio de afetação ainda estão presentes, por causa de um lapso na redação do art. 31-A. O lapso está na faculdade – e não obrigatoriedade – Da instituição do patrimônio de afetação.
>
> Na exposição de motivos da Lei 10.931/04, fica claro que o objetivo da criação do patrimônio de afetação foi trazer mais segurança na venda de imóveis na planta e fomentar o setor financeiro.
>
> Cabe lembrar que o instituto do patrimônio de afetação tem como objetivo conferir segurança ao mutuário e a toda cadeia de financiamento imobiliário, reduzindo os riscos de falência da incorporadora e permitindo que, caso esse fato eventualmente ocorra, os próprios mutuários possam dar continuidade ao respectivo empreendimento. Por um lado, a maior segurança proporcionada ao adquirente de imóvel na planta irá aumentar a demanda por imóveis residenciais novos, estimulando dessa forma a construção civil. Por outro lado, a maior segurança proporcionada de que a obra terá continuidade, mesmo em caso de falência da incorporadora, irá aumentar o fluxo de recursos para o financiamento imobiliário, inclusive a um menor custo.
>
> Depois de quase dez anos da edição da referida lei, é importante ressaltar que o mercado aumentou exponencialmente. Dados divulgados pela ABECIP – Associação Brasileira de Poupança e Empréstimo – Dão conta da evolução do mercado de financiamento imobiliário. O número de unidades financiadas em 2004 (ano de edição da Lei 10.934/04) foi de 53.826, pequeno se comparado às 453.209 financiadas em 2012. Outro fator interessante é que a inadimplência do crédito imobiliário é menor que a média dos outros produtos do mercado financeiro. Segundo balanço trimestral divulgado pela Caixa Econômica Federal, o número

---

4. Projeto de Lei 6.641/2013. Disponível em: <http://www.camara.gov.br/proposicoesWeb/fichadetramitacao?idProposicao=598211>. Acesso em: 22 jun. 2022.

de inadimplência do crédito habitacional é 2,24%, enquanto a medida do Sistema Financeiro Nacional é de 3,4%.

Apesar do aumento do mercado imobiliário e da maior segurança nas operações de financiamento, vemos que o novo instituto não foi capaz de inibir antigos problemas. Diversos mutuários têm feito denúncias de paralisação indevida de obras, bem como existem diversos casos de falência de construtoras pelo País afora. As empresas que se encontram em situação financeira ruim ou falimentar nunca utilizam a garantia real do patrimônio de afetação. O grande receio é que casos como os da ENCOL voltem a assolar nosso país, pelo simples motivo de a lei não ter imposto a adoção do patrimônio de afetação para essas empresas, deixando que as próprias optassem pela sua instituição.

O patrimônio de afetação traz vantagens tanto para os mutuários quanto para as empresas. Esses contam com a blindagem patrimonial do empreendimento, formação de comissão de representantes dos compradores, contabilidade do empreendimento apartada da empresa e facilidade para terminar o prédio em caso de falência da incorporadora. O maior benefício daqueles que atualmente optam pelo Patrimônio de Afetação é o Regime de Tributação Especial, que traz alíquota diferenciada, reduzindo-se o pagamento de impostos. Se há vantagens para os dois lados, resta a pergunta: Porque ainda existem empresas que ainda não utilizam o Patrimônio de Afetação?

Não é demais lembrar que a própria Lei 10.931/04 foi fruto de um clamor por mais segurança na venda de imóveis na planta, em face do caso ENCOL. Nessa época, o Judiciário buscou soluções principiológicas para os mutuários, deixando de aplicar os ditames da Lei de Falências. Caso concreto que ilustra bem a questão foi o julgamento do Recurso Especial 1.115.605 – RJ, no qual, expressamente, o Tribunal declara que "embora o art. 43, III, da Lei 4.591/64 não admita expressamente excluir do patrimônio da incorporadora falida e transferir para comissão formada por adquirentes de unidades a propriedade do empreendimento, de maneira a viabilizar a continuidade da obra, esse caminho constitui a melhor maneira de assegurar a funcionalidade econômica e preservar a função social do contrato de incorporação, do ponto de vista da coletividade dos contratantes e não dos interesses meramente individuais de seus integrantes".

O receio da ABMH é que milhares de consumidores, vítimas de construtoras que não utilizam o patrimônio de afetação, fiquem desamparados. O valor de venda das unidades imobiliárias é alto e na maioria das vezes representa a economia de toda uma vida. A sociedade não pode dar margem para que um problema como o da ENCOL ocorra novamente, e a solução é a obrigatoriedade de instituição do patrimônio de afetação para as empresas que contem com mais de três obras simultâneas.

A redação do novo parágrafo foi elaborada de forma a abranger não só as empresas ou incorporadoras, mas também as sociedades integrantes dos grupos societários e as sociedades controladas dessas empresas. Isso se dá pelo fato de que no mercado da construção civil ser comum a instituição de SPEC – Sociedade de Propósito Específico – para a construção de determinado empreendimento. Assim, muitas empresas não figuram como as verdadeiras incorporadoras, mas colocam empresas nas quais ela é sócia para figurar como tal. Foi escolhido o termo sociedades integrantes dos grupos societários e as sociedades controladas por ser aquele utilizado no CDC (Lei 8.078/1990) em seu art. 28, § 2º.

Coloca-se como penalidade pelo descumprimento da não instituição do patrimônio de afetação a mesma multa prevista no § 5º do art. 35, haja vista a natureza da infração ter a mesma gravidade que o não registro da incorporação. Ademais, caso as incorporadoras não tenham penalidade pelo descumprimento, a lei não terá efetividade e os consumidores continuarão a ser lesados pelas más empresas.

Grandes doutrinadores concordam que se perdeu a oportunidade, quando da instituição da Lei 10.931/04, de tornar o instituto obrigatório. Utilizamos os dizeres de um deles, Hércules Angharian, para mostrar que os mutuários continuaram a correr riscos porque a instituição do patrimônio de afetação não é obrigatória: "Infelizmente, o estímulo que fez o legislador, na adesão ao sistema de afetação, repetiu a tímida redação contemplada na MP que se revogou. Afinal, em lugar de a lei estabelecer a obrigatoriedade, faculta-a. Deita por terra a utilidade da garantia criada, uma vez sabido que tais incorporações, como são realizadas, impõe-se pelo poder econômico das construtoras, apaniguadas com incorporadoras, que muitas vezes se confundem, camuflando-se em simples corretores de imóveis responsáveis, em linda documental, pelo lançamento do empreendimento e sua comercialização[5].

Observa-se, em consulta ao Portal da Câmara dos Deputados, que o Projeto de Lei teve sua última movimentação no ano de 2019, tendo sido desarquivado em abril após requerimento, pois, ainda no mesmo ano, mas no mês de janeiro, havia sido arquivado. Antes, em janeiro de 2015, também houve arquivamento, tendo sido desarquivado dois meses depois.

5.3 O PATRIMÔNIO DE AFETAÇÃO E A SEGURANÇA JURÍDICA

5.3.1 A redução de riscos por meio do patrimônio de afetação

Posto isso, se, de um lado, para o incorporador, no campo fiscal, é positiva a opção pelo regime especial de tributação gerado pelo patrimônio de afetação, em virtude da redução da carga fiscal para 4% (quatro por cento) da receita mensal, nos termos da precitada lei, de outro lado, pode ser prejudicial à escolha deste regime, eis que ficará reduzido o acervo patrimonial do incorporador que responderá pelos demais débitos.

No tocante ao adquirente, o regime de afetação gera maior credibilidade ao empreendimento, o que ocasionará um incremento nas vendas em planta, favorecendo os interessados na aquisição, em decorrência da separação patrimonial. Ressalta-se, contudo, que não há garantia para estes de que a obra será executada, mas, sim, de que há um patrimônio reservado para tal finalidade. Com efeito, é facultado aos promissários compradores o direito de fiscalizar e acompanhar o patrimônio de afetação por meio de uma Comissão de Representantes, ou, ainda, por interposta pessoa jurídica ou física por esta nomeada.

---

5. Projeto de Lei 6.641/2013. Disponível em: <http://imagem.camara.gov.br/Imagem/d/pdf/DCD0020131112002000000.PDF#page=92>. Acesso em: 22 jun. 2022.

Neste ponto, é importante destacar as lições de Melhim Namem Chalhub, que salientou:

> A teoria da afetação se ajusta com perfeição como instrumento de preservação dos direitos dos adquirentes, até porque a captação que opera tem destinação específica, que é a própria construção. A afetação dará efeito prático aos mecanismos de controle e fiscalização das incorporações imobiliárias, mediante criação de reserva patrimonial destinada à conclusão da obra e entrega aos adquirentes, bastando ver que, se as incorporações já fossem objeto de afetação, os adquirentes da Encol não sofreriam os prejuízos de que são vítimas[6].

Sob a ótica dos aspectos registrais, a escolha deste regime ocasiona a separação patrimonial, sendo que o patrimônio afetado será destinado, exclusivamente, ao empreendimento e o remanescente para saldar as demais obrigações.

Os bens que constituem o patrimônio de afetação não poderão ser objeto de hipoteca, alienação fiduciária, salvo se tratar de operação de crédito cujo produto seja integralmente destinado à consecução da edificação correspondente e à entrega das unidades imobiliárias aos respectivos adquirentes. De forma que os produtos da cessão de direitos creditórios referentes à comercialização das unidades imobiliárias componentes da incorporação passarão a integrar o patrimônio de afetação.

Outra característica desse instrumento a contribuir com a redução de riscos reside na impossibilidade dos bens objeto do patrimônio de afetação não integrarem a massa concursal (art. 31-F da Lei 4.591/1964). Isto é, os efeitos da decretação da falência ou da insolvência civil do incorporador não atingem os patrimônios de afetação constituídos: o terreno, as acessões e demais bens, direitos creditórios, obrigações e encargos da incorporação, continuando a servir até o término da obra, como garantia.

Portanto, no caso de falência, os adquirentes têm duas opções: (a) tornarem-se credores privilegiados da empresa incorporadora nas importâncias pagas até o momento da decretação da falência; (b) optarem pela continuação da obra, ficando, assim, automaticamente sub-rogados nos direitos, nas obrigações e nos encargos relativos à incorporação, inclusive aqueles relativos ao contrato de financiamento da obra, se houver.

Por fim, outra garantia oferecida por este instituto é a possibilidade de os adquirentes acompanharem o andamento e a gestão do empreendimento por uma comissão de representantes. Esta faculdade faz com que os adquirentes desempenhem e participem efetivamente desde o alicerce até o habite-se.

---

6. CHALHUB, Melhim Namem. Afetação de incorporação imobiliária. *Boletim Eletrônico*, n. 2.755. Disponível em: <https://www.irib.org.br/boletins/detalhes/1065>. Acesso em: 22 jun. 2022.

5.4 EXTINÇÃO DO PATRIMÔNIO DE AFETAÇÃO

O patrimônio de afetação extinguir-se-á pela completa adimplência do contrato, ou seja, pela averbação da construção, pelo registro dos títulos de domínio ou pelo direito de aquisição em nome dos respectivos adquirentes. Esse é o meio normal de extinção desse instituto.

Contudo, esse instituto também poderá extinguir-se de forma anômala. Isso ocorrerá quando houver denúncia da incorporação, em face de sua irregularidade ou descumprimento de alguma cláusula contratual. Aliás, cabe àquele que apurar qualquer infração legal levar o fato para a Comissão de Representantes e, sendo o caso, esta, após a deliberação, denunciar os responsáveis ao Ministério Público para apuração de responsabilidade.

Outra via anômala é quando o patrimônio de afetação, por não estar mais cumprindo com a sua finalidade ou dada a insolvência do incorporador, ser liquidado por decisão da Assembleia Geral.

Com efeito, a Lei 14.382/2022 alterou o artigo 31-E da Lei 4.591/1964 no tocante ao cancelamento do patrimônio de afetação e da denúncia da incorporação. Sendo assim, quando da extinção integral das obrigações do incorporador perante a instituição financiadora do empreendimento e após a averbação da construção, cancela-se o patrimônio de afetação por meio de averbação (sem conteúdo financeiro) do respectivo termo de quitação nas matrículas do empreendimento, bem como, após a denúncia da incorporação, proceder-se-á ao cancelamento do patrimônio de afetação, mediante requerimento.

5.5 CANCELAMENTOS DE PATRIMÔNIO DE AFETAÇÃO DE ACORDO COM A MEDIDA PROVISÓRIA 1.085/2021, CONVERTIDA NA LEI 14.382/2022

Com efeito, a Lei 14.382/2022 alterou o artigo 31-E da Lei 4.591/64 no tocante ao cancelamento do patrimônio de afetação e da denúncia da incorporação.

Todavia, no dia 22 de dezembro de 2022 o Congresso Nacional derrubou quatro vetos da Medida Provisória 1.085, transformada na Lei 14.382/2022, sendo que dois deles se referem a extinção do patrimônio de afetação.

Um item do artigo 10 que determina que ocorra no momento do registro da compra e venda a extinção do "patrimônio de afetação", uma espécie de segregação do bem para que sirva como garantia da conclusão do imóvel (§ 1º do art. 31-E da Lei 4.591/64).

Outro item do artigo 10, inserido a partir de emenda, mantém regime de tributação diferenciado para os imóveis objetos da extinção do patrimônio de afetação (§ 3º do art. 31-E da Lei 4.591/64).

Art. 10. A Lei 4.591, de 1964, passa a vigorar com as seguintes alterações:

Art. 31-E. (...)

(...)

§ 3º Em caso de denúncia da incorporação, proceder-se-á à desafetação no mesmo ato de cancelamento do registro da incorporação, à vista de requerimento do incorporador instruído com os documentos a que se referem os § 4º e § 5º do art. 34 e com cópias dos recibos de quitação passados pelos adquirentes, e, na hipótese prevista no inciso III do *caput*, mediante averbação, sem conteúdo financeiro, da ata da assembleia geral dos adquirentes que deliberar pela liquidação a que se refere o § 1º do art. 31-F."

Os vetos derrubados do artigo 10 relativos à Lei 4.591/64, ao retirar a obrigatoriedade de averbação específica do patrimônio de afetação quando implementadas certas condições, considerando desse implemento decorrer a extinção automática, não impedem que esta seja procedida, desde que assim requerido expressamente pelo incorporador e/ou pelo adquirente, uma vez que o legislador utilizou a expressão "sem necessidade de averbação" e, portanto, não vedou essa possibilidade. Tema a ser estudado e refletido pelos operadores do Direito e empresários da construção civil em busca do melhor e mais seguro caminho.

Os trechos vetados e apreciados em sessão semipresencial do plenário do Congresso Nacional em 22/12/2022 aguardam a remessa e devida comunicação ao Presidente da República que deverá proceder a promulgação conforme dispõe o art. 66, § 5º da Constituição Federal.

Assim, em virtude da derrubada dos vetos, a extinção do patrimônio de afetação ocorrerá da seguinte forma:

- *Caso 1 – Imóvel vendido – Extinção automática – Sem averbação*

Requisitos:

1 – Obra concluída +

2 – Quitação da hipoteca/alienação fiduciária da obra +

3 – Transmissão da propriedade de unidade autônoma

Art. 31-E. O patrimônio de afetação extinguir-se-á pela:

I – averbação da construção, registro dos títulos de domínio ou de direito de aquisição em nome dos respectivos adquirentes e, quando for o caso, extinção das obrigações do incorporador perante a instituição financiadora do empreendimento;

(...)

§ 1º Na hipótese prevista no inciso I do *caput*, uma vez averbada a construção, o registro de cada contrato de compra e venda ou de promessa de venda, acompanhado do respectivo termo de quitação da instituição financiadora da construção, importará na extinção automática do patrimônio de afetação em relação à respectiva unidade, sem necessidade de averbação específica.

Ação: *Não* averbar, apenas inserir observações, de acordo com o modelo, no ato de registro de transmissão:

Observações: Em virtude da averbação da conclusão da construção, da averbação da quitação da garantia e do registro desta transmissão, fica extinto o patrimônio de afetação da AV-..., desta matrícula, nos termos do § 1º do artigo 31-E da Lei 4.591/64.

- Caso 2 – Imóvel não vendido – Cancelamento por averbação

Requisitos:

1 – Obra concluída +

2 – Cancelamento da hipoteca/alienação fiduciária da obra +

3 – *Declaração que as unidades que ainda estão em nome da incorporadora, não foram negociadas (para casos antigos, aceitar o Requerimento expresso que solicita a cancelamento da afetação).*

Art. 31-E. O patrimônio de afetação extinguir-se-á pela:

(...)

§ 2º Quando da extinção integral das obrigações do incorporador perante a instituição financiadora do empreendimento e após a averbação da construção, a afetação das unidades não negociadas será cancelada mediante averbação, sem conteúdo financeiro, do respectivo termo de quitação na matrícula matriz do empreendimento ou nas respectivas matrículas das unidades imobiliárias eventualmente abertas.

Ações:

1 – Averbar cancelamento da hipoteca/alienação fiduciária da obra

2 – Averbar cancelamento do patrimônio de afetação:

Modelo

Cancelamento de Patrimônio de Afetação – Nos termos do instrumento particular que promoveu a extinção integral das obrigações do incorporador perante a instituição financiadora e em virtude da averbação da conclusão da construção, fica *cancelado* o patrimônio de afetação da AV-|número do patrimônio de afetação|, nos termos do § 2º do artigo 31-E da Lei 4.591/64.

Como se vê, quando da extinção integral das obrigações do incorporador perante a instituição financiadora do empreendimento e após a averbação da construção, cancela-se o patrimônio de afetação por meio de averbação (sem conteúdo financeiro) do respectivo termo de quitação nas matrículas do empreendimento, bem como, após a denúncia da incorporação proceder-se-á ao cancelamento do patrimônio de afetação, mediante requerimento.

5.6 A SUBINCORPORAÇÃO E O PATRIMÔNIO DE AFETAÇÃO

O momento em que ainda vivemos de enfrentamento da pandemia da COVID-19 nos faz vislumbrar o advento do chamado "novo normal" e isso impõe que se pense novas formas de construir, de modo a garantir maior bem-estar e segurança aos cidadãos. Os projetos arquitetônicos certamente serão objeto de reflexão e irão propor novas formas de convivência entre os condôminos e da satisfação de suas necessidades diárias, tais como o recebimento de delivery e a implantação de sistemas que privilegiem a ventilação natural e o aproveitamento da luz solar.

Os futuros conjuntos habitacionais e espaços de *coworkings* certamente terão uma nova roupagem e estruturação diversa das que hoje existem. É um novel desafio a arquitetos, engenheiros e, especialmente, aos empresários/incorporadores que deverão buscar diferentes formas de pensar e administrar os empreendimentos imobiliários nos próximos anos.

Nesse contexto, o instituto do Patrimônio de Afetação, que é a segregação patrimonial de bens do incorporador para uma atividade específica, com o intuito de assegurar a continuidade e a entrega das unidades em construção aos futuros adquirentes, mesmo em caso de falência ou insolvência do incorporador, mostra-se, cada vez mais, como uma alternativa para dar maior confiabilidade ao consumidor.

A Lei 10.931, de 2 de agosto de 2004, instituiu o Regime Especial Tributário do Patrimônio de Afetação aplicável às incorporações imobiliárias, em caráter opcional e irretratável, enquanto perdurarem direitos de créditos ou obrigações do incorporador junto aos compradores dos imóveis que compõem a incorporação, com o objetivo de recuperar a construção civil com a venda de imóvel em planta pelos incorporadores imobiliários brasileiros, em face dos prejuízos causados por alguns empreendedores.

Aliás, importa ressaltar que no projeto de lei original havia a previsão desse regime ser obrigatório. Entretanto, em que pese o caráter opcional, nos últimos anos, na imensa maioria das incorporações registradas os empreendedores têm optado pela instituição do Patrimônio de Afetação, o que gera efeitos benéficos em relação à segurança jurídica da coletividade.

Nos casos dos supercondomínios e os empreendimentos multiuso, os quais abrigam em um só terreno um conjunto de edificações, que guardam certa independência administrativa e financeira entre si, o artigo 6º da Lei 4.864/1965, possibilita ao incorporador requerer o desdobramento da incorporação em várias subincorporações.

Lei 4.864/1965:

Art. 6º No caso de um conjunto de edificações a que se refere o artigo 8º da Lei 4.591, de 16 de dezembro de 1964, poder-se-á estipular o desdobramento da incorporação em várias incorporações, fixando a convenção de condomínio ou contrato prévio, quando a incorporação ainda estiver subordinada a períodos de carência, os direitos e as relações de propriedade entre condôminos de várias edificações.

Lei 4.591/1964:

Art. 8º Quando, em terreno onde não houver edificação, o proprietário, o promitente comprador, o cessionário deste ou o promitente cessionário sobre ele desejar erigir mais de uma edificação, observar-se-á também o seguinte:

a) em relação às unidades autônomas que se constituírem em casas térreas ou assobradadas, será discriminada a parte do terreno ocupada pela edificação e também aquela eventualmente reservada como de utilização exclusiva dessas casas, como jardim e quintal, bem assim a fração ideal do todo do terreno e de partes comuns, que corresponderá às unidades;

b) em relação às unidades autônomas que constituírem edifícios de dois ou mais pavimentos, será discriminada a parte do terreno ocupada pela edificação, aquela que eventualmente fôr reservada como de utilização exclusiva, correspondente às unidades do edifício, e ainda a fração ideal do todo do terreno e de partes comuns, que corresponderá a cada uma das unidades;

c) serão discriminadas as partes do total do terreno que poderão ser utilizadas em comum pelos titulares de direito sôbre os vários tipos de unidades autônomas;

d) serão discriminadas as áreas que se constituírem em passagem comum para as vias públicas ou para as unidades entre si. (sic)

Quando da alteração da Lei 4.591/1964 pela Lei 10.931/2004, foi incluída a figura do patrimônio de afetação com o objetivo de conferir segurança e confiança ao mercado imobiliário, garantindo os direitos dos adquirentes de fração ideal vinculada à unidade autônoma a ser construída no caso de falência do incorporador.

No regime da afetação o terreno e as acessões objeto de incorporação imobiliária, bem como os demais bens e direitos a ela vinculados ficam apartados do patrimônio do incorporador, constituindo-se patrimônio de afetação destinado à consecução da incorporação correspondente e à entrega das unidades imobiliárias aos respectivos adquirentes, consoante dispõe o artigo 31-A da Lei 4.591/1964.

De acordo com o artigo 31-A da Lei 4.591/1964, a constituição do patrimônio de afetação se dá mediante averbação, a qualquer tempo, no Registro de Imóveis, de termo firmado pelo incorporador e, quando for o caso, também pelos titulares de direitos reais de aquisição sobre o terreno.

O artigo 31-A da Lei 4.591/1994 no seu § 9º garantiu a faculdade de instituir patrimônios de afetação separados para cada conjunto de casas para as quais esteja prevista a mesma data de conclusão ou para edifícios determinados, de dois ou mais pavimentos.

Lei 4.591/1964:

Art. 31-A. [...]

§ 9º No caso de conjuntos de edificações de que trata o art. 8º, poderão ser constituídos patrimônios de afetação separados, tantos quantos forem os:

I – subconjuntos de casas para as quais esteja prevista a mesma data de conclusão (art. 8º, alínea "a"); e

II – edifícios de dois ou mais pavimentos (art. 8º, alínea "b").

No caso de empreendimentos estruturados na forma de subincorporações, pode ser instituído um patrimônio de afetação sobre cada uma das subincorporações, com base no mesmo § 9º do artigo 31-A antes citado, de modo que a cada uma destas corresponda um patrimônio afetado, apartado dos demais.

Nessas situações, nos termos do § 10 do artigo 31-A da Lei 4.591/1964, considerando que o incorporador deverá requerer no ato do registro da incorporação do empreendimento o respectivo desdobramento, também deverá requerer a afetação de cada uma das subincorporações dele originárias, uma vez que a lei exige declaração no memorial de incorporação, de onde se depreende que ausente essa prévia declaração no memorial de incorporação, posteriormente somente poderá ser afetada a totalidade da incorporação.

Lei 4.591/1964:

Art. 31-A. [...]

§ 10. A constituição de patrimônios de afetação separados de que trata o § 9º deverá estar declarada no memorial de incorporação.

O incorporador estipulará no memorial para cada uma das subincorporações a sua finalidade, bem como as suas respectivas unidades autônomas e áreas de uso comum exclusivas. Declarará, ainda, as coisas de uso comum da grande incorporação e coisas de uso comum de cada subincorporação. Cada unidade autônoma terá, portanto, uma fração ideal vinculada à grande incorporação e uma fração ideal vinculada à subincorporação a qual pertence. Nesse mesmo memorial solicitará a instituição de patrimônios de afetação separados para cada uma das subincorporações.

Dessa forma, o Registrador procederá ao registro na matrícula do terreno de origem das subincorporações e à averbação da instituição de seus patrimônios de afetação respectivos, mediante ato único, com a discriminação expressa dos patrimônios de afetação individual de cada uma das subincorporações, desde que requerida a abertura de matrícula própria para cada subincorporação. Caso não haja esse pedido, averba-se apenas um patrimônio de afetação, podendo o incorporador futuramente solicitar seu desdobramento quando requerer a abertura de uma matrícula para cada subincorporação.

Importa frisar que a averbação da afetação na Matrícula do Imóvel, no Registro de Imóveis, por ocasião do registro da incorporação (memorial), ou, no caso de incorporação já existente, em documento apartado poderá ser feita a opção – pelo incorporador – pelo regime especial de tributação é o primeiro passo, pois a adesão por este regime será efetivada quando da entrega do termo de opção junto a Secretaria da Receita Federal pelo incorporador / proprietário do lote e da afetação do terreno e das acessões constantes do processo de incorporação. Cada patrimônio de afetação receberá um número de inscrição no Cadastro Geral de Contribuintes (CGC), com reflexo, portanto, nos atos de adesão ao regime especial de tributação.

A partir de então, o terreno e as acessões objeto de incorporação imobiliária sujeitos ao regime especial de tributação, bem como os demais bens e direitos a ela vinculados manter-se-ão apartados da seara patrimonial do incorporador, não se comunicando; constituindo, portanto, um patrimônio separado, independente, destinado à efetiva consecução da obra e a entrega das unidades aos respectivos compradores. Logo, não responderão por dívidas tributárias da incorporadora relativas ao Imposto de Renda das Pessoas Jurídicas (IRPJ), à Contribuição Social sobre o Lucro Líquido (CSLL), à Contribuição para o Financiamento da Seguridade Social (COFINS) e à Contribuição para os Programas de Integração Social e de Formação do Patrimônio do Servidor Público (PIS/PASEP), exceto aquelas calculadas sobre as receitas auferidas no âmbito da incorporação.

Feitas estas considerações, é imperioso reconhecer que com o patrimônio de afetação devidamente formalizado na matrícula do imóvel, as vendas em planta ocorrerão com maior frequência, em virtude de os compradores e as financeiras estarem melhor protegidos, gerando, assim, novos negócios e recuperando à imagem junto aos adquirentes de boa-fé e ajudando no desenvolvimento econômico no Estado e no País: isso é Segurança Jurídica.

5.7 CONCLUSÕES

Como exposto neste trabalho, diversos aportes jurídicos compuseram e influenciaram na construção dessa lei. Nosso empenho foi no sentido de situar o patrimônio de afetação no contexto axiológico de proteção aos adquirentes de boa-fé.

No portal dessa reflexão, os estudos aqui desenvolvidos visaram a construir o conflito originado pela não transparência das incorporações imobiliárias à luz da Lei 4.591/1964, antes da promulgação da Lei 10.931/2004. Acima de tudo, buscou-se demonstrar que o patrimônio de afetação é uma segurança aos financiadores como aos consumidores, sem deixar de trazer benefícios aos incorporadores. Percuciente, portanto, deixar registrado aqui que engessar ou obstar a incidência de tal instrumento normativo em situações que possa atuar significa impedir a introdução da segurança jurídica no Direito Imobiliário.

Nesta linha de interpretação, pode-se afirmar que:

a) o patrimônio de afetação é uma "ficção";

b) o patrimônio de afetação nasce com a averbação na matrícula do imóvel, sendo opcional e irretratável;

c) a afetação poderá ser requerida no memorial de incorporação ou em momento posterior, mas até a conclusão da obra (habite-se);

d) tendo havido alguma alienação, é necessária a anuência dos futuros proprietários da unidade;

e) a fiscalização do patrimônio de afetação é cabível à Comissão de Representantes ou à pessoa por esta nomeada;

f) o patrimônio de afetação extinguir-se-á: pela averbação da construção (habite-se); pelos registros dos títulos de domínio, ou de direito de aquisição em nome dos correspondentes compradores; e, quando for o caso, pela extinção das obrigações do incorporador perante a instituição financeira do empreendimento;

g) no caso de desistência da incorporação, isto é, usando o prazo de carência, se houver uma vez restituído aos compradores das unidades as quantias devidas, será igualmente extinto.

Fica a seguinte sugestão: após a apreciação do termo de opção pela Secretaria da Receita Federal, que o incorporador deposite, no processo de incorporação, o documento expedido por esta no Álbum Imobiliário. Com isso comprovará a sua inserção no Regime Especial de Tributação.

Por derradeiro, o que este capítulo enfatizou é que o patrimônio de afetação, devidamente formalizado na matrícula do imóvel, implica a minimização dos riscos, fomentando as vendas em planta e a redução de juros, pois os compradores e as instituições financeiras estarão mais bem protegidos. A sua instituição gera, assim, novos negócios, ao mesmo tempo que se recupera a imagem das vendas, junto aos adquirentes de boa-fé. Acelerando-se, assim, o desenvolvimento econômico no Estado e no País: isso é Segurança Jurídica.

MODELOS

MATRÍCULA DO PATRIMÔNIO DE AFETAÇÃO E SEQUÊNCIA DOS ATOS REGISTRAIS

MATRÍCULA

LOTE URBANO sob o n. 01 (um) da quadra n. 07 (sete) do Setor 04H42, do mapeamento geral, no denominado Loteamento "Parada dos Anjos", de esquina, de forma retangular, com a área superficial de 600m^2 (seiscentos metros quadrados), situado na Rua Gramado, lado PAR, esquina com a Rua H42-H32-1171, lado ÍMPAR, Bairro P., nesta cidade, com as seguintes dimensões e confrontações: AO NORTE, na extensão de 20m (vinte metros), com o alinhamento da Rua H42-H32-1171; AO SUL, na mesma extensão, com o lote n. 02 (dois); AO LESTE, na extensão de 30m (trinta metros), com o sublote n. 34 (trinta e quatro) e com parte do sublote n. 35 (trinta e cinco), do fracionamento da Associação A. V.; e, AO OESTE, na mesma extensão, com o alinhamento da Rua Gramado.

QUARTEIRÃO.

PROPRIETÁRIA – _____ (*qualificar*).

TÍTULO AQUISITIVO – M-..., Livro 2-Registro Geral, objeto do R-1/..., de 12 de julho de 1982, desta Serventia.

Local e data.

Registrador e/ou Substituto: _____.

EMOLUMENTOS – R$ _____

REGISTRO DA INCORPORAÇÃO

R-1/1.000(R-um/um mil), em ___ de ___ de ____.

Título – INCORPORAÇÃO

INCORPORADORA – _____ Ltda., com sede nesta cidade, na Rua _____ n. __, sala ___ e com CNPJ sob o n. _____, representada por seu presidente, _____.

CONSTRUTORA – _____ Ltda., com sede em _____/__, na Rua _____ n. __, loja __ e com CNPJ sob o n. _____, representada por seu sócio, _____.

FORMA DO TÍTULO – Instrumento Particular, firmado em __ de _____ de ____, instruído com os documentos exigidos pela Lei n. 4.591, de 16 de dezembro de 1964, regulamentada pelo Decreto n. 55.815, de 08 de março de 1965.

OBJETO DA INCORPORAÇÃO – Sobre o imóvel objeto desta matrícula, a incorporadora e proprietária pretende promover a construção de um empreendimento imobiliário de natureza "COMERCIAL", a ser denominado "CENTRO EMPRESARIAL ____", previsto nos arts. 28 e seguintes da Lei n. 4.591/1964, com a área global de 4.616,87m^2 (quatro mil, seiscentos e dezesseis metros e oitenta e sete decímetros quadrados), sendo 3.382,79m^2 (três mil, trezentos e oitenta e dois metros e setenta e nove decímetros quadrados) de área real privativa, 503,62m² (quinhentos e três metros e sessenta e dois decímetros quadrados) de área real de uso comum de divisão não proporcional e 730,46m² (setecentos e trinta metros e quarenta e seis decímetros quadrados) de área real de uso comum de divisão proporcional, conforme indicado na NB e de acordo com as plantas aprovadas pela Prefeitura Municipal de _____, em __ de ____ de ____, situado na Rua Gramado, lado PAR, esquina com a Rua H42-H32-1171, nesta cidade.

DESCRIÇÃO DO EMPREENDIMENTO – O Condomínio denominado "CENTRO EMPRESARIAL _____" será composto de 79 (setenta e nove) unidades autônomas, constituído por 03 (três) lojas, 27 (vinte e sete) boxes, 48 (quarenta e oito) salas e 1 (uma) unidade especial, com as seguintes características, dimensões e confrontações: I – LOJA N. 01 [...]. DAS COISAS DE USO COMUM E FINS PROVEITOSOS DO CONDOMÍNIO – São coisas de uso comum e fins proveitosos do condomínio do edifício denominado "CENTRO EMPRESARIAL ____": O terreno sobre o qual serão edificadas as unidades autônomas, bem como as fundações, colunas e vigas de sustentação, paredes externas, ornamentos das fachadas, paredes internas e divisórias entre as unidades autônomas e as áreas de uso comum, áreas de ventilação e circulação, poços de luz, elevadores, as instalações e tubulações nas dependências comuns, até sua inserção com as das unidades autônomas, a calçada, a porta principal, caixa de correspondências e compartimentos dos medidores de luz e força, a casa das máquinas, reservatório de água, *hall* e corredores de circulação, escadas de acesso, encanamentos – troncos de água, luz e força, telefone, esgotos pluviais e cloacais, o telhado e, enfim, tudo o mais que se destine a servir indistintamente a todas as economias do edifício. DO REGIME DA INCORPORAÇÃO – O regime da incorporação será o de "administração", nos termos do art. 58 da Lei 4.591/1964. PRAZO DE CARÊNCIA – A incorporadora renuncia, expressamente, o prazo de carência previsto no art. 34 da Lei 4.591/1964. PREÇO ESTIMADO DA CONSTRUÇÃO – O preço estimativo da construção do edifício, tomado por base o custo unitário básico, cujo índice é fornecido pelo SINDUSCON (Sindicato das Indústrias da Construção Civil), para o mês de _____ de ____, é de R$ ... (*por extenso*). DOCUMENTOS APRESENTADOS – Proprietária/incorporadora exibiu para arquivamento nesta Serventia, juntamente com o memorial de incorporação, os documentos exigidos pelo art. 32, alínea "a" usque "p", da Lei 4.591/1964, regulamentada pelo Decreto 55.815/1965 e demais disposições legais aplicáveis à espécie.

CONDIÇÕES – As demais condições constam do processo.

PROTOCOLO – Título apontado sob o n. ____, em ____ de ____.

Local e data.

Registrador e/ou Substituto: _____

EMOLUMENTOS – R$ _____.

AVERBAÇÃO DO PATRIMÔNIO DE AFETAÇÃO CONCOMITANTEMENTE COM O REGISTRO DA INCORPORAÇÃO

AV-2/1.000 (AV-dois/um mil), em ____ de ____ de ____.

PATRIMÔNIO DE AFETAÇÃO – Nos termos do requerimento datado de _____, firmado pela proprietária e incorporadora ____ (e quando for o caso, também pelos titulares de direitos de aquisição de direitos reais sobre o terreno), já qualificada, constitui como patrimônio de afetação, nos termos do art. 31-A, § 9º, da Lei 4.951/1964, com redação dada pela Lei 10.931/2004, o terreno e acessões objeto da incorporação registrada no R-1 da matrícula n. 1.000, bem como os demais bens e direitos a ela vinculados, apartados do patrimônio da incorporadora.

PATRIMÔNIO DE AFETAÇÃO – Em virtude da apresentação de termo firmado pela incorporadora ____(e quando for o caso, também pelos titulares de direitos de aquisição de direitos reais sobre o terreno), em ____de ____ de ____, fica constando que a incorporação imobiliária constante no R-1 desta matrícula, tendo por objeto o empreendimento denominado Condomínio "Centro Empresarial ____", foi submetida ao REGIME DE AFETAÇÃO previsto no art. 31-A e seguintes da Lei 4.591/1964, alterada pela Lei 10.931/2004.

PROTOCOLO – Título apontado sob o n. __, em ____de ____.

Local e data.

Registrador e/ou Substituto: _____.

EMOLUMENTOS – R$ _____.

AVERBAÇÃO DA CONSTRUÇÃO

AV-.../1.000(AV-.../um mil), em __ de __ de ____.

CONSTRUÇÃO – Nos termos do requerimento datado de __ de ____, fica constando que _____ Ltda., já qualificada, edificou sobre o imóvel objeto desta matrícula "UM PRÉDIO COMERCIAL DE ALVENARIA que tomou o n. __ (____) pela Rua ____, com __ (____) pavimentos e com a área total construída de __ (__m²)"; tudo em conformidade com a certidão de Habite-se n. __, expedida pelo Secretário de Coordenação e Planejamento da Prefeitura Municipal desta cidade, ____, visada pelo Fiscal de Urbanismo, Sr. _____ em __ de ____ e CND-INSS sob o n. ____, emitida em __ de ____, e confirmada pelo endereço eletrônico _____, em __ de ____, arquivadas nestes Serviços.

PROTOCOLO – Título apontado sob o n. __, em __ de ____.

Local e data.

Registrador e/ou Substituto: _____.

EMOLUMENTOS – R$_____.

REGISTRO DA INSTITUIÇÃO CONDOMINIAL

R-__/1.000(R-__/um mil), em __ de __ de ____.

INSTITUIÇÃO CONDOMINIAL E INDIVIDUALIZAÇÃO – Nos termos da Escritura Pública de __ de__ de ____, lavrada no Tabelionato desta cidade, pelo Tabelião Bel. _____, no Livro n. __, folha __, sob o n. __, fica constando que a proprietária do imóvel objeto desta matrícula, ____ Ltda., já qualificada, submeteu o prédio comercial de alvenaria objeto da AV-__/1.000, AO REGIME ESPECIAL DE CONDOMÍNIO, de acordo com a Lei 4.591, de 16 de dezembro de 1964, regulamentada pelo Decreto 55.815, de 08 de março de 1964, com o art. 788 da Consolidação Normativa e Notarial do Estado do Rio Grande do Sul (Provimento 001/2020-CGJ), e com os arts. 1.331 e 1.332 da Lei 10.406, de 10 de janeiro de 2002. I – DO EMPREENDIMENTO OBJETO DA INSTITUIÇÃO CONDOMINIAL – (...) II – DAS PARTES DE USO COMUM – (...) III – DAS PARTES DE USO PRIVATIVO – (...) IV – DOS CUSTOS DA CONSTRUÇÃO – (...). As demais condições constam da escritura.

PROTOCOLO – Título apontado sob o n. ___, em ___ de ___.

Local e data.

Registrador e/ou Substituto: _____.

EMOLUMENTOS – R$_____.

AVERBAÇÃO DA ABERTURA DAS MATRÍCULAS DAS UNIDADES AUTÔNOMAS COM EXTINÇÃO DO PATRIMÔNIO DE AFETAÇÃO E ENCERRAMENTO

AV-__/1.000(AV-__/um mil), em __ de __ de ____.

ABERTURA DE MATRÍCULAS, COM EXTINÇÃO DO PATRIMÔNIO DE AFETAÇÃO E ENCERRAMENTO – Nos termos das Escrituras Públicas de __ de __ de ____, lavradas no Tabelionato desta cidade, pelo Tabelião Bel. _____, no Livro n. __, folhas __, sob os ns. ____ e ____, respectivamente, fica constando que as unidades autônomas descritas no R-__/1.000 foram matriculadas nesta Serventia, em __ de __ de ____, sob os ns. ____ e ____, Livro 2-Registro Geral, em nome dos respectivos adquirentes, ficando, por consequência, extinto o patrimônio de afetação previsto na AV-2/1.000, com o que se ENCERRA a presente escrituração n. __, em __ de ____.

PROTOCOLO – Título apontado sob o n. __, em __ de ____.

Local e data.

Registrador e/ou Substituto: _____.

EMOLUMENTOS – R$_____.

AVERBAÇÃO DO PATRIMÔNIO DE AFETAÇÃO PROCEDIDA EM DATA POSTERIOR AO REGISTRO DA INCORPORAÇÃO

AV-__/10.000(AV-__/dez mil), em __ de __ de ____.

PATRIMÔNIO DE AFETAÇÃO – Nos termos do requerimento datado de _____, firmado pela proprietária e incorporadora do terreno objeto desta matrícula, _____, já qualificada, representada por seu diretor _____, com anuência do credor Banco _____ (R-__) representado por _____, fica constando que o CONDOMÍNIO RESIDENCIAL _____, objeto da incorporação registrada sob R-1, desta matrícula, foi submetido ao regime especial de tributação aplicável às incorporações imobiliárias, irretratável enquanto perdurarem direitos de crédito ou obrigações da incorporadora junto aos adquirentes dos imóveis que compõem a incorporação, nos termos do art. 1º da Lei 10.931/2004, constituindo-se dito empreendimento como patrimônio de afetação, conforme estabelecido no art. 31-A e seus parágrafos, da Lei 4.951/1964, alterada pela Lei 10.931/2004, devendo o termo de opção ser encaminhado à unidade competente da Secretaria da Receita Federal do Brasil, como determinado pelo art. 2º da Lei 10.931/2004. Foram apresentadas as seguintes certidões em nome da incorporadora _____: Certidão negativa de débitos relativos aos tributos federais e à dívida ativa da União, emitida pela Secretaria da Receita Federal do Brasil em __/__/__ e com validade até __/__/__; Certidão Negativa de Débitos Relativos às Contribuições Previdenciárias e às de Terceiros n. _____, emitida pela Secretaria da Receita Federal do Brasil em __/__/__ e com validade até __/__/__, e demais certidões negativas.

PROTOCOLO – Título apontado sob o n. _____, em ____ de ____.

Local e data.

Registrador e/ou Substituto: _____.

EMOLUMENTOS – R$ _____ .

DISPOSIÇÃO LEGAL

Do patrimônio de afetação e os aspectos fiscais
Lei 10.931, de 02-08-2004, comentada:

CAPÍTULO I
DO REGIME ESPECIAL TRIBUTÁRIO DO PATRIMÔNIO DE AFETAÇÃO

Art. 1º Fica instituído o regime especial de tributação aplicável às incorporações imobiliárias, em caráter *opcional* e *irretratável* enquanto perdurarem direitos de crédito ou obrigações do incorporador junto aos adquirentes dos imóveis que compõem a incorporação. (*destaquei*)

Art. 2º A opção pelo regime especial de tributação de que trata o art. 1º será efetivada quando atendidos os seguintes requisitos:

I – entrega do termo de opção ao regime especial de tributação na unidade competente da Secretaria da Receita Federal, conforme regulamentação a ser estabelecida; e

II – afetação do terreno e das acessões objeto da incorporação imobiliária, conforme disposto nos arts. 31-A a 31-E da Lei 4.591, de 16 de dezembro de 1964 (averbação na matrícula do imóvel).

> *Aspectos fiscais:* Pelo que se depreende desses dispositivos, primeiramente será realizada a averbação da afetação no Registro Imobiliário e, após, poderá ser feita a opção pelo regime especial de tributação.

Art. 3º O terreno e as acessões objeto da incorporação imobiliária sujeitas ao regime especial de tributação, bem como os demais bens e direitos a ela vinculados, não responderão por dívidas tributárias da incorporadora relativas ao Imposto de Renda das

Pessoas Jurídicas – IRPJ, à Contribuição Social sobre o Lucro Líquido – CSLL, à Contribuição para o Financiamento da Seguridade Social – COFINS e à Contribuição para os Programas de Integração Social e de Formação do Patrimônio do Servidor Público – PIS/PASEP, exceto aquelas calculadas na forma do art. 4º sobre as receitas auferidas no âmbito da respectiva incorporação.

Parágrafo único. O patrimônio da incorporadora responderá pelas dívidas tributárias da incorporação afetada.

> A incorporadora responderá com outro patrimônio, excluído o patrimônio afetado.

Art. 4º Para cada incorporação submetida ao regime especial de tributação, a incorporadora ficará sujeita ao pagamento equivalente a 4% (quatro por cento) da receita mensal recebida, o qual corresponderá ao pagamento mensal unificado dos seguintes impostos e contribuições:

I – Imposto de Renda das Pessoas Jurídicas – IRPJ;

II – Contribuição para os Programas de Integração Social e de Formação do Patrimônio do Servidor Público – PIS/PASEP;

III – Contribuição Social sobre o Lucro Líquido – CSLL; e

IV – Contribuição para Financiamento da Seguridade Social – COFINS.

> Incentivo fiscal para a opção pelo regime especial.

§ 1º Para fins do disposto no caput, considera-se receita mensal a totalidade das receitas auferidas pela incorporadora na venda das unidades imobiliárias que compõem a incorporação, bem como as receitas financeiras e variações monetárias decorrentes desta operação;

§ 2º O pagamento dos tributos e contribuições na forma do disposto no caput deste artigo será considerado definitivo, não gerando, em qualquer hipótese, direito à restituição ou à compensação com o que for apurado pela incorporadora;

§ 3º As receitas, custos e despesas próprios da incorporação sujeita a tributação na forma deste artigo não deverão ser computados na apuração das bases de cálculo dos tributos e contribuições de que trata o caput deste artigo devidos pela incorporadora em virtude de suas outras atividades empresariais, inclusive incorporações não afetadas;

§ 4ºº Para fins do disposto no § 3º deste artigo, os custos e despesas indiretos pagos pela incorporadora no mês serão apropriados a cada incorporação na mesma proporção representada pelos custos diretos próprios da incorporação, em relação ao custo direto total da incorporadora, assim entendido como a soma de todos os custos diretos de todas as incorporações e o de outras atividades exercidas pela incorporadora;

§ 5ºº A opção pelo regime especial de tributação obriga o contribuinte a fazer o recolhimento dos tributos, na forma do *caput* deste artigo, a partir do mês da opção;

§ 6º Para os projetos de incorporação de imóveis residenciais de interesse social cuja construção tenha sido iniciada ou contratada a partir de 31 de março de 2009, o percentual correspondente ao pagamento unificado dos tributos de que trata o *caput* deste artigo será equivalente a 1% (um por cento) da receita mensal recebida, desde que, até

31 de dezembro de 2018, a incorporação tenha sido registrada no cartório de imóveis competente ou tenha sido assinado o contrato de construção;

§ 7º Para efeito do disposto no § 6º, consideram-se projetos de incorporação de imóveis de interesse social os destinados à construção de unidades residenciais de valor de até R$ 100.000,00 (cem mil reais) no âmbito do Programa Minha Casa, Minha Vida, de que trata a Lei 11.977, de 7 de julho de 2009;

§ 8º As condições para utilização do benefício de que trata o § 6º serão definidas em regulamento.

Art. 5º O pagamento unificado de impostos e contribuições efetuado na forma do art. 4º deverá ser feito até o 20º (vigésimo) dia do mês subsequente àquele em que houver sido auferida a receita.

Parágrafo único. Para fins do disposto no *caput*, a incorporadora deverá utilizar, no Documento de Arrecadação de Receitas Federais – DARF, o número específico de inscrição da incorporação no Cadastro Nacional das Pessoas Jurídicas – CNPJ e código de arrecadação próprio.

Art. 6º Os créditos tributários devidos pela incorporadora na forma do disposto no art. 4º não poderão ser objeto de parcelamento.

Art. 7º O incorporador fica obrigado a manter escrituração contábil segregada para cada incorporação submetida ao regime especial de tributação.

Conclusões

> *Aspectos Fiscais*
>
> *Para o Incorporador:*
>
> No campo fiscal, por um lado, é positiva a opção pelo regime especial de tributação gerado pelo patrimônio de afetação, em virtude da redução da carga fiscal para 4% da receita mensal (art. 4º, *caput*). Por outro lado, pode ser prejudicial a escolha, eis que ficará reduzido o patrimônio do incorporador, que responderá pelos demais débitos (art. 3º, parágrafo único).
>
> *Para o Adquirente:*
>
> O regime de afetação gera maior credibilidade ao empreendimento, o que ocasionará um incremento nas vendas na planta, favorecendo os adquirentes.

Alterações na Lei 4.591/1964:

CAPÍTULO I-A
DO PATRIMÔNIO DE AFETAÇÃO

Art. 31-A. A critério do incorporador, a incorporação poderá ser submetida ao regime da afetação, pelo qual o terreno e as acessões objeto de incorporação imobiliária, bem como os demais bens e direitos a ela vinculados, manter-se-ão apartados do patrimônio do incorporador e constituirão patrimônio de afetação, destinado à consecução da incorporação correspondente e à entrega das unidades imobiliárias aos respectivos adquirentes.

> – *Afetação* é a destinação para uma finalidade.
> – Existência de Incorporação Imobiliária (registro).
> – *Opção* do Incorporador (no memorial ou após).
> – O patrimônio de afetação é uma "ficção".

§ 1º O patrimônio de afetação não se comunica com os demais bens, direitos e obrigações do patrimônio geral do incorporador ou de outros patrimônios de afetação por ele constituídos e só responde por dívidas e obrigações vinculadas à incorporação respectiva;

> Ocorre a separação patrimonial, sendo que o patrimônio afetado será destinado exclusivamente ao empreendimento, e o remanescente para saldar as demais obrigações. Não há garantia para o adquirente de que a obra será executada, mas sim de que há um patrimônio reservado para tal finalidade.

§ 2º O incorporador responde pelos prejuízos que causar ao patrimônio de afetação;

§ 3º Os bens e direitos integrantes do patrimônio de afetação somente poderão ser objeto de garantia real em operação de crédito cujo produto seja integralmente destinado à consecução da edificação correspondente e à entrega das unidades imobiliárias aos respectivos adquirentes;

> Intuito de respeitar a destinação do patrimônio.

§ 4º No caso de cessão, plena ou fiduciária, de direitos creditórios oriundos da comercialização das unidades imobiliárias componentes da incorporação, o produto da cessão também passará a integrar o patrimônio de afetação, observado o disposto no § 6º;

§ 5º As quotas de construção correspondentes a acessões vinculadas a frações ideais serão pagas pelo incorporador até que a responsabilidade pela sua construção tenha sido assumida por terceiros, nos termos da parte final do § 6º do art. 35;

§ 6º Os recursos financeiros integrantes do patrimônio de afetação serão utilizados para pagamento ou reembolso das despesas inerentes à incorporação;

§ 7º O reembolso do preço de aquisição do terreno somente poderá ser feito quando da alienação das unidades autônomas, na proporção das respectivas frações ideais, considerando-se tão somente os valores efetivamente recebidos pela alienação;

§ 8º Excluem-se do patrimônio de afetação:

I – os recursos financeiros que excederem a importância necessária à conclusão da obra (art. 44), considerando-se os valores a receber até sua conclusão e, bem assim, os recursos necessários à quitação de financiamento para a construção, se houver; e

II – o valor referente ao preço de alienação da fração ideal de terreno de cada unidade vendida, no caso de incorporação em que a construção seja contratada sob o regime por empreitada (art. 55) ou por administração (art. 58).

§ 9º No caso de conjuntos de edificações de que trata o art. 8º, poderão ser constituídos patrimônios de afetação separados, tantos quantos forem os:

I – subconjuntos de casas para as quais esteja prevista a mesma data de conclusão (art. 8º, alínea "a"); e

II – edifícios de dois ou mais pavimentos (art. 8º, alínea "b").

> Mais de um regime de afetação da mesma incorporação.

§ 10. A constituição de patrimônios de afetação separados de que trata o § 9º deverá estar declarada no memorial de incorporação;

> Se a opção for posterior ao registro da incorporação, será realizada em documento apartado.

§ 11. Nas incorporações objeto de financiamento, a comercialização das unidades deverá contar com a anuência da instituição financiadora ou deverá ser a ela cientificada, conforme vier a ser estabelecido no contrato de financiamento;

> Como fica a norma do art. 1.475 do CC?

§ 12. A contratação de financiamento e constituição de garantias, inclusive mediante transmissão, para o credor, da propriedade fiduciária sobre as unidades imobiliárias integrantes da incorporação, bem como a cessão, plena ou fiduciária, de direitos creditórios decorrentes da comercialização dessas unidades, não implicam a transferência para o credor de nenhuma das obrigações ou responsabilidades do cedente, do incorporador ou do construtor, permanecendo estes como únicos responsáveis pelas obrigações e pelos deveres que lhes são imputáveis.

> *Resguardo das instituições financeiras.*

Art. 31-B. Considera-se constituído o patrimônio de afetação mediante averbação, a qualquer tempo, no Registro de Imóveis, de termo firmado pelo incorporador e, quando for o caso, também pelos titulares de direitos reais de aquisição sobre o terreno.

Parágrafo único. A averbação não será obstada pela existência de ônus reais que tenham sido constituídos sobre o imóvel objeto da incorporação para garantia do pagamento do preço de sua aquisição ou do cumprimento de obrigação de construir o empreendimento.

> – A afetação nasce com a *averbação* no RI.
> – A afetação poderá ser requerida no memorial de incorporação ou em momento posterior, mas até a conclusão da obra (habite-se).
> – Tendo havido alguma alienação, é necessária a anuência do adquirente da futura unidade.
> – No caso de desistência da incorporação, isto é, usado o prazo de *carência*, se houver, uma vez restituídas aos adquirentes as quantias devidas, será extinto o patrimônio de afetação.

Art. 31-C. A Comissão de Representantes e a instituição financiadora da construção poderão nomear, às suas expensas, pessoa física ou jurídica para fiscalizar e acompanhar o patrimônio de afetação.

§ 1º A nomeação a que se refere o *caput* não transfere para o nomeante qualquer responsabilidade pela qualidade da obra, pelo prazo de entrega do imóvel ou por qualquer outra obrigação decorrente da responsabilidade do incorporador ou do construtor, seja legal ou a oriunda dos contratos de alienação das unidades imobiliárias, de construção e de outros contratos eventualmente vinculados à incorporação;

§ 2º A pessoa que, em decorrência do exercício da fiscalização de que trata o *caput* deste artigo, obtiver acesso às informações comerciais, tributárias e de qualquer outra natureza referentes ao patrimônio afetado responderá pela falta de zelo, dedicação e sigilo destas informações.

§ 3º A pessoa nomeada pela instituição financiadora deverá fornecer cópia de seu relatório ou parecer à Comissão de Representantes, a requerimento desta, não constituindo esse fornecimento quebra de sigilo de que trata o § 2º deste artigo.

Art. 31-D. Incumbe ao incorporador:

I – promover todos os atos necessários à boa administração e à preservação do patrimônio de afetação, inclusive mediante adoção de medidas judiciais;

II – manter apartados os bens e direitos objeto de cada incorporação;

III – diligenciar a captação dos recursos necessários à incorporação e aplicá-los na forma prevista nesta Lei, cuidando de preservar os recursos necessários à conclusão da obra;

IV – entregar à Comissão de Representantes, no mínimo a cada três meses, demonstrativo do estado da obra e de sua correspondência com o prazo pactuado ou com os recursos financeiros que integrem o patrimônio de afetação recebidos no período, firmados por profissionais habilitados, ressalvadas eventuais modificações sugeridas pelo incorporador e aprovadas pela Comissão de Representantes;

V – manter e movimentar os recursos financeiros do patrimônio de afetação em conta de depósito aberta especificamente para tal fim;

VI – entregar à Comissão de Representantes balancetes coincidentes com o trimestre civil, relativos a cada patrimônio de afetação;

VII – assegurar à pessoa nomeada nos termos do art. 31-C o livre acesso à obra, bem como aos livros, contratos, movimentação da conta de depósito exclusiva referida no inciso V deste artigo e quaisquer outros documentos relativos ao patrimônio de afetação; e

VIII – manter escrituração contábil completa, ainda que esteja desobrigado pela legislação tributária.

Art. 31-E. O patrimônio de afetação extinguir-se-á pela:

I – averbação da construção, registro dos títulos de domínio ou de direito de aquisição em nome dos respectivos adquirentes e, quando for o caso, extinção das obrigações do incorporador perante a instituição financiadora do empreendimento;

II – revogação em razão de denúncia da incorporação, depois de restituídas aos adquirentes as quantias por eles pagas (art. 36), ou de outras hipóteses previstas em lei; e

III – liquidação deliberada pela assembleia geral nos termos do art. 31-F, § 1º.

§ 1º (Vetado);

§ 2º Por ocasião da extinção integral das obrigações do incorporador perante a instituição financiadora do empreendimento e após a averbação da construção, a afetação das unidades não negociadas será cancelada mediante averbação, sem conteúdo financeiro, do respectivo termo de quitação na matrícula matriz do empreendimento ou nas respectivas matrículas das unidades imobiliárias eventualmente abertas;

§ 3º (Vetado);

§ 4º Após a denúncia da incorporação, proceder-se-á ao cancelamento do patrimônio de afetação, mediante o cumprimento das obrigações previstas neste artigo, no art. 34 desta Lei e nas demais disposições legais.

Art. 31-F. Os efeitos da decretação da falência ou da insolvência civil do incorporador não atingem os patrimônios de afetação constituídos, não integrando a massa concursal o terreno, as acessões e demais bens, direitos creditórios, obrigações e encargos objeto da incorporação.

§ 1º Nos 60 (sessenta) dias que se seguirem à decretação da falência ou da insolvência civil do incorporador, o condomínio dos adquirentes, por convocação da sua Comissão de Representantes ou, na sua falta, de um sexto dos titulares de frações ideais, ou, ainda, por determinação do juiz prolator da decisão, realizará assembleia geral, na qual, por maioria simples, ratificará o mandato da Comissão de Representantes ou elegerá novos membros, e, em primeira convocação, por dois terços dos votos dos adquirentes ou, em segunda convocação, pela maioria absoluta desses votos, instituirá o condomínio da construção, por instrumento público ou particular, e deliberará sobre os termos da continuação da obra ou da liquidação do patrimônio de afetação (art. 43, inciso III); havendo financiamento para construção, a convocação poderá ser feita pela instituição financiadora;

> Parece uma imprecisão da lei permitir a instituição de condomínio antes da conclusão da obra. Porém, o que se tem entendido é que já existe o condomínio na *fase de construção*.
> Portanto, tem-se uma espécie de *pré*-instituição condominial?

§ 2º O disposto no § 1º aplica-se também à hipótese de paralisação das obras prevista no art. 43, inciso VI;

§ 3º Na hipótese de que tratam os §§ 1º e 2º, a Comissão de Representantes ficará investida de mandato irrevogável para firmar com os adquirentes das unidades autônomas o contrato definitivo a que estiverem obrigados o incorporador, o titular do domínio e o titular dos direitos aquisitivos do imóvel objeto da incorporação em decorrência de contratos preliminares;

§ 4º O mandato a que se refere o § 3º será válido mesmo depois de concluída a obra;

> Ver §§ 7º e 12, II.

§ 5º O mandato outorgado à Comissão de Representantes confere poderes para transmitir domínio, direito, posse e ação, manifestar a responsabilidade do alienante pela evicção e imitir os adquirentes na posse das unidades respectivas;

§ 6º Os contratos definitivos serão celebrados mesmo com os adquirentes que tenham obrigações a cumprir perante o incorporador ou a instituição financiadora, desde que comprovadamente adimplentes, situação em que a outorga do contrato fica condicionada à constituição de garantia real sobre o imóvel, para assegurar o pagamento do débito remanescente;

§ 7º Ainda na hipótese dos §§ 1º e 2º, a Comissão de Representantes ficará investida de mandato irrevogável para, em nome dos adquirentes, e em cumprimento da decisão da assembleia geral que deliberar pela liquidação do patrimônio de afetação, efetivar a alienação do terreno e das acessões, transmitindo posse, direito, domínio e ação, manifestar a responsabilidade pela evicção, imitir os futuros adquirentes na posse do terreno e das acessões;

§ 8º Na hipótese do § 7º, será firmado o respectivo contrato de venda, promessa de venda ou outra modalidade de contrato compatível com os direitos objeto da transmissão;

§ 9º A Comissão de Representantes cumprirá o mandato nos termos e nos limites estabelecidos pela deliberação da assembleia geral e prestará contas aos adquirentes, entregando-lhes o produto líquido da alienação, no prazo de 05 (cinco) dias da data em que tiver recebido o preço ou cada parcela do preço;

§ 10. Os valores pertencentes aos adquirentes não localizados deverão ser depositados em Juízo pela Comissão de Representantes;

§ 11. Caso decidam pela continuação da obra, os adquirentes ficarão automaticamente sub-rogados nos direitos, nas obrigações e nos encargos relativos à incorporação, inclusive aqueles relativos ao contrato de financiamento da obra, se houver;

§ 12. Para os efeitos do § 11 deste artigo, cada adquirente responderá individualmente pelo saldo porventura existente entre as receitas do empreendimento e o custo da conclusão da incorporação na proporção dos coeficientes de construção atribuíveis às respectivas unidades, se outro critério de rateio não for deliberado em assembleia geral por dois terços dos votos dos adquirentes, observado o seguinte:

I – os saldos dos preços das frações ideais e acessões integrantes da incorporação que não tenham sido pagos ao incorporador até a data da decretação da falência ou da insolvência civil passarão a ser pagos à Comissão de Representantes, permanecendo o somatório desses recursos submetido à afetação, nos termos do art. 31-A, até o limite necessário à conclusão da incorporação;

– Aspectos Registrais

II – para cumprimento do seu encargo de administradora da incorporação, a Comissão de Representantes fica investida de mandato legal, em caráter irrevogável, para, em nome do incorporador ou do condomínio de construção, conforme o caso, receber as parcelas do saldo do preço e dar quitação, bem como promover as medidas extrajudiciais ou judiciais necessárias a esse recebimento, praticando todos os atos relativos ao leilão de que trata o art. 63 ou os atos relativos à consolidação da propriedade e ao leilão de que tratam os arts. 26 e 27 da Lei 9.514, de 20 de novembro de 1997, devendo realizar a garantia e aplicar na incorporação todo o produto do recebimento do saldo do preço e do leilão;

III – consideram-se receitas do empreendimento os valores das parcelas a receber, vincendas e vencidas e ainda não pagas, de cada adquirente, correspondentes ao preço de aquisição das respectivas unidades ou do preço de custeio de construção, bem como os recursos disponíveis afetados; e

IV – compreendem-se no custo de conclusão da incorporação todo o custeio da construção do edifício e a averbação da construção das edificações para efeito de individualização e discriminação das unidades, nos termos do art. 44.

§ 13. Havendo saldo positivo entre as receitas da incorporação e o custo da conclusão da incorporação, o valor correspondente a esse saldo deverá ser entregue à massa falida pela Comissão de Representantes;

§ 14. Para assegurar as medidas necessárias ao prosseguimento das obras ou à liquidação do patrimônio de afetação, a Comissão de Representantes, no prazo de 60 (sessenta) dias, a contar da data de realização da assembleia geral de que trata o § 1º, promoverá, em leilão público, com observância dos critérios estabelecidos pelo art. 63, a venda das frações ideais e respectivas acessões que, até a data da decretação da falência ou insolvência não tiverem sido alienadas pelo incorporador;

§ 15. Na hipótese de que trata o § 14, o arrematante ficará sub-rogado, na proporção atribuível à fração e acessões adquiridas, nos direitos e nas obrigações relativas ao empreendimento, inclusive nas obrigações de eventual financiamento, e, em se tratando da hipótese do art. 39 desta Lei, nas obrigações perante o proprietário do terreno;

> *Cuidado!*
> Trata-se de uma *exceção* à regra de que o arrematante não responde por débitos anteriores, servindo o valor pago para o rateio entre os credores (ver exclusão de responsabilidade prevista no § 20).

§ 16. Dos documentos para anúncio da venda de que trata o § 14 e, bem assim, o inciso III do art. 43, constarão o valor das acessões não pagas pelo incorporador (art. 35, § 6º) e o preço da fração ideal do terreno e das acessões (arts. 40 e 41);

§ 17. No processo de venda de que trata o § 14, serão asseguradas, sucessivamente, em igualdade de condições com terceiros:

I – ao proprietário do terreno, nas hipóteses em que este seja pessoa distinta da pessoa do incorporador, a preferência para aquisição das acessões vinculadas à fração objeto da venda, a ser exercida nas 24 (vinte e quatro) horas seguintes à data designada para a venda; e

II – ao condomínio, caso não exercida a preferência de que trata o inciso I, ou caso não haja licitantes, a preferência para aquisição da fração ideal e acessões, desde que deliberada em assembleia geral, pelo voto da maioria simples dos adquirentes presentes, e exercida no prazo de 48 (quarenta e oito) horas a contar da data designada para a venda.

§ 18. Realizada a venda prevista no § 14, incumbirá à Comissão de Representantes, sucessivamente, nos 05 (cinco) dias que se seguirem ao recebimento do preço:

I – pagar as obrigações trabalhistas, previdenciárias e tributárias, vinculadas ao respectivo patrimônio de afetação, observada a ordem de preferência prevista na legislação, em especial o disposto no art. 186 do Código Tributário Nacional;

II – reembolsar aos adquirentes as quantias que tenham adiantado, com recursos próprios, para pagamento das obrigações referidas no inciso I;

III – reembolsar à instituição financiadora a quantia que esta tiver entregue para a construção, salvo se outra forma for convencionada entre as partes interessadas;

IV – entregar ao condomínio o valor que este tiver desembolsado para construção das acessões de responsabilidade do incorporador (§ 6º do art. 35 e § 5º do art. 31-A), na proporção do valor obtido na venda;

V – entregar ao proprietário do terreno, nas hipóteses em que este seja pessoa distinta da pessoa do incorporador, o valor apurado na venda, em proporção ao valor atribuído à fração ideal; e

VI – entregar à massa falida o saldo que porventura remanescer.

§ 19. O incorporador deve assegurar à pessoa nomeada nos termos do art. 31-C, o acesso a todas as informações necessárias à verificação do montante das obrigações referidas no § 12, inciso I, do art. 31-F vinculadas ao respectivo patrimônio de afetação;

§ 20. Ficam excluídas da responsabilidade dos adquirentes as obrigações relativas, de maneira direta ou indireta, ao imposto de renda e à contribuição social sobre o lucro, devidas pela pessoa jurídica do incorporador, inclusive por equiparação, bem como as obrigações oriundas de outras atividades do incorporador não relacionadas diretamente com as incorporações objeto de afetação.

– Alterações decorrentes da Lei 10.931/2004:

Art. 54. A Lei 4.591, de 1964, passa a vigorar com as seguintes alterações:

"Art. 32. [...].

§ 2º Os contratos de compra e venda, promessa de venda, cessão ou promessa de cessão de unidades autônomas são irretratáveis e, uma vez registrados, conferem direito real oponível a terceiros, atribuindo direito a adjudicação compulsória perante o incorporador ou a quem o suceder, inclusive na hipótese de insolvência posterior ao término da obra.

Art. 43. [...].

VII – Em caso de insolvência do incorporador que tiver optado pelo regime da afetação e não sendo possível à maioria prosseguir na construção, a assembleia geral poderá, pelo voto de dois terços dos adquirentes, deliberar pela venda do terreno, das acessões e demais bens e direitos integrantes do patrimônio de afetação, mediante leilão ou outra forma que estabelecer, distribuindo entre si, na proporção dos recursos que comprovadamente tiverem aportado, o resultado líquido da venda, depois de pagas as dívidas do patrimônio de afetação e deduzido e entregue ao proprietário do terreno a quantia que lhe couber, nos termos do art. 40; não se obtendo, na venda, a reposição dos aportes efetivados pelos adquirentes, reajustada na forma da lei e de acordo com os critérios do contrato celebrado com o incorporador, os adquirentes serão credores privilegiados pelos valores da diferença não reembolsada, respondendo subsidiariamente os bens pessoais do incorporador.

Art. 50. Será designada no contrato de construção ou eleita em assembleia geral uma Comissão de Representantes composta de três membros, pelo menos, escolhidos entre os adquirentes, para representá-los perante o construtor ou, no caso do art. 43, ao incorporador, em tudo o que interessar ao bom andamento da incorporação, e, em especial, perante terceiros, para praticar os atos resultantes da aplicação dos arts. 31-A a 31-F.

[...]

§ 2º A assembleia geral poderá, pela maioria absoluta dos votos dos adquirentes, alterar a composição da Comissão de Representantes e revogar qualquer de suas decisões, ressalvados os direitos de terceiros quanto aos efeitos já produzidos."

> Assim, pode-se afirmar que:
>
> (a) o patrimônio de afetação é uma "ficção";
>
> (b) o patrimônio de afetação nasce com a averbação na matrícula do imóvel e é irretratável;
>
> (c) a afetação poderá ser requerida no memorial de incorporação ou em momento posterior, mas até a conclusão da obra (habite-se);
>
> (d) tendo havido alguma alienação, é necessário a anuência dos futuros proprietários da unidade;
>
> (e) a fiscalização do patrimônio de afetação é cabível a Comissão de Representantes ou a pessoa por esta nomeada;
>
> Aspectos Registrais
>
> (f) o patrimônio de afetação extinguir-se-á pela averbação da Construção (habite-se), pelos registros dos títulos de domínio ou de direito de aquisição em nome dos correspondentes compradores e, quando for o caso, pela extinção das obrigações do incorporador perante a instituição financeira do empreendimento; ou ainda
>
> (g) no caso de desistência da incorporação, isto é, usado o prazo de carência, se houver, uma vez restituídos aos compradores da unidade às quantias devidas, será igualmente extinto.
>
> Por derradeiro, sugere-se que, após a apreciação do termo de opção pela Secretaria da Receita Federal, seja averbado no álbum imobiliário ou depositado no processo de incorporação o documento expedido por esta, a fim de comprovar a sua regular constituição perante os interessados na aquisição.
>
> Feitas estas considerações, é imperioso reconhecer que com o patrimônio de afetação devidamente formalizado na matrícula do imóvel, as vendas em planta ocorrerão com maior frequência, em virtude de os compradores e as financeiras estarem melhor protegidos, gerando, assim, novos negócios e recuperando a imagem junto aos adquirentes de boa-fé e ajudando no desenvolvimento econômico no Estado e no País: isso é Segurança Jurídica.

6
RETIFICAÇÕES CONSENSUAIS NO REGISTRO DE IMÓVEIS

Nos termos do art. 1.247 do CC, se o teor do registro não exprimir a verdade, poderá o interessado reclamar que se retifique ou anule (presunção relativa). Antes da Lei 10.931/2004, havia três espécies de retificação: Retificação de "erro evidente": Informal; Retificação da "área": Formalíssima; Retificação de "registro" (*lato sensu*): Formal.

6.1 RETIFICAÇÃO DE ERRO EVIDENTE (ANTES DA LEI 10.931/2004)

Esta espécie de retificação podia ser procedida *ex officio* pelo Registrador ou por provocação do interessado (art. 213, II, da LRP). Servia para a correção de equívocos nos assentos quando da transposição das informações do título (documento que dá suporte ao registro).

Ex.: Na cópia autenticada do cartão do CPF consta o n. 010.020.030-40 e no registro constou, equivocadamente, 010.020.030-50. Nesta situação, reapresenta-se o documento arquivado e procede-se à averbação de retificação.

Ex.: Na Escritura Pública de Compra e Venda constou que o objeto da alienação foi de 50%, enquanto no registro constou, erroneamente, 55%. Para corrigir o engano, a parte interessada reapresenta o título (Escritura Pública), juntamente com um requerimento solicitando a correção.

6.2 RETIFICAÇÃO DE ÁREA (ANTES DA LEI 10.931/2004)

Era um procedimento criterioso, complexo, moroso, de jurisdição voluntária, que exigia a manifestação volitiva do interessado e a ciência dos confrontantes (citação). Neste caso, o equívoco não advinha da transposição de dados do título, mas do próprio ato de registro. Via de regra, adotava-se este procedimento (sempre judicial) para a alteração da área ou das medidas perimetrais, bem como nos casos em que houvesse deslocamento parcial da base física do imóvel.

Ex.: No registro constava a área de 1.000m², mas o correto era 1.010m².

Ex.: Para alterar a confrontação com uma rua de norte para leste.

Ex.: Para alterar a distância da esquina de 50m para 55m.

Servia para retificar o registro (*lato sensu*) realizado com base em título que apresentava algum equívoco. Necessitava a prévia rerratificação do título.

Ex.: O nome do adquirente no título constou por equívoco "Inácio Pereira" quando o nome correto era "Ignácio Pereira".

Nesta hipótese, o registro somente poderia ser alterado após a correção do título causal ou por determinação judicial.

6.3 LEI 6.015/1973, ALTERADA PELA LEI 10.931/2004

A alteração da Lei 10.931/2004 tem a finalidade de alcançar maior celeridade e eficiência nos procedimentos de retificação registral imobiliária em virtude do deslocamento do seu campo de tramitação da esfera judicial para a extrajudicial, cabendo tal atribuição, agora, ao Oficial do Registro de Imóveis.

Trata-se da consagração do Princípio da Autonomia do Registrador Imobiliário, pois esta alteração ressalta a importância da atividade, a confiabilidade no critério prudente e técnico do Registrador, bem como a sua autonomia funcional.

Consta o art. 212 da LRP:

> Art. 212. Se o registro ou a averbação for omissa, imprecisa ou não exprimir a verdade, a retificação será feita pelo Oficial do Registro de Imóveis competente, a requerimento do interessado, por meio de procedimento administrativo previsto no art. 213, facultado ao interessado requerer a retificação por meio de procedimento judicial.
>
> Parágrafo único. A opção pelo procedimento administrativo previsto no art. 213 não exclui a prestação jurisdicional, a requerimento da parte prejudicada.

6.4 FORMAS DE RETIFICAÇÃO IMOBILIÁRIA

São três as formas de retificação:

a) a retificação de ofício ou mediante requerimento;

b) a retificação consensual; e

c) a retificação judicial.

6.4.1 Retificação de ofício ou mediante requerimento do interessado (Unilateral – art. 213, I)

A retificação de registro nas hipóteses enumeradas no art. 213, I, da LRP (art. 59 da Lei 10.931/2004), foi outorgada ao Oficial do Registro Imobiliário, podendo ser procedida por sua própria iniciativa ou por provocação da parte interessada (rogação ou instância):

> Art. 213. O oficial retificará o registro ou a averbação:
>
> I – de ofício ou a requerimento do interessado nos casos de:
>
> a) omissão ou erro cometido na transposição de qualquer elemento do título;
>
> b) indicação ou atualização de confrontação;
>
> c) alteração de denominação de logradouro público, comprovada por documento oficial;
>
> d) retificação que vise a indicação de rumos, ângulos de deflexão ou inserção de coordenadas georreferenciadas, em que não haja alteração das medidas perimetrais;
>
> e) alteração ou inserção que resulte de mero cálculo matemático feito a partir das medidas perimetrais constantes do registro;
>
> f) reprodução de descrição de linha divisória de imóvel confrontante que já tenha sido objeto de retificação;
>
> g) inserção ou modificação dos dados de qualificação pessoal das partes, comprovada por documentos oficiais, ou mediante despacho judicial quando houver necessidade de produção de outras provas.

Obs.: O próprio texto legal explicita os casos de aplicação dessa forma de retificação.

Como se vê, não só as alíneas "a", "b" e "c" são as hipóteses que permitem ao Oficial agir de ofício, sem maiores indagações, como também nas demais alíneas. Por outro lado, pode o Registrador atuar de ofício em todas as hipóteses das alíneas do inciso I, desde que tenha provas suficientes arquivadas na serventia registral, ou, ainda, a vista de documentos probantes, assim como os pedidos constantes nos títulos admitidos a registro (art. 221 da LRP). Em não sendo possível aplicar os casos acima (retificação de ofício), deve o Registrador exigir o requerimento e o documento comprobatório, uma vez que o Princípio da Instância assegura o direito à manutenção da situação do assento registral, da descrição tabular, independentemente de qualquer determinação judicial.

Segundo o Doutor Venício Antônio de Paula Salles, Juiz de Direito Titular da 1ª Vara dos Registros Públicos de São Paulo-SP,

> em atenção e respeito ao princípio da instância, a retificação de ofício, a exemplo do que ocorria nos casos tipificados como erro evidente, não pode ser deflagrada quando a retificação se mostrar dependente da produção de novas provas. A retificação de ofício se limita à superação de imperfeições viabilizadas pela utilização de documentos preexistentes[1].

---

1. SALLES, Venicio Antônio de Paula. Lei 10.931, de 02 de agosto de 2004 – em discussão – Retificação de registro. *Boletim Eletrônico do IRIB*, n. 1.233. 12-8-2004. Disponível em: < https://www.irib.org.br/boletins/detalhes/2597>. Acesso em: 08 jul. 2022.

Neste contexto, e com tal limitação, é de se admitir a retificação de ofício para efeito de ser complementada a informação tabular, a partir de uma certa base documental, como a migração de informações extraídas do título causal, de outros documentos oficiais, ou de dados ou informações tabulares existentes ou anteriormente retificadas.

6.4.2 Retificação consensual (bilateral – art. 213, II)

A retificação consensual foi a grande inovação introduzida pela Lei 10.931/2004, propiciando a correção das informações tabulares sem a necessidade de procedimento judicial, podendo ser realizada diretamente no Ofício do Registro Imobiliário. Esta modalidade retificatória foi aberta para todas as formas de "correção de medidas perimetrais", quer sejam para mera INSERÇÃO, quer sejam para *alteração* destas medidas, resultando ou não em modificação da área de superfície:

> Art. 213. O oficial retificará o registro ou a averbação:
>
> [...]
>
> II – a requerimento do interessado, no caso de inserção ou alteração de medida perimetral de que resulte, ou não, alteração de área, instruído com planta e memorial descritivo assinado por profissional legalmente habilitado, com prova de anotação de responsabilidade técnica no competente Conselho Regional de Engenharia e Arquitetura – CREA, bem assim pelos confrontantes.
>
> § 1º Uma vez atendidos os requisitos de que trata o *caput* do art. 225, o oficial averbará a retificação.

6.4.2.1 Aplicação

A retificação será para a inserção ou para a alteração de alguma ou algumas medidas perimetrais (art. 213, II), bem como para apuração de remanescentes de áreas parcialmente alienadas (§ 7º do art. 213).

No caso de inserção, não serão necessários levantamentos dos imóveis lindeiros. Assim, o memorial e a planta podem apresentar apenas a descrição do imóvel retificando.

No caso de alteração das medidas perimetrais, no memorial e na planta devem constar a descrição dos imóveis confrontantes, para verificação se há ou não sobreposição de áreas. Recomenda-se, neste caso, que os documentos sejam instruídos com fotografias, de preferência aéreas.

No caso de apuração de remanescentes de áreas parcialmente alienadas, considerar-se-ão como confrontantes apenas os confinantes da área regularizada (ideia similar ao Projeto Gleba Legal, Provimento 07/2005-CGJ/RS).

6.4.2.2 Documentação

a) requerimento firmado pelo(s) proprietário(s), com sua(s) firma(s) reconhecida(s) por autenticidade;

b) planta;

c) memorial descritivo.

OBS.: A planta e o memorial deverão conter as firmas do(s) proprietário(s) e do responsável técnico (profissional legalmente habilitado) reconhecidas por autenticidade;

d) Anotação de Responsabilidade Técnica (ART), Termo de Responsabilidade Técnica (TRT), ou Registro de Responsabilidade Técnica (RRT) devidamente quitado (art. 643 do Provimento 01/2020-CGJ/RS).

e) certidão atualizada da matrícula ou da transcrição.

Obs.: Dependendo do caso, para melhor convencimento e segurança do Registrador, poderão ser exigidos outros documentos.

6.4.2.3 Anuência dos confrontantes

O § 10 do art. 213 estabelece quem são os confrontantes que devem anuir para a realização da retificação, assim estabelecendo:

Entendem-se como confrontantes os proprietários e titulares de outros direitos reais e aquisitivos sobre os imóveis contíguos, observado o seguinte:

> I – o condomínio geral, de que trata o Capítulo VI do Título III do Livro III da Parte Especial da Lei 10.406, de 10 de janeiro de 2002 (Código Civil), será representado por qualquer um dos condôminos;
>
> II – o condomínio edilício, de que tratam os arts. 1.331 a 1.358 da Lei 10.406, de 10 de janeiro de 2002 (Código Civil), será representado pelo síndico, e o condomínio por frações autônomas, de que trata o art. 32 da Lei 4.591, de 16 de dezembro de 1964, pela comissão de representantes; e
>
> III – não se incluem como confrontantes:
>
> *a)* os detentores de direitos reais de garantia hipotecária ou pignoratícia; ou
>
> *b)* os titulares de crédito vincendo, cuja propriedade imobiliária esteja vinculada, temporariamente, à operação de crédito financeiro.

Por ocupantes entende-se aqueles que ocupam o imóvel como se proprietários fossem, mas não aqueles que contrataram com o proprietário do imóvel confrontante, a exemplo do locatário, arrendatário etc. Logo, havendo promessa de compra e venda, hipoteca, alienação fiduciária, usufruto etc., a anuência será do credor e do devedor.

Conforme o entendimento de Venício Antônio de Paula Salles, "é de se ter sempre presente que a retificação afeta o direito de propriedade de forma que apenas os atores envolvidos com este direito é que devem ser chamados ou consultados".

Se o imóvel retificando confrontar com imóvel público, deverá ser verificado se aquele que anuiu representando o Estado tem atribuição para tanto (solicitar Portaria que nomeou o agente público para tal finalidade). Se confrontar com imóvel de propriedade de pessoa jurídica, verificar a representação. A esse respeito a Lei 12.424, de 16 de junho de 2011, incluiu o § 16 no art. 213 da LRP:

> Art. 213. [...].
>
> § 16. Na retificação de que trata o inciso II do caput, serão considerados confrontantes somente os confinantes de divisas que forem alcançadas pela inserção ou alteração de medidas perimetrais.

6.4.2.4 Espécies de anuências

As anuências devem constar da planta, conforme prevê o § 2º do inciso II do art. 213 da LRP. Porém, considera-se que a anuência poderá ser formalizada em instrumento específico (público ou particular), desde que não seja possível inseri-las na própria planta, devendo conter a descrição completa e o desenho gráfico do imóvel a ser retificado, número da matrícula, nome do proprietário, local e data e assinaturas reconhecidas por autenticidade.

As anuências poderão ser buscadas por notificação feita pelo Registrador Imobiliário ou pelo Registrador de Títulos e Documentos, sempre mediante requerimento do proprietário. Nestes casos, entendo que o requerente deverá ter diligenciado anteriormente na tentativa de localizar os confrontantes, mas sem obter êxito.

A anuência poderá ser realizada, também, pelos Correios, com aviso de recebimento. Entendo que a notificação pelos Correios somente pode ser realizada se o Oficial também não logrou êxito na diligência. O endereço para a postagem ou para o cumprimento da notificação é o endereço constante do registro imobiliário ou o endereço do próprio imóvel. Há previsão de a notificação ser realizada por edital, o que me parece um pouco perigosa, pois o § 4º do art. 213 prevê a anuência ficta, gerada pela presunção da concordância com o silêncio do notificado.

O interessado também poderá fornecer um novo endereço para a notificação, sendo que em qualquer caso o confrontante deve ser cientificado pessoalmente. Sendo declarado pelo oficial encarregado da diligência que o confrontante proprietário se encontra em lugar incerto e não sabido, a notificação deve ser feita por edital, a qual deve ser publicada por duas vezes em jornal local de grande circulação.

Em todos os casos, será conferido o prazo de 15 (quinze) dias para a impugnação do confrontante, sendo conferida à municipalidade o prazo em quádruplo, aplicando-se analogicamente os arts. 180 e 183 do CPC. Existindo impugnação de um ou de alguns confrontantes, o interessado será intimado para em 05 (cinco) dias se manifestar. Também o profissional que subscrever a planta deverá apresentar explicações ou esclarecimentos.

Ocorrendo impugnação, o processo somente pode ser solucionado junto ao Registro Imobiliário se houver acordo com a desistência da impugnação ou aditamento do pedido vestibular. Antes de remeter o expediente ao Judiciário, o Registrador pode convocar as partes para tentar uma conciliação. Não se materializando o acordo, o processo deve ser remetido ao juiz competente. A decisão administrativa que autorizar ou não a retificação não faz coisa julgada material.

6.4.2.5 Problema do aumento de área (conformidade/correção de área)

Discute-se se há limite de aumento de área para que se permita a realização da averbação de retificação pela forma consensual.

Entendemos que não se trata de aumento de área, mas sim de correção de medidas lineares ou de área total do imóvel.

Ex. 1: Se o imóvel urbano tinha 500m^2 e está sendo retificado/corrigido para 700m^2, como proceder?

Ex. 2: Se o imóvel rural possuía 652 hectares e agora, após o georreferenciamento, está sendo retificado/corrigido para 785 hectares, como proceder?

Há entendimento que permite a retificação se ela for realizada intramuros, independentemente da área retificada. O entendimento contrário exige título de aquisição da propriedade (registro de mandado de usucapião).

O entendimento do Doutor Venício Antônio de Paula Salles é no sentido de que se deve conjugar esta exigência como o art. 500 do Estatuto Civil, que admite como razoável e dentro das diferenças normais e aceitáveis de uma medição, uma variação de até 5% (cinco por cento), de forma que, se a expansão de medidas não ultrapassar este percentual, a necessidade de levantamento dos confrontantes não se mostra necessária. Evidentemente que tal exigência de apuração da medida dos confrontantes somente se justifica em circunstâncias excepcionais, não se aplicando, por razões óbvias, aos imóveis rurais. Mas nos casos de divisas instáveis ou que registrem expansão superior a 5% (cinco por cento), tal exigência se justifica, posto que a questão de retificação atua sobre a titularidade patrimonial, de forma que a ciência ou anuência dos confrontantes deve vir cercada dos melhores esclarecimentos possíveis[2].

---

2. SALLES, Venicio Antônio de Paula. Lei 10.931, de 02 de agosto de 2004 – em discussão – Retificação de registro. Boletim Eletrônico do IRIB, n. 1.233. 12-8-2004. Disponível em: < https://www.irib.org.br/boletins/detalhes/2597>. Acesso em: 13 jul. 2022.

Assim, parece ser possível a retificação de área superior a 5%, mas, para isso, os imóveis confrontantes também deverão integrar o levantamento, isto é, deverão ser perfeitamente descritos, localizados, caracterizados, a fim de permitir a certeza de que não houve a sobreposição de áreas.

Para o registrador Mário Pazutti Mezzari, Titular do Registro de Imóveis da 1ª Zona da Comarca de Pelotas-RS, será o *feeling* do Registrador que permitirá firmar o seu posicionamento diante do pedido. Será na conversa com o requerente, no conhecimento que os documentos possam proporcionar, será na diligência in loco, que o Registrador poderá acatar ou não o pedido[3].

Para o Registrador Eduardo Agostinho Arruda Augusto, Titular do Registro de Imóveis de Conchas-SP, não existe limite de diferença de área entre a descrição tabular e o levantamento atual para decidir pelo deferimento ou não da retificação; o que existe é a obrigatoriedade de a divergência não representar acréscimo ou diminuição, mas tão somente erro do registro – lógico que, quanto maior a divergência, maior a necessidade de comprovação de ser erro do registro e não inclusão indevida de área na retificação; neste caso, estão presentes os indícios que permitem a denegação do pedido, devendo as provas serem muito robustas para permitir a retificação[4].

Particularmente, como regra, entendo que para a retificação de imóveis urbanos deve ser aplicado o limite de 5%. Todavia, como exceção, dependendo de cada caso, tal limite não será obstáculo para a retificação/correção, podendo ser ultrapassado, exigindo do Registrador cautelas maiores na análise da documentação, como a verificação se se pretendeu mesmo retificar o registro de um imóvel já existente, ou se se pretendeu inserir área não constante do registro, o que não é admitido no procedimento de retificação, mas no de usucapião.

Já para os imóveis rurais, o critério não pode ser rígido porque as descrições primitivas quase sempre são precárias. Este é um padrão de entendimento, não significando que não poderão ocorrer exceções.

Penso que cada caso deverá ser analisado isoladamente com base nas provas apresentadas, com critérios uniformes de exigências.

---

3. MEZZARI, Mário Pazutti. *Novas diretrizes nas retificações no registro de imóveis.* Disponível em: <http://registrodeimoveis1zona.com.br/?p=212>. Acesso em: 13 jul. 2022.
4. AUGUSTO, Eduardo Agostinho Arruda. *Retificação de Registro Imobiliário e Georreferenciamento*: comentários, modelos e legislação. Conchas, junho de 2006. Disponível em: < https://registrodeimoveisop.com.br/arquivos/apostila-retificacao.pdf >. Acesso em: 13 jul. 2022.

6.4.2.6 Possibilidade de realização de diligências pelo Oficial do Registro

Para o convencimento do Registrador quanto ao pedido de retificação apresentado, mesmo que aparentemente tenham sido cumpridos todos os requisitos previstos em lei (apresentação dos documentos e das anuências necessários), ele poderá realizar diligências para constatar, com seus próprios sentidos, a real situação do imóvel, sua correta localização, caracterização etc.

6.4.3 Retificação judicial

A retificação judicial pode ser proposta diretamente perante o Poder Judiciário (vontade do proprietário) ou poderá sair da esfera extrajudicial no desenvolver do pedido de retificação, seja por interesse do proprietário ou quando não houver transação para compor interesses conflitantes entre o requerente (proprietário) e lindeiro(s).

Não se deve confundir esta judicialização quando o requerente não se conforma com as exigências feitas pelo Oficial do Registro para proceder ao ato averbatório de retificação e requer a Suscitação da Dúvida, uma vez que esta servirá apenas para verificar se as exigências do Registrador são corretas ou não, e não para autorizar o ato averbatório.

6.4.3.1 Ministério Público

Nas retificações consensuais não há a intervenção do Ministério Público.

Outrossim, nas retificações submetidas ao Poder Judiciário, a participação do Ministério Público será necessária apenas se algum ou alguns dos imóveis envolvidos (retificando ou lindeiros) gerarem tutela de direitos difusos, coletivos ou individuais indisponíveis, como no caso de áreas de preservação, áreas indígenas etc.

6.5 INDEPENDEM DE RETIFICAÇÃO

Independe de retificação a regularização fundiária de interesse social, realizadas em Zonas Especiais de Interesse Social, nos termos do Estatuto da Cidade, promovidas pelos Municípios ou pelo Distrito Federal (art. 213, § 11, inciso I).

Independe de retificação, igualmente, a adequação da descrição de imóvel rural às exigências dos arts. 176, §§ 3º e 4º, e 225, § 3º, da LRP (art. 213, § 11, inciso II).

6.6 RESPONSABILIDADES

Em todos os documentos apresentados, deverá constar que os participantes do procedimento de retificação se responsabilizam, sob as penas da lei, pelas informações prestadas e fornecidas ao Registro Imobiliário.

O Registrador poderá ser responsabilizado se não observar os requisitos legais e não tomar todas as cautelas necessárias para deferir o pedido de retificação; deve ser diligente e cuidadoso.

MODELOS

DESPACHO DEFERITÓRIO

Estando em ordem a documentação, será autorizado o pedido de retificação, através de um despacho, para perfectibilização do ato averbatório na matrícula/transcrição, conforme segue: "Tendo em vista o pedido de retificação datado de 13 (treze) de 9 (setembro) de 2022 (dois mil e vinte e dois), protocolado nesta Serventia Registral sob o n. _____, em 19 (dezenove) de 9 (setembro) de 2013 (dois mil e treze), formulado por S. M. B., brasileiro, empresário, com RG sob o n. _____, emitido pela SSP/__ e com CPF/MF sob o n. _____, e sua esposa R. C. B., brasileira, empresária, com RG sob o n. _____, emitido pela SJS/__ e com CPF/MF sob o n. _____, casados pelo regime de comunhão "universal" de bens, na vigência da Lei 6.515/1977, residentes e domiciliados em _____/__, na Rua _____ n. __, apartamento __, cujo pacto antenupcial encontra-se devidamente registrado nesta Serventia sob o n. _____, Livro 3-Registro Auxiliar, proprietários do imóvel objeto da Matrícula n. _____, Livro 2-Registro Geral, desta Serventia Registral, instruído com Planta, Memorial Descritivo e Anotação de Responsabilidade Técnica devidamente quitada. Diante do exposto, AUTORIZO a realização de averbação de retificação da confrontação com atualização descritiva na M-_____, por entender que os requisitos legais previstos nos arts. 212 a 214 da Lei 6.015/1973 (Lei dos Registros Públicos-LRP) foram completamente atendidos. Local, data e assinatura do registrador.

ATOS REGISTRAIS DE RETIFICAÇÕES CONSENSUAIS

M-_____ (REAL)
AV-__/_____ (AV-__/_____), em __ de _____ de _____.
RETIFICAÇÃO CONSENSUAL (IDENTIFICAÇÃO DOS CONFRONTANTES, INCLUSÃO DAS MEDIDAS LINEARES COM ALTERAÇÃO DA ÁREA SUPERFICIAL E ATUALIZAÇÃO DESCRITIVA DA PROPRIEDADE) – Nos termos do requerimento datado de 24 (vinte e quatro) de 8 (agosto) de 2022 (dois mil e vinte e dois), firmado pelos proprietários, M. PRODUTOS QUÍMICOS LTDA., com sede em _____/__, na Avenida _____ n. __ – Distrito _____ e com CNPJ sob o n. _____, representada por seu sócio, A. J. dos S., proprietária da parte ideal equivalente a dois terços do imóvel desta matrícula; e, D. C. S., espanhol, solteiro,

gerente comercial, com Cédula de Identidade de Estrangeiro sob o n. V____-X-PERMA-NENTE, com validade até 15 (quinze) de 3 (março) de 2027 (dois mil e vinte e sete) e com CPF/MF sob o n. _____, residente e domiciliado em _____/___, na Rua _____ n. ___, apartamento ___ – _____, proprietário da parte ideal equivalente a um terço do imóvel desta matrícula, devidamente instruído com planta e memorial descritivo elaborados pelo Técnico Agrimensor, J. O. S. da L. – CREA ____-TD, e ainda com a declaração firmada por este, sob as penas da lei, que efetuou pessoalmente o levantamento da área e que os valores corretos dos rumos e distâncias e a identificação das confrontações e da área total são os apresentados na planta e nos memoriais que a acompanham, com a devida aprovação e licenciamento pela Secretaria Municipal de Coordenação e Planejamento desta cidade – Processo n. _____, datado de 26 (vinte e seis) de 8 (agosto) de 2022 (dois mil e vinte e dois), conforme Certidão n. ____, passada pelo Secretário, C. A. B. e visada pelo Diretor Municipal, S. V., na mesma data, com a manifestação favorável do pedido de retificação, firmados pelos confrontantes abaixo nomeados, através de instrumentos particulares de concordâncias – anuências – inciso II do art. 213 da Lei 6.015/1973, com exceção do lindeiro R. A. de O., fica constando que o imóvel objeto desta matrícula apresenta os seguintes confrontantes, medidas lineares, área, confrontações, características e atualizações: 4) A. P. M., brasileiro, metalúrgico, com RG sob o n. _____, expedido pela SSP/__ e com CPF/MF sob o n. _____, residente e domiciliado nesta cidade, na Rua _____ n. ___, casado pelo regime da comunhão "parcial" de bens, na vigência da Lei 6.515/1977, com I. M. T. I. M. 5) N. da S., brasileiro, motorista, com RG sob o n. _____, STJ/ __ e com CPF/MF sob o n. _____, residente e domiciliado nesta cidade, na Rua _____ n. ___, casado pelo regime da comunhão "universal" de bens, anteriormente à vigência da Lei n. 6.515/1977, com I. M. S. da S. 6) A. S. da S., brasileiro, solteiro, maior, nascido em __ de __ de ____, cobrador, com RG sob o n. _____, emitido pela SJS/__ e com CPF/MF sob o n. _____, residente e domiciliado nesta cidade, na Rua _____, apartamento ___, Bloco __. 7) R. A. M. C., brasileiro, industrial, com RG sob o n. _____ e com CPF/MF sob o n. _____, residente e domiciliado nesta cidade, na Rua _____ n. ____, casado pelo regime da comunhão "parcial" de bens, na vigência da Lei n. 6.515/1977, com C. dos S. C. 8) Departamento Nacional de Infraestrutura de Transportes – DNIT – 10ª UNIDADE DE INFRAESTRUTURA TERRESTRE – representada por seu coordenador-geral, M. L., conforme Portaria de Nomeação de 14 de setembro de 2004, do Ministro de Estado dos Transportes, publicada no Diário Oficial da União n. 180, de 17 de setembro de 2020, que expediu a Certidão n. ____, extraída do processo protocolado sob o n. _____, em __ de __ de ____. 9) R. A. de O., falecido em __ de __ de ____, que era residente e domiciliado na Rua _____ n. ____, representado por sua inventariante N. E. de O. (com RG sob o n. _____, expedido pela SJS/__), conforme cópia autenticada do Termo de Compromisso datado de __ de __ de ____, extraído dos Autos do Processo n. ____, oriundo do ___ Cartório Judicial desta cidade, o qual foi notificado nos termos do inciso II do art. 213 da Lei n. 6.015/1973, alterada pelo art. 59 da Lei 10.931/2004, assim distribuídos: A) AO NORDESTE, com o alinhamento da Rua _____. B) AO LESTE/NORTE, com o imóvel de propriedade de R. A. de O., conforme consta da matrícula n. ____, Livro 2-Registro Geral, desta Serventia, antes de C. M. C) AO LESTE, outra vez, com os lotes ns. 1 (um), 2 (dois), 3 (três), 4 (quatro) e 9 (nove) da quadra n. 1 (um) do Setor 04G88, no Loteamento denominado "S. C.", de propriedade da Loteadora S. C. Ltda., conforme Matrículas ns. ____, ____, ____, ____ e ____, respectivamente, Livro 2-Registro Geral, desta Serventia, com o lote n. 5 (cinco) da quadra n. 1 (um) do Setor 04G88, do Loteamento denominado "S. C.", de propriedade de A. P. M., conforme

Matrícula n. 21.372, Livro 2-Registro Geral, desta Serventia, com o lote n. 6 (seis) da quadra n. 1 (um) do Setor 04G88, do Loteamento denominado "S. C.", de propriedade da Loteadora S. C. Ltda., prometido vender a favor de N. da S., conforme Matrícula n. ___, Livro 2, Registro Geral, desta Serventia, com o lote n. 7 (sete) da quadra n. 1 (um) do Setor 04G88, do Loteamento denominado "S. C.", de propriedade da Loteadora S. C. Ltda., prometido vender a favor de A. S. da S., conforme matrícula n. ___, Livro 2-Registro Geral, desta Serventia e com o lote n. 8 (oito) da quadra n. 1 (um) do Setor 04G88, do Loteamento denominado "S. C.", de propriedade da Loteadora S. C. Ltda., prometido vender a favor de R. A. M. C., conforme Matrícula n. ___, Livro 2-Registro Geral, desta Serventia, antes de propriedade de C. M. D) AO SUL/OESTE/SUDOESTE, com os Blocos ns. 33 (trinta e três), 35 (trinta e cinco), 37 (trinta e sete), 39 (trinta e nove), 41 (quarenta e um), 43 (quarenta e três), 45 (quarenta e cinco) e 47 (quarenta e sete) e com o Parque Desportivo n. 1 (um) da Superquadra G., do Conjunto Habitacional Cohab, atual conjunto residencial Presidente João Goulart, de propriedade da Companhia de Habitação do Estado de ___, antes da Refrigeração S. S/A – Indústria e Comércio e outra, conforme Matrículas ns. ___ e ___, respectivamente, Livro 2-Registro Geral. E) AO OESTE E A SUL, com imóvel de propriedade da Q. S/A – Indústria e Comércio, antes da C. Pré-fabricados R. Ltda., conforme Matrícula n. ___, Livro 2-Registro Geral, desta Serventia. F) E, finalmente, AO OESTE, com o alinhamento da Rodovia Federal BR-___. III – INCLUSÃO DAS MEDIDAS LINEARES, ALTERAÇÃO DA ÁREA SUPERFICIAL DO IMÓVEL E ATUALIZAÇÃO DESCRITIVA – De acordo com os documentos acima mencionados, foram incluídas as medidas lineares com a alteração da área total e foi atualizada a descrição do imóvel objeto desta matrícula, passando o mesmo a ter a seguinte descrição: TERRENO URBANO constituído do lote n. 1 (um) da quadra n. 16 (dezesseis), do Setor 04G78, do mapeamento geral, de esquina, de forma irregular, com a área superficial de 14,378275 hectares, ou seja: de 143.782,75m² (cento e quarenta e três mil, setecentos e oitenta e dois metros e setenta e cinco decímetros quadrados), situado na Rodovia Federal BR-___, lado PAR, esquina com a Rua ___, Bairro ___, nesta cidade, com as seguintes características, dimensões e confrontações: Partindo de um ponto situado na esquina formada pela Rua ___ com a Rodovia Federal BR-___, segue no sentido noroeste-sudeste, na extensão de 558,9m (quinhentos e cinquenta e oito metros e noventa e nove centímetros), em linhas quebradas, formadas por 6 (seis) segmentos de reta, o primeiro, na extensão de 440,93m (quatrocentos e quarenta metros e noventa e três centímetros), o segundo, na extensão de 60,78m (sessenta metros e setenta e oito centímetros), o terceiro na extensão de 10,35m (dez metros e trinta e cinco centímetros), o quarto na extensão de 15,40m (quinze metros e quarenta centímetros), o quinto na extensão de 20,03m (vinte metros e três centímetros) e o sexto e último na extensão de 11,50m (onze metros e cinquenta centímetros), confrontando, AO NORDESTE, com o alinhamento da Rua ___; aí, forma um ângulo e toma o sentido norte-sul, na extensão de 163,64m (cento e sessenta e três metros e sessenta e quatro centímetros), confrontando, AO LESTE, com o imóvel de propriedade de R. A. de O.; aí forma um ângulo e toma o sentido oeste-leste, na extensão de 56,67m (cinquenta e seis metros e sessenta e sete centímetros), confrontando, AO NORTE, ainda com o imóvel de propriedade de R. A. de O.; aí, forma um outro ângulo e retoma o sentido norte-sul, na extensão de 85,16m (oitenta e cinco metros e dezesseis centímetros), confrontando, AO LESTE, com os lotes ns. 1 (um), 2 (dois), 3 (três), 4 (quatro) e 9 (nove) da quadra n. 1 (um) do Setor 04G88, no Loteamento denominado "S. C.", de propriedade da Loteadora S. C. Ltda., com o lote n. 5 (cinco) da quadra n. 1 (um) do Setor 04G88, no Loteamento denominado "S. C.", de propriedade de A. P. M., com o com o lote n. 6 (seis) da quadra n. 1 (um) do Setor 04G88, no Loteamento denominado "S. C.", de propriedade da Loteadora S. C. Ltda., prometido vender a favor de N. da S., com o lote n. 7 (sete) da quadra n. 1 (um) do Setor 04G88, no Loteamento denominado "S. C.", de propriedade da Loteadora S. C. Ltda., prometido vender a favor de A. S da S. e com o lote n. 8 (oito) da quadra n. 1 (um) do Setor 04G88, no Loteamento denominado "S. C.", de propriedade da Loteadora S. C. Ltda., prometido vender a favor de R. A. M. C.; aí, forma mais um ângulo e toma o sentido leste-oeste, na extensão de 263,33m (duzentos e sessenta e três metros e trinta e três centímetros), em linhas quebradas, formadas por dois segmentos de reta, o primeiro, na extensão de 134,11m (cento e trinta e quatro metros e onze centímetros) e o segundo, na extensão de 129,22m (cento e vinte e nove metros e vinte e dois centímetros), confrontando, AO SUL, com os Blocos ns. 33 (trinta e três), 35 (trinta e cinco), 37 (trinta e sete), 39 (trinta e nove), 41 (quarenta e um), 43 (quarenta e três), 45 (quarenta e cinco) e 47 (quarenta e sete) e com o Parque Desportivo n. 1 (um) da Superquadra G., do Conjunto Habitacional _____, atual Conjunto Residencial _____, de propriedade da Companhia de Habitação do Estado de _____; aí, forma um novo ângulo e toma o sentido sul-norte, na extensão de 4,74m (quatro metros e setenta e quatro centímetros), confrontando, AO OESTE, com parte do Parque Desportivo n. 1 (um) da Superquadra G., do Conjunto Habitacional _____, atual Conjunto Residencial _____, de propriedade da Companhia de Habitação do Estado de _____; aí, forma outro ângulo e retoma o sentido leste-oeste, na extensão de 8,55m (oito metros e cinquenta e cinco centímetros), confrontando, AO SUL, também com parte do Parque Desportivo n. 1 (um) da Superquadra G., do Conjunto Habitacional _____, atual Conjunto Residencial _____, de propriedade da Companhia de Habitação de _____; aí, forma mais um ângulo e toma o sentido sudeste-noroeste, na extensão de 19,39m (dezenove metros e trinta e nove centímetros), confrontando, AO SUDOESTE, mais uma vez com parte do Parque Desportivo n. 1 (um) da Superquadra G., do Conjunto Habitacional _____, atual Conjunto Residencial _____, de propriedade da Companhia de Habitação de _____; aí, forma um outro ângulo e retoma o sentido sul-norte, na extensão de 123,41m (cento e vinte e três metros e quarenta e um centímetros), confrontando, AO OESTE, com o imóvel de propriedade da Q. S/A. – Indústria e Comércio; aí, forma um novo ângulo e retoma o sentido leste-oeste, na extensão de 304,86m (trezentos e quatro metros e oitenta e seis centímetros), até atingir o alinhamento da Rodovia Federal BR-116, confrontando, AO SUL, também com o imóvel de propriedade da Q. S/A. – Indústria e Comércio; aí, forma um último ângulo e toma o sentido sul-norte, na extensão de 310,11 (trezentos e dez metros e onze centímetros), até atingir o alinhamento da Rua _____, ponto inicial da presente descrição, confrontando, AO OESTE, com o alinhamento da Rodovia Federal BR-___, fechando, assim, o seu perímetro, sendo o quarteirão formado pela Rodovia Federal BR-___, pelas Ruas _____, _____, _____ e pelas Avenidas A. S. e J. J. CERTIFICO AINDA: Que no dia __ de __ de _____, o Registrador Substituto desta Serventia, A. F. de V., nos termos do inciso II do art. 213 da Lei n. 6.015/1973 (Lei de Registros Públicos), alterado pelo art. 59 da Lei n. 10.931/2004 e em atendimento de M. – Produtos Químicos e D. C. S., a notificação do lindeiro R. A. de O., no endereço indicado pelas partes, ou seja, na Rua _____ n. ___, cujo número não foi localizado pelos motivos expostos na certidão passada na mesma data, do teor seguinte: "CERTIFICO que nesta data compareci, juntamente com o funcionário R. de O., na Rua _____ n. ___, para notificar R. A. de O., proprietário do imóvel objeto da M-_____, Livro 2-Registro Geral, atendendo ao requerimento apresentado pelos proprietários do imóvel matriculado sob o n. _____, Livro 2-Registro Geral, M. Produtos Químicos Ltda. e D. C. S., não localizando o referido endereço. CERTIFICO MAIS: que nas proximidades do endereço indicado, fui informado pela proprietária de um estabelecimento comercial (bar) que o notificando poderia estar residindo na primeira rua à direita, na terceira casa também à direita. Dirigindo-me a esse local, sito na Rua _____ n. ___, constatei que lá reside a Sra. N. E. de O., a qual se identificou como filha do notificando, bem como informou que é a inventariante dos bens deixados pelo falecimento de R. A. de O., o que ocorrera há mais de 6 (seis) anos. CERTIFICO AINDA: que dei conhecimento de todo o conteúdo da notificação destinada ao Sr. R. A. de O. à inventariante, Sra. N. E. de O., ficando esta com uma via em seu poder, sem assinar, mas prontificando-se a comparecer nesta Serventia Registral, oportunamente, munida de cópia autenticada do Termo de Inventariante para anuir com o pedido de retificação. O referido é verdade e dou fé. Local, data e assinatura do Registrador Substituto, no exercício da titularidade". CERTIFICO MAIS: Que na data de __ de __ de ____, compareceu nesta Serventia, N. E. de O., portadora do RG sob o n. _____, expedido pela SJS/__, na qualidade de inventariante dos bens deixados por falecimento de R. A. de O., nos termos do compromisso firmado em __ de __ de ____, e manifestou-se favoravelmente ao pedido de retificação do imóvel objeto desta matrícula, consoante assinatura inserida na planta, feita na presença do Registrador Substituto A. F. de V., conforme certificado por certidão da mesma data. CERTIFICO AINDA MAIS: Que no dia __ de __ de ____, em atenção ao que dispõe o § 12 do art. 213 do referido diploma legal, foram feitas pelo Registrador Substituto, A. F. de V., diligências *in loco* verificando a real existência da propriedade, percorrendo-a nos sentidos sul-norte (BR-___, sentido ____-____), sentido oeste-leste (frente Rua _____), no sentido norte-sul (na divisa com propriedade de R. A de O.) e no sentido leste-oeste (nas linhas divisórias entre as propriedades das Loteadoras S. C. Ltda. e outros, da Companhia de Habitação do Estado de _____ e da Q. S/A – Indústria e Comércio Ltda.), consoante da certidão integrante do processo. CERTIFICO FINALMENTE: Que todos os documentos aqui mencionados ficam arquivados nesta Serventia, em Pasta Especial de Retificações Consensuais sob o n. 3. PROTOCOLO – Título apontado sob o n. _____, em __ de __ de ____, reapresentado em __ de __ de ____.

Local e data.

Registrador e/ou Substituto : _____.
EMOLUMENTOS – R$ _____.

MATRÍCULAS / REGISTROS / AVERBAÇÕES

IMÓVEL – UMA CASA DE MADEIRA sob o n. _____ pela Rua _____, própria para moradia, com a área construída de 75,80m² (setenta e cinco metros e oitenta decímetros quadrados) e o respectivo LOTE URBANO sob o n. 24 (vinte e quatro) da quadra n. 14 (quatorze) da planta do Loteamento denominado "V. P.", situado na Rua _____, Bairro P., nesta cidade, com as seguintes dimensões e confrontações: AO NORTE, na extensão de 33m (trinta e três metros), com o lote n. 25 (vinte e cinco); AO SUL, na mesma extensão, com o lote n. 23 (vinte e três); AO LESTE, na extensão de 11m (onze metros), com o alinhamento da Rua _____; e, AO OESTE, na mesma extensão, com o lote n. 8 (oito).

QUARTEIRÃO – É formado pelas Ruas _____, _____, _____ e _____.
PROPRIETÁRIOS – J. A., brasileiro, mecânico, e sua esposa M. A., brasileira, do lar, inscritos no CPF/MF sob o n. _____, residentes e domiciliados nesta cidade, na Rua _____ n. ___.
TÍTULO AQUISITIVO – T-___, folha 44 do Livro 3-E, de ___ de ___ de _____, desta Serventia.
Registrador e/ou Substituto: _____.
EMOLUMENTOS – R$ _____.

IMÓVEL – LOTE URBANO sob o n. 79 (setenta e nove), da planta do Loteamento denominado "V. P.", que no mapeamento geral corresponde ao lote n. 26 (vinte e seis) da quadra n. 14 (quatorze), do Setor 04H86, de forma de um polígono irregular, com a área superficial de 301,60m² (trezentos e um metros e sessenta decímetros quadrados), situado no alinhamento da Travessa _____, lado PAR, Bairro _____, nesta cidade, distante a face norte, 24,00m (vinte e quatro metros) da esquina formada com a Rua _____, com as seguintes dimensões e confrontações: AO NORTE, na extensão de 25,55m (vinte e cinco metros e cinquenta e cinco centímetros), com o lote n. 80 (oitenta) ou 04G86140102; AO SUL, na extensão de 28,90m (vinte e oito metros e noventa centímetros), com o lote n. 78 (setenta e oito) ou 04G861425; AO LESTE, na extensão de 11,80m (onze metros e oitenta centímetros), com o lote n. 76 (setenta e seis) ou 04G861403; e, AO NOROESTE, na extensão de 11,10m (onze metros e dez centímetros), com o alinhamento da Travessa _____, onde faz frente.
QUARTEIRÃO – O quarteirão é formado pela Travessa _____, pelas Ruas _____, _____ e pela Avenida _____.

IMÓVEL – TERRENO URBANO constituído de parte do lote (P-"A") da quadra n. 913 (novecentos e treze), da planta do Loteamento denominado de "V. U.", que no mapeamento geral corresponde ao lote n. 9 (nove), sublote n. 1 (um), da quadra n. 5 (cinco), do Setor 04H05, de forma irregular, com a área superficial de 467,72m² (quatrocentos e sessenta e sete metros e setenta e dois decímetros quadrados), situado na Avenida _____, lado ÍMPAR, Centro, nesta cidade, distante a face nordeste, 92,90m (noventa e dois metros e noventa centímetros) da esquina formada com a Rua _____, com as seguintes dimensões e confrontações: AO SULESTE, na extensão de 22,20m (vinte e dois metros e vinte centímetros), com o alinhamento da Avenida _____, onde faz frente; AO NOROESTE, na extensão de 4,60m (quatro metros e sessenta centímetros), com parte do lote n. 3 (três) (P-3) ou 04H050503; AO SUDOESTE, na extensão de 38,00m (trinta e oito metros), com os lotes ns. 4 (quatro) ou 04H050404, 5 (cinco) ou 04H050405, 6 (seis) ou 04H050406 e 7 (sete) ou 04H050407; e, AO NORDESTE, na extensão de 32,87m (trinta e dois metros e oitenta e sete centímetros), com o lote n. 9 (nove), sublote n. 2 (dois) ou 04H05050902.
QUARTEIRÃO – O quarteirão é formado pela Avenida _____ e pelas Ruas _____, _____ e _____.

IMÓVEL – UM PRÉDIO COMERCIAL E RESIDENCIAL DE ALVENARIA sob o n. 26 (vinte e seis) pela Rua _____, com a área construída de 97,90m² (noventa e sete metros e noventa decímetros quadrados) e o respectivo LOTE URBANO sob o n. 7 (sete) da quadra "C", da planta do Loteamento denominado "V. M.", que no mapeamento geral corresponde ao lote n. 8 (oito) da quadra n. 2 (dois), do Setor 04G82, de forma irregular, com a área superficial de 357,00m² (trezentos e cinquenta e sete metros quadrados), situado na Rua _____, lado PAR, Bairro _____, nesta cidade, distante a face norte, 12,00m (doze metros) da esquina formada com a Rua _____, com as seguintes dimensões e confrontações: AO NORTE, na extensão de 30,00m (trinta metros), com o lote n. 6 (seis) ou 04G820207; AO SUL, na extensão de 33,00m (trinta e três metros), com o lote n. 8 (oito) ou 04G820209; AO LESTE, na extensão de 11,00m (onze metros), com o alinhamento da Rua _____, onde faz frente; AO OESTE, na extensão de 7,00m (sete metros), com parte do lote n. P-20 (vinte) ou 04G820221; e, AO NOROESTE, na extensão de 4,00m (quatro metros), com parte do lote n. P-5 (cinco) ou 04G820206.

QUARTEIRÃO – O quarteirão é formado pelas Ruas _____, _____, _____ e pela Rodovia Estadual _____.

7
INVENTÁRIO, PARTILHA, SEPARAÇÃO E DIVÓRCIO CONSENSUAIS POR VIA ADMINISTRATIVA
LEI 11.441, DE 04 DE JANEIRO DE 2007

Anteriormente à Lei 6.515/1977, o casamento era indissolúvel em decorrência do Direito Civil estar profundamente atrelado aos valores católicos. O desquite, contido no Código Civil de 1916, não permitia a constituição de um novo matrimônio. Invariavelmente, as mulheres desquitadas eram vítimas de preconceitos sociais.

A partir da Lei do Divórcio, gradativamente, a sociedade passou a aceitar a dissolução do casamento com maior naturalidade. Neste diploma legal, a culpa era fator determinante para fixação dos efeitos da separação ou divórcio, e o adultério possuía tipificação legal. Posteriormente, a Constituição Federal reconheceu a união estável, bem como a família monoparental como entidade familiar. Logo após, a Lei 8.971/1994 regulou os direitos dos companheiros a alimentos e à sucessão. Em seguida, veio a Lei 9.278/1996 que regulamentou o § 3º do art. 226 da CF.

Anteriormente ao Código Civil de 2002, a união estável passou a gozar de maiores prerrogativas do que aquelas dirigidas ao casamento (ex.: direito de habitação do companheiro), além de gozar de maiores facilidades para sua constituição e dissolução. Com o advento do novo Código Civil, houve uma tentativa de arrumar essas disparidades, e o cônjuge recebeu maior proteção em relação ao companheiro(a) (veja o Direito das Sucessões). Além disso, expurgou a ideia de culpa em casos de separação e divórcio, restando apenas alguns dispositivos (art. 1.704 e parágrafo único e art. 1.801, III, do CC).

Com a vigência da Lei 11.441/2007, o inventário, partilha, separação e divórcio consensuais por via administrativa passaram a ser mais céleres.

7.1 DO RECONHECIMENTO

A Lei 11.441/2007, que alterou o Código de Processo Civil de 1973, estabeleceu inovações de grande utilidade ao sistema legal brasileiro, possibilitando a realização de inventário, partilha, separação e divórcio consensuais, por via administrativa e/ou extrajudiciais. Aos Serviços Notariais e Registrais, a lei significou o reconhecimento da importância de suas atividades, reforçando a fé pública dos Notários e Registradores, exigindo conhecimento profundo sobre Direito das Obrigações e Direito das Sucessões.

As partes também foram favorecidas pela Lei, pois a separação e o divórcio tiveram seus procedimentos simplificados, acarretando redução de custos e celeridade no ato, quando os divorciandos ou separandos estiverem de acordo e não possuírem filhos menores ou incapazes.

A citada Lei foi vertente para o legislador que, em 2015, editou o novo Código de Processo Civil. A redação do novel CPC trouxe de forma genuína a possibilidade de, então, os atos supramencionados serem confeccionados extrajudicialmente (art. 610[1] e ss., e art. 733[2] e ss.).

7.2 COMPETÊNCIA

É facultada aos interessados a opção pela via judicial ou extrajudicial; podendo ser solicitada, a qualquer momento, a suspensão, pelo prazo de 30 (trinta) dias, ou a desistência da via judicial, para promoção da via extrajudicial (art. 2º da Resolução 35/2007-CNJ).

Não há incidência das regras de competência do art. 53 do CPC, por ser procedimento extrajudicial e as partes estando de acordo (art. 1º da Resolução 35/2007-CNJ). Logo, aplica-se o princípio da livre escolha do Tabelião pelas partes, (art. 8º da Lei 8.935/1994), podendo, estas, escolher qualquer Tabelião do

1. Art. 610. Havendo testamento ou interessado incapaz, proceder-se-á ao inventário judicial.
    § 1º Se todos forem capazes e concordes, o inventário e a partilha poderão ser feitos por escritura pública, a qual constituirá documento hábil para qualquer ato de registro, bem como para levantamento de importância depositada em instituições financeiras;
    § 2º O tabelião somente lavrará a escritura pública se todas as partes interessadas estiverem assistidas por advogado ou por defensor público, cuja qualificação e assinatura constarão do ato notarial.
2. Art. 733. O divórcio consensual, a separação consensual e a extinção consensual de união estável, não havendo nascituro ou filhos incapazes e observados os requisitos legais, poderão ser realizados por escritura pública, da qual constarão as disposições de que trata o art. 731.
    § 1º A escritura não depende de homologação judicial e constitui título hábil para qualquer ato de registro, bem como para levantamento de importância depositada em instituições financeiras;
    § 2º O tabelião somente lavrará a escritura se os interessados estiverem assistidos por advogado ou por defensor público, cuja qualificação e assinatura constarão do ato notarial.

país e lhe solicitar a lavratura da escritura. Salienta-se que, contudo, somente os interessados podem deslocar-se. A competência do Tabelião é restrita aos limites geográficos de sua circunscrição.

Feita a escolha do Tabelião, o Oficial de Notas deve conduzir as partes a um lugar reservado, devendo, inicialmente, realizar a audiência preliminar. Nesta audiência, o Notário certificar-se-á da capacidade das partes, se estas querem realmente se separar ou divorciar; se estão ali por livre e espontânea vontade; se estão plenamente conscientes dos efeitos de tais atos e se concordam com todos os termos a serem pactuados (ex.: pensão alimentícia, partilha de bens, utilização do nome etc.).

7.3 PECULIARIDADES SOBRE A CAPACIDADE DAS PARTES

Quanto à capacidade, o Tabelião deve auferir se as partes estão em pleno gozo de suas capacidades mentais; se são maiores; se, no ato, nenhuma das partes apresenta sinal de embriaguez ou de uso de substância entorpecente.

Neste passo, é interessante questionar se uma mulher grávida poderá separar-se, divorciar-se ou proceder ao inventário por meio administrativo. A meu ver, a escritura de separação ou divórcio, lavrada nesta circunstância, é nula de pleno direito, pois o ordenamento jurídico brasileiro assegura os direitos do nascituro (art. 2º do CC).

Outro ponto que merece reflexão é a possibilidade da realização da peça notarial de partes que têm filho emancipado. A existência de filho emancipado não obsta a realização de separação, divórcio ou de inventário, via administrativa, conforme disposto nos arts. 12 e 47 da Resolução 35/2007-CNJ.

7.4 DO NOME

Nos ditames do art. 1.565, § 1º, art. 1.571, § 2º, do CC e do art. 45 da Resolução 35/2007-CNJ, os separandos ou divorciandos podem optar por manter o nome de casados. Não se pode mais consignar ou se cogitar em falar de cônjuge culpado ou inocente na dissolução do casamento na esfera extrajudicial.

Assim, se o(a) cônjuge optou por manter o nome de casado(a), quando na lavratura da escritura pública de separação ou divórcio, somente este(a) poderá retificá-la, posteriormente, por instrumento público, com assistência de advogado e proceder à averbação no RCPN.

Vencida esta etapa, o Tabelião deve proceder à análise dos requisitos, principalmente do tempo e da documentação.

7.5 OS DOCUMENTOS NECESSÁRIOS

Quando da lavratura da Escritura Pública, as partes devem apresentar: certidão de casamento atualizada (Previsão Normativa em cada Estado)[3]; carteira de identidade; cadastro de pessoa física; certidões de nascimento dos filhos para verificação das idades; pacto antenupcial, se houver; documentação comprobatória da propriedade e/ou de direitos sobre qualquer espécie de bens. Além, é claro, da indispensável presença do assistente, o qual deve ser devidamente identificado pela Carteira da OAB e qualificado na peça notarial.

7.6 GRATUIDADE – ARTS. 6º E 7º DA RESOLUÇÃO 35/2007-CNJ

A gratuidade prevista na Lei 11.441/2007 também foi outro legado que o CPC/2015 absorveu para o seu texto (art. 98, IX) compreendendo as escrituras de inventário, partilha, separação e divórcio consensuais, bastando, para as partes serem contempladas por esse benefício, a simples declaração dos interessados de que não possuem condições para arcar com as despesas da lavratura e do registro, sem que seja comprometido o seu meio de subsistência (Resolução 35/2007, arts. 6º e 7º).

Sobre esse tema, o Conselheiro Paulo Lôbo pronunciou-se da seguinte maneira:

> A lei prevê que os pobres que assim se declararem perante o Tabelião não pagarão os emolumentos que a este seriam devidos. A atividade notarial é serviço público delegado pelo Poder Judiciário, ainda que exercida em caráter privado, cuja prestação pode ser gratuita se assim dispuser a lei. A determinação legal de gratuidade democratiza a via administrativa aos casais que desejam a separação ou o divórcio, mas não podem arcar com as despesas correspondentes[4].

7.7 ADVOGADO

O advogado na escritura pública desempenha um papel peculiar: ele é o assistente da parte. Assim, poderá ter poderes para assistir ambos ou apenas um. Em qualquer caso, caberá orientar a(s) parte(s), zelando pelo fiel cumprimento do ato e agir como guardião da lei.

---

3. No Rio Grande do Sul, o prazo máximo é de 60 dias, por analogia ao art. 193, da Consolidação Normativa Notarial e Registral. Em Minas Gerais, o prazo máximo é de 90 dias (art. 207 do Provimento 260/2013).
4. LÔBO, Paulo Luiz Netto. Disponível em: <https://recivil.com.br/artigo-cnj-divorcio-e-separacao--consensuais-extrajudiciais-por-paulo-lobo/>. Acesso em: 18 jul. 2022.

A respeito desse tema, cabe salientar que não haverá necessidade de o advogado apresentar uma procuração por escrito, quando, no ato, estiver desempenhando o papel de assistente. Se estiver representando a parte, será necessário o Tabelião certificar-se da legitimidade da representação.

Aliás, esse tipo de procuração exige forma pública, possui o prazo de 30 (trinta) dias e ainda constitui um assunto controvertido entre os Registradores e Notários.

O art. 36 da Resolução 35/2007-CNJ estabelece:

> O comparecimento pessoal das partes é dispensável à lavratura de escritura pública de separação e divórcio consensuais, sendo admissível ao(s) separando(s) ou ao(s) divorciando(s) se fazer representar por mandatário constituído, desde que por instrumento público com poderes especiais, descrição das cláusulas essenciais e prazo de validade de 30 (trinta) dias.

O Conselheiro Paulo Lôbo, em seu parecer, defendeu a representação. Contudo, entendo que o art. 36 da Resolução 35/2007 contraria o artigo que antecede o mesmo diploma legal. Se é dispensável o comparecimento pessoal, pode-se questionar como o Tabelião irá realizar a audiência preliminar. Não são raras as pessoas que, percebendo o formalismo do ato seja na esfera judicial ou extrajudicial e estando perante o seu consorte, arrependem-se da decisão e, após discutir a relação matrimonial perante todos os presentes, resolvem se reconciliar. Dessa forma, em face da redação da Resolução 35/2007, é aconselhável que a representação seja admitida somente quando os separandos/divorciandos sejam domiciliados em Estados diferentes ou na hipótese de um deles residir no exterior.

Outro aspecto interessante sobre a atuação do advogado reside na hipótese em que uma das partes é advogado(a). Poderá a própria parte (advogado) atuar em causa própria e também como assistente? Para responder a essa pergunta é preciso ter muito cuidado. Aqui incidem os princípios gerais do contrato. Assim, a parte-advogada não poderá ser designada como assistente comum, ou seja, a outra parte deverá ser assistida por outro advogado, a fim de garantir o equilíbrio da relação contratual. Afinal, ainda que as partes naquele momento estejam concordes, posteriormente a parte que se sentir lesada poderá alegar lesão em juízo[5].

---

5. Código Civil: "Art. 157. Ocorre a lesão quando uma pessoa, sob premente necessidade, ou por inexperiência, se obriga a prestação manifestamente desproporcional ao valor da prestação oposta.
§ 1º Aprecia-se a desproporção das prestações segundo os valores vigentes ao tempo em que foi celebrado o negócio jurídico;
§ 2º Não se decretará a anulação do negócio se for oferecido suplemento suficiente, ou se a parte favorecida concordar com a redução do proveito."

7.8 DIVÓRCIO DIRETO E CONVERSÃO DA SEPARAÇÃO

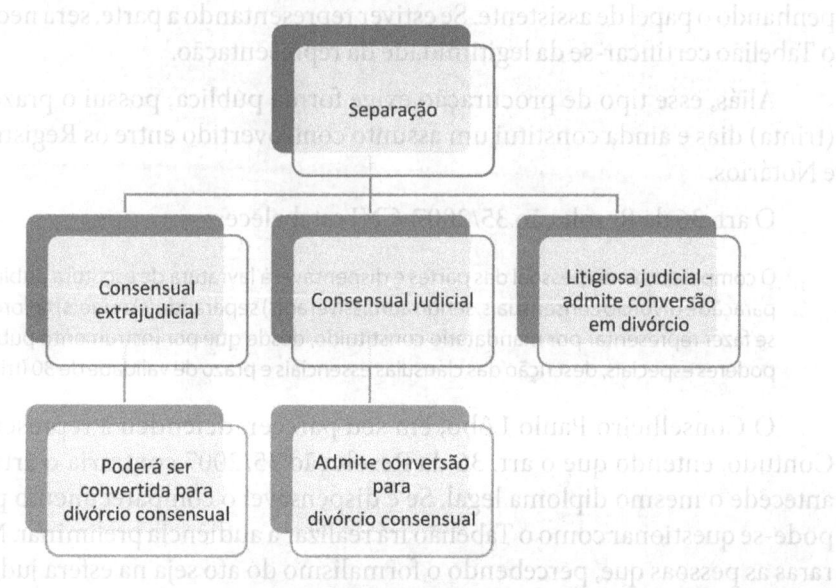

```
                          Separação
                              |
        ┌─────────────────────┼─────────────────────┐
  Consensual            Consensual judicial    Litigiosa judicial -
  extrajudicial                                admite conversão
        |                     |                em divórcio
  Poderá ser            Admite conversão
  convertida para       para
  divórcio consensual   divórcio consensual
```

Possibilidades de conversão

A Emenda Constitucional 66/2010 trouxe ao ordenamento jurídico brasileiro um novo panorama: a dissolução da relação conjugal. Passou a ser admitido o divórcio direto, rompendo-se com a ordem anterior que determinava lapsos temporais para separação, divórcio e conversão de separação em divórcio.

A redação introduzida unicamente no sistema constitucional (sem alterar a legislação infraconstitucional) deu margem à criação de várias noções equivocadas da emenda e um debate jurídico sobre a permanência do instituto da separação no sistema jurídico brasileiro, diante da nova ordem constitucional. É interessante verificar a diferença entre separação e divórcio: enquanto aquela põe fim, apenas, à sociedade conjugal, esse extingue o vínculo matrimonial, permitindo a convolação de novas núpcias. A alteração introduzida pela Emenda 66/2010, além de estender o divórcio direto, indiscriminadamente, a todo o casamento, sem referir-se ou limitá-lo a certo tempo de duração, também elidiu a prova testemunhal. Isto é, o procedimento ficou mais célere.

A Constituição Federal tem o intuito de guiar os operadores do Direito na aplicação da lei infraconstitucional e não esmiuçar os institutos processuais, civis. Não sendo por outra razão que a chamada desapropriação judicial (art. 1.228, § 4º, do CC), embora não esteja prevista na Constituição Federal é legal em face do Princípio da Função Social da Propriedade.

Nessa esteira, podemos defender que a separação judicial ou consensual é constitucional com fulcro no Princípio da Dignidade da Pessoa Humana, além de estar expressamente prevista no Código Civil. Ademais, é razoável fornecer aos cônjuges indecisos um espaço para a conciliação, para o restabelecimento da sociedade conjugal sem onerá-los ou obrigá-los a casarem-se novamente.

Por isso, entendemos que as separações judiciais e extrajudiciais ainda subsistem, nos termos dos arts. 1.571 a 1.582 do Código Civil, sendo um instrumento útil aos consortes inseguros. Eles utilizarão essa via quando a simples separação de fato não lhes seja suficiente para assegurar-lhes a liberdade necessária para decidirem se querem continuar casados.

Outra questão interessante, ainda não resolvida pelos Tribunais, circunscreve o ajuizamento da separação judicial após a Emenda 66/2010. É possível afirmar que o legislador passou aos cônjuges a escolha do procedimento da dissolução do matrimônio, por isso, o juiz não poderá eximir-se de julgar ou homologar uma ação de separação ou divórcio, pois o ajuizamento de uma ou outra é uma opção dos consortes, assim como o procedimento de dissolução da sociedade matrimonial perante o Notário ou o Juiz é facultativo.

Comporta, todavia, o sistema jurídico brasileiro que, na audiência, o juiz informe as partes sobre a legislação vigente, proporcionando-lhes o conhecimento necessário para decidirem de acordo com os seus interesses. As mesmas faculdades aplicam-se ao Tabelião de Notas, quando da leitura da escritura pública de separação ou divórcio.

Salienta-se que a Lei 12.874, de 29 de outubro de 2013, também tornou possível às autoridades consulares brasileiras celebrarem a separação e o divórcio consensuais de brasileiros no exterior. Verifica-se que a referida Lei ainda mencionou a separação, mesmo após a Emenda 66/2010.

Desde já, defendemos que:

• A Separação continua como um instituto *facultativo* aos cônjuges na legislação infraconstitucional.

• O Divórcio Consensual não exige mais o requisito da comprovação do lapso temporal e testemunhas: divórcio direto.

Por oportuno, deixamos aqui consignado que sair do Tabelionato de Notas divorciado e no mesmo dia casar-se novamente com a mesma pessoa, ou outra, no Registro Civil de Pessoas Naturais é impossível. O divórcio deve ser averbado na certidão de casamento, a partilha deverá ser anteriormente registrada e a habilitação demora em torno de 30 dias; portanto, a sociedade brasileira não corre esse risco. Isso é outra ideia equivocada dos procedimentos legais[6].

No tocante a conversão da separação extrajudicial em divórcio extrajudicial, esta deve ser admitida, podendo ser alteradas as condições acordadas na escritura de separação.

Da mesma forma, não procede à vedação para a lavratura da escritura de conversão de separação judicial em divórcio, ainda que aquela tenha sido litigiosa, pois, no âmbito extrajudicial, independentemente da existência, ou não, de alteração das condições anteriores estipuladas (art. 52 da Resolução 35/2007-CNJ, alterada pela Resolução 120/2010-CNJ). No entanto, nesses casos, é recomendável que o Tabelião proceda à comunicação ao juízo competente[7].

Quanto ao Divórcio Direto, pelo art. 52 da Resolução 35/2007-CNJ:

> Os cônjuges separados judicialmente, podem, mediante escritura pública, converter a separação judicial ou extrajudicial em divórcio, mantendo as mesmas condições ou alterando-as. Nesse caso, é dispensável a apresentação de certidão atualizada do processo judicial, bastando a certidão da averbação da separação no assento do casamento[8].

Por derradeiro, foi essencial a instituição da Central Notarial de Serviços Eletrônicos Compartilhados (CENSEC), com a Resolução 18/2012-CNJ, na qual foi criada a Central de Escrituras de Separações, Divórcios e Inventários (CESDI), para maior controle dos atos notariais. Aludida central já havia sido apontada em edições anteriores como importante para organização nacional das referidas escrituras.

7.9 ALIMENTOS

Um dos pontos mais discutíveis nas ações de separação ou de divórcio, seja judicial ou extrajudicial, refere-se a quem deve prestar os alimentos e o *quantum* a ser prestado. Sob mesmo enfoque, a renúncia aos alimentos assume importante dimensão na lavratura da Escritura Pública. Nos termos do art. 1.707 do CC e da Súmula 379 do STF, não se admite a renúncia dos alimentos pelo credor.

Segundo Nelson Nery Junior:

---

6. PAIVA. João Pedro Lamana. *As novas dimensões do divórcio e a Emenda Constitucional 66/2010*: uma interpretação sistemática. Disponível em: <http://www.lamanapaiva.com.br/banco_arquivos/AS_NOVAS_DIMENSOES_DO_DIVORCIO_E_A_EMENDA_66_LamanaPaiva.pdf>. Acesso em: 19 jul. 2022.
7. CAHALI, Francisco José. *Lei 11.441/07*: inventário, partilha, divórcio e separação extrajudicial. Disponível em: <https://www.irib.org.br/boletins/detalhes/636>. Acesso em: 19 jul. 2022.
8. CONSELHO NACIONAL DE JUSTIÇA. Nova redação inserida pela Resolução 120, de 30-09-2010.

Na sistemática legal vigente, a dispensa ou a renúncia da prestação alimentícia não impedem a formulação da pretensão da mulher, posteriormente. Tal direito não se extingue com a separação e a dispensa não significa abdicação desse direito[9].

O direito aos alimentos é irrenunciável, pois é uma extensão dos direitos inerentes à personalidade; contudo, sendo a pensão alimentícia efeito patrimonial desse direito, é cabível a renúncia da prestação alimentícia na medida em que os efeitos dessa dispensa não são perenes. Ocorrida alguma modificação na situação econômica de um dos cônjuges, o necessitado poderá reivindicá-la, nos termos dos arts. 1.694 e seguintes do CC.

Outro assunto sobre o tema tange aos efeitos da estipulação da forma de pagamento de alimentos na escritura pública, isto é, é admissível realizar o desconto em folha de pagamento apenas com a exibição/entrega da certidão da escritura no departamento competente?

Sim, pois o próprio devedor consentiu com este procedimento, não havendo motivo para o empregador obstar tal ato (art. 3º da Resolução 35/2007-CNJ).

Nesta mesma linha de pensamento, é percuciente questionar se é possível protestar a escritura pública que estipula a quantia da prestação alimentícia. Se a fixação se deu em porcentagem (ex.: 30% da receita auferida do devedor), não será possível ser protestado, em face de não ser possível determinar o *quantum* devido. Por outro lado, se a fixação foi estipulada em valor certo e determinado (ex.: R$ 300,00 por mês), poderá ser protestado.

7.10 EXECUÇÃO DA ESCRITURA PÚBLICA

Sobre esse tema, deve-se ter em mente que a CF, art. 5º, LXVII, admite a prisão do devedor por dívida alimentar e sob este enfoque os arts. 911 e seguintes do CPC regulam o procedimento de execução alimentícia, referindo expressamente à sentença ou decisão judicial.

Antes da entrada em vigor do CPC/2015, havia juristas[10] sustentando a impossibilidade da aplicação dos dispositivos da execução de prestação alimentícia, quando a verba alimentícia decorrer de título extrajudicial, sob os seguintes argumentos: a prisão do devedor por alimentos é uma exceção imposta pela Constituição; a existência de expressa menção de execução de sentença ou de

---

9. NERY JUNIOR, Nelson; NERY, Rosa Maria Andrade. *Código Civil comentado e legislação extravagante*. 6. ed. São Paulo: Revista dos Tribunais, 2008, p. 324.
10. PARREIRA, Antônio Carlos. *A Lei 11.441 e a possibilidade de prisão por dívida alimentar*. Disponível em: <https://serjus.com.br/noticias_antigas/on-line/artigo_lei_11441_prisao_divida_alimentar_26_03_2007.htm>. Acesso em: 19 jul. 2022.

decisão judicial impossibilitaria que o devedor fosse preso, mediante propositura de execução judicial fundada na escritura pública. Logo, a execução da escritura pública seria regulada pelos arts. 824 e seguintes.

No entanto, salvo melhor juízo, tais argumentos não deveriam proceder. A prisão do devedor é, realmente, uma exceção, contudo, fundada no caráter essencial da prestação de alimentos para manutenção do alimentando. Interpretar que somente a execução de alimentos alicerçada em título judicial fornece respaldo à prisão do devedor significa burlar a vontade do legislador constituinte, qual seja, desjudicialização desse tipo de negócio jurídico.

Aliás, é por demais conhecida a ineficiência do legislador ordinário que, ao elaborar as leis, por má técnica, esquece de alterar dispositivos correlatos aos regulados. Portanto, a escritura pública é título hábil para buscar, em juízo, a prestação alimentícia e fundamentar a prisão do devedor.

7.11 DA PARTILHA

O art. 733, ao dispor sobre a separação e o divórcio consensuais, estabelece, dentre outros requisitos legais, que devem constar, na lavratura da escritura: as disposições relativas à descrição e à partilha dos bens comuns. Este pensamento vem ao encontro do art. 37 da Resolução 35/2007-CNJ, que reforça a necessidade de, pelo menos, descrever os bens do casal no corpo da escritura.

Assim, surge a questão: poderá a partilha ser efetuada posteriormente, e por via judicial, se as partes apenas não entraram em consenso quanto a este termo?

Alerta-se, desde logo, que a resposta positiva ou negativa desta questão implica a lavratura ou não do próprio ato notarial, em vista da vedação existente no art. 46 da Resolução 35/2007-CNJ, que proíbe o Tabelião de lavrar a escritura pública se houver indícios de irregularidades.

Seguindo a linha de pensamento do Desembargador Luiz Felipe Brasil Santos, a partilha não é indispensável, mas, sim, a decisão do casal sobre este assunto (postergar ou não), que deverá ser mencionada na escritura. Outrossim, imprescindível é, ao menos, o consenso das partes de que conste no ato notarial a descrição dos bens do casal para posterior partilha, a exemplo do art. 731, I, do CPC.

Nesta linha de raciocínio, sustenta o mesmo doutrinador que as partes também poderiam dispor, posteriormente, sobre o *quantum* devido pelo prestador de alimentos, sendo apenas obrigatório determinar, na lavratura da Escritura de Separação ou Divórcio Consensual, quem deve prestá-los.

O Conselheiro Paulo Lôbo[11], do CNJ, no entanto, emite parecer distinto; alerta que, diferentemente do divórcio e da separação judiciais, a partilha dos bens comuns não poderá ser feita posteriormente, em razão de a lei determinar expressamente sua inclusão na escritura pública. Isso se deve ao fato de a via administrativa pressupor acordo do casal sobre todas as questões decorrentes da separação, não podendo haver pendências remetidas à decisão judicial; salvo os casos em que, por alguma razão justificável, as partes não tiverem descrito algum bem na Escritura Pública. Esse bem, no entendimento daquele estudioso, poderá ser objeto de nova Escritura Pública, a fim de realizar a sobrepartilha.

7.12 EFEITOS DA ESCRITURA PÚBLICA

Diante da afirmação de que o divórcio ou a separação produzem efeitos imediatos, a partir da data da lavratura da escritura pública, sendo título hábil ao registro, pode-se dizer que o traslado extraído da escritura pública é o instrumento hábil para averbação da separação ou do divórcio junto ao Registro Civil das Pessoas Naturais, onde foi celebrado o casamento e para o Registro de Imóveis, se houver. Ressalta-se que o CNJ entendeu que é desnecessário o registro da escritura pública no Livro "E", nos termos do art. 10 da Resolução 35/2007.

Nesta linha de convicção, questiona-se: como fará o divorciado(a) para contrair novo matrimônio? Como se sabe o art. 1.525, V, do CC exige registro da sentença de divórcio. De outro lado, deve-se admitir que foi louvável a exigência de concentração das escrituras lavradas em tabelionatos, a exemplo da Central de Testamento.

O efeito *erga omnes* da escritura de divórcio ou separação se perfectibiliza com a averbação no termo de casamento, no Livro "B" do Registro Civil de Pessoas Naturais.

7.13 DO RESTABELECIMENTO DA SOCIEDADE CONJUGAL

Quanto ao restabelecimento da sociedade conjugal, como, via de regra, o ordenamento jurídico objetiva retirar os processos de jurisdição voluntária do Poder Judiciário, atribuindo-lhes mais agilidade, celeridade, não há como negar ao Tabelião de Notas também a competência de lavrar a Escritura Pública de restabelecimento conjugal.

---

11. LÔBO, Paulo Luiz Netto. *Artigo* – CNJ – Divórcio e Separação Consensuais Extrajudiciais. Disponível em: <https://www.arpensp.org.br/noticia/5074>. Acesso em: 19 jul. 2022.

Essa discussão já se encontra resolvida com a publicação da Resolução 35, de 24 de abril de 2007, pelo Conselho Nacional de Justiça, a qual contemplou a possibilidade de o restabelecimento ser feito por via administrativa. Assim, em escritura pública de restabelecimento de sociedade conjugal, o Tabelião deverá mencionar que as partes foram orientadas sobre a necessidade de apresentação de seu traslado no Registro Civil do assento de casamento para a averbação devida, bem como anotar o estabelecimento à margem da escritura pública de separação consensual, quando esta for de sua serventia; quando de outra, comunicar o restabelecimento para a anotação necessária na serventia competente e comunicar também o restabelecimento ao juízo da separação judicial se for o caso.

Ressalta-se que o restabelecimento da sociedade conjugal somente é possível quando ainda os separados não efetivaram o divórcio. Caso este já tenha ocorrido, indispensável à celebração de novo casamento, observados todos os preceitos do Código Civil, desde a habilitação.

Além disso, a Escritura Pública de Restabelecimento Conjugal não é o instrumento adequado para os consórcios realizarem quaisquer modificações nos efeitos do casamento, seja de ordem pessoal (nome) ou de ordem patrimonial (regime de bens), nos termos do art. 50 da Resolução 35/2007-CNJ.

7.14 PECULIARIDADES DO RESTABELECIMENTO DA SOCIEDADE CONJUGAL (ARTS. 50 E 51 DA RESOLUÇÃO 35/2007-CNJ)

Art. 50. A sociedade conjugal não pode ser restabelecida com modificações.

Art. 51. A averbação do restabelecimento da sociedade conjugal somente poderá ser efetivada depois da averbação da separação no registro civil, podendo ser simultâneas.

7.14.1 Escritura pública e o Registro Civil das Pessoas Naturais

As escrituras públicas de separação/divórcio consensuais e restabelecimento da sociedade conjugal reguladas por esta lei são registráveis ou averbáveis?

No Rio Grande do Sul, a Consolidação Normativa Notarial e Registral preconiza que é desnecessário o registro das escrituras públicas de separação e/ou divórcio consensuais e restabelecimento da sociedade conjugal no Livro "E", da Comarca onde foi lavrada a escritura pública (CNNR-CGJ/RS, arts. 225 e 227), devendo, no entanto, ser averbada, no Livro "B" do RCPN, onde foi celebrado o casamento.

A desnecessidade do registro, nos termos do art. 10 da Resolução 35/2007-CNJ, é após o prazo de 180 dias, com a implementação das medidas adequadas, ou já está valendo?

Salvo melhor juízo, não está valendo, devendo os registradores prosseguir registrando as escrituras públicas (divórcio, separação e restabelecimento) no Livro "E" da sede da comarca, onde foram lavradas, até que o Tribunal de Justiça promova medidas adequadas para unificação dos dados que concentrem as informações dessas escrituras no âmbito estadual, possibilitando a busca.

Como se sabe, o Livro "E", de exclusividade do 1º Ofício ou da 1ª Subdivisão Judiciária de cada comarca, cuida do que é visto como mais sagrado: o estado civil das pessoas. Assim, não pode ser esse Livro desprovido de valor jurídico-registral. E mais, como fica o cumprimento do art. 32 da Lei 6.515/1977? E o inciso V do art. 1.525 do CC?

7.14.2 A escritura pública e o Registro de Imóveis

Em que momento a escritura pública de separação ou divórcio tem acesso ao Registro Imobiliário?

a) Antes do Registro/Inscrição do Livro "E"?

b) Após o Registro/Inscrição do Livro "E" (art. 10 da Resolução 35/2007-CNJ)?

c) Após a Averbação no Termo de Casamento?

Como já verificado no item 8.12, é desnecessária a inscrição da escritura pública no Livro "E", mas é obrigatória a averbação no termo de casamento. Sendo assim, cumpre ao Registrador de Imóveis, para registrar uma escritura pública de divórcio, ou separação, com partilha de bens, exigir a apresentação da certidão de casamento, original ou cópia autenticada, com a averbação de alteração do estado civil.

7.15 EMOLUMENTOS

Escritura com valor declarado: depende de regulamentação de cada Estado.

Escritura sem valor declarado: depende de regulamentação de cada Estado.

Arts. 4º e 5º da Resolução 35/2007-CNJ:

> Art. 4º O valor dos emolumentos deverá corresponder ao efetivo custo e à adequada e suficiente remuneração dos serviços prestados, conforme estabelecido no parágrafo único do art. 10 da Lei 10.169/2000, observando-se, quanto a sua fixação, as regras previstas no art. 20 da citada lei.
>
> Art. 5º É vedada a fixação de emolumentos em percentual incidente sobre o valor do negócio jurídico objeto dos serviços notariais e de registro (Lei 10.169, de 2000, art. 3º, inciso 11).

7.16 DIREITO INTERNACIONAL

Fundamento legal: Art. 7º, § 6º, c/c art. 17 da LINDB.

Segundo este dispositivo, a separação e o divórcio devem ser regulados pelo direito em vigor no domicílio do casal, salvo se contrariar a ordem pública.

Domicílio é empregado segundo a legislação brasileira.

Código de Bustamante → À exceção dos arts. 52 e 54, porque o Brasil o ratificou com reservas a esses artigos.

Os princípios admitidos em nosso sistema de direito internacional privado:

a) uma ação/procedimento de separação ou divórcio entre cônjuges domiciliados ou residentes no Brasil, seja nacional ou estrangeiro, só perante autoridade brasileira poderá ser processada;

b) os cônjuges estrangeiros ou brasileiros domiciliados em país estrangeiro não podem propor, perante as autoridades judiciárias brasileiras, qualquer ação/procedimento tendente à dissolução da sociedade conjugal.

A publicação da Lei 12.874/2013 trouxe aos brasileiros residentes no exterior a possibilidade de celebrarem a separação ou divórcio consensual perante as autoridades consulares.

Este procedimento adotou os requisitos do art. 733 do Código de Processo Civil, os quais foram inseridos no art. 18, § 1º, do Decreto-lei 4.657/1942:

> Art. 18. [...].
>
> § 1º As autoridades consulares brasileiras também poderão celebrar a separação consensual e o divórcio consensual de brasileiros, não havendo filhos menores ou incapazes do casal e observados os requisitos legais quanto aos prazos, devendo constar da respectiva escritura pública as disposições relativas à descrição e à partilha dos bens comuns e à pensão alimentícia e, ainda, ao acordo quanto à retomada pelo cônjuge de seu nome de solteiro ou à manutenção do nome adotado quando se deu o casamento.

A peculiaridade da Lei 12.874/2013 é quanto à assistência do advogado na separação ou divórcio consensual. O advogado é indispensável na petição que solicita a lavratura da escritura pública, assistindo as partes, ou apenas uma delas, caso a outra constitua advogado próprio. A petição é direcionada a autoridade consular, não sendo necessária a presença do advogado no ato notarial.

A escritura pública deverá conter todos os requisitos fiscais e judiciais exigidos aos Tabeliães na lavratura de atos notariais desta natureza. Por uma questão de adequação ao proposto pela lei, que é a praticidade aos cidadãos brasileiros residentes no exterior, as certidões relativas aos imóveis e as informações fiscais poderão ser juntadas na apresentação da escritura pública ao registro de imóveis.

7.17 EFEITOS DA ESCRITURA NO EXTERIOR

Os efeitos da escritura pública de estrangeiros domiciliados no Brasil dependem da trasladação do casamento.

7.17.1 Trasladação do casamento

Pode ser lavrada a escritura pública quando um dos cônjuges residir no exterior?

Sim, dependendo os seus efeitos da lei do domicílio de cada um dos cônjuges no tocante à admissibilidade da separação e divórcio extrajudicial.

Quanto aos efeitos de bens móveis e imóveis situados no estrangeiro, é interessante analisar as legislações vigentes.

7.17.2 Código Bustamante

O Código Bustamante, elaborado pelo jurista cubano Antonio S. de Bustamante y Sirvén, foi promulgado pelo Decreto 18.871, de 13 de agosto de 1929. Trata-se de uma Convenção de Direito Internacional Privado ratificada na Sexta Conferência Internacional Americana na cidade de Havana-Cuba pelo Brasil, aos vinte dias do mês de fevereiro de mil novecentos e vinte e oito, juntamente com os seguintes países: Peru, Uruguai, Panamá, Equador, México, Salvador, Guatemala, Nicarágua, Bolívia, Venezuela, Colômbia, Honduras, Costa Rica, Chile, Argentina, Paraguai, Haiti, República Dominicana, Estados Unidos da América e Cuba.

Resumidamente, este Tratado Internacional tentou solucionar os conflitos de lei no espaço, advindo da diversidade legislativa dos países signatários, dispondo regras gerais sobre qual é a lei que determina: a nacionalidade; o domicílio; o *nascimento*; a *extinção* e as consequências da personalidade civil; matrimônio e divórcio; a paternidade e filiação; os alimentos entre parentes; o pátrio poder, a adoção, a ausência; a tutela, a prodigalidade, a emancipação e maioridade; o registro civil, a classificação dos bens da propriedade, a comunhão de bens, dentre outras disposições.

O Brasil ratificou o respectivo diploma internacional com reservas aos artigos 52 e 54, que estabelecia a competência da lei do domicílio conjugal para regular a separação de corpos e o divórcio. Isto porque, à época (1929), o divórcio não era permitido no País.

Com o advento da Lei 6.515, de 28 de dezembro de 1977, que alterou o Decreto-lei 4.657, de 4 de setembro de 1942 (Lei de Introdução ao Código Civil), ficou estabelecido no art. 7º, § 6º, da LINDB que:

> "O divórcio realizado no estrangeiro, se um ou ambos os cônjuges forem brasileiros, só será reconhecido no Brasil depois de três anos da data da sentença, salvo se houver sido antecedida de separação judicial por igual prazo, caso em que a homologação produzirá efeito imediato, obedecidas as condições estabelecidas para a eficácia das sentenças estrangeiras no País. O Supremo Tribunal Federal (leia-se Superior Tribunal de Justiça), na forma de seu regimento interno, poderá reexaminar, a requerimento do interessado, decisões já proferidas em pedidos de homologação de sentenças estrangeiras de divórcio de brasileiros, a fim de que passem a produzir todos os efeitos legais (*Redação dada pela Lei 6.515, de 26-12-1977*)".

Assim, as escrituras públicas estrangeiras de separação e divórcio terão efeitos no Brasil, sendo a capacidade das partes reguladas pela Lei do Domicílio e os bens pelo lugar em que estão situados, nos termos do Código Bustamante e da Lei de Introdução ao Código Civil:

> Código Bustamante, Título Segundo – Dos Bens; Capítulo I – Da classificação dos bens:
> Art. 105. Os bens, seja qual for a sua classe, ficam submetidos à lei do lugar.
> Art. 119. Aplicar-se-á sempre a lei local, com caráter exclusivo, ao direito de pedir a divisão do objeto comum e às formas e condições do seu exercício."
> O Decreto-lei 4.657, de 04 de setembro de 1942, no art. 8º, assim estabeleceu também:
> Art. 8º Para qualificar os bens e regular as relações a eles concernentes, aplicar-se-á a lei do país em que estiverem situados.
> § 1º Aplicar-se-á a lei do país em que for domiciliado o proprietário, quanto aos bens móveis que ele trouxer ou se destinarem a transporte para outros lugares.
> § 2º O penhor regula-se pela lei do domicílio que tiver a pessoa, em cuja posse se encontre a coisa apenhada.

7.18 DECLARAÇÃO SOBRE OPERAÇÕES IMOBILIÁRIAS (DOI)

Anteriormente à Lei 11.441/2007, esse encargo era submetido aos Registradores Imobiliários nos casos de separação, divórcio, partilha e inventário.

A Lei 11.441/2007 transferiu esse dever aos Notários.

Porém, a Receita Federal do Brasil editou instruções normativas obrigando também os Registradores Imobiliários a emitir Declaração de Operações Imobiliárias (DOI) ao registrar escrituras de partilha de bens em razão de divórcio ou separação, nos termos do art. 2º, § 3º, II, da Instrução Normativa RFB 1.112, de 28-12-2010, alterada pelas Instruções Normativas RFB 1.193, de 15-9-2011, e 1.239, de 17-1-2012.

Portanto, O Tabelião e o Registrador são obrigados a emitir a DOI quando verificar transferência de imóveis, por transmissão, ato oneroso ou gratuito.

7.18.1 DOI e escritura pública

O Oficial do Registro de Imóveis depende da emissão da DOI, na escritura pública, para praticar os atos de sua competência.

A obrigação da emissão da DOI torna imprescindível a indicação do número do CPF nas escrituras públicas:

a) do autor da herança;

b) das partes;

c) caso o falecido não tenha sido inscrito em vida, o inventariante deverá inscrever o espólio;

d) a inscrição do espólio no CPF, também, será necessária no caso de alienação de bens antes de findo o procedimento[12].

7.19 DAS RECOMENDAÇÕES FINAIS

É recomendável que o Tabelião, para lavrar escrituras públicas deste teor, faça-o em um ambiente (sala) mais reservado, em virtude de seu ato envolver questões de ordem personalíssima, considerando o dever de sigilo de assuntos de natureza concernentes ao Direito de Família.

---

12. Alguns comentários foram retirados do artigo: A Declaração sobre operações imobiliárias, de autoria de Antonio Herance Filho. Disponível em: <https://www.irib.org.br/files/obra/4203_doi.pdf>. Acesso em: 22 ago. 2022.

8
A SIMPLIFICAÇÃO DO INVENTÁRIO E DA PARTILHA (O MARCO TEMPORAL DA LEI 11.441, DE 04 DE JANEIRO DE 2007)

8.1 INVENTÁRIO X PARTILHA

Inventário é o procedimento hábil a fim de levantar bens, valores, dívidas e sucessores do autor da herança. Partilha é o procedimento em que os herdeiros estabelecem a divisão dos bens deixados pelo *de cujus*, sendo parte integrante tanto do inventário quanto do arrolamento.

Arrolamento é o procedimento no qual as partes descrevem os bens deixados pelo autor da herança e dispõem sobre eles.

O inventário por pessoas maiores e concordes poderá ser processado por meio de escritura pública, não sendo necessária a homologação judicial para surtir efeitos.

O arrolamento de bens somente poderá ser procedido por via judicial, sendo que a partilha amigável dentro deste procedimento realizada por escritura pública dependerá de homologação judicial.

Quadro 5: Diferença entre inventário e partilha

Inventário é o procedimento hábil a fim de levantar os bens, valores, dívidas e sucessores do autor da herança.	Partilha é o procedimento em que os herdeiros estabelecem a divisão dos bens deixados pelo de cujus.
	Este procedimento é parte integrante tanto do inventário quanto do arrolamento.

8.2 CABIMENTO

Para herdeiros maiores e capazes, que disponham livremente em partilha amigável, nos termos do art. 2.013 do CC, e optem pela via judicial, emprega-se o procedimento do Arrolamento Sumário (CPC, arts. 659 a 663), sendo imprescindível a homologação judicial. Os que optarem pela via administrativa estão dispensados de homologação judicial.

Quadro 6: Inventário × arrolamento

| O Inventário por pessoas maiores e concordes, poderá ser processado por meio de escritura pública, *não sendo necessária a homologação judicial para surtir efeitos*. | O arrolamento de bens somente poderá ser procedido por via judicial, sendo que a partilha amigável dentro desse procedimento, realizada por escritura pública, dependerá de homologação judicial. |

8.3 CPC – COMPETÊNCIA

1ª) O foro do domicílio do autor da herança no Brasil é, em regra, o juízo competente para o processamento do inventário e partilha.

2ª) Se, porém, o autor da herança não possuía domicílio certo, o foro competente é o da situação dos bens.

3ª) Será, no entanto, do lugar em que ocorreu o óbito, se o autor não tinha domicílio certo e possuía bens em lugares diferentes.

Trata-se de competência relativa (Súmula 58 do TFR), podendo prorrogar-se, ou ser modificada por meio de exceção (arts. 1.785 do CC e 23, II, e 48 do CPC).

A competência para inventário e partilha por via administrativa será de livre escolha das partes (art. 8º da Lei 8.935/1994 c/c art. 1º da Resolução 35/2007-CNJ).

8.4 CUIDADOS ESPECIAIS E CAUTELAS

a) regime de bens (Pacto Antenupcial, se houver);

b) concorrência;

c) igualdade das legítimas;

d) avaliação;

e) impostos;

f) DOI.

8.5 DOCUMENTOS OBRIGATÓRIOS PARA LAVRATURA DA ESCRITURA PÚBLICA NOS CASOS DE INVENTÁRIO E PARTILHA

a) certidão de óbito;

b) carteira de identidade e CPF das partes e do autor da herança;

c) qualificação do viúvo(a), dos herdeiros necessários, do autor(a) da herança (certidões);

d) do regime de bens adotado (Pacto Antenupcial, se houver);

e) declaração de inexistência de testamento ou, então, certidão do Arquivo Central de Testamento;

f) nomeação de inventariante, bem como os poderes que lhe são conferidos;

g) termo de aceitação e compromisso deste perante os herdeiros;

h) arrolamento dos bens, consoante o princípio da especialidade;

i) eventuais obrigações;

j) partilha, salientando o total líquido dos bens e haveres do espólio e o saldo;

k) pagamento dos quinhões;

l) certidões e documentos apresentados.

8.6 REPRESENTAÇÃO

Admite-se, no caso de partilha, o viúvo(a) ou herdeiro(a), fazer representar-se por procuração pública ou particular?

Pelo art. 657 do Código Civil, deverá revestir-se da forma pública (art. 12 da Resolução 35/2007-CNJ).

A Resolução 179/2013-CNJ alterou o art. 12 da Resolução 35/2007-CNJ, permitindo que o advogado seja ao mesmo tempo assistente e mandatário das partes.

8.7 PARTILHA AMIGÁVEL: ESCRITURA PÚBLICA NÃO DEPENDE DE HOMOLOGAÇÃO JUDICIAL (ART. 3º DA RESOLUÇÃO 35/2007-CNJ)

A interpretação de que a escritura pública dependa de homologação judicial viola o espírito da lei, qual seja:

a) o desafogamento do Poder Judiciário;

b) a desburocratização do procedimento de partilha amigável.

Trata-se de expediente célere e, consequentemente, menos dispendioso.

No Rio Grande do Sul, os art. 887 da CNNR, do Provimento 001/2020-CGJ, dispensa a homologação judicial e, mais, dispôs que são títulos hábeis para o Registro Civil e o Registro Imobiliário, para a transferência de bens e direitos e para a promoção de todos os atos necessários à materialização das transferências de bens e levantamento de valores junto às entidades competentes, tais como DETRAN, Junta Comercial, Registro Civil de Pessoas Jurídicas, instituições financeiras e companhias de telefonia.

Em Minas Gerais, o art. 207 do Provimento Conjunto 93/2020, possui dispositivo com redação bastante semelhante com o Código de Normas gaúcho.

No mesmo sentido, em São Paulo, conforme redação inserta na Subseção III, Seção V, do Capítulo XVI:

> 78. As escrituras públicas de inventário e partilha, separação e divórcio consensuais não dependem de homologação judicial e são títulos hábeis para o registro civil e o registro imobiliário, para a transferência de bens e direitos, bem como para a promoção de todos os atos necessários à materialização das transferências de bens e levantamento de valores (DETRAN, Junta Comercial, Registro Civil de Pessoas Jurídicas, instituições financeiras, companhias telefônicas etc.).

8.8 ADJUDICAÇÃO

É possível a adjudicação na escritura pública?

Quando entrou em vigor, espírito da Lei 11.441/2007 era desjudicializar, o máximo possível, o inventário e a partilha, quando as partes são maiores e estão de acordo. Esta herança legislativa restou expressa no novo Código de Processo Civil, de 2015. Assim, é plenamente aplicável o instituto previsto (ex.: somente um herdeiro), conforme art. 2.019 do CC e art. 26 da Resolução 35/2007-CNJ.

8.9 SOBREPARTILHA

Sobrepartilha, como o próprio nome diz, é a partilha feita subsequentemente a uma anterior. É uma nova repartição de bens, em face de os herdeiros não terem conhecimento destes à época da abertura do inventário, ora porque estes bens estavam sob litígio, liquidações, ora porque foram sonegados. Enfim, é o complemento da partilha principal, objetivando a total divisão dos bens do *de cujus*.

Nesse contexto, a sobrepartilha será realizada nos mesmos autos do inventário, sendo de competência do juízo da partilha mesmo que o processo já esteja arquivado[1]. Aliás, por disposição expressa do Código de Processo Civil, ficam sujeitos à sobrepartilha os bens elencados no art. 669, I a IV, e parágrafo único, do CPC e que, de certa forma, correspondem àqueles indicados no art. 2.022 do CC/2016. Logo, estão sujeitos a este procedimento os bens sonegados e quaisquer

---

1. AgI 70014209860, 7ª Câmara Cível, TJRS, Relator: Ricardo Raupp Ruschel, julgado em 12-4-2006.

outros bens da herança de que os herdeiros tiverem ciência após a partilha, como os litigiosos, os de liquidação difícil ou morosa e os situados em lugar remoto, nos termos dos arts. 2.021 do CC e 669 do CPC.

O rito da ação, admissível depois de o inventariante declarar não haver bens a inventariar nas últimas declarações, nos casos de bens sonegados ou quando cessarem as causas que deram ensejo ao retardamento, não está atrelado ao procedimento padrão do inventário sucessório, sendo possível que se desenvolva pelo rito do arrolamento sumário, bastando que sejam preenchidos os requisitos fixados no art. 659 do CPC. De igual forma, deve-se admitir a sobrepartilha pelo procedimento de arrolamento comum (art. 664 do CPC), caso o patrimônio a ser sobrepartilhado seja igual ou inferior a 1.000 (mil salários-mínimos).

Assim, o Tabelião de Notas deverá ainda estar atento a este fato de fazer constar na Escritura de Inventário e Partilha a declaração do inventariante no sentido de existirem bens litigiosos ou, se não, de que aqueles bens são os únicos a inventariar. Afinal, somente então o Tabelião de Notas resguardará às partes o direito de ajuizarem uma eventual Ação de Sobrepartilha por sonegação de bens ou a lavratura de uma Escritura Pública de Sobrepartilha.

No caso específico da sobrepartilha, o Notário também deverá observar a legitimidade ativa da parte requerente. Segundo as regras processuais, somente possuem legitimidade ativa para propor a sobrepartilha os herdeiros, testamentários ou legítimos, e os credores da herança, que apenas poderão arguir da sonegação após a declaração do inventariante de não existirem outros bens por inventariar. Feita a sobrepartilha, deverá anotar na Escritura Pública da Partilha a realização da sobrepartilha, se feitas no mesmo Tabelionato de Notas, ou comunicar o Colega da realização de tal ato, por analogia às disposições pertinentes à separação ou divórcio extrajudiciais.

Por derradeiro, outro aspecto importante a ser analisado pelo Tabelião de Notas quando da lavratura da sobrepartilha é o prazo prescricional. Com a Resolução 35/2007 permitindo, em seu art. 25, a sobrepartilha por escritura pública, ainda que referente a inventário e partilha judiciais já findos, mesmo que o herdeiro, hoje maior e capaz, fosse menor ou incapaz ao tempo do óbito ou do processo judicial, é de soberba importância o Tabelião conhecer as regras estabelecidas nos arts. 205 e 2.028 do Código Civil.

8.10 INVENTÁRIO NEGATIVO

De acordo com o Princípio da *Saisine* (art. 1.784 do CC) e os arts. 610 e seguintes do CPC, o inventário e partilha devem ser abertos dentro do prazo de 60 (sessenta) dias a contar da abertura da sucessão. Logo, inexistindo bens a partilhar, os herdeiros deverão promover a Inventário Negativo, a fim de atender às formalidades legais.

O inventário negativo consiste, assim, na declaração, pelo Poder Judiciário, da inexistência de bens a serem inventariados, sendo de salutar importância ao viúvo(a) que pretende contrair novas núpcias (arts. 1.521 e 1.523 do CC) e para os herdeiros resguardarem seu patrimônio de eventuais credores do espólio. De tal sorte que, embora não possua expressa previsão legal, a jurisprudência vem admitindo-o, nos termos do art. 1.997 do CC:

"TJSC. Inventário negativo. Falta de previsão legal. Admissibilidade, contudo, como forma de provar a inexistência de bens no patrimônio dos falecidos e, assim, proteger o patrimônio pessoal dos sucessores. Inteligência do art. 1.997 do CC/2002. A teor de consolidado entendimento doutrinário-jurisprudencial, admite-se o procedimento de inventário negativo quando o interessado pretender declaração judicial de inexistência de bens do falecido, de modo a salvaguardar seu patrimônio pessoal de dívidas eventualmente deixadas pelo *de cujus*"[2].

Como é um procedimento, no qual, via de regra, inexiste litígio, a Resolução 35/2007 legitimou tal procedimento por Escritura Pública (art. 28), quando preenchidos os requisitos do art. 610, do CPC. Dessa forma, os herdeiros comparecem perante o Tabelião, que declara, sob as penas da lei, que não há bens a inventariar.

> Resolução 35/2007
> Art. 28. É admissível inventário negativo por escritura pública.

8.11 SUCESSÃO E O DIREITO INTERNACIONAL

Segundo os princípios de Direito Internacional Privado, pode-se tomar como elemento de conexão: a) ou a pessoa do falecido; b) ou os bens que integram seu patrimônio. No Brasil, temos um sistema híbrido: a qualidade de herdeiro é regida por sua lei pessoal, ou seja, a lei do domicílio, bem como a capacidade dos herdeiros e a forma de administração da herança, enquanto não violem a ordem pública. Já a vocação hereditária, nos termos do art. 10, § 1º, da LINDB, é da situação dos bens.

O Tabelião de Notas que lavrar Escritura Pública de Inventário que envolva brasileiros também deverá atentar ao fato de que se houver bens situados no Brasil, aplica-se a Lei Brasileira nas sucessões de estrangeiros, quando esta for mais benéfica ao cônjuge e aos filhos domiciliados aqui.

---

2. Ap. Civ. 2006.017664-4, rel. Des. Luiz Carlos Freyesleben, de 20-07-2006, DJSCC, 09-10-2006, n. 70, p. 37.

Ademais, resta expressamente vedada a lavratura de escritura pública de inventário e partilha referente a bens localizados no exterior, nos termos do art. 29 da Resolução 35/2007-CNJ, em face do que já dissemos sobre o Código Bustamante e as disposições do artigo 8º, do Decreto-lei 4.657, de 04 de setembro de 1942.

Com efeito, é interessante observar que a livre escolha do Tabelião, determinada pela Lei 8.935/1994, possui efeitos restritamente nacionais, devendo o Notário aplicar o princípio da Cindibilidade. Na peça notarial, não poderá deixar de mencionar os bens situados no exterior, mas somente partilhará os bens localizados no Brasil.

8.12 CONFLITOS DE LEIS

Sobre este tema, não há como deixar de perceber que a Resolução 35/2007, a despeito da hierarquia das leis, estabeleceu uma exceção ao Princípio da *Saisine* consagrado no Direito Sucessório. Esta Resolução permitiu, de maneira inédita, a lavratura da escritura pública de inventário e partilha, nos casos de óbitos ocorridos antes da sua vigência (art. 30 da Resolução 35/2007).

> Art. 30 da Resolução 35/2007-CNJ:
> "Aplica-se a Lei 11.441/2007 aos casos de óbitos ocorridos antes de sua vigência".

Dessa forma, os óbitos ocorridos anteriormente a 05 de janeiro de 2007, serão regulados quanto à legitimidade pela lei vigente ao tempo da abertura da sucessão (art. 1.787 do CC).

8.13 EFEITOS DA ESCRITURA PÚBLICA DE INVENTÁRIO E PARTILHA

Em 2007, com a entrada em vigor da Lei 11.441, houve a discussão se os tipos de escrituras públicas previstas naquele diploma legal, principalmente, os referentes aos inventários e partilhas deveriam ser homologadas pelo Poder Judiciário. Hoje, tal questão está pacificada pelo art. 3º, *caput*, da Resolução 35/2007:

> Art. 3º As escrituras públicas de inventário e partilha, separação e divórcio consensuais não dependem de homologação judicial e são títulos hábeis para o registro civil e o registro imobiliário, para a transferência de bens e direitos, bem como para promoção de todos os atos necessários à materialização das transferências de bens e levantamento de valores (DETRAN, Junta Comercial, Registro Civil de Pessoas Jurídicas, instituições financeiras, companhias telefônicas etc.).

Assim, independentemente do crivo judicial, a Escritura Pública – por ser lavrada por um profissional do direito e dotado de fé pública – é título hábil para o Registro Civil de Pessoas Naturais; para o Registro de Imóveis, para a transferência de bens e direitos; para a promoção de todos os atos necessários à materialização das transferências de bens e levantamento de valores, tais como: DETRAN, Junta Comercial, Registro Civil de Pessoas Jurídicas, instituições financeiras, companhias telefônicas etc.

8.14 ESCRITURA PÚBLICA DE PARTILHA NO INVENTÁRIO COM TESTAMENTO

Nem a Lei 11.441/2007, nem o CPC/2015 transferiram ao Tabelião a faculdade de lavrar escritura pública de inventário e partilha quando há testamento deixado pelo de cujus. Aplicar-se-ia, na existência de testamento, o procedimento de abertura, conforme arts. 610 e seguintes do CPC, ou seja, o inventário será judicial.

Anteriormente, o fato de o inventário ser judicial, por si só, não obrigava que a partilha assim também fosse, podendo as partes, se maiores e capazes, após efetuado o registro do testamento, promover a partilha de bens por meio de uma escritura pública de partilha, a qual deveria ser homologada pelo magistrado, nos termos dos arts. 659 do CPC e 2.015 do CC.

Entretanto, este *modus operandi* foi mitigado desde 2019, atendendo também uma necessidade – sobrecarga – do Poder Judiciário, de modo que o *caput* do art. 610 é a regra para os casos em que não há herdeiros capaz ou falta de consensualidade.

Assim, o Superior Tribunal de Justiça, em julgamento do Recurso Especial 1.808.767-RJ, definiu que:

> Assim, de uma leitura sistemática do *caput* e do § 1º do art. 610 do CPC/2015, c/c os arts. 2.015 e 2.016 do CC/2002, mostra-se possível o inventário extrajudicial, ainda que exista testamento, se os interessados forem capazes e concordes e estiverem assistidos por advogado, desde que o testamento tenha sido previamente registrado judicialmente ou haja expressa autorização do juízo competente. A *mens legis* que autorizou o inventário extrajudicial foi justamente a de desafogar o Judiciário, afastando a via judicial de processos nos quais não se necessita da chancela judicial, assegurando solução mais célere e efetiva em relação ao interesse das partes. Deveras, o processo deve ser um meio, e não um entrave, para a realização do direito. Se a via judicial é prescindível, não há razoabilidade em se proibir, na ausência de conflito de interesses, que herdeiros, maiores e capazes, se socorram da via administrativa para dar efetividade a um testamento já tido como válido pela Justiça[3].

No Rio Grande do Sul existe autorização expressa no art. 899 da Consolidação Normativa Notarial e Registral, disciplinando a partilha de bens nos inventários em que há testamento.

---

3. <https://stj.jusbrasil.com.br/jurisprudencia/860023568/recurso-especial-resp-1808767-rj-2019-0114609-4/inteiro-teor-860023577>. Acesso em 26 jul. 2022.

Quadro 7: A simplificação do inventário e da partilha
Regras da vocação hereditária segundo o Código Civil de 2002[4]

ordem	herdeiros	quem são/regras
1º	descendentes *sozinho – art. 1.829 ou *concorrência do cônjuge (dependendo do regime de bens) art. 1.832 (Só há esta concorrência sobre os bens particulares nos regimes de comunhão parcial, da participação final nos aquestos e separação convencional) *ou com concorrência do companheiro arts. 1.790, I e II	Filhos, Netos, Bisnetos etc. *Sem limite de graus *Recebem por cabeça (concorrendo no mesmo grau), ou por estirpe (direito de representação de herdeiro pré-morto) *Quota do cônjuge concorrente: igual à dos filhos, com garantia de ¼ se forem comuns ao autor da herança
2º	ascendentes *Sozinho – art. 1.829, II ou *Com concorrência do cônjuge (em qualquer regime de bens sobre toda a herança) – art. 1.837 ou *Com concorrência do companheiro (art. 1.790, III)	Pais, Mães, Avós, Bisavós, Etc. *Sem limite de graus *Quota do cônjuge concorrente: 1/3 da herança se concorrer com ascendente de 1º grau ou ½ da herança se houver um só ascendente, ou se maior o grau
3º	cônjuge sobrevivente (em qualquer regime de bens) *Art. 1.829, III, e art. 1.838	Art. 1.831: Não pode estar separado judicialmente ou separado de fato há mais de 2 anos (salvo se provada a culpa do cônjuge falecido na separação de fato) *Direito de habitação (art. 1.830)
4º	colaterais (até o 4º grau) *Sozinho – art. 1.829, IV ou *Com concorrência do companheiro – art. 1.790, III; *Os mais próximos excluem os mais remotos	Irmãos (2º) Tios (3º) Sobrinhos (3º) Primos Irmãos (4º) Sobrinhos-Netos (4º) Tios-Avós (4º) (arts. 1.839 a 1.843)
5º	COMPANHEIRO Sozinho	Se não houver outro parente sucessível (art. 1.790, IV) *Somente quanto aos bens onerosamente e na constância da união

---

4. Quadro mnemônico criado por priscila de castro teixeira pinto lopes agapito, 29º Tabelião de notas titular da capital. Jornal notarial, ano ix, n. 100, mar. 2007.

Os herdeiros de 1º a 3º grau são considerados *necessários* e têm garantida a legítima, que corresponde à metade do patrimônio ou do doador ou do testador. Assim sendo, o testador/doador só pode dispor da totalidade do seu patrimônio individual se não possuir descendentes, ascendentes ou cônjuge. Se possuir, só pode dispor de metade.

9
REGULARIZAÇÃO FUNDIÁRIA PARA ZONAS ESPECIAIS DE INTERESSE SOCIAL E O REGISTRO DE IMÓVEIS (LEI 11.481, DE 31 DE MAIO DE 2007)

O sistema registral e notarial vem recebendo a consideração que merece, fruto do desempenho das atividades desenvolvidas junto às comunidades e da credibilidade dos serviços prestados com celeridade e eficiência.

Sabemos que, neste século XXI, o Brasil tem produzido leis que estão beneficiando a população com o objetivo de regularizar a propriedade imóvel, a fim de que todos possam ter a casa própria, em cumprimento ao Direito de Moradia que o cidadão tem assegurado pela Constituição Federal.

A prova disso está na publicação da elogiável Lei 11.481/2007, que estabeleceu novas diretrizes para regularização da propriedade imobiliária, bem como criou novas categorias de Direitos Reais, acrescentando no art. 1.225 do CC a concessão de uso especial para fins de moradia e a concessão de direito real de uso, posteriormente, em 2017, a Lei 13.465, incluiu ao rol o direito real de laje. Também acrescentou, como bens passíveis de hipoteca, no art. 1.473, o direito de uso especial para fins de moradia, o direito real de uso e a propriedade superficiária.

As alterações operadas na Lei 9.636/1998 e, depois, aprimoradas pela Lei 14.011/2020, instituíram a possibilidade de a União realizar a regularização de ocupações existentes em seus imóveis, inclusive em relação a assentamentos informais de populações carentes e de baixa renda, tanto em imóveis urbanos como rurais, basicamente para fins de moradia.

As inscrições de ocupação dos referidos imóveis ficam a cargo da Secretaria do Patrimônio da União (SPU), podendo haver transferências de posse na cadeia sucessória do imóvel, mediante anotação em seu cadastro administrativo.

Com a alteração do art. 7º do Decreto-lei 271/1967, foi aperfeiçoada a concessão de uso de terrenos públicos ou particulares, remunerada ou gratuita, por tempo certo ou indeterminado, como direito real resolúvel, para regularização fundiária de interesse social, urbanização, edificação e outras finalidades.

Para demarcação desses terrenos visando à regularização fundiária de interesse social, a União poderá lavrar auto de demarcação nos seus imóveis, sendo considerada como de interesse social a regularização destinada a atender famílias com renda familiar mensal não superior a cinco salários mínimos.

O auto de demarcação assinado pelo Secretário do Patrimônio da União, deverá ser instruído, visando ao procedimento de regularização, com os seguintes documentos:

a) planta e memorial descritivo da área a regularizar;

b) planta de sobreposição da área demarcada;

c) certidão da matrícula ou da transcrição da área a regularizar;

d) certidão da Secretaria do Patrimônio da União (SPU), indicando o Registro Imobiliário Patrimonial (RIP) e o responsável pelo imóvel;

e) planta de demarcação da Linha Preamar Média (LPM), para terrenos de marinha;

f) planta da linha média de enchentes ordinárias (LMEO), para terrenos marginais a rios federais.

A regularização fundiária observará o seguinte procedimento (arts. 18-A a 18-F do Decreto-lei 9.760/1946, com redação dada pela Lei 11.481/2007):

a) Prenotado e autuado o pedido de registro da demarcação no Registro de Imóveis, o Oficial procederá às buscas verificando a existência de matrículas ou transcrições relativas a área a ser regularizada.

b) Inexistindo matrícula ou transcrição, e estando a documentação em ordem, o RI, por meio de seu Oficial, abrirá matrícula do imóvel em nome da União, registrando o auto de demarcação.

c) Havendo registro anterior, o RI notificará pessoalmente o titular do domínio e, se não for encontrado, por edital.

d) Serão notificados, também, os confinantes e eventuais ocupantes do imóvel demarcado, além de terceiros interessados, estes através da via editalícia, cujas duas publicações serão a cargo da União.

e) Decorrido o prazo de 15 (quinze) dias após a última publicação sem que haja impugnação, o Oficial deve abrir matrícula em nome da União e registrar a demarcação, *cancelando* o registro anterior em virtude da nova abertura e proceder às necessárias *averbações* junto aos registros anteriores, se for o caso.

f) Havendo impugnação, o RI dará ciência à União, que tentará acordo com o impugnante. Não havendo acordo, remete-se a questão ao juízo competente (da Justiça Federal), prosseguindo o registro quanto à parte incontroversa[1]. Julgada improcedente a impugnação, os autos voltam ao RI para a abertura de matrícula em nome da União, *cancelamento* de registros anteriores e realização das eventuais *averbações* necessárias.

g) Julgada procedente a impugnação, os autos são restituídos ao RI para as necessárias anotações e restituição ao Poder Público.

h) A prenotação do pedido de registro da demarcação fica *prorrogada* até o cumprimento da decisão judicial ou até seu cancelamento a pedido da União, não se aplicando, a estas regularizações, o cancelamento por decurso de prazo.

Também é importante salientar que as operações imobiliárias envolvendo terrenos da União, dos Estados, Distrito Federal e Municípios implicam a apresentação de Declaração sobre Operações Imobiliárias em Terrenos da União (DOITU), em meio magnético, pelos Cartórios de Notas, Registro de Imóveis e Títulos e Documentos, com relação às suas respectivas circunscrições de responsabilidade.

Nas alterações promovidas na Lei 9.514/1997, o seu art. 22 teve o § 1º modificado para possibilitar a alienação fiduciária do direito de uso especial (inciso II), do direito real de uso quando suscetível de alienação (inciso III) e da propriedade superficiária (inciso IV).

Ainda, a Lei 11.481/2007, no art. 22, estabeleceu que os Estados, o Distrito Federal e os Municípios, nas Regularizações Fundiárias de Interesse Social promovidas nos imóveis de sua propriedade, poderão aplicar, no que couber, as disposições dos arts. 18-B a 18-F do Decreto-lei 9.760, de 05 de setembro de 1946.

Finalmente, a referida lei acrescentou o art. 290-A na Lei 6.015/1973, instituindo casos de gratuidade no Registro de Imóveis, específicos para regularizações fundiárias de interesse social e para a primeira averbação de construção residencial de até 70m^2 (setenta metros quadrados) em áreas urbanas que tenham sido objeto dessas regularizações, sendo desnecessária a comprovação do pagamento de tributos ou contribuições previdenciárias.

Assim, o advento dos novos institutos legais destinados a operacionalizar a regularização fundiária em zonas especiais de interesse social representa um avanço para a organização das cidades e das zonas rurais em todos os recantos do país, mas não deixou, ao mesmo tempo, de ter sido uma iniciativa tímida já que se limitou a bens imóveis pertencentes ao domínio público em todas as esferas políticas da Federação (União, Estados, Distrito Federal e Municípios).

---

1. Não poderá ser via juizados especiais, por força do que preveem os incisos I e II do § 1º do art. 3º da Lei 10.259/2001.

Teria sido um avanço derradeiramente revolucionário; entretanto, se pudéssemos contar com instrumentos semelhantes destinados à regularização imobiliária relativa à propriedade privada, levando-se em consideração, especialmente as dificuldades enfrentadas pela população economicamente mais carente, quando necessita ajuizar processos de usucapião que, mesmo na modalidade constitucional (CF, arts. 183 e 191), demandam estrutura de assistência judiciária disponível, contratação de serviços técnicos de planimetria nem sempre disponíveis. Além disso, houve a geração de uma natural sobrecarga de trabalho e outros custos operacionais para o desempenho da atividade jurisdicional. Sabemos que o Estatuto da Cidade contribuiu para a regularização da propriedade privada, mas ainda não é o suficiente.

9.1 RESUMO DA APLICAÇÃO DA LEI 11.481/2007

9.1.1 Alterou

- O Decreto-lei 9.760/1946

    Demarcação de Terrenos para Regularização Fundiária de Interesse Social (art. 6º da Lei 11.481/2007).

- O Decreto-lei 271/1967

    Acrescentou como fins da regularização fundiária de interesse social em terrenos públicos ou particulares, a urbanização, industrialização, edificação, cultivo da terra, aproveitamento sustentável das várzeas, preservação das comunidades tradicionais e seus meios de subsistência ou outras modalidades de interesse social em áreas urbanas. (art. 7º).

- O Decreto-lei 2.398/1987

    Criou a DOITU (Declaração sobre Operações Imobiliárias em Terrenos da União – art. 9º).

    Obs.: E quando o Procedimento for aplicado pelos Estados, pelo Distrito Federal e pelos Municípios, qual será a Declaração sobre Operação Imobiliária que deverá ser remetida? (DOI? DOITU? Ou, então, criar uma outra DOIM – municipal –, ou ainda a DOIE – estadual).

- O Código Civil

    – Acrescentou como direito real no art. 1.225, os incisos:

    XI – a concessão de uso especial para fins de moradia; e

    XII – a concessão de direito real de uso (art. 10).

    – Acrescentou como bens passíveis de hipotecas no art. 1.473, os seguintes incisos:

VIII – o direito de uso especial para fins de moradia;

IX – o direito real de uso; e

X – a propriedade superficiária (art. 10).

- A Lei 9.514/1997

  – Alterou o § 1º do art. 22, que passou a vigorar com a seguinte redação: "A alienação fiduciária poderá ser contratada por pessoa física ou jurídica, não sendo privativa das entidades que operam no SFI, podendo ter como objeto, além da propriedade plena::

  I – bens enfitêuticos, hipótese em que será exigível o pagamento do laudêmio, se houver a consolidação do domínio útil no fiduciário;

  II – o direito de uso especial para fins de moradia;

  III – o direito real de uso, desde que suscetível de alienação;

  IV – a propriedade superficiária (art. 11).

  – Acrescentou, também, o § 2º: "Os direitos de garantia instituídos nas hipóteses dos incisos III e IV do § 1º deste artigo ficam limitados à duração da concessão ou direito de superfície, caso tenham sido transferidos por período determinado." (art. 11).

- A Lei 6.015/1973

  – Acrescentou o art. 290-A da Lei 6.015/1973, inserindo casos de gratuidade no RI (art. 12).

9.2 REQUISITOS

Os requisitos exigidos para a regularização dessas áreas são semelhantes aos exigidos para a usucapião *pro labore*. Isto é, para demarcação desses terrenos visando à regularização fundiária de interesse social, a área, além de estar situada em uma ZEIS, seja no perímetro urbano ou rural, deve servir de moradia a famílias com renda mensal inferior a cinco salários mínimos. Não pode a ocupação ser regularizada se os ocupantes forem proprietários de outro imóvel, independentemente de sua natureza (urbana ou rural).

Assim, como na usucapião, encontra-se privilegiado o direito à moradia, consagrado no art. 6º da Constituição Federal, como uma prerrogativa de todo cidadão brasileiro e o princípio da função social da propriedade (art. 5º, XXIII, da CF). No entanto, neste caso, os ocupantes não adquirem a propriedade, sendo apenas beneficiados pela concessão de uso.

E as diferenças dos requisitos entre usucapião e a regularização fundiária disposta na Lei 11.481/2007 não param por aí. Além de áreas públicas não serem passíveis de usucapião, não há na Lei de Regularização das ZEIS exigência de posse mansa e pacífica, prazo de posse, nem mesmo limitação de área. Neste último ponto, andou bem o legislador, em face de que a limitação de medida restringiria a incidência de tal regularização, indo de encontro aos fundamentos da própria lei.

No entanto, a Lei 10.257/2001 (Estatuto da Cidade), em seu art. 10, não conceituou o que seria população de baixa renda, deixando o termo em aberto para ser preenchido pelo juízo prudencial do julgador do caso concreto. De tal sorte que não irão faltar estudiosos arguindo que agora, com o advento da Lei 11.481/2007, o Juiz deverá conferir também a usucapião coletiva apenas a famílias com renda mensal de cinco salários mínimos.

9.3 PASSOS PARA A REGULARIZAÇÃO

A regularização se dará por um minucioso processo de demarcação, cadastramento, registro e fiscalização; devendo ser preenchidos todos os requisitos legais, como competência, forma e motivação.

9.3.1. Auto de demarcação

O primeiro passo da regularização é a expedição do auto de demarcação. Trata-se de ato administrativo, que pressupõe o efetivo aproveitamento do terreno por população de baixa renda.

O objetivo de tal instrumento é apontar qual será a área objeto de regularização pela União ou pelos Estados ou pelo Distrito Federal ou, ainda, pelos Municípios. O órgão competente para sua realização é a Secretaria do Patrimônio da União (SPU) e/ou Secretaria Estadual ou Municipal, que poderá realizá-lo a pedido ou de ofício. Em qualquer caso, será formalizado por meio de ato da autoridade local da SPU em processo administrativo específico.

O auto de demarcação deverá ser instruído com a Certidão da SPU de que a área lhe pertence, bem como planta e memorial descritivo da área a ser regularizada, planta de sobreposição da área demarcada; certidão da matrícula ou da transcrição da área a regularizar; certidão da Secretaria do Patrimônio da União (SPU), indicando o Registro Imobiliário Patrimonial (RIP) e o responsável pelo imóvel; planta de demarcação da Linha Preamar Média (LPM) para terrenos de marinha (Agente Regulador é a União); planta da Linha Média de Enchentes Ordinárias (LMEO), para terrenos marginais a rios federais (Agente Regulador é a União).

Observa-se que todas as plantas e os respectivos memoriais devem ser assinados por profissionais habilitados junto ao CREA.

9.4 REGISTROS DE IMÓVEIS

Expedido o auto de demarcação, o título deverá ser apresentado ao Oficial Imobiliário que prenotará e autuará o pedido de registro da demarcação no Registro de Imóveis. Dessa forma, fica resguardado o direito de prioridade do título e preferência na aquisição do direito.

Com o ingresso do título na serventia, no prazo de 20 (vinte) dias, o Registrador deverá proceder às buscas, verificando a existência de matrículas ou transcrições relativas à área a ser regularizada, e examinar os documentos apresentados. Se o documento não preencher os requisitos legais, o Oficial realizará Nota Devolutiva, formulando as exigências a serem satisfeitas em uma única vez.

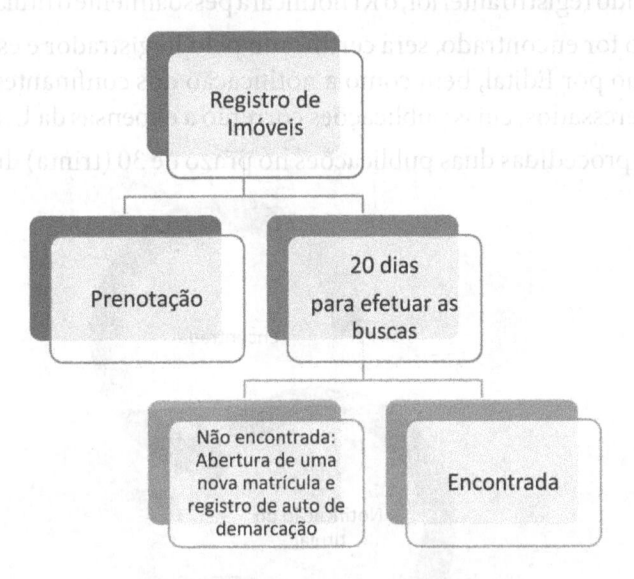

Sistemática do Registro Imobiliário e a Lei 11.481/2007

9.5 SISTEMÁTICA DA REGULARIZAÇÃO NO REGISTRO DE IMÓVEIS

9.5.1 Opção: não tem matrícula ou transcrição

Inexistindo matrícula ou transcrição, e estando a documentação em ordem, o RI abrirá matrícula do imóvel em nome da União, registrando o auto de demarcação.

Inexistindo matrícula

Abertura de matrícula

Procedimento imobiliário I

9.5.2 Opção: matrícula ou transcrição encontrada

Havendo registro anterior, o RI notificará pessoalmente o titular do domínio.

Se não for encontrado, será certificado pelo Registrador e este promoverá a notificação por Edital, bem como a notificação dos confinantes, ocupantes e demais interessados, cujas publicações correrão a expensas da União.

Serão procedidas duas publicações no prazo de 30 (trinta) dias.

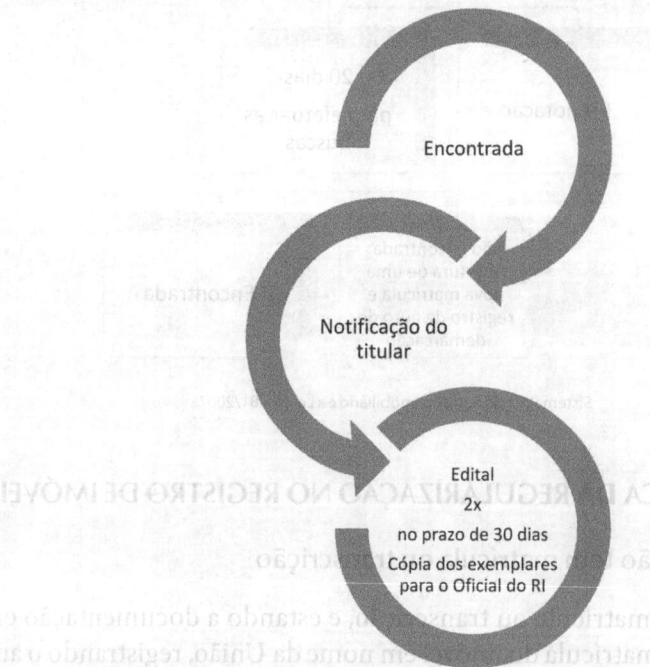

Encontrada

Notificação do titular

Edital
2x
no prazo de 30 dias
Cópia dos exemplares
para o Oficial do RI

Procedimento imobiliário II

9.5.3 Opção: matrícula ou transcrição não encontrada

Decorrido o prazo de 15 (quinze) dias, após a última publicação, sem que haja impugnação (presume-se anuência), o RI abrirá matrícula em nome da União e registrará o auto de demarcação.

Cancelando, *ex officio*, o registro anterior ou qualquer direito real, em virtude da nova abertura, procederá às necessárias averbações junto aos registros anteriores, se for o caso.

Havendo impugnação, o RI dará ciência à União, que tentará acordo com o impugnante. Não havendo acordo, remete-se a questão ao juízo competente (Justiça Federal).

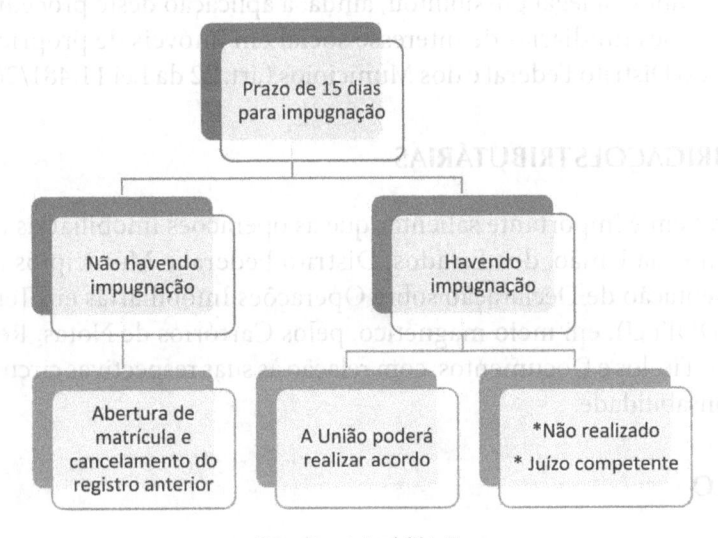

```
                    ┌──────────────────┐
                    │ Prazo de 15 dias │
                    │ para impugnação  │
                    └────────┬─────────┘
                ┌────────────┴────────────┐
        ┌───────┴───────┐         ┌───────┴───────┐
        │ Não havendo   │         │   Havendo     │
        │ impugnação    │         │  impugnação   │
        └───────┬───────┘         └───────┬───────┘
                │                 ┌───────┴────────┐
    ┌───────────┴──────────┐  ┌───┴────────┐  ┌────┴──────────┐
    │   Abertura de        │  │ A União    │  │ *Não realizado│
    │   matrícula e        │  │ poderá     │  │ * Juízo       │
    │   cancelamento do    │  │ realizar   │  │   competente  │
    │   registro anterior  │  │ acordo     │  │               │
    └──────────────────────┘  └────────────┘  └───────────────┘
```
Procedimento imobiliário III

9.5.4 Notificação e impugnação

O prazo da impugnação é de 15 (quinze) dias a partir da notificação.

Se pessoal, exclui-se o dia do início e inclui o dia do vencimento. Devem ser esgotadas todas as possibilidades para o Oficial efetuar a notificação por edital.

Se por edital, o prazo contar-se-á a partir da última publicação, devendo ser veiculada em jornal de grande circulação local.

9.5.5 Julgamento da impugnação

Julgada improcedente a impugnação, os autos voltam ao RI para a abertura de matrícula em nome da União que registrará o auto de demarcação, cancelando os registros anteriores e realizando eventuais averbações necessárias.

Julgada procedente a impugnação, os autos serão restituídos ao RI para as necessárias anotações e posterior devolução ao Poder Público.

9.5.6 Efeitos da prenotação

A prenotação do pedido de registro da demarcação fica prorrogada até o cumprimento da decisão judicial ou até seu cancelamento a pedido da União, não se aplicando a estas regularizações o cancelamento por decurso de prazo.

9.6 APLICAÇÃO SUBSIDIÁRIA

Esse diploma legal possibilitou, ainda, a aplicação deste procedimento às regularizações fundiárias de interesse social em imóveis de propriedade dos Estados, do Distrito Federal e dos Municípios (art. 22 da Lei 11.481/2007).

9.7 OBRIGAÇÕES TRIBUTÁRIAS

Também é importante salientar que as operações imobiliárias envolvendo terrenos da União, dos Estados, Distrito Federal e Municípios implicam na apresentação de Declaração sobre Operações Imobiliárias em Terrenos da União (DOITU), em meio magnético, pelos Cartórios de Notas, Registro de Imóveis e Títulos e Documentos, com relação às suas respectivas circunscrições de responsabilidade.

MODELO

MATRÍCULA E REGISTRO

MATRÍCULA N. _____

IMÓVEL – TERRENO URBANO sob n. ___ (*DESCRIÇÃO COMPLETA, georreferenciada, preferencialmente*).

QUARTEIRÃO – O quarteirão é formado pelas ruas: _____ (*especificar*).

PROPRIETÁRIA – A UNIÃO, pessoa jurídica de direito público interno, representada por _____, membro da Secretaria do Patrimônio da União, ou _____.

MATRÍCULA ABERTA EM VIRTUDE DO PROCESSO DE DEMARCAÇÃO DE ACORDO COM A LEI 11.481/2007.

Local e data.

Registrador e/ou Substituto: _____.

R-___/___ (R-__/__), em __ de __ de ____.

DEMARCAÇÃO – Nos termos do auto de demarcação devidamente assinado pelo Secretário do Patrimônio da União (ou outro órgão) extraído dos Autos do Processo Administrativo de n. ___, instruído com a Certidão de n. ___, passada pela Secretaria do Patrimônio da União (ou ____) em __ de __ de ____, procedo a este registro para ficar constando que o imóvel objeto desta matrícula foi demarcado como sendo de propriedade da UNIÃO, o qual encontra-se situado em uma Zona Especial de Interesse Social (ZEIS), tendo sido regularizado na forma e nos termos do Decreto-lei 9.760/1946, alterado pela Lei 11.481/2007.

PROTOCOLO – Título apontado sob o n. ____, em __ de __ de ____.

Local e data.

Registrador e/ou Substituto: _____.

10
O CÓDIGO DE PROCESSO CIVIL E SUAS REPERCUSSÕES NAS ATIVIDADES NOTARIAIS E REGISTRAIS (LEI 13.105, DE 16 DE MARÇO DE 2015)

O Código de Processo Civil, sancionado em 16.3.2015, introduziu na ordem jurídica brasileira, novos dispositivos com impacto na atividade notarial e de registro. A lei, que teve uma tramitação de dez anos, entrou em vigor em 18 de março de 2016.

10.1 COMPETÊNCIA

A nova lei trouxe alterações aos procedimentos judiciais, atos do processo e também à competência processual.

Para a ação de reparação de dano por ato praticado em razão do Ofício a competência passou a ser no local da sede da serventia, de acordo com o art. 53, inciso III, alínea "f". Inicialmente esta modificação não traz grande impacto a área notarial e de registro, mas trazemos o exemplo da ação de reparação por ocasião da procuração pública lavrada com falsidade ideológica, a qual terá competência na comarca da sede do Tabelionato em que foi lavrada a procuração e não na comarca em que foi utilizado o instrumento de mandato.

10.2 CAPACIDADE PROCESSUAL E DIREITO DE FAMÍLIA

No âmbito do direito de família ocorreram alterações com impacto na atividade.

A ação que versa sobre direito real imobiliário foi adequada, pelo artigo 73, às regras de regime de bens dispostas no artigo 1.647 do Código Civil, tornando obrigatória a citação do casal, bem como o consentimento do cônjuge, na propositura da ação que verse sobre direito real imobiliário, salvo quando casados sob o regime de separação absoluta de bens.

A anuência do cônjuge passou a integrar a capacidade processual, podendo a sua ausência ser suprida judicialmente, conforme artigo 74. Duas questões não foram contempladas por esta inovação: a participação nas ações possessórias e o consentimento dos conviventes em união estável. O artigo 1.647 do Código Civil não faz referência à posse e, da mesma forma, para o novo Código de Processo Civil é desnecessário o consentimento do cônjuge nas ações possessórias, exceto nos casos de composse e em que ambos tenham praticado o ato ou fato originador do processo.

No tocante à união estável, relação que prescinde de formalização documental e de publicidade *erga omnes*, não é aplicável o artigo 73, pois os conviventes têm a liberdade de estipular a data de início da união, o que abre margem a fraudes, não sendo salutar à segurança jurídica do procedimento. O convivente tem a oportunidade de intervir como terceiro juridicamente interessado, sendo necessário o reconhecimento judicial da união estável. Em regra, a capacidade processual abordada está adequando o processo civil às regras de regimes de bens previstas no Código Civil de 2002.

De outro lado, a alteração de regime de bens, oportunizada pelo artigo 1.639 do Código Civil, ganhou procedimento específico disposto no artigo 734, com as características de jurisdição voluntária. A alteração de regime de bens tem efeitos que vão além da relação *inter partes* dos cônjuges, tendo em vista os reflexos patrimoniais que poderão atingir terceiros. O próprio *caput* do artigo 734 ressalva os direitos de terceiros, o que traz garantia aos atos notariais e registrais já praticados. Em razão deste interesse público, o Ministério Público é intimado do procedimento e também é publicado um edital para conhecimento geral, sendo permitido ao juiz decidir sobre o pedido somente depois de decorridos 30 (trinta) dias da publicação de edital.

Em vista de resguardar os direitos de terceiros, o casal poderá propor ao juiz outros meios de divulgação, como por exemplo, a notificação extrajudicial dos credores e demais detentores de direitos reais ou pessoais sobre bens imóveis do casal. Encerrado o processo, será expedido mandado judicial específico para o Registro Civil e o Registro de Imóveis.

Entretanto, o novo Código de Processo Civil foi silente quanto à exigência de pacto nupcial por ocasião da escolha de regime diferente do legal, não deixando clara a aplicação, quando da alteração do regime de bens, do que dispõe o Código Civil sobre a obrigatoriedade do pacto patrimonial. O Pacto nupcial ou o termo judicial serão registrados no Livro 3 – Registro Auxiliar, cumprindo o disposto nos artigos 178, V e 244 da Lei dos Registros Públicos.

10.3 FRAUDE À EXECUÇÃO E O PRINCÍPIO DA CONCENTRAÇÃO

A nova lei processual alterou a concepção de fraude à execução nas alienações e onerações de bens imóveis. O Princípio da Concentração, expressamente disposto na Lei 13.097/2015, passou a nortear a configuração da fraude, impulsionando a concentração dos atos na matrícula imobiliária e a segurança jurídica dos negócios.

A regra geral para configuração da fraude, artigo 792 do CPC, passou a ser a preexistência de averbação de pendência judicial na matrícula do imóvel alienado ou onerado, concentrando em um só lugar as informações reais sobre a situação jurídica de um imóvel e das pessoas detentoras de direitos com repercussão na propriedade.

A matrícula imobiliária passou a ser o repositório oficial destas informações, enaltecendo a publicidade registral e a fé pública do Registrador Imobiliário, que certifica a qualquer interessado os dados constantes nos livros e documentos arquivados no Ofício. Em um só lugar, poderá o cidadão buscar as informações sobre o imóvel.

Com referência a conformidade do Novo CPC com a Lei 13.097/2015, cabe salientar que ambas dispõem que não será oponível as situações não inscritas na matrícula imobiliária, inclusive havendo uma equivalência entre as situações que devem ser publicizadas no Fólio Real, dispostas nos incisos do art. 792 do CPC e no art. 54 da Lei 13.097/2015, como se vê no quadro abaixo:

Art. 792 da Lei 13.105/2015	Art. 54 da Lei 13.097/2015
I – quando sobre o bem pender ação fundada em direito real ou com pretensão reipersecutória, desde que a pendência do processo tenha sido averbada no respectivo registro público, se houver;	I – registro de citação de ações reais ou pessoais reipersecutórias;
II – quando tiver sido averbada, no registro do bem, a pendência do processo de execução, na forma do art. 828;	II – averbação, por solicitação do interessado, de constrição judicial, de que a execução foi admitida pelo juiz ou de fase de cumprimento de sentença, procedendo-se nos termos previstos no art. 828 da Lei 13.105, de 16 de março de 2015 (Código de Processo Civil);
III – quando tiver sido averbado, no registro do bem, hipoteca judiciária ou outro ato de constrição judicial originário do processo onde foi arguida a fraude;	III – averbação de restrição administrativa ou convencional ao gozo de direitos registrados, de indisponibilidade ou de outros ônus quando previstos em lei; e
IV – quando, ao tempo da alienação ou da oneração, tramitava contra o devedor ação capaz de reduzi-lo à insolvência;	IV – averbação, mediante decisão judicial, da existência de outro tipo de ação cujos resultados ou responsabilidade patrimonial possam reduzir seu proprietário à insolvência, nos termos do inciso IV do caput do art. 792 da Lei 13.105, de 16 de março de 2015 (Código de Processo Civil).
V – nos demais casos expressos em lei.	

Nota-se a remissão ao antigo Código de Processo Civil, o que não impede a clara interpretação da referência ao procedimento do art. 828 do novo CPC.

A exceção legal à aplicação do Princípio da Concentração como basilar na configuração da fraude à execução está nas ações capazes de reduzir o devedor a insolvência (art. 792, IV), o que não representa a maior parcela do contencioso judicial brasileiro. A "morte civil" do devedor é uma situação que atinge a sociedade como um todo, em decorrência da integralidade do patrimônio do devedor estar envolvida, colocando em risco as relações negociais que este venha a ter com terceiros. Não há indicação de bens para garantia da dívida, pois só se satisfará com no mínimo a totalidade das propriedades.

Desta forma, a fim de resguardar os credores da ação nesta situação atípica, foi excepcionada a necessidade de prévia averbação do feito na matrícula para caracterização da fraude à execução, pois o todo garante a dívida, dispensando apontar a propriedade específica para garantia do crédito.

Contribuindo para a publicidade registral e segurança jurídica, o inciso IV do art. 54 da Lei 13.097/2015, dispõe a possibilidade de fazer a averbação de ações desta natureza, o que não é obrigatório, mas salutar para evitar futuros litígios.

10.4 AVERBAÇÃO PREMONITÓRIA

A averbação premonitória, grande avanço na segurança jurídica imobiliária, teve na nova norma maior delineação da atuação do exequente, bem como um regramento mais claro quanto ao cancelamento das averbações. A nova lei dispõe dois momentos distintos para expedição da certidão para averbação no Registro Imobiliário:

a) do ajuizamento da execução e dos atos de constrição (art. 799, IX), sob responsabilidade do exequente, a fim de dar conhecimento a terceiros;

b) da admissão da execução pelo juiz (art. 828), corroborando a fraude à execução nas alienações posteriores.

Nas duas situações o exequente terá de ser diligente para a garantia do crédito, cumprindo a determinação no art. 54 da Lei 13.097/2015, que dispõe sobre a concentração dos atos na matrícula e sua oponibilidade contra terceiros.

Uma situação que foi sanada com o § 2º do art. 828 refere-se ao prazo e à responsabilidade pelo cancelamento das averbações procedidas nas matrículas, que não servirão para cobrir o valor da dívida. É de responsabilidade do exequente, no prazo de 10 (dez) dias, providenciar o cancelamento das referidas averbações, sendo a sua inércia motivo de justa causa indenizatória, nos termos do § 5º do referido artigo. Não sendo realizados os cancelamentos pelo exequente no prazo, o juiz determinará de ofício, ou a requerimento, a baixa dos gravames.

A publicidade *erga omnes*, no Brasil, realiza-se por meio da inscrição na matrícula imobiliária, diferentemente de alguns países da América Latina em que a criatividade é fantástica. Havendo litígio sobre o imóvel, a publicidade se procede *in loco*, tal como se pode verificar na imagem abaixo:

10.5 HIPOTECA JUDICIÁRIA

A hipoteca judiciária, instituto de garantia de crédito na fase do processo de conhecimento, sofreu alterações quanto aos seus requisitos e sua instrumentalização. A nova lei acrescentou, no art. 495, § 1º, III, a possibilidade de registrar a hipoteca judiciária mesmo havendo impugnação da sentença por recurso dotado de efeito suspensivo.

Para o registro de uma hipoteca judiciária era preciso um mandado judicial com fim específico, o que não será mais necessário na vigência do novo Código de Processo Civil. O § 2º do art. 495, delineou uma nova especificação de título ao determinar que o interessado apresentará a cópia da sentença, independentemente de ordem judicial, o que facilitará a oneração no fólio real e garantirá o direito de preferência em relação aos outros credores, observada a prioridade no registro. Junto a cópia da sentença, deverá ser apresentada uma declaração do exequente e do advogado do processo indicando os bens a serem hipotecados.

10.6 GRATUIDADE DOS EMOLUMENTOS

A gratuidade da justiça sofreu alterações com impacto direto nas atividades notarial e registral, conforme art. 98 da nova norma processual. A assistência judiciária gratuita, deferida pelo juiz, foi estendida aos emolumentos dos atos praticados por Notários e Registradores. Havendo dúvida fundada quanto ao preenchimento dos pressupostos para a concessão de gratuidade, no § 8º do art. 98, são oportunizados ao titular mecanismos para reivindicar os emolumentos. Com todo o contexto do cenário, as classes deverão batalhar pela percepção dos emolumentos.

De outro lado, a mesma norma disponibilizou aos Notários e Registradores um instrumento de cobrança dos emolumentos ao definir que a certidão expedida por serventia notarial ou de registro, relativa a valores de emolumentos e demais despesas devidas em razão dos atos praticados, constituirão título executivo extrajudicial, conforme art. 784, XI.

10.7 PROTESTO DE TÍTULO EXECUTIVO JUDICIAL

O legislador apresentou um procedimento mais célere para execução de dívidas oriundas das sentenças referidas no art. 515, I, relativas a "decisões proferidas no processo civil que reconheçam a exigibilidade de obrigação de pagar quantia, de fazer, de não fazer ou de entregar coisa".

O artigo 517 do CPC dispõe que se o condenado não pagar voluntariamente o valor devido no prazo de 15 (quinze) dias, poderá o exequente apresentar no Tabelionato de Protesto a certidão de teor da decisão contendo o nome e a qualificação do exequente e do executado, o número do processo, o valor da dívida e a data de decurso do prazo para pagamento voluntário.

O protesto da dívida poderá acelerar o pagamento do valor, tendo em vista que determinadas categorias profissionais (comerciantes, empresários etc.) têm elevado interesse em não terem seus nomes protestados, em razão da atividade desenvolvida.

10.8 CONSTITUIÇÃO DE RENDA

A constituição de renda para assegurar o pagamento das prestações de alimentos já estava disposta no antigo Código de Processo Civil no art. 415-Q. A nova lei trouxe inovações ao procedimento, facultando ao exequente requerer a constituição de capital por parte do executado, conforme art. 533 e parágrafos, bem como possibilitando constituir renda com direitos reais sobre imóveis suscetíveis de alienação.

Sua formalização depende de escritura pública (art. 807 do Código Civil), devendo ser averbada na matrícula do imóvel, não significando direito real. Caso o credor queira uma garantia real, deverá formalizar uma hipoteca e o seu devido registro na matrícula imobiliária.

Porém, de acordo com o § 1º do art. 533 do CPC, para a publicidade e segurança jurídica, procede-se a averbação na matrícula do imóvel que se torna inalienável e impenhorável enquanto durar a obrigação do executado.

10.9 PROTESTO DE TÍTULO EXECUTIVO EXTRAJUDICIAL

As cobranças das dívidas de condomínio eram feitas pelo procedimento comum de uma ação de cobrança, retardando por até 05 (cinco) anos o recebimento dos valores devidos pelo condômino.

O art. 784, inciso X, da nova lei trouxe como novidade a criação de um novo título executivo extrajudicial: "o crédito referente às contribuições ordinárias ou extraordinárias de condomínio edilício, previstas na respectiva convenção ou aprovadas em assembleia geral, desde que documentalmente comprovadas".

Com o novo título executivo, vencida a parcela condominial e não paga, poderá a administração do condomínio proceder ao protesto da dívida no Tabelionato de Protesto competente, tornando mais célere a cobrança e significativamente mais ágil a execução da dívida, caso não seja efetuado o pagamento.

10.10 PENHOR LEGAL

A atividade notarial foi prestigiada com a aquisição da competência para homologação do penhor legal, art. 703 e seguintes. O interessado poderá firmar requerimento no Tabelionato de seu interesse, que promoverá a notificação extrajudicial do devedor, para, em até 05 (cinco) dias, pagar o débito ou impugnar. Se ocorrer a impugnação, o procedimento é encaminhado ao juízo competente. Caso contrário, será lavrada escritura de homologação do penhor legal. Como se vê, a desjudicialização de procedimentos mais uma vez valorizou o Tabelião de Notas.

10.11 ATA NOTARIAL COMO MEIO DE PROVA

A utilização da ata notarial como meio de prova em processos judiciais não é novidade, tendo em vista a já reconhecida credibilidade do instrumento produzido pelo Tabelião. Porém, a inserção de ata notarial como seção específica no capítulo das provas, denota a relevância que este mecanismo ganhou no processo judicial.

Com o advento do art. 384 da nova lei, a tendência é uma maior utilização da ata notarial pela sociedade, valorizando ainda mais a atividade dos Tabeliães, como é o caso da usucapião extrajudicial que terá como ponto de partida uma ata notarial, aspecto que será melhor esclarecido a seguir.

10.12 DIVISÃO E DEMARCAÇÃO DE TERRAS PARTICULARES

A aceitação da escritura pública para fins de divisão de condomínio, prevista no art. 571, não configura novidade no Direito Registral e Notarial. Contudo, a explicitação no novo Código de Processo Civil enfatiza a possibilidade de resolver os litígios de forma amigável e extrajudicialmente, evitando o aumento das demandas judiciais.

O georreferenciamento, devidamente averbado no Registro de Imóveis, é vislumbrado no art. 573 como meio de prova que dispensa a perícia nas ações de divisão ou demarcação, tamanha a sua precisão e confiabilidade.

10.13 REGISTRO ELETRÔNICO

Estamos em um importante momento histórico de transformação dos procedimentos judiciais, bem como os notariais e de registro, em razão das novas tecnologias. Vislumbrando esse avanço, o meio eletrônico passou a integrar o novo Código de Processo Civil, o qual ganhou uma seção dedicada à prática eletrônica de atos processuais (arts. 193 a 199).

O parágrafo único do art. 193, abriu caminho para o futuro registro eletrônico, tornando aplicável, à atividade notarial e registral, no que for cabível, a prática eletrônica de atos processuais. Será um grande passo para a interconexão de dados por meio eletrônico.

A Lei 13.465/2017, estabeleceu em seu artigo 76 que o Sistema de Registro Eletrônico de Imóveis (SREI) será implementado e operado, em âmbito nacional, pelo Operador Nacional do Sistema de Registro Eletrônico de Imóveis (ONR).

A ONR, por sua vez, trata-se de uma plataforma que possibilita o atendimento remoto por todos os Registros de Imóveis via internet, efetuando o tráfego de documentos eletrônicos, para remessa às serventias registrais para prenotação.

As atribuições e a estrutura do Agente Regulador do ONR foram regulamentadas pelo Provimento 109/2020 do CNJ. Cumpre ressaltar, que o IRIB e a ARISP tiveram importantíssimas participações na implementação destes sistemas.

Com a entrada em vigor da Lei 14.382/2022, de 27 de junho de 2022, foi criado o Sistema Eletrônico dos Registros Públicos – SERP (aperfeiçoamento do sistema de registro eletrônico já existente nos termos do art. 37 da Lei 11.977/2009), que tem a finalidade de modernizar e simplificar os procedimentos relativos aos registros públicos de atos e negócios jurídicos e de incorporações imobiliárias (art. 1º da Lei 14.382/2022).

Essa inovação trata da interconexão das serventias dos registros públicos e da interoperabilidade das bases de dados entre as serventias dos registros públicos e o SERP (art. 3º, incisos I e II e III da Lei 14.382/2022).

Desta forma, podemos afirmar que o SERP irá realizar um intercâmbio entre as especialidades registrais, quais sejam: Registro Civil de Pessoas Naturais, o Registro Civil de Pessoas Jurídicas, o Registro de Títulos e Documentos e o Registro de Imóveis, promovendo uma integração de funcionalidades, tornando possível que as atividades registrais estejam interligadas eletronicamente.

Esta interconexão é importante para realização de procedimentos que dependam da interconexão entre as especialidades registrais, como, por exemplo, as intimações de mora de alienação fiduciária, cujo requerimento é protocolado no Registro de Imóveis e a intimação é encaminhada ao RTD.

A responsabilidade pelo SERP é competência dos Oficiais dos Registros Públicos promover a implantação e o funcionamento adequado do SERP (art. 4º da Lei 14.382/2022).

11
OS PRINCÍPIOS DA SEGURANÇA JURÍDICA E DA CONCENTRAÇÃO EM XEQUE EM FACE DOS PROJETOS DE LEI 2.415/2015 E 6.118/2016

Os Projetos de Lei (PLs) 2.415/2015 e 6.118/2016 pretendem reintroduzir discussão já superada no Brasil ao restabelecer burocracia onerosa e inócua, qual seja, a obrigatoriedade de apresentação de certidões do registro de distribuição de feitos ajuizados cíveis, criminais, fiscais, trabalhistas, as de protesto de títulos, para a contratação imobiliária.

Após mais de uma década de discussão foi aprovado texto legal (arts. 54 e segs. da Lei 13.097/2015) que efetivamente atende a segurança jurídica. Em síntese, concentra a busca de informações num único órgão, acabando com a *via crucis* que então estava estabelecida – busca de inúmeras certidões em diversos órgãos distintos – para uma contratação imobiliária relativamente segura. O que fez o legislador na ocasião? Inteligentemente, concentrou num único órgão (Registro de Imóveis) a busca de informações seguras e precisas sobre os imóveis, do mesmo modo como outros países desenvolvidos têm procedido.

A novidade introduzida na Lei 13.097/2015 atribui o ônus legal àquele que tem uma pretensão sobre um imóvel de publicizá-la no Registro Imobiliário. Assim, a concentração de informações na matrícula do imóvel autoriza uma contratação segura apenas com a respectiva certidão. A busca por outras informações e certidões tornou-se facultativa, ficando a critério das partes exigir ou não a apresentação das certidões de feitos ajuizados e outras.

Com efeito, eventual interessado no imóvel passou a ter o dever de demonstrar a todos, pela publicidade emanada dos atos registrais, seu legítimo interesse. Terceiros interessados no imóvel, para poderem contratar, passaram a poder confiar no sistema que os protegerá se nenhuma informação desabonadora constar da matrícula do imóvel. E, se constar, quem contratar sobre o imóvel sobre o qual recai alguma restrição, aceitará o risco da perda do bem. Em síntese: o sistema evoluiu para proteger a sociedade, a qual, para ter segurança na contratação, não precisa mais peregrinar indefinidamente, mas buscar uma única informação precisa e segura no órgão competente para certificá-la, o Registro de Imóveis do local onde situado o imóvel.

Fundamentalmente, reduziu-se a complexidade das contratações e o custo para tal fim, alcançou-se maior segurança nas contratações, porque o que não estiver publicizado na matrícula do imóvel no Registro de Imóveis competente não será oponível ao adquirente de boa-fé, diferentemente de como funcionava até então. Essa redução da assimetria da informação gera confiabilidade na contratação imobiliária, beneficiando toda a sociedade brasileira.

Ademais, é possível constatar contradições da análise do teor do PL 2.415/2015. De um lado pretende condicionar a realização de um ato da vida civil à apresentação de certidões, e, de outro, informa que a existência de ações não impede a lavratura da escritura e, consequentemente, o seu registro. Volta-se, aqui, à gênese da questão, ao permitir ou não aos contratantes estabelecer se desejam investigar a vida do outro antes de contratar. Não há como negar esta liberdade condicionando-a a busca obrigatória de certidões de feitos ajuizados.

Outra imprecisão está em tentar subverter o que o Supremo Tribunal Federal já decidiu com relação às certidões fiscais. O julgamento das Ações Diretas de Inconstitucionalidade 173 e 394 deixou assentado, com efeito *erga omnes*, que configura sanção política, ato contrário ao Direito, condicionar a apresentação de certidões fiscais para a realização de atos da vida civil, o que envolve uma contratação imobiliária. O Conselho Nacional de Justiça, órgão máximo de orientação dos serviços notariais e registrais, recentemente entendeu que tal julgamento envolve a certidão previdenciária até então exigida com fundamento no art. 47 da Lei 8.212/1991.

Com efeito, se contraria a Constituição Federal lei que exige a apresentação de certidões fiscais para a realização de uma contratação imobiliária, nascerão igualmente inconstitucionais eventuais leis publicadas que estabeleçam igual condição envolvendo certidões que só interessam às partes, no âmbito exclusivamente privado. Se exigir as certidões fiscais, que interessariam a todos, configura ato que contraria a Constituição, com maior razão se configurará ato que afronta a Constituição condicionar a realização de uma contratação imobiliária a apresentação obrigatória de certidões de feitos ajuizados.

Corroborando o acima exposto é o brilhante Voto do Deputado Paes Landim, que propugna a rejeição dos Projetos de Lei (PLs) 2.415/2015 e 6.118/2016[1].

---

1. Ver Pedido de Providências 0001230-82.2015.2.00.000. Colégio Registral do Estado do Rio Grande do Sul.

12
PRINCÍPIOS DA CONCENTRAÇÃO E DA FÉ PÚBLICA REGISTRAL NO REGISTRO DE IMÓVEIS (LEI 13.097, DE 19 DE JANEIRO DE 2015)

Consolidados na legislação os Princípios da Concentração e da Fé Pública Registral – que propugnam, em última análise, a redução das assimetrias de informação e consequentemente a diminuição dos riscos e dos custos de um negócio imobiliário, pela segurança e proteção geradas à sociedade (arts. 54 ao 58 da Lei 13.097/2015 e art. 828 e parágrafos do CPC) – importa estabelecer agora a sua aplicabilidade.

Concentrando as informações que têm reflexo em imóveis num único órgão, o Registro Imobiliário, facilita-se o conhecimento de potenciais problemas. O registro torna-se antitético da clandestinidade. Quem não deu publicidade de potencial interesse sobre o imóvel não tem oponibilidade. Antes disso, a peregrinação atrás de tais informações tornava o negócio muito oneroso e burocrático, e mesmo assim não afastava por completo o risco da evicção. Estamos evoluindo. O sistema ainda não é perfeito, mas, certamente, houve um grande avanço.

A partir de 20 de fevereiro de 2017 (art. 61 da Lei 13.097/2015) passou a estar latente a preocupação em fazer com que na matrícula imobiliária constem todas as situações jurídicas relevantes acerca da situação do imóvel, sob pena de não se poder postular a decretação da ineficácia do negócio jurídico que promoveu a alienação ou oneração do imóvel transacionado (fraude à execução – art. 792 do CPC). Esse proceder é a plena concretização do Princípio da Concentração, ganhando relevo o que já manifestavam os jurisconsultos romanos: "*dormentibus non succurrit jus*" (o direito não socorre aos que dormem). As exceções estão estabelecidas no parágrafo único do art. 54 da Lei 13.097/2015 e são elas: (i) alienações em relação à massa falida (arts. 129 e 130 da Lei 11.101/2005), (ii) as hipóteses de aquisição e extinção da propriedade que independam de registro do título respectivo e, como não poderia deixar de ser, (iii) frente ao Fisco (art. 185 do CTN).

Portanto, hoje, o interessado precisa dar conhecimento da existência de ação judicial que possa ter reflexo em contratações imobiliárias se visa a proteção do sistema. Não o fazendo, eventual alienação do imóvel não configurará fraude à execução. Afinal, aquilo a que não foi dado a conhecer (publicidade *erga omnes*) não merece proteção. Com isso, o sistema registral sai fortalecido e, de consequência, a confiabilidade na higidez das contratações ganha força, fomentando o desenvolvimento do ramo imobiliário e reduzindo riscos e custos.

Havendo a publicidade de uma relação jurídica-processual, posterior alienação ou oneração do imóvel poderá caracterizar fraude à execução. Isso é o que está estruturado em face da Súmula 375 do STJ, quando informa que: "O reconhecimento da fraude à execução depende do registro da penhora do bem alienado ou da prova de má-fé do terceiro adquirente", amplamente aplicada pelos Tribunais; e, do art. 828, § 4º, do CPC (certidão acautelatória).

Com efeito, ao buscar a proteção do sistema através da publicidade do interesse no direito real de terceiro, o interessado precisará atuar com seriedade, não podendo abusar do seu direito. Esta vedação ao abuso de direito está materializada pela obrigação de as partes cooperarem entre si. E, aqui, é possível trazer à luz o Princípio da Cooperação[1].

Mesmo reconhecendo que há interesses antagônicos, dentro da relação jurídica que abarca tais interesses as partes [autor (exequente), juiz e réu (executado)] devem cooperar mútua e reciprocamente em prol do restabelecimento da ordem.

Isso é o que se pode exprimir do Princípio da Cooperação, que materializa os *deveres acessórios de conduta* no trato processual e visa coibir o abuso de direito, além de estabelecer uma medida de proporcionalidade entre os sujeitos das relações jurídica e processual. Aqui, tem-se a aplicação deste instituto de direito civil, materializado no art. 187 do Código Civil, mas no âmbito processual. O art. 6º do novo Código de Processo Civil assim prescreve:

> Todos os sujeitos do processo devem cooperar entre si para que se obtenha, em tempo razoável, decisão de mérito justa e efetiva.

Nesta senda, o autor (exequente) deve publicizar a relação que pode ter reflexo patrimonial na medida do direito que entende titular, sob sua exclusiva responsabilidade, podendo responder pelo excesso (art. 828, § 5º, do CPC). Não se está, aqui, defendendo o interesse do executado, muito pelo contrário, mas

---

1. Sobre ser ou não um princípio formativo, escoro o entendimento na posição do Dr. Eduardo Talamini, no artigo intitulado "Cooperação no novo CPC (primeira parte): os deveres do juiz", acessível em http://www.migalhas.com.br/dePeso/16,MI226236,41046-Cooperacao+no+novo+CPC+primeira+parte+os+deveres+do+juiz, de 28.03.17.

noticiando que é preciso moderação ao se buscar publicizar o seu direito. Por exemplo, o credor de uma dívida de R$50.000,00 não deve requerer a realização de ato de averbação sobre todo o patrimônio do executado, quando consideravelmente maior do que a dívida. Medida desproporcional, seja por qualquer das partes, não pode ser tolerada pelo ordenamento jurídico. Logo, no caso apresentado, o credor deve requerer a averbação (materialização do Princípio da Concentração) em apenas um ou dois imóveis, de modo a alcançar a proteção na medida do direito que titula; nem mais, nem menos.

Igualmente, o magistrado, seja em qualquer das esferas de jurisdição que atua, deve estar atento aos pedidos formulados pelos credores para frear pedidos abusivos, limitando pretensão abusiva e determinando a(s) averbação(ões) de publicidade da ação de modo a alcançar a efetividade do processo, sempre atento à boa-fé processual e à lealdade à Justiça.

Sobre a cooperação na atuação do juiz, sugere-se cuidado principalmente nas determinações de indisponibilidade de bens de modo a, quando possível, evitar retirar do comércio mais bens do que o necessário. Atuei em um caso em que o magistrado determinou a indisponibilidade dos bens de determinada empresa comercializadora de imóveis, sem conhecer o volume e a repercussão social e econômica de uma determinação genérica, em face de uma dívida de aproximadamente R$10.000,00. Se não tivesse consultado o magistrado teria a ordem gerado mais de 200 indisponibilidades só no Registro de Imóveis do qual sou responsável.

Ainda, dentre os pilares em que se divide o Princípio da Cooperação, quais sejam, o dever de esclarecimento, de auxílio às partes, de consulta e de prevenção, ressalta-se este no que tange ao assunto proposto. Devem os integrantes da relação jurídica-processual que pode ter reflexo no Registro Imobiliário agir visando o alcance de seus interesses, que certamente são antagônicos, mas sempre com o espírito de prevenir novos litígios, e não o contrário, causado pelo abuso de direito.

Sobre a citada cooperação, convém inicialmente deixar assentado que o Registrador Imobiliário não faz parte da relação jurídico-processual. De qualquer modo, a fim de evitar medidas desproporcionais (a atuação registral já se pauta no alcance da segurança jurídica e na prevenção de litígios), pode o Registrador igualmente atuar na tentativa de evitar abuso, seja informando ou solicitando esclarecimentos ou declarações, sob as penas da lei, acerca das consequências dos pedidos a ele formulados, e sempre sem descuidar da aplicação dos demais princípios registrais, entre eles o da Rogação ou Instância. Na prática, como deve atuar quando de plano constata aparente abuso? Neste caso, salvo melhor juízo, pode esclarecer a parte da possível consequência da sua pretensão, ou até mesmo consultar ao juízo do feito sobre a modulação ou não da determinação expedida, fundamentadamente, ficando o protocolo suspenso até ulterior determinação.

Concluindo, aplicando-se o ordenamento jurídico de um modo sistêmico, vislumbra-se que o Princípio da Concentração é fundamental para o desenvolvimento do setor imobiliário e tem relação próxima com o Princípio da Cooperação, devendo este ser observado por todos os sujeitos da relação jurídica-processual, inclusive suscitado pelo próprio Registrador Imobiliário quando aferido aparente abuso.

13
A CONSAGRAÇÃO E A RACIONALIDADE DO PRINCÍPIO DA CONCENTRAÇÃO NO REGISTRO IMOBILIÁRIO

A lei existe para gerar paz e estabilidade social. Quando ela não produz tais efeitos, precisa ser adequada. Nesta perspectiva é que foi publicado o art. 54 da Lei 13.097/2015, procurando resolver um problema que afligia a toda sociedade brasileira: a insegurança jurídica nas contratações imobiliárias. Esta lei não é perfeita também, mas trouxe considerável evolução. Não se pode considerar o retorno à realidade estabelecida antes dela, não é possível impugnar a lei. Ela integra regularmente o ordenamento jurídico e seus efeitos já estão demonstrando maior eficiência no tráfego negocial envolvendo imóveis.

Importa destacar que antes de existir tal dispositivo, a lógica estabelecida para as contratações imobiliárias era irracional. Exigia-se de quem pretendia adquirir um imóvel a obrigação de realizar uma *via crucis* infindável, consideradas as diversas competências jurisdicionais, no intuito de tentar desvendar a existência de alguma ação judicial contra o vendedor tendente a gerar efeitos perante o negócio jurídico que se pretendia realizar, sem que fosse possível alcançar a segurança esperada, pois a apresentação de certidões dos distribuidores forenses não assegurava, na plenitude, a inexistência de processo ou de citação regular. Questões de competência processual impediam o alcance da segurança esperada, pois qualquer pessoa pode responder a um processo fora da sua residência ou domicílio, dependendo do dano causado, como, por exemplo, um acidente de trânsito.

Desse modo, de um lado tínhamos o vendedor tentando alienar seu imóvel, mas sem informar eventual demanda pela qual respondia (desatendida aí, por si só, a boa-fé), e, de outro, o comprador tentando, apoiado nos mecanismos que até então lhe eram oferecidos, desvendar um mistério. Tal busca, além de retardar a realização do negócio, era muito onerosa. O custo do Direito, consequentemente, era demasiadamente acentuado para o objeto investigado (alcance de informações fidedignas). A seleção adversa (falta de informação precisa e ocultação de fatos por quem pretendia alienar imóvel) onerava sobremaneira a contratação imobiliária pela necessidade de se (tentar) buscar informações visando a uma contratação hígida.

Qual foi, então, a evolução implementada neste processo de busca de informações visando a uma contratação imobiliária segura? Aplicar a lógica que proclama *Dormientibus non succurrit jus* (o Direito não socorre aos que dormem). Ao invés de repassar à sociedade o custo da investigação, passou-se a exigir uma proatividade de quem deseja alcançar a oponibilidade do seu interesse, publicizando-o na matrícula do imóvel. Se alguém tem alguma pretensão envolvendo um imóvel deve lhe conferir publicidade para que esteja protegido. Não o fazendo, terá para si o ônus de provar que um adquirente de imóvel não estava de boa-fé. Toda ação tem uma reação: averbando seu interesse terá a presunção de fraude para alegar, cancelando um registro de transmissão se não houver patrimônio para resguardar a ação; não averbando, terá de provar a fraude na negociação. A consequência, portanto, foi a de inversão do ônus da prova ao conferir ao interessado o dever e a responsabilidade de publicização da existência da demanda judicial.

Assim, foi necessário estabelecer a ideia de concentrar em um único órgão a informação necessária para uma contratação imobiliária segura, conferindo uma mais ampla simetria à informação e tornando o custo do Direito menor, gerando maior eficiência econômica. Nesta nova lógica todos ganham. O mecanismo hoje requerido é que se averbe um interesse na matrícula do imóvel e, para isso, a lei ocupou-se até mesmo de prever uma despesa básica correspondente (ver art. 56, § 1º da Lei 13.097/2015, ou o art. 98, § 1º, IX do Código de Processo Civil). Quem optar por não publicizar seu interesse na matrícula do imóvel assume para si o ônus de provar que houve fraude na alienação deste. Equilibrou-se, assim, o sistema.

É evidente a transformação e a evolução. Fraude só poderá ser caracterizada quando ocorrer uma alienação de imóvel contra interesse previamente publicizado na matrícula, e não quando não houver a demonstração deste interesse (salvo quando provada a má-fé do alienante). Possível correlacionar a matéria com os princípios da rogação ou instância, do protocolo e da inércia.

Com efeito, restou estabelecido, hoje, o ônus legal do interessado em publicizar seu interesse, e não mais um ônus para a sociedade de ter que realizar amplas investigações e buscas de diversas certidões, em inúmeros órgãos e jurisdições, até porque estas buscas não garantiam absolutamente o negócio. Ou seja, na ausência de averbação da existência de execução na matrícula do imóvel resta caracterizada a boa-fé do adquirente.

Ressalta-se: o propósito da lei é o de permitir a ordem e a estabilidade social, o que vem sendo alcançado pela inovação para o Direito e para a Economia, decorrente do art. 54 da Lei 13.097/2015.

Na prática, já se percebe como o Poder Judiciário, em especial a Justiça Laboral, vem acertadamente enfrentando a questão. Relevante destacar recente julgado do Tribunal Superior do Trabalho (TST – ROT: 16793420185090000, Relator: Alexandre De Souza Agra Belmonte, Data de Julgamento: 18/05/2021, Subseção II Especializada em Dissídios Individuais, Data de Publicação: 21/05/2021), por meio do qual, em apertada síntese, o Tribunal manteve decisão que julgou procedente a ação rescisória em homenagem à segurança jurídica, respeitando quem, desvestido de boa-fé, ainda buscou informação no ambiente próprio, no caso, o Registro de Imóveis, e não encontrou publicizado interesse jurídico contraditório algum sobre o imóvel, apresentado por quem demandava contra o seu proprietário.

Segundo consta do *decisum*, reportando-se ao art. 54, parágrafo único da legislação em evidência (atualmente, parágrafo 1º):

> 5. Com o aludido dispositivo da lei 13.097/15 consagrou-se o princípio da concentração dos atos registrais, com vistas a conferir maior segurança jurídica àquele que adquire um imóvel de boa-fé, uma vez que exige que todas as informações sobre o bem constem na sua matrícula, inviabilizando qualquer pretensão futura de decretação de ineficácia do negócio calcada em elemento estranho ao registro.

Pondera-se que o Princípio da Concentração – salvo nas exceções previstas no § 1º do art. 54 da Lei 13.097/2015 (arts. 129 e 130 da Lei 11.101/2005), nas hipóteses de aquisição e extinção da propriedade que independa de registro imobiliário e quando da incidência do art. 185 do Código Tributário Nacional (norma com status de lei complementar) – servirá para afastar os efeitos deletérios de situações ocultas ou clandestinas, não protegidas porque não publicizadas pelo modo como a lei hoje considera essencial para a proteção da sociedade.

Vale lembrar que o Código de Processo Civil, em 2006, quando do advento da Lei 11.382, fomentou a aplicação do Princípio da Concentração, através do art. 615-A. A partir deste momento, o credor passou a ter a faculdade de averbar a distribuição da execução de modo a prevenir a fraude à execução. Com a criação da certidão premonitória – e, aqui, pedimos vênia para utilizarmos a feliz nomenclatura atribuída a este ato pelo insigne Registrador Sérgio Jacomino – o quadro mudou, antecipando os efeitos dessa presunção antes mesmo da citação do devedor/executado. Logo, o exequente não precisa aguardar o aperfeiçoamento da penhora, podendo, desde a instrução da ação de execução, antes mesmo da citação, assegurar a publicidade do seu interesse. Até mesmo quando da distribuição de ação de conhecimento é possível noticiar um interesse na matrícula, exigindo manifestação judicial específica para tanto (art. 54, IV da Lei 13.097/2015).

Posteriormente, em 2010, com a edição da Súmula 375 do Superior Tribunal de Justiça, solidificou-se em plenitude o Princípio da Concentração que, em conjunto com a referida súmula, tem permeado os decisórios da Corte Superior, sendo a orientação jurisprudencial consolidada, como se percebe da leitura da ementa a seguir reproduzida:

> Agravo interno no agravo em recurso especial – Autos de agravo de instrumento na origem – Decisão monocrática que deu provimento ao reclamo. Insurgência da parte agravada.
>
> 1. Segundo a orientação jurisprudencial consolidada nesta Corte, o reconhecimento da fraude à execução exige a anterior averbação da penhora no registro do imóvel ou a prova da má-fé do terceiro adquirente, consoante se depreende da redação da Súmula 375/STJ e da tese firmada no REsp repetitivo de n. 956.943/PR.
>
> 1.1 Hipótese dos autos em que o Tribunal de origem, ante a inexistência de prévia penhora ou anotação de execução na matrícula do imóvel, reconheceu a ocorrência de fraude à execução, a partir de presunção de má-fé do terceiro adquirente.
>
> 2. Agravo interno desprovido. (AgInt no AREsp 1016096/PR, Rel. Ministro Marco Buzzi, Quarta Turma, julgado em 30-08-2021, DJe 02-09-2021).

Finalmente, com a chegada do novo Código de Processo Civil ampliaram-se as possibilidades de publicização de interesses jurídicos na matrícula de um imóvel, cabendo ao exequente optar por dois tipos distintos de averbação: a da distribuição da execução, a partir da obtenção da certidão do ajuizamento do feito, nos termos do inciso XI do art. 799 do CPC; ou, ainda, a da admissão da execução, nos termos do art. 828.

A lógica que hoje está estabelecida é mais simples, gera maior eficiência (jurídica e econômica) e segurança: um interesse jurídico sobre um imóvel precisa estar publicizado no ambiente próprio (Registro de Imóveis) para alcançar oponibilidade perante terceiros, valorizando, com isso, a sistemática registral imobiliária. Simples assim.

O registro é antitético da clandestinidade. Quem não deu a conhecer seu interesse averbando a existência de uma ação na matrícula do imóvel assume para si o ônus de provar que o adquirente da propriedade não estava de boa-fé. Terá que realizar prova suficiente em juízo visando à desconstituição dos efeitos de um registro de transmissão, como se verifica do recente julgado demonstrando que a prova da má-fé continua sendo causa para a desconsideração de negócios (REsp 1.981.646-SP), e com razão, pois o ordenamento jurídico é autocorretivo, ele mesmo contendo mecanismos para expungir situações-problema. No caso concreto do decisório citado, havia sido formalizada uma transmissão imobiliária, via dação em pagamento, do executado para sua filha menor de idade, em evidente intuito de fraudar; logicamente que, provada a má-fé. Outrossim, tivesse a alienação ocorrida noutro contexto, para terceiro, ou seja, uma alienação lícita, certamente o trato da questão seria diverso, como deduzido no acórdão da justiça laboral supramencionado. Vale destacar que o § 2º do art. 54 da Lei 13.097/2015, incluído pela novel Lei 14.382/2022, não exige a apresentação de certidões forenses ou dos distribuidores judiciais, nem outra certidão que não a da matrícula do imóvel (agora com efeito ampliado em face do § 11 do art. 19 da Lei 6.015/1973), como condição para a caracterização da boa-fé do terceiro adquirente.

Assim sendo, não será mais exigida a obtenção de quaisquer documentos ou certidões além dos previstos na Lei 7.433/1985, restando dispensada a apresentação de certidões forenses ou de distribuidores judiciais, valorizando ainda mais o Princípio da Concentração e o Serviço Registral Pátrio.

Por conseguinte, ao contrário do que sustentava o vetusto entendimento (revogado), o art. 54 da Lei 13.097/2015 não fragiliza o instituto da fraude à execução, mas, pelo contrário, colabora com ele quando elucida, com precisão, que não se deve transferir à sociedade o custo e o ônus de realizar a busca de certidões outras que não apenas a da matrícula do imóvel, o que vai ao encontro da tão esperada desburocratização e do alcance de maior eficiência. Nesta toada, a Lei 14.382/2022 que alterou a Lei 6.015/1973 e a própria Lei 13.097/15, também tratou de ofertar modernidade e maior dinamicidade para o sistema registral, em diversos aspectos, inclusive quanto à segurança nos registros de contratos imobiliários.

Importante ressaltar que as inovações legislativas e as decisões judiciais têm contribuído para o entendimento de que o modelo de segurança jurídica proporcionado pelos mecanismos advindos do Princípio da Concentração deve ser mantido, uma vez que tal modelo constituiu a vanguarda da negociação imobiliária, tornando impensável e impossível o retorno à sistemática anterior, o que seria um retrocesso. Mais do que isso: o Princípio da Concentração nasceu de uma necessidade dos cidadãos e, portanto, a mudança que ele traz para a sociedade há de ser cumprida e respeitada.

Em síntese, está sedimentada na sociedade a compreensão de que o melhor para o Brasil é que os operadores do Direito confiram o máximo de efetividade ao dispositivo em evidência. Os interesses em jogo não são corporativos, mas da sociedade brasileira, a qual por muitos anos reivindicou o aperfeiçoamento da legislação sobre a matéria agora experimentado. E quando o direito e o anseio do cidadão são contemplados por uma norma jurídica o sucesso de sua aplicação e os benefícios daí decorrentes são indubitáveis, revestindo-se a norma em instrumento para contribuir com o desenvolvimento da nação.

14
USUCAPIÃO EXTRAJUDICIAL CÓDIGO DE PROCESSO CIVIL – ARTIGO 1.071 QUE INSERIU O ARTIGO 216-A NA LEI 6.015/1973

14.1 BREVE HISTÓRICO

A aquisição da propriedade pelo transcurso do tempo é admitida desde o direito romano. Era um direito do cidadão e "servia para adquirir a propriedade quiritária transferida sem o ritual de mancipação e para aperfeiçoar a alienação da coisa feita pelo alienante" sem direito sobre a coisa. Na Lei das XII Tábuas já constava a previsão de dois anos para usucapião dos imóveis e de um ano para os móveis. O exíguo prazo justificava-se pela extensão da própria cidade[1].

A tradição do instituto jurídico da usucapião, no Brasil, provém do Direito Português desde quando vigorantes na Colônia as Ordenações do Reino, legislação que vigeu após a independência e durante todo o Império só sendo totalmente afastada quando do advento do Código Civil de 1916, já no período republicano.

A respeito da usucapião entre nós já registrava Lourenço Trigo de Loureiro, em obra de doutrina civilista do período imperial[2] que ela supõe uma posse jurídica que não basta por si, sendo ainda de mister que essa posse tenha começado de modo justo, com boa-fé da parte do possuidor e, ainda, que a coisa possa ser adquirida por esse modo, sendo que no Direito Romano só se exigia a boa-fé no começo da posse, mas, entre nós, é requerida em todo o curso do tempo da usucapião de acordo com o que então dispunham as Ordenações (Livro 4, título 3, § 1, *in fine*, e título 79).

Assim, inicialmente era exigida a presença de um justo título e da boa-fé, não se admitindo a aquisição da propriedade pelo simples transcurso do tempo.

No entanto, este quadro mudou. O procedimento judicial, regulado pelos artigos 941 a 945 do antigo CPC, é bastante moroso hoje, tendo em vista a necessidade da citação dos confinantes, bem como da intimação dos representantes da

Fazenda Pública da União, do Estado (ou do Distrito Federal, ou do Território) e do Município. Além da obrigatoriedade de o autor promover a citação dos confrontantes certos e conhecidos e, por edital, dos réus em lugar incerto e dos eventuais interessados. De tal sorte é possível aferir que, além de demorada, a ação de usucapião também é muito dispendiosa.

Nesta esteira, repensando sobre a necessidade da atuação do Poder Judiciário nos processos de jurisdição voluntária e naqueles em que não há litígios é que sempre defendemos o acolhimento da usucapião na esfera administrativa, com a atuação de Notários e Registradores na operacionalização do Ordenamento Jurídico. O procedimento na usucapião por escritura pública de justificação da posse, foi implantado em Portugal e se destacou, pois de acordo com esse modelo a declaração da usucapião cabe ao Notário, através de uma Escritura Pública de Justificação de Posse, título este que, depois, é acolhido pelo Registrador Imobiliário.

A adoção dessa sistemática no Ordenamento Jurídico Brasileiro, tornou-se viável, por ser compatível com o princípio da função social da propriedade, da duração razoável do processo e da segurança jurídica. Ademais, os serviços notarias e de registro, no Brasil, já estavam capacitados para absorver essa demanda.

Portanto, da sociedade em geral foi exigida a reformulação de conceitos, deixando de lado o apego excessivo ao processo judicial, à reclamação judicial, ao litígio, prestigiando o trabalho de outro profissional que, ao lado do Juiz, do Promotor, do Defensor Público, do Advogado, também é responsável por proporcionar segurança jurídica: o Notário.

Diante do exposto, permitimo-nos apresentar a fórmula segundo a qual foi idealizada a instauração da Usucapião Extrajudicial no Brasil, submetendo à análise e apreciação de todos o Anteprojeto de Lei desenvolvido a pedido do Secretário-Geral do Ministério da Justiça, Dr. Rogério Favreto (hoje Desembargador do TRF da 4ª Região) com a finalidade de ajudar a desonerar a imensa carga de trabalho atribuída, na atualidade, ao Poder Judiciário. Esse anteprojeto foi elaborado sob nossa coordenação, pelo grupo de trabalho também composto por: Pércio Brasil Álvares (advogado); Ricardo Guimarães Kollet (tabelião de notas) e Tiago Machado Burtet (registrador/tabelião de protesto).

14.2 USUCAPIÃO EXTRAJUDICIAL

O instituto da Usucapião constitui uma forma de aquisição da propriedade, móvel ou imóvel, em razão da posse no transcorrer do tempo, vinculada ao cumprimento de requisitos definidos em lei.

A aquisição da propriedade imóvel pela usucapião pode ocorrer por meio de três diferentes formas procedimentais: usucapião judicial, usucapião administrativa e usucapião extrajudicial.

A usucapião judicial é a forma mais conhecida de se alcançar o direito, podendo ser aplicada a todas as espécies de usucapiões, com exceção daquele previsto pela Lei 11.977/2009. Está prevista no art. 1.238 e seguintes do Código Civil. Possuía um procedimento específico no CPC, o qual foi subtraído na Lei 13.105/2015. Agora, segue o rito ordinário comum, com as observações dos arts. 246, § 3º e 259, I do novo CPC.

A usucapião administrativa, foi instituída no Brasil por meio da Lei 11.977/2009, mas esta é aplicável somente à usucapião especial urbana, caracterizada no contexto de projetos de regularização fundiária de interesse social.

A usucapião extrajudicial, que tem caráter opcional ao jurisdicionado, processando-se perante o Registro de Imóveis, foi uma grande novidade na Lei 13.105/2015 (art. 1071 que inseriu o art. 216-A na Lei 6.015/1973), significando a adoção do paradigma de desjudicialização de procedimentos inaugurado pela Emenda Constitucional 45/2004, a qual ficou conhecida como emenda da reforma do judiciário.

A concessão da usucapião, pela via administrativa, foi instituída no Brasil por meio da Lei 11.977/2009, mas era aplicável somente no contexto de projetos de regularização fundiária de interesse social.

O instrumento tem a característica diferencial da celeridade, pois se estima uma duração aproximada de 6 (seis) meses, desde que preenchidos os requisitos do art. 216-A, uma vez que se assemelha à retificação consensual prevista nos arts. 212 e 213 da Lei de Registros Públicos (Lei 6.015/1973).

A usucapião extrajudicial, ao contrário da usucapião também de índole administrativa que contemplou procedimento previsto apenas para o reconhecimento da usucapião especial urbana no âmbito de regularização fundiária de interesse social (art. 183 da Constituição e art. 60 da Lei 11.977/2009), terá amplo espectro de abrangência, contemplando procedimento aplicável à concessão das diversas espécies de usucapião de direito material previstas na legislação brasileira.

A simplicidade do procedimento facilita ao possuidor a aquisição da propriedade imobiliária fundada na posse prolongada porque, representado por advogado e mediante requerimento instruído com uma ata notarial, planta e memorial descritivo do imóvel, certidões negativas e outros documentos, o usucapiente poderá apresentar o pedido ao Registro de Imóveis em cuja circunscrição esteja localizado o imóvel usucapiendo, onde será protocolado, autuado e tomadas todas as providências necessárias ao reconhecimento da posse aquisitiva da propriedade imobiliária e seu registro em nome do possuidor. É um trabalho desenvolvido em conjunto entre o Tabelião e o Registrador Imobiliário.

O início do procedimento, com base em uma ata notarial lavrada por Tabelião de Notas que esteja sediado na circunscrição em que localizado o imóvel, além de representar uma inovação prevista pelo art. 384 do Código de Processo Civil, constitui, no contexto da usucapião extrajudicial, o instrumento legal que tem por finalidade fazer prova documental de atos e fatos que ocorreram ou estejam ocorrendo e sejam passíveis de percepção e consignação pelo Notário. Assim, no procedimento extrajudicial da usucapião, a ata notarial será instrumento capaz de atestar o tempo de posse do requerente e de toda a cadeia possessória que configure o direito à aquisição da propriedade imobiliária pela usucapião. Isso não retira, entretanto, a responsabilidade dos declarantes (detentor da posse, advogado, profissional habilitado, confrontantes e demais detentores de direitos reais), a exemplo do que ocorre na retificação imobiliária.

A exigência do Notário com atribuição no Município onde localizado o imóvel deve-se ao fato da necessidade de que tenha de diligenciar sobre o local do bem imóvel objeto da usucapião, sendo observada a atribuição que lhe reserva o art. 9º da Lei 8.935/1994.

O procedimento será desenvolvido sob orientação do Oficial de Registro de Imóveis, dispensada intervenção do Ministério Público ou homologação judicial, observando, entretanto, todas as cautelas adotadas na via judicial, como a ciência dos confrontantes, titulares de domínio, terceiros interessados, assim como dos entes públicos (União, Estados, Distrito Federal e Municípios).

As manifestações de todos os entes públicos e confinantes, bem como o edital, têm prazo de 15 (quinze) dias. Transcorrido o prazo da última diligência sem que ocorra impugnação, o Oficial do Registro de Imóveis registrará a aquisição da propriedade imobiliária em nome do possuidor requerente. Havendo impugnação por qualquer interessado, o Registrador Imobiliário remeterá os autos ao juízo competente.

O procedimento foi introduzido no ordenamento jurídico brasileiro por força do art. 1.071 do Código de Processo Civil que acrescentou o art. 216-A ao texto da Lei 6.015/1973 (Lei de Registros Públicos), que apresenta o teor seguinte:

> Art. 1.071. O Capítulo III do Título V da Lei 6.015, de 31 de dezembro de 1973 (Lei de Registros Públicos), passa a vigorar acrescida do seguinte art. 216-A:
> Art. 216-A. Sem prejuízo da via jurisdicional, é admitido o pedido de reconhecimento extrajudicial de usucapião, que será processado diretamente perante o cartório do registro de imóveis da comarca em que estiver situado o imóvel usucapiendo, a requerimento do interessado, representado por advogado, instruído com: [...]

A documentação exigida na forma do inciso II do art. 216-A da Lei de Registros Públicos não se distancia do que preconiza a retificação extrajudicial prevista no inciso II do art. 213 da referida lei. As informações inseridas na planta e no memorial descritivo são de responsabilidade do profissional habilitado e do requerente, que contará com a prova de responsabilidade técnica do profissional, a Anotação de Responsabilidade Técnica (ART/CREA – Conselho Regional de Engenharia e Agronomia) ou Registro de Responsabilidade Técnica (RRT/CAU – Conselho de Arquitetura e Urbanismo). Estes são documentos particulares com valor econômico e, por isso, devem ter as firmas, do profissional e do solicitante do serviço, reconhecidas por autenticidade.

14.3 HIPÓTESES DE IMÓVEL COM OU SEM REGISTRO DE PROPRIEDADE

O Tabelião deverá exigir cópia da matrícula/transcrição do imóvel objeto da usucapião, para averiguação da propriedade. Caso o imóvel não possua registro próprio, o requerente deve solicitar ao Registro de Imóveis uma certidão para fins de usucapião, o que já ocorre nos procedimentos judiciais.

Esta certidão, para fins de usucapião, expedida pelo Registro de Imóveis, fará constar se o imóvel objeto da usucapião pertence a uma área maior ou se não consta identificação.

14.4 EXISTÊNCIA DE TITULARIDADE DE DIREITOS SOBRE IMÓVEIS CONFINANTES

Além das informações sobre o imóvel objeto da usucapião, é necessário também que o interessado busque constatar quem são os titulares de direitos reais e de outros direitos registrados/averbados nas matrículas dos imóveis lindeiros. Para tanto, o requerente poderá solicitar as certidões de ônus reais e ações reais e pessoais reipersecutórias do imóvel objeto da usucapião e dos imóveis confinantes, caso estes possuam matrícula/transcrição.

14.5 REQUERIMENTO

O requerimento está disposto no art. 216-A da Lei 6.015/73, assim prevendo:

Art. 216-A. Sem prejuízo da via jurisdicional, é admitido o pedido de reconhecimento extrajudicial de usucapião, que será processado diretamente perante o cartório do registro de imóveis da comarca em que estiver situado o imóvel usucapiendo, a requerimento do interessado, representado por advogado, instruído com:

I – ata notarial lavrada pelo tabelião, atestando o tempo de posse do requerente e de seus antecessores, conforme o caso e suas circunstâncias, aplicando-se o disposto no art. 384 da Lei 13.105, de 16 de março de 2015 (Código de Processo Civil);

II – planta e memorial descritivo assinado por profissional legalmente habilitado, com prova de anotação de responsabilidade técnica no respectivo conselho de fiscalização profissional, e pelos titulares de direitos registrados ou averbados na matrícula do imóvel usucapiendo ou na matrícula dos imóveis confinantes;

III – certidões negativas dos distribuidores da comarca da situação do imóvel e do domicílio do requerente.

IV – justo título ou quaisquer outros documentos que demonstrem a origem, a continuidade, a natureza e o tempo da posse, tais como o pagamento dos impostos e das taxas que incidirem sobre o imóvel.

Todavia, essa disposição é muito genérica, devendo sempre ser observado o quanto prevê o Provimento 65 do CNJ.

Com efeito, o artigo 3º do Provimento 65 do CNJ assim determina:

Art. 3º O requerimento de reconhecimento extrajudicial da usucapião atenderá, no que couber, aos requisitos da petição inicial, estabelecidos pelo art. 319 do Código de Processo Civil – CPC, bem como indicará:

I – a modalidade de usucapião requerida e sua base legal ou constitucional;

II – a origem e as características da posse, a existência de edificação, de benfeitoria ou de qualquer acessão no imóvel usucapiendo, com a referência às respectivas datas de ocorrência;

III – o nome e estado civil de todos os possuidores anteriores cujo tempo de posse foi somado ao do requerente para completar o período aquisitivo;

IV – o número da matrícula ou transcrição da área onde se encontra inserido o imóvel usucapiendo ou a informação de que não se encontra matriculado ou transcrito;

V – o valor atribuído ao imóvel usucapiendo.

Art. 4º O requerimento será assinado por advogado ou por defensor público constituído pelo requerente e instruído com os seguintes documentos: [...]

VI – instrumento de mandato, público ou particular, com poderes especiais e com firma reconhecida, por semelhança ou autenticidade, outorgado ao advogado pelo requerente e por seu cônjuge ou companheiro;

VII – declaração do requerente, do seu cônjuge ou companheiro que outorgue ao defensor público a capacidade postulatória da usucapião.

Importante frisar que a apenas a Ata Notarial instruída com o projeto (planta e memorial) não basta. É preciso formalizar o requerimento com os requisitos.

Com relação a legitimidade para requerer a usucapião extrajudicial, na I Jornada de Direito Notarial e Registral realizada em Recife-PE, nos dias 4 e 5 de agosto de 2022, na sede do Tribunal Regional Federal da 5ª Região foi aprovado o Enunciado 33, que esclarece:

> Enunciado 33 – O espólio, representado por seu inventariante, tem legitimidade para requerer a usucapião extrajudicial.

14.6 CERTIDÕES NEGATIVAS

As certidões necessárias à instrução do procedimento, de acordo com o inciso III do novo art. 216-A da LRP, devem ser expedidas pelos distribuidores da Justiça Comum e da Justiça Federal da comarca ou circunscrição judiciária da situação do imóvel e do domicílio do requerente da usucapião, em nome deste (e também do cônjuge ou companheiro, se casado ou convivente em união estável) e do proprietário do imóvel (se existir essa informação no Registro de Imóveis).

Essas certidões deverão comprovar a inexistência de ação tramitando com referência ao imóvel usucapiendo (ações de usucapião, possessórias, de desapropriação etc.), bem como em relação às pessoas referidas (ações de inventário e partilha, falência etc.).

14.7 JUSTO TÍTULO E OUTROS DOCUMENTOS COMPROBATÓRIOS DA POSSE

O justo título, referido pelo inciso IV do novo art. 216-A da LRP, é um comprovante de uma relação negocial (instrumento particular de promessa de compra e venda, arras, contrato de compra e venda etc.) entre o requerente da usucapião e o proprietário, bem como, se for o caso, que faça ligação deste com os integrantes da cadeia dominial sobre o imóvel.

Há outros documentos, referidos pelo mesmo inciso, que não comprovam uma relação negocial, mas podem ajudar a evidenciar o tempo de posse, tais como os pagamentos de IPTU, taxa de lixo, energia elétrica, água, telefonia fixa, condomínio etc. Estes documentos são prova e devem ser analisados com afinco para verificar a correspondência com o conteúdo declarado e descrito na ata notarial.

14.8 AUTUAÇÃO DO PEDIDO E PRAZO DA PRENOTAÇÃO

O procedimento será desenvolvido sob orientação do Oficial de Registro de Imóveis, dispensada intervenção do Ministério Público ou homologação judicial, observando, entretanto, todas as cautelas adotadas na via judicial, como a ciência dos confrontantes, dos titulares de domínio, de terceiros interessados, assim como dos entes públicos (União, Estados, Distrito Federal e Municípios).

O Registrador protocolará o requerimento e lavrará uma autuação, indicando as peças apresentadas, numerando-as e reunindo tudo em um auto de procedimento. Cabe salientar o regime de exceção da contagem do prazo de prenotação do pedido no protocolo do Ofício Imobiliário, a qual deve ser prorrogada até o final do procedimento, com o acolhimento ou a rejeição do pedido.

O Princípio da Publicidade é um dos alicerces da atividade registral imobiliária. Assim, para garantir a segurança jurídica dos negócios imobiliários, sugere-se que seja procedida uma averbação noticiando o procedimento na matrícula ou junto à transcrição do imóvel, para a produção do efeito *erga omnes* quanto ao conhecimento acerca da tramitação do feito.

Este ato registral se assemelha à averbação de notícia de ação, que corresponde ao cumprimento de ordem judicial de publicação da existência de uma ação que poderá ter repercussões no imóvel.

14.9 NOTIFICAÇÕES AOS TITULARES DE DIREITOS

O § 2º do novo art. 216-A da Lei de Registros Públicos institui a notificação – pessoal ou postal – para a manifestação do consentimento expresso dos titulares de direitos reais ou de outros direitos registrados ou averbados na matrícula do imóvel usucapiendo e na matrícula dos imóveis confinantes, se a planta referida no inciso II do caput desse artigo não contiver suas assinaturas.

A redação dada à parte final desse § 2º, entretanto, pareceu-nos inadequada ao procedimento tendo em vista que a usucapião é um instituto relativamente ao qual não é exigido, necessariamente, consenso ou concordância entre o requerente e o requerido, como ocorre no procedimento de retificação extrajudicial – este, sim, caracteristicamente consensual – já que, ainda que ausente o consenso, se preenchidas as condições legais pelo usucapiente, este estará em plenas condições de adquirir a propriedade imobiliária.

Dessa forma, o "silêncio como discordância" foi uma novidade no ordenamento jurídico brasileiro. Esse critério legal inviabilizaria muitos procedimentos de usucapião extrajudicial, pois, em geral, nos casos em que é utilizado o instituto da usucapião para aquisição da propriedade imóvel, não há conhecimento acerca da localização do titular do direito de propriedade inscrito no álbum imobiliário. São pessoas que repassaram o imóvel por contrato particular, há muitos anos, tendo-se perdido o contato com elas. Não têm mais, essas pessoas, interesse em relação ao bem imóvel há anos ou décadas.

Na redação originária dada pelo Código de Processo Civil de 2015, exigia-se a concordância expressa dos referidos titulares de direitos registrados ou averbados na matrícula do imóvel. Porém, com a redação dada pela Lei 13.465/2017, passou-se a admitir também a anuência tácita, haja vista que o silêncio dos requeridos passou a ser interpretado como concordância, tal como ocorre no procedimento de retificação do art. 213, II, da Lei 6.015/1973.

14.10 CIÊNCIA AOS ENTES PÚBLICOS

O § 3º do art. 216-A não faz referência ao "silêncio como discordância" na hipótese da notificação aos entes públicos (União, Estados, Distrito Federal e Municípios) para que se manifestem em 15 (quinze) dias sobre o pedido formulado pelo usucapiente, não deixando claro se a ausência de manifestação do Poder Público será obstáculo ao prosseguimento do procedimento.

Em razão das críticas alinhadas anteriormente acerca do § 2º do mencionado artigo, entendemos que o silêncio do Poder Público importa sua anuência ao pedido extrajudicial de usucapião, tomando-se aqui, como paradigma de referência o § 3º do art. 56 da Lei 11.977/2009, que autoriza a ser presumida a anuência do Poder Público, na falta de sua manifestação expressa, quanto à demarcação urbanística, em procedimento de índole administrativa, para efeito de regularização fundiária e concessão de usucapião especial urbana.

14.11 PUBLICAÇÃO DE EDITAL

A exemplo do que ocorre na retificação administrativa, o § 4º do art. 216-A da LRP reserva ao Registrador de Imóveis a elaboração de edital destinado à ciência de terceiros eventualmente interessados, para a publicação que será custeada pelo requerente.

As manifestações de todos os entes públicos e confinantes, bem como o edital, têm prazo de 15 (quinze) dias. Transcorrido o prazo da última diligência sem que ocorra impugnação, o Oficial do Registro de Imóveis registrará a aquisição da propriedade imobiliária em nome do possuidor requerente.

14.12 REALIZAÇÃO DE DILIGÊNCIAS

O Registrador, nos termos do § 5º do art. 216-A da LRP poderá verificar in loco o imóvel usucapto, caso tenha alguma dúvida quanto aos fatos ou documentos apresentados.

Este é um importante instrumento à disposição do Registrador Imobiliário, que poderá confirmar as informações declaradas pelo requerente.

14.13 REGISTRO DA USUCAPIÃO E ABERTURA DE MATRÍCULA

De acordo com o § 6º do art. 216-A da LRP, depois de transcorridos os prazos fixados, de realizadas as diligências necessárias e achando-se em ordem a documentação, com a concordância expressa dos titulares de direitos sobre o imóvel usucapiendo e sobre os imóveis confinantes, o Oficial estará autorizado a registrar a aquisição imobiliária por força da usucapião extrajudicial.

O registro da usucapião de imóvel não é, por si, fato que obriga a abertura de matrícula. Há entendimentos diversos sobre essa questão. Porém, de qualquer forma, para a abertura de matrícula deverão ser exigidos todos os requisitos previstos pela Lei 6.015/1973 no artigo 176, § 1º, II, item 3, alíneas "a" e "b", combinado com o artigo 226 da mesma lei, tais sejam: características e confrontações, localização, área, logradouro, número, bairro, quarteirão e designação cadastral, se houver.

14.14 POSSIBILIDADE DE SUSCITAÇÃO DE DÚVIDA REGISTRAL

Não estando de acordo, o requerente, com as exigências apontadas pelo Registrador, relativamente à aquisição por usucapião, estará ele autorizado, conforme § 7º do art. 216-A, a requerer a suscitação de dúvida, nos termos do art. 198 a 207 da Lei 6.015/1973.

Questiona-se se esta será uma alternativa para a questão do "silêncio como concordância", sendo objeto de estudo a possibilidade de o requerente fazer prova para que o juízo competente da dúvida supra a anuência de um dos titulares de direito.

14.15 REJEIÇÃO DO PEDIDO

O § 8º do art. 216-A da LRP prevê a rejeição do pedido pelo Oficial do Registro de Imóveis, se a documentação exigida não estiver em ordem para a concessão da usucapião extrajudicial.

A rejeição do pedido da usucapião extrajudicial deverá ser instrumentalizada em uma nota explicativa de exigências contendo os motivos da impossibilidade de registro e o fundamento legal. Em razão da eficiência exigida para o exercício da atividade, recomenda-se que o Registrador Imobiliário indique, também, ao requerente, as alternativas para solução do impasse.

14.16 POSSIBILIDADE DE AJUIZAMENTO DE AÇÃO DE USUCAPIÃO

A nota explicativa de exigências do Registrador Imobiliário não faz "coisa julgada administrativa" para a usucapião, podendo o requerente buscar judicialmente o reconhecimento de sua propriedade sobre o imóvel, de acordo com a possibilidade instituída pelo § 9º do art. 216-A da LRP.

Seria salutar que o juiz da ação tivesse conhecimento da manifestação do Registrador Imobiliário quando da rejeição do pedido da usucapião extrajudicial, tendo em vista toda a instrução procedimental ocorrida. Porém, a lei não tornou obrigatória que o requerente informe ao juiz a rejeição do pedido extrajudicial da usucapião.

14.17 REMESSA DOS AUTOS AO JUÍZO COMPETENTE

O §10 do art. 216-A da LRP foi alterado pela Lei 14.382/2022 passando a prever que em caso de impugnação justificada do pedido de reconhecimento extrajudicial de usucapião, o Oficial de Registro de Imóveis remeterá os autos ao juízo competente da comarca da situação do imóvel, cabendo ao requerente emendar a petição inicial para adequá-la ao procedimento comum, porém, em caso de impugnação injustificada, esta não será admitida pelo Registrador, cabendo ao interessado o manejo da suscitação de dúvida nos moldes do art. 198 da LRP.

As disposições desse § 10 do art. 216-A tem similaridade com o § 6º do artigo 213 da Lei de Registros Públicos, porém há duas diferenças:

a) na retificação administrativa há previsão de solução amigável da controvérsia. A meu ver, mesmo não estando expresso no novo procedimento, é possível a conciliação entre o impugnante e o requerente da usucapião, desde que ao chegarem a um acordo, este seja instrumentalizado para compor os autos do processo;

b) a controvérsia na retificação administrativa será solucionada de plano ou em instrução sumária, retornando ao Registrador de Imóveis com a decisão. Na usucapião extrajudicial não há esta previsão. O requerente irá percorrer todo o procedimento judicial comum.

14.18 SEGURANÇA JURÍDICA E CONFIABILIDADE DOS SERVIÇOS DELEGADOS

A retificação extrajudicial, que inspirou o novo instituto extrajudicial da usucapião, foi introduzida pela Lei 10.931/2004 e, em dez anos de sua vigência, depois de dezenas de milhares de procedimentos já realizados no país pelos Registros de Imóveis, não chegou ao conhecimento das entidades de classe que congregam os Registradores Imobiliários uma só notícia de processo judicial de cancelamento de retificação feita extrajudicialmente, o que dá conta da segurança jurídica proporcionada por esses procedimentos.

Como podemos constatar, a ideia da usucapião processada extrajudicialmente, que já vinha sendo defendida pelos Registradores e Notários desde 2009, prosperou e veio a lume em 2015, não da forma que originalmente havia sido proposta, mas, de qualquer sorte, já significando um avanço.

A redação dada ao § 2º do art. 216-A da Lei de Registros Públicos pareceu-nos inadequado ao procedimento tendo em vista que a usucapião é um instituto relativamente ao qual não é exigido, necessariamente, consenso ou concordância entre o requerente e o requerido, como ocorre no procedimento de retificação extrajudicial – este, sim, caracteristicamente consensual – já que, ainda que ausente o consenso, se preenchidas as condições legais pelo usucapiente, este estará em plenas condições de adquirir a propriedade imobiliária.

Assim, tendo a lei emprestado um caráter de consensualidade ao procedimento extrajudicial da usucapião, pode-se estimar que ele virá a ter um bom funcionamento como instrumento de regularização fundiária, especialmente dirigido àqueles casos em que houve um prévio negócio entre o usucapiente e o titular do domínio do imóvel (o que será espelhado pela presença do justo título).

14.19 TERRAS DEVOLUTAS

É possível a usucapião de terras devolutas?

SMJ, entendo que sim, uma vez que a inexistência de registro anterior não importa necessariamente em terra devoluta. Com maior razão em se tratando de usucapião extraordinário.

Não se presume público o imóvel (terra devoluta) pela inexistência de seu registro (RE 86.234, REsp 113.255, REsp 674.558 e REsp 964.223). O domínio público também tem de ser provado (RE 285615).

Com relação a usucapião de terras devolutas, na I Jornada de Direito Notarial e Registral realizada em Recife-PE, nos dias 4 e 5 de agosto de 2022, na sede do Tribunal Regional Federal da 5ª Região foi aprovado o Enunciado 32, que esclarecem:

> Enunciado 32 – A impugnação em usucapião extrajudicial fundada unicamente na presunção de que o imóvel constitui terra devoluta, ante a inexistência de registro da sua propriedade, deve ser considerada injustificada, nos termos do art. 216-A, §10, da Lei 6.015/1973.

14.20 EXISTÊNCIA DE REGISTRO TORRENS

O Sistema Torrens tem por objetivo conferir redobrada segurança e liquidez ao registro, conferindo à informação registral uma presunção absoluta de validade.

Isso não significa, porém, que a inscrição do imóvel rural no Registro Torrens represente, por si só, um óbice ao reconhecimento da usucapião. Afinal, como modo originário de aquisição, a usucapião independe de verificação acerca da idoneidade do título registrado e não envolve transferência de domínio. Nessa linha, entende a jurisprudência do STJ ser perfeitamente possível a usucapião de imóvel registrado no sistema Torrens.

14.21 EXISTÊNCIA DE DIREITOS REAIS REGISTRADOS OU AVERBADOS

O titular dos direitos (art. 1.225 CC) vai ser notificado pessoalmente ou por edital. Havendo a concordância (expressa ou tácita), antes de registrar a usucapião será procedida uma averbação de ineficácia do R ou AV?

Observação: Na usucapião extrajudicial se adotam cuidados que, via de regra, não são observados no processo (ex.: Usucapião de imóvel hipotecado, alienado fiduciariamente etc.).

Com relação aos gravames judiciais, existindo na matrícula Penhora/Arresto/Sequestro, Notícia de Ação, Indisponibilidade ou outro gravame judicial tem-se uma situação que foge ao arbítrio do Registrador. Com isso, vislumbram-se três possibilidades: notificar o credor na pessoa que constar no ato registral; consultar o Juízo da ordem do gravame; ou, remeter os autos ao Juízo Competente para usucapião, nos termos do § 10 (Interior do Estado: Vara Cível/Capital: Vara dos Registros Públicos).

No tocante a imóvel com indisponibilidade de bens, na I Jornada de Direito Notarial e Registral realizada em Recife-PE, nos dias 4 e 5 de agosto de 2022, na sede do Tribunal Regional Federal da 5ª Região foi aprovado o Enunciado 25, que esclarecem:

> Enunciado 25 – A existência de averbação de indisponibilidade de bens, por si só, não obsta a usucapião extraordinária processada extrajudicialmente.

14.22 AVERBAÇÃO DE NOTÍCIA DE PROCEDIMENTO DE USUCAPIÃO EXTRAJUDICIAL

Para garantir a segurança jurídica dos negócios imobiliários, sugiro que seja procedida uma averbação noticiando o procedimento na matrícula/transcrição/inscrição do imóvel para fins de conhecimento *erga omnes* da tramitação.

Este ato registral se assemelha a Notícia de Ação, que corresponde ao cumprimento de ordem judicial na busca de publicizar a existência de um procedimento que poderá ter repercussão no imóvel.

Fluxograma Usucapião

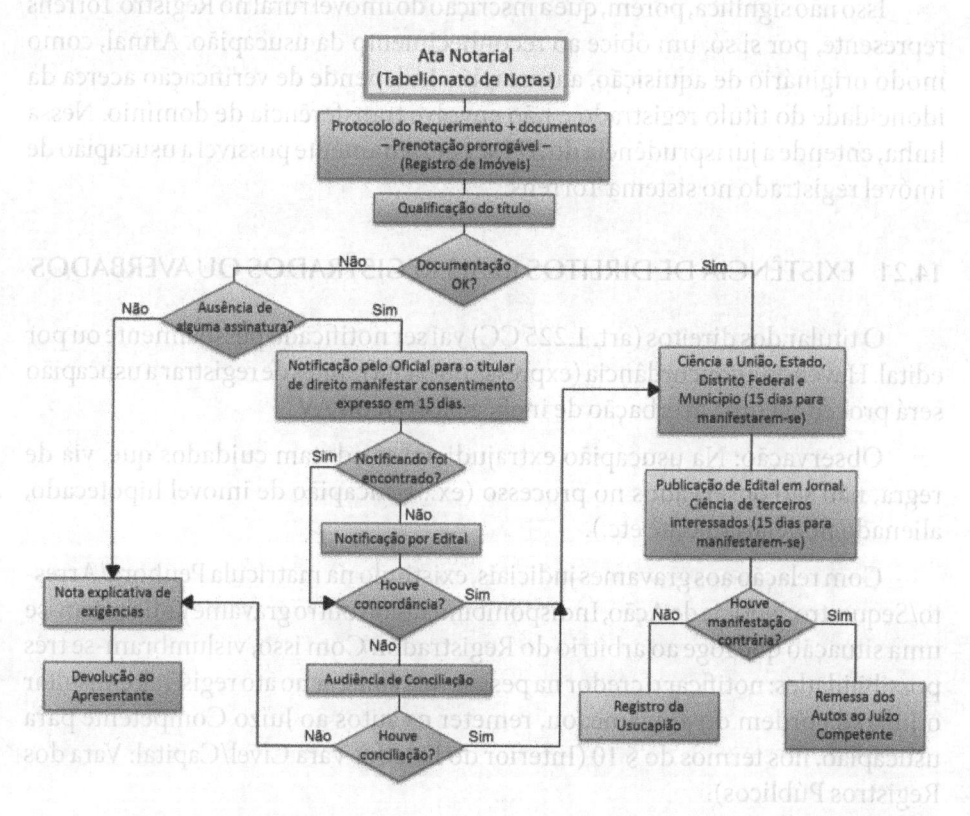

[Fluxograma com as seguintes etapas:
- Ata Notarial (Tabelionato de Notas)
- Protocolo do Requerimento + documentos – Prenotação prorrogável – (Registro de Imóveis)
- Qualificação do título
- Documentação OK? (Não → Ausência de alguma assinatura? Sim → Notificação pelo Oficial para o titular de direito manifestar consentimento expresso em 15 dias. Notificando foi encontrado? Sim/Não → Notificação por Edital. Houve concordância? Não → Nota explicativa de exigências → Devolução ao Apresentante; Sim → Audiência de Conciliação. Houve conciliação? Não/Sim)
- Sim → Ciência a União, Estado, Distrito Federal e Município (15 dias para manifestarem-se) → Publicação de Edital em Jornal, Ciência de terceiros interessados (15 dias para manifestarem-se) → Houve manifestação contrária? Não → Registro da Usucapião; Sim → Remessa dos Autos ao Juízo Competente]

MODELO

AVERBAÇÃO DE NOTÍCIA DE PROCEDIMENTO DE USUCAPIÃO EXTRAJUDICIAL

AV-_/M-__ (AV-__/_____), em _____.

NOTÍCIA DE PROCEDIMENTO DE USUCAPIÃO EXTRAJUDICIAL - Nos termos do requerimento datado de ___ de _____ de ___, firmado pelo_____, inscrito no CPF/MF sob número_____, representado por seu procurador, fica constando que para fins de publicidade encontra-se protocolado neste Ofício, pedido de usucapião extrajudicial, tendo por objeto o imóvel desta matrícula, cujo procedimento tramita de acordo com o disposto no art. 216-A da Lei 6.015/73 e do Provimento 65/2017 do Conselho Nacional de Justiça – CNJ.–

PROTOCOLO – Título apontado sob o n. _____, em ___ de ___ de _____.

Local e data.

Registrador e/ou Substituto: _____.

EMOLUMENTOS – R$____- Selo de Fiscalização

15
DO DIREITO À MORADIA AO DIREITO DE PROPRIEDADE
(LEI 11.977, DE 07 DE JULHO DE 2009, ALTERADA PELA LEI 12.424, DE 16 DE JUNHO DE 2011, LEI 13.465, DE 11 DE JULHO DE 2017, DECRETO 9.310, DE 15 DE MARÇO DE 2018 E LEI 14.118, DE 12 DE JANEIRO DE 2021)

A regularização fundiária prevista pela Lei 11.977, de 07 de julho de 2009, tinha como objeto os assentamentos irregulares, considerados como as ocupações inseridas em parcelamentos informais ou irregulares, localizadas em áreas urbanas públicas ou privadas, predominantemente utilizadas para fins de moradia (cidade informal – favela). O capítulo destinado a este instituto foi integralmente revogado, em 2017, pela Lei 13.465, a qual será trabalha nas páginas seguintes.

Contudo, a Lei 11.977/2009 instituiu não só a regularização fundiária, mas também o Programa Minha Casa, Minha Vida (PMCMV), do Governo Federal, que se destina ao custeio de moradia à população de baixa renda. A regularização fundiária, portanto, prevista nesse diploma legal, está ligada ao programa citado, a fim de viabilizar a titulação da propriedade imobiliária à população carente do país, por meio de um sistema gestor de caráter público cuja função é gerir os recursos financeiros – o alto custo da terra urbana é um dos grandes limitadores das ações do PMCMV – destinados à construção de moradias nos terrenos a serem regularizados.

15.1 CONCEITO DE REGULARIZAÇÃO FUNDIÁRIA

A regularização fundiária, conforme aduzia o revogado art. 46 da Lei 11.977/2009, consiste no conjunto de medidas jurídicas, urbanísticas, ambientais e sociais que visam à regularização de assentamentos irregulares e à titulação de seus ocupantes, de modo a garantir o direito social à moradia, o pleno desenvolvimento das funções sociais da propriedade urbana e o direito ao meio ambiente ecologicamente equilibrado.

Mais, a regularização fundiária *lato sensu* é um conceito aberto e amplo, o qual se relaciona com todos os mecanismos e institutos que visam a adequação e a conformação de um empreendimento imobiliário ao regramento posto. É muito mais do que constou da Lei 11.977/2009, da Lei 13.465/2017 e do Decreto 9.310/2018. Compreende o entendimento de se alcançar o mundo jurídico formal nas operações imobiliárias. Num primeiro momento, tem um viés de agir conforme o ordenamento prevê; noutro, de tentar readequar o fato à norma, quando ele se consolidou em infração a ela, visando outorgar título a quem está ou esteve, voluntária ou involuntariamente, na clandestinidade, de modo a que os ocupantes alcancem a plena dignidade humana através do direito de propriedade, entre outros.

A Regularização Fundiária não se aplica para fenômenos jurídicos novos, como uma invasão, pois isso representa uma ruptura da ordem jurídica, devendo receber os remédios adequados. Então, diferentemente da redação do artigo supracitado, a Lei 13.465/2017, em seu art. 9º, e o Decreto 9.310/2018, em seu art. 1º, trouxeram, em redações quase idênticas, nova roupagem para o instituto:

> Art. 9º Ficam instituídas no território nacional normas gerais e procedimentos aplicáveis à Regularização Fundiária Urbana (Reurb), a qual abrange medidas jurídicas, urbanísticas, ambientais e sociais *destinadas à incorporação dos núcleos urbanos informais ao ordenamento territorial urbano e à titulação de seus ocupantes.*
>
> Art. 1º Ficam instituídos as normas gerais e os procedimentos aplicáveis à Regularização Fundiária Urbana – Reurb, a qual abrange as medidas jurídicas, urbanísticas, ambientais e sociais *destinadas à incorporação dos núcleos urbanos informais ao ordenamento territorial urbano e à titulação dos seus ocupantes.* (grifo nosso)

Esta é a essência do instituto jurídico. "Incorporação" pressupõe situação consolidada, não se trata de criar algo novo. E a incorporação é feita acolhendo o fato, independentemente dele ter ou não observado o que a lei anteriormente pretendeu.

Como se vê, a Lei modificou os conceitos de regularização fundiária urbana, ao alterar o campo de atuação de "assentamento irregular" para "núcleo urbano informal", o qual tem um maior alcance, conforme outra definição trazida na lei de 2017.

> Art. 11. Para fins desta Lei, consideram-se:
> I – núcleo urbano: assentamento humano, com uso e características urbanas, constituído por unidades imobiliárias de área inferior à fração mínima de parcelamento prevista na Lei 5.868, de 12 de dezembro de 1972, independentemente da propriedade do solo, ainda que situado em área qualificada ou inscrita como rural;

II – núcleo urbano informal: aquele clandestino, irregular ou no qual não foi possível realizar, por qualquer modo, a titulação de seus ocupantes, ainda que atendida a legislação vigente à época de sua implantação ou regularização;

III – núcleo urbano informal consolidado: aquele de difícil reversão, considerados o tempo da ocupação, a natureza das edificações, a localização das vias de circulação e a presença de equipamentos públicos, entre outras circunstâncias a serem avaliadas pelo Município.

Para um melhor entendimento sobre o que abarca os conceitos de Núcleo Urbano Informal e de Núcleo Urbano Informal Consolidado, trataremos dos três tipos apontados:

- Irregulares: aqui, há uma dualidade. Uma de aspecto formal, uma vez que não obteve êxito no registro imobiliário por defeito ou falta na documentação (muitas vezes envolve loteamentos de glebas sem titulação em nome do loteador), em que pese haver projeto aprovado pelo órgão público; outra, que diz respeito a uma irregularidade material, ou seja, loteamentos que não cumpriram com as obrigações assumidas junto à municipalidade (especialmente no que se refere a não realização, a contento, das obras de infraestrutura), apesar de ter logrado êxito na sua aprovação e registro.
- Clandestinos: não possui projeto aprovado pela municipalidade e, por consequência, também não têm registro imobiliário.
- Regulares sem titulação a ocupante: aqueles nos quais, atendendo à legislação vigente à época da implantação ou regularização, não foi possível realizar a titulação de seus ocupantes, sob a forma de parcelamentos do solo, de conjuntos habitacionais ou condomínios, horizontais, verticais ou mistos.

A dignidade humana não autoriza mais que parcela significativa da população seja mantida na clandestinidade, na incerteza. A Regularização Fundiária ainda tem outro benefício, o de mitigar a manipulação da população envolvida, retirando dela a opção de escolher, pela sua própria vontade, o seu destino. A titulação e o alcance da propriedade oportunizam maior liberdade aos cidadãos beneficiados.

O espírito da lei é o de agregar, de trazer, de recepcionar, de aceitar, de permitir que o cidadão que já tem sua moradia possa alcançar o status de proprietário. Contratações já ocorriam no mercado informal (sem respaldo algum do Estado, permitindo toda ordem de problemas), mas, agora, elas poderão acessar o sistema jurídico adequado para alcançarem a proteção esperada. As pactuações sobre imóveis que trafegam apenas no campo obrigacional não são mais suficientes, necessitando o alcance do direito real, via implementação da Regularização Fundiária.

O que a Regularização Fundiária pretende é mitigar parte do problema e, quiçá, permitir que o tempo e o esforço humano empreendido numa região permitam a melhoria das condições de vida no local. Não significa que se estará redimindo o Poder Público da obrigação de atender as comunidades carentes, mas, sim, ir atendendo aos poucos o que for possível. Aliam-se, na Regularização Fundiária, a reserva do possível com a garantia do mínimo existencial. Enfim, temos um assunto amplo e aberto, multidisciplinar, que comporta muita reflexão.

Em outras poucas palavras: a regularização fundiária é um processo para transformar terra urbana em terra urbanizada (com infraestrutura e integração à cidade), podendo ser das seguintes espécies:

– Reurb de interesse social (Reurb-S): regularização fundiária aplicável aos núcleos urbanos informais ocupados predominantemente por população de baixa renda, assim declarados em ato do Poder Executivo municipal.

A característica significativa da Reurb-S é a "população de baixa renda", tendo em vista as isenções e particularidades deste tipo de regularização. Necessária regulamentação, tendo em vista a necessidade de fixação de critérios de definição de "baixa renda". A falta de regulamentação não impede sua imediata aplicação.

– Reurb de interesse específico (Reurb-E): regularização fundiária aplicável aos núcleos urbanos informais ocupados por população não qualificada na hipótese da Reurb-S.

A Reurb-E se aplica a população que não se enquadra como "baixa renda", não percebendo as isenções de emolumentos e demais benefícios dispostos no PL.

– Reurb inominada (Reurb-I): art. 69 da Lei 13.465/2017 (antiga Regularização Inominada do art. 71 da Lei 11.977/2009).

A regularização fundiária de loteamentos implantados de acordo com a legislação vigente antes do advento da atual Lei de Loteamentos, também chamada de Lei do Parcelamento do Solo Urbano (Lei 6.766/1979), está disciplinada em conformidade com a previsão do artigo 69, parágrafos 1º e 2º da Lei 13.465/17 (art. 87 do Decreto 9.310/2018). Essa é uma forma de regularização fundiária urbana que pode ser designada como "inominada", uma vez que na Lei anterior (Lei 11.977/2009 – manutenção de institutos anteriormente previstos) e na atual não foi atribuído um nome específico a ela.

Por outro lado, em razão do art. 26 da Lei 13.465/2017 combinado com o art. 183 da Constituição Federal, há a possibilidade de regularizar lotes de extensão superior a 250m^2 (característicos da moradia de pessoas de baixa renda). Imóveis de dimensões acima dessa metragem somente podem ser regularizados por meio da usucapião coletiva nos termos do art. 10 do Estatuto da Cidade ou mediante desapropriação. Aliás, as medidas expropriatórias são instrumentos muito utilizados como medida complementar necessária ao processo de urbanização para a integração de assentamentos irregulares à estrutura das cidades (abertura de vias públicas, espaços necessários às obras de infraestrutura etc.), tendo em vista a sua eficácia nas chamadas áreas consolidadas.

15.2 OBJETIVOS (ART. 10)

O procedimento de regularização fundiária, de acordo com a Lei, abrange medidas jurídicas, urbanísticas, ambientais e sociais destinadas à incorporação dos núcleos urbanos informais ao ordenamento territorial urbano e à titulação de seus ocupantes e possui, como objetivos, a serem observados pela União, Estados, Distrito Federal e Municípios, os itens a seguir:

I – identificar os núcleos urbanos informais que devam ser regularizados, organizá-los e assegurar a prestação de serviços públicos aos seus ocupantes, de modo a melhorar as condições urbanísticas e ambientais em relação à situação de ocupação informal anterior;

II – criar unidades imobiliárias compatíveis com o ordenamento territorial urbano e constituir sobre elas direitos reais em favor dos seus ocupantes;

III – ampliar o acesso à terra urbanizada pela população de baixa renda, de modo a priorizar a permanência dos ocupantes nos próprios núcleos urbanos informais regularizados;

IV – promover a integração social e a geração de emprego e renda;

V – estimular a resolução extrajudicial de conflitos, em reforço à consensualidade e à cooperação entre Estado e sociedade;

VI – garantir o direito social à moradia digna e às condições de vida adequadas;

VII – garantir a efetivação da função social da propriedade;

VIII – ordenar o pleno desenvolvimento das funções sociais da cidade e garantir o bem-estar de seus habitantes;

IX – concretizar o princípio constitucional da eficiência na ocupação e no uso do solo;

X – prevenir e desestimular a formação de novos núcleos urbanos informais;

XI – conceder direitos reais, preferencialmente em nome da mulher;

XII – franquear participação dos interessados nas etapas do processo de regularização fundiária.

Observa-se que, desta vez, o legislador tomou o cuidado de trazer para a lei mais verbos que ser harmonizam com direito à moradia e ao direito ao meio ambiente ecologicamente equilibrado (art. 225 da CF), reforçando o entendimento de que moradia não é apenas uma construção. Seu conceito vai muito além de garantir uma casa àqueles que não a possuem. Ter uma moradia é possuir um abrigo em um meio ambiente equilibrado e dotado de infraestrutura básica de acordo com a lei municipal. Por isso, desde a Lei 11.977/2009, abrange e sedimenta as chamadas áreas consolidadas.

15.3 AS ÁREAS CONSOLIDADAS (ART. 11, III)

O legislador trouxe um conceito para definir o instituto:

> Art. 11. Para fins desta Lei, consideram-se:
>
> III – núcleo urbano informal consolidado: aquele de difícil reversão, considerados o tempo da ocupação, a natureza das edificações, a localização das vias de circulação e a presença de equipamentos públicos, entre outras circunstâncias a serem avaliadas pelo Município.

A caracterização da Legitimação Fundiária está adstrita aos casos onde houver situação consolidada, o que pela MP 759/2016 parecia que integrava o conceito de Regularização Fundiária em geral. Salvo melhor juízo, teria de integrar o conceito geral da Reurb.

Mais, o legislador não apenas apresentou um conceito para as áreas consolidadas, como também alcançou nova redação ao art. 16-C da Lei 9.636/1998, quase corresponde ao revogado incido II, do art. 47, da Lei 11.977/2009:

> Art. 16-C. O Ministro de Estado do Planejamento, Desenvolvimento e Gestão, permitida a delegação, editará portaria com a lista de áreas ou imóveis sujeitos à alienação nos termos do art. 16-A desta Lei.
>
> [...]
>
> § 2º Para os fins desta Lei, considera-se área urbana consolidada aquela:
>
> I – incluída no perímetro urbano ou em zona urbana pelo plano diretor ou por lei municipal específica;
>
> II – com sistema viário implantado e vias de circulação pavimentadas;
>
> III – organizada em quadras e lotes predominantemente edificados;
>
> IV – de uso predominantemente urbano, caracterizado pela existência de edificações residenciais, comerciais, industriais, institucionais, mistas ou voltadas à prestação de serviços; e
>
> V – com a presença de, no mínimo, três dos seguintes equipamentos de infraestrutura urbana implantados:
>
> a) drenagem de águas pluviais;
>
> b) esgotamento sanitário;
>
> c) abastecimento de água potável;
>
> d) distribuição de energia elétrica; e
>
> e) limpeza urbana, coleta e manejo de resíduos sólidos.

Assim, na regularização fundiária de assentamentos consolidados antes da publicação da Lei 11.977/2009, o Município tinha a faculdade de autorizar a redução do percentual de áreas destinadas ao uso público e da área mínima dos lotes definidos na legislação de parcelamento do solo urbano, nos termos do art. 52 daquele diploma, dispositivo que não encontra redação similar na legislação atual.

Portanto, não as confunda com as denominadas Zonas Especiais de Interesse Social (ZEIS), que possuem características próprias.

15.4 ZONAS ESPECIAIS DE INTERESSE SOCIAL (ZEIS)

Instrumento previsto pelo Estatuto da Cidade que permite a delimitação e a destinação de determinadas áreas do Município para abrigar moradia popular, com o objetivo de implantar habitação de interesse social. É uma maneira de assegurar terras bem localizadas e providas de infraestrutura à população de baixa renda, criando uma "reserva de mercado" para habitação social.

A delimitação das ZEIS é definida no Plano Diretor do Município ou em lei municipal específica. Além disso, as ZEIS determinam normas especiais de uso, ocupação, parcelamento do solo e edificação para áreas já ocupadas por assentamentos informais. Essas normas são específicas para a área que será objeto de regularização, esteja ela vazia ou ocupada. Aqui, não houve mutação conceitual, mas apenas topográfica, uma vez que a definição do instituto, anteriormente, constava no inciso V, do art. 47, da Lei 11.977/2009, enquanto que, agora, está inserto no § 1º do art. 18 da Lei 13.465/2017:

> Art. 18. O Município e o Distrito Federal poderão instituir como instrumento de planejamento urbano Zonas Especiais de Interesse Social (ZEIS), no âmbito da política municipal de ordenamento de seu território.
>
> § 1º Para efeitos desta Lei, considera-se ZEIS a parcela de área urbana instituída pelo plano diretor ou definida por outra lei municipal, destinada preponderantemente à população de baixa renda e sujeita a regras específicas de parcelamento, uso e ocupação do solo;
>
> § 2º A Reurb não está condicionada à existência de ZEIS.

Havia críticas ao conceito de ZEIS trazido pelo inciso V do art. 47 da Lei 11.977/2009, porque o diploma legal as caracteriza como aquelas formadas somente por parcelas de áreas urbanas. No entanto, essas áreas de interesse social também podem ter como objeto áreas rurais, cuja destinação seja alterada por força das leis municipais[1].

15.5 PRESSUPOSTO PARA A REALIZAÇÃO DA REGULARIZAÇÃO FUNDIÁRIA DE INTERESSE SOCIAL

O pressuposto para a realização do processo de regularização fundiária de interesse social é a existência de assentamentos irregulares (sem título de pro-

---

1. ALMEIDA, Guadalupe. A MP 459 e as ZEIS. *Revista de Direito Ambiental e Urbanístico*, n. 24, p. 5-9, Porto Alegre: Magister, jun./jul. 2009.

priedade) ocupados por população de baixa renda e que o Poder Público tenha interesse em regularizar, ainda que sejam outros os legitimados a darem início ao processo (ver art. 14).

Para a classificação da Reurb na modalidade Reurb-S, a composição ou a faixa da renda familiar para definição de população de baixa renda poderá ser estabelecida em ato do Poder Público municipal ou distrital, consideradas as peculiaridades locais e regionais de cada ente federativo, sendo que não poderá ser superior ao quíntuplo do salário mínimo vigente no País (art. 6º do Decreto 9.310/2018). Acima deste valor, deverá ser estabelecida pelas modalidades E ou I.

A classificação a critério do Município ou do Distrito Federal, ou, quando for o caso, dos Estados e da União, de forma integral, poderá ser feita por partes ou de forma isolada, por unidade imobiliária. Isso significa que em uma única regularização fundiária pode haver mais de uma forma de classificação. Neste caso, o projeto compreenderá uma classificação híbrida, incidindo regras diferenciadas por área regularizada. Num mesmo projeto, portanto, parte poderá ser classificada como Reurb-S (unidades residenciais, por exemplo) e parte como Reurb-E (unidades não residenciais). Isso exigirá conhecimentos técnicos e jurídicos do operador do Direito envolvido com o problema.

Ainda, o objetivo desta diferenciação entre institutos se dá pelas isenções e benefícios conferidos à Reurb-S. Por exemplo, na Reurb-S são isentos de custas e emolumentos os atos registrais (arts. 53, 54 e 56 do Decreto 9.310/2018), além de que a sua aplicação independe da comprovação do pagamento de tributos ou de penalidades tributárias (art. 55). Onde incide Reurb-S excepciona-se a incidência do art. 289 da Lei 6.015/1973, dispensando o Registrador Imobiliário de fiscalizar tributos inerentes aos atos que pratica, por exemplo. Aqui, justifica-se o critério escolhido pelo legislador, pois quando os ocupantes apresentarem condições de arcar com tributos e contribuições decorrentes da regularização que lhes beneficiará, certamente que deverão custeá-la, não podendo ser ainda mais beneficiados.

Outrossim, uma das características marcantes da Lei 13.465/2017 é o amplo envolvimento e participação do ente municipal em todas as fases da regularização (art. 30 e seguintes).

Aliás, para ilustrar a dimensão da liberdade conferida aos municípios pela lei, basta lembrar que eles poderão dispensar as exigências relativas ao percentual e às dimensões de áreas destinadas ao uso público ou ao tamanho dos lotes regularizados, assim como outros parâmetros urbanísticos e edilícios, e, inclusive, admitir a regularização fundiária de interesse social em áreas de preservação permanente, ou em área de unidade de conservação de uso sustentável ou de proteção de mananciais, ocupadas e inseridas em área urbana consolidada, desde que estudos técnicos justifiquem as melhorias ambientais em relação à situação de ocupação informal anterior, inclusive por meio de compensações ambientais (art. 11, §§ 1º e 2º).

Não obstante, observe-se ainda que o legislador conferiu legitimidade a diversos órgãos da sociedade, podendo promover a regularização fundiária além da União, dos Estados e do Distrito Federal e dos Municípios, diretamente ou por meio de entidades da administração pública indireta; os próprios beneficiários, seja de forma individual ou coletivamente; as cooperativas habitacionais; as associações de moradores; as fundações; as organizações sociais e OSCIPs; outras associações civis com finalidade ligada ao desenvolvimento urbano ou regularização fundiária; os proprietários de imóveis ou de terrenos, loteadores ou incorporadores; a Defensoria Pública, em nome dos beneficiários hipossuficientes; e o Ministério Público.

15.6 DO PROJETO DE REGULARIZAÇÃO

Feitas essas definições preliminares, é importante passarmos a abordar, de forma legal, o próprio procedimento de regularização.

Da leitura do estatuto legal, pode-se constatar a acuidade do legislador em desenvolver os dispositivos referentes ao projeto de regularização sob os princípios cumulativos estabelecidos no art. 35 e 36, obrigando o agente regularizador definir, no mínimo, a indicação dos seguintes elementos:

> Art. 35. O projeto de regularização fundiária conterá, no mínimo:
> I – levantamento planialtimétrico e cadastral, com georreferenciamento, subscrito por profissional competente, acompanhado de Anotação de Responsabilidade Técnica (ART) ou Registro de Responsabilidade Técnica (RRT), que demonstrará as unidades, as construções, o sistema viário, as áreas públicas, os acidentes geográficos e os demais elementos caracterizadores do núcleo a ser regularizado;
> II – planta do perímetro do núcleo urbano informal com demonstração das matrículas ou transcrições atingidas, quando for possível;
> III – estudo preliminar das desconformidades e da situação jurídica, urbanística e ambiental;
> IV – projeto urbanístico;
> V – memoriais descritivos;
> VI – proposta de soluções para questões ambientais, urbanísticas e de reassentamento dos ocupantes, quando for o caso;
> VII – estudo técnico para situação de risco, quando for o caso;
> VIII – estudo técnico ambiental, para os fins previstos nesta Lei, quando for o caso;

IX – cronograma físico de serviços e implantação de obras de infraestrutura essencial, compensações urbanísticas, ambientais e outras, quando houver, definidas por ocasião da aprovação do projeto de regularização fundiária; e

X – termo de compromisso a ser assinado pelos responsáveis, públicos ou privados, pelo cumprimento do cronograma físico definido no inciso IX deste artigo.

Parágrafo único. O projeto de regularização fundiária deverá considerar as características da ocupação e da área ocupada para definir parâmetros urbanísticos e ambientais específicos, além de identificar os lotes, as vias de circulação e as áreas destinadas a uso público, quando for o caso.

Art. 36. O projeto urbanístico de regularização fundiária deverá conter, no mínimo, indicação:

I – das áreas ocupadas, do sistema viário e das unidades imobiliárias, existentes ou projetadas;

II – das unidades imobiliárias a serem regularizadas, suas características, área, confrontações, localização, nome do logradouro e número de sua designação cadastral, se houver;

III – quando for o caso, das quadras e suas subdivisões em lotes ou as frações ideais vinculadas à unidade regularizada;

IV – dos logradouros, espaços livres, áreas destinadas a edifícios públicos e outros equipamentos urbanos, quando houver;

V – de eventuais áreas já usucapidas;

VI – das medidas de adequação para correção das desconformidades, quando necessárias;

VII – das medidas de adequação da mobilidade, acessibilidade, infraestrutura e relocação de edificações, quando necessárias;

VIII – das obras de infraestrutura essencial, quando necessárias;

IX – de outros requisitos que sejam definidos pelo Município.

Importante ressaltar que as exigências supramencionadas deverão ser sempre respeitadas pelo projeto. Ademais, no projeto de regularização fundiária de interesse social serão considerados os seguintes itens (art. 35, parágrafo único): as características da ocupação e da área ocupada para definir parâmetros urbanísticos e ambientais específicos, além de identificar os lotes, as vias de circulação e as áreas destinadas a uso público, quando for o caso.

15.7 AS ETAPAS PARA IMPLEMENTAÇÃO DA REGULARIZAÇÃO FUNDIÁRIA DE INTERESSE SOCIAL

A Reurb pode ser implementada por etapas, abrangendo o núcleo urbano informal de forma total ou parcial. Contudo, como todo o empreendimento imobiliário, a regularização fundiária depende de prévia análise e aprovação pelo Município (art. 30 e 33). Essa aprovação municipal corresponde à licenciatura urbanística do projeto de regularização fundiária, bem como ao licenciamento ambiental, na hipótese de o Município possuir órgão ambiental capacitado à aprovação ambiental (art. 12).

Vale lembrar que as obras de implantação de infraestrutura essencial, de equipamentos comunitários e de melhoria habitacional, bem como sua manutenção, podem ser realizadas antes, durante ou após a conclusão da Reurb e caberá ao poder público competente, diretamente ou por meio da administração pública indireta, implementar a infraestrutura essencial, os equipamentos comunitários e as melhorias habitacionais previstos nos projetos de regularização, assim como arcar com os ônus de sua manutenção. O legislador teve a cautela para não deixar em aberto a definição de "infraestrutura essencial":

> Art. 36. [...].
> § 1º Para fins desta Lei, considera-se infraestrutura essencial os seguintes equipamentos:
> I – sistema de abastecimento de água potável, coletivo ou individual;
> II – sistema de coleta e tratamento do esgotamento sanitário, coletivo ou individual;
> III – rede de energia elétrica domiciliar;
> IV – soluções de drenagem, quando necessário; e
> V – outros equipamentos a serem definidos pelos Municípios em função das necessidades locais e características regionais.

15.8 O PROCEDIMENTO DA REGULARIZAÇÃO FUNDIÁRIA DE INTERESSE SOCIAL: O AUTO DE DEMARCAÇÃO URBANÍSTICA (ART. 19)

De acordo com a Lei 13.465/2017, o procedimento é desenvolvido a partir da lavratura de auto de demarcação urbanística pelo órgão do Poder Público interessado em realizar a regularização fundiária (União, Estado, Município ou Distrito Federal).

15.8.1 A demarcação urbanística: natureza e limites

Essa demarcação não tem o condão de proporcionar a transferência de propriedade imobiliária, ou seja, não constitui título, não adquirindo o Poder Público qualquer direito real em razão da pura e simples demarcação. Como ato administrativo (*sui generis* na atualidade), apenas sinaliza a possibilidade de aquisição da propriedade imobiliária pela usucapião.

Não tem natureza de ato expropriatório (desapropriação). Tem capacidade, apenas, para fundar a matrícula da área demarcada quando esta não possuir matrícula ou transcrição anterior, dispensando ação discriminatória. O objetivo desse ato é apenas o reconhecimento do fato da posse em relação aos ocupantes da área consolidada.

Lembra-se que o procedimento de demarcação não constitui condição para o processamento e a efetivação da Reurb, podendo, inclusive, abranger uma parte ou a totalidade de um ou mais imóveis em situação de domínio privado ou domínio público.

15.9 O PROCEDIMENTO DA REGULARIZAÇÃO FUNDIÁRIA DE INTERESSE SOCIAL: DOCUMENTAÇÃO QUE INSTRUI O AUTO DE DEMARCAÇÃO (ART. 19)

O auto de demarcação urbanística deve ser instruído com:

I – planta e memorial descritivo da área a ser regularizada, nos quais constem suas medidas perimetrais, área total, confrontantes, coordenadas georreferenciadas dos vértices definidores de seus limites, números das matrículas ou transcrições atingidas, indicação dos proprietários identificados e ocorrência de situações de domínio privado com proprietários não identificados em razão de descrições imprecisas dos registros anteriores;

II – planta de sobreposição do imóvel demarcado com a situação da área constante do registro de imóveis.

O legislador modificou a redação do revogado art. 56 da Lei 11.799/2009, fazendo constar, no art. 20 da Lei 13.465/2017, ainda como etapa procedimental, que o poder público deverá notificar os titulares de domínio e os confrontantes da área demarcada, pessoalmente ou por via postal, com aviso de recebimento, no endereço que constar da matrícula ou da transcrição, para que estes, querendo, apresentem impugnação à demarcação urbanística, no prazo comum de 30 (trinta) dias.

Vencida a etapa de notificação, tem-se um rol de situações que poderão ocorrer:

Art. 20. [...].

§ 1º Eventuais titulares de domínio ou confrontantes não identificados, ou não encontrados ou que recusarem o recebimento da notificação por via postal, serão notificados por edital, para que, querendo, apresentem impugnação à demarcação urbanística, no prazo comum de trinta dias;

§ 2º O edital de que trata o § 1º deste artigo conterá resumo do auto de demarcação urbanística, com a descrição que permita a identificação da área a ser demarcada e seu desenho simplificado;

§ 3º A ausência de manifestação dos indicados neste artigo será interpretada como concordância com a demarcação urbanística;

§ 4º Se houver impugnação apenas em relação à parcela da área objeto do auto de demarcação urbanística, é facultado ao poder público prosseguir com o procedimento em relação à parcela não impugnada;

§ 5º A critério do poder público municipal, as medidas de que trata este artigo poderão ser realizadas pelo registro de imóveis do local do núcleo urbano informal a ser regularizado;

§ 6º A notificação conterá a advertência de que a ausência de impugnação implicará a perda de eventual direito que o notificado titularize sobre o imóvel objeto da Reurb.

Caso haja apresentação de impugnação, o art. 21 da Lei 13.465/2017, faculta as partes, ao mesmo tempo que enaltece a desjudicialização, que seja adotado o procedimento extrajudicial de composição de conflitos. Vejamos:

> Art. 21. Na hipótese de apresentação de impugnação, poderá ser adotado procedimento extrajudicial de composição de conflitos.
>
> § 1º Caso exista demanda judicial de que o impugnante seja parte e que verse sobre direitos reais ou possessórios relativos ao imóvel abrangido pela demarcação urbanística, deverá informá-la ao poder público, que comunicará ao juízo a existência do procedimento de que trata o caput deste artigo;
>
> § 2º Para subsidiar o procedimento de que trata o caput deste artigo, será feito um levantamento de eventuais passivos tributários, ambientais e administrativos associados aos imóveis objeto de impugnação, assim como das posses existentes, com vistas à identificação de casos de prescrição aquisitiva da propriedade;
>
> § 3º A mediação observará o disposto na Lei 13.140, de 26 de junho de 2015, facultando-se ao poder público promover a alteração do auto de demarcação urbanística ou adotar qualquer outra medida que possa afastar a oposição do proprietário ou dos confrontantes à regularização da área ocupada;
>
> § 4º Caso não se obtenha acordo na etapa de mediação, fica facultado o emprego da arbitragem.

Por outro lado, no que se refere a áreas de domínio da União, aplica-se o disposto na Seção III-A do Decreto-Lei 9.760/1946, inserida pela Lei 11.481/2007, e, nas áreas de domínio dos Estados, Distrito Federal ou Municípios, a sua respectiva legislação patrimonial (§ 4º).

Assim, se o imóvel pertencer à União ou a outro ente federado, poderá haver regularização fundiária também nesse imóvel, de acordo com o que instituiu a Lei 11.481/2007 (arts. 6º e 22). A diferença é que ao final da regularização o título recebido pelo beneficiário é de uma concessão de uso especial para fins de moradia (que constitui direito real – art. 1.225, XI, do CC) sobre o imóvel público regularizado.

15.10 O PROCEDIMENTO DA REGULARIZAÇÃO FUNDIÁRIA DE INTERESSE SOCIAL: PEDIDO DE AVERBAÇÃO DO AUTO E NOTIFICAÇÕES

Depois de transcorrido o prazo sem impugnação ou caso esta não ocorra, o órgão do Poder Público encaminhará ao Registro de Imóveis o pedido de averbação do auto de demarcação. O ato a ser lançado no imóvel ou nas matrículas envolvidas deverá informar a área total e o perímetro correspondente ao núcleo urbano informal a ser regularizado, as matrículas alcançadas pelo auto de demarcação urbanística e, quando possível, a área abrangida em cada uma delas e, por fim, a existência de áreas cuja origem não tenha sido identificada em razão de imprecisões dos registros anteriores.

Na hipótese de o auto de demarcação urbanística incidir sobre imóveis ainda não matriculados, previamente à averbação, será aberta matrícula, que deverá refletir a situação registrada do imóvel, dispensadas a retificação do memorial descritivo e a apuração de área remanescente. No caso de a demarcação urbanística abranger imóveis situados em mais de uma circunscrição imobiliária, o Oficial do Registro de Imóveis responsável pelo procedimento comunicará as demais circunscrições imobiliárias envolvidas para averbação da demarcação urbanística nas respectivas matrículas alcançadas. Nos casos de registro anterior efetuado em outra circunscrição, para abertura da matrícula, o Oficial requererá, de ofício, certidões atualizadas daquele registro.

Lembrando, ainda, que a demarcação urbanística será averbada ainda que a área abrangida pelo auto de demarcação urbanística supere a área disponível nos registros anteriores e não se exigirá, para a averbação da demarcação urbanística, a retificação da área não abrangida pelo auto de demarcação urbanística, ficando a apuração de remanescente sob a responsabilidade do proprietário do imóvel atingido.

15.11 PUBLICAÇÃO DO EDITAL E GRATUIDADE DE EMOLUMENTOS

Diferentemente do disposto na Lei 11.977/2009, a Lei 13.465/2017, no que diz respeito ao procedimento de regularização fundiária, trouxe a modalidade de intimação por edital para aplicação em apenas uma ocasião e com prazo diverso da antiga redação, conforme ensina o art. 20:

> Art. 20. O poder público notificará os titulares de domínio e os confrontantes da área demarcada, pessoalmente ou por via postal, com aviso de recebimento, no endereço que constar da matrícula ou da transcrição, para que estes, querendo, apresentem impugnação à demarcação urbanística, no prazo comum de trinta dias.
>
> § 1º Eventuais titulares de domínio ou confrontantes não identificados, ou não encontrados ou que recusarem o recebimento da notificação por via postal, serão notificados por *edital*, para que, querendo, apresentem impugnação à demarcação urbanística, no prazo comum de trinta dias;
>
> § 2º O *edital* de que trata o § 1º deste artigo conterá resumo do auto de demarcação urbanística, com a descrição que permita a identificação da área a ser demarcada e seu desenho simplificado. (grifo nosso)

A lei anterior aludia que a publicação do edital deveria ocorrer dentro do prazo de 60 (sessenta) dias. Também deveria haver uma publicação no Diário Oficial do Município (ou de outro ente da Federação que esteja promovendo a regularização) e uma publicação em jornal de grande circulação local, dentro do referido prazo, assinalando-se um prazo de 15 (quinze) dias para apresentação da impugnação ao pedido de averbação do auto de demarcação perante o Registro de Imóveis. A publicação do edital em jornal de grande circulação local corre por conta do promovente do processo de regularização fundiária de interesse social.

Então, o Poder Público deveria remeter cópia do Diário Oficial que publicou o edital ao Registro de Imóveis para juntada aos autos do procedimento. Da mesma forma deveria o Poder Público, promovente do processo de regularização fundiária, remeter exemplar do jornal de grande circulação em que publicou o edital ao Registro de Imóveis para juntada aos autos do procedimento.

Transcorrido aquele prazo e não havendo impugnação, seria averbado o auto de demarcação nas matrículas alcançadas pela planta e memorial indicados no inciso I do § 1º do art. 56. Havendo impugnação, o Registro de Imóveis notificaria o Poder Público para que se manifestasse em 60 (sessenta) dias. Se a impugnação referisse apenas em relação a uma parcela da área demarcada, o procedimento seguiria em relação à parcela não impugnada.

15.12 O PROCEDIMENTO DE REGULARIZAÇÃO FUNDIÁRIA DE INTERESSE SOCIAL: POSSIBILIDADE DE ALTERAÇÃO DA DEMARCAÇÃO

Ao Poder Público é facultado promover a alteração do auto de demarcação urbanística ou adotar qualquer outra medida que possa afastar a oposição do proprietário ou dos confrontantes à regularização da área ocupada (poderá, inclusive, excluir do auto a área impugnada, conforme entende o Des. Venício Salles, do TJSP)[2].

O Oficial do Registro de Imóveis deverá observar, para promover tentativa de acordo entre o impugnante e o Poder Público, o procedimento da Lei 13.140/2015. E, caso reste infrutífera a realização de mediação, fica facultado o emprego da arbitragem.

O Des. Venício Salles, do TJSP[3], salienta ainda que ao Oficial não cabe lançar qualquer tipo de decisão ao final da instância administrativa, na qual, não resultando consenso entre as partes, franqueado estará o acesso à instância judicial, pela Municipalidade, pelos demais interessados ou pelo impugnante.

---

2. SALLES, Venicio. Usucapião administrativa – Lei 11.977/2009. Disponível em: http://registradores.org.br/usucapiao-administrativa-lei-11.977/2009>. Acesso em: 15 jul. 2022.
3. Idem.

Resta, por fim, o alerta de que caso exista demanda judicial de que o impugnante seja parte e que verse sobre direitos reais ou possessórios relativos ao imóvel abrangido pela demarcação urbanística, deverá informá-la ao Poder Público, que comunicará ao juízo a existência do procedimento extrajudicial de composição de conflitos.

15.12.1 Efeitos da averbação

Uma vez averbado o auto de demarcação urbanística, a matrícula fica *bloqueada* para outros atos que não aqueles subsequentes ao desenvolvimento do processo de regularização fundiária de interesse social. Assim, o registrador não poderá efetuar alterações na matrícula, como, por exemplo, o registro de contrato de compra e venda, salvo determinação judicial cautelar que interdite o processo de regularização ou determine outra providência ao registrador.

Averbado o auto de demarcação urbanística (art. 167, II, n. 26, da LRP), o Poder Público deverá executar o projeto de regularização e submeter o parcelamento dele decorrente a registro.

O registro do parcelamento determina a abertura de matrícula para todas as parcelas resultantes do projeto (art. 44, § 1º).

15.13 REMEMBRAMENTO DE LOTES DO PMCMV

Cabe observar que, por força do art. 36 da Lei 11.977/2009, no âmbito do Programa Minha Casa, Minha Vida (PMCMV), também há uma proibição ao remembramento de lotes que sejam destinados à construção de moradias; entretanto, tal vedação vigora pelo prazo de 15 (quinze) anos, contados da data da celebração do contrato.

A referida vedação deverá constar expressamente nos contratos celebrados no âmbito do PMCMV (parágrafo único do art. 36) e na respectiva matrícula.

15.14 O PROCEDIMENTO DE REGULARIZAÇÃO FUNDIÁRIA DE INTERESSE SOCIAL

A legitimação de posse devidamente registrada constitui direito em favor do detentor da posse direta para fins de moradia. Após o registro do núcleo urbano informal, o Poder Público concederá título de legitimação de posse aos ocupantes cadastrados.

O título de legitimação de posse será concedido preferencialmente em nome da mulher e registrado (art. 167, I, item 41, da LRP) na matrícula do imóvel.

Esse é um título que só materializa o fato da posse, até que venha a ser provado ou implementado o prazo constitucional de posse *ad usucapionem* (art. 183 da Constituição) para que se dê sua conversão em título de propriedade.

15.15 LEGITIMAÇÃO DE POSSE: CONCESSÃO DE USO ESPECIAL

A legitimação de posse recebeu uma seção para tratar do instituto (art. 25 a 27 da Lei 13.465/2017). Entretanto, o legislador estabeleceu no art. 11, inciso VI, um conceito:

> VI – legitimação de posse: ato do poder público destinado a conferir título, por meio do qual fica reconhecida a posse de imóvel objeto da Reurb, conversível em aquisição de direito real de propriedade na forma desta Lei, com a identificação de seus ocupantes, do tempo da ocupação e da natureza da posse.

O instituto jurídico é instrumento de uso exclusivo para fins de regularização fundiária, constitui ato do Poder Público destinado a conferir título, por meio do qual fica reconhecida a posse de imóvel objeto da Reurb, com a identificação de seus ocupantes, do tempo da ocupação e da natureza da posse, o qual é conversível em direito real de propriedade. Na Lei 11.977/2009 era possível a aplicação deste ato em imóveis públicos ou privados, entretanto a Lei 13.465/2017 delimitou a concessão da legitimação de posse para imóveis particulares, impossibilitando a aplicação para imóveis públicos. Porém, o art. 15, XII, XIII, XIV e XV apresenta outros instrumentos aplicáveis para imóveis públicos.

Apesar de ser um direito concedido *"intuitu personae"*, é possível a transmissão da legitimação de posse por ato *inter vivos* (compra e venda, doação, permuta etc.), desde que o adquirente cumpra as condições necessárias, caso contrário, o Poder Público poderá cancelar o título. A lei também autoriza a transmissão causa mortis. Neste caso, como não se trata de ato de liberalidade, mas sim de fato jurídico stricto sensu (morte), entendo não ser necessário cumprir as condições dispostas na Lei

A legitimação de posse será convertida em propriedade, automaticamente, após decorrido o prazo de 05 (cinco) anos de seu registro (art. 26). Houve um aumento no alcance da conversão, não se limitando as condições do art. 183 da Constituição Federal, podendo ser preenchidos os requisitos para usucapião estabelecidos em lei. Os beneficiários que atendem os termos e as condições do art. 183 da Constituição, passados 05 (cinco) anos, terão a conversão automática da propriedade independentemente de prévia provocação ou prática de ato registral.

Sugestão: Cabe ao Registrador, inserir observação no registro da legitimação de posse, informando que: "Não havendo alteração, ocorrerá a conversão automática em propriedade no dia XX/XX/XXXX (data que completar os 05 (cinco) anos do registro da legitimação de posse)."

Após convertida em propriedade, a legitimação de posse constitui forma originária de aquisição de direito real, de modo que a unidade imobiliária com destinação urbana regularizada restará livre e desembaraçada de quaisquer ônus, direitos reais, gravames ou inscrições, eventualmente existentes em sua matrícula de origem, exceto quando disserem respeito ao próprio beneficiário.

Logo, aqui, não vemos a possibilidade de *equiparar* o instituto da *legitimação de posse para fins de moradia*, resultante de regularização fundiária de interesse social ao instituto da *concessão de uso especial para fins de moradia*, em imóveis da União ou de outros entes federados (art. 22-A da Lei 9.636/1998), porque somente esta última foi guindada à condição de *direito real*, nos termos do art. 1.225, XI, do Código Civil.

15.16 DO CANCELAMENTO DO TÍTULO DE LEGITIMAÇÃO DE POSSE

O art. 27 da Lei 13.465/2017, estabeleceu a possibilidade de o Poder Público emitente cancelar o título de legitimação de posse quando constatado que as condições estipuladas na lei deixaram de ser satisfeitas, sem que seja devida qualquer indenização àquele que irregularmente se beneficiou do instrumento.

Após o procedimento para extinção do título, o Poder Público solicitará ao Oficial de Registro de Imóveis a averbação do seu cancelamento, nos termos do inciso III do art. 250 combinado com o art. 167, inciso II, item 27, ambos da Lei 6.015/1973.

15.17 REGULARIZAÇÃO FUNDIÁRIA DE INTERESSE ESPECÍFICO

Esta outra forma de regularização fundiária, trazida, inicialmente, pela Lei 11.977/2009, e, atualmente, inserta na Lei 13.465/2017, não mostra o caráter social presente na regularização fundiária de interesse social, mas se coaduna com as diretrizes gerais da política urbana, sendo importante instrumento colocado à disposição do Poder Público para garantir as funções sociais das cidades e da propriedade urbana.

É aplicável aos núcleos urbanos informais ocupados por população não qualificada como sendo de baixa renda (art. 5º, II do Decreto 9.310/2018), considerada aquela que percebe valor igual ou superior ao quíntuplo do salário mínimo vigente no País (art. 6º). Trata-se, portanto, de um critério residual, pois o que não se enquadrar como Reurb-S poderá ser por Reurb-E.

Pode envolver regularizações de unidades imobiliárias não residenciais (art. 5º, § 6º). Isso, contudo, não quer dizer que toda unidade não residencial só possa ser regularizada pela Reurb-E. O art. 5º, § 5º do decreto já arrolado prevê que os Municípios poderão admitir o uso misto de atividades como forma de promover a integração social e a geração de emprego e renda no núcleo urbano informal regularizado.

Do ponto de vista ambiental, quando houver estudo técnico, este deverá comprovar que as intervenções da regularização fundiária implicam a melhoria das condições ambientais em relação à situação de ocupação informal anterior (art. 4º, § 6º). O citado estudo deverá conter os elementos previstos no art. 65 da Lei 12.651/2012. Ainda, é condição para a aprovação de uma Reurb-E que os responsáveis pela adoção de medidas de mitigação e compensação urbanística e ambiental celebrem termo de compromisso com as autoridades competentes do Poder Público municipal ou distrital (art. 38, § 2º).

Poderá envolver tanto imóvel particular, quanto público. Conforme art. 9º do Decreto 9.310/2018, na Reurb-E promovida sobre bem público, se houver solução consensual, a aquisição de direitos reais pelo particular ficará condicionada ao pagamento do valor justo da unidade imobiliária regularizada, a ser apurado na forma estabelecida em ato do Poder Público titular do domínio e não serão considerados o valor das acessões e benfeitorias feitas pelo ocupante e a valorização decorrente da implantação dessas acessões e benfeitorias.

Aqueles que estiverem sobre imóveis da União e que não optarem pela aquisição serão inscritos como ocupantes na Secretaria do Patrimônio da União do Ministério do Planejamento, Desenvolvimento e Gestão. Importa salientar que as áreas de propriedade do Poder Público registradas no cartório de Registro de Imóveis que sejam objeto de ação judicial que verse sobre a sua titularidade poderão ser objeto de Reurb-E, desde que celebrado acordo judicial ou extrajudicial, com a necessidade de se alcançar a homologação judicial. Diferentemente da Reurb-S, percebe-se que na aplicação da Reurb-E os ocupantes deverão arcar com todos os custos da regularização (arts. 26, § 1º, II e 35, § 1º do Decreto 9.310/2018).

Ainda sobre a Reurb-E, se incidente sobre áreas de riscos geotécnicos, de inundações ou de outros riscos especificados em lei, deverá ser elaborado o estudo técnico a fim de examinar a possibilidade de eliminação, de correção ou de administração de riscos na parcela afetada. Nos casos em que não seja possível a eliminação, correção ou administração, a realocação dos ocupantes do núcleo urbano informal a ser regularizado será providenciada pelo titular de domínio, pelos responsáveis pela implantação do núcleo urbano informal, pelos beneficiários ou pelo legitimado promotor da Reurb. Logo, esta é uma medida que deve ser verificada antecipadamente à apresentação do pedido de regularização.

Destina-se assim, em linhas gerais, a incentivar a regularização de loteamentos irregulares. Nela há maior rigor quanto aos institutos aplicáveis e às exigências da legislação urbanística e ambiental. A regularização fundiária de interesse específico depende da análise e da aprovação do projeto de regularização pela autoridade licenciadora e emissão das respectivas licenças urbanística e ambiental.

Válido relembrar que, na Reurb, os Municípios e o Distrito Federal poderão admitir o uso misto de atividades como forma de promover a integração social e a geração de emprego e renda no núcleo urbano informal regularizado (art. 13, § 4º). Nesta hipótese, deverá estar reconhecido o interesse público (art. 23, § 1º, III da Lei 13.465/2017 e art. 16, § 1º, III do Decreto 9.310/2018). Para isso, poderão ser regularizados imóveis utilizados para fins sociais (creches, associações, centros culturais) bem como para fins comerciais (fomentar a geração de emprego e renda).

Quadro comparativo

Reurb-S	Reurb-E
Isenção de custas e Emolumentos	Não há gratuidade dos atos de registro
Cabe ao Poder Público implementar a infraestrutura essencial, os equipamentos comunitários e as melhorias habitacionais	Distrito Federal ou os Municípios definirão as responsabilidades quanto à implantação de infraestrutura essencial.

15.18 REGULARIZAÇÃO FUNDIÁRIA DE ASSENTAMENTOS IMPLANTADOS ANTERIORMENTE À LEI 6.766/1979

15.18.1 Introdução

Existem várias maneiras de se proceder à regularização da propriedade informal. Dentre elas destaca-se a regularização de loteamentos implantados de acordo com a legislação vigente antes do advento da atual Lei de Loteamentos, também chamada de Lei do Parcelamento do Solo Urbano (Lei 6.766/1979), em conformidade com a previsão do art. 69 da Lei 13.465/2017.

Essa é uma forma de regularização fundiária que pode ser designada como *inominada*, já que a Lei 11.977/2009, nem a novel Lei 13.465/2017, atribuíram um *nome* específico a ela. Entretanto, contemplou-a como uma modalidade autônoma, distinta das demais (Reurb-S ou Reurb-E).

Sua aplicabilidade, em suma, visa promover a regularização de *antigos loteamentos* instalados antes da vigência da Lei 6.766/1979 e que não tenham obtido o respectivo registro de parcelamento perante o Registro Imobiliário. O princípio da rogação deverá, sempre, ser observado neste caso. Portanto, é imprescindível que o interessado apresente requerimento específico ao Registro de Imóveis.

Para estes casos, não há obstáculo burocrático que impeça a regularização. Por exemplo, o art. 21, § 2º, inciso I do Decreto 9.310/2018 dispensa, inclusive, a elaboração do projeto de regularização fundiária, bem como estudo técnico ambiental, a emissão da Certidão de Regularização Fundiária ou de quaisquer outras manifestações, aprovações, licenças ou alvarás emitidos pelos órgãos públicos.

Isso significa que uma planta e um memorial descritivo aprovados pelo Município, indicando expressamente a incidência desta modalidade (declaração de estabelecimento do parcelamento anteriormente à 19 de dezembro de 1979) e que o loteamento está integrado à cidade, autoriza o Registro de Imóveis a registrá-la para descerrar as matrículas dos lotes. Anexada à planta e ao memorial deverá seguir quitada a ART ou a RRT. A documentação acima mencionada vai ao encontro do que constou do Provimento 44/2015 do Conselho Nacional de Justiça.

Gize-se que antes de 20 de dezembro de 1979, data em que entrou em vigor a Lei 6.766/1979, quem pretendesse vender terrenos urbanos mediante o pagamento do preço a prazo, em prestações, ou à vista, deveria, antes de anunciar a venda, preencher as formalidades constantes do Decreto-Lei 58/1937, regulamentado pelo Decreto 3.079/1938, sendo a matéria modificada, posteriormente, pelo Decreto-Lei 271/1967.

Sabe-se, entretanto, que o Decreto-Lei 58/1937 não foi completamente revogado pela Lei 6.766/1979, quando publicada em 20-12-1979, tendo restado íntegras as seguintes disposições relativas à forma de regularização de seu parcelamento junto ao Registro Imobiliário competente que, como podemos ver, constituem um procedimento bem mais singelo do que o atual:

> Art. 1º Os proprietários ou coproprietários de terras rurais ou terrenos urbanos, que pretendam vendê-los, divididos em lotes e por oferta pública, mediante pagamento do preço a prazo em prestações sucessivas e periódicas, são obrigados, antes de anunciar a venda, a depositar no cartório do registro de imóveis da circunscrição respectiva:
>
> I – um memorial por eles assinado ou por procuradores com poderes especiais, contendo:
>
> a) denominação, área, limites, situação e outros característicos do imóvel;
>
> b) relação cronológica dos títulos de domínio, desde 30 anos, com indicação da natureza e data de cada um, e do número e data das transcrições, ou cópia autêntica dos títulos e prova de que se acham devidamente transcritos;
>
> c) plano de loteamento, de que conste o programa de desenvolvimento urbano, ou de aproveitamento industrial ou agrícola; nesta última hipótese, informações sobre a qualidade das terras, águas, servidões ativas e passivas, estradas e caminhos, distância de sede do município e das estações de transporte de acesso mais fácil;

II – planta do imóvel, assinada também pelo engenheiro que haja efetuado a mediação e o loteamento e com todos os requisitos técnicos e legais; indicadas a situação, as dimensões e a numeração dos lotes, as dimensões e a nomenclatura das vias de comunicação e espaços livres, as construções e benfeitorias, e as vias públicas de comunicação;

III – exemplar de caderneta ou do contrato-tipo de compromisso de venda dos lotes;

IV – certidão negativa de impostos e de ônus reais;

V – certidão dos documentos referidos na letra *b* do n. I.

§ 1° Tratando-se de propriedade urbana, o plano e a planta de loteamento devem ser prèviamente aprovados pela Prefeitura Municipal, ouvidas, quanto ao que lhes disser respeito, as autoridades sanitárias, militares e, desde que se trata de área total ou parcialmente florestada as autoridades florestais;

§ 2° As certidões positivas da existência de onus reais, de impostos e de qualquer ação real ou pessoal, bem como qualquer protesto de título de dívida civil ou comercial não impedir o registro;

§ 3° Se a propriedade estiver gravada de onus real, o memorial será acompanhado da escritura pública em que o respectivo titular estipule as condições em que se obriga a liberar os lotes no ato do instrumento definitivo de compra e venda;

§ 4° O plano de loteamento poderá ser modificado quanto aos lotes não comprometidos e o de arruamento desde que a modificação não prejudique os lotes comprometidos ou definitivamente adquiridos, si a Prefeitura Municipal aprovar a modificação. A planta e o memorial assim aprovados serão depositados no cartório do registo para nova inscrição, observando o disposto no art. 2° e parágrafos;

§ 5° O memorial, o plano de loteamento e os documentos depositados serão franqueados, pelo oficial do registo, ao exame de qualquer interessado, independentemente do pagamento de emolumentos, ainda que a título de busca. O oficial, neste caso, receberá apenas as custas regimentais das certidões que fornecer;

§ 6° Sob pena de incorrerem em crime de fraude, os vendedores, se quiserem invocar, como argumento de propaganda, a proximidade do terreno com algum acidente geográfico, cidade, fonte hidromineral ou termal ou qualquer outro motivo de atração ou valorização, serão obrigados a declarar no memorial descritivo e a mencionar nas divulgações, anúncios e prospectos de propaganda, a distância métrica a que se situa o imóvel do ponto invocado ou tomado como referência. (sic)

Com relação à regularização de imóveis urbanos, a propriedade informal é aquela originária dos loteamentos ilícitos, que podem ser classificados em *clandestinos* e *irregulares*. Observa-se que os loteamentos irregulares e clandestinos apresentam uma característica fundamental: a irreversibilidade da situação fática provocada pelo parcelamento realizado.

Segundo o conceito dado por Francisco Eduardo Loureiro, em seu trabalho intitulado *Loteamentos clandestinos*: prevenção e repressão, entende-se por loteamentos irregulares:

[...] aqueles que, embora aprovados pela Prefeitura e demais órgãos Estaduais e Federais, quando necessário, fisicamente não são executados, ou são executados em descompasso com a legislação ou com atos de aprovação. Por sua vez, os loteamentos clandestinos são aqueles que não obtiveram a aprovação ou autorização administrativa dos órgãos competentes, incluídos aí não só a Prefeitura, como também entes Estaduais e Federais, quando necessário[4].

Essa profusão de parcelamentos não conformes às disposições legais foi uma decorrência imediata do que era previsto na Lei 6.766/1979, alterada pela Lei 9.785/99, que pouco contribuía para a regularização de loteamentos, uma vez que exigia a destinação de 35% da área loteada ao Poder Público municipal, inviabilizando principalmente os parcelamentos destinados a populações de baixa renda, pois essa medida provocava o encarecimento do preço dos lotes nos parcelamentos urbanos.

Hoje, a nova redação do art. 4º da Lei 6.766/1979 acabou com a rigidez anteriormente prevista, na medida em que estabeleceu que a legislação municipal pode fixar a proporção de áreas destinadas a sistemas de circulação, equipamentos urbanos e comunitários, assim como de espaços livres de uso público, para cada zona urbanizável onde se situe o loteamento.

15.19 DO PROCEDIMENTO DE REGISTRO

Diferentemente da Lei 11.977/2009, a Lei 13.465/2017, fez surgir a figura jurídica Certidão de Regularização Fundiária (CRF), a qual deverá ser apresentada, para o processamento da Reurb, ao Registro de Imóveis, juntamente com a documentação que a instruí: plantas, memoriais, certidões e etc.

O legislador estabeleceu o trâmite a ser cumprido pela serventia (Lei 13.465/2017), bem como indicou quais os requisitos mínimos que deverão estar presentes no ato administrativo para a perfectibilização do registro (Decreto 9.310/2018):

> Art. 44. Recebida a CRF, cumprirá ao oficial do cartório de registro de imóveis prenotá-la, autuá-la, instaurar o procedimento registral e, no prazo de quinze dias, emitir a respectiva nota de exigência ou praticar os atos tendentes ao registro.
> § 1º O registro do projeto Reurb aprovado importa em:
> I – abertura de nova matrícula, quando for o caso;
> II – abertura de matrículas individualizadas para os lotes e áreas públicas resultantes do projeto de regularização aprovado; e
> III – registro dos direitos reais indicados na CRF junto às matrículas dos respectivos lotes, dispensada a apresentação de título individualizado.
> § 2º Quando o núcleo urbano regularizado abranger mais de uma matrícula, o oficial do registro de imóveis abrirá nova matrícula para a área objeto de regularização, conforme

---

4. Disponível em: <https://www.irib.org.br/boletins/detalhes/3667>. Acesso em 16 set. 2022.

previsto no inciso I do § 1º deste artigo, destacando a área abrangida na matrícula de origem, dispensada a apuração de remanescentes;

§ 3º O registro da CRF dispensa a comprovação do pagamento de tributos ou penalidades tributárias de responsabilidade dos legitimados;

§ 4º O registro da CRF aprovado independe de averbação prévia do cancelamento do cadastro de imóvel rural no Instituto Nacional de Colonização e Reforma Agrária (INCRA);

§ 5º O procedimento registral deverá ser concluído no prazo de sessenta dias, prorrogável por até igual período, mediante justificativa fundamentada do oficial do cartório de registro de imóveis;

§ 6º O oficial de registro fica dispensado de providenciar a notificação dos titulares de domínio, dos confinantes e de terceiros eventualmente interessados, uma vez cumprido esse rito pelo Município, conforme o disposto no art. 31 desta Lei;

§ 7º O oficial do cartório de registro de imóveis, após o registro da CRF, notificará o Incra, o Ministério do Meio Ambiente e a Secretaria da Receita Federal do Brasil para que esses órgãos cancelem, parcial ou totalmente, os respectivos registros existentes no Cadastro Ambiental Rural (CAR) e nos demais cadastros relacionados a imóvel rural, relativamente às unidades imobiliárias regularizadas.

Art. 38. A CRF é o ato administrativo de aprovação da Reurb que acompanhará o projeto de regularização fundiária aprovado e conterá, no mínimo:

I – o nome do núcleo urbano regularizado;

II – a localização do núcleo urbano regularizado;

III – a modalidade da Reurb;

IV – os responsáveis pelas obras e pelos serviços constantes do cronograma;

V – a indicação numérica de cada unidade regularizada, quando possível; e

VI – a listagem dos ocupantes que houverem adquirido a unidade, por meio de título de legitimação fundiária ou de ato único de registro, que conterá o nome do ocupante, o seu estado civil, a sua a profissão, o seu número de inscrição no CPF, o número de sua carteira de identidade e a sua filiação.

Parágrafo único. A CRF, na hipótese de Reurb somente para titulação final dos beneficiários de núcleos urbanos informais já registrados junto ao cartório de registro de imóveis, dispensa a apresentação do projeto de regularização fundiária aprovado.

No caso de a Reurb abranger imóveis situados em mais de uma circunscrição imobiliária, o procedimento será efetuado perante cada um dos Oficiais dos Cartórios de Registro de Imóveis. Já na hipótese de os imóveis regularizados estiverem situados na divisa das circunscrições imobiliárias, as novas matrículas das unidades imobiliárias serão de competência do oficial do cartório de registro de imóveis em cuja circunscrição estiver situada a maior porção da unidade imobiliária regularizada.

Devidamente qualificada a CRF e não havendo exigências nem impedimentos, o Oficial do Cartório de Registro de Imóveis efetuará o seu registro na matrícula dos imóveis cujas áreas tenham sido atingidas, total ou parcialmente. Neste ponto, importante destacar o princípio da qualificação, muito invocado pelos juristas espanhóis, consiste no direito-dever que o Registrador tem de analisar o ato, aderindo ao mesmo, inclusive para efeitos de responsabilidade. Infere-se que o Registrador Imobiliário é independente para realizar a qualificação dos documentos a ele apresentados, a fim de verificar a sua legalidade para o lançamento do título no Fólio Real.

O registro da CRF será realizado em todas as matrículas atingidas pelo projeto de regularização fundiária aprovado, devendo ser informadas, quando possível, as parcelas correspondentes a cada matrícula. Lembrando, sempre, que com o registro da CRF, serão incorporados automaticamente ao patrimônio público as áreas destinadas ao uso comum do povo, as vias públicas, os prédios públicos e os equipamentos urbanos, na forma indicada no projeto aprovado.

Conclui-se, portanto, pela necessidade de uma cooperação entre todos os agentes envolvidos (Poder Público Municipal, Ministério Público, Defensoria Pública, Notários, Registradores, Advogados e demais operadores do Direito) é fundamental para a implementação de uma Regularização Fundiária, o que consequentemente implica na concreção das disposições constitucionais que tratam dos direitos de moradia e de propriedade.

É preciso estabelecer um novo paradigma objetivando a concretização da propriedade, mas sempre observando as condicionantes previstas na legislação. Isso não significa deixar sem atender as demandas sociais dos que não conseguiram acessar o sistema formal, mas abraçá-los de modo a que as situações estabelecidas se tornem públicas e efetivamente tuteladas.

Para que isso ocorra todos os sujeitos envolvidos neste processo precisam ter postura proativa, apontando caminhos e colocando-se à disposição da comunidade, em especial a preponderantemente de baixa renda, para a resolução dos seus conflitos.

O fato consolidado, como medida excepcional, está posto e precisa ser regularizado, mas, porém, sem descuidar que não se deve ter como regra seguir o caminho das regularizações extraordinárias. É preciso estabelecer uma cultura de manutenção da ordem, evitando-se que novas irregularidades sejam estabelecidas. O meio normal de regularização é o ideal a ser perseguido, mas que se aproveite a oportunidade aberta pelo legislador para que, de uma vez por todas, regularize-se o que está consolidado e se passe a fiscalizar para que o problema não venha a se repetir, atendendo, assim, os anseios da Constituição.

Não é mais possível justificar a manutenção da situação atual, de ampla clandestinidade e irregularidade. O Brasil, agora, tem normas suficientes para incorporar todas as situações fáticas consolidadas no ordenamento jurídico formal, o que, como demonstrado, beneficia a todos. Regularizar, enfim, implica na melhoria do padrão social e econômico da realidade hoje estabelecida.

15.20 A LEI 6.766/1979 E O SEU SISTEMA DE REGULARIZAÇÃO IMOBILIÁRIA

Como forma de regularização de imóveis urbanos, o art. 40 da Lei 6.766/1979 prevê que o Município regularize o parcelamento do solo no caso de o proprietário/vendedor estar ausente, ser inidôneo, ou de ter assumido a titularidade do domínio mediante o instituto da desapropriação, expedindo, posterior e diretamente, os competentes títulos aos possuidores, compromissários etc.

Como se vê, há possibilidade de regularização de qualquer imóvel no Brasil, mas, para isso, tem que haver coragem/vontade e interesse de todos, principalmente do Poder Público.

Três são as formas de regularização: a) pelo proprietário/loteador (art. 38), quando notificado para cumprir com sua obrigação de regularizar o empreendimento; b) pelo possuidor de qualquer documento que identifique a presença no local (Projeto More Legal no Estado do Rio Grande do Sul) e c) pela Municipalidade (art. 40), competindo ao Município o direito/dever de proceder à regularização quando o loteador não o fizer.

O Registrador, ao receber título para registro em sua serventia, cujo conteúdo apresente indícios ou evidências de loteamento irregular ou clandestino, deverá impugná-lo, noticiando o fato imediatamente ao representante do Ministério Público local, em razão do controle da legalidade exercido pelo Registrador Imobiliário.

Esta modalidade de regularização pretende sanear as irregularidades que, ao tempo da implantação desses loteamentos, impediam seu registro. Geralmente apresentavam as seguintes irregularidades:

a) Loteamentos (ou parcelamentos) clandestinos: não têm projeto aprovado pela municipalidade e, por consequência, também não têm registro imobiliário.

b) Loteamentos (ou parcelamentos) irregulares, que podem apresentar:
- irregularidade formal: loteamentos que, apesar de terem projetos aprovados, não lograram registro imobiliário por defeito ou falta na documentação (muitas vezes envolve loteamentos de glebas sem titulação em nome do loteador);
- irregularidade material: loteamentos que, apesar de terem sido aprovados e registrados, não cumpriram com as obrigações assumidas junto à mu-

nicipalidade (especialmente no que se refere à não realização, a contento, das obras de infraestrutura).

No Rio Grande do Sul, a Corregedoria-Geral de Justiça editou normas destinadas à regularização desses loteamentos instalados anteriormente à vigência da Lei 6.766/1979, nos termos do Provimento 32/2006.

Essas normas foram originadas na Circular 02/80-CGJ/RS, de 15-4-1980, que autorizava o registro de atos praticados anteriormente à vigência da Lei 6.766/1979 (até 19-12-1979), *independentemente* de ter havido aprovação pelo Município ou de registro prévio do respectivo projeto de desmembramento.

Há critérios que podem ser utilizados para a autorização da regularização de parcelamentos realizados anteriormente a 1979, tomando por base as provas documentais que comprovem sua ancestralidade, tais como:

a) atos que, apesar de não atenderem à Lei 6.766/1979, tenham sido celebrados por escritura pública até 19-12-1979;

b) instrumentos particulares com firmas reconhecidas até 19-12-1979 ou registrados no Registro de Títulos e Documentos;

c) atos ou documentos que importaram obrigações contraídas até 19-12-1979, se formalizados de acordo com o item anterior, ou quando se tratar de retificação de ato celebrado até aquela data;

d) atos que importaram fracionamento ou desdobro de parte com quaisquer dimensões, anexadas por fusão etc.;

e) atos que importaram formalização de parcelamentos já efetivados de fato mediante lotação individual das partes fracionadas, feita pelo Município, para efeitos tributários, desde que não provenham de loteamento clandestino.

A regularização de loteamentos anteriores a 1979, prevista no art. 69 da Lei 13.465/2017, estabelece que:

Art. 69. As glebas parceladas para fins urbanos anteriormente a 19 de dezembro de 1979, que não possuírem registro, poderão ter a sua situação jurídica regularizada mediante o registro do parcelamento, desde que esteja implantado e integrado à cidade, podendo, para tanto, utilizar-se dos instrumentos previstos nesta Lei.

Assim, esses parcelamentos devem estar de acordo com as normas exigidas à época em que foram realizados, de modo que estejam integrados à estrutura da cidade.

Essa regularização, que será solicitada pelo interessado ao registrador imobiliário, deverá ser instruída pelos seguintes documentos:

I – planta da área em regularização assinada pelo interessado responsável pela regularização e por profissional legalmente habilitado, acompanhada da Anotação de Responsabilidade Técnica (ART) no Conselho Regional de Engenharia e Agronomia (Crea) ou de Registro de Responsabilidade Técnica (RRT) no Conselho de Arquitetura e Urbanismo (CAU), contendo o perímetro da área a ser regularizada e as subdivisões das quadras, lotes e áreas públicas, com as dimensões e numeração dos lotes, logradouros, espaços livres e outras áreas com destinação específica, se for o caso, dispensada a ART ou o RRT quando o responsável técnico for servidor ou empregado público;

II – descrição técnica do perímetro da área a ser regularizada, dos lotes, das áreas públicas e de outras áreas com destinação específica, quando for o caso;

III – documento expedido pelo Município, atestando que o parcelamento foi implantado antes de 19 de dezembro de 1979 e que está integrado à cidade.

Em caso de apresentação frutífera de todos os documentos, fica dispensada a apresentação do projeto de regularização fundiária, de estudo técnico ambiental, de CRF ou de quaisquer outras manifestações, aprovações, licenças ou alvarás emitidos pelos órgãos públicos, conforme lecionam os §§ 1º e 2º supracitado artigo.

15.21 PROVA DE LOTEAMENTO ANTIGO

Para beneficiar-se dessa regularização é fundamental que o núcleo urbano comprove que sua implantação ocorreu antes de 19-12-1979.

Para a comprovação dessa situação pode-se lançar mão de diversos meios de prova: lançamento tributário, legislação de oficialização de vias e logradouros públicos pelos Municípios, fotos aéreas, documentos extraídos de processos administrativos etc.

15.22 FLEXIBILIZAÇÃO DAS NORMAS DE PARCELAMENTO DO SOLO

O art. 11, § 1º da Lei 13.465/2017 possibilita, para a regularização de loteamentos antigos, prevista no art. 69, que o Município possa flexibilizar as normas definidas na legislação de parcelamento do solo urbano autorizando a redução de percentual das áreas de uso público e de extensão mínima dos lotes.

Aliás, desde a introdução das alterações na Lei 6.766/1979 pela Lei 9.785/1999 o objetivo passou a ser o de proporcionar a simplificação dos documentos a serem apresentados para fins de Regularização Fundiária:

> Art. 53-A. São considerados de interesse público os parcelamentos vinculados a planos ou programas habitacionais de iniciativa das Prefeituras Municipais e do Distrito Federal, ou entidades autorizadas por lei, em especial as regularizações de parcelamentos e de assentamentos.

Parágrafo único. Às ações e intervenções de que trata este artigo não será exigível documentação que não seja a mínima necessária e indispensável aos registros no cartório competente, inclusive sob a forma de certidões, vedadas as exigências e as sanções pertinentes aos particulares, especialmente aquelas que visem garantir a realização de obras e serviços, ou que visem prevenir questões de domínio de glebas, que se presumirão asseguradas pelo Poder Público respectivo.

É conveniente assinalar, por derradeiro, que a Lei 13.465/2017, no texto do art. 70, teve a finalidade de deixar absolutamente claro que, no desenvolvimento da regularização fundiária, a aplicação de alguns dispositivos está totalmente afastada do emprego das normas contempladas pela Lei 6.766/1979. Já na regularização de loteamentos antigos, prevista no art. 69 da Lei 13.465/2017, também não serão exigidos os requisitos da Lei 6.766/1979, porque anteriores à sua edição, desde que o parcelamento previsto no seu licenciamento original tenha sido concluído até a entrada em vigor da mencionada lei.

15.23 ESTREMAÇÃO (ART. 45)

A exemplo dos Projetos More e Gleba Legal (origem em Provimentos da Corregedoria-Geral da Justiça do Estado do RS), poderá ocorrer na Reurb a estremação de um imóvel, urbano ou rural, que esteja em condomínio (frações ideais), o que resultará na especificação da propriedade. Serão abertas matrículas para os lotes especializados já em nome dos proprietários.

O legislador trouxe uma definição legal:

> Art. 45. Quando se tratar de imóvel sujeito a regime de condomínio geral a ser dividido em lotes com indicação, na matrícula, da área deferida a cada condômino, o Município poderá indicar, de forma individual ou coletiva, as unidades imobiliárias correspondentes às frações ideais registradas, sob sua exclusiva responsabilidade, para a especialização das áreas registradas em comum.
>
> Parágrafo único. Na hipótese de essa informação não constar do projeto de regularização fundiária aprovado pelo Município, as novas matrículas das unidades imobiliárias serão abertas mediante requerimento de especialização formulado pelos legitimados de que trata esta Lei, dispensada a outorga de escritura pública para indicação da quadra e do lote.

Há duas formas:

- Identificação dos lotes no Projeto da Reurb; ou
- Requerimento de especialização formulado pelo titular da fração ideal, pelos seus legítimos sucessores ou pelo responsável pela regularização, se a especialização não estiver na CRF.

Estremação de imóvel urbano

Avenida Brasil

Mat. 8.563	Mat. 8.900	Mat. 8.750	Mat. 9.000
Mat 9.542	Mat. 8.000	Mat. 10.245	Mat. 7.900

Rua Pernanbuco (esquerda) — Rua Maceio (direita)

Rua Rio Grande

Estremação de imóvel rural

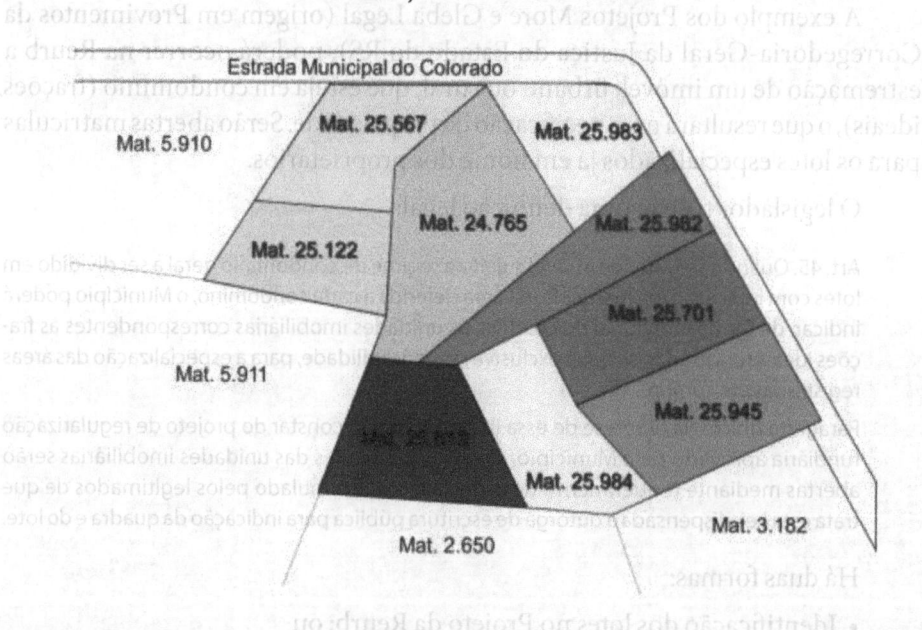

Estrada Municipal do Colorado

- Mat. 5.910
- Mat. 25.567
- Mat. 25.983
- Mat. 25.122
- Mat. 24.765
- Mat. 25.982
- Mat. 25.701
- Mat. 5.911
- Mat. 25.945
- Mat. 25.984
- Mat. 2.650
- Mat. 3.182

15.24 DIREITO DE LAJE

O direito real de laje, ou direito de sobrelevação, ou ainda de direito de superfície de segundo grau, conforme denominações dadas por Flávio Monteiro de Barros, hoje integra o Direito Civil, não estando restrita a sua aplicação ao âmbito da regularização fundiária.

Como os demais direitos reais (art. 1.225, XIII c/c art. 1.227 do Código Civil), pressupõe sua prévia instituição. O art. 176, § 9º da Lei 6.015/1973 assim estabelece:

> Art. 176. [...].
> § 9º A instituição do direito real de laje ocorrerá por meio da abertura de uma matrícula própria no registro de imóveis e por meio da averbação desse fato na matrícula da construção-base e nas matrículas de lajes anteriores, com remissão recíproca.

Qualquer título envolvendo direito de laje deverá atentar para a prévia constituição do direito, além de observar os princípios registrais, especificamente os princípios da disponibilidade, da continuidade e da especialidade objetiva. Só assim poderá ter acesso, mediante ato próprio (cessão, compra e venda, doação etc.), oportunidade em que deverá ser observado o direito de preferência do titular da construção-base.

Para a instituição de direito de laje é necessária (i) a prévia averbação da construção-base e (ii) a expedição de documento pelo Município que indique as especificações da laje e de sua conformidade com o regramento de posturas edilícias e urbanísticas (art. 1.510-A, § 5º do CC). Deve estar presente o caráter vertical das edificações.

Opera-se o direito de laje no Registro de Imóveis, enquanto não advir melhor regulamentação, de modo similar às edificações normais, exigindo-se documento oficial do Poder Público (Habite-se ou equivalente e CND-INSS) para que se permita o acesso do instituto. O controle sobre a viabilidade da constituição do instituto, em face do risco que pode apresentar, não será do Registro de Imóveis, mas do Município.

Será nesta instituição do direito, por meio da formalização do documento apropriado, observado o art. 108 do Código Civil, que se permitirá conhecer do que se trata a coisa relacionada com a laje, em especial sua área, forma de acesso independente, modo de rateio das despesas das partes que sirvam a todo o edifício e ao pagamento de serviços de interesse comum etc.

O Direito Real de Laje apresenta um binômio, pois de um lado é direito real de fruição sobre coisa alheia, ou seja, sobre imóvel de outra pessoa. Por outro lado, é um autêntico direito de propriedade, em razão da construção realizada na laje.

SUPERFÍCIE	LAJE
Não exige a existência prévia de construção, pois é somente para construir ou plantar (Ar.t 1.369 CC)	Pressupõe existência prévia de construção, pois é **SOBRE** ou **SOB** uma construção que se constituirá a nova unidade imobiliária.
É ato de registro na matrícula do imóvel	Implica abertura de matrícula para a Laje e averbação na Matrícula-Mãe
Extinta a concessão, o proprietário passará a ter a propriedade sobre a construção feita pelo superficiário	Se o titular da Laje fez a construção, a ele pertence a construção
Instituído em qualquer imóvel	Somente no âmbito da Regularização Fundiária

Por fim, alguns requisitos essenciais para a configuração do instituto: Sobreposição ou solidariedade de edificações (uma construção sobre a outra); a construção primitiva deve constar da matrícula (regularidade com Município e Registro de Imóveis); Isolamento funcional entre as duas construções, havendo acesso independente na construção objeto do direito real de laje; e, e imprescindível a autorização do Poder Público Municipal (art. 58, § 5º; 59; e, 63, § 2º do Decreto 9.310/2018).

Fluxograma

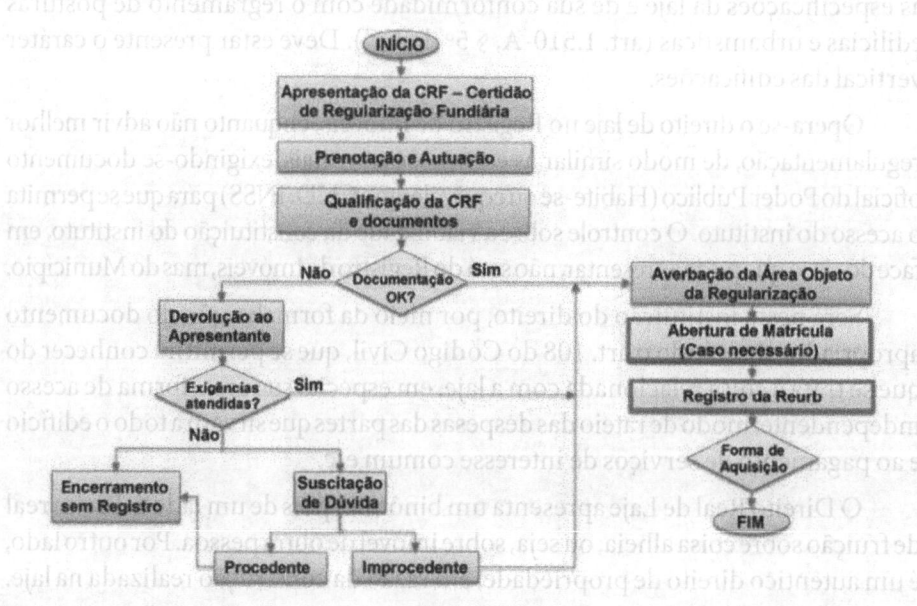

```
                          INÍCIO
                            │
              Apresentação da CRF – Certidão
                 de Regularização Fundiária
                            │
                  Prenotação e Autuação
                            │
                  Qualificação da CRF
                     e documentos
                            │
              Não      Documentação      Sim
          ┌─────────      OK?      ─────────┐
          │                                  │
   Devolução ao                      Averbação da Área Objeto
   Apresentante                         da Regularização
          │                                  │
      Exigências      Sim              Abertura de Matrícula
      atendidas?     ─────                 (Caso necessário)
          │                                  │
         Não                          Registro da Reurb
     ┌────┴────┐                            │
     │         │                        Forma de
Encerramento  Suscitação                 Aquisição
sem Registro  de Dúvida                     │
              ┌───┴───┐                    FIM
         Procedente  Improcedente
```

Forma de Aquisição

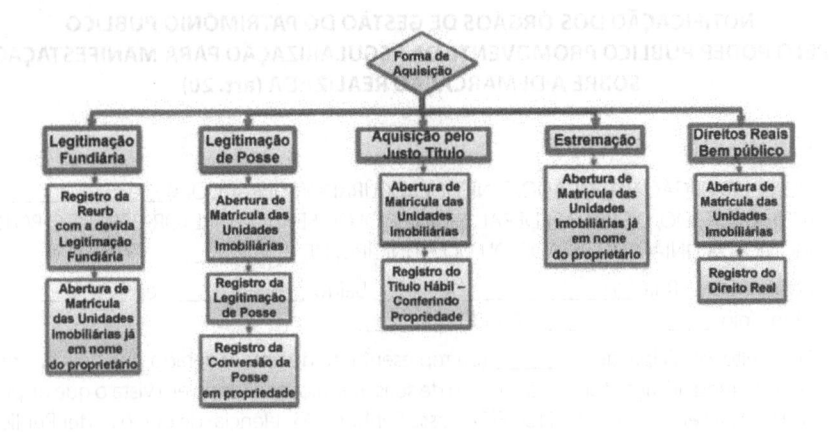

- **Legitimação Fundiária**
  - Registro da Reurb com a devida Legitimação Fundiária
  - Abertura de Matrícula das Unidades Imobiliárias já em nome do proprietário

- **Legitimação de Posse**
  - Abertura de Matrícula das Unidades Imobiliárias
  - Registro da Legitimação de Posse
  - Registro da Conversão da Posse em propriedade

- **Aquisição pelo Justo Título**
  - Abertura de Matrícula das Unidades Imobiliárias
  - Registro do Título Hábil – Conferindo Propriedade

- **Estremação**
  - Abertura de Matrícula das Unidades Imobiliárias já em nome do proprietário

- **Direitos Reais Bem público**
  - Abertura de Matrícula das Unidades Imobiliárias
  - Registro do Direito Real

MODELOS

AUTO DE DEMARCAÇÃO URBANÍSTICA (ART. 19, CAPUT)

AUTO DE DEMARCAÇÃO URBANÍSTICA

PARA REGULARIZAÇÃO FUNDIÁRIA DE ASSENTAMENTOS URBANOS

O PREFEITO MUNICIPAL de _____ no uso das atribuições que lhe confere a Lei _____ de _____ de _____ (Lei Orgânica do Município) e considerando o que consta do expediente administrativo n. _____, da Secretaria Municipal de _____, FAZ SABER que o terreno urbano localizado no bairro _____ (ou distrito ou denominação tradicional do lugar), neste Município, com área total de _____m² com as seguintes características, dimensões e confrontações _____ (coordenadas georreferenciadas dos vértices, se for o caso) registrada no Registro de Imóveis do Município de _____ sob a matrícula n. _____ (ou transcrição), em nome de _____ (referir os nomes das pessoas que constam no registro, se houver registro), FOI DEMARCADO pela equipe técnica da Secretaria de _____ deste Município, conforme planta, memorial descritivo, planta de sobreposição e certidão(ões) do Registro Imobiliário, que seguem anexos e integram o presente Auto de Demarcação para fins de REGULARIZAÇÃO FUNDIÁRIA, nos termos da Lei Federal 13.465, de 11 de julho de 2017, da Lei Federal 10.257, de 10 de julho de 2001, da Lei Municipal n. _____ de ____ de _____ de ____ e do Decreto _____, de ____ de ____ de _____ (referir, se existente, toda a legislação municipal que regulamentou o procedimento de regularização fundiária no Município).

Igualmente, foram NOTIFICADOS os órgãos responsáveis pela administração patrimonial dos demais entes federados (União, Estados, Distrito Federal ou outro Município) para que se manifestassem no prazo de 30 (trinta) dias quanto às situações previstas no art. 20 da Lei 13.465/2017, tendo havido as respectivas manifestações conforme documentos anexos de fl. _____ a _____.

Prefeitura Municipal de _____ em _____ de _____ de _____.

PREFEITO MUNICIPAL

REGISTRE-SE, PUBLIQUE-SE ETC.

NOTIFICAÇÃO DOS ÓRGÃOS DE GESTÃO DO PATRIMÔNIO PÚBLICO PELO PODER PÚBLICO PROMOVENTE DA REGULARIZAÇÃO PARA MANIFESTAÇÃO SOBRE A DEMARCAÇÃO REALIZADA (art. 20)

NOTIFICAÇÃO

NOME DO ÓRGÃO NOTIFICADO: SENHOR PROCURADOR-GERAL DO(A) _____ (UNIÃO, ESTADO, DISTRITO FEDERAL, MUNICÍPIO) OU SENHOR DIRETOR-GERAL DO PATRIMÔNIO (DA UNIÃO, DO ESTADO OU DO MUNICÍPIO DE _____).

ENDEREÇO(S): Rua _____ n. _____, Bairro _____, Cep _____ Município _____ Estado _____.

O Prefeito Municipal de _____ (ou representante do ente federado que está promovendo a regularização fundiária), no uso de suas atribuições e tendo em vista o que dispõe o art. 20 da Lei 13.465/2017, NOTIFICA Vossa Senhoria (Excelência) de que o Poder Público Municipal realizou a DEMARCAÇÃO URBANÍSTICA, para fins de regularização fundiária de interesse social, da área situada no Bairro _____, neste Município, com as seguintes características (descrição completa do imóvel, confrontações, medidas etc.) _____, a qual possui registro de titularidade da propriedade em seu nome, com registro no Serviço de Patrimônio Público _____ (ou no Ofício de Registro de Imóveis de _____, sob a matrícula n. _____), conforme cópia da certidão anexa (se for o caso) ou se a referida área demarcada confronta com área pública sob administração desse órgão de controle patrimonial do(a) _____ (nome do ente federado).

Fica Vossa Senhoria (Vossa Excelência), dessa forma, CIENTIFICADO de que dispõe do prazo de 30 (trinta) dias, contados a partir da data do recebimento da presente NOTIFICAÇÃO, para MANIFESTar-SE, na forma do previsto pelo art. 20 e seguintes da Lei 13.465/2017, perante este promovente da REGULARIZAÇÃO FUNDIÁRIA, representado pela Secretaria Municipal de _____ (ou outro órgão delegado), sito na Rua _____ n. _____ Bairro _____, na cidade de _____, em horário de expediente, nos dias úteis, das _____ às _____ h. A ausência de manifestação por parte desse órgão patrimonial, no prazo assinalado, implicará a continuidade do processo de demarcação urbanística, de acordo com o que autoriza o § 3º do art. 22 da Lei 13.465/2017.

Localidade, _____ de _____ de _____

Assinatura do Prefeito Municipal (ou do representante de outro ente federado promovente da Regularização Fundiária)

EDITAL DE NOTIFICAÇÃO DOS TITULARES DE DOMÍNIO E CONFRONTANTES NÃO IDENTIFICADOS, A SER PUBLICADO PELO PODER PÚBLICO PROMOVENTE DA REGULARIZAÇÃO FUNDIÁRIA (art. 20, § 1º)*

EDITAL DE NOTIFICAÇÃO

O Prefeito Municipal (ou outro promovente da regularização) de _____, no uso de suas atribuições e em vista do que dispõe o art. 20, § 1º, da Lei 13.465/2017, FAZ SABER aos notificados _____, _____ e _____ (indicar os nomes e as qualificações dos titulares de domínio e confrontantes não identificados nos respectivos endereços indicados para notificação pessoal), que o Poder Público Municipal (ou outro ente da federação que promova a regularização) realizou a DEMARCAÇÃO URBANÍSTICA, para fins de regularização fundiária de interesse social, da área situada no Bairro _____, neste Município, com as seguintes características (descrição completa do imóvel, confrontações, medidas, coordenadas georreferenciadas dos vértices etc.).

Dessa forma, ficam OS ACIMA NOMINADOS E DEMAIS INTERESSADOS notificados de que, no prazo de 30 (trinta) dias, contados a partir da data de publicação do presente EDITAL DE NOTIFICAÇÃO, poderão apresentar, no Registro de Imóveis deste Município, sito na Rua _____ n. ____ Bairro _____, nesta cidade, nos dias úteis, no horário das ____ às ____h, IMPUGNAÇÃO ao pedido de averbação da demarcação urbanística realizada, conforme lhes é facultado pelo art. 21 da Lei 13.465/2017.

Localidade, ____ de _____ de ____
Assinatura do Prefeito Municipal

ABERTURA DE MATRÍCULA (IMÓVEL DEMARCADO A SER PARCELADO)

REGISTRO DE IMÓVEIS DA COMARCA DE _____.

LIVRO n. 2 – REGISTRO GERAL MATRÍCULA n. _____ FICHA _____

-------------- (Município), ____ de ____ de _____.

IMÓVEL – TERRENO URBANO de forma poligonal irregular, com área superficial de ____ metros e ____ decímetros quadrados (____,____m^2), com as seguintes dimensões e confrontações: ao NOROESTE, na extensão de ____ metros e ____ decímetros (____,____m), com o alinhamento da Rua ____; ao SULESTE, na extensão de ____ metros e ____ decímetros (____,____m); ao NORDESTE, na extensão de ____ metros e ____ decímetros (____,____m) com área pertencente ao Município e ao SUDOESTE, com o alinhamento da Avenida ____.

PLANTA DE SITUAÇÃO (DESENHO RESUMIDO).

QUARTEIRÃO – O quarteirão é formado pelas Ruas ____ e____, Avenida ____ e Travessa ____

MATRÍCULA ABERTA EM VIRTUDE DE PROCEDIMENTO DE REGULARIZAÇÃO FUNDIÁRIA DE INTERESSE SOCIAL, nos termos do art. 288-A da Lei 6.015/1973 e do art. 44, § 1º, I, da Lei 13.465/2017, promovido pelo Poder Público Municipal e/ou ____ (outro legitimado) por não ter sido localizado proprietário e registro anterior do imóvel conforme expediente administrativo número ____, passado em ____ de ____ de ____, devidamente arquivado nesta Serventia.

Registrador/Substituto: _____

AV*-1/____ em ___/___/____

(APÓS A ABERTURA DA MATRÍCULA, CONSIGNAR A AVERBAÇÃO DO AUTO DE DEMARCAÇÃO URBANÍSTICA REALIZADO PELO PODER PÚBLICO (MUNICIPAL, ESTADUAL, FEDERAL), CONFORME MODELO APRESENTADO A SEGUIR)**

AVERBAÇÃO DO AUTO DE DEMARCAÇÃO URBANÍSTICA

AV-____/ ____, em ____/ ____/ ____

TÍTULO – AUTO DE DEMARCAÇÃO URBANÍSTICA.

Nos termos do AUTO DE DEMARCAÇÃO URBANÍSTICA, lavrado pelo Município de ____, em ____ de ____ de ____ e assinado pelo Exmo. Senhor Prefeito Municipal _____, instruído com os documentos previstos no § 1º, incisos I e II do art. 19 da Lei 13.465/2017, fica constando que o imóvel objeto desta matrícula foi demarcado para fins de regularização fundiária, nos termos da referida Lei.

PROTOCOLO – Título apontado sob n. ____, em ____/ ____/ ____.

Localidade, ____ de _____ de ____.

Registrador/Substituto: _____

REGISTRO DE PARCELAMENTO

R*____/ ____, em ____/ ____/ ____

TÍTULO – REGISTRO DE PARCELAMENTO DO SOLO – Nos termos do requerimento firmado pelo Município de ____, em ____/ ____/ ____, por meio de seu Prefeito Municipal _____, instruído com a documentação prevista no art. 36 da Lei 13.465/2017, fica constado que o imóvel objeto desta matrícula foi regularizado/loteado/desmembrado nos termos do art. 19 e seguintes da referida Lei, por se tratar de área de interesse social, da seguinte forma: 20.000,00m² destinado aos lotes; 15.000,00m² destinado ao sistema viário e 4.000,00m² destinado às áreas públicas. As demais condições constam do respectivo processo. Fica constando, ainda, que, em virtude do parcelamento os lotes, as áreas públicas e o sistema viário foram matriculados sob os n. ____, com o que se encerra a presente matrícula.

PROTOCOLO – Título apontado sob n. ____, em ____/ ____/ ____.

Localidade, ____ de _____ de ____.

Registrador/Substituto: _____

ABERTURA DE MATRÍCULA (IMÓVEIS ORIGINADOS DO PARCELAMENTO)

REGISTRO DE IMÓVEIS DA COMARCA DE _____.

LIVRO n. 2 – REGISTRO GERAL MATRÍCULA n. ____ FICHA ____

_____ (Município), ____ de ____ de ____.

IMÓVEL – LOTE URBANO sob n. ____, da quadra ____ do setor ____ do mapeamento geral no denominado "Loteamento Popular", de forma retangular, com área superficial de ____ metros e ____ decímetros quadrados (____, ____m²), situado na Rua _____, lado ____, Bairro ____, nesta cidade, distando, a face nordeste, ____ metros da esquina da Rua ____, com as seguintes dimensões e confrontações: ao NOROESTE, na extensão de ____ metros e ____ decímetros (____, ____m), com o alinhamento da Rua _____; ao SULESTE, na extensão de

___ metros e ___ decímetros (___, ___m) com terras pertencentes a ___; ao NORDESTE, na extensão de ___ metros e ___ decímetros (___, ___m) com o lote n. ___ e ao SUDOESTE, com o alinhamento da Avenida ___.

PLANTA DE SITUAÇÃO (DESENHO RESUMIDO).

QUARTEIRÃO – O quarteirão é formado pelas Ruas ___ e ___, Avenida ___ e Travessa ___

MATRÍCULA ABERTA EM VIRTUDE DE PARCELAMENTO DO SOLO RESULTANTE DA EXECUÇÃO DE PROJETO DE REGULARIZAÇÃO FUNDIÁRIA DE INTERESSE SOCIAL, originada do R-___/___ (matrícula-mãe), nos termos do art. 19 e seguintes da Lei 13.465/2017, promovido pelo Poder Público Municipal e/ou ___ (outro legitimado), conforme expediente administrativo n. ___, passado em __ de __ de __, devidamente arquivado nesta Serventia.

Registrador/Substituto: _____

ABERTURA DE MATRÍCULAS DE OUTRAS ÁREAS PÚBLICAS ORIGINADAS DO PARCELAMENTO (UMA MATRÍCULA PARA CADA ÁREA – PRAÇA, LARGO ETC.)*

REGISTRO DE IMÓVEIS DA COMARCA DE _____.

LIVRO n. 2 – REGISTRO GERAL MATRÍCULA n. ___ FICHA ___

_____ (Município), ___ de ___ de ___

IMÓVEL – ÁREA PÚBLICA. Terreno urbano de formato poligonal irregular, com área superficial de ___ metros e ___ decímetros quadrados (___, ___m²), situado na Rua ___, lado ___, Bairro ___, nesta cidade, distando, a face nordeste, ___ metros da esquina da Rua ___, com as seguintes dimensões e confrontações: ao NOROESTE, na extensão de ___ metros e ___ decímetros (___, ___m), com o alinhamento da Rua ___; ao SULESTE, na extensão de ___ metros e ___ decímetros (___, ___m) com terras pertencentes a ___; ao NORDESTE, na extensão de ___ metros e ___ decímetros (___, ___m) com o alinhamento da Avenida ___ e ao SUDOESTE, com o alinhamento da Avenida ___, destinado à área verde de preservação permanente.

PROPRIETÁRIO: Prefeitura Municipal de ___ (qualificação) ___

PLANTA DE SITUAÇÃO (DESENHO RESUMIDO).

MATRÍCULA ABERTA EM VIRTUDE DE PARCELAMENTO DO SOLO RESULTANTE DA EXECUÇÃO DE PROJETO DE REGULARIZAÇÃO FUNDIÁRIA DE INTERESSE SOCIAL, originada no R-___/___ (matrícula mãe), nos termos do art. 44, § 1º, II da Lei 13.465/2017, promovido pelo Poder Público Municipal e/ou ___ (outro legitimado), conforme expediente administrativo n. ___, passado em ___ de ___ de ___, devidamente arquivado nesta Serventia.

PROTOCOLO – Título apontado sob n. ___ em ___

Localidade, _____ de _____ de _____

Registrador/Substituto: _____

AV-1/___ (AV-um/_____) em ___/___/___

DESTINAÇÃO DE ÁREA PÚBLICA – Em conformidade com o artigo 44, § 1º, II da Lei 13.465/2017, fica constando que o imóvel objeto desta matrícula destina-se a uso público como praça (largo, área institucional, equipamento urbano etc.), bem público de uso comum do povo, de acordo com o inciso I do art. 99 do Código Civil (Lei 10.406/2002).

PROTOCOLO – Título apontado sob n. ___ em ___/___/___

Localidade, ___ de _____ de ___

Registrador e/ou Substituto: _____

ABERTURA DE MATRÍCULA DE VIAS PÚBLICAS ORIGINADAS DO PARCELAMENTO (UMA SÓ MATRÍCULA PARA RUAS, AVENIDAS ETC.)*

REGISTRO DE IMÓVEIS DA COMARCA DE _____.

LIVRO n. 2 – REGISTRO GERAL MATRÍCULA n. _____ Ficha _____

_____ (Município), ___ de ___ de ___.

IMÓVEL – AVENIDA ___ Terreno urbano localizado no setor ___ do mapeamento geral, de forma regular, com área superficial de ___ metros quadrados (___m²), Bairro ___, nesta cidade, com as seguintes dimensões e confrontações: ___ (descrever completamente o imóvel). (Seguem as descrições das demais vias públicas abertas em razão do projeto de parcelamento de solo) _____

PROPRIETÁRIO: Município de ___ (qualificação) ___

PLANTA DE SITUAÇÃO (DESENHO RESUMIDO).

MATRÍCULA ABERTA EM VIRTUDE DE PARCELAMENTO DO SOLO RESULTANTE DA EXECUÇÃO DE PROJETO DE REGULARIZAÇÃO FUNDIÁRIA DE INTERESSE SOCIAL, originada do R-___/___ (matrícula mãe), nos termos do art. 44, § 1º, II da Lei 13.465/2017, promovido pelo Poder Público Municipal e/ou _____ (outro legitimado), conforme expediente administrativo n. ___, passado em ___ de ___ de ___, devidamente arquivado nesta Serventia.

PROTOCOLO – Título apontado sob n. ___ em ___.

Localidade, ___ de _____ de ___

Registrador/Substituto: _____

AV-1/___ (AV-um/_____) em ___/___/___

DESTINAÇÃO DE ÁREA PÚBLICA – Em conformidade com o artigo 44, § 1º, II da Lei 13.465/2017, fica constando que o imóvel objeto desta matrícula destina-se a uso público como via de circulação, bem público de uso comum do povo, de acordo com o inciso I do art. 99 do Código Civil (Lei 10.406/2002). PROTOCOLO – Título apontado sob o número _____ em ___/___/___

Localidade, ___ de _____ de ___

Registrador e/ou Substituto: _____

TÍTULO DE LEGITIMAÇÃO DE POSSE

O PREFEITO MUNICIPAL DE _____, tendo em vista o procedimento de Regularização Fundiária de Interesse Social de que trata o expediente administrativo n. ____, da Secretaria Municipal de ____, CONCEDE o presente TÍTULO DE LEGITIMAÇÃO DE POSSE do imóvel situado neste Município na Rua ____ (descrever e caracterizar o imóvel), conforme matrícula n. ____ do Registro de Imóveis desta Comarca a FULANA(O) DE TAL (qualificar a(s) pessoa(s) titulada(s), na condição de detentor(a) da posse direta, o DIREITO DE MORADIA sobre o referido imóvel, nos termos do art. 59 da Lei 11.977/2009.

Localidade, ____ de _____ de ____
ASSINATURA DO PREFEITO MUNICIPAL.

(Publicado no Diário Oficial de _____)

REGISTRO DE LEGITIMAÇÃO DE POSSE (ART. 183, CF)

R. ____ / ____, em ___ / ___ / ___
TÍTULO – LEGITIMAÇÃO DE POSSE

Nos termos do instrumento de legitimação de posse firmado em ____ pelo Município de ____, por meio de seu Prefeito Municipal ____, fica constando que, de acordo com o art. 25 da Lei 13.465/2017, foram legitimados na posse do imóvel objeto desta matrícula FULANA DE TAL, do lar, com RG n. ____ e seu esposo BELTRANO DE TAL, pedreiro, com RG n. _____, conferindo-lhes o direito de moradia, em atendimento aos termos e as condições do art. 183 da Constituição Federal.

Não havendo alteração, ocorrerá a conversão automática em propriedade no dia XX/XX/XXXX (colocar a data que completas os 5 anos do registro da legitimação de posse.
PROTOCOLO – Título apontado sob n. ____, em ___ / ___ / ___.

Localidade, ____ de _____ de ____
Registrador/Substituto: _____

REQUERIMENTO DO INTERESSADO PEDINDO CONVERSÃO DO TÍTULO DE LEGITIMAÇÃO DE POSSE EM REGISTRO DE PROPRIEDADE

ILUSTRÍSSIMO SENHOR
OFICIAL DO REGISTRO DE IMÓVEIS DA COMARCA DE _____
FULANO(A) DE TAL, brasileiro(a), casado(a), natural de _____, filho(a) de _____ e _____, RG n. _____ CPF n. _____, residente e domiciliado(a) neste Município na Rua _____ n. ____, Bairro _____, CEP _____, vem a presença de Vossa Senhoria solicitar a CONVERSÃO do título de legitimação de posse do imóvel situado na Rua _____ n. ____, registrado nesse Ofício do Registro Imobiliário sob a matrícula n. _____, em registro de propriedade,

tendo em vista sua aquisição por USUCAPIÃO, nos termos do art. 183 da Constituição Federal, visto ter-se implementado o prazo de 05 (cinco) anos contados do registro da referida legitimação de posse, nos termos do art. 26 da Lei 13.465/2017.

Nesses termos, pede deferimento.

Localidade, _____ de _____ de ____

_____
Assinatura do Requerente

CONVERSÃO DA LEGITIMAÇÃO DE POSSE EM REGISTRO DE PROPRIEDADE

R ____ / ____

TÍTULO – CONVERSÃO DA LEGITIMAÇÃO DE POSSE EM PROPRIEDADE

Nos termos do requerimento firmado por FULANA DE TAL, fica convertido o registro da legitimação de posse, concedido à requerente no R-XX, em PROPRIEDADE, no âmbito da Reurb-S (ou Reurb-E), de acordo com o art. 26, § 1º da Lei 13.465/2017, em face do implemento dos requisitos para a usucapião _____, após o lapso temporal de XX anos do registro da legitimação de posse, previstos na Lei _____.

PROTOCOLO – Título apontado sob n. ____, em __ / __ / __.

Localidade, _____ de _____ de ____

Registrador/Substituto: _____

TÍTULO ADMINISTRATIVO DE LEGITIMAÇÃO FUNDIÁRIA QUE RECONHECE O DIREITO REAL DE PROPRIEDADE A FULANO DE TAL, SOBRE A UNIDADE IMOBILIÁRIA QUE ESPECIFICA, EM FACE DE REURB-S

Por este ato o outorgante, MUNICÍPIO DE PORTO ALEGRE, pessoa jurídica de direito público interno, com CNPJ n. ... e com sede nesta Capital, na ..., neste ato representado por seu Prefeito Municipal, ..., pelo Secretário Municipal de Habitação, ..., e pelo Secretário Municipal de Planejamento, ..., no uso das atribuições previstas na Lei 13.465/2017 e na Lei Municipal n. ..., confere ao outorgado, FULANO DE TAL, brasileiro, solteiro, pedreiro, com RG sob o n. ... e com CPF sob o n. ..., residente nesta cidade, na rua ... n. ..., no âmbito da Reurb-S para o núcleo urbano denominado ..., localizado na ..., o direito real de propriedade, por já possuir como sua, a unidade imobiliária com destinação urbana que segue: (Descrever a unidade imobiliária regularizada). A unidade imobiliária acima descrita integrou o projeto de regularização fundiária aprovado em ..., implementado sobre o imóvel objeto da M-..., então de propriedade de ..., e Certidão de Regularização Fundiária expedida em ... Fica constando que o outorgado atende às condições previstas nos incisos I, II e III do § 1º do art. 23 da Lei 13.465/2017, tendo declarado e provado que não é concessionário, foreiro ou proprietário de imóvel urbano ou rural; e, não foi contemplado com legitimação de posse ou fundiária sobre qualquer outro imóvel no território brasileiro. No caso de imóvel urbano com finalidade não residencial, o outorgante reconhece o interesse público de sua ocupação (só se aplica aos imóveis não residenciais). Consoante previsão legal (art. 23, § 2º da Lei 13.465/2017), o outorgado recebe a citada unidade imobiliária livre e desembaraçada de quaisquer ônus, direitos reais, gravames ou inscrições, eventualmente existentes na matrícula de origem. Para a outorga do ato lavrou-se o respectivo termo que dá origem a este título no livro competente, estando assinado pelos representantes do outorgante e pelo outorgado, dispensados os reconhecimentos das respectivas firmas nos termos do parágrafo único do art. 47 da Lei 13.465/2017. Porto Alegre – RS, 20 de setembro de 2022.

MUNICÍPIO DE PORTO ALEGRE

Prefeito Municipal

SECRETARIA MUNICIPAL DE HABITAÇÃO

Secretário de Habitação

SECRETARIA MUNICIPAL DE PLANEJAMENTO

Secretário de Planejamento

FULANO DE TAL

Adquirente

TÍTULO ADMINISTRATIVO DE LEGITIMAÇÃO FUNDIÁRIA QUE RECONHECE A POSSE E O DIREITO DE MORADIA A FULANA DE TAL, SOBRE A UNIDADE IMOBILIÁRIA QUE ESPECIFICA, EM FACE DE REURB-S

Por este ato o outorgante, MUNICÍPIO DE PORTO ALEGRE, pessoa jurídica de direito público interno, com CNPJ n. ... e com sede nesta Capital, na ..., neste ato representado por seu Prefeito Municipal, ..., pelo Secretário Municipal de Habitação, ..., e pelo Secretário Municipal de Planejamento, ..., no uso das atribuições previstas na Lei 13.465/2017 e na Lei Municipal n. ..., confere ao outorgado, FULANO DE TAL, brasileiro, solteiro, pedreiro, com RG sob o n. ... e com CPF sob o n. ..., residente nesta cidade, na rua ... n. ..., no âmbito da Reurb-S para o núcleo urbano denominado ..., localizado na ..., o RECONHECIMENTO DA POSSE e consequentemente o DIREITO DE MORADIA, por já possuir como sua, sobre a unidade imobiliária com destinação urbana que segue: (Descrever a unidade imobiliária regularizada). O direito ora concedido decorre da natureza e do tempo de posse ora reconhecidos e é transferível por evento *causa mortis* ou por ato *inter vivos*. A unidade imobiliária acima descrita integrou o projeto de regularização fundiária aprovado em ..., implementado sobre o imóvel objeto da M-..., então de propriedade de ..., e Certidão de Regularização Fundiária expedida em .... Fica constando que o outorgado atende às condições previstas em lei, tendo declarado e provado que não é concessionário, foreiro ou proprietário de imóvel urbano ou rural; e, não foi contemplado com legitimação de posse ou fundiária sobre qualquer outro imóvel no território brasileiro. Consoante previsão legal (art. 26, § 2º da Lei 13.465/2017), o outorgado recebe a citada unidade imobiliária livre e desembaraçada de qualquer ônus, direitos reais, gravames ou inscrições, eventualmente existentes na matrícula de origem, exceto quando disserem respeito ao próprio outorgado. **Fica constando ainda que, a posse ora reconhecida, decorrido o prazo de** cinco anos de seu registro, terá a conversão automática em título de propriedade, desde que atendidos os termos e as condições do art. 183 da Constituição Federal, independentemente de prévia provocação ou prática de ato registral. Nos demais casos de usucapião será conversível em direito real de propriedade na forma especificada pelos arts. 26 e segs. da Lei 13.465/2017. Para a outorga do ato lavrou-se o respectivo termo que dá origem a este título no livro competente, estando assinado pelos representantes do outorgante e pelo outorgado, dispensados os reconhecimentos das respectivas firmas nos termos do inciso V do art. 221 da Lei 6.015/1973. Porto Alegre – RS, 20 de setembro de 2022.

MUNICÍPIO DE PORTO ALEGRE
Prefeito Municipal
SECRETARIA MUNICIPAL DE HABITAÇÃO
Secretário de Habitação
SECRETARIA MUNICIPAL DE PLANEJAMENTO
Secretário de Planejamento
FULANO DE TAL

Adquirente

CERTIDÃO DE REGULARIZAÇÃO FUNDIÁRIA (CRF)

O **MUNICÍPIO DE PORTO ALEGRE**, pessoa jurídica de direito público interno, com CNPJ n. ... e com sede nesta Capital, na ..., no uso das atribuições conferida pela Lei 13.465/2017, uma vez ultimado o procedimento de Reurb-S (ou Reurb-E) para o núcleo urbano denominado ..., localizado na ..., consoante projeto de regularização fundiária aprovado em ..., implementado sobre o imóvel objeto da M-..., então de propriedade de ..., que regularmente tomou ciência deste expediente, **certifica a Regularização Fundiária para os fins da Lei 13.465/2017**, uma vez observados os requisitos legais para tanto, **das unidades** a seguir indicadas, com a especificação de seus respectivos ocupantes:

IMÓVEL	OCUPANTE
Designação cadastral:	Nome:
Lote ...	Nacionalidade:
Quadra ...	Estado Civil:
Rua ...	Profissão:
Direito real conferido: ...	Filiação:
	N. CPF:
	N. RG:

IMÓVEL	OCUPANTE
Designação cadastral:	Nome:
Lote ...	Nacionalidade:
Quadra ...	Estado Civil:
Rua ...	Profissão:
Direito real conferido: ...	Filiação:
	N. CPF:
	N. RG:

Fica constando, ainda, que as responsabilidade pelas obras complementares e pelos serviços necessários visando o melhor aproveitamento e em benefício de todos os interessados nesta regularização, ficou estabelecido o cronograma que segue e os responsáveis pela implementação dos melhoramentos, como segue:

DATA	RESPONSÁVEL(IS)	MELHORAMENTO (S)

Certifico, também, que a área sobre a qual estão assentadas as unidade ora regularizadas já contempla o sistema viária suficiente, rede de abastecimento de água potável, redes de energia elétrica domiciliar e de iluminação pública, conta com serviços públicos de saúde e educação disponíveis aos ocupantes e comunidade local, ficando o Município de Porto Alegre responsável pela implementação de melhorias quanto aos sistemas de esgotamento sanitário e pluvial (revisar conforme cada caso). Certifico, finalmente, que foram observados todos os requisitos previstos no art. 41 da Lei 13.465/2017 para a expedição desta certidão. Nada mais consta.

Porto Alegre – RS, 20 de setembro de 2022.

MUNICÍPIO DE PORTO ALEGRE

Prefeito Municipal

SECRETARIA MUNICIPAL DE HABITAÇÃO

Secretário de Habitação

SECRETARIA MUNICIPAL DE PLANEJAMENTO

Secretário de Planejamento

ABERTURA DE MATRÍCULA COM CÓDIGO NACIONAL DE MATRÍCULA – 000022.2.0000000-00

IMÓVEL – TERRENO URBANO, situado à Rua X número 001 (001), denominado Lote 01 do Loteamento XV, Bairro XV, nesta Capital, com área superficial de trinta e um metros quadrados (31,00m²), com as seguintes medidas e confrontações: Partindo do ponto 1, situado à dezessete metros e setenta e três centímetros (17,73m) da esquina da Rua X com o Beco Y – Rua T, no sentido anti-horário, segue rumo nordeste onde mede oito metros e setenta e quatro centímetros (8,74m) e faz frente para o X – Rua Y, até chegar ao ponto 2; daí segue rumo noroeste onde mede três metros e sessenta e seis centímetros (3,66m) e faz divisa com o lote 4, até chegar ao ponto 3; daí segue rumo sudoeste onde mede oito metros e setenta e um centímetros (8,71m) e faz divisa com terras que é ou foi de X, até chegar ao ponto 4; daí segue rumo sudeste onde mede três metros e sessenta e dois centímetros (3,62m) e faz divisa com o lote 2, até chegar ao ponto 1; ponto inicial desta descrição, fechando o perímetro.-

QUARTEIRÃO – É formado pelas Ruas X, Y, T e G.-

PROPRIETÁRIO – MUNICÍPIO DE XXXXX, com sede nesta Capital, com CNPJ/MF sob número 00.000/0001-60.-

TÍTULO AQUISITIVO – M-00001, objeto do R-1/00001 (Regularização Fundiária de Interesse Social - REURB-S), de 1º de janeiro de 2022, do Livro 2 - Registro Geral, deste Ofício.-

PROTOCOLO – Título apontado sob o número 000000, em XX/XX/XXXX, conforme certidão de regularização fundiária datada de XX de XXXX de XXXX, arquivada neste Ofício.-

Porto Alegre, XX de XXXX de XXXX.-

Registrador/Substituto(a)/Escrevente Autorizado(a):

EMOLUMENTOS – Gratuito. Selo de Fiscalização 0009.00.2000000.00000 –

R-1/3.589(R-um/três mil e quinhentos e oitenta e nove), em XX/XX/XXXX.

TÍTULO – Legitimação Fundiária.-

Nos termos da Certidão de Regularização Fundiária que integrou o projeto de regularização fundiária do Núcleo Urbano Denominado "Loteamento XY", que certificou a conclusão do procedimento de REURB-S, instaurado de acordo com o Parecer 002/2018, da CTARF, publicado no Diário Oficial de XXXXX em 10/10/20, edição n. 003, fica constando que, de acordo com o artigo 16 do Decreto 9.310/2018, através do instituto da legitimação fundiária, foi conferida a propriedade do imóvel objeto desta matrícula, a favor de FULANA DE TAL, brasileira, solteira, auxiliar de limpeza, com RG sob número 0101010101, filha de João de Tal e de Maria de Tal e com CPF/MF sob número 001.001.001-00, residente e domiciliada na Rua Tal n. 001, Lote 01, nesta Capital, por ter cumprido os requisitos legais.-

EMISSÃO DA DOI – Foi emitida a DOI, nos termos da legislação vigente.-

PROTOCOLO - Título apontado sob o número 000000, em XX/XX/XXXX.

Porto Alegre, XX de XXXX de XXXX.-

Registrador/Substituto (a)/Escrevente Autorizado(a):_____.-

EMOLUMENTOS – Gratuito. Selo de Fiscalização 0009.00.0000002.00000

MATRÍCULA-MÃE: AVERBAÇÃO DE DIREITO REAL DE LAJE

IMÓVEL – UM PRÉDIO DE ALVENARIA, situado na Rua Brasil sob o número duzentos e sessenta (260), com a área construída de cento e sessenta metros quadrados (160m²) e o respectivo TERRENO URBANO, localizado no Bairro América, nesta Capital, com a área superficial de cento e oitenta e seis metros e setenta e oito decímetros quadrados (186,78m²), situado na Rua Brasil, lado PAR, com as seguintes medidas e confrontações: AO NORTE, na extensão de vinte e oito metros e trinta centímetros (28,30m), com o edifício de dois pavimentos, sob o número 266 da Rua Brasil (Individualização: M-10.000); AO SUL, na mesma extensão, com o chalé sob o número 276 da Rua Brasil, (M-50.000); AO LESTE, na extensão de seis metros e sessenta centímetros (6,60m), com a casa sob o número 140 da Rua Argentina (M-80.000); e AO OESTE, na mesma extensão, com o alinhamento da Rua Brasil, para onde faz frente.

PROPRIETÁRIO: FULANO DA SILVA, brasileiro, viúvo, comerciante, com RG sob número 00000, expedido pela SSP/RS e com CPF/MF sob número 00000, residente e domiciliada na rua Brasil, n. 260, nesta Capital.

QUARTEIRÃO – É formado pelas Ruas Brasil, Chile, Argentina e Paraguai.

TÍTULO AQUISITIVO – M-50, deste Ofício.

Porto Alegre, 5 de abril de 2019.

AV.1/1.000 (hum mil), em 11 de maio de 2017

DIREITO REAL DE LAJE E CONSTRUÇÃO – Nos termos da Escritura Pública de Instituição do Direito Real de Laje, de 2 de maio de 2020, lavrada no 1º Tabelionato desta cidade, pelo Notário _____, no livro ___, folhas ___, sob o n.___, fica constando que o proprietário do imóvel objeto desta matrícula CEDEU para CICRANO DA SILVA, brasileiro, solteiro, maior, motorista, com RG sob n. 0000000 e CPF sob n. 00000000, residente e domiciliado nesta Capital, o DIREITO REAL DE LAJE da primeira superfície superior a construção-base, contado de baixo para cima, sob o qual foi construído pelo cessionário, no ano de 2016, a área de cento e quarenta metros quadrados (140m²), com acesso pela escada localizada a direita de quem da frente olha o prédio, de acordo com a carta de habite-se n.____, expedida pela Secretaria _____ da Prefeitura Municipal, (CND??? Ver art. 13, § 2º da Lei 13.465/2017), sendo aberta para esta Laje a matrícula n. 10.000, deste Ofício.

PROTOCOLO – Título apontado sob o n.____, em 8/5/2020

Porto Alegre, 11 de maio de 2020.

Registrador/Substituto(a)/Escrevente Autorizado(a):_____.

Emolumentos – R$____. Selo de Fiscalização _____

ABERTURA DE MATRÍCULA DE DIREITO REAL DE LAJE

IMÓVEL – A LAJE número 1 (um), construída sobre o prédio de alvenaria, situado na Rua Brasil sob o número duzentos e sessenta (260), com acesso pela escada localizada a direita de quem da frente olha o prédio, sendo a primeira superfície superior a construção-base, contado de baixo para cima, com a área construída de cento e quarenta metros quadrados (140m²). A edificação está sobre o terreno urbano, localizado no Bairro América, nesta Capital, com a área superficial de cento e oitenta e seis metros e setenta e oito decímetros quadrados (186,78m²), situado na Rua Brasil, lado PAR, com as seguintes medidas e confrontações: AO NORTE, na extensão de vinte e oito metros e trinta centímetros (28,30m), com o edifício de dois pavimentos, sob o número 266 da Rua Brasil (Individualização: M-10.000); AO SUL, na mesma extensão, com o chalé sob o número 276 da Rua Brasil, (M-50.000); AO LESTE, na extensão de seis metros e sessenta centímetros (6,60m), com a casa sob o número 140 da Rua Argentina (M-80.000); e AO OESTE, na mesma extensão, com o alinhamento da Rua Brasil, para onde faz frente.

QUARTEIRÃO – É formado pelas Ruas Brasil, Chile, Argentina e Paraguai.

PROPRIETÁRIO DA CONSTRUÇÃO-BASE: FULANO DA SILVA, brasileiro, viúvo, comerciante, com RG sob n. 00000, expedido pela SSP/RS e com CPF/MF sob n. 00000, residente e domiciliada na rua Brasil, n. 260, nesta Capital.

CONSTRUÇÃO-BASE - M- 1.000, deste Ofício.

Porto Alegre, 11 de maio de 2021.

R-1/10.000 (R-um/dez mil), em 11/05/2021.

TÍTULO – Direito Real de Laje.

CEDENTE- FULANO DA SILVA, já qualificado.

CESSIONÁRIO – CICRANO DA SILVA, brasileiro, solteiro, maior, motorista, com RG sob n. 0000000 e CPF sob n. 00000000, residente e domiciliado nesta Capital.

FORMA DO TÍTULO – Escritura pública de 2 de maio de 2017, lavrada no 1º Tabelionato de Notas desta Capital, sob número __, folha(s) ___ do livro número__.

IMÓVEL – O direito real de laje objeto desta matrícula.

VALOR – Cedido pelo valor de R$20.000,00 (vinte mil reais).

SITUAÇÃO TRIBUTÁRIA – Não há incidência de imposto, conforme art. ___, da Lei Municipal n. _____, OU Foi exonerado/pago o ITBI, conforme a guia n.____ de 2/5/2021.

CONDIÇÕES – Não constam.

PROTOCOLO – Título apontado sob o número _____, em 8/5/2021.

Porto Alegre, 11 de maio de 2021.

Registrador/Substituto(a)/Escrevente Autorizado(a):_____.

Emolumentos – R$____. Selo de Fiscalização _____

MATRÍCULA-MÃE – ESTREMAÇÃO

IMÓVEL – UMA ÁREA DE TERRAS, URBANA, de forma irregular, com a área superficial de vinte e cinco mil metros quadrados (25.000.00m²), situada na Rua Dos Imigrantes, lado PAR, no Bairro São José, nesta cidade, com as seguintes confrontações: AO NORTE, com o imóvel de propriedade de Fulano de Tal; AO SUL, com o imóvel de propriedade do espólio de Sicrano de Tal; AO LESTE, com a Estrada Dos Imigrantes; e AO OESTE, com imóvel de propriedade de Beltrano de Tal.

QUARTEIRÃO – É formado pelas ....

PROPRIETÁRIOS – BELTRANO DE TAL e sua esposa FULANA DE TAL, falecidos, que eram brasileiros, inscritos no CPF/MF sob os números 001.002.003-04 e 002.003.004-05, casados pelo regime da comunhão "universal" de bens, anteriormente à vigência da Lei 6.515/1977.

TÍTULO AQUISITIVO – T-3.263, folha 70 do livro 3-I, de 31 de março de 1929 do registro de imóveis de São Leopoldo/RS, conforme certidão expedida em 30 de dezembro de 1976, arquivada nesta serventia sob o n. 98 - Pasta 4/1977.

Porto Alegre, 11 de maio de 2021.

R-1/1.987 – Em 1º de fevereiro de 1977.

TÍTULO – Legítimas paterna e materna.

TRANSMITENTES – Os espólios de Beltrano de Tal e de Fulana de Tal.

ADQUIRENTE – FULANA DE TAL, ...

FORMA DO TÍTULO – Formal de partilha passado em ... (idem ao anterior) ....

IMÓVEL – A parte ideal equivalente a 1/10 do imóvel objeto desta matrícula.

VALOR – No imóvel objeto desta matrícula, avaliado para efeitos fiscais em C$350.000,00, o valor de Cr$35.000,00.

CONDIÇÕES – Não constam.

PROTOCOLO – Título apontado sob o número ...., em 01/02/1977.

Porto Alegre, 4 de fevereiro de 1977.

Registrador e/ou substituto: _____.

Emolumentos – R$____.

CONTINUAÇÃO DOS R-2 A R-12/1987

R-13/1.987 – Em 13 de dezembro de 1986.

TÍTULO – Compra e venda

TRANSMITENTE – Sicrano de Tal, já qualificado, proprietário no R-8.

ADQUIRENTE – SICRANA DE TAL........

FORMA DO TÍTULO – Escritura pública de ....

IMÓVEL – A parte ideal equivalente a 2,4% ou seja 600,00m² do imóvel objeto desta matrícula.

VALOR – Adquirido por Cz$1.000,00 (hum mil cruzados) e avaliado para efeitos fiscais em Cz$13.000,00 (treze mil cruzados).

CONDIÇÕES – Não constam.

PROTOCOLO – Título apontado sob o número ___, em 13/12/1986.

Porto Alegre, 15 de dezembro de 1986.

Registrador e/ou substituto: _____. Emolumentos – R$____.

CONTINUAÇÃO DOS R-14 AO R-16

R-17/1987(R-dezessete/um mil e novecentos e oitenta e sete), em 28/07/2017.
LOCALIZAÇÃO DE PARCELA EM CONDOMÍNIO PRO DIVISO – PROJETO MORE LEGAL IV – Nos termos da escritura pública de ...., fica constando que a proprietária no R-13, da parte ideal equivalente a seiscentos metros quadrados (600,00m²), dentro do todo maior do imóvel objeto desta matrícula, SICRANA DE TAL, ..., com a anuência expressa da condômina Marianinha de Tal, ...; e, Pitangueira de Pomar, ... e com as anuências presumidas, na qualidade de confrontantes/lindeiros do condômino Florestino de Acácio,

através de notificação extrajudicial realizada pelo registro de títulos e documentos de Cacimbinha-RS e do edital de notificação nos termos dos parágrafos 1º ao 4º do artigo 530 da consolidação normativa notarial e registral – provimento 32/2006-CGJ, publicado no Jornal VS, nos dias ...., sem contestação no prazo legal; e, Bergamota de Goiabeira, através de notificação extrajudicial realizada pelo registro de títulos e documentos desta Comarca, localizou sua parcela de imóvel urbano pro diviso, nos termos do artigo 526-C do mesmo diploma legal – Projeto "MORE LEGAL IV", a qual apresenta a seguinte descrição e caracterização: TERRENO URBANO constituído do lote número um (1) da quadra número um (1) de uma planta particular, que no mapeamento geral corresponde ao lote número um (1) da quadra número um (1) do setor 04H08, de forma retangular, com a área superficial de seiscentos metros quadrados (600,00m²), situado na Rua Dos Imigrantes, nesta cidade, distante a face leste dez metros (10,00m) da esquina formada com a Rua Marianinha, com as seguintes dimensões e confrontações; AO NORTE, na extensão de dez metros (10,00m), com o alinhamento da Rua Dos Imigrantes, onde faz frente; AO SUL, na mesma extensão, com parte do lote número doze (12) de propriedade de Marianinha de Tal; AO LESTE, na extensão de sessenta metros (60,00m), com o lote número dois (2) de propriedade de Pitangueira de Pomar; e AO OESTE, na mesma extensão, com os lotes número três (3) de propriedade de Florestino de Acácio, e quatro (4) de propriedade de Bergamota de Goiabeira, sendo o quarteirão formado pelas Ruas Dos Imigrantes, Marianinha, Vinte e Cinco de Outubro e Primeiro de Março.

PROTOCOLO – Título apontado sob o número ___, em 28/07/2017.

Porto Alegre, 29 de julho de 2017.

Registrador e/ou Substituto:_____. Emolumentos – R$____.

AV-18/1987(AV-dezoito/um mil e novecentos e oitenta e sete), em 28 de julho de 2017.

ABERTURA DE MATRÍCULA EM VIRTUDE DE LOCALIZAÇÃO DE PARCELA EM CONDOMÍNIO PRO DIVISO – PROJETO MORE LEGAL IV – Nos termos da escritura pública de......., fica constando que em virtude do terreno/lote, com a área superficial de seiscentos metros quadrados (600,00m²), de propriedade de SICRANA DE TAL, ter sido localizado e estremado, conforme R-17, o mesmo foi matriculado nesta serventia sob o número 40.000 do livro 2-registro geral.

PROTOCOLO – Título apontado sob o número ___, em 28/7/2017.– Porto Alegre, 29 de julho de 2017.

Registrador e/ou Substituto: _____

Emolumentos – R$____.

ABERTURA DA MATRÍCULA DO TERRENO/LOTE LOCALIZADO/ESTREMANDO

IMÓVEL – TERRENO URBANO constituído do lote número um (1) da quadra número um (1) de uma planta particular, que no mapeamento geral corresponde ao lote número um (1) da quadra número um (1) do setor 04H08, de forma retangular, com a área superficial de seiscentos metros quadrados (600,00m²), situado na Rua Dos Imigrantes, nesta cidade, distante a face leste dez metros (10,00m) da esquina formada com a Rua Marianinha, com as seguintes dimensões e confrontações; AO NORTE, na extensão de dez metros (10,00m), com o alinhamento da Rua Dos Imigrantes, onde faz frente; AO SUL, na mesma extensão, com parte do lote número doze (12) de propriedade de Marianinha de Tal; AO LESTE, na extensão de sessenta metros (60,00m), com o lote número dois (2) de propriedade de Pitangueira de Pomar; e AO OESTE, na mesma extensão, com os lotes número três (3) de propriedade de Florestino de Acácio, e quatro (4) de propriedade de Bergamota de Goiabeira.

QUARTEIRÃO – É formado pelas Ruas Dos Imigrantes, Marianinha, Vinte e Cinco de Outubro e Primeiro de Março.

PROPRIETÁRIA – SICRANA DE TAL, ...

TÍTULO AQUISITIVO – M-1.987 do livro 2-registro geral, de 1º de fevereiro de 1977, objeto do R-13/20.773, de 3 de dezembro de 1986 e do R-17/1.987, de 28 de julho de 2017 – "Projeto More Legal IV" – desta serventia.

PROTOCOLO – Título apontado sob o número ___, em 28/07/2017, conforme escritura pública de .....

Porto Alegre, 29 de julho de 2017.

Registrador e/ou Substituto: _____.

Emolumentos: R$____.

16
DO CONDOMÍNIO DE LOTES
LEI 13.465/2017

O artigo 58 da Lei 13.465/2017 alterou a Lei 10.406/2002 (Código Civil), passou a vigorar acrescida da Seção IV, no Capítulo VII, do Título III, do Livro III da Parte Especial, regulamento pelo Decreto 9.310/2018 (arts. 64 ao 66).

16.1 HISTÓRICO

O condomínio de lotes nem precisaria de lei. Nós Registradores já procedemos o registro do Condomínio de Lotes há quase vinte anos no Estado do Rio Grande do Sul, sem problema nenhum, mas muitos Estados proibiram. Agora, está aí, não tem mais o que se questionar.

Tem-se notícia de que o Condomínio de Lotes começou a ser aplicado no Rio Grande do Sul, mais precisamente em Santa Maria, nas décadas de 70/80, através da atuação do então Advogado, Dr. Nelson Jobim, aplicando o art. 3º do Decreto-lei 271/1967.

No início deste século recebeu melhor tratamento por meio da atuação conjunta de Juízes, Promotores e Registradores. Entre eles: Des. Décio Antonio Erpen, Dr. Armando Antônio Lotti, Dr. Daniel Martini, Mario Pazutti Mezzari e João Pedro Lamana Paiva. A partir de então o instituto ganhou visibilidade e começou a ser aplicado em outros Estados.

Preliminarmente, à abordagem relativa à realidade do condomínio de lotes no país é importante ressaltar a propositura do Projeto de Lei do Senado (PLS) 208, de 2015, que tramitou na Comissão de Constituição, Justiça e Cidadania do Senado Federal, e introduziu alterações na Lei 6.766, de 10 de dezembro de 1979, que dispõe sobre o parcelamento do solo urbano e, ainda, na Lei 10.406, de 10 de janeiro de 2002, que institui o Código Civil, para disciplinar o condomínio edilício de lotes urbanos.

A proposição está alinhada com a realidade fática existente em diversos Municípios brasileiros. O referido projeto só contribuiu para o aperfeiçoamento da legislação em vigor que representa uma criativa solução para os problemas decorrentes do parcelamento urbano, por meio de loteamentos convencionais, que é uma questão de grande repercussão para o desenvolvimento do nosso país.

Como podemos observar, o tema afeta diretamente os Municípios e a aprovação do referido PLS 208/2015 conferiu maior *segurança jurídica* à implantação de condomínios de lotes, evitando a proliferação dos indesejados "loteamentos fechados".

Nos últimos sessenta anos verificou-se um vertiginoso êxodo rural, colhendo as cidades de surpresa. Não havia planejamento urbano, nem legal, nem estrutural. A tecnologia agrícola condenou os minifúndios, tudo aliado à falta de planejamento familiar dos rurícolas.

Os que permaneceram no meio rural, muito especialmente os não proprietários, frente à introdução da agricultura mecanizada, migraram para os grandes centros urbanos à procura de emprego. Disso resultou que as cidades receberam uma sobrecarga demográfica sem estarem estruturalmente preparadas. As administrações municipais descuidaram na fiscalização, permitindo assentamentos de toda ordem. Até havia estímulo, com fins eleitoreiros ou no interesse de alienação de frações ideais, criando-se os chamados condomínios "pro-diviso", dentro de um todo maior.

O primeiro diploma legal de alta expressão consistiu no Decreto-lei 58, de 1937, quando foi criada a figura jurídica do loteador, tendo toda a legislação se voltado em prol dos adquirentes, instituindo-se um direito real de aquisição "*sui generis*", ou seja, um Compromisso de Compra e Venda, com eficácia "*erga omnes*".

O litoral brasileiro foi ocupado, em boa parte, sob os auspícios de tal legislação. As zonas periféricas dos grandes centros urbanos, igualmente. Ainda assim, grassaram inúmeros parcelamentos do solo sem o cumprimento das normas específicas. Isso obrigou o legislador a adotar legislação mais severa, o que aconteceu por meio da chamada Lei do Parcelamento do Solo, de número 6.766, do ano 1979, quando se distinguiram as figuras do loteamento e do desmembramento. Impôs-se metragem mínima para os lotes. Na época, foi estabelecido o percentual de 35% da gleba para conversão em área pública. Os requisitos urbanísticos foram ampliados. O descumprimento das normas, tidas como de ordem pública, passou a ser considerado crime contra a Administração Pública e não mais contra o patrimônio. A autonomia municipal ficou sensivelmente atingida.

No final do milênio, mais precisamente, nas últimas duas décadas, houve uma virada histórica: o êxodo passou a ser urbano.

A violência nas cidades; o custo de vida; a qualidade de vida nas metrópoles passou a ser comprometida, o que compeliu a classe média (alta e baixa) a passar a residir nos condomínios fechados ou loteamentos fechados, localizados tanto na periferia dos grandes centros, como na zona rural, antigamente denominada suburbana. Isso adveio da capacidade criativa dos técnicos, prestando importante colaboração social.

As vantagens para o Poder Público foram e são evidentes: desonera-se do trabalho de promover e manter o sistema viário, bem assim a coleta do lixo. Não fica somente aí: não está compelido a fornecer iluminação pública, que deve ser suportada pelos usuários, especificamente, e a segurança será privada, à custa dos condôminos.

Em suma: cuida-se de fórmula inteligente para desonerar o Poder Público e permitir precioso espaço, às custas de seus usuários, exclusivamente, desonerando o Estado.

16.2 CONDOMÍNIO DE LOTES

Atualmente, porém, tem-se discutido a possibilidade de nova forma de parcelamento do solo para fins residenciais, com profunda repercussão no ramo do Direito Registral Imobiliário, como se pode perceber dos estudos elaborados pelo Desembargador Décio Antônio Erpen, pelo Registrador Mário Pazutti Mezzari, pelo Advogado Tiago Machado Burtet e por muitos outros operadores do Direito. Trata-se da figura do condomínio horizontal de lotes, no qual não há a prévia construção das casas. A unidade autônoma é o próprio lote condominial; o proprietário desse lote pode nele erigir uma casa segundo seus interesses pessoais, respeitadas, obviamente, as limitações impostas pela Municipalidade e pelo próprio instituidor do condomínio.

Essa quarta via não constitui loteamento fechado, porque a propriedade do sistema viário e dos equipamentos comunitários não passa ao Município, ao contrário, permanece como propriedade dos condôminos. A aprovação do projeto e os procedimentos registrários obedecem aos ditames da legislação de condomínios (Lei 4.591/1964 e ao Código Civil).

Para o condomínio horizontal de lotes não existe a exigência legal de que 35% da gleba seja destinada a equipamentos públicos (atualmente o inciso I do artigo 4º da Lei prevê que serão proporcionais à densidade de ocupação prevista pelo plano diretor ou aprovada por lei municipal para a zona em que se situem). Como se sabe, com a alteração da Lei 6.766/1979, o percentual ficou a critério de cada Município, que definirá esse quantum, quase sempre em índices bem inferiores.

O fundamento legal dessa nova modalidade condominial – condomínio de lotes – encontra-se no art. 8º da Lei 4.591/1964 e no art. 3º do Decreto-lei 271/1967. Conforme a Lei 4.591/1964, somente havendo edificação é que se pode instituir o regime condominial.

Mas, por força do artigo 3º do Decreto-lei 271/1967, equiparam-se as obras de infraestrutura à construção da edificação:

> Art. 3º Aplica-se aos loteamentos a Lei 4.591, de 16 de dezembro de 1964, equiparando-se o loteador ao incorporador, os compradores de lote aos condôminos e as obras de infraestrutura à construção da edificação.

Logo, a realização das obras básicas do empreendimento supre a necessidade da prévia construção do prédio (casa/edifício), pois o requisito legal contido na lei de condomínios já estará atendido tão logo a infraestrutura esteja concluída.

A unidade autônoma será o lote e não a edificação sobre esse. Admite-se a cada proprietário de unidade autônoma a livre utilização e edificação no lote, respeitadas as normas de ordem pública e as prévias estipulações constantes da Convenção de Condomínio. Como acessões que são, as edificações aderirão ao lote, sem, no entanto, alterar a condição jurídica estipulada de que é o lote a unidade autônoma. Na prática, isso tornará desnecessária qualquer alteração nos cálculos, quadros de áreas, projetos, registros e averbações do condomínio, a cada vez que houver construção/demolição/reconstrução. Isso se explica porque, no condomínio horizontal tradicional, os cálculos e registros são feitos com base na área construída e, portanto, sujeitos a alterações a cada modificação que nela venha a ser operada. Já na modalidade do condomínio horizontal de lotes, os cálculos e registros são feitos com base na área do lote e, por consequência, permanecem imutáveis, mesmo que significativas alterações venham a ocorrer nas edificações.

16.3 DISCUSSÕES ACERCA DO SUPEDÂNEO LEGAL DA MODALIDADE

No que pertine à pretensa ilegalidade dos condomínios de lotes, não menos importante do que toda a motivação legal já debatida, e, também, em razão de tantas situações fáticas consolidadas no Distrito Federal e nos 26 Estados da Federação, temos a dizer que no contexto atual do país, existem questões de estrutura que devem ser mencionadas, por sua direta ligação à problemática urbana que apontam o condomínio de lotes como uma grande solução para os Municípios e não como um problema nacional.

Os entes da federação, lamentavelmente, restam completamente falidos! A União, os Estados e os Municípios não possuem atualmente a menor condição de oferecer segurança pública, ruas em boas condições, limpeza, calçadas, iluminação pública, esgotamento pluvial e cloacal. A violência alcança níveis alarmantes, jamais vistos, comparáveis aos piores do mundo.

Frente as dificuldades enfrentadas pelo ente público em realizar, ao particular é oportunizado colaborar no esforço das realizações na área pública, como está se tornando cada vez mais comum, ou seja: zelar por sua segurança e estrutura à sua volta. Nos condomínios de lotes o particular arca com as despesas de segurança, fornecimento de água, limpeza, recolhimento de lixo, esgotos, iluminação, proporciona áreas de lazer, com a eficiência do setor privado. Ou seja: auxiliam os Municípios a levarem a bom termo suas competências perante o ordenamento jurídico.

Desta forma, o particular zela e faz valer seus direitos sociais, o que desafoga e desonera os Municípios de tais atribuições do poder público, construindo *shoppings centers* na atividade comercial e condomínios de lotes no contexto residencial, onde proporciona ao cidadão tudo aquilo que o poder público poderia prover.

Ainda em várias capitais do país, há décadas, na maioria das vezes em bairros residenciais, ruas são fechadas com cancelas e portões com acesso controlado, guaritas com vigia são colocadas, tudo de forma irregular, no intuito do cidadão proteger-se diante da insegurança que assola o país. No entanto, na modalidade de condomínio de lotes, tudo é feito em conformidade com a lei, e, portanto, não há falar em ilegalidade dessa modalidade consolidada de condomínio, que visa também à proteção dos direitos do cidadão.

Não há como negar a existência de previsão legal para o instituto, tampouco ignorar que muitos condomínios dessa espécie estão regularmente constituídos e são bem-sucedidos em seu funcionamento. O condomínio horizontal de lotes está plenamente previsto no art. 8º da Lei 4.591/1964, combinado com o art. 3º do Decreto-lei 271/1967, e suplementarmente autorizado pela legislação do respectivo Município, respeitadas as normas gerais federais, especialmente a Constituição de 1988 (art. 30, VIII), a fim de planejar e comandar seu próprio processo de urbanização.

A legislação municipal é quem cria a regulamentação específica da lei federal a respeito do condomínio horizontal de lotes, pois, na esfera federal, existem normas de caráter geral associadas a uma construção doutrinária já acolhida por alguns tribunais. Ditas normas são de Direito Urbanístico e disciplinam a possibilidade administrativa da aprovação do projeto a ser implantado de acordo com as normas condominiais, as quais serão submetidas à análise do Município, quando do exame do referido projeto. A convenção condominial deverá ser minuciosa, contemplando as normas que vigerão entre os condôminos, bem como as limitações edilícias e de uso do solo relacionadas a cada unidade, tudo em consonância com o Plano Diretor e a legislação urbanística vigente.

Nessa modalidade de empreendimento, regido pela lei do condomínio em edificações e das incorporações imobiliárias, importa frisar: o lote é a unidade autônoma, e não o que futuramente será construído sobre o respectivo terreno pelo condômino, construção essa que, embora atenda aos interesses de cada proprietário de lote, fica vinculada aos moldes e limites de construção integrantes do projeto e aprovados pelo Município. A realização das obras básicas do empreendimento supre a necessidade da prévia construção do prédio (casa/edifício), pois o requisito legal contido na lei de condomínios já estará atendido tão logo a infraestrutura esteja concluída.

Portanto, não há que se falar em aplicabilidade da Lei do Parcelamento do Solo, até porque o condomínio de lotes não é um simples parcelamento. O seu resultado não é a criação de terrenos individuais e sem vínculo entre si. Pelo contrário, são lotes que utilizarão um contexto estrutural urbano de responsabilidade do condomínio por eles formado. Mais do que a incumbência de manutenção e conservação de áreas de uso comum, como salão de festas, *playground* e piscinas, os condôminos dessa espécie de empreendimento comungam de uma responsabilidade ainda maior: zelar pela manutenção de ruas, iluminação e segurança coletiva da área em que estão inseridos.

O condomínio de lotes será, portanto, necessariamente submetido à prévia aprovação dos órgãos municipais, tais como a Secretaria do Meio Ambiente, Secretaria do Planejamento, Secretaria de Urbanismo etc. Havendo essa aprovação, todas as considerações de natureza político-urbanística e, principalmente, a possibilidade de ocorrência de fraude à legislação de parcelamento do solo, estarão superadas.

Dessa forma, não há a necessidade de transferência de áreas para a constituição de vias públicas, essas áreas serão as de uso comum do condomínio de lotes, a fim de viabilizar o acesso das unidades autônomas à via pública ou á áreas de lazer e recreação. A realização de obras de infraestrutura supre a necessidade de edificação de prédios na formação do condomínio, já que a construção será de escolha do proprietário do lote, desde que respeitadas as normas de ordem pública, a legislação municipal específica e as estipulações integrantes da convenção de condomínio.

16.4 VANTAGENS DO CONDOMÍNIO DE LOTES

As vantagens para o Poder Público Municipal são evidentes: desonera-se do trabalho de promover e manter o sistema viário e a coleta do lixo, além de não estar compelido a fornecer iluminação pública, uma vez que essa é suportada pelos condôminos. E como se isso já não fosse benéfico o suficiente, ainda há o fato de que a segurança das ruas internas dos Condomínios de Lotes será privada, ou seja, seu custo será suportado pelos condôminos. Isso porque, como antes referido, cada lote constituirá uma unidade autônoma, com uma área privativa e outra global e participação proporcional nas coisas condominiais (pórticos, guaritas, muros, vias de acesso e circulação, saneamento, iluminação, áreas de lazer etc.), todas elas de uso privativo dos condôminos, posto que, não se tratando de loteamento, não se transfere ao domínio público.

O que ocorre nesses casos é uma compensação pelas áreas que ficarão inseridas no condomínio, mediante uma contrapartida do incorporador ao ente municipal, na forma de benfeitorias à cidade, tais como o asfaltamento de uma via pública, ou de uma doação de área diversa para a construção de uma escola ou creche municipal, de uma praça ou de um prédio público, fora do condomínio, ensejando outras utilidades para o Município, em benefício da comunidade.

Nos últimos anos, como já dito, tem sido cada vez maior a procura por esses empreendimentos, especialmente pela segurança proporcionada aos moradores, que buscam neles a possibilidade de que seus filhos possam experimentar a mesma vivência de suas infâncias, quando era possível brincar nas ruas. A criminalidade cada vez maior de nossas cidades não mais permite que se possa transitar em paz pelas vias da cidade: estamos sempre em estado de alerta. As crianças de hoje ficam "presas" dentro dos apartamentos. O condomínio de lotes proporciona melhor qualidade de vida a seus moradores, pois garante a segurança, fazendo com que as crianças possam brincar pelas ruas do condomínio, tendo contato com a natureza e praticando esportes.

Nos países desenvolvidos, como os Estados Unidos, essa modalidade é vastamente utilizada e não há notícia de que isso tenha interferido de maneira prejudicial no crescimento e na mobilidade das grandes metrópoles. Até mesmo no Brasil, onde existem muitos condomínios dessa espécie, como, por exemplo, nos Municípios de Gramado, Canela, Capão da Canoa, Sapucaia do Sul, Xangri-lá, entre outros, no Estado do Rio Grande do Sul, essa espécie de empreendimento em nada tem interferido no cotidiano de seus moradores. Ao contrário, é nítido o desenvolvimento econômico que os condomínios trouxeram a essas regiões.

Isto ocorre porque o planejamento territorial urbano permanece sendo exercido pelo Município, uma vez que o projeto de condomínio de lotes não é um documento vago e impreciso, como os críticos ao instituto querem fazer parecer. Na verdade, é minucioso e elaborado em conformidade com as disposições legais do Município, já trazendo em seu conteúdo as limitações edilícias que os condôminos deverão observar na realização das construções em seus lotes, limitações essas que fatalmente estarão atreladas à legislação urbanística. Logo, após a aprovação municipal do condomínio de lotes, na hipótese de o condômino não observar os limites do projeto aprovado no planejamento e execução da obra, não haverá concessão da Carta de Habitação para sua construção. Ou seja, há, sim, controle urbanístico por parte do ente municipal, reforçado, até mesmo, pelo acompanhamento vigilante da própria administração condominial, que tem o dever de velar pelo respeito à lei e às normas condominiais estabelecidas para esse âmbito privado.

16.5 REQUISITOS CARACTERIZADORES DO CONDOMÍNIO DE LOTES

Assim, são requisitos para a configuração do condomínio de lotes, nos quais não haja a prévia construção do prédio (casa/edifício):

a) que o empreendimento seja projetado nos moldes da Lei 4.591/1964 (com as alterações ditadas pelo Código Civil) e Decreto-lei 271/1967, em que cada lote será considerado como unidade autônoma, a ele atribuindo-se uma fração ideal da área privativa e das coisas comuns, sendo que nesse todo existirão também as áreas e edificações de uso comum;

b) que o Município disponha de legislação específica, prevendo a possibilidade legal de implantação de condomínio de lotes, no mais pleno exercício das competências que lhe reservam a Constituição; e

c) que haja uma convenção de condomínio, contendo as limitações edilícias e de uso individual e coletivo do solo, elaborada de modo a resguardar a pacificação das relações entre os condôminos.

16.6 PROCEDIMENTOS REGISTRAIS APLICÁVEIS

Quanto aos procedimentos registrais, para a implementação dessa espécie de parcelamento do solo faz-se mister que o proprietário/empreendedor apresente ao ofício do Registro de Imóveis, os seguintes documentos:

a) Requerimento solicitando o registro da instituição condominial em que conste referência expressa aos dispositivos legais supracitados e a legislação municipal específica;

b) Roteiro para o registro da incorporação de condomínio de lotes;

c) Projeto devidamente aprovado pela municipalidade, que deverá conter legislação que autorize a aprovação desse tipo de empreendimento, contendo:

I – Memorial descritivo informando todas as particularidades do empreendimento (descrição das unidades autônomas, contendo especialmente as áreas privativas, comuns e total e a fração ideal correspondente na área total etc.), bem como a descrição do lote;

II – Planta de lotes;

III – Planilha de cálculo de áreas;

IV – Planilha de custos da realização da infraestrutura (documentos exigidos pela NB 12.721);

V – Convenção de condomínio – grande protagonista desta modalidade de empreendimento – na qual deverão constar, entre outras cláusulas previstas em lei, as formas e características que cada construção poderá apresentar, os direitos e deveres de cada condômino etc. (artigos 1.332 e 1.334 do Código Civil);

VI – Anotação de Responsabilidade Técnica (ART) do responsável pelo projeto;

VII – Aprovação das autoridades competente (município, órgão ambiental estadual, órgão de planejamento metropolitano etc.).

Ressalte-se que, para a consecução do condomínio de lotes, deverá haver a formação de incorporação imobiliária (art. 32 da Lei 4.591/1964), com posterior individualização e instituição condominial, ou realizar-se diretamente com a individualização e a instituição condominial (o que ocorrerá quando o empreendimento já estiver concluído).

É oportuno referir, ainda, que a Lei 10.406/2002 (Código Civil) alterou dispositivos da Lei 4.591/1964, ao prever um capítulo denominado "Do Condomínio Edilício" (art. 1.331 e seguintes). Porém, é de todo evidente que o art. 8º, da Lei 4.591/1964, permanece em pleno vigor, eis que não há previsão em contrário no Código Civil.

Os procedimentos registrais a serem observados são:

a) Registro da incorporação imobiliária (se houver), ou da instituição do condomínio junto à matrícula da gleba (Livro 2 – Registro Geral);

b) Averbação da conclusão das obras de infraestrutura também junto à matrícula da gleba;

c) Registro da convenção de condomínio no livro próprio (Livro 3 – Registro Auxiliar) e, ato contínuo, averbação na respectiva matrícula;

d) Abertura de matrículas para as unidades autônomas – lotes – nelas lançando as transferências dominiais, as constituições de ônus, as edificações, a referência ao registro da convenção de condomínio e todos os demais atos de registro relativos a cada unidade;

e) Quando da averbação, na matrícula do lote, existindo registro da convenção condominial, é recomendável que sejam consignadas as principais regras estabelecidas quanto ao uso do solo e as restrições edilícias, para sua plena publicidade.

16.7 PREVISÃO LEGAL DO INSTITUTO E O SEU MODO DE APLICAÇÃO

Após finalizada a análise histórica do instituto, passamos a abordar os dispositivos legais que regulam o Condomínio de Lotes.

Com efeito, o Código Civil prevê no artigo 1.358-A:

> Art. 1.358-A. Pode haver, em terrenos, partes designadas de lotes que são propriedade exclusiva e partes que são propriedade comum dos condôminos.
>
> § 1º A fração ideal de cada condômino poderá ser proporcional à área do solo de cada unidade autônoma, ao respectivo potencial construtivo ou a outros critérios indicados no ato de instituição.
>
> § 2º Aplica-se, no que couber, ao condomínio de lotes o disposto sobre condomínio edilício neste Capítulo, respeitada a legislação urbanística.
>
> § 3º Para fins de incorporação imobiliária, a implantação de toda a infraestrutura ficará a cargo do empreendedor.

Primeiramente, cumpre questionar: qual a relevância deste instituto? A Livre construção. A unidade será o Lote: tudo o que nele for construído não terá repercussão nos cálculos de áreas (privativa e comum) e da fração ideal, diferentemente do condomínio edilício comum.

O Condomínio de Lotes é uma espécie do gênero "Condomínio Edilício". Para a caracterização de um condomínio edilício (comum) de regra exige-se a existência de edificações.

Lei 4.591/1964:

> Art. 1º As *edificações ou conjuntos de edificações*, de um ou mais pavimentos, construídos sob a forma de unidades isoladas entre si, destinadas a fins residenciais ou não-residenciais, poderão ser alienados, no todo ou em parte, objetivamente considerados, e constituirá, cada unidade, propriedade autônoma sujeita às limitações desta Lei. (grifo nosso)

Já no condomínio de lotes as edificações são consideradas as obras de infraestrutura, permitindo a criação de uma unidade autônoma constituída de lote, sobre a qual pode ser edificada uma acessão e isso não interferirá na proporção de propriedade dentro do condomínio.

Decreto-lei 271/1967:

> Art. 3º Aplica-se aos loteamentos a Lei 4.591, de 16 de dezembro de 1964, equiparando-se o loteador ao incorporador, os compradores de lote aos condôminos e *as obras de infraestrutura à construção da edificação*. (grifo nosso)

Portanto, trata-se de instituto que, na minha concepção, já estava positivado no ordenamento jurídico nacional.

Aproveitou-se o momento de estudos sobre a regularização de imóveis e se tratou de abordar melhor um instituto que há anos estava na pauta do Congresso Nacional, razão de ter sido melhor desenvolvido por meio da Lei 13.465/2017 e seu Decreto regulamentador (Decreto 9.310/2018).

Trata-se de um importante mecanismo de regularização de imóveis. Não está afeto à Regularização Fundiária apenas. Aplica-se autonomamente. É um instituto que tem vida própria: Está situado em Seção específica do Capítulo dedicado ao "Condomínio Edilício" no nosso Código Civil.

É um instituto híbrido (*tercium genus*), sendo parte visto como condomínio edilício (envolve apenas propriedade privada), e parte como loteamento (a unidade é o lote e exige-se aprovações outras típicas de loteamento, que não são exigidas para o condomínio edilício comum).

Unidades autônomas sem construção não é novidade – há vagas de garagem que são unidades autônomas sem construção, ou apenas construção do piso, e que muitas vezes são áreas externas ao prédio existente, nas quais poderá ser feita construção (ex.: depósito), inclusive diferentes entre si, se a convenção permitir, sem necessidade de alterar os cálculos do condomínio.

No Condomínio de Lotes não há prévia construção das casas. A unidade autônoma é o próprio lote condominial. O proprietário desse lote pode nele erigir a casa segundo seus interesses pessoais, respeitadas, obviamente, as limitações impostas pela Municipalidade e pelo próprio instituidor do condomínio (memorial descritivo), sem que isso implique na alteração da fração ideal.

Havia uma demanda social por esta modalidade de empreendimento imobiliário. A sociedade é a favor, em face da insegurança em que vivemos. Só existem áreas de natureza particular. Do instituto não são criados bens públicos, o que o difere do loteamento.

Há vantagens para o Poder Público, que se forra de prestar serviços essenciais:

– Iluminação;

– manutenção de áreas de uso comum;

– recolhimento de lixo etc.), os quais acabam sendo custeados, de regra, pelos adquirentes das unidades (lotes).

Decreto 9.310/2018:

Art. 64. Pode haver, em terrenos, *partes designadas de lotes que são propriedade exclusiva e partes que são propriedade comum dos condôminos.*

§ 1º A fração ideal de cada condômino poderá ser proporcional à área do solo de cada unidade autônoma, ao seu potencial construtivo ou a outros critérios indicados no ato de instituição.

§ 2º *As normas relativas ao condomínio edilício aplicam-se, no que couber, ao condomínio de lotes.*

§ 3º Para fins de incorporação imobiliária, a implantação da infraestrutura do condomínio de lotes ficará a cargo do empreendedor.

Art. 65. O Poder Público municipal ou distrital *poderá dispor* sobre as posturas edilícias e urbanísticas para a implantação do condomínios de lotes.

Art. 66. Os núcleos urbanos informais consolidados constituídos na forma de condomínio de lotes *poderão ser objeto de Reurb* nos termos estabelecidos na Lei 13.465, de 2017, e neste Decreto.

§ 1º A Reurb do condomínio de lotes independerá da regularização das edificações já existentes, que serão regularizadas de forma coletiva ou individual em expediente próprio, a critério do Poder Público municipal ou distrital.

§ 2º As novas edificações a serem construídas em condomínio de lotes objeto de Reurb observarão as posturas edilícias e urbanísticas vigentes. (grifo nosso)

16.7.1 Característica

Empreendimento imobiliário no qual o adquirente:

- *titula a propriedade individual do lote* (unidade autônoma), constrói a sua casa, constituindo uma unidade edificada, respeitando a convenção e as limitações existentes nas leis municipais;
- *a propriedade coletiva das áreas comuns* (privadas), consistentes nas vias internas, guaritas e clubes esportivos.
- *fração ideal sobre o todo*, que não está relacionada com a área da construção sobre o lote (diferentemente do condomínio edilício comum).

A propriedade do sistema viário e dos equipamentos comunitários não passa ao Município, ao contrário, *permanece como propriedade dos condôminos (áreas de uso comum).*

A aprovação do projeto e os *procedimentos registrais* obedecem aos ditames da legislação de condomínios (Lei 4.591/1964 e, a partir de 10 de janeiro de 2003, ao Código Civil).

Quanto às aprovações, o Município deverá observar o Plano Diretor, bem como legislação específica (atenção para o 1º pondo de discussão – a seguir).

Para as aprovações, observar as diretrizes decorrentes do Estatuto da Cidade (Lei 10.257/2001) e do Estatuto da Metrópole (Lei 13.089/2015).

Para o Condomínio de Lotes não existe a exigência legal *de percentual da gleba* ser destinado a equipamentos públicos (diferença do loteamento).

16.7.2 Aplicação

Para a implantação desta espécie de parcelamento do solo, entendo que o proprietário/empreendedor deva apresentar ao Ofício de Registro de Imóveis os *documentos exigidos* para a incorporação imobiliária/instituição de condomínio (individualização), constantes do Código Civil e da Lei 4.591/1964, *bem como as aprovações das autoridades competentes* (Ex.: Município, Ambiental, METROPLAN etc.).

Há pleno controle urbanístico e ambiental (ver diretrizes do Estatuto da Cidade e do Estatuto da Metrópole).

16.7.3 Requisitos para Instituição do Condomínio de Lotes

No Brasil vige o princípio da autonomia municipal (art. 30, I, II e VIII da CF). *O Município, respeitadas normas gerais de nível federal, pode planejar e comandar seu próprio processo de urbanização.*

Com a nova regulamentação do Condomínio de Lotes por lei federal (Lei 13.465/2017 e Decreto 9.310/2018), é importante que as normas de direito urbanístico do Município contemplem a possibilidade de aprovação deste tipo de projeto.

16.7.4 Requisitos para Instituição do Condomínio de Lotes

Assim, são requisitos para a configuração do condomínio de lotes, nos quais não haja a prévia construção do prédio (casa/edifício):

1) O *empreendimento a ser projetado nos moldes da Lei 4.591/1964* (com as alterações ditadas pelo novo Código Civil), bem como do Decreto-lei 271/1967, em que *cada lote* será considerado como *unidade autônoma*, a ele atribuindo-se uma fração ideal da gleba e coisas comuns, sendo que nesse todo existirão também as áreas e edificações de uso comum;

2) O *Município disponha de legislação específica*, prevendo a possibilidade legal de implantação de condomínio de lotes; e,

3) A existência de uma *Convenção de Condomínio*, contendo as limitações edilícias e de uso individual e coletivo do solo, elaborada para resguardar a paz jurídica entre os condôminos.

16.7.5 Convenção de condomínio

Articulou-se, no caso, a obrigatoriedade de se registrar a Convenção de Condomínio, pois será este o instrumento que balizará o agir e o não agir entre os condôminos.

Na ausência de parâmetros normativos municipais (às vezes os Códigos de Postura Municipais nada se referem a este tipo de empreendimento), melhor que haja um regramento interno para regrar o que será possível, ou não, de ser executado em cada lote, mesmo que de natureza estatutária, como, por exemplo, *restrições convencionais e urbanísticas, típicas deste tipo de empreendimento* (ex.: proibição de construir acima de XX andares; obrigação de realizar somente obras em alvenaria, vedadas construções só em madeira).

16.7.6 Documentos necessários

a) Um requerimento solicitando o registro da instituição condominial em que conste referência expressa aos dispositivos legais supracitados e à legislação municipal específica;

b) Um projeto devidamente aprovado pela Municipalidade, a qual deverá conter:

(i) a legislação que autorize a aprovação deste tipo de empreendimento;

(ii) um memorial descritivo informando todas as particularidades do empreendimento (descrição dos lotes/unidades autônoma com as áreas privativa, comum e fração ideal etc.);

(iii) planta de lotes;

(iv) planilha de cálculo de áreas;

(v) planilha de custos da realização das obras de infraestrutura (normas técnicas fixadas pela ABNT);

(vi) convenção de condomínio (protagonista desta modalidade de empreendimento), na qual deverão constar, entre outras cláusulas previstas em lei, as formas e características que cada construção poderá apresentar, os direitos e deveres de cada condômino etc. (arts. 1.332 e 1.334 do Código Civil);

(vii) ART/RRT quitada; e,

(viii) as aprovações das autoridades competentes (Ex.: Município, Ambiental, METROPLAN etc.).

16.7.7 Da incorporação

Frise-se que a criação deste empreendimento se dará com a incorporação imobiliária (art. 32, da Lei 4.591/1964), com posterior individualização e instituição condominial, ou diretamente com a individualização e instituição condominial (ocorrerá quando o empreendimento já estiver pronto).

É oportuno referir, ainda, que a Lei 10.406/2002 (Código Civil) alterou dispositivos da Lei 4.591/1964, ao prever um capítulo denominado "Do Condomínio Edilício" (art. 1.331 e seguintes).

Porém, é de todo evidente que o art. 8º da Lei 4.591/1964, permanece em pleno vigor, eis que não há previsão em contrário no Código Civil.

16.7.8 Atos registrais

Quanto aos atos registrais a serem praticados, o Registrador deverá ter presente sua aplicação do mesmo modo como qualquer condomínio edilício. O que mudará, entretanto, será a designação da unidade autônoma, que será considerada o lote em si. Então, *os modelos existentes para a aplicação do condomínio edilício servirão, alterando-se apenas a designação de apartamento, por exemplo, por lote.* As áreas de uso comum serão constituídas pelo arruamento interno do empreendimento, guaritas, salões de festas, áreas de recreação como praças, bosques, piscinas etc., cujo uso deverá estar muito bem regrado na Convenção de Condomínio.

Os procedimentos registrais serão os seguintes:

1. A *incorporação imobiliária e a instituição do condomínio serão registradas junto à matrícula da gleba* (Livro 2 – Registro Geral), lembrando que no Rio Grande do Sul é possível a abertura de matrículas das unidades (lotes) ainda sob regime de incorporação, desde que o incorporador requeira tal providência, expressamente.

2. A *conclusão das obras de infraestrutura será averbada (a Certidão de Habite-se se referirá à conclusão das obras de infraestrutura),* também junto à matrícula da gleba (caso tenham sido abertas as matrículas das unidades averbar também nestas).

3. A *convenção de condomínio será registrada em livro próprio (Livro 3 – Registro Auxiliar) e averbada na(s) matrícula(s).* Quando da averbação na matrícula do lote, da existência do registro da convenção condominial, é de bom alvitre que sejam consignadas as principais regras estabelecidas quanto ao uso do solo e restrições edilícias, para sua plena publicidade.

4. Serão abertas matrículas para as unidades autônomas – lotes – para nela serem lançadas as transferências dominiais, as constituições de ônus, as edificações (não interferindo nos cálculos de áreas privativa e comum e de fração ideal), a referência ao registro da convenção de condomínio e todos os demais atos de registro relativos a cada unidade.

16.7.9 Instituição de condomínio

Art. 1.332. Institui-se o condomínio edilício por ato entre vivos ou testamento, [...].

Será registrada, obrigatoriamente, no Registro de Imóveis (art. 167, I, item 17, da Lei 6.015/1973) e deverá conter:

- a discriminação e individualização das unidades de propriedade exclusiva, estremadas umas das outras e das partes comuns;
- a determinação da fração ideal atribuída a cada unidade, relativamente ao terreno e partes comuns;
- o fim a que as unidades se destinam.

A cada unidade imobiliária caberá, como parte inseparável, uma fração ideal no solo e nas outras partes comuns, que será identificada em forma decimal ou ordinária no instrumento de instituição do condomínio (art. 1.331, § 3º, de acordo com a Lei 10.931/2004).

16.7.10 Regulamento Municipal

A tendência é o aumento deste tipo de empreendimento e o Poder Público Municipal deve ter um regramento claro para orientar os instituidores, para que a compensação devida seja justa, inclusive prevista por aqueles que pretendem criar Condomínio de Lotes.

As *formas de compensação têm que estar previstas na lei (Princípio da Legalidade)*, para que *não haja injustiças ou quebra da isonomia* nas contraprestações.

Daí o nosso entendimento da necessidade de Lei Municipal.

16.7.11 Conclusão

O condomínio de lotes é uma realidade nacional que fomenta a economia brasileira, trazendo oportunidades aos empreendedores, investidores, administradores imobiliários e inúmeras vantagens ao Poder Público Municipal, estimulando a construção civil e beneficiando sobremaneira os adquirentes que buscam segurança e lazer.

É um instituto relativamente novo e por estar sendo aplicado recentemente muito estudo ainda será preciso. Por hora, melhor pecar pelo excesso, exigindo a contraprestação e a existência de lei, do que correr riscos.

E apesar de ainda haver alguma polêmica quanto à forma de instituição do condomínio de lotes, é indubitável que ela está plenamente prevista em nosso ordenamento jurídico, sendo inquestionável sua contemplação pela legislação federal e pela legislação municipal reguladora do ordenamento territorial, parcelamento e ocupação do solo. Tanto é verdade, que hoje temos legislação acerca do tema.

De qualquer modo, trata-se de um dos melhores institutos para se empreender com imóveis, tendo em vista que oportuniza que todos os interesses sejam alcançados. O momento atual em que vivemos, de enfrentamento da pandemia da COVID-19, nos faz vislumbrar o advento do chamado "novo normal" e isso impõe que se pense novas formas de construir, de modo a garantir maior bem-estar e segurança aos cidadãos.

Os projetos arquitetônicos certamente serão objeto de reflexão e irão propor novas formas de convivência entre os condôminos e da satisfação de suas necessidades diárias, tais como:

- recebimento de *delivery*;
- ventilação natural;
- aproveitamento da luz solar.

Os futuros conjuntos habitacionais e espaços de *coworkings* certamente terão uma nova roupagem e estruturação diversa das que hoje existem.

É um novel desafio para arquitetos, engenheiros e, especialmente, aos empresários/incorporadores que deverão buscar diferentes formas de pensar e administrar os empreendimentos imobiliários nos próximos anos. O mundo está em transformação e a construção civil também. Neste "novo normal" o Condomínio de Lotes apresenta como uma alternativa para uma vida saudável e segura para moradia, trabalho e lazer.

16.7.12 Questões para estudo:

1ª questão

Lei Municipal: É *obrigatória ou facultativa* a existência de legislação municipal para regrar esta modalidade de empreendimento?

Prudente, neste momento inicial de melhor concretização do instituto criado pelo art. 3º do Decreto-lei 271/1967, que haja o regramento municipal, embora nem o art. 1.358-A do CC, nem o Decreto (art. 65) tenham condicionado sua aplicação à prévia existência de "lei municipal" ou de "lei municipal específica".

Entendo que é necessária a existência de lei municipal autorizando a utilização desta modalidade de empreendimento imobiliário. Para quem entende que precisa constar de norma municipal, o ideal é que se faça constar do *plano diretor* (art. 182, §§ 1º e 2º da CF). No Rio Grande do Sul, porque há autorização legislativa estadual (art. 24, I da CF), como se vê dos arts. 23 e segs. da Lei Estadual 10.116/1994[1], é possível que lei municipal trate do assunto (art. 30, II da CF).

Conforme decidido no RE 607940/DF, julgando tese com repercussão geral:

> Os municípios com mais de vinte mil habitantes e o Distrito Federal podem legislar sobre programas e projetos específicos de ordenamento do espaço urbano por meio de leis que sejam compatíveis com as diretrizes fixadas no plano diretor.

2ª Questão

Nos loteamentos há áreas públicas e há perda de parte da gleba loteada para o poder público. No condomínio edilício só há propriedade particular. No condomínio de lotes também só há propriedade particular. Não se trata de loteamento, razão pela qual não há perda de área para o município. porém, porque se trata de um empreendimento diferenciado, tem-se **solicitado** uma "contraprestação" para que toda a comunidade ganhe junto com o empreendimento.

"Contraprestação": Há a necessidade de alguma *contraprestação* do empreendedor para o Poder Público? Embora isso não esteja explícito nos regramentos vigentes, entendo que todo empreendimento deve beneficiar não só ao que o executa, mas a toda coletividade, razão pela qual entendo devida uma contraprestação.

Como operacionalizar esta contraprestação? A legislação municipal pode disciplinar este ponto?

Entendo que este é o motivo principal de se exigir lei municipal regendo este tipo de empreendimento. *Os Municípios não estarão legislando em matéria de direito civil, exigindo uma doação, mas poderão, valendo-se da autorização de reger seu direito urbanístico, prever um mecanismo de compensação.*

A Lei 13.465/2017 introduziu novidades na Lei 6.766/1979 para tratar deste importante mecanismo de regularização de imóveis ao estabelecer o § 7º do art. 2º e o § 4º do art. 4º. Isso é muito significativo, porquanto faz um elo do instituto em epígrafe com a legislação do parcelamento do solo, o que deve ter repercussão jurídica.

> Art. 4º [...]
>
> § 4º No caso de lotes integrantes de condomínio de lotes, poderão ser instituídas limitações administrativas e direitos reais sobre coisa alheia em benefício do poder público, da população em geral e da proteção da paisagem urbana, tais como servidões de passagem, usufrutos e restrições à construção de muros.

---

1. Assembleia Legislativa do Rio Grande do Sul. Disponível em: <https://www.al.rs.gov.br/legis/M010/M0100099.ASP?Hid_Tipo=TEXTO&Hid_TodasNormas=13479&hTexto=&Hid_IDNorma=13479>. Acesso em 6 dez. 2022

Alguma aplicação concreta deve ser extraída deste dispositivo legal no que tange a este assunto da "contraprestação". No Condomínio de Lotes o Poder Público Municipal também será compensado. O que ocorre nesse caso é uma *compensação* pelas áreas que ficarão inseridas no condomínio, mediante uma contrapartida do incorporador ao ente municipal, na forma de *benfeitorias à cidade*, tais como:

– Asfaltamento de uma via pública;

– Doação de área diversa para a construção de uma escola ou creche municipal;

– Doação de área diversa para uma praça;

– Construção de um prédio público.

Estas benfeitorias *serão realizadas fora do condomínio*, ensejando outras utilidades para o Município, em benefício da comunidade.

Em síntese, *todos ganham!*

O particular que pode se proteger e sua edificação não fica vinculada e a Comunidade com as melhorias alcançadas.

Repisa-se, os benefícios para o Poder Público são inúmeros. Desincumbe-se de prestar uma série de serviços que serão custeados pelos particulares como segurança, manutenção do sistema viário, coleta de lixo, iluminação pública etc.

3ª Questão

Acesso restrito/Propriedade particular: Como se estará tratando com o instituto do Condomínio Edilício, onde está presente apenas a propriedade particular (áreas privativas e áreas de uso comum), não havendo bens públicos relacionados (o que o difere de um loteamento), não há problema algum com muros e cancelas.

Só terá acesso à propriedade particular aqueles que tiverem *vínculo* com a coisa ou *por eles autorizados. Aplica-se a mesma lógica que hoje vale para o acesso aos condomínios de apartamentos.*

Nesse sentido, o art. 78 da Lei 13.465/2017 trouxe alterações para a Lei 6.766/1979, passando a vigorar com as seguintes alterações:

Art. 2º [...]

§ 7º O lote poderá ser constituído sob a forma de imóvel autônomo ou de unidade imobiliária integrante de condomínio de lotes.

§ 8º *Constitui loteamento de acesso controlado* a modalidade de loteamento, definida nos termos do § 1º deste artigo, cujo controle de acesso será regulamentado por ato do poder público Municipal, sendo vedado o impedimento de acesso a pedestres ou a condutores de veículos, não residentes, devidamente identificados ou cadastrados. (grifo nosso)

17
DO REFINANCIAMENTO DA DÍVIDA IMOBILIÁRIA COM TRANSFERÊNCIA DE CREDOR – SUB-ROGAÇÃO (LEI 12.703, DE 07 DE AGOSTO DE 2012, ALTERADA PELA LEI 12.810, DE 15 DE MAIO DE 2013 E LEI 13.476, DE 28 DE AGOSTO DE 2017)

A sub-rogação de dívida, com transferência de alienação fiduciária de bem imóvel em garantia, foi criada com o objetivo de possibilitar ao devedor a obtenção de financiamento com redução de taxas e melhores condições gerais adequadas à capacidade de pagamento do devedor/confitente fiduciante, a exemplo de outros países. A Lei 12.703, de 08 de agosto de 2012, que converteu a Medida Provisória 567, de 03 de maio de 2012, trouxe, na oportunidade, ao ordenamento jurídico registral a figura da portabilidade do financiamento, surgindo para acompanhar a tendência do mercado financeiro.

Desde o advento da Lei 12.703, de 07 de agosto de 2012, muitas foram as discussões entre os Oficiais Registradores acerca da implementação e operacionalização dos contratos de transferência de financiamento com alienação fiduciária de bem imóvel em garantia, especialmente no que se refere à quitação do financiamento anterior e, consequentemente, à forma de participação do credor original na nova contratação. Alguns defendiam que esta participação era dispensável, considerando que não havia necessidade de o Registrador solicitar qualquer título que comprovasse o adimplemento das obrigações do devedor perante a instituição financeira credora original. Outros, mais arraigados ao Princípio da Segurança Jurídica, entendiam que era fundamental que o credor original fosse parte interveniente nos contratos de transferência de financiamento ou, na ausência desta intervenção, que fosse apresentado documento apartado, no qual o credor original declarasse o saldo devedor e a extinção de todas as obrigações do devedor por conta do registro do novo contrato.

Pode-se dizer que a divisão de pensamentos fundou-se, em especial, na redação do art. 5º da Lei 12.703 que acrescentou o § 3º do art. 25 da Lei 9.514/1997, que previa a dispensa da prévia averbação da quitação do financiamento imobiliário, autorizando um único registro – o da transferência do financiamento e da garantia imóvel. Enquanto os que consideravam desnecessária a participação do credor original justificavam tal posicionamento na previsão legal da não emissão dos termos de quitação do financiamento original, outros afirmavam que este mesmo dispositivo legal deixava indubitável a ocorrência do evento quitação, servindo apenas para dispensar sua averbação prévia na matrícula, porém não eximindo o credor original de intervir na transferência atestando o saldo devedor e a quitação das obrigações.

Passados 09 (nove) meses da publicação da referida Lei 12.703, após extensos debates e alguns contratempos, não tardou para que o legislador sanasse as omissões e imprecisões do texto legal com a aprovação e publicação, em 15 de maio de 2013, da Lei 12.810 que, por sua vez, deixou cristalina a importância da atuação do credor original no processo de transferência do financiamento imobiliário, inserindo na LRP a averbação da sub-rogação da dívida e da garantia fiduciária/hipotecária. No novo contexto legal ele não só tem o dever de informar o saldo devedor do contrato original e de atestar o recebimento dos valores a ele devidos, como também tem o direito de tomar conhecimento da proposta de financiamento da instituição financeira proponente e, mais, o direito de no prazo de 05 (cinco) dias cobrir a proposta e manter o cliente e o contrato de financiamento, conforme se vê da leitura dos arts. 33-A a 33-F do novo Capítulo II-A acrescentado à Lei 9.514/1997 pelo art. 34 da Lei 12.810/2013.

Inicia o Capítulo II-A tratando da sistemática básica da transferência, conferindo o prazo de 02 (dois) dias úteis para o credor original fornecer o documento hábil para a operacionalização do negócio jurídico:

CAPÍTULO II-A
DO REFINANCIAMENTO COM TRANSFERÊNCIA DE CREDOR

Art. 33-A. A transferência de dívida de financiamento imobiliário com garantia real, de um credor para outro, inclusive sob a forma de sub-rogação, obriga o credor original a emitir documento que ateste, para todos os fins de direito, inclusive para efeito de averbação, a validade da transferência.

Parágrafo único. A emissão do documento será feita no prazo máximo de 2 (dois) dias úteis após a quitação da dívida original.

Em seguida, confere ao novo credor a obrigação de fornecer ao credor original as condições de financiamento, bem como estipula prazo para que este solicite o envio dos recursos necessários para efetivar a transferência. Abre a possibilidade, ainda, da desistência do mutuário em proceder à transferência, desde que não tenha sido encaminhada a solicitação de envio dos recursos:

Art. 33-B. Para fins de efetivação do disposto no art. 33-A, a nova instituição credora deverá informar à instituição credora original, por documento escrito ou, quando solicitado, eletrônico, as condições de financiamento oferecidas ao mutuário, inclusive as seguintes:

I – a taxa de juros do financiamento;

II – o custo efetivo total;

III – o prazo da operação;

IV – o sistema de pagamento utilizado; e

V – o valor das prestações.

§ 1º A instituição credora original terá prazo máximo de 5 (cinco) dias úteis, contados do recebimento das informações de que trata o caput, para solicitar à instituição proponente da transferência o envio dos recursos necessários para efetivar a transferência;

§ 2º O mutuário da instituição credora original poderá, a qualquer tempo, enquanto não encaminhada a solicitação de envio dos recursos necessários para efetivar a transferência de que trata o § 1º, decidir pela não efetivação da transferência, sendo vedada a cobrança de qualquer tipo de ônus ou custa por parte das instituições envolvidas;

§ 3º A eventual desistência do mutuário deverá ser informada à instituição credora original, que terá até 2 (dois) dias úteis para transmiti-la à instituição proponente da transferência.

Ao que parece, fundado nos princípios da liberdade de contratação e da livre concorrência, assegura ao mutuário o direito de que as informações sobre o seu financiamento original sejam fornecidas a qualquer tempo a terceiros, desde que por ele autorizado, asseverando que o credor original jamais poderá se recusar a prestar ditas informações:

Art. 33-C. O credor original deverá fornecer a terceiros, sempre que formalmente solicitado pelo mutuário, as informações sobre o crédito que se fizerem necessárias para viabilizar a transferência referida no art. 33-A.

Parágrafo único. O credor original não poderá realizar ações que impeçam, limitem ou dificultem o fornecimento das informações requeridas na forma do caput.

Por fim, disciplina regras relativas às transações internas das instituições financeiras que são necessárias à operacionalização da transferência de financiamento, dando ao Conselho Monetário Nacional e ao Conselho Curador do Fundo de Garantia do Tempo de Serviço a faculdade de expedição de instruções normativas para tanto.

Art. 33-D. A instituição credora original poderá exigir ressarcimento financeiro pelo custo de originação da operação de crédito, o qual não poderá ser repassado ao mutuário.

§ 1º O ressarcimento disposto no caput deverá ser proporcional ao valor do saldo devedor apurado à época da transferência e decrescente com o decurso de prazo desde a assinatura do contrato, cabendo sua liquidação à instituição proponente da transferência;

§ 2º O Conselho Monetário Nacional disciplinará o disposto neste artigo, podendo inclusive limitar o ressarcimento considerando o tipo de operação de crédito ou o prazo decorrido desde a assinatura do contrato de crédito com a instituição credora original até o momento da transferência.

Art. 33-E. O Conselho Monetário Nacional e o Conselho Curador do Fundo de Garantia do Tempo de Serviço, no âmbito de suas respectivas competências, expedirão as instruções que se fizerem necessárias à execução do disposto no parágrafo único do art. 31 e nos arts. 33-A a 33-D desta Lei.

Art. 33-F. O disposto nos arts. 33-A a 33-E desta Lei não se aplica às operações de transferência de dívida decorrentes de cessão de crédito entre entidades que compõem o Sistema Financeiro da Habitação, desde que a citada transferência independa de manifestação do mutuário.

Além do acréscimo do referido Capítulo II-A na Lei 9.514/1997, a Lei 12.810, no seu art. 38, revogou expressamente o polêmico § 3º do art. 25 da referida Lei 9.514/1997, acrescentou o parágrafo único ao art. 31 da mesma lei e modificou a redação do item n. 30 do inciso II do art. 167 da Lei 6.015/1973 – Lei dos Registros Públicos – alterada novamente, em 2022, pela Lei 14.382. Com isso, rebatizou o instituto como sub-rogação, excluindo a inadequada expressão "portabilidade", inicialmente denominada, e lançando-o ao jugo da regra do art. 347 do Código Civil Brasileiro.

Reproduz-se, a seguir, a legislação citada:

Lei 9.514/1997:

Art. 31. O fiador ou terceiro interessado que pagar a dívida ficará sub-rogado, de pleno direito, no crédito e na propriedade fiduciária.

Parágrafo único. Nos casos de transferência de financiamento para outra instituição financeira, o pagamento da dívida à instituição credora original poderá ser feito, a favor do mutuário, pela nova instituição credora.

Lei 6.015/1973:

Art. 167. No Registro de Imóveis, além da matrícula, serão feitos:

[...]

II – a averbação:

[...]

30. Da sub-rogação de dívida, da respectiva garantia fiduciária ou hipotecária e da alteração das condições contratuais, em nome do credor que venha a assumir essa condição nos termos do art. 31 da Lei 9.514, de 20 de novembro de 1997, ou do art. 347 da Lei 10.406, de 10 de janeiro de 2002 (Código Civil), realizada em ato único, a requerimento do interessado, instruído com documento comprobatório firmado pelo credor original e pelo mutuário, ressalvado o disposto no item 35 deste inciso.

Lei 10.402/2002:

Art. 347. A sub-rogação é convencional:

I – quando o credor recebe o pagamento de terceiro e expressamente lhe transfere todos os seus direitos;

II – quando terceira pessoa empresta ao devedor a quantia precisa para solver a dívida, sob a condição expressa de ficar o mutuante sub-rogado nos direitos do credor satisfeito.

Portanto, em sendo sub-rogação, conclui-se que o modo de formalização dos contratos de transferência de financiamento com alienação fiduciária de bem imóvel em garantia e as exigências para o seu acesso ao álbum registral se assemelham às dos contratos de sub-rogação. Ou seja, é indispensável a participação do credor originário para transferir ao novo credor todos os direitos que possui no contrato, liberando, assim, o devedor de obrigações para consigo.

Por conseguinte, a ótica adotada pelo legislador na nova Lei 12.810 de 2013 veio confirmar a tese daqueles que defenderam e defendem a essencialidade da participação do credor original para conferir eficácia aos contratos e, desta forma, abalizar sua averbação na matrícula do imóvel objeto da garantia fiduciária.

Além disso, a legislação supramencionada teve modificação no texto do art. 26 e recebeu novo artigo pela Lei 13.476/2017:

> Lei 12.810/2013:
>
> Art. 26. A constituição de gravames e ônus, inclusive para fins de publicidade e eficácia perante terceiros, sobre ativos financeiros e valores mobiliários objeto de registro ou de depósito centralizado será realizada, exclusivamente, nas entidades registradoras ou nos depositários centrais em que os ativos financeiros e valores mobiliários estejam registrados ou depositados, independentemente da natureza do negócio jurídico a que digam respeito.
>
> § 1º Para fins de constituição de gravames e ônus sobre ativos financeiros e valores mobiliários que não estejam registrados ou depositados nas entidades registradoras ou nos depositários centrais, aplica-se o disposto nas respectivas legislações específicas;
>
> § 2º A constituição de gravames e ônus de que trata o caput deste artigo poderá ser realizada de forma individualizada ou universal, por meio de mecanismos de identificação e agrupamento definidos pelas entidades registradoras ou pelos depositários centrais de ativos financeiros e valores mobiliários;
>
> § 3º Nas hipóteses em que a lei exigir instrumento ou disposição contratual específica para a constituição de gravames e ônus, deverá o instrumento ser registrado na entidade registradora ou no depositário central, para os fins previstos no caput deste artigo;
>
> § 4º Compete ao Banco Central do Brasil e à Comissão de Valores Mobiliários, no âmbito de suas competências, estabelecer as condições para a constituição de gravames e ônus prevista neste artigo pelas entidades registradoras ou pelos depositários centrais, inclusive no que concerne ao acesso à informação;
>
> § 5º Compete ao Banco Central do Brasil, no âmbito de suas atribuições legais, monitorar as operações de crédito afetadas pelo disposto neste artigo, com a verificação do nível de redução do custo médio dessas operações, a ser divulgado mensalmente, na forma do regulamento.
>
> Art. 26-A. Compete ao Conselho Monetário Nacional:
>
> I – disciplinar a exigência de registro ou de depósito centralizado de ativos financeiros e valores mobiliários por instituições financeiras e demais instituições autorizadas a funcionar pelo Banco Central do Brasil, inclusive no que se refere à constituição dos gravames e ônus prevista no art. 26 desta Lei; e

II – dispor sobre os ativos financeiros que serão considerados para fins do registro e do depósito centralizado de que trata esta Lei, inclusive no que se refere à constituição de gravames e ônus referida no art. 26 desta Lei, em função de sua inserção em operações no âmbito do sistema financeiro nacional.

Importante é ficar atento às futuras instruções que o Conselho Monetário Nacional e o Conselho Curador do Fundo de Garantia do Tempo de Serviço, em cumprimento ao disposto no art. 33-E da Lei 9.514/1997, venham a expedir para a execução do disposto no parágrafo único do art. 31 e nos arts. 33-A a 33-D da mesma Lei Federal. Possivelmente essas regras terão impacto direto na operacionalização dos contratos de transferência de financiamento com alienação fiduciária de bem imóvel em garantia e, consequentemente, nos requisitos que deverão ser observados pelo Registrador para autorizar a averbação dos contratos na(s) matrícula(s) do(s) imóvel(is) objeto(s) da garantia. Por ora, com base na legislação vigente, sugere-se que o ato seja praticado conforme o modelo abaixo.

MODELOS

AVERBAÇÃO DE SUB-ROGAÇÃO DA DÍVIDA E DA GARANTIA FIDUCIÁRIA

AV-0/00000 (AV-___/_____), em __/__/2022.

SUB-ROGAÇÃO DA DÍVIDA E DA GARANTIA FIDUCIÁRIA – Nos termos do instrumento particular, com efeito de escritura pública, de sub-rogação de financiamento imobiliário e transferência de alienação fiduciária de bem imóvel em garantia, de acordo com as normas do Sistema Financeiro da Habitação (SFH) e de outras avenças, celebrado em ___ de _____ de 2022, pelo credor/fiduciário (novo credor _____ qualificação), representado por seu procurador _____; e pela devedora/fiduciante _____, já qualificada; e de conformidade com o instrumento particular, nos termos do art. 33-A da Lei 9.514/1997, firmado em ___ de _____ de 2022 pela credora do financiamento originário no R-__ (credor original), já qualificada, fica constando que em virtude da sub-rogação da dívida e da garantia fiduciária (transferência de dívida de financiamento imobiliário com garantia real) esta última declarou ter recebido o saldo devedor do financiamento primitivo, pelo que deu plena e irrevogável quitação a devedora. Fica constando ainda que o saldo devedor remanescente do financiamento objeto do R-__, de responsabilidade da devedora, importa em R$_____ (_____reais), permanecendo a alienação fiduciária do R-__, tendo como novo credor o (nome do novo credor), já qualificado. Fica constando finalmente, que o PRAZO é de _____ (___) meses, com a TAXA DE JUROS constante no contrato e a FORMA DE PAGAMENTO é de ____ (___) prestações mensais e sucessivas, sendo o valor total inicial da primeira de R$____ (_____reais), com vencimento para ___/___/2022 e as demais em igual dia dos meses subsequentes. O OBJETO DA GARANTIA, em alienação fiduciária, nos termos do art. 22 da Lei 9.514, de 20 de novembro de 1997, é o imóvel objeto desta matrícula, em caráter fiduciário, sendo que o VALOR DA GARANTIA, para efeitos do art. 24, VI, da Lei 9.514/1997, é de R$____ (____ reais) e o PRAZO DE CARÊNCIA para os fins previstos no art. 26 e parágrafos, da Lei 9.514/1997, é de _____ (___) dias, contados da data do vencimento do primeiro encargo mensal vencido e não pago, conferindo ao credor o direito de intimar o(s) devedor(es) na forma e para os efeitos do referido artigo. As demais condições constam dos instrumentos arquivados neste Ofício.

PROTOCOLO – Título apontado sob o número 000.000, em 00/00/2022.

Porto Alegre, ____ de _____ de 2022.

Registrador/Substituto(a)/Escrevente Autorizado(a):_____.

EMOLUMENTOS – R$____.

NOTÍCIA DE PENHORA

AV-__/M-__(AV- /_____), em ____ de ____ de _____.

NOTÍCIA SOBRE EXISTÊNCIA DE PENHORA – Procede-se a esta averbação nos termos do art. 647 da Consolidação Normativa Notarial e Registral, Provimento n. 001/2020-CGJ, para ficar constando que foi protocolada sob o n. _____, em ___ de ___ de _____, o Ofício/Mandado de Registro de Penhora datado de ___ de ___ de _____, oriundo da ____ Vara do Trabalho da Comarca de _____, extraído dos autos do Processo n. _____, em que são partes, _____, como reclamante, e _____, como parte reclamada, o qual foi devolvido ao apresentante, por não preencher os requisitos exigidos pela Lei de Registros Públicos.

PROTOCOLO – Título apontado sob o n. _____, em ___ de ___ de _____.

Local e data.

Registrador e/ou Substituto: _____

EMOLUMENTOS – R$____ - Selo de Fiscalização: _____

Finalidade: presunção absoluta de conhecimento por terceiros, a respectiva averbação no Ofício Imobiliário.

AVERBAÇÃO DE CERTIDÃO ACAUTELATÓRIA

AV-__/M-__(AV- /_____), em ____ de ____ de _____.

AJUIZAMENTO DE EXECUÇÃO – CERTIDÃO ACAUTELATÓRIA – Nos termos do requerimento firmado em ____ de ____ de _____, instruído com a certidão passada em ____ de ____ de _____, pelo Contador Distribuidor do Foro desta Comarca, _____, fica constando que foi ajuizado/distribuído, em ____ de ____ de _____, o Processo de Execução de Título Judicial, registrado sob o n. _____, à ___Vara Judicial desta Comarca, em que figuram como exequente, _____, com CPF sob o n. _____, residente nesta cidade, na Rua _____ n. ___, e como executado _____, com CPF sob o n. _____ residente nesta cidade, na Rua _____, cujo valor da causa é de R$_____ (*por extenso*).

PROTOCOLO – Título apontado sob o n. _____, em ___ de ___ de _____.

Registrador e/ou Substituto: _____

EMOLUMENTOS – R$_____. Selo de Fiscalização _____

AVERBAÇÃO DE PENHORA

AV-__/M-__(AV- /_____), em ____ de ____ de _____.

PENHORA – Nos termos Ofício/Mandado de Averbação de Penhora n. _____, passado em __ de __ de _____ e Auto de Penhora e Avaliação, datado de ____ de ____ de _____, oriundos da __ Vara do Trabalho de _____, extraídos dos autos do Processo de Execução Trabalhista n. _____ Reclamatória-Ordinário e assinado pela Excelentíssima Senhora Doutora _____, Juíza do Trabalho, fica constando que o imóvel objeto desta matrícula, foi penhorado no processo suprarreferido, em que é credor/exequente, _____, brasileiro, solteiro, maior, com CTPS sob o n. _____, expedida pelo DRT/RS e com CPF/MF sob o n. _____, residente e domiciliado na Rua _____, n. _____, Bairro _____, na cidade de _____; e, devedor/executado, _____, já qualificada, para pagamento da dívida no valor de R$ _____ (*por extenso*), tendo sido nomeado como depositário, _____. As demais condições constam do Ofício/Mandado, arquivado nesta Serventia.

PROTOCOLO – Título apontado sob o n. _____, em ___ de ___ de _____.
Local e data.
Registrador e/ou Substituto: _____
EMOLUMENTOS – R$_____. Selo de Fiscalização _____.

Estando o imóvel em nome de terceiro que não o executado, deverá ser devolvida a ordem de registro, com nota de impugnação. Outrossim, poderá ser procedido o registro/averbação no caso de reconhecimento de fraude à execução.

No RS, se o título não preencher os requisitos legais/formais, deverá o registrador noticiar a existência da penhora através de averbação na matrícula e/ou à margem da transcrição (art. 647 da CNNR).

As penhoras oriundas de execução fiscal serão AVERBADAS mediante a simples entrega, pelo Oficial de Justiça, da cópia autenticada da inicial, do despacho judicial e do auto de penhora.

SOLICITAÇÃO DE CERTIDÃO (ARTS. 417 E SS. DA CNNR-CGJ)

AV-__/M-__(AV- /_____), em ____ de ____ de _____.

SOLICITAÇÃO DE CERTIDÃO PARA FINS DE ALIENAÇÃO – Nos termos da solicitação de certidão acautelatória, firmada em __ de __ de _____, por _____, já qualificado, na qualidade de promitente vendedor; e, _____, com CPF/MF sob o n. _____, na qualidade de promitente comprador, fica constando que nesta data, expedi CERTIDÃO ACAUTELATÓRIA, a qual terá seus efeitos cessados automaticamente, decorridos 30 (trinta) dias desta averbação.

PROTOCOLO – Título apontado sob o n. _____, em ___ de ___ de _____.

Local e data.

Registrador e/ou Substituto :_____.

EMOLUMENTOS – R$_____. Selo de Fiscalização _____.

NOTÍCIA DE PROCEDIMENTO DE USUCAPIÃO

AV-6/M-100.000 (AV-seis/M-cem mil), em 11/4/2017.

NOTÍCIA DE PROCEDIMENTO DE USUCAPIÃO EXTRAJUDICIAL – Nos termos do requerimento datado de 19 de março de 2017, firmado por FULANO DE TAL, fica constando que para fins de publicidade foi protocolado neste Ofício pedido de usucapião extrajudicial, tendo como objeto o imóvel desta matrícula/transcrição, cujo procedimento tramita de acordo com o disposto no art. 216-A da Lei 6.015/1973.

PROTOCOLO – Título apontado sob o n. _____, em ___ de ___ de _____.

Local e data.

Registrador e/ou Substituto:_____.

EMOLUMENTOS – R$_____. Selo de fiscalização _____.

ABERTURA DE MATRÍCULA

IMÓVEL – TERRENO URBANO encravado aos fundos do imóvel que faz frente à Rua Argentina, sem saída para via pública, com a área superficial de cento e dez metros e sessenta decímetros quadrados (110,60m²), situado no Bairro Brasil, nesta Capital, com as seguintes dimensões e confrontações: AO NORTE, na extensão de sete metros e noventa centímetros (7,90m), com o imóvel da M-80.000, de propriedade de Castro Alves; AO SUL, na mesma extensão, com o imóvel da M-9.000, de propriedade de José Bonifácio; AO LESTE, na extensão de quatorze metros (14,00m), com o imóvel da M-59.000, de propriedade de Luis de Camões; e, AO OESTE, na mesma extensão, com os imóveis das M-47.000 (Edifício Brasil) e M-48.000 de propriedade de Rui Barbosa, distando esta face, trinta e três metros (33,00m), da Rua Argentina.

QUARTEIRÃO – É formado pelas Ruas São Carlos, Comendador Coruja, Pelotas e pela Avenida Cristóvão Colombo.

PROPRIETÁRIA – BELTRANA DA SILVA, casada com CRICRANO DA SILVA.

TÍTULO AQUISITIVO – T-15.000, folha 100 do Livro 3-AD, de 21 de junho de 1935, deste Ofício.

Local e data.

Registrador e/ou Substituto :_____.

EMOLUMENTOS – R$_____. Selo de fiscalização _____.

R-1/M-10.000(R-um/M-dez mil), em 6/3/2022.

TÍTULO – Usucapião Extrajudicial

ADQUIRENTE – FULANA DE TAL, brasileira, viúva, aposentada, inscrita no CPF/MF n. ____ e no RG n. ____, expedido por ____, residente e domiciliada na Rua ____, nesta Capital.

FORMA DO TÍTULO – Requerimento de usucapião extrajudicial, datado de 9 de maio de 2016, escritura pública de ata notarial atestando o tempo de posse, de 5 de maio de 2016, lavrada no XXº Tabelionato de Notas desta Capital, sob número ____, folha(s) ____ do livro número ____, e acompanhados da documentação concernente ao procedimento, nos termos do artigo 216-A da Lei Federal 6.015/73 – LRP – Lei dos Registros Públicos, com redação dada pelo artigo 1.071 da Lei Federal 13.105 de 16 de março de 2015 – Código de Processo Civil – CPC.

IMÓVEL – O constante desta matrícula.

VALOR – R$200.000,00 (duzentos mil reais).

CONDIÇÕES – Não constam.

EMISSÃO DA DOI – Foi emitida a DOI, nos termos da legislação vigente.

PROTOCOLO – Título apontado sob o n. ____, em ___ de ___ de _____.

Local e data.

Registrador e/ou Substituto : _____.

EMOLUMENTOS – R$_____. Selo de fiscalização _____.

18
COMENTÁRIOS SOBRE AS ALTERAÇÕES NO PROCEDIMENTO DA ALIENAÇÃO FIDUCIÁRIA DE BENS IMÓVEIS EM VIRTUDE DA LEI 13.465/2017

Dispõe sobre a regularização fundiária rural e urbana, sobre a liquidação de créditos concedidos aos assentados da reforma agrária e sobre a regularização fundiária no âmbito da Amazônia Legal, institui mecanismos para aprimorar a eficiência dos procedimentos de alienação de imóveis da União, altera, entre outras, a Lei 9.514/1997 e dá outras providências.

Art. 67. A Lei 9.514, de 20 de novembro de 1997, passa a vigorar com as seguintes alterações:

Art. 24. [...].
Parágrafo único. Caso o valor do imóvel convencionado pelas partes nos termos do inciso VI do caput deste artigo seja inferior ao utilizado pelo órgão competente como base de cálculo para a apuração do imposto sobre transmissão inter vivos, exigível por força da consolidação da propriedade em nome do credor fiduciário, *este último será o valor mínimo para efeito de venda do imóvel no primeiro leilão*. (grifei)

Comentário: Antes, estava no âmbito dos contratantes pactuar o valor do imóvel para fins do leilão. Agora é a lei que rege a matéria. Como? Utilizando o valor da base de cálculo do ITBI quando da averbação de consolidação da propriedade plena para fins de alienação no primeiro leilão (ver ainda a alteração no art. 27, § 1º). Segundo Mauro Antônio Rocha[1], "O leitmotiv dessa alteração (inclusão de §único ao art. 24 da Lei 9.514/1997) é a fixação de um piso legal que impeça, independentemente do efetivo valor de mercado do imóvel, que o valor de venda em leilão seja objeto de discussão judicial, principalmente quanto a milhares de contratos vigentes que estabeleceram a simples atualização monetária

---

1. Alienação fiduciária – mudanças legais à vista. Disponível em: http://cartorios.org/2017/07/03/alienacao-fiduciaria-mudancas-legais-a-vista/. Acesso em 1º out. 2022.

como critério de revisão do valor do bem". Tal providência precisará passar pelo crivo da qualificação no Registro de Imóveis.

Art. 26. [...].

§ 3º-A. Quando, por duas vezes, o oficial de registro de imóveis ou de registro de títulos e documentos ou o serventuário por eles credenciado houver procurado o intimando em seu domicílio ou residência sem o encontrar, *deverá, havendo suspeita motivada de ocultação, intimar qualquer pessoa da família ou, em sua falta, qualquer vizinho de que, no dia útil imediato, retornará ao imóvel, a fim de efetuar a intimação, na hora que designar*, aplicando-se subsidiariamente o disposto nos arts. 252, 253 e 254 da Lei 13.105, de 16 de março de 2015 (Código de Processo Civil). (grifei)

Comentário: A lei agora passa a prever a intimação com hora certa no procedimento extrajudicial para constituição em mora. Aplica-se aos casos em que há suspeita motivada de ocultação que tem frustrado alguns procedimentos de intimação. Trata-se de regra similar à criada pelos arts. 252 e 275, § 2º do CPC. Cuidar que a intimação não poderá ser para qualquer pessoa, mas para pessoa da família, ou, em sua falta, para qualquer vizinho. Ainda, quando a lei se reporta aos arts. 252 ao 254 do CPC, estabelece condicionante que se relaciona ao envio de comunicação, no prazo de dez (10) dias, ao endereço do intimado lhe informando acerca do resultado do ato de intimação por hora certa. Quando o Registro de Imóveis solicita ao Registro de Títulos e Documentos a prática da intimação (art. 26, § 3º da Lei 9.514/1997) será este quem deverá remeter a comunicação, entendendo-se a "juntada do mandado aos autos" (art. 254 do CPC) à devolução, pelo intimador, da intimação cumprida, ao Registrador de Títulos e Documentos, que providenciará na comunicação ao devedor fiduciante. Com efeito, para atender ao disposto na parte final do art. 254 do CPC ("... dando-lhe de tudo ciência"), só quem fez a diligência é que terá condição de informar todas as ocorrências e circunstâncias quando da realização da intimação. Não há como tocar ao Registro de Imóveis tal incumbência, frise-se, quando este solicita ao Registro de Títulos e Documentos a realização da intimação, porque não terá condições de dar ciência de todo o ocorrido ao devedor fiduciante, uma vez que a diligência fora praticada por outro Registrador, que é o Registrador de Títulos e Documentos.

§ 3º-B. Nos condomínios edilícios ou outras espécies de conjuntos imobiliários com controle de acesso, a intimação de que trata o § 3º-A poderá ser feita ao funcionário da portaria responsável pelo recebimento de correspondência.

Comentário: Igualmente, regra similar à do art. 248, §4º do CPC. Neste caso, o responsável pelo recebimento da correspondência poderá se recusar a receber se declarar, por escrito, sob as penas da lei, que o destinatário da correspondência está ausente. Aqui em Porto Alegre o cuidado deverá ser tomado, em primeiro lugar, pelo Registro de Títulos e Documentos, e, depois, pelo Conferente da regularidade do procedimento internamente no Registro de Imóveis.

> Art. 26-A. Os procedimentos de cobrança, purgação de mora e consolidação da propriedade fiduciária relativos às operações de financiamento habitacional, inclusive as operações do Programa Minha Casa, Minha Vida, instituído pela Lei 11.977, de 7 de julho de 2009, com recursos advindos da integralização de cotas no Fundo de Arrendamento Residencial (FAR), sujeitam-se às normas especiais estabelecidas neste artigo.
>
> § 1º A consolidação da propriedade em nome do credor fiduciário será averbada no registro de imóveis trinta dias após a expiração do prazo para purgação da mora de que trata o § 1º do art. 26 desta Lei.

Comentário: Relevantes alterações que indicam os marcos temporais a serem observados pelo Registro de Imóveis. Agora ficou esclarecido um prazo para o credor fiduciário averbar a consolidação em decorrência de alienação fiduciária que garante contratos de financiamentos habitacionais. Mas alguns problemas precisarão ser enfrentados em decorrência das dúvidas suscitadas pelo texto legal. São eles:

a) O prazo indicado na norma pode ser considerado um "prazo fatal" ou, por não ter sido prevista uma sanção, a regra ora introduzida trata-se apenas de uma sugestão do legislador a respeito de prazo para que o credor fiduciário aja em prol da regularização dos seus direitos? Relevante a discussão porque não está previsto o efeito do descumprimento do prazo. E se o credor fiduciário não requerer a averbação de consolidação da propriedade no prazo ora estabelecido? Os Registradores de Imóveis de Porto Alegre entendem que "sendo requisitada a referida averbação em data posterior tem-se como válido o procedimento intimatório já realizado".

b) A disposição do § 1º deve ser lida em compasso com o *caput*. No caso, o caput refere-se aos "financiamentos habitacionais". Assim, questiona-se se o novel regramento aplicar-se-á a todos os casos envolvendo a alienação fiduciária, ou somente àqueles que envolvam "financiamentos habitacionais"? Salvo melhor juízo, somente a estes. Logo, numa contratação privada de garantia envolvendo a alienação fiduciária, que em nada se refira a financiamento habitacional, não se aplicará o prazo de 30 dias para a averbação da consolidação da propriedade plena. Entretanto, tal interpretação (literal) pode ser mais onerosa para quem opera os financiamentos habitacionais.

c) A expressão "expiração do prazo para purgação da mora" representa a certificação pelo Oficial de Registro da "constituição em mora" do devedor fiduciante. Assim, o prazo para ser observado pelo credor fiduciário contar-se-á de tal certificação. Questiona-se: Pode o credor apresentar o requerimento, a certidão de constituição em mora e a guia de reconhecimento do ITBI antes dos 30 dias? Certamente que sim, todavia o lançamento da averbação de consolidação só poderá ser efetuado após o prazo. E se o credor fiduciário não apresentar os documentos necessários após o prazo fatal? Novo procedimento de intimação deverá ser inaugurado, encerrando-se o anterior que não foi levado a termo pelo credor fiduciário? A desídia do credor fiduciário, no caso, será causa para a instalação de novo procedimento? Ou o prazo ora previsto indica a última oportunidade dada ao devedor fiduciante para encontrar forças para honrar seus compromissos, mantendo o contrato hígido, o que em última análise interessa a todos? Comungamos com o mesmo entendimento dos Registradores de Imóveis de Porto Alegre, os quais, reitera-se, entendem que se mantém válido o expediente de intimação já realizado, embora ultrapassado o prazo previsto.

d) Para os procedimentos encerrados ou em curso quando da entrada em vigor das alterações será aplicável o referido prazo? Salvo melhor juízo entende-se que sim, porque norma de caráter procedimental tem aplicação imediata. É possível ventilar a hipótese de que o legislador previu um prazo simbólico de 30 dias (a exemplo do prazo para abrir um inventário), a fim de que os expedientes de intimação, uma vez ocorrida a constituição em mora, não fiquem sem ter um curso final, permanecendo em aberto indefinidamente, o que atenta contra a segurança jurídica.

§ 2º Até a data da averbação da consolidação da propriedade fiduciária, é assegurado ao devedor fiduciante pagar as parcelas da dívida vencidas e as despesas de que trata o inciso II do § 3º do art. 27, hipótese em que convalescerá o contrato de alienação fiduciária.

Comentário: Ficou elucidado que até a data da averbação da consolidação da propriedade é possível a purgação da mora, convalidando o contrato. Assim, parece estar resolvido o impasse que indicava não ser possível haver a purgação da mora após averbação da consolidação. Possível é, mas, se tal circunstância se implementar o legislador tratou de elucidar os efeitos, devendo-se realizar novo contrato e novo registro. Analisando este dispositivo com o agora previsto no art. 26-A, § 1º o prazo fatal para a purgação da mora passará a ser, por via reflexa, de 45 (quarenta e cinco) dias, e não mais de 15 (quinze) dias, pois o credor fiduciário terá 30 (trinta) dias após a expiração do prazo para purgação da mora para providenciar na averbação da consolidação da propriedade, momento definido como o rompimento do vínculo de direito real entre o devedor fiduciário e o imóvel. Neste sentido, atentar-se para a observação no art. 27, § 2º-B, onde consta menção expressa ao "direito de preferência" do devedor na aquisição no leilão, o que se trata de relevante novidade, bem como para a menção de "nova aquisição do imóvel". Em face da maior proteção do devedor fiduciante, entende-se que a contagem do prazo é em dias úteis.

> Art. 27. [...]
>
> § 1º Se no primeiro leilão público o maior lance oferecido for inferior ao valor do imóvel, estipulado na forma do inciso VI e do parágrafo único do art. 24 desta Lei, será realizado o segundo leilão nos quinze dias seguintes.

Comentário: Ver ponderação feita para o art. 24, parágrafo único. A qualificação do Registro de Imóveis deverá verificar.

> § 2º-A. Para os fins do disposto nos §§ 1º e 2º deste artigo, as datas, horários e locais dos leilões serão comunicados ao devedor mediante correspondência dirigida aos endereços constantes do contrato, inclusive ao endereço eletrônico.

Comentário: Observando decisões judiciais lei está sendo atualizada para deixar explícita a obrigação de comunicar o devedor acerca da realização do leilão. Prova a ser aferida pelo Registro de Imóveis, pois pode ser anulado o procedimento se o devedor não for comunicado sobre o leilão. Qual o documento que provará a realização desta comunicação? Salvo melhor juízo, declaração firmada pelo credor fiduciário, sob as penas da lei, de que foi dado conhecimento ao devedor fiduciante acerca das datas, horários e locais dos leilões; ou, e-mail remetido ao devedor fiduciante tendo em vista a autorização legal para a remessa por meio eletrônico (ver arts. 193 e segs. do Código de Processo Civil). Recentemente foi publicado o Provimento 61 do Conselho Nacional de Justiça (CNJ), que orienta os órgãos judiciais e os serviços notariais e registrais a exigirem que dos documentos apresentados conste o endereço eletrônico das partes, o que pode auxiliar no cumprimento da obrigação ora prevista.

> § 2º-B Após a averbação da consolidação da propriedade fiduciária no patrimônio do credor fiduciário e até a data da realização do segundo leilão, é assegurado ao devedor fiduciante o direito de preferência para adquirir o imóvel por preço correspondente ao valor da dívida, somado aos encargos e despesas de que trata o § 2º deste artigo, aos valores correspondentes ao imposto sobre transmissão inter vivos e ao laudêmio, se for o caso, pagos para efeito de consolidação da propriedade fiduciária no patrimônio do credor fiduciário, e às despesas inerentes ao procedimento de cobrança e leilão, incumbindo, também, ao devedor fiduciante o pagamento dos encargos tributários e despesas exigíveis para a nova aquisição do imóvel, de que trata este parágrafo, inclusive custas e emolumentos.

Comentário: Importante menção ao "direito de preferência" do devedor fiduciante na aquisição do imóvel no leilão. Cuidar o marco para o exercício deste direito, que será no segundo leilão. Após o segundo leilão não há que se falar mais em "direito de preferência" do devedor fiduciante. No exercício do "direito de preferência" o devedor deverá arcar com todas as despesas que deu causa (anteriores e atuais), inclusive aquelas efetuadas pelo credor fiduciário para consolidar a propriedade em seu nome. Em síntese, implica na ampliação da possibilidade de o devedor fiduciante renovar seu vínculo com a coisa (o que exigirá novo título, novo registro e pagamento de imposto e emolumentos), evitando maiores contratempos com posterior alteração da relação jurídico-real via reintegração de posse.

§ 9º O disposto no § 2º-B deste artigo aplica-se à consolidação da propriedade fiduciária de imóveis do FAR, na forma prevista na Lei 11.977, de 7 de julho de 2009.

Comentário: Importante refletir se esta norma se refere apenas aos imóveis do FAR ou para todos os casos de alienação fiduciária. Se for para todos, não precisaria estar escrito. Se for restrito ao caso do FAR, não constou "somente". Da leitura dos demais dispositivos é possível compreender a intenção do legislador, de ser explicativo, incluindo o FAR e não restringindo só a ele. A imprecisão legislativa poderá gerar discussões, mas fora do âmbito do Registro de Imóveis.

Art. 30. [...]

Parágrafo único. Nas operações de financiamento imobiliário, inclusive nas operações do Programa Minha Casa, Minha Vida, instituído pela Lei 11.977, de 7 de julho de 2009, com recursos advindos da integralização de cotas no Fundo de Arrendamento Residencial (FAR), uma vez averbada a consolidação da propriedade fiduciária, as ações judiciais que tenham por objeto controvérsias sobre as estipulações contratuais ou os requisitos procedimentais de cobrança e leilão, excetuada a exigência de notificação do devedor fiduciante, serão resolvidas em perdas e danos e não obstarão a reintegração de posse de que trata este artigo.

Comentário: Reforço do instituto da alienação fiduciária ao informar que discussões outras resolver-se-ão no âmbito obrigacional, em perdas e danos, permitindo que a propriedade (direitos reais) tenha curso normal. Outrossim, a falta de técnica do legislador aqui será fonte de discussões. Qual a amplitude da expressão "...excetuada a exigência de notificação do devedor fiduciante ...", a qual permitirá interferir na relação de direito real? Que "notificação" é essa, uma vez que a Lei 9.514/1997 sempre se referiu ao instituto da "intimação"? Até então, só havia uma passagem pelo instituto da "notificação" na Lei 9.514/1997, a qual está expressa no art. 35, dispensando-a quando da cessão de crédito. Salvo melhor juízo, o caso a que o legislador pretendeu considerar para fins de permitir interferência na relação de direito real é aquele hoje contemplado no art. 27, § 2º-A, que trata da correspondência enviada ao devedor comunicando sobre as datas, horários e locais dos leilões. Não havendo tal "comunicação" ou "notificação" caberá ao devedor fiduciante tentar manter o vínculo com a coisa mediante a ação própria.

Art. 37-A. O devedor fiduciante pagará ao credor fiduciário, ou a quem vier a sucedê-lo, a título de taxa de ocupação do imóvel, por mês ou fração, valor correspondente a 1% (um por cento) do valor a que se refere o inciso VI ou o parágrafo único do art. 24 desta Lei, computado e exigível desde a data da consolidação da propriedade fiduciária no patrimônio do credor fiduciante até a data em que este, ou seus sucessores, vier a ser imitido na posse do imóvel.
Parágrafo único. O disposto no caput deste artigo aplica-se às operações do Programa Minha Casa, Minha Vida, instituído pela Lei 11.977, de 7 de julho de 2009, com recursos advindos da integralização de cotas no Fundo de Arrendamento Residencial (FAR).

Comentário: Aqui a lei delimita outra consequência para o devedor inadimplente, que é a obrigação de pagar um valor a título de "ocupação" (espécie de "aluguel"), arbitrado em 1% do valor previamente determinado pelo bem para fins de leilão.

Art. 39. Às operações de crédito compreendidas no sistema de financiamento imobiliário, a que se refere esta Lei: [...]

II – aplicam-se as disposições dos arts. 29 a 41 do Decreto-Lei 70, de 21 de novembro de 1966, exclusivamente aos procedimentos de execução de créditos garantidos por hipoteca.

Comentário: A lei tratou de elucidar que as disposições do Decreto-lei 70/1966 só se aplicam quando a garantia pactuada for a hipoteca, não valendo para as alienações fiduciárias.

19
APLICAÇÃO DA LEI 13.460, DE 26 DE JUNHO DE 2017, NOS SERVIÇOS NOTARIAIS E REGISTRAIS

À primeira vista a Lei 13.460/2017 representou grande impacto nas atividades notariais e registrais. Dispôs, ela, "sobre a participação, proteção e defesa dos direitos do usuário dos serviços públicos da administração pública".

Com a maior brevidade esperada o Conselho Nacional de Justiça ou as Corregedorias-Gerais de Justiça precisarão adequar suas normas administrativas a ela, para que com segurança os Notários e Registradores possam atuar. Curial que se esclareça a amplitude dos seus efeitos.

Em face da novel legislação será preciso que se defina quando manter ou não as exigências (legais) de reconhecimento de firmas e de autenticações para a prática de atos perante a Administração Pública em geral (direta ou indireta).

Reconhecimento de firmas e autenticações no Brasil são medidas profiláticas, que evitam muita incomodação para o usuário, embora pouco se compreenda a respeito disso. Num primeiro momento pode parecer mera burocracia; todavia, em face das incontáveis falsidades e irregularidades que se tentam praticar diariamente perante a Administração Pública e entre os particulares tais medidas se prestam para prevenir litígios e alcançar segurança jurídica sem a necessidade de processo judicial.

Com muita frequência o Estado Brasileiro gasta vultosos recursos para recadastrar beneficiários de programas em face da frequência com que se operam as falsidades. As Juntas Comerciais enfrentaram sérios problemas ao tempo em que não exigiam reconhecimento de firmas. E tantos outros casos podem ser citados como problemáticos em face da flexibilização da exigência de cautelas mínimas como as ora em comento.

De qualquer forma, trataremos de analisar como a Lei 13.460/2017 repercutirá no dia a dia dos serviços notariais e registrais até que se alcance melhor regulamentação, em especial enfocando principalmente na diretriz prevista no art. 5º, IX, quando explicita: "autenticação de documentos pelo próprio agente público, à vista dos originais apresentados pelo usuário, vedada a exigência de reconhecimento de firma, salvo em caso de dúvida de autenticidade;".

19.1 REGRA DE VIGÊNCIA

Incomum a norma explicitada no art. 25 da Lei 13.460/2017, a qual menciona prazo de vigência em face da população existente em cada Município. Inicialmente curial enfatizar que a lei em comento previu regra de vigência. Seu art. 25 estabelece o seguinte:

> Art. 25. Esta Lei entra em vigor, a contar da sua publicação, em:
>
> I – trezentos e sessenta dias para a União, os Estados, o Distrito Federal e os Municípios com mais de quinhentos mil habitantes;
>
> II – quinhentos e quarenta dias para os Municípios entre cem mil e quinhentos mil habitantes; e
>
> III – setecentos e vinte dias para os Municípios com menos de cem mil habitantes.

Assim, a dispensa de reconhecimento de firmas e de autenticações na Administração Pública ainda levará um tempo para ser aplicada.

Será preciso conhecer a população de cada Município para que se defina o marco legal de operação de efeitos da lei. Qual o critério para se saber a população de um Município? Acredita-se que será preciso buscar a informação proveniente do Instituto Brasileiro de Geografia e Estatística (IBGE).

Ainda, interessante analisar se o art. 25 não gera uma desigualdade de tratamento em face da população de cada Município. Quando se produz um documento num Município para gerar efeito em outro de população diversa, como se operará o controle a incidência da legislação em comento? Tais questões precisarão ser enfrentadas pelos operadores do Direito e, melhor, regulamentadas pelo Poder competente.

19.2 INCIDÊNCIA NOS SERVIÇOS NOTARIAIS E REGISTRAIS

Incontroverso que a Administração Pública direta e indireta se adaptará ao texto legal e regrará sua forma de atuação com fundamento nesta nova realidade.

Com efeito, os serviços notariais e registrais, para agirem, também precisarão observar a Lei 13.460/2017? Poderão ser caracterizados como integrantes da Administração Pública indireta, em face do exercício via delegação? Suas rotinas igualmente serão afetadas e alteradas pela forma como atuam, por delegação do Poder Público?

A análise da natureza jurídica dos serviços notariais e registrais pela jurisprudência é extremamente vacilante: Ora se verifica a presença do caráter empresarial (incidência tributária do Imposto Sobre Serviço e inexistência de aposentadoria compulsória), ora entende-se como serviço público latu sensu (teto remuneratório para os interinos, acesso à função por concurso público, serviço remunerado por emolumentos etc.). Nunca houve uma definição precisa sobre a aplicação do art. 236 da Constituição Federal (CF), quando explicita que "Os serviços notariais e de registro são exercidos em caráter privado, por delegação do Poder Público". Ainda não se sabe, com precisão, qual a parte pública e qual a privada decorrente da prestação dos aludidos serviços.

De qualquer modo, quanto à aplicação da Lei 13.460/2017 acredita-se que o Poder Judiciário, a quem compete e fiscalização e orientação dos serviços notariais e registrais, irá entender que se compreendem, no caso, dentro da Administração Pública prestada de forma indireta, por delegação. O § 3º do art. 1º justifica tal consideração e o art. 2º, II e III parecem incluir tacitamente os serviços delegados do art. 236 da CF.

Em que pese tal consideração, conforme § 2º do art. 1º da Lei 13.460/2017, sua aplicação não afasta a necessidade de cumprimento do disposto em normas regulamentadores específica (inciso I do § 2º do art. 1º da Lei 13.460/2017).

Com fundamento em tal dispositivo legal deverão continuar sendo exigidos reconhecimentos de firmas para (i) se registrar uma procuração no Registro de Títulos e Documentos, como prevê o art. 158 da Lei de Registros Públicos (LRP); (ii) recepcionar títulos particulares no Registro de Imóveis (art. 221, II c/c art. 250, II, ambos da LRP); e, (iii) recepção de requerimentos em geral (art. 246, § 1º da LRP).

Necessário refletir pela manutenção, ou não, de tal exigência para os casos de aplicação de medidas de desjudicialização, como ocorre para a retificação de registro imobiliário (art. 213 da LRP) e para a usucapião extrajudicial (art. 216-A).

Em que pese hoje ditas regra mencionam apenas a necessidade de anuência dos lindeiros e titulares de direitos reais, por medida de segurança na aplicação destes institutos impõe-se que as firmas estejam reconhecias. Será que o Brasil já evoluiu a ponto de dispensar tal formalidade nestes casos específicos? A presunção de boa-fé do usuário prevista no art. 5º, II, da Lei 13.460/2017 não sofrerá nenhum controle ou modulação, inclusive nos casos complexos que se referem a definição do direito de propriedade? É preciso analisar esta questão com a moderação e o equilíbrio esperados. O Estado Brasileiro está devidamente aparelhado para coibir e reprimir as inúmeras falsidades que ocorrerão a partir de tal "flexibilização". A quem interessa esta abertura?

Não se está aqui defendendo interesse da classe notarial, mas o da sociedade em geral, que conta com o menor custo de seguro para estar protegida através do instituto do reconhecimento de firma. Aqui, a diretriz do inciso XI, que trata da "eliminação de formalidades e de exigências cujo custo econômico ou social seja superior ao risco envolvido", sustenta a necessidade de se manter o reconhecimento de firma nos casos de retificação de registro imobiliário e de usucapião extrajudicial porque o custo econômico de tal medida para a sociedade será infinitamente menor do que na resolução de litígios gerados se tal formalidade for dispensada. Quem está regularizando seu imóvel sabe que terá certos custos para enfrentar, proporcional à valorização alcançada em face da regularização da propriedade. Logo, melhor que ao interessado caiba este custo do que repassá-lo à sociedade como um todo pelos inúmeros problemas que irão surgir pela generalizada flexibilização.

Ademais e salvo melhor juízo, a presunção de boa-fé do usuário deve ser analisada em compasso com outra diretriz do art. 5º, qual seja, a do inciso IV, que explicita a adequação entre meios e fins. Ora, é razoável e proporcional manter o reconhecimento de firma para determinados casos, em especiais os que encetam, por exemplo, as transações econômicas como a transferência de veículos.

19.3 CONCLUSÃO

As mazelas enfrentadas pelos usuários de serviços públicos no Brasil não decorrem dos serviços notariais e registais, os quais servem de exemplo de atuação do serviço público e encontram-se em primeiro lugar em índices de satisfação.

Espera-se que os efeitos principais decorrentes da Lei 13.460/2017 sejam sentidos pelos usuários nas áreas de saúde, educação e segurança pública, cujos índices estão muito aquém da contribuição custeada pela sociedade em geral, mas sem a devida contraprestação por parte do Estado.

Importante que o foco da Administração Pública mire o alvo correto, alterando sim o que precisa ser alterado, mas preservando o que ainda funciona muito bem no nosso país, que são os serviços notariais e registrais.

Por fim, espera-se que não tenhamos mais uma lei escrita sem a efetividade esperada, sem a necessária observância pelo seu destinatário passivo, o Estado Brasileiro. Enfim, que haja a publicação indicada no art. 3º, que os princípios do art. 4º sejam respeitados, que todos os direitos do usuário previstos no art. 6º sejam honrados etc.

20
REFLEXOS NA CONTRATAÇÃO IMOBILIÁRIA ENVOLVENDO O INSTITUTO DA ALIENAÇÃO FIDUCIÁRIA DE BENS IMÓVEIS (LEI 13.476, DE 28 DE AGOSTO DE 2017)

A lei em comento alterou as Leis 12.810/2013, 13.097/2015 e 10.931/2004, mas o que chama a atenção é o disposto no art. 9º, pois tem reflexo no instituto da alienação fiduciária de bem imóvel, cuja redação segue:

> Art. 9º Se, após a excussão das garantias constituídas no instrumento de abertura de limite de crédito, o produto resultante não bastar para quitação da dívida decorrente das operações financeiras derivadas, acrescida das despesas de cobrança, judicial e extrajudicial, o tomador e os prestadores de garantia pessoal continuarão obrigados pelo saldo devedor remanescente, não se aplicando, quando se tratar de alienação fiduciária de imóvel, o disposto nos §§ 5º e 6º do art. 27 da Lei 9.514, de 20 de novembro de 1997.

Antes da novel normativa, se após o segundo leilão não fosse alcançado resultado financeiro suficiente para cobrir o débito em aberto bem como todas as despesas consequentes, mesmo assim o devedor fiduciante estaria liberado de qualquer outro pagamento, alcançando a quitação da dívida. Porém, com a entrada em vigor da Lei 13.476/2017, se o resultado alcançado não servir para cobrir todas as despesas a que deu causa o não pagamento, o devedor fiduciante não estará liberado, mantendo a obrigação de pagar.

Na prática, a novidade será aplicável aos devedores fiduciantes que têm capacidade econômica, que têm financiamentos de diversas ordens e que antes saiam beneficiados quando deixavam de pagar um ou outro. Estes devedores, agora, continuarão vinculados e seus outros bens poderão responder pelas obrigações da contratação de alienação fiduciária de imóvel específica.

Para os devedores fiduciantes que só tem um financiamento, via de regra, para sua moradia, não para investimentos, estes a princípio não serão afetados porque não fará diferença ter ou não saldo a pagar, porque sequer o principal conseguiram pagar, perdendo a expectativa de alcançarem a propriedade plena. O único efeito negativo que poderá ficar latente é o decorrente de eventual protesto da dívida. E isso o Poder Judiciário pode resolver.

21
MULTIPROPRIEDADE
(LEI 13.777, DE 20 DE DEZEMBRO DE 2018)

21.1 NOVOS CONTORNOS DO DIREITO DE PROPRIEDADE

A Ciência do Direito está em constante transformação. Quando o Mundo e a Sociedade mudam, o Direito precisa se adaptar. O que significa a riqueza nos dias de hoje? Diminuição da relevância do caráter de dominação (domínio), iniciando a ter força o caráter da utilidade do bem (compartilhamento). Antes, a propriedade era absoluta.

Hoje, porque ainda não há o suficiente para todos, ela precisa cumprir suas funções social e econômica. Não se confunde o tema em estudo com o Condomínio Comum. Nesse instituto, todos titulam propriedade ao mesmo tempo, mas limitado no aspecto quantitativo. Por outro lado, na Multipropriedade cada titular tem a propriedade do todo, mas apenas no período de tempo determinado.

A evolução, no caso, é que a Multipropriedade permite o exercício pleno da propriedade num determinado período de tempo, criando a unidade periódica. Isso pode representar profundo impacto positivo nos Serviços de Registro de Imóveis pela dinamização do mercado imobiliário.

O instituto da Multipropriedade pode apresentar como sinônimos: "propriedade temporária" ou "time-sharing". Em linhas gerais, visa atender a uma demanda social por esta modalidade de empreendimento imobiliário.

A Europa foi o palco dessa inovação. O sistema de aproveitamento da propriedade surgiu pela primeira vez na França; chamado, inicialmente, de *multipropriéte*, posteriormente, foi conhecido como *pluripropriéte, propriéte spatio-temporelle, copropriété saisonnière* e *droit de jouissance à temps partagé*. A Itália foi o segundo país a utilizar o sistema, denominando-o de *proprietà spazio-temporale*. Em Portugal, como direito real de habitação periódica. Na Espanha, como *multipropriedad*. E, nos Estados Unidos, como *time sharing*, com um caráter diferente do admitido no Brasil (temporário, parecido com o Direito de Superfície, mais voltado para o Direito Societário).

No Brasil, tem origem no fato social, sendo descrito pela doutrina e respaldado pela jurisprudência do Superior Tribunal de Justiça (Recurso Especial 1.546.165 – SP[1]), gerando movimentação no Legislativo e culminando com a publicação da Lei 13.777/2018.

Além disso, no ordenamento jurídico brasileiro, reconhece-se como Direito Real não só os institutos expressos no art. 1.225 do Código Civil, mas também os que derivam de leis esparsas, a exemplo da Lei 9.514/1997 e, agora, também da Lei 13.777/2018. Ou seja, a Multipropriedade, no Brasil, tem sido entendida como sendo um Direito Real. Consta do Livro próprio do Código Civil.

A Multipropriedade como Direito Real sobre imóveis (destinação urbana, mesmo que localizado no meio rural). Quando o imóvel não se destina para agricultura, pecuária ou extrativismo ele estará sujeito ao regramento incidente sobre imóveis urbanos (controle urbanístico pelo Município – art. 30, VIII da CF). Pode ser aplicado sobre sítios de recreio também, mas a legislação incidente

---

1. Ementa: Processual civil e civil. Recurso especial. Embargos de terceiro. Multipropriedade imobiliária (time-sharing). Natureza jurídica de direito real. Unidades fixas de tempo. Uso exclusivo e perpétuo durante certo período anual. Parte ideal do multiproprietário. Penhora. Insubsistência. Recurso especial conhecido e provido. 1. O sistema time-sharing ou multipropriedade imobiliária, conforme ensina Gustavo Tepedino, é uma espécie de condomínio relativo a locais de lazer no qual se divide o aproveitamento econômico de bem imóvel (casa, chalé, apartamento) entre os cotitulares em unidades fixas de tempo, assegurando-se a cada um o uso exclusivo e perpétuo durante certo período do ano. 2. Extremamente acobertada por princípios que encerram os direitos reais, a multipropriedade imobiliária, nada obstante ter feição obrigacional aferida por muitos, detém forte liame com o instituto da propriedade, se não for sua própria expressão, como já vem proclamando a doutrina contemporânea, inclusive num contexto de não se reprimir a autonomia da vontade nem a liberdade contratual diante da preponderância da tipicidade dos direitos reais e do sistema de *numerus clausus*. 3. No contexto do Código Civil de 2002, não há óbice a se dotar o instituto da multipropriedade imobiliária de caráter real, especialmente sob a ótica da taxatividade e imutabilidade dos direitos reais inscritos no art. 1.225. 4. O vigente diploma, seguindo os ditames do estatuto civil anterior, não traz nenhuma vedação nem faz referência à inviabilidade de consagrar novos direitos reais. Além disso, com os atributos dos direitos reais se harmoniza o novel instituto, que, circunscrito a um vínculo jurídico de aproveitamento econômico e de imediata aderência ao imóvel, detém as faculdades de uso, gozo e disposição sobre fração ideal do bem, ainda que objeto de compartilhamento pelos multiproprietários de espaço e turnos fixos de tempo. 5. A multipropriedade imobiliária, mesmo não efetivamente codificada, possui natureza jurídica de direito real, harmonizando-se, portanto, com os institutos constantes do rol previsto no art. 1.225 do Código Civil; e o multiproprietário, no caso de penhora do imóvel objeto de compartilhamento espaço-temporal (time-sharing), tem, nos embargos de terceiro, o instrumento judicial protetivo de sua fração ideal do bem objeto de constrição. 6. É insubsistente a penhora sobre a integralidade do imóvel submetido ao regime de multipropriedade na hipótese em que a parte embargante é titular de fração ideal por conta de cessão de direitos em que figurou como cessionária. 7. Recurso especial conhecido e provido. Superior Tribunal de Justiça. Resp 1546165 / SP 2014/0308206-1. Relator: Ministro Ricardo Villas Bôas Cueva. Data do Julgamento: 26/04/2016. Disponível em: <https://www.portaljustica.com.br/acordao/1910864>. Acesso em: 12 de ago. de 2022.

não será a rural. Sua aplicação para imóvel rural não será comum, mas possível, salvo melhor juízo. Não abrange a propriedade móvel, embora as pertenças, benfeitorias e acessões destinados ao uso e gozo do imóvel estejam incluídas na Multipropriedade (art. 1.358-D, II da Lei 13.777/2018).

Imóvel rural comporta o regime da Multipropriedade? Em tese, parece que sim. Não há vedação expressa na lei. Veremos como se comportará a doutrina e a jurisprudência.

Para reflexão:

Poderá servir a Multipropriedade como uma evolução do(a) arrendamento/parceria? Confere ao seu titular as faculdades de "usar" e de "gozar" com exclusividade da propriedade por um período certo de tempo (art. 1.358-C do Código Civil).

E a faculdade de "dispor"? Sim, conforme arts. 1.358-K e 1.358-L do Código Civil. Por se tratar de direito real de propriedade a unidade periódica poderá ser objeto de penhora, hipoteca ou alienação fiduciária.

Estabelece a indivisibilidade legal do imóvel? Sim, de acordo com o art. 1.358-D do Código Civil. E da fração de tempo também (art. 1.358-E do Código Civil).

21.2 APLICAÇÃO

21.2.1 Do condomínio em multipropriedade

É o regime de condomínio em que cada um dos proprietários de um mesmo imóvel é titular de uma fração de tempo, à qual corresponde a faculdade de uso e gozo, com exclusividade, da totalidade do imóvel, a ser exercida pelos proprietários de forma alternada (art. 1.358-C do Código Civil).

Inclui as instalações, os equipamentos e o mobiliário destinados a seu uso e gozo (art. 1.358-D, II do Código Civil). Portanto, não é só do imóvel em si, mas também do que nele instalado e aproveitável por todos, embora não seja possível incidir multipropriedade sobre bens móveis (pode ser locação).

21.2.2 Da fração de tempo

É indivisível (art. 1.358-E do Código Civil).

O período será de, no mínimo, 07 (sete) dias, seguidos ou intercalados, e poderá ser:

I – fixo e determinado, no mesmo período de cada ano;

II – flutuante, caso em que a determinação do período será realizada de forma periódica, mediante procedimento objetivo que respeite, em relação a todos os multiproprietários, o princípio da isonomia, devendo ser previamente divulgado; ou

III – misto, combinando os sistemas fixo e flutuante.

21.3 DA INSTITUIÇÃO DA MULTIPROPRIEDADE

Institui-se a multipropriedade por "ato entre vivos ou testamento", registrado no competente Cartório de Registro de Imóveis, devendo constar daquele ato a duração dos períodos correspondentes a cada fração de tempo (art. 1.358-F do Código Civil).

Crítica: Poderia o legislador ter incluído um ato próprio no rol do art. 167, I da Lei 6.015/1973, o qual determina os atos sujeitos a "registro".

O instrumento de instituição da multipropriedade ou a convenção de condomínio em multipropriedade poderá estabelecer o limite máximo de frações de tempo no mesmo imóvel que poderão ser detidas pela mesma pessoa natural ou jurídica (art. 1.358-H do Código Civil).

E quanto à forma do ato, aplica-se ou não o art. 108 do Código Civil? Salvo melhor juízo, como qualquer outra instituição de condomínio edilício a forma privada está autorizada.

Justifico:

1º – A origem do instituto não exigia muitas formalidades, decorrendo do arquivamento do memorial no Registro de Imóveis (parágrafo único do art. 1º do Decreto 5.481/1928;

2º – A constituição do instituto "condomínio edilício" altera o regime jurídico que trata da propriedade, mas não a natureza do direito em si, não atraindo a incidência do art. 108 do CC; e, por fim,

3º – Há autorização da forma privada na lei (art. 31-F, § 1º da Lei 4.591/1964). Ver, ainda, parágrafo único do art. 1.358-Q do Código Civil (Regimento Interno).

Obs.: Em sentido contrário: Considerações sobre a recente Lei da Multipropriedade, de Carlos Eduardo Elias de Oliveira[2].

---

2. DE OLIVEIRA, Carlos Eduardo Elias. *Considerações sobre a recente Lei da Multipropriedade*. Disponível em: <https://flaviotartuce.jusbrasil.com.br/artigos/661740743/consideracoes-sobre-a-recente-lei-da--multipropriedade>. Acesso em 12 de ago. de 2022.

21.4 CONVENÇÃO DE CONDOMÍNIO

A convenção de condomínio em multipropriedade determinará (art. 1.358-G do Código Civil):

I – os poderes e deveres dos multiproprietários, especialmente em matéria de instalações, equipamentos e mobiliário do imóvel, de manutenção ordinária e extraordinária, de conservação e limpeza e de pagamento da contribuição condominial;

II – o número máximo de pessoas que podem ocupar simultaneamente o imóvel no período correspondente a cada fração de tempo;

III – as regras de acesso do administrador condominial ao imóvel para cumprimento do dever de manutenção, conservação e limpeza;

IV – a criação de fundo de reserva para reposição e manutenção dos equipamentos, instalações e mobiliário;

V – o regime aplicável em caso de perda ou destruição parcial ou total do imóvel, inclusive para efeitos de participação no risco ou no valor do seguro, da indenização ou da parte restante;

VI – as multas aplicáveis ao multiproprietário nas hipóteses de descumprimento de deveres.

Atenção! Tem-se percebido na qualificação registral pretensão de passar a Multipropriedade apenas pelo instrumento da Convenção de Condomínio, quando o correto é pelo ato de instituição de condomínio aliado ao regramento específico na convenção. Apenas Convenção de Condomínio não se presta para o estabelecimento da Multipropriedade.

21.5 DOS DIREITOS DO MULTIPROPRIETÁRIO

São direitos do multiproprietário, além daqueles previstos no instrumento de instituição e na convenção de condomínio em multipropriedade (art. 1.358-I do Código Civil):

I – usar e gozar, durante o período correspondente à sua fração de tempo, do imóvel e de suas instalações, equipamentos e mobiliário;

II – ceder a fração de tempo em locação ou comodato;

III – alienar a fração de tempo, por ato entre vivos ou por causa de morte, a título oneroso ou gratuito, ou onerá-la, devendo a alienação e a qualificação do sucessor, ou a oneração, ser informadas ao administrador;

IV – participar e votar, pessoalmente ou por intermédio de representante ou procurador, desde que esteja quite com as obrigações condominiais, em:

a) assembleia geral do condomínio em multipropriedade, e o voto do multiproprietário corresponderá à quota de sua fração de tempo no imóvel;

b) assembleia geral do condomínio edilício, quando for o caso, e o voto do multiproprietário corresponderá à quota de sua fração de tempo em relação à quota de poder político atribuído à unidade autônoma na respectiva convenção de condomínio edilício.

21.6 DOS DEVERES DO MULTIPROPRIETÁRIO

São obrigações do multiproprietário, além daquelas previstas no instrumento de instituição e na convenção de condomínio em multipropriedade (art. 1.358-J do Código Civil):

I – pagar a contribuição condominial do condomínio em multipropriedade e, quando for o caso, do condomínio edilício, ainda que renuncie ao uso e gozo, total ou parcial, do imóvel, das áreas comuns ou das respectivas instalações, equipamentos e mobiliário;

II – responder por danos causados ao imóvel, às instalações, aos equipamentos e ao mobiliário por si, por qualquer de seus acompanhantes, convidados ou prepostos ou por pessoas por ele autorizadas;

III – comunicar imediatamente ao administrador os defeitos, avarias e vícios no imóvel dos quais tiver ciência durante a utilização;

IV – não modificar, alterar ou substituir o mobiliário, os equipamentos e as instalações do imóvel;

V – manter o imóvel em estado de conservação e limpeza condizente com os fins a que se destina e com a natureza da respectiva construção;

VI – usar o imóvel, bem como suas instalações, equipamentos e mobiliário, conforme seu destino e natureza;

VII – usar o imóvel exclusivamente durante o período correspondente à sua fração de tempo;

VIII – desocupar o imóvel, impreterivelmente, até o dia e hora fixados no instrumento de instituição ou na convenção de condomínio em multipropriedade, sob pena de multa diária, conforme convencionado no instrumento pertinente;

IX – permitir a realização de obras ou reparos urgentes.

A responsabilidade pelas despesas referentes a reparos no imóvel, bem como suas instalações, equipamentos e mobiliário, será (art. 1.358-J, §2º):

I – de todos os multiproprietários, quando decorrentes do uso normal e do desgaste natural do imóvel;

II – exclusivamente do multiproprietário responsável pelo uso anormal, sem prejuízo de multa, quando decorrentes de uso anormal do imóvel.

21.7 PENALIDADES

O multiproprietário estará sujeito às seguintes penas:

I – multa, no caso de descumprimento de qualquer de seus deveres;

II – multa progressiva e perda temporária do direito de utilização do imóvel no período correspondente à sua fração de tempo, no caso de descumprimento reiterado de deveres.

21.8 DA TRANSFERÊNCIA DA MULTIPROPRIEDADE

A transferência do direito de multipropriedade (Princípio da Disponibilidade) não dependerá da anuência ou cientificação dos demais multiproprietários (Art. 1.358-L do Código Civil).

Não haverá direito de preferência, salvo se estabelecido no instrumento de instituição ou na convenção do condomínio.

Art. 1.358-L, § 2º "O adquirente será solidariamente responsável com o alienante pelas obrigações de que trata o § 5º[3] do art. 1.358-J do Código Civil caso não obtenha a declaração de inexistência de débitos referente à fração de tempo no momento de sua aquisição". Aqui, visualiza-se espécie de obrigação *propter rem*.

21.9 PECULIARIDADES

O condomínio edilício poderá adotar o regime de multipropriedade em parte ou na totalidade de suas unidades autônomas (art. 1.358-O do Código Civil).

Muito importante! Neste caso, observar as condicionantes do art. 1.358-P do Código Civil.

O condomínio edilício que adotar o regime de multipropriedade exigirá que se formalize um regimento interno, por escritura pública ou instrumento particular (ver arts. 1.358-P e 1.358-Q, parágrafo único do Código Civil), bem como a figura do administrador profissional (art. 1.358-R).

Na hipótese de inadimplemento, por parte do multiproprietário, da obrigação de custeio das despesas ordinárias ou extraordinárias, é cabível a adjudicação ao condomínio edilício da fração de tempo correspondente (art. 1.358-S).

Crítica: Possível inconstitucionalidade pelo direcionamento ao "condomínio edilício"? Por que não aos condôminos? Também, poderia ter ficado melhor elucidada a grande discussão acerca do reconhecimento de personalidade jurídica ao condomínio edilício.

O multiproprietário somente poderá renunciar de forma translativa a seu direito de multipropriedade em favor do condomínio edilício (art. 1.358-T). Para isso, deverá estar em dia com todas as obrigações (parágrafo único).

Crítica: Equívoco do legislador ao especificar a modalidade de renúncia como "translativa". "Renúncia translativa" é negócio jurídico, diferentemente da "renúncia abdicativa". A intenção do legislador foi evitar a incidência da regra

---

3. Atenção! Parágrafo vetado.

geral decorrente do Código Civil, através da qual a "renúncia abdicativa" gera *res nullius*. Não convém ao regime da Multipropriedade haver coisa sem dono. Para isso, previu uma exceção à regra geral, mas errou ao indicar a modalidade "translativa", quando o correto seria a "abdicativa".

Relembrando, por se tratar de direito real de propriedade a unidade periódica poderá ser objeto de penhora, hipoteca ou alienação fiduciária, por exemplo.

21.10 LIMITAÇÃO/IMPEDIMENTO

As convenções dos condomínios edilícios, os memoriais de loteamentos e os instrumentos de venda dos lotes em loteamentos urbanos poderão limitar ou impedir a instituição da multipropriedade nos respectivos imóveis, vedação que somente poderá ser alterada no mínimo pela maioria absoluta dos condôminos." (art. 1.358-U).

Condições desta natureza são lícitas. Ninguém é obrigado a contratar unidade autônoma de condomínio edilício que tem condição especial. Quem contratar adere às regras estabelecidas pelo instituidor, que as incluiu utilizando da faculdade que lhe confere a lei.

21.11 TÉCNICA REGISTRAL

Abertura de matrículas de cada fração de tempo

> Art. 176. [...].
> § 1º [...].
> II [...].
> 6) tratando-se de imóvel em regime de multipropriedade, a indicação da existência de matrículas, nos termos do § 10 deste artigo.
> § 10. Quando o imóvel se destinar ao regime da multipropriedade, além da matrícula do imóvel, haverá uma matrícula para cada fração de tempo, na qual se registrarão e averbarão os atos referentes à respectiva fração de tempo, ressalvado o disposto no § 11 deste artigo.

Atenção! Observar o Princípio da Especialidade Objetiva. Isso significa que vinculado com o tempo deverá haver um objeto (a descrição do imóvel na matrícula da fração de tempo). A "unidade periódica" deverá descrever a "unidade autônoma" também.

Abertura de matrículas de cada fração de tempo

> § 11. Na hipótese prevista no § 10 deste artigo, cada fração de tempo poderá, em função de legislação tributária municipal, ser objeto de inscrição imobiliária individualizada;

§ 12. Na hipótese prevista no inciso II do § 1º do art. 1.358-N da Lei 10.406, de 10 de janeiro de 2002 (Código Civil), a fração de tempo adicional, destinada à realização de reparos, constará da matrícula referente à fração de tempo principal de cada multiproprietário e não será objeto de matrícula específica.

A definição acerca da forma de numeração para a abertura de cada nova matrícula das frações de tempo ou seguirá por meio de numeração nova, ou seguirá a mesma numeração da matrícula da unidade autônoma, acrescida de uma nova partícula para individualizar cada fração de tempo, conforme será visto nos modelos que seguem.

21.12 CONCLUSÃO

Com a publicação da Lei 13.777/2018 o Brasil passou a possuir um importantíssimo instituto jurídico que certamente muito contribuirá para o desenvolvimento imobiliário. A tecnologia e o compartilhamento de espaços e serviços são fatores que tem marcado a evolução no mundo dos negócios e o Registro de Imóveis tem papel fundamental para garantir as novas relações jurídicas e a existência dos direitos reais.

MODELOS

MATRÍCULA DO IMÓVEL (APARTAMENTO N. 101) – M-100.000 (OPÇÃO MENSAL)

[Abertura de 12 matrículas para cada fração de tempo (UNIDADE PERIÓDICA) e encerramento desta]

Matrículas das FRAÇÕES DE TEMPO (opção MENSAL com numeração nova)

M-100.001 – JANEIRO (JOÃO)

M-100.002 – FEVEREIRO (JOSÉ)

M-100.003 – MARÇO (PEDRO)

[até completar as 12 matrículas (12 frações de tempo)]

OU Matrículas das FRAÇÕES DE TEMPO (opção MENSAL com numeração acessória)

M-100.000/1 – JANEIRO (JOÃO)

M-100.000/2 – FEVEREIRO (JOSÉ)

M-100.000/3 – MARÇO (PEDRO)

Matrícula do IMÓVEL (Apartamento n. 101) – M-200.000 (opção SEMANAL)

[abertura de 52 matrículas para cada fração de tempo (UNIDADE PERIÓDICA) e encerramento desta]
Matrículas das FRAÇÕES DE TEMPO (opção SEMANAL com numeração nova)
M-200.001 – 1ª SEMANA DE JANEIRO (JOÃO)
M-200.002 – 2ª SEMANA DE JANEIRO (JOSÉ)
M-200.003 – 3ª SEMANA DE JANEIRO (PEDRO)
M-200.004 – 4ª SEMANA DE JANEIRO (LUCAS)
[até completar as 52 matrículas (52 frações de tempo)]
_____OU Matrículas
das FRAÇÕES DE TEMPO (opção SEMANAL com numeração acessória)
M-200.000/1 – 1ª SEMANA DE JANEIRO (JOÃO)
M-200.000/2 – 2ª SEMANA DE JANEIRO (JOSÉ)
M-200.000/3 – 3ª SEMANA DE JANEIRO (PEDRO)
M-200.000/4 – 4ª SEMANA DE JANEIRO (LUCAS)

REGIME ANUAL MATRÍCULA DO IMÓVEL (ONDE NÃO HÁ CONDOMÍNIO EDILÍCIO):

UMA CASA DE ALVENARIA sob o n. 55 da Avenida Beira Mar, com a área construída de 800m², edificada sobre o LOTE URBANO número 10 da quadra número 10 do Loteamento Bela Vista, no Balneário de Capão Novo, Município de Capão da Canoa, ... (descrição do imóvel e demais elementos da matrícula)

...

R-1/1.000 – PARTILHA (MEAÇÃO de 50% do imóvel)

R-2/1.000 – PARTILHA (LEGÍTIMA de 12,5% do imóvel)

R-3/1.000 – PARTILHA (LEGÍTIMA de 12,5% do imóvel)

R-4/1.000 – PARTILHA (LEGÍTIMA de 12,5% do imóvel)

R-5/1.000 – PARTILHA (LEGÍTIMA de 12,5% do imóvel)

*OBSERVAÇÃO: CUIDAR REGRAMENTO ESTADUAL. Poderá ensejar registro pela natureza do direito (ex.: legítimas, legado ou cessão).

R-6/1.000

INSTITUIÇÃO DE MULTIPROPRIEDADE (ANUAL)
Nos termos do (instrumento particular/escritura pública/título judicial) de ____, instruído com ____, procedo este registro para constar que o imóvel objeto desta matrícula foi submetido ao regime da multipropriedade, passando a constituir frações de tempo com as seguintes características: Nos anos de final 0 e 5, caberá ao(à) titular da fração ideal decorrente do R-1 desta matrícula a propriedade exclusiva do imóvel; Nos anos de final 1 e 6, caberá ao(à) titular da fração ideal decorrente do R-2 desta matrícula a propriedade exclusiva do imóvel; Nos anos de final 2 e 7, caberá ao(à) titular da fração ideal decorrente

do R-3 desta matrícula a propriedade exclusiva do imóvel; Nos anos de final 3 e 8, caberá ao(à) titular da fração ideal decorrente do R-4 desta matrícula a propriedade exclusiva do imóvel; Nos anos de final 4 e 9, caberá ao(à) titular da fração ideal decorrente do R-5 desta matrícula a propriedade exclusiva do imóvel. Modalidade: O período de gozo e fruição correrá de forma "fixa". As demais características constam do citado instrumento, o qual é parte integrante deste registro para todos os efeitos jurídicos.

...

AV-7/1.000

CONVENÇÃO DE CONDOMÍNIO

Procede-se a esta averbação para ficar constando que a Convenção de Condomínio relativa à instituição do regime de Multipropriedade objeto do R-6 desta matrícula foi registrada sob o número ___ no Livro 3 – Registro Auxiliar deste Serviço Registral.

...

AV-8/1.000 ABERTURAS DE MATRÍCULAS DAS FRAÇÕES DE TEMPO COM ENCERRAMENTO

Nos termos do requerimento de ___, fica constando que as frações de tempo decorrentes da instituição do Regime de Multipropriedade do R-6 foram matriculadas neste Ofício em ___, sob os números M-___ a M-___, Livro 2-Registro Geral, com o que se ENCERRA a presente escrituração.

MATRÍCULA DA FRAÇÃO DE TEMPO:

MATRÍCULA 5.000 (ou como numeração acessória, MATRÍCULA 1.000/1)

A FRAÇÃO DE TEMPO CORRESPONDENTE AO ANO DE FINAL 0 (ZERO) DO IMÓVEL CONSTITUÍDO DE UMA CASA DE ALVENARIA sob o n. 55 da Avenida Beira Mar, com a área construída de 200m^2, edificada sobre o LOTE URBANO número 10 da quadra número 10 do Loteamento Bela Vista, no Balneário de Capão Novo, Município de Capão da Canoa, ___ (descrição do imóvel).

PROPRIETÁRIO: Incluir a qualificação de quem titula o R-1 da matrícula da CASA (MEAÇÃO).

ORIGEM: M-1.000 ...

MATRÍCULA 5.001 (ou como numeração acessória, MATRÍCULA 1.000/2)

A FRAÇÃO DE TEMPO CORRESPONDENTE AO ANO DE FINAL 1 (UM) DO IMÓVEL CONSTITUÍDO DE UMA CASA DE ALVENARIA sob o n. 55 da Avenida Beira Mar, com a área construída de 200m^2, edificada sobre o LOTE URBANO número 10 da quadra número 10 do Loteamento Bela Vista, no Balneário de Capão Novo, Município de Capão da Canoa ___ (descrição do imóvel).

PROPRIETÁRIO: Incluir a qualificação de quem titula o R-2 da matrícula da CASA (LEGÍTIMA).

ORIGEM: M-1.000 ...

E assim sucessivamente.

REGIME TRIMESTRAL MATRÍCULA DO TERRENO SOBRE O QUAL SE INSTITUIRÁ UM CONDOMÍNIO EDILÍCIO

MATRÍCULA 100.000: LOTE URBANO número 10 da quadra número 10 do Loteamento Bela Vista, no Balneário de Capão Novo, Município de Capão da Canoa, ___ (descrição do imóvel e demais elementos da matrícula)

...

R-1/100.000
REGISTRO DA INCORPORAÇÃO IMOBILIÁRIA

...

AV-2/100.000
AVERBAÇÃO DE CONSTRUÇÃO

...

R-3/100.000
INSTITUIÇÃO DO CONDOMÍNIO EDILÍCIO

...

AV-4/100.000
AVERBAÇÃO DE ENCERRAMENTO DA ESCRITURAÇÃO TENDO EM VISTA A ABERTURA DE MATRÍCULAS PARA AS UNIDADES AUTÔNOMAS DECORRENTES DO REGISTRO DA INSTITUIÇÃO DO CONDOMÍNIO EDILÍCIO

MATRÍCULA DA UNIDADE AUTÔNOMA DECORRENTE DO REGISTRO DA INSTITUIÇÃO DO CONDOMÍNIO EDILÍCIO

MATRÍCULA 150.000:
UM IMÓVEL constituído do APARTAMENTO NÚMERO 1, localizado no primeiro andar ou segundo pavimento, o primeiro à esquerda de quem sai do elevador social, com a área privativa de ..., com a área comum de ___, correspondendo-lhe a fração ideal de ___ no imóvel constituído do LOTE URBANO número 10 da quadra número 10 do Loteamento Bela Vista, no Balneário de Capão Novo, Município de Capão da Canoa, ... (descrição do imóvel)
PROPRIETÁRIOS: Fulana, proprietária da área ideal de 1/2 do imóvel; Beltrano, proprietário da área ideal de 1/6 do imóvel; Cicrano, proprietário da área ideal de 1/6 do imóvel; e, João, proprietário da área ideal de 1/6 do imóvel.
ORIGEM: M-100.000

....

R-1/150.000

INSTITUIÇÃO DE MULTIPROPRIEDADE (TRIMESTRAL)
Nos termos do (instrumento particular/ escritura pública / título judicial) de ___, instruído com ___, procedo este registro para constar que o imóvel objeto desta matrícula foi submetido ao regime da multipropriedade, passando a constituir 4 (quatro) frações de tempo, cada uma correspondente a 1 (um) trimestre do ano, iniciando a primeira em 1º de janeiro e terminando em 31 de março, a segunda iniciando em 1º de abril e terminando em 30 de junho, a terceira iniciando em 1º de julho e terminando em 30 de setembro e a quarta iniciando em 1º de outubro e terminando em 31 de dezembro. MODALIDADE: O período de gozo e fruição correrá de forma "alternada e em rodízio" entre os multiproprietários, de modo a que a cada quatro anos cada um tenha utilizado do imóvel em todas as frações de tempo alternadamente, podendo haver, mediante ajuste interno entre os multiproprietários (restrito no âmbito obrigacional) trocas de suas frações de tempo, atendendo o que melhor lhes convir e for oportuno, mas sem que isso implique na alteração do direito real estabelecido por este registro. O USO e GOZO do imóvel iniciará por ___, seguido por ___, depois por ___ e encerrando por ___. As demais características constam do citado instrumento, o qual é parte integrante deste registro para todos os efeitos jurídicos.

...

AV-2/150.000

CONVENÇÃO DE CONDOMÍNIO
Procede-se a esta averbação para ficar constando que a Convenção de Condomínio relativa à instituição do regime de Multipropriedade objeto do R-1 desta matrícula foi registrada sob o número ___ no Livro 3 – Registro Auxiliar deste Serviço Registral.

...

AV-3/150.000

ABERTURAS DE MATRÍCULAS DAS FRAÇÕES DE TEMPO COM ENCERRAMENTO
Nos termos do requerimento de ..., fica constando que as frações de tempo decorrentes da instituição do Regime de Multipropriedade do R-3 foram matriculadas neste Ofício em ___, sob os números M-___ a M-___, Livro 2-Registro Geral, com o que se ENCERRA a presente escrituração.

MATRÍCULA DA FRAÇÃO DE TEMPO

MATRÍCULA 200.000 (ou MATRÍCULA 150.000-1) – A FRAÇÃO DE TEMPO CORRESPONDENTE AO PRIMEIRO TRIMESTRE DO ANO, DE 1º DE JANEIRO A 30 DE MARÇO DE CADA ANO, DO IMÓVEL REFERENTE DO APARTAMENTO NÚMERO 1, localizado no primeiro andar ou segundo pavimento, o primeiro à esquerda de quem sai do elevador social, com a área privativa de ___, com a área comum de ___, correspondendo-lhe a fração ideal de ___ no imóvel constituído do LOTE URBANO número 10 da quadra número 10 do Loteamento

Bela Vista, no Balneário de Capão Novo, Município de Capão da Canoa, ___ (descrição do imóvel)

PROPRIETÁRIOS: Fulana, proprietária da área ideal de 1/2 do apartamento; Beltrano, proprietário da área ideal de 1/6 do apartamento; Cicrano, proprietário da área ideal de 1/6 do apartamento; e, João, proprietário da área ideal de 1/6 do apartamento.

MODALIDADE DE MULTIPROPRIEDADE: Conforme R-1/150.000 ficou constando que a fração de tempo objeto desta matrícula terá seu gozo e fruição de forma alternada e em rodízio entre os multiproprietários, de modo a que a cada quatro anos cada um tenha utilizado do imóvel em todas as frações de tempo alternadamente, podendo haver, mediante ajuste interno entre os multiproprietários (restrito no âmbito obrigacional) trocas de suas frações de tempo, atendendo o que melhor lhes convir e for oportuno, mas sem que isso implique na alteração do direito real estabelecido por este registro. O USO e GOZO do imóvel iniciará por ___, seguido por ___, depois por ___ e encerrando por ___. As demais características constam do citado instrumento, o qual é parte integrante deste registro para todos os efeitos jurídicos.

...

MATRÍCULA 200.001 (ou MATRÍCULA 150.000-2)

A FRAÇÃO DE TEMPO CORRESPONDENTE AO SEGUNDO TRIMESTRE DO ANO, DE 1º DE ABRIL A 30 DE JUNHO DE CADA ANO, DO IMÓVEL REFERENTE DO APARTAMENTO NÚMERO 1, localizado no primeiro andar ou segundo pavimento, o primeiro à esquerda de quem sai do elevador social, com a área privativa de ___, com a área comum de ___, correspondendo-lhe a fração ideal de ... no imóvel constituído do LOTE URBANO número 10 da quadra número 10 do Loteamento Bela Vista, no Balneário de Capão Novo, Município de Capão da Canoa, ___ (descrição do imóvel)

PROPRIETÁRIOS: Fulana, proprietária da área ideal de 1/2 do apartamento; Beltrano, proprietário da área ideal de 1/6 do apartamento; Cicrano, proprietário da área ideal de 1/6 do apartamento; e, João, proprietário da área ideal de 1/6 do apartamento.

MODALIDADE DE MULTIPROPRIEDADE: Conforme R-1/150.000 ficou constando que a fração de tempo objeto desta matrícula terá seu gozo e fruição de forma alternada e em rodízio entre os multiproprietários, de modo a que a cada quatro anos cada um tenha utilizado do imóvel em todas as frações de tempo alternadamente, podendo haver, mediante ajuste interno entre os multiproprietários (restrito no âmbito obrigacional) trocas de suas frações de tempo, atendendo o que melhor lhes convir e for oportuno, mas sem que isso implique na alteração do direito real estabelecido por este registro. O USO e GOZO do imóvel iniciará por ___, seguido por ___, depois por ___ e encerrando por ___ (CUIDAR PARA NÃO CONFLITAR AS OPORTUNIDADES). As demais características constam do citado instrumento, o qual é parte integrante deste registro para todos os efeitos jurídicos.

E assim sucessivamente

REGIME SEMANAL

MATRÍCULA DO TERRENO SOBRE O QUAL SE INSTITUIRÁ UM CONDOMÍNIO EDILÍCIO E TAMBÉM A MULTIPROPRIEDADE: LOTE URBANO número 10 da quadra número 10 do Loteamento Bela Vista, no Balneário de Capão Novo, Município de Capão da Canoa, ___ (descrição do imóvel e demais elementos da matrícula)

PROPRIETÁRIA: EMPRESA QUE IRÁ REALIZAR E ADMINISTRAR O IMÓVEL SOB REGIME DE MULTIPROPRIEDADE SEMANAL.

ORIGEM: M-500.000

...

R-1/500.000 –

INCORPORAÇÃO IMOBILIÁRIA (criação dos bens futuros)

...

R-2/500.000 –

INSTITUIÇÃO DE MULTIPROPRIEDADE (SEMANAL)

Nos termos do (instrumento particular/ escritura pública / título judicial) de ___, instruído com ___, procedo este registro para constar que sobre cada unidade autônoma que está sendo edificada, conforme projeto que ensejou a realização do R-1 (incorporação imobiliária) está submetida ao regime da multipropriedade, passando a constituir, sobre cada uma, 52 (cinquenta e duas) frações de tempo, consideradas semanalmente, que terão seu uso e gozo aproveitados conforme alienações/aquisições feitas por cada pessoa que contratar a respectiva fração de tempo com ora proprietária/incorporadora. As demais características constam do citado instrumento, o qual é parte integrante deste registro para todos os efeitos jurídicos.

...

> Obs.: Se for caso de aplicação do art. 1.358-S, parágrafo único, deverá constar do registro que os futuros adquirentes das frações de tempo ficarão obrigados a respeitar as condições indicando que poderão não ter gozo e uso da fração de tempo adquirida, estando a mesma sujeita exclusivamente ao sistema de locações, participando apenas nas receitas geradas.

AV-3/500.000 – CONVENÇÃO DE CONDOMÍNIO

Procede-se a esta averbação para ficar constando que a Convenção de Condomínio relativa à instituição do regime de Multipropriedade objeto do R-2 desta matrícula foi registrada sob o número ___ no Livro 3 – Registro Auxiliar deste Serviço Registral.

...

AV-4/500.000

ABERTURAS DE MATRÍCULAS DAS FRAÇÕES DE TEMPO COM ENCERRAMENTO

Nos termos do requerimento de ___, fica constando que as frações de tempo decorrentes da instituição do Regime de Multipropriedade do R-2 foram matriculadas neste Ofício em ___, sob os números M-___ a M-___, Livro 2-Registro Geral, com o que se ENCERRA a presente escrituração.

...

Atenção! Entendo que, agora, toda Incorporação Imobiliária que envolver também o Regime da Multipropriedade ensejará, obrigatoriamente, a abertura das matrículas para cada fração de tempo. Na Incorporação Imobiliária, de regra, não se inauguram as matrículas das unidades em construção, salvo a requerimento. Porém, isso terá de ser alterado quando envolver concomitantemente a Multipropriedade.

MATRÍCULA DA FRAÇÃO DE TEMPO

MATRÍCULA 600.000 (ou MATRÍCULA 500.000-1)

A FRAÇÃO DE TEMPO CORRESPONDENTE A PRIMEIRA SEMANA DO MÊS DE JANEIRO DE CADA ANO, DO IMÓVEL REFERENTE DO APARTAMENTO NÚMERO 1, localizado no primeiro andar ou segundo pavimento, o primeiro à esquerda de quem sai do elevador social, com a área privativa de ___, com a área comum de ___, correspondendo-lhe a fração ideal de ___ no imóvel constituído do LOTE URBANO número 10 da quadra número 10 do Loteamento Bela Vista, no Balneário de Capão Novo, Município de Capão da Canoa, ___ (descrição do imóvel).

PROPRIETÁRIA: EMPRESA QUE IRÁ REALIZAR E ADMINISTRAR O IMÓVEL SOB REGIME DE MULTIPROPRIEDADE SEMANAL.

MODALIDADE DE MULTIPROPRIEDADE: Conforme R-2/500.000 ficou constando que a fração de tempo objeto desta matrícula terá seu gozo e fruição de forma exclusiva no período acima indicado. As demais características constam do citado instrumento, o qual é parte integrante deste registro para todos os efeitos jurídicos.

> OBSERVAÇÃO: Se for caso de incidência do art. 1.358-S, parágrafo único fazer constar a restrição ao uso e ao gozo que será noticiada no registro da Multipropriedade, alcançando o titular da fração de tempo apenas o resultado gerado pelo sistema de locação.

ORIGEM: M-500.000 [R-1 (Incorporação Imobiliária) e R-2 (MULTIPROPRIEDADE)]

...

R-1/600.000 (ou R-1/500.000-1)

COMPRA E VENDA

TRANSMITENTE – EMPRESA QUE IRÁ REALIZAR E ADMINISTRAR O IMÓVEL SOB REGIME DE MULTIPROPRIEDADE SEMANAL.

ADQUIRENTE – FULANO DE TAL (adquirente da fração de tempo)

IMÓVEL – A FRAÇÃO DE TEMPO e o APARTAMENTO EM CONSTRUÇÃO OBJETO DESTA MATRÍCULA.

PREÇO – R$...

FORMA DO TÍTULO – Escritura Pública ...

CONDIÇÕES – Se for caso de incidência do art. 1.358-S, parágrafo único fazer constar a restrição ao uso e ao gozo que será noticiada no registro da Multipropriedade, alcançando o titular da fração de tempo apenas o resultado gerado pelo sistema de locação.

...

AV-2/600.000 (ou AV-2/500.000-1)

CONSTRUÇÃO (quando da concessão do Habite-se e da apresentação da CND-INSS)

...

R-3/600.000 (ou R-3/500.000-1)

INSTITUIÇÃO DE CONDOMÍNIO (confirmando o R-1/500.000 – registro da Incorporação Imobiliária)

DISPOSIÇÃO LEGAL

REGISTRO NO LIVRO 3 – REGISTRO AUXILIAR

Art. 178. Registrar-se-ão no Livro 3 – Registro Auxiliar:

III – as convenções de condomínio edilício, condomínio geral voluntário e condomínio em multipropriedade.

Regime de Pool ou intercâmbio

Art. 1.358-S. Na hipótese de inadimplemento, por parte do multiproprietário, da obrigação de custeio das despesas ordinárias ou extraordinárias, é cabível, na forma da lei processual civil, a adjudicação ao condomínio edilício da fração de tempo correspondente.

Parágrafo único. Na hipótese de o imóvel objeto da multipropriedade ser parte integrante de empreendimento em que haja sistema de locação das frações de tempo no qual os titulares possam ou sejam obrigados a locar suas frações de tempo exclusivamente por meio de uma administração única, repartindo entre si as receitas das locações independentemente da efetiva ocupação de cada unidade autônoma, poderá a convenção do condomínio edilício regrar que em caso de inadimplência:

I – o inadimplente fique proibido de utilizar o imóvel até a integral quitação da dívida;

II – a fração de tempo do inadimplente passe a integrar o pool da administradora;

III – a administradora do sistema de locação fique automaticamente munida de poderes e obrigada a, por conta e ordem do inadimplente, utilizar a integralidade dos valores líquidos a que o inadimplente tiver direito para amortizar suas dívidas condominiais, seja do condomínio edilício, seja do condomínio em multipropriedade, até sua integral quitação, devendo eventual saldo ser imediatamente repassado ao multiproprietário.

Averbação do Regime de Pool ou intercâmbio

Segundo Carlos Eduardo Elias de Oliveira: "Apesar do silêncio legal, é necessário que a submissão da unidade periódica ao regime de pool ou de intercâmbio seja averbado na matrícula da unidade periódica para ter eficácia contra terceiros, pois esses regimes modificam o registro da propriedade periódica e, por isso, tem de ser necessariamente averbado à luz do art. 246, LRP.

Sem essa averbação, caso o multiproprietário aliene seu bem a um terceiro, este não terá de respeitar o vínculo de pool ou de intercâmbio firmado pelo anterior multiproprietário, pois, diante da falta de inscrição no álbum imobiliário, esse vínculo era meramente obrigacional sem eficácia real (ou seja, sem eficácia contra terceiros)."

Será que o Princípio da Concentração autoriza averbação neste sentido? Não seria suficiente tal informação constar do registro da instituição da multipropriedade?

22
CONVENÇÕES DE CONDOMÍNIO (INOVAÇÕES TRAZIDAS PELA LEI 14.309, DE 08 DE MARÇO DE 2022)

Publicada no Diário Oficial da União de 09 de março de 2022, a lei altera o Código Civil inserindo, na Seção II do CAPÍTULO VII, dispositivos para permitir e regular a realização de assembleias e votações em condomínios de forma eletrônica ou virtual, tendo sido acrescidos os parágrafos 1º, 2º e 3º ao artigo 1.353 e o artigo 1.354-A.

De acordo com o texto, salvo haja expressa proibição na convenção de condomínio, a partir de agora as assembleias e reuniões dos órgãos deliberativos poderão ser realizadas por meio eletrônico, desde que assegurados os mesmos direitos de voz e voto que os condôminos teriam em uma reunião presencial.

A nova lei também prevê que a assembleia pode ser suspensa até que seja alcançado o quórum mínimo exigido. A assembleia condominial em sessão permanente pode ficar aberta por até 90 (noventa) dias, quando a deliberação exigir quórum especial previsto em lei ou em convenção, e esse quórum não for atingido. A sessão permanente ou contínua precisa ser autorizada por decisão da maioria dos condôminos presentes.

Por decisão da maioria dos presentes a assembleia, quando a deliberação exigir quórum especial previsto em lei ou em convenção e ele não for atingido, poderá deliberar pela sua conversão em sessão permanente, desde que observados os requisitos dos incisos I à IV do § 1º do artigo 1.353 do Código Civil introduzidos pela novel legislação, podendo esta ser prorrogada tantas vezes quantas necessárias, desde que a assembleia seja concluída no prazo total de 90 (noventa) dias, contado da data de sua abertura inicial.

A convocação da reunião deverá trazer instruções sobre acesso, formas de manifestação e modo de coleta de votos. A administração do condomínio não pode ser responsabilizada por problemas técnicos ou falhas na conexão à internet dos condôminos.

A assembleia eletrônica deverá obedecer às mesmas regras de instalação, funcionamento e encerramento previstos no edital de convocação. O encontro pode ocorrer de forma híbrida, com a presença física e virtual dos condôminos. Com isso, as futuras convenções de condomínio apresentadas a registro poderão contemplar as disposições dos parágrafos 1º, 2º e 3º ao artigo 1.353 e o artigo 1.354-A ou, caso assim for decidido pelos condôminos, poderão vedar sua utilização.

Da mesma forma, aconselha-se aos condomínios edilícios que já possuem sua convenção registrada que promovam a devida alteração de modo a fazer com que fique atualizada em relação à nova possibilidade de realização de reuniões e deliberações virtuais.

23
ADJUDICAÇÃO COMPULSÓRIA EXTRAJUDICIAL (UM ESTUDO SOBRE O ARTIGO 216-B DA LEI 6.015/1973, APÓS A CONSOLIDAÇÃO DA REDAÇÃO DA LEI 14.382/2022, PELA PROMULGAÇÃO EM 5/1/2023 DA DERRUBADA DOS VETOS PELO CONGRESSO NACIONAL)

As instituições Notarial e Registral representam uma organização social pré-jurídica, atendendo as necessidades da sociedade em sua estruturação social, patrimonial e econômica. Estas instituições independem das vontades individuais, tornando-se um fenômeno social permanente: do nascimento até depois da morte todos passamos por elas.

O homem se desenvolveu e estruturou sistemas de proteção de direitos. Um deles, destinado a atender aos atos corriqueiros da vida civil, é, conforme acima informado, o Sistema Notarial e Registral, comum em quase todos os países e com uma capilaridade ímpar no Brasil (nos mais remotos cantos do nosso País encontramos o Registrador para registrar um nascimento, um casamento ou um óbito, ou o Notário para realizar um reconhecimento de firma, ou lavrar uma procuração etc.).

Do mesmo modo como se operam os efeitos de uma sentença judicial ocorre com os atos notariais e registrais, onde não se faça necessária a intervenção do Estado-Juiz. Dos atos (administrativos) praticados exsurgem direitos (constituição, modificação, declaração e/ou extinção).

Denota-se que a instituição Notarial e Registral foi criada para estabilizar as relações sociais, gerando segurança jurídica, o que está materializado nos arts. 1º das Leis 6.015/1973 e 8.935/1994. Na evolução e transformação pela qual passa a sociedade e o direito constatou-se, aqui no Brasil, que o processo judicial se tornou moroso e caro.

Surgiu, daí o movimento de Desjudicialização ou Extrajudicialização, do qual criaram-se Mecanismos Alternativos de Resolução de Conflitos (MARC), por sugestão do Banco Mundial (Documento Técnico 319). Iniciativa da Organização das Nações Unidas prevê 17 Objetivos de Desenvolvimento Sustentável (ODS).

O Poder Judiciário Brasileiro mais uma vez integrado às metas globais do milênio. Neste compasso, os Serviços Extrajudiciais (Notariais e Registrais) assumiram papel de relevância na implementação da Agenda 2030 no Brasil, ressaltando-se a função preventiva de litígios.

Objetivam-se procedimentos simplificados, a redução de custos, a celeridade no ato, o respaldo à autonomia (vontades/consenso) dos interessados, dispensando-se a intervenção judicial. Com efeito, isso não implica em afastar o Poder Judiciário, apenas não exigir a sua participação quando for possível materializar o Direito através do consenso, quando a lei assim autoriza.

Como hipóteses de incidência dessa vertente de pensamento temos a execução extrajudicial decorrente da alienação fiduciária de imóvel (Lei 9.514/1997), as retificações administrativas de registros imobiliários (art. 213 da Lei 6.015/1973, com a redação dada pela Lei 10.931/2004) e civis das pessoas naturais (art. 110 da Lei 6.015/1973, com a redação dada pela Lei 13.484/2017), os inventários e partilhas extrajudiciais (Lei 11.441/2007), a usucapião extrajudicial (art. 216-A da Lei 6.015/1973, com a redação dada pela Lei 13.105/2015) e a regularização fundiária urbana (Lei 13.465/2017).

Através de tais legislações tem-se ofertado aos brasileiros o alcance do Direito por um modo mais célere e menos oneroso. No decorrer de 2021, através do Conselho da Justiça Federal, fomentou-se a desjudicialização da adjudicação compulsória, através do Enunciado 136 da II Jornada de Prevenção e Solução Extrajudicial de Litígios, prevendo o seguinte:

> É de se fomentar a criação de procedimento extrajudicial visando à materialização de título hábil a ensejar o registro imobiliário para o alcance da propriedade plena em decorrência de contrato preliminar de promessa de compra e venda, registrado ou não, dispensando, facultativamente, a via judicial.

Neste compasso, quando da conversão em lei da Medida Provisória 1.085/2021, criando a Lei 14.382/2022, recentemente foi incluído o art. 216-B da Lei 6.015/1973, tratando da *adjudicação compulsória extrajudicial de imóvel*. Doravante podemos contar com mais um instituto fruto da Desjudicialização.

Como se sabe, tramitam milhares de ações de adjudicação compulsória, as quais poderão ser solucionadas, muitas delas, como o aperfeiçoamento da legislação ora alcançado. É este o mote desta apresentação, descrever este novel instituto disponibilizado para ser concretizado sem a necessidade de processo judicial.

Em que pese o texto legal não tenha recepcionado o quanto constou da emenda apresentada após a publicação da Medida Provisória 1.085/2021, a qual previa um procedimento muito mais claro e transparente a ser implementado visando ao deferimento do pedido, o texto atual gerará avanços.

Porque há inúmeros casos em que há promessas de compra e venda registradas, ou até mesmo sem registro (Súmula 239 do Superior Tribunal de Justiça e Enunciado 95 do Conselho da Justiça Federal), onde, por uma causa ou outra, não se consegue mais alcançar a vontade do promitente vendedor para a materialização de escritura pública de compra e venda (contrato definitivo), uma vez demonstrada a existência do título e a sua regular quitação, bem como devidamente intimados o proprietário tabular, então promitente vendedor, ou seu representante (procurador ou inventariante judicialmente ou extrajudicial), ou todos os seus sucessores (não havendo procurador ou inventariante), bem como os cedentes, se for o caso de existir cessões do direito real à aquisição, poderá agora o Registro de Imóveis recepcionar pedido extrajudicial de regularização da titularidade do imóvel.

Tal procedimento também pode ser utilizado pelo promitente vendedor que quer transferir a propriedade e o promitente comprador não está aceitando recebê-la. Muitos empreendedores possuem um estoque de bens em seus nomes, os quais já foram prometidos à venda e quitados e não conseguem transferir a propriedade por desinteresse do promitente comprador. Principalmente em casos de Sociedades de Propósito Específico (SPE), em que pretendem os sócios encerrar a atividade da pessoa jurídica e possuem tais pendências.

Os legitimados, conforme prevê o seu § 1º, são o promitente comprador ou qualquer dos seus cessionários ou promitentes cessionários, ou seus sucessores, bem como o promitente vendedor, sempre representados por advogado. O desenrolar de tal regularização dar-se-á através do Registro de Imóveis da situação da coisa (caput do art. 216-B da Lei 6.015/1973).

Como não poderia deixar de ser, porque os Advogados exercem papel fundamental na concreção da Justiça e do Direito, o pedido de adjudicação compulsória extrajudicial precisará contar com tal requisito.

Instruirá o pedido feito pelo Advogado, juntando procuração com poderes específicos, e com os documentos necessários, que são (i) o instrumento de promessa de compra e venda ou de cessão; (ii) prova do inadimplemento (certidão de constituição em mora quanto à outorga do título a ser alcançada via Registro de Imóveis, o qual poderá se valer do Registro de Títulos e Documentos; (iii) certidões dos distribuidores forenses da comarca da situação do imóvel e do domicílio do requerente que demonstrem a inexistência de litígio envolvendo o contrato de promessa de compra e venda do imóvel objeto da adjudicação e

(iv) comprovante de pagamento do ITBI, será possível registrar a aquisição da propriedade plena em nome do requerente/adjudicante.

Em síntese, a instrução do título (art. 221, II da Lei 6.015/1973) exigirá a apresentação do instrumento que demonstra a obrigação de alguém prestar uma outorga, sua mora, a instrução com certidões forenses, com o reconhecimento de eventual imposto de transmissão e com a procuração outorgada ao Advogado, restando evidenciado que o ato administrativo que conferirá a propriedade a quem apresenta sua proposição será um ato de registro, não de averbação.

Difere, a adjudicação compulsória extrajudicial da usucapião extrajudicial porque para a implementação daquela basta a existência do título e a verificação do cumprimento da obrigação de pagar o preço, não necessitando da prova do prazo de posse mansa, contínua e ininterrupta (dispensa de tais elementos/requisitos). Muitas vezes o sujeito de direitos já honrou sua obrigação (pagamento do preço), mas não tem o tempo de posse necessário para requerer a usucapião.

Vislumbra-se, ainda, sua ampla aplicabilidade, na hipótese de inadimplemento por parte do multiproprietário ou do adquirente de unidade autônoma de condomínio edilício, referentemente as suas obrigações de custeio das despesas ordinárias ou extraordinárias (art. 1.358-S do Código Civil e art. 63 e parágrafos da Lei 4.591/1964).

A lei nada se referiu sobre a (des)necessidade de apresentação de certidão negativa de débito perante a Receita Federal do Brasil quando quem estiver em mora na outorga do título for uma empresa. Como foi vetado o dispositivo que previa a revogação do art. 47, I, "b" e do art. 47, II, ambos da Lei 8.212/1981, certamente serão inauguradas discussões sobre a exigência, ou não, de tal documento para que se possa deferir o registro pretendido.

Questões outras, que constaram do projeto de lei e que não foram recepcionadas, a exemplo do que previam os parágrafos 2º, 4º ao 8º, 10º e 11º, poderão ser melhor estudadas para uma possível incorporação no ordenamento jurídico numa próxima alteração na Lei 6.015/1973. Por enquanto, teremos para aplicar o quanto constou do texto aprovado, o que certamente fomentará inúmeras outras regularizações pela via extrajudicial.

Espera-se que o fim buscado pela alteração legislativa seja plenamente alcançado, para o bem dos interessados, contribuindo para a segurança jurídica e para a paz social.

23.1 OBJETIVO DA ADJUDICAÇÃO COMPULSÓRIA EXTRAJUDICIAL

Abordar o instituto da Adjudicação Compulsória, enfatizando sobre a sua aplicabilidade, agora, pela via administrativa, em virtude da extrajudicialização trazida pela criação do art. 216-B da Lei 6.015/1973 (Lei de Registros Públicos).

Finalidade primeira: Alcançar a definição de um direito (propriedade), antes apenas pela via judicial, quando não era possível atingir uma outorga necessária para a formalização do negócio jurídico definitivo pela via administrativa, através de uma escritura pública de compra e venda.

Finalidade atual: Viabilizar o reconhecimento de um direito (propriedade), independente de processo judicial, quando implementado os procedimentos Registral e Notarial previstos em lei.

23.2 CONSIDERAÇÕES ACERCA DA DESJUDICIALIZAÇÃO/ EXTRAJUDICIALIZAÇÃO – ORIGEM

O Direito evolui conforme as demandas da sociedade exigem. Infelizmente, o Direito decorrente do processo tornou-se moroso e caro.

Desta forma, buscou-se alternativas de resolução mais célere e menos onerosa para se alcançar o Direito por outros meios, através da Desjudicialização/Extrajudicialização, com a criação de Mecanismos Alternativos de Resolução de Conflitos (MARC): Sugestão do Banco Mundial (Documento Técnico 319)[1].

O Ministro Luiz Fux, na sua posse, destacou a importância da Desjudicialização e da contribuição da atividade extrajudicial para as ações do Poder Judiciário brasileiro, afirmando que:

> A tendência é de franca expansão das atividades Notariais e Registrais, não apenas pela competência e pela excelência dos serviços prestados pelos cartórios, mas também em razão da capilaridade do sistema extrajudicial. [...] A atuação dos Notários e Registradores é essencial no processo de desjudicialização de demandas que está em curso no Brasil.

Em palestra proferida pelo mesmo Ministro, com o tema "Cartório Contemporâneo: Prestação do Serviço Notarial e de Registro", no VII Encontro Amazonense de Notários e Registradores, afirmou, durante seu depoimento sobre desjudicialização, que "muita coisa pode e deve ser resolvida por meio da atividade notarial e de registro".

---

1. Disponível em: <https://www.anamatra.org.br/attachments/article/24400/00003439.pdf>, <http://www.publicadireito.com.br/artigos/?cod=1e00996d70a49ff8>, <https://ambitojuridico.com.br/cadernos/direito-administrativo/banco-mundial-mercado-e-a-reforma-do-judiciario-brasileiro--uma-visao-politica-do-banco-na-aprovacao-das-reformas/> e https://espaco-vital.jusbrasil.com.br/noticias/1506515/o-perigoso-documento-319-do-banco-mundial.

23.3 AGENDA 2030

Iniciativa da ONU voltada ao desenvolvimento de 17 Objetivos de Desenvolvimento Sustentável (ODS), reúne 193 países e integra o Poder Judiciário brasileiro às metas globais do milênio.

Os Cartórios Extrajudiciais assumem papel importante na implementação da Agenda 2030 no Brasil, devendo ser ressaltada a função preventiva de litígios que é muito bem estruturada pela função notarial e registral em todo o país.

Lei 9.514/1997 – Alienação Fiduciária – Crise da Hipoteca (Súmula 308 do STJ)

A ideia embrionária de desafogar o Judiciário da sobrecarga de processos, compartilhando com Notários e Registradores os procedimentos que poderiam, com segurança, ser por eles praticados, começou a tomar forma com a Lei 9.514/1997, que instituiu, entre outros, a alienação fiduciária de bem imóvel.

23.4 EXECUÇÃO EXTRAJUDICIAL

Através desta lei passou-se a permitir a "execução" da dívida pelo não pagamento das parcelas de financiamento imobiliário atrasadas mediante o procedimento de intimação do artigo 26, fora do âmbito judicial.

Com efeito, o mutuário é intimado para pagar a dívida em 15 (quinze) dias e, em não o fazendo, emite-se a certidão de sua constituição em mora e, comprovado o pagamento do imposto de transmissão, efetua-se a averbação da consolidação da propriedade plena em nome do credor. Tudo isso sem a necessidade de ação judicial.

23.5 RETIFICAÇÃO EXTRAJUDICIAL – LEI 10.931/2004

Finalidades: Alcançar maior *celeridade* e *eficiência* nos procedimentos de retificação registral imobiliária em virtude do deslocamento do seu campo de tramitação da esfera judicial para a extrajudicial, cabendo tal atribuição, agora, ao Oficial do Registro de Imóveis (artigos 212 e 213 da Lei dos Registros Públicos).

Trata-se da consagração do Princípio da Autonomia do Registrador Imobiliário, pois esta alteração ressalta a importância da atividade, a confiabilidade no critério prudente e técnico do Registrador, bem como a sua autonomia funcional.

23.6 LEI 11.441/2007

A desjudicialização/extrajudicialização de maior sucesso foi, sem dúvida nenhuma, a possibilidade de proceder ao inventário, a partilha, a separação e o divórcio por escritura pública, graças a Lei 11.441/2007.

Este procedimento já era realidade nos países das américas desde os anos 80. Após promulgada a lei, com as devidas regulamentações (Resolução do CNJ 35/2007), a aceitação na sociedade foi imediata.

23.7 USUCAPIÃO EXTRAJUDICIAL

O Código de Processo Civil (Lei Federal 13.105), sancionado em 16.3.2015, seguindo a tendência em ascensão da desjudicialização/extrajudicialização de procedimentos, que ganhou ênfase a partir da Emenda Constitucional 45/2004, conhecida como emenda da reforma do judiciário, introduziu na ordem jurídica brasileira, de forma opcional ao jurisdicionado, o instituto da usucapião extrajudicial processada perante o Registro de Imóveis, nos termos do artigo 1.071 do novo Código de Processo Civil que acrescentou o artigo 216-A ao texto da Lei Federal 6.015/1973 (Lei de Registros Públicos).

23.8 LEI 13.465/2017 – REGULARIZAÇÃO FUNDIÁRIA URBANA

Na senda da desjudicialização/extrajudicialização, agora é possível regularizar imóveis (estima-se que a metade dos imóveis do Brasil), via Regularização Fundiária Urbana também pela via administrativa, envolvendo o Município e o Registro de Imóveis, sem a necessidade de processo judicial. Assunto regulamentado pelo Decreto 9.310/2018.

23.9 BENEFÍCIOS

Procedimentos simplificados, redução de custos, celeridade no ato, autonomia dos Interessados (escolha do Tabelião), dispensa de homologação judicial. Na maioria dos casos há a participação de Advogado.

Em síntese, alcance do direito por um modo mais célere e menos oneroso.

23.10 PROMESSA DE COMPRA E VENDA HISTÓRICO

Na legislação portuguesa, origem do direito brasileiro, tem-se nas Ordenações Afonsinas (século XV) as origens do contrato preliminar, previsto em seu Livro IV. As Ordenações Filipinas, em 1603, trouxeram a figura do *contrato preliminar* no Livro IV, Título XIX, que já constava no Código Manuelino do século XVI (Livro IV, Título XXXVI).

O Código Civil brasileiro de 1916, previa no artigo 1.088 a possibilidade de, antes da assinatura do instrumento público, as partes contratantes exercerem o direito de arrependimento, mediante, unicamente, a indenização por perdas e danos.

Posteriormente, o Decreto-Lei 58/1937, aplicável, inicialmente, somente a imóveis loteados, trouxe no seu artigo 5º a regra da irretratabilidade da promessa, no silêncio das partes, e a constituição do direito real do promitente comprador quando registrado o instrumento.

> Art. 5º A averbação atribui ao compromissário direito real oponível a terceiros, quanto à alienação ou oneração posterior, e far-se-á à vista do instrumento de compromisso de venda, em que o oficial lançará a nota indicativa do livro, página e data do assentamento.

Nos artigos 15 e 16 do Decreto-Lei 58/1937, com redação dada pela Lei 6.014/1973, verifica-se a inserção no ordenamento jurídico na ação de adjudicação compulsória:

> Art. 15. Os compromissários têm o direito de, antecipando ou ultimando o pagamento integral do *preço*, e estando *quites* com os *impostos e taxas*, exigir a outorga da *escritura de compra e venda*.
>
> Art. 16. Recusando-se os compromitentes a *outorgar* a escritura definitiva no caso do artigo 15, o compromissário poderá propor, para o cumprimento da obrigação, *ação de adjudicação compulsória*, que tomará o rito sumaríssimo.
>
> § 1º A ação não será acolhida se a parte, que a intentou, *não cumprir* a sua *prestação* nem a oferecer nos casos e formas legais.
>
> § 2º Julgada procedente a ação a sentença, uma vez transitada em julgado, *adjudicará* o imóvel ao compromissário, valendo como *título* para a transcrição. (grifo nosso)

A partir da vigência do Decreto-Lei 58/1937, a promessa de compra e venda ganhou nova roupagem: irretratabilidade, contratação por instrumento particular, independentemente do valor, possibilidade da cessão do contrato, sem necessidade da anuência do promitente vendedor, possibilidade da ação de adjudicação compulsória, caso haja injustificada recusa da outorga da escritura pública definitiva.

O artigo 22 do Decreto-Lei 58/1937 ampliou a aplicabilidade da irretratabilidade da promessa aos imóveis não loteados.

> Art. 22. Os contratos, sem cláusula de arrependimento, de compromisso de compra e venda de imóveis não loteados, cujo preço tenha sido pago no ato da sua constituição ou deva sê-lo em uma ou mais prestações desde que inscritos em qualquer tempo, *atribuem aos compromissários direito real oponível a terceiros* e lhes confere o direito de *adjudicação compulsória*, nos termos dos artigos 16 desta lei e 640 e 641 do Código do Processo Civil. (grifo nosso)

Em 1979, com o advento da Lei 6.766 (Lei de Parcelamento do Solo Urbano) o Decreto-Lei 58/1937 passou a ser aplicável somente aos imóveis rurais, sendo a nova legislação a regular os imóveis urbanos, trazendo a possibilidade do registro (não mais de averbação) da promessa de compra e venda na matrícula do imóvel:

Lei 6.766/1979:

Art. 25. São *irretratáveis* os compromissos de compra e venda, cessões e promessas de cessão, os que atribuam *direito a adjudicação compulsória* e, estando registrados, confiram direito real oponível a terceiros.

Art. 26. Os compromissos de compra e venda, as cessões ou promessas de cessão poderão ser feitos por *escritura pública* ou por *instrumento particular*, de acordo com o *modelo depositado na forma do inciso VI do art. 18* e conterão, pelo menos, as seguintes indicações: [...] (grifo nosso)

Exceção:

§ 3º Admite-se, nos *parcelamentos populares*, a cessão da posse em que estiverem provisoriamente imitidas a União, Estados, Distrito Federal, Municípios e suas entidades delegadas, o que *poderá ocorrer por instrumento particular*, ao qual *se atribui, para todos os fins de direito, caráter de escritura pública*, não se aplicando a disposição do inciso II do art. 134 do Código Civil. (Incluído pela Lei 9.785, de 1999) Atual artigo 108 do CC.

§ 6º Os compromissos de compra e venda, as cessões e as promessas de cessão *valerão como título para o registro da propriedade do lote adquirido*, quando acompanhados da respectiva *prova de quitação*.(grifo nosso)

OBS: Note-se que, aqui, há uma exceção à regra da lavratura de instrumento público e, portanto, nestes casos o registro é automático, sem a necessidade da adoção da Escritura Pública ou do procedimento de adjudicação compulsória extrajudicial, bastando a apresentação de requerimento instruído com a prova da quitação.

Isto porque, na época, já vigorava a Lei de Registros Públicos (Lei 6.015/1973), que inseriu como ato de registro o acesso ao álbum imobiliário do compromisso de compra e venda:

Art. 167. No Registro de Imóveis, além da matrícula, serão feitos.

I – o registro:

[...]

9) dos contratos de compromisso de compra e venda de cessão deste e de promessa de cessão, com ou sem cláusula de arrependimento, que tenham por objeto imóveis não loteados e cujo preço tenha sido pago no ato de sua celebração, ou deva sê-lo a prazo, de uma só vez ou em prestações;

[...]

18) dos contratos de promessa de venda, cessão ou promessa de cessão de unidades autônomas condominiais e de promessa de permuta, a que se refere a Lei 4.591, de 16 de dezembro de 1964, quando a incorporação ou a instituição de condomínio se formalizar na vigência desta Lei.

Finalmente, o Código Civil de 2002 (Lei 10.406/2002), no Livro I, Título V, Capítulo I, Seção VIII, nos artigos 462 à 466, passou a regular expressamente o contrato preliminar que tenha por objeto imóveis urbanos ou imóveis rurais não loteados.

Art. 462. O contrato preliminar, exceto quanto à forma, deve conter todos os requisitos essenciais ao contrato a ser celebrado.

Art. 463. Concluído o contrato preliminar, com observância do disposto no artigo antecedente, e *desde que dele não conste cláusula de arrependimento*, qualquer das partes terá o direito de exigir a celebração do definitivo, assinando prazo à outra para que o efetive.

Parágrafo único. O contrato preliminar deverá ser levado ao registro competente. (grifo nosso)

23.11 ADJUDICAÇÃO COMPULSÓRIA EXTRAJUDICIAL – IDEIA EMBRIONÁRIA

II Jornada Prevenção e Solução Extrajudicial de Litígios do Centro de Estudos Judiciários (CEJ) do Conselho da Justiça Federal (CJF).

Sobre a extrajudicialização, veja um dos Enunciados enviado pela Anoreg-RS e pelo Fórum de Presidentes para a II Jornada de Prevenção e Solução Extrajudicial de Litígios do CEJ e aprovados em Plenária no dia 27.08.2021:

Enunciado proposto: É de se fomentar a criação de procedimento extrajudicial visando à materialização de título hábil a ensejar o registro imobiliário para o alcance da propriedade plena em decorrência de contrato preliminar de promessa de compra e venda, registrado ou não, dispensando, facultativamente, a via judicial.

Importante ressaltar que este trabalho foi desenvolvido em conjunto com o Dr. Tiago Machado Burtet, que foi Registrador de Imóveis em Campinas do Sul-RS (2006-2015) e Tabelião de Notas na cidade do Rio de Janeiro-RJ (2015-2017). Formado pela PUC-RS e especialista em Direito Notarial e Registral (UNISINOS), Civil e Processual Civil e em Direito Público (URI-Campus de Erechim-RS), atualmente, na qualidade de sociofundador da EXTRAJUD Assessoria e Consultoria Ltda., presta assessoria especializada na área dos serviços extrajudiciais e é palestrante sobre diversos temas da área, além de atuar como Professor convidado em cursos de especialização e de preparação para concursos de ingresso nas atividades notarial e registral, em virtude do vasto conhecimento e experiência na área.

23.11.1 Justificativa

Esta proposição visa orientar a adoção de política pública voltada a evitar a judicialização na situação apresentada. Há milhares de ações de Adjudicação Compulsória tramitando na Justiça, as quais poderiam ser solucionadas, muitas delas, se aperfeiçoada a legislação. É este o modo desta proposição.

Neste sentido, os Advogados exercem papel fundamental para a extrajudicialização, pois o Tabelião somente lavrará a escritura pública se todas as partes interessadas estiverem assistidas por advogado comum ou advogados de cada uma delas.

Há inúmeros casos em que há promessas de compra e venda registradas, ou até mesmo sem registro, onde, por uma causa ou outra, não se consegue mais alcançar a vontade do promitente vendedor para a materialização de uma Escritura Pública de Compra e Venda (contrato definitivo).

A promessa de compra e venda possui previsão legal nos artigos 1.417 e 1.418 do Código Civil:

> Art. 1.417. Mediante promessa de compra e venda, em que se não pactuou arrependimento, celebrada por instrumento público ou particular, e registrada no Cartório de Registro de Imóveis, adquire o promitente comprador direito real à aquisição do imóvel.
>
> Art. 1.418. O promitente comprador, titular de direito real, pode exigir do promitente vendedor, ou de terceiros, a quem os direitos deste forem cedidos, a outorga da escritura definitiva de compra e venda, conforme o disposto no instrumento preliminar; e, se houver recusa, requerer ao juiz a adjudicação do imóvel.

23.11.2 Procedimento proposto

Demonstrada a existência do título e a sua regular quitação, uma vez intimado o proprietário tabular, então promitente vendedor, ou seu representante (procurador ou inventariante judicialmente ou extrajudicial), ou todos os seus sucessores (não havendo procurador ou inventariante), bem como os cedentes, se for o caso de existir cessões do direito real à aquisição, poderia o Tabelião de Notas lavrar Escritura Pública de Adjudicação Compulsória.

A escritura somente poderia ser lavrada se não houvesse a apresentação de oposição no prazo razoável a ser fixado (ideal de 15 dias úteis), sempre acompanhado por Advogado.

Lavrada a Escritura Pública de Adjudicação Compulsória e instruindo-a com a guia de recolhimento do ITBI referente a este título, será possível registrar a aquisição da propriedade plena em nome do adjudicante.

Alternativamente, é possível pensar sobre a aplicação do mesmo procedimento previsto para a usucapião extrajudicial (Provimento 65 do CNJ), cujo processamento ocorre perante o Registro de Imóveis, para se alcançar o reconhecimento do direito sem que seja necessário um processo judicial.

23.11.3 Proposição – Emenda à MPV 1.085/2021

Havia sido desenvolvida ideia mais completa e arrojada frente à que foi aprovada e que integrou a Lei 14.382/2022. Vejamos, ponderando que os textos em *itálico* não constaram da lei e os em **negrito** foram recepcionados com certa adequação:

Art. 216-B. Sem prejuízo da via jurisdicional, é admitido o pedido de reconhecimento extrajudicial de adjudicação compulsória, que será processado diretamente perante o cartório do registro de imóveis da comarca em que estiver situado o imóvel adjudicando, a requerimento do interessado, representado por advogado, instruído com:

I – prova da constituição em mora do promitente vendedor em outorgar o título definitivo visando à transmissão da propriedade;

II – ata notarial lavrada por tabelião de notas, atestando a posse do requerente; a prova do adimplemento da obrigação do promissário comprador, conferindo-lhe a pretensão de adquirir a propriedade do imóvel; e, a regular constituição em mora do promitente vendedor;

III – certidões dos distribuidores forenses da comarca da situação do imóvel e do domicílio do requerente demonstrando a inexistência de litígio envolvendo o contrato de promessa de compra e venda que se pretende efetivar;

IV – guia de reconhecimento do Imposto de Transmissão de Bens Imóveis relativamente ao imóvel adjudicando.

§ 1º Não é condição para o processamento do pedido o prévio registro do contrato preliminar de promessa de compra e venda;

§ 2º A prova da constituição em mora prevista no inciso I se dará mediante a efetivação de notificação extrajudicial pelo Registro de Títulos e Documentos, com certificação da entrega do pedido concedendo prazo suficiente para a outorga do título definitivo visando à transmissão da propriedade;

§ 3º A comprovação da regularidade fiscal do promitente vendedor não é condição para o deferimento do pedido de adjudicação compulsória extrajudicial;

§ 4º A via administrativa da adjudicação compulsória não poderá ser causa para burlar o direito civil, notarial e registral e tributário, devendo ser justificado o óbice à correta escrituração da transmissão da propriedade;

§ 5º O pedido será autuado pelo registrador, prorrogando-se o prazo da prenotação até o acolhimento ou a rejeição do pedido;

§ 6º O oficial de registro de imóveis promoverá a publicação de edital em jornal de grande circulação, onde houver, para a ciência de terceiros eventualmente interessados, que poderão se manifestar em 10 (dez) dias úteis;

§ 7º Regulamento do órgão jurisdicional competente para a correição das serventias extrajudiciais poderá autorizar a publicação do edital em meio eletrônico, caso em que ficará dispensada a publicação em jornais de grande circulação;

§ 8º Para a elucidação de qualquer ponto de dúvida, poderão ser solicitadas ou realizadas diligências pelo oficial de registro de imóveis;

§ 9º Acolhido o pedido, será lavrado ato de registro na matrícula do imóvel então contratado;

§ 10 Rejeitado o pedido, será deferido ao interessado ou requerer a suscitação do procedimento de dúvida, nos termos desta Lei, ou inaugurar procedimento de justificação administrativa perante a serventia extrajudicial, que obedecerá, no que couber, ao disposto no § 5º do art. 381 e ao rito previsto nos arts. 382 e 383 da 13.105, de 16 março de 2015 (Código de Processo Civil), visando ao convencimento motivado do Ofício Predial.

§ 11 A rejeição do pedido não impede o ajuizamento de ação de adjudicação compulsória.

23.11.4 Texto definitivo da lei

Art. 216-B. Sem prejuízo da via jurisdicional, a adjudicação compulsória de imóvel objeto de promessa de venda ou de cessão poderá ser efetivada extrajudicialmente no serviço de registro de imóveis da situação do imóvel, nos termos deste artigo.

§ 1º São **legitimados** a requerer a adjudicação o promitente comprador ou qualquer dos seus cessionários ou promitentes cessionários, ou seus sucessores, bem como o promitente vendedor, representados por advogado, e o pedido deverá ser instruído com os seguintes **documentos**:

I – instrumento de promessa de compra e venda ou de cessão ou de sucessão, quando for o caso;

II – prova do inadimplemento, caracterizado pela não celebração do título de transmissão da propriedade plena no prazo de 15 (quinze) dias, contado da entrega de notificação extrajudicial pelo oficial do registro de imóveis da situação do imóvel, que poderá delegar a diligência ao oficial do registro de títulos e documentos;

III – (Vetado);

IV – certidões dos distribuidores forenses da comarca da situação do imóvel e do domicílio do requerente que demonstrem a inexistência de litígio envolvendo o contrato de promessa de compra e venda do imóvel objeto da adjudicação;

V – comprovante de pagamento do respectivo Imposto sobre a Transmissão de Bens Imóveis (ITBI);

VI – procuração com poderes específicos.

§ 2º (Vetado);

§ 3º À vista dos documentos a que se refere o § 1º deste artigo, o oficial do registro de imóveis da circunscrição onde se situa o imóvel procederá ao **registro** do domínio em nome do promitente comprador, servindo de título a respectiva promessa de compra e venda ou de cessão ou o instrumento que comprove a sucessão.

O Presidente da República havia vetado o inciso III e o §2º do artigo 216-B da Lei 14.382/2022, que se referiam à ata notarial, à dispensa do registro do título anterior e à comprovação da regularidade fiscal do promitente vendedor, porém, em Sessão Conjunta realizada em 22/12/2022 o Congresso Nacional rejeitou estes vetos, os quais foram remetidos e comunicados ao Presidente da República que, por sua vez procedeu à promulgação no dia 5/1/2023, nos termos do art. 66, § 5º da Constituição Federal, passando a Lei a dispor o quanto previa a MP 1085/2021, senão vejamos:

Art. 216-B. Sem prejuízo da via jurisdicional, a adjudicação compulsória de imóvel objeto de promessa de venda ou de cessão poderá ser efetivada extrajudicialmente no serviço de registro de imóveis da situação do imóvel, nos termos deste artigo.

§ 1º São legitimados a requerer a adjudicação o promitente comprador ou qualquer dos seus cessionários ou promitentes cessionários, ou seus sucessores, bem como o promitente vendedor, representados por advogado, e o pedido deverá ser instruído com os seguintes documentos:

I – instrumento de promessa de compra e venda ou de cessão ou de sucessão, quando for o caso;

II – prova do inadimplemento, caracterizado pela não celebração do título de transmissão da propriedade plena no prazo de 15 (quinze) dias, contado da entrega de notificação extrajudicial pelo oficial do registro de imóveis da situação do imóvel, que poderá delegar a diligência ao oficial do registro de títulos e documentos;

III – ata notarial lavrada por tabelião de notas da qual constem a identificação do imóvel, o nome e a qualificação do promitente comprador ou de seus sucessores constantes do contrato de promessa, a prova do pagamento do respectivo preço e da caracterização do inadimplemento da obrigação de outorgar ou receber o título de propriedade;

IV – certidões dos distribuidores forenses da comarca da situação do imóvel e do domicílio do requerente que demonstrem a inexistência de litígio envolvendo o contrato de promessa de compra e venda do imóvel objeto da adjudicação;

V – comprovante de pagamento do respectivo Imposto sobre a Transmissão de Bens Imóveis (ITBI);

VI – procuração com poderes específicos.

§ 2º O deferimento da adjudicação independe de prévio registro dos instrumentos de promessa de compra e venda ou de cessão e da comprovação da regularidade fiscal do promitente vendedor.

§ 3º À vista dos documentos a que se refere o § 1º deste artigo, o oficial do registro de imóveis da circunscrição onde se situa o imóvel procederá ao registro do domínio em nome do promitente comprador, servindo de título a respectiva promessa de compra e venda ou de cessão ou o instrumento que comprove a sucessão.

No artigo 11 da Lei 14.382/2022 voltou a vigorar a exigência de ata notarial lavrada por Tabelião de Notas para a instrução dos pedidos de adjudicação compulsória extrajudicial do imóvel (inciso III do § 1º do artigo 216-B da Lei 6.015/73).

Quanto aos vetos derrubados do referido artigo 11, pode-se afirmar que modificam positivamente a adjudicação compulsória extrajudicial, pois trazem de volta para o procedimento a necessária figura do Tabelião de Notas, o qual exerce a atividade mais afeita à verificação das questões envolvendo o negócio jurídico de promessa de compra e venda que o requerente pretende efetivar ou, em não sendo possível, adjudicar compulsoriamente seu objeto.

A participação do Tabelião não será mera formalidade, mas, muito pelo contrário, servirá para gerar mais segurança e regularidade ao procedimento, agregando a ele o olhar cauteloso acerca da possibilidade ou não de aplicação do instituto, visando a conformação do caso concreto ao título que servirá para integrar o pedido de regularização, de modo similar ao que hoje já ocorre com a usucapião extrajudicial (art. 216-A, I da Lei 6.015/73).

No mesmo artigo 11 da referida Lei foi mantido o dispositivo que dispensa o prévio registro da promessa de compra e venda ou de cessão e da comprovação da regularidade fiscal do vendedor para a adjudicação compulsória extrajudicial (§2º do artigo 216-B da Lei 6.015/73).

Como se vê, muitas são as questões que deverão ser analisadas sob a nova ótica do procedimento que a derrubada dos vetos proporcionou, estudo este já em andamento no Registro de Imóveis da 1ª Zona de POA para auxiliar aos usuários que têm interesse em utilizar tal expediente. Em breve novas orientações estarão disponíveis no site.

23.12 PROCEDIMENTO DA ADJUDICAÇÃO COMPULSÓRIA EXTRAJUDICIAL NO REGISTRO DE IMÓVEIS

– É possível a utilização subsidiária das regras concernentes ao instituto previstas no Código Civil e no Código de Processo Civil neste procedimento?

O Registrador de Imóveis não pode exigir menos que o juiz. O paralelismo entre as vias, judicial e extrajudicial, gera a aproximação de formalidades entre os procedimentos. Portanto, considerando que privilegiar a eleição da via da adjudicação compulsória, em detrimento da via do usucapião, é um dever imposto ao Registrador implicitamente pelo § 2º do artigo 13 do Provimento 65/2017 do CNJ, parece-me recomendável que o Registrador de Imóveis possa adotar a mesma postura do Judiciário.

Nesse diapasão, o procedimento que a seguir será exposto, contém regramentos dos referidos diplomas legais, os quais devem ser utilizados em tudo o quanto o artigo 216-B da Lei 6.015/73 for silente.

– Como funciona a tramitação interna no Registro de Imóveis?

Em uma análise preliminar pode-se dizer que a disciplina do inciso III do §1º do artigo 216-B da Lei 6.015/73 (o qual voltou a vigorar após a promulgação do Presidente da República à derrubada do Veto em 5/1/2023), quando conjugada ao inciso II do mesmo dispositivo legal, fará com que o procedimento de adjudicação compulsória extrajudicial *inicie no Registro de Imóveis* com o *protocolo* e a *autuação* do respectivo requerimento (petição inicial) firmado pelo advogado assistente contendo o pedido de notificação extrajudicial a ser dirigida a quem deve outorgar a escritura pública ou recebê-la do promitente vendedor para que assim o faça, devidamente acompanhado da promessa de compra e venda e/ou de cessão e/ou de sucessão.

Passados os 15 dias úteis sem manifestação do notificado, ficará caracterizada a *prova do inadimplemento* e tal ocorrência será certificada pelo Registrador a fim de que o interessado possa adotar a providência prevista no inciso III do §1º do artigo 216-B, ou seja, *para que se dirija a um Tabelionato de Notas a fim de lavrar a ata notarial.*

Importante frisar que o prazo da prenotação será prorrogado até o acolhimento ou a rejeição do pedido.

Ademais, para a elucidação de qualquer ponto de dúvida, poderão ser solicitadas ou realizadas diligências pelo Oficial de Registro de Imóveis, ou até mesmo utilizado o procedimento de Dúvida Registral.

– Quem pode requerer?

O promitente comprador ou qualquer dos seus cessionários ou promitentes cessionários, ou seus sucessores, bem como o promitente vendedor, representados por advogado.

No tocante à possibilidade de o promitente vendedor se valer do procedimento, será para a hipótese de o promissário comprador se encontrar em mora para a obtenção do título, ou seja, quando estiver criando óbice à regular escrituração.

Tal alternativa legal tem por escopo auxiliar o promitente vendedor a retirar formalmente o imóvel do seu patrimônio, evitando transtornos para este a exemplo de cobranças indevidas de tributos (IPTU ou ITR) ou de outras despesas decorrentes da coisa, *como as condominiais – propter rem.*

– O que deverá constar no requerimento?

I – Identificação e caracterização do imóvel, com número da matrícula, da transcrição ou da inscrição;

II – O nome e a qualificação completa do promitente comprador, promitente vendedor ou qualquer dos seus cessionários ou promitentes cessionários, ou seus sucessores (nome, nacionalidade, profissão, CPF, RG, estado civil, regime de bens e data do casamento, qualificação completa do cônjuge, se for o caso, domicílio e residência) ou de seus sucessores;

III – Identificação da pessoa que deverá ser notificada para a celebração (outorga) da escritura (promitente vendedor, promitente comprador ou qualquer dos seus cessionários ou promitentes cessionários, ou seus sucessores), bem como o endereço para o qual deverá ser dirigida a sua notificação;

IV – Pedido expresso de que seja deferida a adjudicação compulsória na hipótese do notificado não se manifestar no prazo de 15 (quinze) dias úteis contados a partir do primeiro dia útil posterior ao dia do recebimento da notificação;

V – Justificativa do óbice à correta escrituração da transmissão da propriedade de modo que a via administrativa da adjudicação compulsória não se torne causa para burlar o direito civil, notarial e registral e tributário.

– Quais os documentos e certidões que deverão instruir o requerimento?

I – Instrumento de promessa de compra e venda, ou de cessão, ou de promessa de cessão quitadas original e preferencialmente com firmas reconhecidas, em que se não pactuou arrependimento;

II – *Ata Notarial* onde conste a identificação do imóvel, o nome e qualificação do promitente comprador ou de seus sucessores constantes no contrato de promessa de compra e venda, atestando o pagamento do respectivo preço (quitação), bem como a caracterização do inadimplemento da obrigação de outorgar ou receber o título de propriedade conforme certificação do Oficial do Registro de Imóveis da situação do imóvel;

III – Certidões dos distribuidores forenses da comarca da situação do imóvel e do domicílio do requerente que demonstrem a inexistência de litígio envolvendo o contrato de promessa de compra e venda do imóvel objeto da adjudicação;

IV – Procuração com poderes específicos;

V – Declaração do interessado, sob as penas da lei, indicando não haver processo judicial discutindo a questão;

VI – Prova da regularidade fiscal do imóvel (IPTU/ITR) ou dispensa da sua apresentação;

- Comentário: Como na escritura pública de efetivação da promessa esta pode ser dispensada, entendo que, por analogia, na adjudicação compulsória extrajudicial também é possível a dispensa, mesmo porque, na judicial, esta não é exigida.

VII – Comprovante de pagamento do respectivo Imposto sobre a Transmissão de Bens Imóveis (ITBI) o qual deverá ser apresentado, salvo melhor juízo, após o deferimento do pedido;

VIII – Portaria da Secretaria de Administração do Estado autorizando a transmissão e atestando o pagamento do laudêmio, para os imóveis foreiros, a qual deverá ser apresentado, salve melhor juízo, após o deferimento do pedido;

Importa observar que a prova da quitação e a regular constituição em mora do promitente vendedor, são condições imprescindíveis para o deferimento do pedido de adjudicação compulsória extrajudicial.

– A promessa de compra e venda ou a cessão ou a promessa de cessão deverão estar registradas para possibilitar a adoção do procedimento de adjudicação compulsória extrajudicial pelo interessado?

Não é condição para o processamento do pedido o prévio registro do contrato preliminar de promessa de compra e venda, pois de acordo com o § 2º do artigo 216-B, há expressa dispensa do registro.

Ademais, seguindo o quanto consta da Súmula 239 do STJ ("O direito à adjudicação compulsória não se condiciona ao registro do compromisso de compra e venda no cartório de imóveis.") e no Enunciado 95 da I Jornada de Direito Civil do CJF ("O direito à adjudicação compulsória (art. 1.418 do Código Civil), quando exercido em face do promitente vendedor, não se condiciona ao registro da promessa de compra e venda no cartório de registro imobiliário (Súmula 239 do STJ)").

Neste particular, não pode o Registro de Imóveis impor aquilo que não é exigido pela lei e desejado pelo interessado, ou seja, não se tem como obrigar à realização dos registros dos títulos preliminares, operando seus efeitos estritamente no plano do direito obrigacional, se os interessados não pretenderam ver constituído o direito real à aquisição. E a vontade das partes de manterem-se por um determinado período apenas regidas pelo direito obrigacional não pode afastá-las do Ofício Predial tão logo requerida a aplicação do novel procedimento previsto na lei.

Atentem-se que o caput do art. 216-B e seu § 2º da LRP não indicam *promessa de compra e venda ou cessão "registradas"*.

– Se não houver termo de quitação formalizado, como poderá ser comprovada a quitação?

Como meio de prova da quitação do preço, a qual confere ao promitente comprador a pretensão de adquirir a propriedade do imóvel, poderá ser admitida a apresentação de ata notarial, lavrada por Tabelião de Notas, atestando a quitação do negócio jurídico.

A comprovação do adimplemento poderá ser construída pela apresentação de diversos tipos de documentos, estes serão rigorosamente analisados pelo Tabelião que, poderá atestar com base neles a quitação do negócio jurídico.

Exemplo: Declarações de imposto de renda, mensagens de e-mails e/ou WhatsApp entre os negociantes, extratos bancários etc.

É relevante observar que poderá, ainda, ser avaliada a possibilidade de dispensa da prova da quitação do preço do imóvel para a sua adjudicação compulsória, caso seja demonstrado que a cobrança do preço da venda já foi atingida pela prescrição (ver artigos 189, 205 e 206 do Código Civil), desde que tal situação seja atestada pelo Tabelião de Notas em ata notarial.

– É exigida a inexistência de cláusula de arrependimento na promessa?

Embora o art. 216-B da LRP não mencione a obrigatoriedade da inexistência de arrependimento da promessa, tal requisito é exigido na ação judicial de adjudicação compulsória e, portanto, deve ser requisito para o processamento da adjudicação compulsória extrajudicial.

– Da mesma forma, quando o autor do pedido de adjudicação compulsória extrajudicial não dispuser da prova da quitação, é possível, por analogia, admitir a figura da prescrição prevista nos Artigos 189 a 206-A do Código Civil?

Em decisões do Poder Judiciário, verificada a ocorrência da prescrição do direito de cobrança do preço da promessa, presume-se a quitação. Portanto, nos casos em que for cabível e desde que esteja revestido de segurança jurídica, o Notário poderá utilizar-se deste instituto a fim de admitir a lavratura da ata notarial.

Apelação cível. Adjudicação compulsória. Citação por edital. Validade. Citação por edital válida porque foram realizadas diversas diligências. Caso em que, a autora contava com mais de cem anos de idade à época da propositura da demanda, e o negócio pretendido registrar foi efetuado em 1961, circunstâncias que justificam a efetiva dificuldade de localização dos promitentes vendedores. A adjudicação compulsória é o remédio jurídico colocado à disposição de quem, munido de contrato de promessa de compra e venda ou título equivalente, não logra êxito em obter a escritura definitiva do imóvel depois de quitado o preço. *Presume-se a quitação do negócio, quando o tempo decorrido entre a assinatura do contrato e o ajuizamento da ação é demasiadamente longo (aproximadamente 50 anos), suficiente para o implemento da prescrição, quer aquisitiva quer de cobrança de eventual valor impago.* Ainda, importante o fato de que o contrato havia sido registrado na matrícula do imóvel, sem que tenha havido qualquer oposição, por isso faz jus a demandante à declaração judicial que lhe possibilite a regularização no registro do imóvel. Apelo desprovido. Unânime. (Apelação Cível 70052282787, Décima Sétima Câmara Cível, Tribunal de Justiça do RS, Relator: Liege Puricelli Pires, Julgado em: 03.04.2013).

Apelação cível. Direito civil. Adjudicação compulsória. Contrato celebrado há mais de 50 anos. Reconhecimento de prescrição de eventual dívida. Possibilidade.

1. Recurso interposto contra sentença que extinguiu o feito sem análise do mérito com fundamento em inexistência de prova de quitação do preço.

2. Promessa de compra e venda celebrada em 1966, com pagamento de sinal e mais 38 parcelas, mensais sucessivas, que findariam em setembro de 1968, tendo os autores afirmado que quitaram integralmente as prestações, não possuindo mais os recibos em razão do tempo decorrido.

3. Parte ré que foi citada por edital, não havendo notícia de que tenha sido ajuizada qualquer demanda com vistas à cobrança de eventual débito atinente ao contrato em análise, transcorridos mais de 50 anos desde a celebração do negócio jurídico.

4. Jurisprudência desta Corte Estadual no sentido de que, embora seja imprescindível, como regra, a prova da quitação do preço do imóvel para a sua adjudicação compulsória, caso seja demonstrado que a cobrança do preço da venda já se encontra atingido pela prescrição, dispensa-se, excepcionalmente, a aludida prova. Precedentes.

5. Considerando o decurso do tempo que fundamenta a prescrição de eventual débito de parte do preço, a ausência de prova da quitação não justifica o indeferimento do pedido de adjudicação do imóvel, que não atende a nenhuma das partes, tendo em vista que é de

interesse também do promitente vendedor a transferência da titularidade junto aos órgãos competentes.

6. Apelação da parte autora que se conhece e a que se dá provimento.
(0004045-05.2015.8.19.0006 – Apelação. Des(a). JDS Ricardo Alberto Pereira – Julgamento: 02.02.2022 – Vigésima Câmara Cível). (grifo nosso)

– É possível a notificação do comprador ou vendedor ser efetuada diretamente no Registro de Títulos e Documentos?

Com relação a possibilidade do procurador do requerente (comprador ou vendedor) proceder à notificação diretamente no Registro de Títulos e Documentos sinalizo que, infelizmente, não foi esta a opção adotada pelo legislador, conforme se observa da leitura do inciso II do artigo 216-B da Lei 6.015/1973:

II – prova do inadimplemento, caracterizado pela não celebração do título de transmissão da propriedade plena no prazo de 15 (quinze) dias, contado *da entrega de notificação extrajudicial pelo oficial do registro de imóveis* da situação do imóvel, que poderá delegar a diligência ao oficial do registro de títulos e documentos; (grifo nosso)

Entretanto, caso o procurador do requerente (vendedor ou comprador) efetue a notificação diretamente no Registro de Títulos e Documentos e o notificado compareça e se disponha a celebrar o instrumento público de efetivação da promessa de compra, estará solucionado o impasse e bastará apresentar a registro a referida escritura pública.

Caso contrário, não será possível aproveitar a notificação, devendo ser efetuada a tentativa após o protocolo e mediante o encaminhamento do Oficial de Registro de Imóveis, o qual poderá ele mesmo efetuar a notificação ou solicitá-la ao Oficial do Registro de Títulos e Documentos, conforme previsão legal supra.

Não obstante, poderá o CNJ regulamentar a matéria de maneira diversa e mais ampla na hipótese de expedição de provimento específico, tal qual fez com a usucapião extrajudicial.

– O que ocorre se o notificado não for encontrado e for certificado que está em local ignorado, incerto ou inacessível?

O Oficial Registrador *poderá* autorizar a *notificação por edital*, publicado em jornal local, onde houver, ou de forma eletrônica, conforme prevê o Provimento 21/2022-CGJRS, com o mesmo prazo de *15 (quinze)* dias úteis, contado a partir do primeiro dia útil posterior à data da publicação, desde que assim seja requerido pelo interessado.

– O que ocorre se o notificado for encontrado e não se manifestar?

Transcorrido o prazo *sem manifestação* de oposição, a anuência será *tácita*. A prova do transcurso do prazo sem a manifestação de oposição se dará através do alcance de certidão expedida pelo órgão registral incumbido da notificação de modo a informar que não houve a apresentação de oposição no prazo legal.

Neste caso, caberá ainda ao adjudicante declarar, sob as penas da lei, não ter tomado conhecimento de oposição por qualquer outro meio admitido em Direito.

– Como proceder na hipótese do notificado expressamente manifestar concordância com o pedido?

Neste caso, caberá ao Registrador conceder o prazo de 15 (quinze) dias úteis para a lavratura da escritura pública de efetivação da promessa de compra e venda com a transmissão da propriedade plena do imóvel, podendo ser prorrogado o prazo mediante pedido justificado dos interessados, suspendendo-se o procedimento e a sua prenotação até a conclusão das formalidades legais e da apresentação no protocolo da referida escritura pública.

– Quando a escritura pública for apresentada deverá ser protocolada ou continuará com o mesmo protocolo?

Entendo que, até a regulamentação da matéria, é aconselhável protocolar a escritura e anexá-la ao protocolo da adjudicação compulsória. O registro, por consequência, terá como origem as duas prenotações, pois são títulos autônomos que se complementam dentro do processo.

Alternativamente, poderá o Registrador apenas anexá-la ao protocolo já existente da adjudicação compulsória, entendendo que a escritura pública é parte dele integrante, a exemplo da usucapião.

– Como proceder na hipótese do notificado expressamente manifestar discordância com o pedido?

Havendo impugnação, poderá o Registrador promover conciliação entre as partes a fim de que firmem uma transação amigável para solucioná-la.

Se não for possível conciliar as vontades dos interessados, caberá ao Registrador expedir um despacho fundamentado de encerramento do procedimento sinalizando que as partes deverão ingressar com procedimento judicial para resolver o litígio que entre eles se instaurou. Isto porque os procedimentos extrajudiciais têm por pressuposto o consenso entre as partes, não se prestando à resolução de litígio, o qual é de competência das Varas Cíveis em procedimento contencioso.

Neste caso é mister alertar para o seguinte aspecto: o despacho de encerramento fundamentado na discordância do notificado e ausência de composição entre as partes NÃO poderá ser objeto de dúvida registral, uma vez que esta tem natureza de jurisdição voluntária e se presta tão somente para a solução de questões de direito, não comportando o litígio que ensejou o indeferimento do pedido.

– De que modo será materializada a adjudicação compulsória pelo promitente vendedor?

Como se sabe, a adjudicação compulsória extrajudicial também pode ser utilizada pelo promitente vendedor que deseja transferir a propriedade e o promissário comprador não está aceitando recebê-la. Alguns empreendedores possuem um estoque de bens em seus nomes, os quais já foram prometidos à venda e quitados e não conseguem transferir a propriedade por desinteresse do promitente comprador.

Essa situação ocorre, principalmente, em casos de Sociedades de Propósito Específico (SPE), em que pretendem os sócios encerrar a atividade da pessoa jurídica e possuem tais pendências. O procedimento a ser adotado é semelhante ao utilizado pelo promissário comprador, com pequenos ajustes pois, neste caso, o notificado será o promitente comprador. Portanto o início igualmente se dá no Registro de Imóveis com o requerimento do promitente vendedor solicitando a notificação do promitente comprador para que este compareça como outorgado na escritura pública de efetivação da promessa de compra e venda. Em não havendo manifestação do notificado, o Oficial certificará que ficou caracterizado o inadimplemento e, de posse desta certidão, poderá o promitente vendedor solicitar ao Tabelião a lavratura da ata notarial de que trata o inciso III do artigo 216-B da LRP para dar prosseguimento ao rito do procedimento.

Salienta-se que nesta modalidade, não havendo manifestação positiva do promitente comprador, o requerente (promitente vendedor) arcará com os valores referentes aos emolumentos (notariais e registrais) e ao imposto de transmissão. Após o deferimento do pedido e respectivo registro da propriedade em nome do promitente comprador, o promitente vendedor poderá buscar o ressarcimento destas despesas mediante processo judicial de execução, valendo os recibos de emolumentos e a guia paga de ITBI como títulos executivos extrajudiciais, nos termos do inciso XI do artigo 784 do CPC:

> Art. 784. São títulos executivos extrajudiciais:
> (...)
> XI – a certidão expedida por serventia notarial ou de registro relativa a valores de emolumentos e demais despesas devidas pelos atos por ela praticados, fixados nas tabelas estabelecidas em lei;

– É possível a adjudicação compulsória em promessa de permuta?

Embora seja muito recente e complexo este tema, entendo, salvo melhor juízo, que sim. Entretanto, especificamente para este caso, por exceção, poderá ser requisito o prévio registro da promessa nas matrículas dos dois imóveis do processamento por se tratar de instituto novo no ordenamento jurídico e que, por vezes, está atrelado ao instituto da incorporação imobiliária.

– Em sendo possível a adjudicação compulsória em promessa de permuta: como proceder quando os imóveis pertencerem a circunscrições diferentes?

Se o contrato de promessa de permuta, por exemplo, versar sobre prometer permutar um imóvel pertencente ao Registro de Imóveis da 1ª Zona de Porto Alegre-RS por um imóvel pertencente ao Registro de Imóveis do 1º Registro de Imóveis de Natal-RN, em qual destas Circunscrições Registrais deverá tramitar o procedimento de adjudicação compulsória?

A meu sentir, a resposta estaria intrinsicamente ligada ao interesse de agir: a competência para o processamento será definida pelo permutante que tomar a iniciativa de ingressar com o pedido, devendo o Registrador que processar a solicitação colher a manifestação do outro Oficial sobre o procedimento. Assim, após o deferimento, mediante a apresentação da guia de ITBI quitada, proceder-se-ia ao registro nas duas circunscrições registrais, mediante o título confeccionado pela Circunscrição onde tramitou.

Ou seja, neste caso a qualificação do pedido e o despacho deferitório realizados pelo Registrador que processar a solicitação será estendida para o Oficial Registrador da outra circunscrição para o regular registro, mediante a apresentação da guia de ITBI.

Alternativamente, até que seja regulamentada esta situação, também poderá ser admitido o duplo processamento do pedido, permitindo que ambos os Registradores processem concomitantemente a mesma solicitação, expedindo cada um seu próprio despacho deferitório.

– O que ocorre se o Oficial Registrador rejeitar o pedido?

Rejeitado o pedido de forma fundamentada, o interessado poderá requerer a suscitação do procedimento de dúvida, nos termos da lei. A rejeição do pedido não impede o ajuizamento de ação judicial de adjudicação compulsória, com o aproveitamento das peças do procedimento extrajudicial.

– Há alguma peculiaridade se o imóvel for rural?

O registro da adjudicação compulsória extrajudicial de imóvel rural somente será realizado após a apresentação:

    I – do Certificado de Cadastro de Imóvel Rural (CCIR) mais recente, emitido pelo Instituto Nacional de Colonização e Reforma Agrária (INCRA), devidamente quitado;

    II – da prova de quitação do Imposto Territorial Rural (ITR) dos últimos 5 (cinco) anos;

III – de certificação do INCRA que ateste que o poligonal objeto do memorial descritivo não se sobrepõe a nenhum outro constante do seu cadastro georreferenciado e que o memorial atende às exigências técnicas, conforme as áreas e os prazos previstos na Lei 10.267/2001 e nos decretos regulamentadores.

– Será obrigatório comprovar a regularidade fiscal do promitente vendedor para adjudicar bem imóvel que tenha como proprietária tabular uma pessoa física ou jurídica?

Em virtude da derrubada do veto e, consequentemente, de voltar a vigorar o § 2º do artigo 216-B da LRP, restou incorporada no nosso ordenamento jurídico norma expressa resolvendo a questão. Desse modo, não é condição para o deferimento e registro de adjudicação compulsória extrajudicial a comprovação da regularidade fiscal do promitente vendedor, podendo ser dispensado tal documento.

23.13 AVERBAÇÃO DE NOTÍCIA DE PROCEDIMENTO E DESPACHO DEFERITÓRIO

À vista da apresentação da ata notarial, ainda que faltem alguns dos demais documentos que devem instruir o pedido, o Oficial Registrador procederá a uma averbação na matrícula do imóvel *noticiando* que este é objeto de procedimento de adjudicação compulsória extrajudicial em tramitação na circunscrição registral.

Após a tramitação e com a apresentação de toda a documentação por lei exigida, o Oficial do Registro de Imóveis da circunscrição onde se situa o imóvel elaborará *despacho deferitório fundamentado* e, apresentada a guia do ITBI devidamente quitada, procederá ao registro do domínio em nome do promitente comprador, servindo de título o referido despacho em conjunto com a ata notarial e a respectiva promessa de compra e venda ou de cessão ou o instrumento que comprove a sucessão.

Passamos, então, a contar com mais um instrumento para materializar o Direito pela via extrajudicial. Em que pese o texto legal não tenha resolvido todas as questões (não nasceu perfeito), será possível iniciar a concretização da adjudicação compulsória com o que nos foi ofertado. Mãos à obra! Adiante regularizar!

24
TOKENIZAÇÃO DE NEGÓCIOS IMOBILIÁRIOS PROVIMENTO 38/2021-CGJ/RS

24.1 A SOCIEDADE E O MERCADO EVOLUEM E O DIREITO PRECISA ACOMPANHAR

Plataformas digitais, a exemplo do *Blockchain*, permitem a realização de novos negócios, inclusive no âmbito imobiliário. Contratações imobiliárias normais são e continuarão sendo implementadas. Jamais a Tokenização mudará isso. Ela não vem para isso. Ela vem para dinamizar outros tipos de negócios, outrora inexistentes.

Importante compreender como isso pode se estabelecer no Brasil em face do sistema de proteção da propriedade imóvel existente. Fenômeno que vem ocorrendo em Porto Alegre: Permuta de um Token por um Imóvel (troca de um bem móvel por um imóvel).

A empresa que disponibiliza o Token permite o acesso ao *Blockchain*, para que lá sejam feitos negócios, recebendo em seu nome o imóvel de quem fica com o token. Importante salientar que ainda não existe lei federal ou estadual regendo a matéria aqui no Brasil.

O que se tem, no momento, é uma norma administrativa da Corregedoria-Geral da Justiça do Estado do Rio Grande do Sul (Provimento 38/2021) indicando a possibilidade de registrar título de negociação de imóvel, contanto que não se faça vinculação alguma com o *Blockchain*.

24.2 PROVIMENTO 038/2021

Associação dos Notários e Registradores do Estado do Rio Grande do Sul (ANOREG-RS) e o Fórum de Presidentes das entidades extrajudiciais gaúchas, por meio do Ofício 020/2021, fizeram consulta à Corregedoria-Geral de Justiça do RS a respeito do procedimento a ser adotado em caso de permuta de bens imóveis com contrapartida de tokens/criptoativos. A partir desta consulta a CGJ-RS editou o Provimento 038/2021:

PODER JUDICIÁRIO
TRIBUNAL DE JUSTIÇA
DO ESTADO DO RIO GRANDE DO SUL

TRIBUNAL DE JUSTIÇA DO ESTADO DO RIO GRANDE DO SUL
Praça Mal Deodoro, 55 - CEP 90010-908 - Porto Alegre - RS - www.tjrs.jus.br

PROVIMENTO N° 038/2021 - CGJ

Expediente n° 8.2021.0010/001575-8
Matéria Notarial e Registral
Agenda 2030 - ONS 16.6 - Desenvolver instituições eficazes, responsáveis e transparentes em todos os níveis

> Regulamenta a lavratura de escrituras públicas de permuta de bens imóveis com contrapartida de tokens/criptoativos e o respectivo registro imobiliário pelos Serviços Notariais e de Registro do Rio Grande do Sul.

Pelo referido provimento foi regulamentada a lavratura de escrituras públicas de permuta de bens imóveis por tokens/criptoativos, sendo estabelecidas algumas condições que o título e o registro devem ter:

Art. 1º - Os Tabeliães de Notas apenas lavrarão escrituras públicas de permuta de bens imóveis com contrapartida de tokens/criptoativos mediante as seguintes condições cumulativas:

I - declaração das partes de que reconhecem o conteúdo econômico dos tokens/criptoativos objeto da permuta, especificando no título o seu valor;

II - declaração das partes de que o conteúdo dos tokens/criptoativos envolvidos na permuta não representa direitos sobre o próprio imóvel permutado, seja no momento da permuta ou logo após, como conclusão do negócio jurídico representado no ato;

IV - que o valor declarado para os tokens/criptoativos guarde razoável equivalência econômica em relação à avaliação do imóvel permutado;

IV - que os tokens/criptoativos envolvidos na permuta não tenham denominação ou endereço (link) de registro em blockchain que deem a entender que seu conteúdo se refira aos direitos de propriedade sobre o imóvel permutado.

Além disso, ficou definido, em seu artigo 3º, que todos "os atos notariais e registrais realizados na forma deste provimento deverão ser comunicados ao Conselho de Controle de Atividades Financeiras (COAF), na forma do Provimento 88/2019 do Conselho Nacional de Justiça."

Assim sendo, atualmente os registros das escrituras de permuta de imóvel por token são realizados de acordo com as regras do referido Provimento. Em síntese, a compreensão atual é a de que o "ativo digital" *não substitui e não guarda vínculo* com a propriedade formal que decorre do sistema legal, deixando isento de dúvidas que não se tratam de situações que conversam entre si.

24.3 QUESTÕES DECORRENTES:

– Hoje, há alguma vinculação desta realidade digital com a realidade jurídica decorrente dos atos praticados na matrícula do imóvel?

Não! Ver Provimento 038/2021-CGJRS

Neste sentido, basta examinar o quanto decorre do Provimento 38/2021 da Corregedoria Geral da Justiça do Estado.

– Como se opera, então, essa tokenização?

São dimensões paralelas, ainda incomunicáveis. Quem acessa fica ciente de que deixa de ser titular de direito real sobre o imóvel, despojando-se da propriedade e *confiando* que a empresa lhe devolverá o imóvel quando requerido. Estabelece-se uma relação de *confiança*.

Quem adere, contratando com a empresa, fica ciente de que deixa de ter vínculo de direito real com a coisa, vínculo este que permanece com a empresa enquanto novos negócios com o token estão sendo realizados na plataforma do *Blockchain*.

Isso decorre da determinação prevista no Provimento 038/2021 da Corregedoria-Geral da Justiça do Estado do Rio Grande do Sul (primeira norma brasileiro acerca do assunto).

A empresa sugere que passa a haver maior mobilidade do ativo financeiro decorrente do token. Efetivamente, trata-se de uma realidade sem precedentes. Só o tempo confirmará se é boa ou não para a sociedade e para os mercados.

Importante destacar que a empresa adota regra de Governança de modo a ela própria bloquear o seu patrimônio, ou seja, a de não permitir a livre disposição do bem alcançado pela permuta. Isso consta do seu Contrato Social arquivado no Registro Público do Comércio, Indústria e Serviços.

É uma boa ferramenta de Compliance, mas não atende a todas as questões (judiciais, por exemplo).

– Quais são as consequências?

Salvo melhor juízo, são incertas, enquanto não estabelecida uma conexão entre a realidade digital com a jurídica, através do Registro de Imóveis (*locus natural*).

– A Tokenização acabará com o Registro de Imóveis?

No Brasil, não. Em face do Sistema Registral Imobiliário desenvolvido ao longo de mais de um século e meio (Registro de Direitos). Até porque temos hoje um sistema que oportuniza o alcance do (efetivo) Direito Real pelo modo mais célere e menos oneroso ao cidadão.

– Como está estruturado o Registro de Imóveis no Brasil?

Trata-se de um Registro de Direitos, decorrendo uma atuação estatal para ofertar efeitos jurídicos plenos dos atos praticados.

No Brasil, através de uma certificação oficial, o Estado (Registro de Imóveis) informa, com *precisão e rapidamente* (dependendo da hipótese, em questão de minutos ou até de poucas horas), qual é o imóvel e quem é o seu titular, o que precisa ser respeitado por todos (efeito *erga omnes*). O mesmo não ocorre nos países com sistema diverso (Registro de Títulos – mero arquivamento).

O Sistema Registral Brasileiro depura vícios previamente e realiza a conexão com o histórico (continuidade e disponibilidade) das ocorrências antecedentes, de modo a poder ofertar a certeza, e consequentemente, segurança jurídica na informação (efeitos jurídicos) sobre a coisa imóvel, o que não ocorre nos países que adotam o sistema de arquivamento (Registro de Títulos).

No Brasil, com quase cento e oitenta anos de Registro de Imóveis, tratou-se de o sistema governamental (Sistema Registral) incorporar a realidade jurídica dos bens imóveis, conhecendo-os com a maior precisão possível, assim como seus titulares. Esta certeza não se encontra no sistema norte-americano, por exemplo.

A Tokenização, como vislumbrada hoje, tem campo fértil para ser aplicada em países em que não há a certeza que decorre do Sistema Registral Brasileiro (Registro de Direitos), onde não existe a certificação Estatal com efeitos perante todos. No Brasil, *ela poderá se aliar ao Registro de Imóveis quando estabelecida uma interconexão*, de modo a que ambas as dimensões (digital e jurídica) expressem o mesmo significado.

Enquanto isso não for criado, quem ingressa na realidade digital é conhecedor dos riscos que enfrenta ao se despojar da propriedade e confiar em quem desenvolve a ideia.

Por isso a *necessidade* de se estabelecer um elo, uma ligação, uma interconexão entre o que ocorre na plataforma digital (*Blockchain*) com a realidade jurídica da coisa, decorrente do Registro de Imóveis. Vislumbra-se a necessidade de que todas as ocorrências do mundo digital sejam comunicadas ao Registro de Imóveis.

A Tokenização, hoje, está fundada na confiança depositada *não* no Estado Brasileiro, mas no que uma empresa privada informa (anuncia). "Ativo digital" não é o que a lei diz que é, mas o que a empresa diz que é. E quem quiser confiar, que confie.

Nesse sentido, sugerimos à Corregedoria-Geral de Justiça do Rio Grande do Sul a incorporação desta realidade, nos formatos vislumbrados, no Provimento 001/2020-CGJRS (Consolidação Normativa Notarial e Registral – CNNR).

A sugestão encaminhada à Corregedoria-Geral de Justiça é no sentido de que seja criado um capítulo próprio, incluindo os artigos 809-A, 809-B e 809-C, que fariam constar o que hoje prevê o Provimento 038/2021-CGJRS (considerada a primeira norma brasileira acerca do assunto). Visando alcançar maior estabilidade e segurança jurídica, promovendo uma **interconexão** entre o *negócio ofertado pelas empresas especializadas em propriedades digitais com a realidade registral* sugeriu-se a inclusão de dispositivos complementares, que seriam incluídos nos artigos 809-D e 809-E.

Ainda, será sugerido que toda a movimentação ocorrida no ambiente digital seja comunicada digitalmente ao Registro de Imóveis competente, gerando um ato de averbação. Esta sugestão poderia ser incluída no artigo 809-E. A interconexão sugerida visa evitar informações assimétricas, gerando mais transparência para o próprio negócio ofertado pela empresa.

Não se está sugerindo um engessamento de rotinas, mas o alcance de uma uniformidade no trato da informação sobre a coisa.

Fundamento legal para estas alterações:

Para gerar os atos sugeridos podemos aplicar o artigo 246, *caput*, c/c artigo 167, inciso II, item 5 da Lei 6.015/1973:

> Art. 246. Além dos casos expressamente indicados no inciso II do caput do art. 167 desta Lei, serão averbadas na matrícula as sub-rogações e *outras ocorrências que, por qualquer modo, alterem o registro ou repercutam nos direitos relativos ao imóvel.* (grifo nosso)

– Como funcionaria esta interconexão entre a realidade digital e a jurídica?

Por meio de duas ideias:

Primeira: Através de uma notícia na matrícula no sentido de que o imóvel está relacionado com negócios digitais (*afetação* do imóvel a negócios celebrados no âmbito digital).

Segunda: Recepcionando, a matrícula, todas as ocorrências realizadas no âmbito digital *(averbação)*.

Somente assim restará atendida à esperada *segurança jurídica*, pois:

a) Pela afetação vislumbrada, a empresa não poderá dispor do imóvel para terceiros, pois, pela contratação, fica obrigada a entregar (obrigação de dar/entregar) de volta o imóvel quando assim requerido;

b) Quem negocia no ambiente digital terá a segurança através do acesso da informação na matrícula (disponibilidade e continuidade);

c) Terceiros poderão buscar direitos (patrimônio) em face da publicidade ofertada pelo Sistema Registral, a qual não ocorre no ambiente digital;

d) Evitam-se problemas de outras ordens que interessam ao Estado Brasileiro, como a lavagem de dinheiro, financiamento ao terrorismo, ocultação de bens etc.

– O envolvimento ou não, de Notários e Registradores será o que permitirá ou não, o desenvolver dessas novas ideias?

É claro que não. Se não participarmos acontecerá igualmente. É do Mercado, ou melhor, de quem quiser participar dessas novas modalidades. Novas ideias geram novas modalidades de negócios, que podem gerar novos atos notariais e registrais.

Sabe-se que a "ativo digital" não serve como paralelo com a propriedade formal decorrente do registro. São universos coexistentes. Porém, estas dimensões paralelas que não se confundem, o que muito bem ficou delineado no Provimento 038/2021 da Corregedoria-Geral de Justiça do Rio Grande do Sul, deixando isento de dúvidas que não se tratam de situações que conversam entre si.

Sendo assim, penso que deveríamos dar seguimento no aprimoramento do provimento já existente, o qual restou muito claro, pela dissociação das dimensões (física e digital). Acessará quem quiser a digital, conhecendo e concordando não haver vínculo com a realidade jurídica atual, esta projetada para atender às necessidades do mundo físico.

Porém, não podemos descuidar de questões que interessam ao país e a toda a Sociedade, decorrentes do fenômeno da publicidade, só alcançada pela interconexão vislumbrada. O progresso bate à porta do Registro de Imóveis, sendo bem recebido.

Um mundo novo nos é apresentado a cada dia. Este mundo pretende acabar ou diminuir com nossas atividades? Entendo que não. Entendo que será mais um produto para agregar no portfólio dos Notários e Registradores, podendo praticarem atos que antes não praticavam (escrituras e registros de permutas e, depois, da devolução – nova permuta – quando da saída do ambiente digital).

MODELOS

ATO REALIZADO APÓS O PROVIMENTO N. 038/2021 DA CGJ-RS

R-XX/XXXXX(...), em XX/XX/XXXX.-
TÍTULO – Permuta -
TRANSMITENTE – XXXXX LTDA, já qualificada nesta matrícula.-
ADQUIRENTE – XXXX LTDA, com sede na Avenida XXXX, nesta Capital, com CNPJ/MF sob número XXXX.-

FORMA DO TÍTULO – Escritura pública lavrada em XX de XXXX de XXXX, no XXº Tabelionato de Notas desta Capital e escritura pública de retificação e ratificação lavrada em XX de XXXX de XXXX, no mesmo Tabelionato de Notas, arquivadas digitalmente neste Ofício.-

IMÓVEL – O constante desta matrícula.-

VALOR – Adquirido por R$ XX e avaliado para efeitos fiscais em R$ XX, conforme guia expedida pela Secretaria Municipal da Fazenda, em XX/XX/XXXX, constante do título.-

CONDIÇÕES/OBSERVAÇÕES – Permutado por 1 (UM) TOKEN, símbolo/ticker "NETS0010A", consistindo em um Criptoativo. Consta da escritura que os contratantes declararam o seguinte: I - que reconheceram o conteúdo econômico do token/criptoativo objeto da permuta pelo valor indicado no título e, II – que o conteúdo do token/criptoativo envolvido na permuta não representa direitos sobre o imóvel permutado, ao tempo da realização da permuta ou após, como conclusão do negócio jurídico representado no ato.-

EMISSÃO DA DOI – Foi emitida a DOI, nos termos da legislação vigente.-

PROTOCOLO – Título apontado sob o número XXXX, em XX/XX/XXXX, reapresentado em XX/XX/XXXX.-

Porto Alegre, XX de XXXX de XXXX.-

Registrador/Substituto(a)/Escrevente Autorizado(a):_____.-

AVERBAÇÃO

AV-1/111.111(AV-um/cento e um mil, cento e onze), em XX/XX/XXXX.-**TRANSFERÊNCIA DE PROPRIETÁRIO DIGITAL** - Nos termos do requerimento datado de XX de XXXX de XXXX, instruído com o smart contract "0101010101", foi realizada a operação envolvendo o token vinculado no R-1 desta matrícula, para ficar constando que a proporção de 50% do token não fungível, criado a partir da tecnologia blockchain, denominado NETS0011A, passou a pertencer a FULANO DE TAL, inscrito no CPF/MF sob n. 000.000.000-01, nos termos dos artigos 167, II, 5 e 246 da Lei 6.015/73 e Provimento XX/2022.

PROTOCOLO – Título apontado sob o número 901.901, em XX/XX/XXXX.-Porto Alegre, XX de XXXX de XXXX.-Registrador/Substituto(a)/Escrevente Autorizado(a):_____.-

EMOLUMENTOS – R$xxxx. Selo de Fiscalização 0101.00.0000001.0101011 –

25
CONEXÕES IMOBILIÁRIAS, INOVAÇÕES LEGISLATIVAS E A VIRTUALIZAÇÃO (LEI 14.382 DE 27 DE JUNHO DE 2022)

A Medida Provisória 1.085/2021 foi transformada na Lei 14.382/2022 em 27 de junho de 2022, com alguns vetos.

Posteriormente, o Congresso Nacional, em sessão semipresencial do plenário no dia 22 de dezembro de 2022, derrubou cinco vetos da Medida Provisória 1.085, transformada na Lei 14.382/2022, sendo que no Senado foram 64 votos pela derrubada dos vetos, e dois contrários, ao passo que na Câmara o placar foi de 391 a 25.

O Presidente da República promulgou a derrubada dos vetos em 22/12/2022 (artigo 6º, § 1º, III da Lei 14.382/2022) e em 5/1/2023 (itens do artigo 10 e artigo 11 da Lei 14.382/2022), conforme dispõe o art. 66, § 5º da Constituição Federal, estando os trechos vetados consolidados na Lei e *em plena vigência*.

Ao discorrer sobre esta Lei, serão demostradas as novidades contempladas na alteração legislativa, bem como os dispositivos cujos vetos foram derrubados.

25.1 PRIMEIRAS IMPRESSÕES SOBRE A LEI 14.382/2022

Criação do Sistema Eletrônico dos Registros Públicos – SERP (aperfeiçoamento do sistema de registro eletrônico já criado pelo art. 37 da Lei 11.977/2009), que tem a finalidade de modernizar e simplificar os procedimentos relativos aos registros públicos de atos e negócios jurídicos e de incorporações imobiliárias (art. 1º da Lei 14.382/2022).

Trata da interconexão das serventias dos registros públicos e da interoperabilidade das bases de dados entre as serventias dos registros públicos e o SERP (art. 3º, incisos I, II e III da Lei 14.382/2022).

Como novidade há a opção de consulta às indisponibilidades de bens lançadas no Livro 5 – Indicador Pessoal (a exemplo do que já é autorizado no RS, por meio de pedido feito pelas Entidades à Corregedoria, o qual foi aceito) e às restrições e gravames de origem legal, convencional ou processual (art. 3º, inciso X, letra "a" e § 2º da Lei 14.382/2022).

Responsabilidade pelo SERP: compete aos oficiais dos registros públicos promover a implantação e o funcionamento adequado do SERP (art. 4º da Lei 14.382/2022).

Criação do Fundo para a Implementação e Custeio do Sistema Eletrônico dos Registros Públicos – FICS, subvencionado pelos oficiais dos registros públicos, respeitando o disposto no § 9º do art.76 da Lei 13.465/17. (art. 5º da Lei 14.382/2022).

25.2 1º VETO

Implementação de *extratos eletrônicos* para registro ou averbação de fatos, atos e negócios jurídicos, a ser disciplinado pela Corregedoria Nacional de Justiça do Conselho Nacional de Justiça (art. 6º e art. 7º, inciso VIII da Lei 14.382/2022).

No dia 22/12/2022, foi publicada no Diário Oficial da União a parte vetada relativa ao art. 6º, § 1º, III da Lei 14.382/2022, dentre outros dispositivos, dispõe sobre o Sistema Eletrônico dos Registros Públicos (SERP).

De acordo com a publicação, o referido dispositivo passou a vigorar com a seguinte redação:

> Art. 6º Os oficiais dos registros públicos, quando cabível, receberão dos interessados, por meio do Serp, os extratos eletrônicos para registro ou averbação de fatos, de atos e de negócios jurídicos, nos termos do inciso VIII do caput do art. 7º desta Lei.
>
> § 1º (...)
>
> (...)
>
> III – os extratos eletrônicos relativos a bens imóveis deverão, obrigatoriamente, ser acompanhados do arquivamento da íntegra do instrumento contratual, em cópia simples, exceto se apresentados por tabelião de notas, hipótese em que este arquivará o instrumento contratual em pasta própria."

Sobre os arts. 5º e 6º acima mencionados, recomendamos a leitura do artigo intitulado "*SERP - havia uma pedra no caminho*", de autoria do Quinto Oficial de Registro de Imóveis de São Paulo e Ex- Presidente do *Instituto de Registro Imobiliário do Brasil* (IRIB), *Sérgio Jacomino*. O artigo foi publicado originalmente pelo portal *Migalhas*, tendo sido reproduzido no *Boletim do IRIB* em 10/01/2023. A íntegra do artigo pode ser lida aqui: https://www.migalhas.com.br/coluna/migalhas-notariais-e- registrais/379632/serp--havia-uma-pedra-no-caminho (acesso em 18/01/2023).

25.3 ALTERAÇÃO DA LEI 4.591/64 (ART. 10 DA LEI 14.382/2022)

25.3.1 2º VETO:

Um item do artigo 10 que determina que ocorra no momento do registro da compra e venda a extinção do "patrimônio de afetação", uma espécie de segregação do bem para que sirva como garantia da conclusão do imóvel (§ 1º do art. 31-E da Lei 4.591/64).

25.3.2 3º VETO:

Outro item do artigo 10, inserido a partir de emenda, mantém regime de tributação diferenciado para os imóveis objetos da extinção do patrimônio de afetação (§ 3º do art. 31-E da Lei 4.591/64).

Os vetos derrubados do artigo 10 relativos à Lei 4.591/64, ao retirar a obrigatoriedade de averbação específica do patrimônio de afetação quando implementadas certas condições, considerando desse implemento decorrer a extinção automática, não impedem que esta seja procedida, desde que assim requerido expressamente pelo incorporador e/ou pelo adquirente, uma vez que o legislador utilizou a expressão *"sem necessidade de averbação"* e, portanto, não vedou essa possibilidade. Tema a ser estudado e refletido pelos operadores do Direito e empresários da construção civil em busca do melhor e mais seguro caminho.

Com essa rejeição, os referidos dispositivos passaram a ter a seguinte redação:

> Art. 31-E. (...)
>
> § 1º Na hipótese prevista no inciso I do *caput*, uma vez averbada a construção, o registro de cada contrato de compra e venda ou de promessa de venda, acompanhado do respectivo termo de quitação da instituição financiadora da construção, importará na extinção automática do patrimônio de afetação em relação à respectiva unidade, sem necessidade de averbação específica.
>
> (...)
>
> § 3º A extinção no patrimônio de afetação nas hipóteses do inciso I do *caput* e do § 1º deste artigo não implica a extinção do regime de tributação instituído pelo art. 1º da Lei 10.931, de 2 de agosto de 2004.

Acerca da extinção do patrimônio de afetação, cito abaixo as duas possibilidades:

- Caso 1 – Imóvel vendido – Extinção automática – Sem averbação

Requisitos:

1 – Obra concluída +

– Quitação da hipoteca/Alienação fiduciária da obra +

– Transmissão da propriedade de unidade autônoma.

Ação: *Não* averbar, apenas inserir em *observações*, de acordo com o modelo, no ato de registro de transmissão:

Observações – Em virtude da averbação da conclusão da construção, da averbação da quitação da garantia e do registro desta transmissão, fica extinto o patrimônio de afetação da AV-..., desta matrícula, nos termos do § 1º do artigo 31-E da Lei 4.591/64.

- CASO 2 – Imóvel ***não*** vendido – Cancelamento por averbação

Requisitos:

1 – OBRA CONCLUÍDA +

2 – Cancelamento da hipoteca/Alienação fiduciária da obra +

3 – Declaração que as unidades que ainda estão em nome da incorporadora, não foram negociadas *(para casos antigos, aceitar o Requerimento expresso que solicita a cancelamento da afetação).*

Ações:

1 – Averbar cancelamento da hipoteca/Alienação fiduciária da obra

2 – Averbar cancelamento do patrimonio de afetação:

MODELO

CANCELAMENTO DE PATRIMÔNIO DE AFETAÇÃO – Nos termos do instrumento particular que promoveu a extinção integral das obrigações do incorporador perante a instituição financiadora e em virtude da averbação da conclusão da construção, fica CANCELADO o patrimônio de afetação da AV-|número do patrimônio de afetação|, nos termos do § 2º do artigo 31-E da Lei 4.591/64.

Após a *denúncia da incorporação*, proceder-se-á ao cancelamento do patrimônio de afetação, mediante requerimento... (§ 4º do artigo 31-E da Lei 4.591/64, incluído pela Lei 14.382/2022).

Prazo de *dez dias úteis* para apresentar, por escrito, todas as *exigências* que julgarem necessárias ao registro da incorporação, e prazo de *dez dias úteis* para fornecer *certidão* e devolver a segunda via autenticada da documentação (§ 6º do artigo 32 da Lei 4.591/64, com redação dada pela Lei 14.382/2022).

O registro do memorial de incorporação e da instituição do condomínio sobre as frações ideais constitui *ato registral único* (§ 15 do artigo 32, da Lei 4.591/64, incluído pela Lei 14.382/2022).

MODELO DE ATO ÚNICO – RI 1ª Zona de Porto Alegre

R-@REGISTRO/@MATRICULA@REGISTROEXTENSO ("(R-") /@MATRICULAEXTEN SO), em @ATOPROTOCOLODATA.-TÍTULO – REGISTRO DO MEMORIAL DE INCORPORAÇÃO/INSTITUIÇÃO DO CONDOMÍNIO SOBRE AS FRAÇÕES IDEAIS. – @TODASPARTESRG(QL). – OBJETO DA INCORPORAÇÃO/INSTITUIÇÃO DE CONDOMÍNIO – Nos termos do requerimento |data do requerimento|, instruído com os documentos exigidos pela Lei 4.591/64, atualizada pela Lei 14.382/2022, procede-se o Registro do Memorial de Incorporação, bem como da Instituição de Condomínio, sobre o imóvel objeto desta matrícula, sujeitando as frações do terreno e respectivas acessões a regime condominial especial, investindo [6201] incorporador[6202] e os futuros adquirentes na faculdade de sua livre disposição ou oneração, independente de anuência dos demais condôminos, conforme segue. DESCRIÇÃO DO EMPREENDIMENTO – O empreendimento denominado "|nome do condomínio|", será composto de |descrição do condomínio <xxx apartamentos e xxxx boxes>|, com as seguintes descrições (INDIVIDUAÇÃO): |inserir a descrição das unidades|. DEPENDÊNCIAS E COISAS DE USO COMUM E FIM PROVEITOSO DO EDIFÍCIO – |inserir o texto das dependências e coisas de uso comum|. DO REGIME DA INCORPORAÇÃO – |tipo de regime da incorporação adotado|. PRAZO DE CARÊNCIA – |especificar se a incorporadora renuncia ou não ao prazo de carência|. PREÇO GLOBAL DA CONSTRUÇÃO – @VALORTRANSACAO. CUSTO DAS UNIDADES AUTÔNOMAS – |retirar da planilha – quadro IV o custo das unidades|. CUSTO GLOBAL DAS FRAÇÕES IDEAIS DE TERRENO – |inserir o custo total das frações ideais|. CUSTO DAS FRAÇÕES IDEAIS DE TERRENO – |inserir o custo unitário das frações ideais|. DOCUMENTOS APRESENTADOS – [6223] proprietári[6201]/incorporador[6202]exibi[6215] para arquivamento neste Ofício juntamente com o memorial de incorporação, os documentos exigidos pelo artigo 32, da Lei 4.591/64 artigos 1.331 a 1.358 do Código Civil, artigo 768, da CNNR/RS e demais disposições legais aplicáveis à espécie. –

CONDIÇÕES – |inserir as certidões positivas se houver, senão inserir o texto<Não constam>|.- PROTOCOLO – Título apontado sob o número @ATOPROTOCOLO(TRUE), em@ ATOPROTOCOLODATA.- Porto Alegre, _____ de _____ de 2023.-

Registrador/Substituto(a)/Escrevente Autorizado(a):.- EMOLUMENTOS - @EMOLNA. Selo de Fiscalização @SELOSSIMPLIFICADO –

Continuando com as novidades da lei

Revogação da necessidade de apresentação do atestado de idoneidade financeira do incorporador.

Previsão de revalidação da incorporação, enquanto não concretizada a obra (a cada cento e oitenta dias), nos termos do artigo 33 da *Lei 4.591/64*, com redação dada pela Lei 14.382/2022.

Habite-se e Construção, de acordo com os artigos 44 e 50 da Lei 4.591/64.

Artigo 68 da Lei 4.591/64, com redação dada pela Lei 14.382/2022:

Atividade de alienação de lotes integrantes de desmembramento ou loteamento, quando vinculada à construção de casas isoladas ou geminadas promovidas por uma das pessoas indicadas no art. 31 da Lei 4.591/64 ou art.2º-A da Lei 6.766/79 caracteriza incorporação imobiliária sujeita ao regime jurídico instituído.

Acesso a bases de dados de identificação: para verificação da identidade dos usuários dos registros públicos poderão ser acessadas as bases cadastrais da União, em especial da Receita Federal do Brasil, conforme convênio a ser firmado, observado disposto na LGPD (Art. 9º da Lei 14.382/2022).

Alteração da Lei 6.015/73 – LRP (art. 11, da Lei 14.382/2022)

Previsão de os registros serem escriturados, publicizados e conservados em *meio eletrônico*.

Alteração dos prazos, bem como da *forma de contagem*, que será feita em *dias úteis*. Exceção: "exceto nos casos *previstos em lei* e naqueles contados em meses e anos".

Lei 6.015/73

> Art. 9º .(...)
>
> § 1º Serão contados em *dias* e *horas úteis* os prazos estabelecidos para a *vigência da prenotação*, para os *pagamentos de emolumentos* e para a *prática de atos* pelos oficiais dos registros de imóveis, de títulos e documentos e civil de pessoas jurídicas, *incluída a emissão de certidões*, *exceto* nos casos previstos em lei e naqueles contados em meses e anos.
>
> § 2º Para fins do disposto no § 1º, consideram-se:
>
> I – dias úteis – aqueles em que houver expediente; e
>
> II – horas úteis – as horas regulamentares do expediente.
>
> § 3º A *contagem* dos prazos nos registros públicos observará os critérios estabelecidos na *legislação processual civil*.

Aceitação de *assinatura avançada* (fora do ICP-Brasil) e não somente *qualificada* (§ 1º do art. 17 da *LRP*).

Quando realizados por meio da internet. *Depende* de ato da Corregedoria Nacional ("§ 2º Ato da Corregedoria Nacional de Justiça do Conselho Nacional de Justiça poderá estabelecer hipóteses de uso de assinatura avançada em atos envolvendo imóveis").

Dispensa expressa da *materialização* (impressão física) de certidão eletrônica (art. 19, parágrafo 5º, da LRP). Deverá ser regulamentada pela Corregedoria Nacional de Justiça do Conselho Nacional de Justiça.

Emissão de certidões eletrônicas relativas a atos registrados em *outra serventia*, por meio do Sistema Eletrônico dos registros públicos – SERP, a ser regulamentado pela Corregedoria Nacional de Justiça do Conselho Nacional de Justiça

Criação da certidão da situação jurídica atualizada do imóvel, que compreende "as informações vigentes de sua descrição, número de contribuinte, proprietário, direitos, ônus e restrições, judiciais e administrativas, incidentes sobre o imóvel e o respectivo titular, além das demais informações necessárias à comprovação da propriedade e à transmissão e à constituição de outros direitos reais". Artigo 17, § 9º, LRP.

MODELOS DE CERTIDÕES NEGATIVA E POSITIVA

REPÚBLICA FEDERATIVA DO BRASIL
ESTADO DO RIO GRANDE DO SUL
COMARCA DE PORTO ALEGRE
OFÍCIO DO REGISTRO DE IMÓVEIS DA 1ª ZONA
Travessa Francisco de Leonardo Truda nº 98 - 12º andar
Centro Histórico - Porto Alegre/RS - CEP: 90.010-050
http://www.lamanapaiva.com.br - tel./fax (51) 3221-8747
João Pedro Lamana Paiva - Registrador

Folha(s) 1/1

CERTIDÃO NEGATIVA DA SITUAÇÃO JURÍDICA DO IMÓVEL

CERTIFICO, a pedido de parte interessada e em conformidade com o disposto no §9º, artigo 19 da Lei nº 6.015/73, incluído pela Medida Provisória n.º 1085 de 27 de dezembro de 2021, que revendo os livros deste Ofício, desde o dia de sua instalação (5-7-1865) até a presente data, referente a situação jurídica do imóvel relativo a(o) **APARTAMENTO NÚMERO 000** do CONDOMÍNIO RESIDENCIAL XXXXXXX, situado na Rua Xxxxxx Xxxxxxx número 000, cabendo-lhe a fração ideal de **0,032561** do terreno matriculado sob o número **000.000**, do Livro 2-Registro Geral desta Circunscrição Registral, de propriedade de **FULANO DE TAL**, com CPF/MF sob o número 000.000.000-00, e sua esposa **FULANA DE TAL**, com CPF/MF sob o número 000.000.000-00, casados pelo regime de comunhão "universal" de bens, na vigência da Lei 6.515/77, não possui outros direitos, ônus e restrições, bem como ordens de indisponibilidades de bens recebidas a partir de 13/11/2014, início do funcionamento da Central Nacional de Indisponibilidade de Bens, nos termos do Provimento nº 39/2014-CNJ. NADA MAIS CONSTAVA. O REFERIDO É VERDADE E DOU FÉ. -

Porto Alegre, 17 de janeiro de 2023, às 09:51:31.

Registrador/Substituto/Escrevente Autorizado(a)

Emol: R$XX,XX - rbr
Certidão Matrícula 202.001 - 1 página: R$XX,XX (000.00.0000000.00000=R$XX,XX)
Busca(s) em livros e arquivos: R$XX,XX (000.00.0000000.00000=R$XX,XX)
Processamento eletrônico de dados: R$XX,XX (000.00.0000000.00000=R$XX,XX)

@IMAGEMQRCODET](1913795,T)
(QR CODE)

REPÚBLICA FEDERATIVA DO BRASIL
ESTADO DO RIO GRANDE DO SUL
COMARCA DE PORTO ALEGRE
OFÍCIO DO REGISTRO DE IMÓVEIS DA 1ª ZONA
Travessa Francisco de Leonardo Truda nº 98 - 12º andar
Centro Histórico - Porto Alegre/RS - CEP: 90.010-050
http://www.lamanapaiva.com.br - tel/fax (51) 3221-8747
João Pedro Lamana Paiva - Registrador

Folha(s) 1/1

CERTIDÃO POSITIVA DA SITUAÇÃO JURÍDICA DO IMÓVEL

CERTIFICO, a pedido de parte interessada e em conformidade com o disposto no §9º, artigo 19 da Lei nº 6.015/73, incluído pela Medida Provisória n.º 1085 de 27 de dezembro de 2021, que revendo os livros deste Ofício, desde o dia de sua instalação (5-7-1865) até a presente data, referente a situação jurídica do imóvel relativo a(o) **APARTAMENTO NÚMERO 000** do **CONDOMÍNIO RESIDENCIAL XXXXXX**, situado na Rua Xxxxx Xxxxxx número 000, cabendo-lhe a fração ideal de **0,032561** do terreno matriculado sob o número **000.000**, do Livro 2-Registro Geral desta Circunscrição Registral, de propriedade de **FULANO DE TAL**, com CPF/MF sob o número 000.000.000-00, e sua esposa **FULANA DE TAL**, com CPF/MF sob o número 000.000.000-00, casados pelo regime de comunhão "universal" de bens, na vigência da Lei 6.515/77, encontra-se **HIPOTECADO** a(o) **(NOME DO CREDOR)**, com CNPJ sob o número 00.000.000/0001-00, conforme **R-0/000.000**, e **PENHORADO** conforme **AV-0/000.000**, processo n.º **(NÚMERO DO PROCESSO)**, não possuindo outros direitos, ônus e restrições, bem como ordens de indisponibilidades de bens recebidas a partir de 13/11/2014, início do funcionamento da Central Nacional de Indisponibilidade de Bens, nos termos do Provimento nº 39/2014-CNJ. NADA MAIS CONSTAVA. O REFERIDO É VERDADE E DOU FÉ. -

Porto Alegre, 17 de janeiro de 2023, às 09:51:31.

Registrador/Substituto/Escrevente Autorizado(a)

Emol:R$XX,XX - rbr
Certidão Matrícula 202.001 - 1 página: R$XX,XX (000.00.0000000.00000=R$XX,XX)
Busca(s) em livros e arquivos: R$XX,XX (000.00.0000000.00000=R$XX,XX)
Processamento eletrônico de dados: R$XX,XX (000.00.0000000.00000=R$XX,XX)

@IMAGEMQRCODETJ(1913790,T)
(QR CODE)

25.4 NOVOS PRAZOS PARA A EXPEDIÇÃO DAS CERTIDÕES

Alteração do prazo de emissão de certidões (parágrafo 10, do art. 19, da LRP).

Atenção: Não alterado o *caput*, ou seja, as *certidões físicas* continuam com o *mesmo prazo*.

§ 10. As certidões do registro de imóveis serão emitidas nos seguintes *prazos máximos*, contados a partir do pagamento dos emolumentos :

I – *quatro horas*, para a *certidão de inteiro teor da matrícula ou do livro auxiliar*, em meio eletrônico, requerida no horário de expediente, desde que fornecido pelo usuário o respectivo número;

II – *um dia*, para a *certidão da situação jurídica atualizada do imóvel*; e III – *cinco dias*, para a *certidão de transcrições* e para os *demais casos*.

Certidão de inteiro teor servirá para "comprovação de propriedade, direitos, ônus reais e restrições sobre o imóvel, *independentemente de certificação específica pelo oficial*" (parágrafo 11, do art. 19, da LRP).

Entretanto, *não* foram revogados os artigos da Lei 7.433/85 e do Decreto 93.240/86.

Assim, ainda será necessária a apresentação de *negativa de ônus e ações...* nos casos previstos para *lavratura de escrituras*? De acordo com o art. 1º, § 2º da Lei 7.433/85 parece-me que sim, pois não foi revogado, mas a tendência é a não exigência. De outro lado, se fosse Tabelião, continuaria exigindo.

25.5 DO REGISTRO CIVIL DE PESSOAS NATURAIS – NOVIDADES INSERIDAS PELO ARTIGO 12 DA LEI 14.382/2022 (A QUAL VETOU ALGUMAS ALTERAÇÕES QUE HAVIAM NA MP 1.085)

Artigos da MP 1.085 mantidos pela Lei 14.382/2022

Parágrafo único do artigo 33 da Lei 6.015, com nova redação determinada pela Lei 14.382/2022: *"No Cartório do 1º Ofício ou da 1ª subdivisão judiciária haverá, em cada comarca, outro livro para inscrição dos demais atos relativos ao estado civil, designado sob a letra 'E'"*.

Possibilidade de franquia pelos órgãos do Poder Executivo e do Poder Judiciário detentores de bases biométricas ao oficial de registro civil das pessoas naturais acesso as bases para conferencia para fins de registro tardio (*Art. 46, § 6º da LRP*).

Instalação de unidade interligada em estabelecimento público ou privado de saúde para recepção e remessa de dados, lavratura de registro de nascimento e emissão da respectiva certidão, mediante convênio firmado entre o registro civil das pessoas naturais e o Município. (Art.54, § 5º)

Relevantíssimas questões envolvendo alterações referentes ao nome de acordo com os artigos 55, 56, 57.

Possibilidade de inclusão de sobrenome do companheiro, aos conviventes em união estável devidamente registrada do RCPN. Havendo a possibilidade de retorno ao nome de solteiro com a averbação da extinção da união estável (art.57, § 2º e 3º-A).

Demais alterações, ver a Lei 14.382/2022.

25.6 DO REGISTRO CIVIL DE PESSOAS JURÍDICAS E DE TÍTULOS E DOCUMENTOS

Novidades inseridas no artigo 116 da MP 1.085/2021 que deu nova redação ao artigo

Criação dos *Livros A e B* do Registro Civil das Pessoas Jurídicas (artigo 116, da LRP): *prazo* para implementação??? Não foi estabelecido pela MP, tampouco pela Lei 14.382/2022.

Previsão de *registro facultativo* no RTD para conservação de documentos ou conjunto de documentos de que trata o inciso VII do *caput* do art. 127, terá finalidade de arquivamento de conteúdo e data, *não* gerando efeitos em relação a terceiros e não poderá servir como instrumento para cobrança de dívidas. O *acesso (publicidade) é restrito* ao requerente (artigo 127-A, da LRP, incluído pela Lei 14.382/2022.).

Dispensa do reconhecimento de firma no *registro de títulos e documentos*, cabendo exclusivamente ao apresentante a responsabilidade pela autenticidade das assinaturas constantes em documento particular.

Demais alterações ver a Lei 14.382/2022.

Registro de Imóveis

Continuação das inovações legislativas

Inovações no rol de títulos do *art. 167, I (18, 30, 44, 45 e 46)*, inserindo a promessa de permuta, dentre outros, *e II (8, 21 e 30 nova redação; 34, 35 e 36 novos atos), da LRP*, inserindo a existência dos penhores previstos no art. 178, dentre outros.

Todos os atos serão efetuados na serventia de situação do imóvel, sendo que as averbações serão efetuadas na matrícula ou à margem do registro referente, ainda que o imóvel tenha passado a pertencer a outra circunscrição. (art. 169, I)

Nova sistemática de registro para imóveis localizados em *mais de uma circunscrição* (art. 169 da LRP).

Nova redação dada ao inciso I do art. 169 da LRP:

Art. 169. Todos os atos enumerados no art. 167 são obrigatórios e serão *efetuados* na serventia da *situação do imóvel*, observado o seguinte...

I – as averbações serão efetuadas na matrícula ou à margem do registro a que se referirem, ainda que o imóvel tenha passado a pertencer a outra circunscrição, observado o disposto no inciso I do § 1º e no § 18 do art. 176 desta Lei.

Alteração do art. 176, da LRP: questões sobre abertura de matrícula (elementos de especialidade objetiva ou subjetiva etc)

Art. 176 (...)

§ 1º (...)

I – cada imóvel terá matrícula própria, que será aberta por ocasião do primeiro ato de registro ou de averbação caso a transcrição possua todos os requisitos elencados para a abertura de matrícula.

Averbações na origem

Art. 176 (...)

(...)

§ 18 Quando se tratar de transcrição que não possua todos os requisitos para a abertura de matrícula, admitir-se-á que se façam na circunscrição de origem, à margem do título, as averbações necessárias.

Alteração (protocolo) dos prazos de qualificação e registro:

Art. 188. Protocolizado o título, se procederá ao registro ou à emissão de nota devolutiva, no prazo de *dez dias*, contado da data do protocolo, *salvo* nos casos previstos no § 1º e nos art. 189 a art. 192.
Ver parágrafos e incisos.

Novidade: devolução de *todos* os títulos apresentados (alteração do artigo 194 da LRP):

Art. 194. Os títulos físicos serão digitalizados, devolvidos aos apresentantes e mantidos exclusivamente em arquivo digital, nos termos estabelecidos pela Corregedoria Nacional de Justiça do Conselho Nacional de Justiça.

Alteração do *procedimento de dúvida* pela Lei 14.382/2022 (art. 198, LRP):

Art. 198. Se houver exigência a ser satisfeita, ela será indicada pelo oficial por escrito, *dentro do prazo previsto no art. 188* e de uma só vez, articuladamente, de forma clara e objetiva, com data, identificação e assinatura do oficial ou preposto responsável, para que:

V – O interessado possa satisfazê-la; ou

VI – Caso não se conforme ou não seja possível cumprir a exigência, o interessado requeira que o título e a declaração de dúvida sejam remetidos ao juízo competente para dirimi-la.

§ 1º O procedimento da dúvida observará o seguinte:

I – No Protocolo, o oficial anotará à margem da prenotação, a ocorrência da dúvida;

II – Após certificar a prenotação e a suscitação da dúvida no título, o oficial rubricará todas as suas folhas;

III – em seguida, o oficial dará ciência dos termos da dúvida ao apresentante, fornecendo-lhe cópia da suscitação e notificando-o para impugná-la, perante o juízo competente, no prazo de quinze dias; e

IV – Certificado o cumprimento do disposto no inciso III, serão remetidos eletronicamente ao juízo competente as razões da dúvida e o título.

§ 2º A inobservância ao disposto neste artigo ensejará a aplicação das penas previstas no art. 32 da Lei 8.935, de 1994, nos termos estabelecidos pela Corregedoria Nacional de Justiça do Conselho Nacional de Justiça.

Alteração da *vigência do protocolo* incluída pela Lei 14.382/2022:

Art. 205. Cessarão automaticamente os efeitos da prenotação se, decorridos *vinte dias da data do seu lançamento no Protocolo*, o título não tiver sido registrado por omissão do interessado em atender às exigências legais.

Parágrafo único. Nos procedimentos de *regularização fundiária de interesse social*, os efeitos da prenotação cessarão decorridos *quarenta dias de seu lançamento no protocolo*.

Alteração do *modo de pagamento* de emolumentos e *devolução* incluída pela Lei 14.382/2022:

Art. 206-A. Quando o título for apresentado para prenotação, o usuário poderá optar:

I – Pelo *depósito do pagamento antecipado* dos emolumentos e das custas; ou

II – Pelo *recolhimento do valor da prenotação* e *depósito posterior do pagamento do valor restante*, no prazo de *cinco* dias, contado da data da análise pelo oficial que concluir pela aptidão para registro.

§ 1º Os efeitos da prenotação serão mantidos durante o prazo de que trata o inciso II do *caput* deste artigo.

§ 2º Efetuado o depósito, os procedimentos registrais serão finalizados com realização dos atos solicitados e a expedição da respectiva certidão.

§ 3º Fica autorizada a *devolução* do título apto para registro, em caso de não efetivação do pagamento no prazo previsto no *caput*, caso em que o apresentante perderá o valor da prenotação".

Com relação as retificações de averbação e registro, o *art. 213* sofreu algumas alterações no tocante aos representantes do condomínio geral e edilício, bem como daqueles que não se incluem como confrontantes. *Ver artigo 213, § 10.*

Nova redação ao § 10, do art. 216-A que trata da impugnação ao pedido de reconhecimento de usucapião extrajudicial.

25.7 NOVIDADE: ADJUDICAÇÃO COMPULSÓRIA EXTRAJUDICIAL

Criação *do art. 216-B* que trata da possibilidade de efetivação extrajudicial de *adjudicação compulsória* de imóvel objeto de promessa de venda ou de cessão, que será processada no RI da situação do imóvel.

25.7.1 4º Veto

O Presidente da República havia vetado o inciso III do § 1º e o § 2º do artigo 216-B introduzidos na Lei 6.015/73 pelo artigo 11 da Lei 14.382/2022, que se referiam a ata notarial, a dispensa do registro do título anterior e a comprovação da regularidade fiscal do promitente vendedor. Porém, em Sessão Conjunta realizada em 22.12.2022 o Congresso Nacional rejeitou estes vetos, passando a Lei a dispor o quanto previa a MP 1085/2021, pois em 05.01.2023 o Presidente da República promulgou a derrubada deste veto, segundo o rito do art. 66, § 5º da Constituição Federal, estando os trechos vetados consolidados na Lei e *em plena vigência*.

No artigo 11 voltou a vigorar a exigência de ata notarial lavrada por Tabelião de Notas nos pedidos de adjudicação compulsória extrajudicial do imóvel (inciso III do § 1º do artigo 216-B da Lei 6.015/73).

Quanto aos vetos derrubados do artigo 11, pode-se afirmar que modificam positivamente a adjudicação compulsória extrajudicial, pois trazem de volta para o procedimento a necessária figura do Tabelião de Notas, o qual exerce a atividade mais afeita à verificação das questões envolvendo o negócio jurídico de promessa de compra e venda que o requerente pretende efetivar ou, em não sendo possível, adjudicar compulsoriamente seu objeto. A participação do Tabelião não será mera formalidade, mas, muito pelo contrário, servirá para gerar mais segurança e regularidade ao procedimento, agregando a ele o olhar cauteloso acerca da possibilidade ou não de aplicação do instituto, visando a conformação do caso concreto ao título que servirá para integrar o pedido de regularização, de modo similar ao que hoje já ocorre com a usucapião extrajudicial (art. 216-A, I da Lei 6.015/73).

Em uma análise preliminar pode-se dizer que a disciplina do inciso III do § 1º do artigo 216-B da Lei 6.015/73, quando conjugada ao inciso II do mesmo dispositivo legal, fará com que o procedimento de adjudicação compulsória extrajudicial inicie no Registro de Imóveis com o respectivo requerimento (petição inicial) contendo o pedido de notificação extrajudicial dirigida a quem deve outorgar a escritura pública para que assim o faça. Passados os 15 dias úteis sem manifestação do notificado, tal ocorrência será certificada pelo Registrador a fim de que o interessado possa adotar a providência prevista no inciso III do § 1º do artigo 216-A, ou seja, para que se dirija a um Tabelionato de Notas a fim de lavrar a ata notarial.

25.7.2 5º Veto

No mesmo artigo 11 foi mantido o dispositivo que dispensa o prévio registro da promessa de compra e venda ou de cessão e da comprovação da regularidade fiscal do vendedor para a adjudicação compulsória extrajudicial (§ 2º do artigo 216-B da Lei 6.015/73).

Após a derrubada dos vetos, o artigo 216-B da Lei dos Registros Públicos passou a vigorar com a seguinte redação:

Art. 216-B. Sem prejuízo da via jurisdicional, a adjudicação compulsória de imóvel objeto de promessa de venda ou de cessão poderá ser efetivada extrajudicialmente no serviço de registro de imóveis da situação do imóvel, nos termos deste artigo.

§ 1º São legitimados a requerer a adjudicação o promitente comprador ou qualquer dos seus cessionários ou promitentes cessionários, ou seus sucessores, bem como o promitente vendedor, representados por advogado, e o pedido deverá ser instruído com os seguintes documentos:

I – instrumento de promessa de compra e venda ou de cessão ou de sucessão, quando for o caso;

II – prova do inadimplemento, caracterizado pela não celebração do título de transmissão da propriedade plena no prazo de 15 (quinze) dias, contado da entrega de notificação extrajudicial pelo oficial do registro de imóveis da situação do imóvel, que poderá delegar a diligência ao oficial do registro de títulos e documentos;

III – ata notarial lavrada por tabelião de notas, atestando a posse do requerente; a prova do adimplemento da obrigação do promissário comprador, conferindo-lhe a pretensão de adquirir a propriedade do imóvel; e, a regular constituição em mora do promitente vendedor;

IV – certidões dos distribuidores forenses da comarca da situação do imóvel e do domicílio do requerente que demonstrem a inexistência de litígio envolvendo o contrato de promessa de compra e venda do imóvel objeto da adjudicação;

V – comprovante de pagamento do respectivo Imposto sobre a Transmissão de Bens Imóveis (ITBI);

VI – procuração com poderes específicos.

§ 2º A prova da constituição em mora prevista no inciso I se dará mediante a efetivação de notificação extrajudicial pelo Registro de Títulos e Documentos, com certificação da entrega do pedido concedendo prazo suficiente para a outorga do título definitivo visando à transmissão da propriedade.

§ 3º À vista dos documentos a que se refere o § 1º deste artigo, o oficial do registro de imóveis da circunscrição onde se situa o imóvel procederá ao registro do domínio em nome do promitente comprador, servindo de título a respectiva promessa de compra e venda ou de cessão ou o instrumento que comprove a sucessão.

Importante:

Para que seja possível a adjudicação compulsória extrajudicial é necessária que a promessa contenha os *elementos essenciais do negócio jurídico* (partes, objeto e preço), tenha sido firmada em caráter irrevogável (art.1.417 do CC) e haja comprovação da quitação das obrigações.

É *necessária a prova da quitação das obrigações?*

A quitação da promessa não constou do artigo 216-B.

Está implícito dentro do sistema, presumindo o cumprimento das obrigações.

Ninguém pode exigir o cumprimento de uma prestação se não honrou a sua obrigação.

Não encontro nada acerca da prova da quitação do promitente comprador no artigo referido, mas ela decorre do próprio sistema e, SMJ, deverá ser solicitada pelo Registro de Imóveis.

Da circunscrição e do registro

Art. 216-B

(...)

§ 3º À vista dos documentos a que se refere o § 1º deste artigo, o oficial do registro de imóveis da circunscrição onde se situa o imóvel procederá ao registro do domínio em nome do promitente comprador, servindo de título a respectiva promessa de compra e venda ou de cessão ou o instrumento que comprove a sucessão.

Adjudicação compulsória ou usucapião extrajudicial?

Importante ressaltar que a adjudicação compulsória extrajudicial difere da usucapião extrajudicial porque naquela há necessidade do pagamento do preço e na usucapião extrajudicial há necessidade de prova da posse.

Enfim: muitas são as questões que deverão ser analisadas sob a nova ótica do procedimento que a derrubada dos vetos proporcionou, estudo este já em andamento no Registro de Imóveis da 1ª Zona de POA para auxiliar os usuários que têm interesse em utilizar tal procedimento. Em breve novas orientações estarão disponíveis no site.

Prática de ato com base em título anteriormente registrado

Autorização da prática de ato com base em *título físico* que tenha sido *registrado*, *digitalizado* ou *armazenado*, inclusive em *outra serventia*, sendo dispensada a reapresentação e bastando referência a ele ou a apresentação de certidão (inclusão do § 4º do art. 221 da LRP, pela Lei 14.382/2022).

Art. 237-A

Após o parcelamento do solo, loteamento ou desmembramento e da incorporação imobiliária, de condomínio edilício ou de condomínio de lotes, até que tenha sido averbada a conclusão das obras de infraestrutura, as averbações e os registros serão realizados na matrícula de origem do imóvel e replicados sem custo adicional, em cada uma das matrículas eventualmente abertas.

Alteração no Art. 246, da LRP

Valorização do princípio da concentração, introduzido pela Lei 13.097/15.

Art. 246. Além dos casos expressamente indicados no inciso II do *caput* do art. 167, serão averbadas na matrícula as sub-rogações e outras ocorrências que, por qualquer modo, alterem o registro *ou repercutam nos direitos relativos ao imóvel*.

Art. 251-A

Criação do cancelamento do registro de compromisso de compra e venda de imóvel, em caso de falta de pagamento e disciplina o procedimento de cobrança extrajudicial, caso haja atraso na prestação.

Art. 290-A

Art. 290-A

(...)

IV – o registro do título de transferência do direito real de propriedade ou de outro direito ao beneficiário de projetos de assentamento rurais promovidos pelo Instituto Nacional de Colonização e Reforma Agrária (Incra) com base nas Leis 4.504, de 30 de novembro de 1964, e 8.629, de 25 de fevereiro de 1993, ou em outra lei posterior com finalidade similar.

Alteração da Lei 6.766/79 (art. 12 da Lei 14.382/2022)

Diminuição do prazo das certidões: *cinco* anos para as certidões dos cartórios de protestos de títulos, em nome do loteador; e *dez* anos, para as certidões de ações cíveis e penais relativas ao loteador.

Apresentação de *certidão da situação jurídica atualizada* do imóvel, prevista letra "c", inciso IV do art. 18: *será em substituição à negativa de ônus*?

Alteração da Lei 8.935/94 (art. 13 da Lei 14.382/2022)

Admissão do *pagamento de emolumentos* por *meios eletrônicos*, a critério do usuário, inclusive *mediante parcelamento*:

Art. 13. A Lei 8.935, de 1994, passa a vigorar com as seguintes alterações:

Art. 30 (...)

(...)

XIV – observar as normas técnicas estabelecidas pelo juízo competente; e

XV – admitir pagamento dos emolumentos, das custas e das despesas por meios eletrônicos, a critério do usuário, inclusive mediante parcelamento.

Observação: ver *Provimento 127/2022* do CNJ.

Alteração do Código Civil – Lei 10.406/02 (art. 14 da Lei 14.382/2022):

Possibilidade de realização de *assembleias das pessoas jurídicas de direito privado por meios eletrônicos*, inclusive para os fins do disposto no art. 59, respeitados os direitos previstos de participação e de manifestação.

Possibilidade de *utilizar o endereço do empresário individual* ou de *um dos sócios da sociedade empresária* (quando o local da empresa for *virtual*).

Aplicabilidade da Lei 4.591/64 ao Condomínio de Lotes.

Alteração da Lei 11.977/09 (art. 15 da Lei 14.382/2022):

Previsão para a *implementação e funcionamento* do *SERP*.

Alteração da Lei 13.097/15 (art. 16 da Lei 14.382/2022):

Incisos do art. 54 que foram *alterados*:

II – averbação, por solicitação do interessado, de constrição judicial, de que a *execução foi admitida pelo juiz* ou de fase de cumprimento de sentença, *procedendo-se nos termos da previstos no art. 828 da Lei 13.105, de 16 de março de 2015 – Código de Processo Civil;*

IV – averbação, mediante decisão judicial, da existência de outro tipo de ação cujos resultados ou responsabilidade patrimonial possam reduzir seu proprietário à insolvência, *nos termos do disposto no inciso IV do caput do art. 792 da Lei 13.105, de 2015 – Código de Processo Civil.*

Parágrafos do art. 54 que foram *incluídos*:

§ 1º Não poderão ser opostas situações jurídicas não constantes da matrícula no registro de imóveis, inclusive para fins de evicção, ao terceiro de boa-fé que adquirir ou receber em garantia direitos reais sobre o imóvel, ressalvados o disposto nos art. 129 e art. 130 da Lei 11.101, de 9 de fevereiro de 2005, e as hipóteses de aquisição e extinção da propriedade que independam de registro de título de imóvel.

§ 2º Não serão exigidos, para a validade ou eficácia dos negócios jurídicos a que se refere o caput ou para a caracterização da boa-fé do terceiro adquirente de imóvel ou beneficiário de direito real:

I – a obtenção prévia de quaisquer documentos ou certidões além daqueles requeridos nos termos do disposto no § 2º do art. 1º da Lei 7.433, de 18 de dezembro de 1985; e

II – a apresentação de certidões forenses ou de distribuidores judiciais.

Como se vê, *não será exigida* a obtenção de quaisquer documentos ou certidões além dos previstos na Lei 7.433/85, bem como a apresentação de certidões forenses ou de distribuidores judiciais, conferindo mais força e valor ao *princípio da concentração*.

Alteração da Lei 13.465/17 (art. 17 da Lei 14.382/2022):

Procedimento administrativo e atos de registro decorrentes da *Reurb* serão feitos por *meio eletrônico*

Observa-se que o prazo de validade da prenotação é de 40 dias úteis, conforme prevê o parágrafo único do art. 205 da Lei 6.015/73, cuja redação segue:

> Art. 205. Cessarão automaticamente os efeitos da prenotação se, decorridos 20 (vinte) dias da data do seu lançamento no Protocolo, o título não tiver sido registrado por omissão do interessado em atender às exigências legais.
>
> Parágrafo único. Nos procedimentos de regularização fundiária de interesse social, os efeitos da prenotação cessarão decorridos 40 (quarenta) dias de seu lançamento no Protocolo.

Disposições transitórias

> Art. 18. A data final do cronograma previsto no inciso II do caput do art. 7º não poderá ultrapassar *31 de janeiro de 2023.*
>
> Art. 19. O disposto no art. 206-A da Lei 6.015, de 1973, deverá ser implementado, em todo o território nacional, no prazo de cento e cinquenta dias, contado da data de entrada em vigor *da Lei 14.382/2022.*

Como se percebe, muitas foram as inovações trazidas pela Lei 14.382/2022 aos Serviços Extrajudiciais, especialmente aos Registros Públicos, com a interoperabilidade e a virtualização dos atos, bem como com a criação de novos mecanismos para o aperfeiçoamento e simplificação do sistema em benefício dos usuários.

REFERÊNCIAS

AGAPITO, Priscila de Castro Teixeira Pinto Lopes. Quadro Mnemônico. *Jornal Notarial*, ano XI, n. 100, mar. 2007.

ALBERGARIA, Antonio. Água mole em pedra dura: escritura não acolhida pelo Oficial Registrador. Exigência descabida. *Diário das Leis* – Direito Imobiliário, n. 9, 3º decênio. São Paulo, março de 2008.

ALMEIDA, Guadalupe. A MP 459 e as ZEIS. *Revista de Direito Ambiental e Urbanístico*, n. 24, p. 5-9. Porto Alegre: Magister, jun./jul. 2009.

ANOREG/BR. Primeira seção é competente para julgar recurso sobre bloqueio de registro imobiliário. Disponível em: <https://www.anoreg.org.br/site/imported_10017/>. Acesso em: 30 ago. 2022.

ARRUDA ALVIM NETO, José Manuel de; CLAPIS, Alexandre Laizo; CAMBLER, Everaldo Augusto (Coord.). *Lei dos Registros Públicos comentada*: Lei 6.015/1973. 2. ed. Rio de Janeiro: Forense, 2019.

AUGUSTO, Eduardo Agostinho Arruda. *Retificação de Registro Imobiliário e Georreferenciamento*: comentários, modelos e legislação. Conchas, junho de 2006. Disponível em: <https://registrodeimoveisop.com.br/arquivos/apostilaretificacao.pdf>. Acesso em: 13 jul. 2022.

BRASIL. Constituição da República Federativa do Brasil de 1988.

BRASIL. Lei 4.591 de 16 de dezembro de 1964.

BRASIL. Lei 5.869, de 11 de janeiro de 1973.

BRASIL. Lei 5.972, de 11 de dezembro de 1973.

BRASIL. Lei 6.015, de 31 de dezembro de 1973.

BRASIL. Lei 6.766, de 19 de dezembro de 1979.

BRASIL. Lei 8.935, de 18 de novembro de 1994.

BRASIL. Lei 9.492, de 10 de setembro de 1997.

BRASIL. Lei 9.514, de 20 de novembro de 1997.

BRASIL. Lei 9.636, de 15 de maio de 1998.

BRASIL. Lei 10.257, de 10 de julho de 2001.

BRASIL. Lei 10.406, de 10 de janeiro de 2002.

BRASIL. Lei 10.931, 02 de agosto de 2004.

BRASIL. Lei 11.481, de 31 de maio de 2007.

BRASIL. Lei 11.673, de 8 de maio de 2008.

BRASIL. Lei 11.977, de 7 de julho de 2009. I

BRASIL. Lei 12.810, de 15 de maio de 2013.

BRASIL. Lei 13.097, de 19 de janeiro de 2015.

BRASIL. Lei 13.105, de 16 de março de 2015.

BRASIL. Lei 13.460, de 26 de junho de 2017.

BRASIL. Lei 13.465, de 11 de julho de 2017.

BRASIL. Lei 13.484, de 26 de setembro de 2017.

BRASIL. Lei 13.777, de 20 de dezembro de 2018.

BRASIL. Lei 14.118, de 12 de janeiro de 2021.

BRASIL. Lei 14.309, de 08 de março de 2022.

BRASIL. Lei 14.382, de 27 de junho de 2022.

BRASIL. Decreto 4.449, de 30 de outubro de 2002.

BRASIL. Decreto 5.570, de 31 de outubro de 2005.

BRASIL. Decreto 7.620, de 21 de novembro de 2011.

BRASIL. Decreto 9.310, de 15 de março de 2018.

BRASIL. Decreto 9.311, de 15 de março de 2018.

BRASÍLIA. Superior Tribunal de Justiça. Recurso Especial 286.082/RJ. DJU, 20-8-2001, p. 474. Disponível em: <https://www.jusbrasil.com.br/jurisprudencia/stj/304883>. Acesso em: 25 ago. 2022.

BRASÍLIA. Supremo Tribunal Federal. Recurso Extraordinário 254.497-ES. Relator: Ministro Celso de Mello. Disponível em: <https://www.stf.jus.br/arquivo/informativo/documento/informativo177.htm>. Acesso em: 18 ago. 2022.

BRASÍLIA. Câmara dos Deputados. Projeto de Lei 6.641/2013. Disponível em: <http://www.camara.gov.br/proposicoesWeb/fichadetramitacao?idProposicao=598211>. Acesso em: 22 jun. 2022.

BRASÍLIA. Superior Tribunal de Justiça. Recurso Especial 1.570.655/GO, publicado no DJ em 23-11-2016. Disponível em: <https://www.conjur.com.br/dl/voto-registro-resp.pdf>. Acesso em: 30 ago. 2022.

BRASÍLIA. Superior Tribunal de Justiça. Conflito de Competência 35.484/RJ, Relator Ministro Fernando Gonçalves. DJ, 13-10-2005, p. 138. Disponível em: <https://www.jusbrasil.com.br/jurisprudencia/stj/884389151/decisao-monocratica-884389161>. Acesso em: 31 ago. 2022.

BRASÍLIA. Superior Tribunal de Justiça. Conflito de Competência 4.840-0/RJ, Relator Ministro Barros Monteiro, publicado no DJ, p. 20491, em 4-10-1993. Disponível em: <https://

www.jusbrasil.com.br/jurisprudencia/stj/884389151/decisao-monocratica-884389161>. Acesso em: 31 ago. 2022.

BRASÍLIA. Supremo Tribunal Federal. Habeas Corpus 85.911-9/RJ, julgado em 25 de outubro de 2005. DJ 231, 2-12-2005, p. 13. Disponível em: <https://www.anoreg.org.br/site/imported_5354/>. Acesso em: 03 maio 2022.

BRASÍLIA. Superior Tribunal de Justiça. Resp 1546165 / SP 2014/0308206-1. Relator: Ministro Ricardo Villas Bôas Cueva. Data do Julgamento: 26/04/2016. Disponível em: <https://www.portaljustica.com.br/acordao/1910864>. Acesso em 12 ago. 2022.

CAHALI, Francisco José. *Lei 11.441/07*: inventário, partilha, divórcio e separação extrajudicial. Disponível em: <https://www.irib.org.br/boletins/detalhes/636>. Acesso em: 19 jul. 2022.

CARNEIRO, Athos Gusmão. *Intervenção de terceiros*. 10. ed. São Paulo: Saraiva, 1998.

CARVALHO, Afrânio de. *Registro de imóveis*. 4. ed. Rio de Janeiro: Forense, 2001.

CENEVIVA, Walter. *Lei dos Notários e dos Registradores comentada* (Lei 8.935/94). 2. ed. ampl. São Paulo: Saraiva, 1999.

CENEVIVA, Walter. Lei dos *Registros Públicos comentada*. 15. ed. atual. até 1º de outubro de 2002. São Paulo: Saraiva, 2003.

CENEVIVA, Walter. Lei dos *Registros Públicos comentada*. 19. ed. São Paulo: Saraiva, 2009.

Chalhub, Melhim Namem. Patrimônio de Afetação. *Boletim Eletrônico do IRIB*, n. 240, de 17-10-2000. Disponível em: <https://www.irib.org.br/boletins/detalhes/3611>. Acesso em: 22 jun. 2022.Chalhub, Melhim Namem. Afetação de Incorporação Imobiliária. *Boletim Eletrônico do IRIB*, n. 2.755. Disponível em: <https://www.irib.org.br/boletins/detalhes/1065>. Acesso em: 22 jun. 2022.

CHAMOUNT, Ebert. *Instituições de Direito Romano*. 4. ed. São Paulo: Forense, 1962.

COLÉGIO REGISTRAL DO ESTADO DO RIO GRANDE DO SUL. Disponível em: <https://colegioregistralrs.org.br/>.

CONSELHO NACIONAL DE JUSTIÇA. Nova redação inserida pela Resolução 120, de 30-09-2010. Disponível em: <https://atos.cnj.jus.br/atos/detalhar/170>. Acesso em: 22 ago. 2022.

CONSELHO NACIONAL DE JUSTIÇA. Resolução 35, de 24 de abril de 2007. Disponível em: <https://atos.cnj.jus.br/atos/detalhar/179>. Acesso em: 22 jun. 2022.

DELMANTO, Celso et al. *Código Penal comentado*. 9. ed., rev., atual. e ampl. 3. tir. São Paulo: Saraiva, 2016.

De BONA, Avelino. *Títulos judiciais no registro de imóveis*. Porto Alegre: Sagra DC, Luzzato, 1996.

DE OLIVEIRA, Carlos Eduardo Elias. *Considerações sobre a recente Lei da Multipropriedade*. Disponível em: <https://flaviotartuce.jusbrasil.com.br/artigos/661740743/consideracoes-sobre-a-recente-lei-da-multipropriedade>. Acesso em 12 de ago. de 2022.

DINIZ, Maria Helena. *Sistemas de Registros de Imóveis*. 2. ed. aum. e atual. São Paulo: Saraiva, 1997.

DISTRITO FEDERAL E TERRITÓRIOS. Tribunal de Justiça. Acórdão 702631, 20120111398346APC, Relator: ANGELO CANDUCCI PASSARELI, 5ª Turma Cível, data de julgamento: 14-8-2013, publicado no DJE: 16-8-2013, p. 147. Disponível em: <https://pesquisajuris.tjdft.jus.br/IndexadorAcordaos-web/sistj?visaoId=tjdf.sistj.acordaoeletronico.buscaindexada.apresentacao.VisaoBuscaAcordao&nomeDaPagina=buscaLivre2&buscaPorQuery=1&baseSelecionada=BASE_ACORDAOS&filtroAcordaosPublicos=false&camposSelecionados=[ESPELHO]&argumentoDePesquisa=angelo%20canducci%20passareli&numero=702631&tipoDeRelator=TODOS&dataFim=&indexacao=&ramoJuridico=&baseDados=[TURMAS_RECURSAIS,%20BASE_ACORDAOS_IDR,%20BASE_TEMAS,%20BASE_ACORDAOS,%20BASE_INFORMATIVOS]&tipoDeNumero=NumAcordao&tipoDeData=DataPublicacao&ementa=&filtroSegredoDeJustica=false&desembargador=&dataInicio=&legislacao=&orgaoJulgador=&numeroDaPaginaAtual=1&quantidadeDeRegistros=20&totalHits=1>. Acesso em: 18 ago. 2022.

ERPEN, Décio Antônio; Paiva, João Pedro Lamana. Princípio do Registro Imobiliário Formal. *Introdução ao Direito Notarial e Registral*. Porto Alegre: Sérgio Antônio Fabris, 2004.

ESPÍRITO SANTO. Poder Judiciário. Provimento 58/2013. Disponível em: <http://www.tjes.jus.br/corregedoria/wp-content/uploads/2016/06/Provimento_58-2013.pdf>. Acesso em 03 maio 2022.

ESPÍRITO SANTO. Poder Judiciário. Código de Normas. Disponível em: <http://www.tjes.jus.br/corregedoria/wp-content/uploads/2020/07/CN-EXTRAJUDICIAL-TOMO-II.pdf>. Acesso em: 03 maio 2022.

Estatuto da Cidade e Decreto-Lei 25, de 30 de novembro de 1937. Art. 4º, V, d. Disponível em: <http://www.planalto.gov.br/ccivil_03/decreto-lei/del0025.htm>. Acesso em: 12 ago. 2022.

GLOSSÁRIO Jurídico. Supremo Tribunal Federal. Disponível em: <https://portal.stf.jus.br/jurisprudencia/glossario.asp>. Acesso em: 18 ago. 2022.

Georreferenciamento – Dicas para o Registrador operar o Sigef. Disponível em: <http://eduardoaugusto-irib.blogspot.com.br>. Acesso em: 17 jun. 2022.

HERANCE FILHO, Antônio. A *declaração sobre operações Imobiliárias*. Disponível em: <https://www.irib.org.br/files/obra/4203_doi.pdf>. Acesso em: 22 ago. 2022.

INCRA. Sistema de certificação de imóveis rurais. Disponível em: <https://certificacao.incra.gov.br/Certifica/abertura.asp#>. Acesso em: 03 out. 2022.

KOLLET, Ricardo Guimarães. *A outorga conjugal nos atos de alienação ou oneração de bens imóveis*. Disponível em: <http://www.irib.org.br/html/biblioteca/biblioteca-detalhe.php?obr=99>. Acesso em: 21 jun. 2022.

LAMANA PAIVA, João Pedro; KÜMPEL, Vitor Frederico; VIANA, Giselle de Menezes. *Usucapião Extrajudicial*: aspectos civis, notariais e registrais. 2. ed. São Paulo, SP: YK. Editora, 2022.

LAMANA PAIVA, João Pedro. Novas Perspectivas de atos notariais: usucapião extrajudicial e sua validade no ordenamento jurídico brasileiro. *Revista de Direito Notarial*, n. 1, São Paulo: Quartier Latin, 2009 – Trimestral.

LÔBO, Paulo Luiz Netto. Parecer do Conselheiro. Disponível em: <https://recivil.com.br/artigo-cnj-divorcio-e-separacao-consensuais-extrajudiciais-por-paulo-lobo/>. Acesso em: 18 jul 2022.

LÔBO NETTO, Paulo Luiz. *Artigo* – CNJ – Divórcio e Separação Consensuais Extrajudiciais. Disponível em: <https://www.arpensp.org.br/noticia/5074>. Acesso em: 19 jul. 2022.

LOUREIRO, Francisco Eduardo. *Loteamentos Clandestinos*: prevenção e repressão. Disponível em: <https://www.irib.org.br/boletins/detalhes/3667>. Acesso em 16 set. 2022.

LOUREIRO, Lourenço Trigo. *Instituições de Direito Civil Brasileiro*. Ed. Facsimilar da edição de 1871, v. I. Brasília: Senado, 2004.

MALUF, Carlos Alberto Dabus; MALUF, Adriana Caldas do Rego Freitas Dabus. *Curso de Direito de Família*. São Paulo: Saraiva, 2013.

MATO GROSSO. Poder Judiciário. Provimento 16/2014-CGJ. Disponível em: <https://corregedoria-mc.tjmt.jus.br/corregedoria-arquivos-prod/cms/Provimento_16_2014.pdf>. Acesso em: 18 ago. 2022.

MATO GROSSO. Poder Judiciário. Código de Normas da Corregedoria-Geral da Justiça do Foro Extrajudicial – CNGCE. Disponível em: <https://www.anoregmt.org.br/novo/wp-content/uploads/2020/12/42.2020-CGJ-Institui-nova-CNGCE.pdf>. Acesso em: 18 ago. 2022.

MELO JR., Regnoberto Marques de. *Lei de Registros Públicos comentada*. Rio de Janeiro: Freitas Bastos, 2003.

Mezzari, Mario Pazutti. *Novas Diretrizes nas retificações no registro de imóveis*. Disponível em: <http://registrodeimoveis1zona.com.br/?p=212>. Acesso em: 13 jul. 2022.

MINAS GERAIS. Poder Judiciário. Provimento Conjunto 93/2020. Disponível em: http://www8.tjmg.jus.br/institucional/at/pdf/vc00932020.pdf. Acesso em: 18 ago. 2022.

MONTEIRO, Washington de Barros; SILVA, Regina Beatriz Tavares da. *Curso de direito civil*. Apud MALUF, Carlos Alberto Dabus; MALUF, Adriana Caldas do Rego Freitas Dabus. *Curso de Direito de Família*. São Paulo: Saraiva, 2013.

MONTES, Angel Cristóbal. *Direito imobiliário registral*. Trad. Francisco Tost. Porto Alegre: IRIB: Sérgio Antônio Fabris, 2005.

MORENO, Cláudio. *Georreferenciamento*. Disponível em: <https://sualingua.com.br>. Acesso em: 22 ago. 2022.

NERY JUNIOR, Nelson; NERY, Rosa Maria Andrade. *Código Civil comentado e legislação extravagante*. 6. ed. São Paulo: Ed. RT, 2008.

paiva, João Pedro Lamana. *As novas dimensões do divórcio e a Emenda Constitucional 66/2010*: uma interpretação sistemática. Disponível em: <http://www.lamanapaiva.com.br/banco_arquivos/AS_NOVAS_DIMENSOES_DO_DIVORCIO_E_A_EMENDA_66_LamanaPaiva.pdf>. Acesso em: 19 jul. 2022.

PARREIRA, Antônio Carlos. *A Lei 11.441 e a possibilidade de prisão por dívida alimentar*. Disponível em: <https://serjus.com.br/noticias_antigas/on-line/artigo_lei_11441_prisao_divida_alimentar_26_03_2007.htm>. Acesso em: 19 jul. 2022.

PORTO ALEGRE. Mandado de Segurança 2005.71.00.029201-3/RS. Vara Federal Ambiental, Agrária e Residual de Porto Alegre. Disponível em: <https://www.jusbrasil.com.br/jurisprudencia/trf-4/1234495/inteiro-teor-13928093>. Acesso em: 1º out. 2022.

PRINCÍPIOS DO REGISTRO IMOBILIÁRIO FORMAL (Comentários). Disponível em: <https://www.1ripoa.com.br/principios-do-registro-imobiliario-formal-comentarios/>. Acesso em: 25 ago. 2022.

Projeto de Lei 6.641/2013. Disponível em: <http://imagem.camara.gov.br/Imagem/d/pdf/DCD0020131112002000000.PDF#page=92>. Acesso em: 22 jun. 2022.

Registro de Imóveis, thesaurus jurisprudencial, acórdãos e decisões do conselho superior da magistratura e Corregedoria Geral da Justiça de São Paulo, 1996. Porto Alegre: Sérgio Antônio Fabris Editor, 1997.

RIO GRANDE DO sUL. Assembleia Legislativa. Acesso em 6 dez. 2022.

RIO GRANDE DO sUL. Consolidação Normativa Notarial e Registral da Corregedoria-Geral da Justiça do Estado do Rio Grande do Sul. Disponível em: <https://www.tjrs.jus.br/static/2022/05/Consolidacao_Normativa_Notarial_Registral_2022_TEXTO_COMPILADO_20-05-22.pdf>. Acesso em: 18 ago. 2022.

RIO GRANDE DO sUL. Tribunal de Justiça. Apelação Civil 5981170876. Relator Des. Décio Antônio Erpen.

RIO GRANDE DO sUL. Tribunal de Justiça. Apelação Cível 70019681170, Relator: Mário José Gomes Pereira, julgada em 13-11-2007. Disponível em: <https://www.tjrs.jus.br/novo/buscas-solr/?aba=jurisprudencia&q=70019681170&conteudo_busca=ementa_completa>. Acesso em 30 ago. 2022.

RIO GRANDE DO sUL. Tribunal de Justiça. Apelação Cível 70015722614, Relator: Carlos Cini Marchionatti, julgada em 25-7-2006. Disponível em: <https://www.tjrs.jus.br/novo/buscassolr/?aba=jurisprudencia&q=70019681170&conteudo_busca=ementa_completa>. Acesso em: 30 ago. 2022.

RIO GRANDE DO sUL. Tribunal de Justiça. Apelação Cível 41293, Relator: Werter Rotondo, julgada em 9-6-1982.

RIO GRANDE DO sUL. Tribunal de Justiça. Apelação Cível 70001936533, Relator: Guinther Spode, julgada em 19-6-2001.

RIO GRANDE DO sUL. Tribunal de Justiça. Apelação Cível 70013174958, Relator: José Aquino Flores de Camargo, julgada em 9-11-2005.

RIO GRANDE DO sUL. Tribunal de Justiça. Apelação Cível 70004099735, Relator: Diógenes Vicente Hassan Ribeiro, julgada em 14-8-2002.

RIO GRANDE DO sUL. Tribunal de Justiça. Apelação Cível 70007328867. Relator Des. Armínio José Abreu Lima da Rosa, Porto Alegre, DJ 2.757, de 18-12-2003. Disponível em: <https://www.tjrs.jus.br/novo/buscassolr/?aba=jurisprudencia&q=70007328867&conteudo_busca=ementa_completa>. Acesso em: 18 ago. 2022.

ROCHA, Roberto Pacheco. *Ofício Circular 034/04*. Curitiba, 12 de fevereiro de 2004. Disponível em: <https://www.tjpr.jus.br/legislacao-atos-normativos/-/atos/documento/1155>. Acesso em: 20 ago. 2022.

SALLES, Venicio Antônio de Paula. *Retificação de registro*: Lei 10.931, de 2 de agosto de 2004. Boletim Eletrônico do IRIB, n. 1.233, 12-8-2004. Disponível em: <https://www.irib.org.br/boletins/detalhes/2597>. Acesso em: 08 jul. 2022.

SALLES, Venicio Antônio de Paula. *Usucapião administrativa* – Lei 11.977/2009. Disponível em: http://registradores.org.br/usucapiao-administrativa-lei-11.977/2009>. Acesso em: 15 jul. 2022.

SÃO PAULO. Conselho Superior da Magistratura. Agravo de Instrumento 62.467-0/4. Relator Ministro Celso de Mello. Disponível em: <https://irib.org.br/boletins/detalhes/3713>. Acesso em: 30 ago. 2022.

SÃO PAULO. Tribunal de Justiça. Conselho Superior da Magistratura. Mandado de Segurança 79.717-0. Relator: Des. Luís de Macedo, São Paulo, DOE, 3-12-2001. Disponível em: <https://extrajudicial.tjsp.jus.br/pexPtl/visualizarDetalhesPublicacao.do?cdTipopublicacao=5&nuSeqpublicacao=1606>. Acesso em: 03 maio 2022.

SÃO PAULO. Tribunal de Justiça. Conselho Superior da Magistratura. Apelação Cível 100.525-0/5. Relator: Des. Gilberto Passos de Freitas, São Paulo, publicado no DOE de 17-05-2007. Disponível em: <https://extrajudicial.tjsp.jus.br/pexPtl/visualizarDetalhesPublicacao.do?cdTipopublicacao=5&nuSeqpublicacao=1643>. Acesso em: 03 maio 2022.

SÃO PAULO. Tribunal de Justiça. Conselho Superior da Magistratura. Apelação Cível 105-6/1. Relator: Des. Luiz Tâmbara, São Paulo, publicado no DOE de 05-2-2004. Disponível em: <https://extrajudicial.tjsp.jus.br/pexPtl/visualizarDetalhesPublicacao.do?cdTipopublicacao=5&nuSeqpublicacao=1272>. Acesso em: 03 maio 2022.

SÃO PAULO. Tribunal de Justiça. Conselho Superior da Magistratura. Apelação Cível 52.664-0/5. Relator: Des. Sérgio Augusto Nigro Conceição, Osasco, publicado no DOE de 29-11-1999. Disponível em: <https://www.irib.org.br/associados/jurisprudencia_integra/3080>. Acesso em: 18 ago. 2022.

SÃO PAULO. Vara dos Registros Públicos. Processo 000.05.033180-9. Juiz: Dr. Venício Antonio de Paula Salles, São Paulo, publicado no DOE de 21-6-2005. Disponível em: <https://www.kollemata.com.br/duvida-averbacao-procedimento-administrativo-locacao-caucao.html>. Acesso em: 18 ago. 2022.

SÃO PAULO. Tribunal de Justiça. Apelação Cível 23.780-0/7. Relator: Des. Antonio Carlos Alves Braga, Americana, 11-5-1995. Disponível em: <https://www.kollemata.com.br/duvida-recurso-terceiro-prejudicado-intervencao-determceiro-recurso-fazenda-publica--impostos-recolhimento-qualificacao-registral.html>. Acesso em: 18 ago. 2022.

SÃO PAULO. Tribunal de Justiça. Apelação Cível 1000426-62.2018.8.26.0584, Relator: Pinheiro Franco, julgada em 13-6-2019. Disponível em: <https://esaj.tjsp.jus.br/cjsg/getArquivo.do?cdAcordao=12608223&cdForo=0>. Acesso em: 18 ago. 2022.

SÃO PAULO. Conselho Superior da Magistratura. Apelação Cível 757-6/6, Jurisprudência. Boletim Cartorário, 2º decênio, maio de 2008, p. 14.

SERPA LOPES, Miguel Maria de. *Tratado dos registros públicos*. Rio de Janeiro: Livraria Jacintho, 1938, v. 1.

SILVA, José Afonso da. *Mandado de segurança, ação popular, ação civil pública, mandado de injunção, "habeas data"*. 18. ed. São Paulo: Malheiros, 1997.

STJ: Usucapião – imóvel rural. Georreferenciamento – exigibilidade. Especialidade. Disponível em: <https://www.irib.org.br/noticias/detalhes/stj-usucapi-atilde-o-im-oacute-vel-rural--georreferenciamento-exigibilidade-especialidade>. Acesso em: 18 ago. 2022.

WESCHENFELDER, Julio Cesar. *Cadastro Nacional de Imóveis Rurais* – CNIR: repercussão nas atividades notariais e registrais. Boletim Eletrônico do IRIB. Disponível em: <https://www.irib.org.br/boletins/detalhes/2866>. Acesso em: 18 ago. 2022.

APÊNDICE

1) **REGISTRADORES ENTREVISTA LAMANA PAIVA**

    Por que lançar um livro sobre procedimento de dúvida?

    Primeiramente, a razão do lançamento do **Procedimento de dúvida no Registro de Imóveis** deve-se ao fato de ter, o texto, resultado de monografia no Curso de Especialização stricto sensu na Pontifícia Universidade Católica de Minas Gerais. Daí a razão da escolha do tema. Por outro lado, sabemos que a dúvida é o remédio jurídico mais eficaz de que dispõe a parte interessada no registro para se socorrer quando o acesso do título é denegado pelo registrador.

    O procedimento não está sedimentado nos tribunais brasileiros?

    Entendemos que o procedimento de dúvida não está, ainda, totalmente assimilado pelos Tribunais, pois, a cada dia surge um fato novo que vem aperfeiçoar o instituto. Não há um procedimento uniforme em matéria recursal, por exemplo. Em São Paulo, o recurso é dirigido ao Conselho Superior da Magistratura, ao passo que no Rio Grande do Sul o recurso é deduzido perante uma das Câmaras Cíveis do Tribunal de Justiça.

    O procedimento de dúvida necessita de aperfeiçoamentos?

    Sim. Esse é o objetivo primordial da obra, contribuir para o conhecimento do instituto e, nesse sentido, a obra tem um alcance didático porque demonstra essa necessidade de aperfeiçoamento e de busca de inovações. Tanto é verdade, que o título da obra não espelha a quem realmente se destina, pois, na primeira parte é feita uma abordagem sobre os aspectos práticos e da possibilidade de participação do tabelião, como assistente, estabelecendo um contraditório na defesa de seu ato, o que não tem sido admitido na dúvida, enriquecendo, dessa forma, o procedimento.

    O que o SR. acha da jurisdicionalização do procedimento de dúvida, deixando de ser um procedimento administrativo para se tornar um processo judicial, com a segurança da coisa julgada?

    Essa questão é polêmica e complexa. Como se sabe, hoje, o procedimento é misto na maioria dos Estados. Ou seja, administrativo/judicial, pois esse procedimento tem início, no interior dos Estados, perante o Juiz Competente da

Comarca e, nas Capitais, nas Varas especializadas dos Registros Públicos. Em grau de recurso, processa-se perante os Tribunais de Justiça, com exceção de São Paulo, onde ocorre perante o Conselho Superior da Magistratura. Entendo que deve seguir como processo administrativo em função da celeridade, da rapidez que é demandada para a resolução dessas questões, pois o prazo estabelecido pelos artigos 198 e seguintes da LRP é de singelos 40 dias.

Quais os problemas mais comuns e que ensejam suscitação de dúvidas?

Os problemas mais comuns que ensejam suscitação de dúvida dependem muito da própria região em que se originam as questões envolvendo os títulos. Pelo que se apresenta, por exemplo, na serventia em que atuo, dificilmente é suscitada uma dúvida referente a escrituras públicas, embora alguns instrumentos públicos não ultrapassem as barreiras da qualificação registral e as dúvidas são suscitadas. Logo, os problemas mais comuns são os relativos à elaboração de instrumentos que não observam as normas legais a eles aplicáveis (promessa de compra e venda, cessão de direitos, recolhimento de tributos, estatutos e contratos sociais de pessoas jurídicas, loteamentos, incorporações etc.).

Qual o campeão de títulos impugnados? Títulos judiciais? Títulos notariais? Instrumentos particulares?

Quanto a esse aspecto, pelo que se percebe de consultas que nos chegam, podemos informar que estão entre os mais impugnados, sem sombra de dúvida em primeiríssimo lugar, os títulos judiciais, seguidos pelos instrumentos particulares/administrativos e, por último, os notariais.

Como o SR. avalia a experiência espanhola, que prevê recurso para uma junta de registradores como forma alternativa de superar a denegação original?

A experiência espanhola funciona, pois tive o prazer de estudá-la por ocasião do Terceiro Curso Ibero-americano de Direito Registral, realizado em Barcelona. Assim, essa questão é atual e envolve a tão debatida desjudicialização, a começar pelos atos de jurisdição voluntária, que demoraram, mas chegaram, e já estão sendo praticados no Brasil por notários e registradores (Leis 10.257/2001, 10.931/2004, 11.382/2006, 11.441/2007, 11.481/2007 e a novel 11.977/2009). Para isso é necessário que se proceda a uma alteração legislativa, criando-se uma Direção-Geral Nacional dos Serviços Notariais e Registrais e de um Colégio Nacional, com as atribuições de apreciar recursos deduzidos perante um colegiado formado por notários e registradores, podendo, até mesmo, a meu critério, ser misto. Aliás, é o meu sonho ver implantado no Brasil um sistema semelhante ao espanhol.

Por que se chama procedimento de "dúvida", quando sabemos que o Oficial sempre tem "certeza" na denegação do registro?

Como se sabe, o Oficial Registrador, em tese, não tem dúvida a respeito da qualificação do título apresentado para a prática do ato, pois trata-se de área específica de atuação das Ciências Jurídicas na qual os titulares são experts na matéria. Assim, o nome "procedimento de dúvida" dirige-se à parte apresentante que, vendo seu título impugnado e não concordando com a impugnação, mediante requerimento, solicita a declaração de dúvida em que o registrador irá fundamentar, na doutrina e na jurisprudência, as razões pelas quais negou o registro do título apresentado.

Cabe mandado de segurança contra ato denegatório de registro?

Acreditamos que não, pois a qualificação negativa sobre um título não enseja mandado de segurança, uma vez que o sistema atual disponibiliza um remédio jurídico próprio para contestar o entendimento do Oficial, qual seja, o procedimento de dúvida. Se fosse admitido o mandado de segurança, os sistemas registral e notarial estariam fragilizados com a concessão da liminar e, no mérito, sua posterior revogação. Se o registrador se negar a protocolar o título, examiná-lo, não manifestando o fundamento legal, considero que em relação a esse ato de autoridade praticado pelo registrador é cabível, sem sombra de dúvida, a impetração de mandado de segurança.

Cabe suscitação de dúvida em relação a mandados judiciais? Ordem judicial não deve ser imediatamente cumprida?

Sim, cabe suscitação de dúvida, pois o Registrador é independente e autônomo com referência ao princípio da qualificação documental, pois não entra no mérito da decisão. Compete ao Oficial examinar, intrínseca e extrinsecamente, o aspecto formal e registral de qualquer título apresentado para registro, nos termos do art. 221 da LRP, já que os títulos ali elencados não têm nenhum privilégio ou hierarquia de preferência na qualificação. Aliás, a jurisprudência massiva de São Paulo tem demonstrado que é cabível.

Além do procedimento de dúvida, do que mais trata o livro?

Na realidade, o título do livro não expressa o real conteúdo da obra. Senão vejamos: na primeira parte é tratado o procedimento de dúvida no Registro de Imóveis – aspectos práticos e possibilidade de participação do notário. Já na segunda parte é examinada a evolução dos sistemas registral e notarial no século XXI, a começar pela Lei 10.257/2001 e a encerrar pela Lei 11.481/2007. Como se vê, o título não espelha abrangência de tudo quanto no livro é tratado.

Publicado por Sérgio Jacomino

2) O BOLETIM DO IRIB, DE 2-9-2010

O IRIB aproveita a realização de seu XXXVII Encontro dos Oficiais de Registro de Imóveis do Brasil, em Natal, para o lançamento de obras de Direito Registral.

Das cláusulas de inalienabilidade, impenhorabilidade e incomunicabilidade – Ademar Fioranelli

Direito administrativo registral – Ricardo Dip

Condomínio em edificações – Frederico Henrique Viegas de Lima

Procedimento de dúvida no Registro de Imóveis – João Pedro Lamana Paiva

A partir desta edição publicaremos as entrevistas concedidas ao *Boletim Eletrônico IRIB*, pelos autores, a respeito dos principais pontos abordados em cada livro.

Dúvida no Registro de Imóveis

BE – A suscitação de dúvida é um procedimento de natureza administrativa, isto é, sem lide, razão pela qual não comporta assistência ou intervenção de terceiros (art. 204 da Lei 6.015/73). Sua finalidade é possibilitar a manifestação do juiz de Direito competente a respeito de divergência de entendimento entre o registrador e o apresentante do título. No seu livro, *Procedimento de dúvida no Registro de Imóveis*, **o senhor apresenta a possibilidade de o tabelião figurar como assistente no caso de recusa de escritura. Isso já acontece ou sua proposta é uma inovação no Direito Registral?**

Lamana Paiva – No Rio Grande do Sul já houve, na apreciação de caso concreto em procedimento de dúvida, a admissão pelo julgador de primeiro grau – o desembargador Décio Antônio Erpen, hoje aposentado – de manifestação do tabelião no processo e julgamento como forma de ampliar a discussão da questão apreciada. O objetivo era que o próprio magistrado tivesse condições de proferir a decisão mais adequada ao caso. Entretanto, essa situação é exceção e não regra em sede de procedimento de dúvida, por isso propugnamos pela admissibilidade de o tabelião poder figurar como assistente no caso de recusa de registro da escritura, se requerida a suscitação de dúvida pelo interessado (Lei 6.015/73, arts. 198 e seguintes). Caso a jurisprudência dos tribunais passe a se conduzir nesse sentido, confirmando como vencedora a tese que abraçamos, aí sim poderemos considerá-la como uma inovação do âmbito do Direito Registral. Estamos semeando em campo fértil à inovação na ciência do Direito.

BE – O senhor acredita que o fato de o tabelião ter a possibilidade de defender seu ato em juízo no procedimento de dúvida pode ajudar a aperfeiçoar ainda mais os atos de escritura e registro, em última instância o Direito Notarial e Registral? Que outros benefícios o senhor vê nessa extensão do procedimento de dúvida?

Lamana Paiva – Sem dúvida, a possibilidade de o tabelião defender seu ato perante o julgador vai ajudar a aperfeiçoar o Direito Registral/Notarial. E em qualquer decisão judicial com cognição mais ampla também haverá uma decisão mais adequada e consentânea com a realidade. Temos que ter bem presente que na dúvida registrária não há apenas um procedimento (rito) de índole administrativa, mas também um processo de natureza administrativa e, ainda que nele não haja propriamente litigantes, nada impede que, nos termos da orientação presente na Constituição (art. 5º, LV), se lance mão dos meios que garantam, da melhor forma, o mais amplo *contraditório* em busca da mais acertada decisão. Como garantir o contraditório? Examinando as proposições opostas ou contrárias de uma mesma questão de direito. Garantindo que o tabelião seja ouvido, evita-se que tenha de demonstrar seu interesse jurídico previamente para garantir proteção a sua esfera moral e patrimonial enquanto autor do ato impugnado.

BE – Na segunda parte do seu livro, o senhor apresenta as legislações brasileiras mais recentes que cuidam da evolução dos sistemas notarial e registral no Brasil, começando pelo Estatuto da Cidade (Lei 10.257/2001), que criou vários institutos jurídicos ligados à propriedade, ao registro de imóveis e ao poder público. O senhor acha que essas leis estão em bom andamento, ou seja, seus dispositivos funcionam bem e são bastante utilizados?

Lamana Paiva – O Estatuto da Cidade surgiu desacreditado em nosso ordenamento jurídico e muitos diziam que a lei "não ia pegar". No entanto, ele está mostrando sua importância para a organização do crescimento de nossas cidades. Trata-se de um estatuto pioneiro, que traçou linhas gerais para a política urbana do país, e hoje se vê complementado por outras leis que surgiram para garantir o ordenamento urbano. Um exemplo recente disso é o advento da Lei 11.977/2009 que disciplinou a regularização fundiária no país. Esse instrumento, temos certeza, promoverá uma reorganização profunda na estrutura de nossas cidades, que cresceram desordenadamente impulsionadas por um dos mais acentuados processos de êxodo rural do planeta. Em aproximadamente quarenta anos, invertemos completamente a estrutura populacional característica de um Brasil agrário desde seu descobrimento, o que resultou, hoje, em mais de 80% de população concentrada nas cidades.

BE – O senhor também aborda a questão da regularização fundiária depois da Lei 11.481/2007, que regulariza por usucapião os imóveis situados em zonas especiais. Essa lei veio ajudar efetivamente a regularização urbana? Seus efeitos práticos já podem ser sentidos no Registro de Imóveis?

Lamana Paiva – A Lei 11.481/2007 tratou de questão muito pontual no contexto da regularização fundiária, ou seja, aquela incidente sobre os imóveis públicos de propriedade da União, Estados, Distrito Federal e Municípios. Embora contribua para a regularização urbana, essa lei poderia estar implementada de forma mais efetiva, conferindo àqueles que exercem posse sobre imóveis públicos novos direitos reais – a concessão de uso especial para fins de moradia e a concessão do direito real de uso – o que possibilitaria que esses direitos passassem a ser passíveis de hipoteca. O grande mérito dessa lei, entretanto, foi ter introduzido no Direito brasileiro o instrumento administrativo do auto de demarcação lavrado pelo Poder Público para a realização da regularização fundiária, assim como o rito que essa regularização deveria observar. Esse modelo foi absorvido pela Lei 11.977/2009, para a realização de regularização fundiária de interesse social em imóveis públicos ou particulares que constituam situações consolidadas de ocupações de baixa renda, a qual culmina com a aquisição de propriedade mediante usucapião administrativa.

BE – Depois da edição de seu livro, foi editada a Lei 11.977/2009, que dispõe sobre o programa habitacional Minha Casa, Minha Vida. Quais suas principais observações sobre a proposta e o conteúdo dela?

Lamana Paiva – O Programa *Minha Casa, Minha Vida*, promovido pelo governo federal provocou, inicialmente, grande impacto sobre a atividade registral imobiliária em virtude da ampliação de gratuidades/descontos de emolumentos que instituiu para os atos registrais relativos aos imóveis abrangidos nesse programa. Entretanto, passado o primeiro impacto, pode-se avaliar que esse programa, que visa ao financiamento da moradia para a população pobre do país, tem grande potencial para promover o desenvolvimento do país e aquecer o mercado imobiliário de modo a trazer benefícios para todos, uma vez que as isenções/descontos atingem apenas a primeira aquisição. O aquecimento do mercado conta também com a regularização fundiária. Instituída pela mesma lei, a regularização vai tirar muitos imóveis da situação de informalidade, destinando-lhes recursos públicos para o acesso a melhores condições de moradia, para a organização das cidades, a melhoria da qualidade de vida, o equilíbrio social e a valorização do patrimônio imobiliário das famílias. A real importância dessa lei ainda não foi avaliada em sua justa medida, uma vez que vai incrementar a matriculação de imóveis clandestinos/irregulares/informais no país, sua valorização e consequente ampliação dos negócios imobiliários com reais ganhos econômicos e sociais para todos.

3) DEPOIMENTO DE MARCO ANTONIO DA SILVA, EM 10-9-2010

Sobre o livro *Procedimento de dúvida no Registro de Imóveis*:

Um livro como todo livro deveria ser: uma feliz união entre forma e conteúdo, leitura prazerosa conduzida com praticidade e maestria do começo ao fim. Começamos pela forma, com as felizes notas passando por uma clara e pontual sumarização onde, além das referências, é importante também fazer uma grata alusão aos endereços na rede mundial (em que facilmente pinçamos os assuntos, indo diretamente à página referida), culminando com a "cereja do bolo": um apêndice de perguntas e respostas, de que praticamente todo bom livro que verse sobre este ou outro tema poderia valer-se.

E, em seu âmago, facilmente identificamos o notável saber jurídico registral do autor, que domina o tema com a autoridade de um renomado estudioso, potencializada por sua vasta experiência como registrador público.

Paiva:

Como felizmente prefaceado em seu livro: "sem rebusquez" (nós estudantes como neófitos em Direito temos verdadeiros embates com a literatura jurídica, que em muitas vezes podemos usar a máxima: "Uma usina nuclear para acender um palito de fósforo", um esforço sobre-humano para captar a essência do pensamento do autor).

Quero ter a honra de usar seus trabalhos como norte em minha monografia, quero adquirir e ler suas outras obras...

Marco Antonio da Silva, estudante de Direito

Sapucaia do Sul, 10 de setembro de 2010.

4) ENTREVISTA AO OBSERVATÓRIO DO REGISTRO – REGISTRADORES BRASILEIROS NA INTERNET – FONTE:

OR – O que o levou a escrever o livro?

Primeiramente foi a oportunidade de abordar cientificamente um tema realmente relevante para notários e registradores, durante o curso de especialização que frequentei na Universidade, elegendo-o como conteúdo de meu trabalho monográfico de conclusão, tendo podido contar com a fundamental orientação do Prof. Francisco Rezende, que é um dos grandes conhecedores do tema no Brasil. Num segundo momento, foi a motivação e o incentivo recebidos dos colegas que puderam apreciar o conteúdo da monografia e me sugeriram a edição de um livro didaticamente adequado à transmissão de conteúdos sobre o procedimento de dúvida registral, matéria de real importância para as categorias profissionais que com ela convivem na sua rotina de trabalho. A receptividade do livro foi muito grande. Apesar de não ter sido lançado em São Paulo, já conta com uma segunda edição.

A que o senhor reputa o enorme interesse dos leitores?

A dúvida registral faz parte do dia a dia de trabalho do registrador/notário e seus auxiliares e, apesar disso, não contávamos com uma publicação que abordasse o tema com a abrangência e a objetividade necessárias, ditadas pelo ritmo que nossas atividades permitem. Daí talvez o grande interesse dos leitores, não só aqui no Rio Grande do Sul, mas em muitos recantos do país, pois encontraram uma obra que conseguiu conjugar essas duas variáveis importantes para o sucesso do livro, o que está aliado, também, a outros fatores muito importantes, tais como a primorosa apresentação do volume, a parceria muito sintonizada entre o IRIB e a Editora Saraiva, a influência do meio acadêmico na concepção da obra e o prestígio granjeado em meio à categoria dos registradores e notários. Outro aspecto importantíssimo e que emprestou peculiaridade à obra foi o caráter inovador de sua ampliação com temas atualíssimos do Direito Registral brasileiro, que tributo à visão perspicaz e experiente do meu amigo Prof. Sérgio Jacomino, que sugeriu que a obra fosse contemplada com uma abordagem sobre a evolução dos sistemas registrais e notariais no século XXI.

A dúvida registrária é mal estudada. Em que medida o livro pode trazer luzes para um tema tão obscuro?

Foi exatamente por essa razão que resolvi debruçar-me sobre esse tema quando frequentei o Curso de Especialização em Direito Registral Imobiliário da PUC/MG, o que deu origem à monografia que sustentei para a obtenção do grau de especialista e depois a converti em livro. Sua aprovação, com distinção, tanto na Universidade como no XXXIV Encontro de Oficiais do Registro de Imóveis do Brasil convenceu-me de que a obra realmente tinha valor científico e teria, ao mesmo tempo, grande utilidade prática, abordando tal procedimento tanto nos aspectos relativos à área registral como à notarial. Assim, o aspecto central da monografia sustentada foi a possibilidade de participação do notário na defesa do ato notarial de sua autoria, possibilitando sua intervenção como assistente, interessado ou terceiro. Sua conversão em livro perpassa por todos os aspectos relevantes da doutrina, legislação, jurisprudência e prática (modelos), aplicáveis ao procedimento de dúvida, procurando afastar amplamente aquelas questões surgidas na rotina de trabalho das Serventias.

A dúvida registral experimenta, nos dias que correm, um certo descrédito. Ao invés de suscitar dúvida, o interessado busca uma decisão interlocutória em que se determina o registro, o que faz superar as exigências registrárias pela força da jurisdição. Como resolver a questão?

Buscar uma decisão que arbitre uma solução para a questão pode ser mais rápido, mas necessariamente não será aquela que mais adequadamente resolverá a situação. O Direito é uma Ciência e, como tal, obedece a cânones científicos, daí a razão de existência da dúvida por ser o primeiro remédio destinado a resolver a impugnação de um título que teve acesso denegado ao registro, o qual deve observar um prazo de até 40 dias para o seu julgamento final. Se esse prazo fosse observado, o procedimento seria célere e não cairia em descrédito. Entendemos que isso é difícil, levando em conta o acúmulo de processos que tramitam no Poder Judiciário, já que a matéria é muito específica. Além de tudo, a Ciência do Direito realiza-se através de um método contraditório visando a que as questões recebam a mais ampla e adequada abordagem científica. Assim, o mais pleno esgotamento da questão posta na dúvida registral arguida terá o condão de trazer o mais amplo esclarecimento e o mais pleno acerto na apreciação da matéria que naturalmente abrange uma controvérsia jurídica. Basta ver a excelência das decisões proferidas no âmbito do Conselho Superior da Magistratura do Estado de São Paulo. Assim, quanto mais plena a discussão, mais democrática a solução, já que vivemos não somente um Estado de Direito, mas um Estado de Direito necessariamente qualificado como Democrático.

O senhor acredita que a jurisdicionalização da dúvida poderia emprestar maior força ao registro?

Sem dúvida. Para ser coerente com o que acabei de afirmar, desde que a apreciação judicial alcance promover o debate mais plenário possível à questão de direito posta no contexto do procedimento de dúvida, tanto mais consolidados e dotados de autoridade jurídica serão os atos das atividades registral e notarial. Uma outra solução para o problema poderia ser, também, a exemplo do que existe na Espanha e em Portugal, a criação de um Colégio Nacional de Notários e Registradores, vinculado ao Conselho Nacional de Justiça (CNJ) e/ou ao Ministério da Justiça, formado por integrantes das categorias, com plena autonomia para sua gestão administrativa de acordo com suas normas institucionais, destinado a exercer o controle das atividades profissionais e a uniformização de procedimentos como órgão de filiação obrigatória para o exercício das delegações.

http://cartorios.org/2010/11/23/procedimento-de-duvida-lamana-paiva--lanca-livro-em-sp/

5) SITE DO COLÉGIO REGISTRAL DO RIO GRANDE DO SUL – BOLETIM ELETRÔNICO DE 26-11-2010

O filho de Santiago do Boqueirão

Por Mário Pazutti Mezzari

Conta a história que um dia Jayme Caetano Braun, o maior pajador gaúcho (uma espécie de repentista), estava em visita ao Município de Santiago. Convidado a falar, começou a trova exatamente como no causo: "Santiago do Boqueirão, onde quem não é bandido é ladrão!". Murmúrios na plateia, que ninguém gostava deste chiste. Um ou outro mais exaltado teve de ser agarrado pelos amigos, mas o desaforo do Jayme estava no ar. A revolução estava para estourar. Foi quando nosso pajador completou: "Mataram minha saudade, roubaram meu coração!".

Delírio geral! O Jayme tornou-se santiaguense honorário, é ídolo de todos nós e hoje está encantando anjos, santos e querubins com seus repentes de magia e puro talento.

Mas tem um outro santiaguense que também é nosso ídolo.

Foi naquela terra que nasceu João Pedro Lamana Paiva.

Estação Curuçu, Linha 7, Calça Bota, Vila Nova Esperança, Distrito de Ernesto Alves, Município de Santiago. Não, não são diversos lugares, este é o "endereço completo" de nascimento de João Pedro Lamana Paiva, constante em seu assento de nascimento.

A origem humilde, que ele nunca negou, jamais serviu como desculpas para não lutar. Ao contrário, o guri queria vencer na vida, ser alguém como se dizia naqueles tempos. Para isso vislumbrou alguns caminhos: estudar muito, trabalhar mais ainda e fazer amigos. O menino João soube fazer amigos como ninguém, gente que viu em seus olhos a alma boa que ele carrega. E lá foi o João, conseguindo milagres pela vida. Um funcionário público que tirava parte de seus proventos para pagar o menino estagiário; um titular do cartório que sabiamente reconheceu as qualidades que ele João tanto queria demonstrar; e vieram a faculdade de Direito e a guria mais bonita da cidade. Que mais poderia querer o menino João?

Pois ele queria o mundo! O concurso e o primeiro cartório em Catuípe, o primeiro livro sobre Registro de Imóveis escrito no Rio Grande do Sul, os filhos, a remoção e o segundo cartório, agora em Sapucaia do Sul. E aí vieram as entidades de classe, ele um voraz trabalhador, professor incansável, enfim na ribalta o Dr. Lamana Paiva, o homem que faz. E vieram cursos no Brasil e no estrangeiro, a criação da Escola de Notários e Registradores. O Paiva continua brindando-nos com seu *site* de mil e uma utilidades, sua amizade, seu jeito puro de viver e seu extremado amor pelas coisas de registros públicos, só superada pelo amor à família. Ele é o homem a aguardar com paciência de Jó que a delegação do 1º Registro de Imóveis de Porto Alegre lhe seja outorgada, em razão de ter sido aprovado em primeiro lugar no concurso de remoção.

Tive a honra em acompanhar o crescimento intelectual do mestre Paiva. Seus artigos, cada vez melhores e mais aprofundados no estudo dos mais variados temas de Direito Registral; suas aulas e palestras, cada vez mais claras e didáticas.

E agora mais um livro, com ideias objetivas e ao mesmo tempo profundas, inovadoras mas nunca temerárias.

É difícil não gostar do Dr. Lamana Paiva. E será também quase impossível ao leitor não gostar do seu livro.

Amigos, apresento-lhes *Procedimento de dúvida no Registro de Imóveis*. Boa leitura!

Ver também a publicação no Observatório do Registro/Registradores brasileiros na Internet, com o seguinte título: Santiago do Boqueirão, onde quem não é bandido é ladrão!